宋人文集篇目分類索引

(四)

主 编 鄧廣銘 張希清

中 華 書 局

肆、記

【編纂說明】

（一）記類下分山巖洞谷、河泉湖池、堤渠塘井、橋路驛站、城門村寨、公田義莊、學校貢院、廳壇獄倉、國免救濟、堂齋軒館、亭臺樓閣、廟寺宮觀、祠堂墳墓、人物世事、題名碑刻、文物書畫、天象怪異、草木鳥獸等十八目，每目之下又分若干項。

（二）每項之下，一般按所記對象的筆畫、筆形爲序排列。所記對象之前的動詞等附加字不在計算筆畫之列。例如"山巖洞谷"目中的"遊南屏山記"，按"南"字計算，排於八畫；又如"橋路驛站"目中的"台州重建中津橋記"，按"中"字計算，排於四畫。

一、山巖洞谷

（一）山

三　畫

復三茅禁山記　徐公集 13/2b

山心記　須溪集 5/29a

山行記　蜀阜存稿 3/94a

遊山後記　江湖集 22/11b

三遊山記（1－3）　雲巢編 7（三沈集 8/14b－17a）

遊山記　曾南豐集 27/3a

遊山記　江湖集 22/10a

遊山記　克齋集 10/4a

遊山記周必大撰　吳郡續文粹 19/13a

登山記　玉牒稿 9/13a

遊山院記　演山集 13/1a

小孤山記　後村集 92/3b

小孤山記　四如集 1/14b

小飛來記　鄂州集/鄂州遺文 7b

讀羅鄂州小飛來記　吳文齋集 14/1a

四　畫

天台山記　公是集 36/1a

天柱峰　杜清獻集/補 5a

木假山記　嘉祐集 14/3b

月夜遊南山記　蜀阜存稿 3/103a

五　畫

平山記　黃氏日鈔 86/13a

遊玉華山記張縯撰　金石萃編 126/8a

石鐘山記　蘇東坡全集 33/4a

邛州白鶴山營造記　鶴山集 50/9b

六　畫

遊瀘州合江縣安樂山行記　山谷題跋 8/26a

西山南浦行記　山谷題跋 8/24b

西山記　盧溪集 34/10b

西山雲壑記　須溪集 2/34b

百丈山記　朱文公集 78/1a

七　畫

記赤壁　東坡題跋 6/14a

遊芝山記　蜀阜存稿 3/82b

八　畫

武陵山志　鄮津集 14/7a

青山記（原註：當是青山白雲院記）　青山集/附錄 2a

青山記　霽山集 4/4a

松山林壑記陳著卿撰　赤城集 15/11b

遊東山記　南軒集 13/8a

遊東林山水記　雪山集 6/1a

變州臥龍山記　鶴山集 44/17a

臥龍行記（1－5）黃庭堅　王十朋　李壁　劉均國

黃人傑撰　蜀藝文志 64/3a，9a

侍郎閣公運使張公同遊臥龍紀行閻蒼舒撰　蜀

藝文志 64/7a

長嘯山遊記　魯齋集 5/16b

九　畫

遊南屏山記　鄮津集 14/5a

記遊南康廬山　朱文公集 84/32a

南嶽遊山後記　朱文公集 77/12a

興化軍節度仙遊縣香山記　鴻慶集 22/7a

泉山記　須溪集 3/11a

十　畫

浮槎山水記　歐陽文忠集 40/5a

記浮羅異境　東坡題跋 6/15a

遊桓山記　蘇東坡全集 32/16a

峨眉山行記范成大撰　蜀藝文志 63/1a

遊徑山記　蔡忠惠集 25/4a　兩浙金石錄 5/29a

獨遊狼山記　龍雲集 23/9a

十一　畫

遊雪釭記　古逸民集 2/4a　新安文獻 18/8a
雪寶山錦鏡記　宋本攻媿集 54/1a　攻媿集 57/1a
雪寶游誌　伯牙琴 1/26a
黃山紀遊　古梅稿 6/2a　新安文獻 85/7a
黃氏好山記　雪坡集 84/9b
梅山淩河接山記　洛水集 7/59a
梅山記　本堂集 50/4a
陵川縣山水記　張右史集 49/12b　宋文選 30/4a
陶山遊記　伯牙琴/補 1/1a
自陶山遊雲門　伯牙琴/補 1/2a

十二　畫

湖山一覽記　黃氏日鈔 86/5b
湖山記　須溪集 5/3b
紫霄山行記　蜀阜存稿 3/70b

十三　畫

溪山偉觀記　真西山集 25/22b
新城遊北山記　雞肋集 81/1a
新建縣西山記　武溪集/補佚 3b
愚丘記　四如集 1/39a

十四　畫

遊齊山記　蜀阜存稿 3/81a
蒼山小隱記　牟陵陽集 9/3a
鳳鳴山記　須溪集 5/1a

緑山勝槩記　碧梧集 17/4a

十五　畫

潤州遊山記　廣陵集 15/4b
遊褒禪山記　臨川集 83/2a
記樊山　東坡題跋 6/13b
樂丘記　須溪集 4/40b
盤古山記　緣督集 4/1a

十六　畫

錦屏山記　無文印集 3/2a

十七　畫

嶧山記　雪坡集 35/10b

十八　畫

顏公山記　鄂州集/鄂州遺文 3a
重遊騎岡記　雪坡集 25/9a
魏彥成湖山記　鴻慶集 23/6b　孫尙書集 32/4b

十九　畫

遊廬山記　盧溪集 34/1a
遊羅浮山行記　梁溪集 133/8a
羅浮山慶雲記　玉楸稿 9/11b

二十四　畫

郴陽李氏龞峰記　牧萊脞語/二稿 2 下/22a

（二）巖

三　畫

下巖行記蘇軾撰　蜀藝文志 64/2b

四　畫

火星巖記董居誼撰　八瓊金石補 99/10a
中興頌詩引並行記　山谷題跋 8/25b
遊中巖行記（1－3）　山谷題跋 8/27a
化城巖記　郴江百詠/棋補 2b

五　畫

北巖記　方舟集 11/16b
記遊白水巖　東坡題跋 6/28b

六　畫

休巖耐隱記　須溪集 3/43a

七　畫

重修呂公巖記　可齋稿/續前 5/15a

八　畫

樂清王次點東巖記　沅川集 5/5b

虎頭巖記　龜山集 24/11a

九　畫

柳巖記王淮撰　八瓊金石補 117/19b

遊南巖記　錢塘集 17/2b

十　畫

安溪縣桂湖巖記　復齋集 9/17b

十一　畫

東山婆姿巖窟記　平齋集 9/23b

張氏雪巖記　方舟集 11/1a

通天巖記　盤洲集 30/9b

十二　畫

曾公巖記劉誼撰　粵西金石畧 4/2a

遊朝陽巖記　于湖集 14/3a　金石續編 18/44a

菊花巖記　雪坡集 35/1a

程公巖記侯彭老撰　粵西金石畧 6/2a

巽巖記李燾撰　南宋文範 42/11a

十三　畫

遊僊華巖麓記　晞髮集 9/1a

十四　畫

漱玉巖記喻汝礪撰　蜀藝文志 39 下/12a

廣福寺三巖記李良臣撰　蜀文輯存 11/8b

十六　畫

永州澹山巖局記　斐然集 20/23a

十七　畫

擎天巖記　疊山集 7/8a

十八　畫

蕭帝巖記　緣督集 4/3a

十九　畫

羅喉東巖記馮俊撰　蜀文輯存 100/7a

二十　畫

釋籤巖記　北磵集 2/3b

二十三　畫

巖樓記　本堂集 50/3a

（三）石

三　畫

小石記　蜀阜存稿 3/101a

四　畫

太湖石志　范成大佚著/132－133

五　畫

石筍上行記黃庭堅撰　蜀藝文志 64/8a

石壁雲洲記　安晚集/輯文 9b

北海十二石記　蘇東坡全集/續 12/21b

六　畫

遊赤松觀羊石記　晞髮集 10/1a

羊角石記家坤翁撰　蜀文輯存 94/10b

竹個記　漫塘集 23/18b

自然水石記　丹淵集 24/11b

八　畫

彭氏孤石記　牧萊脞語/二稿 2 上/16a

十二 畫

菱溪石記 歐陽文忠集 40/1a

十三 畫

彭氏愚石記 牧萊壁語/二稿 2 下/16b

（四）洞

三 畫

自巖麓尋泉至三石洞記 晞髮集 9/2b

三洞記李邦彥撰 粵西金石畧 6/20b

邢恕小隱洞記 八瓊金石補 104/24b

四 畫

五百大阿羅漢洞記有挺(釋)撰 八瓊金石補 108/25b

五 畫

石門洞文劉涇撰 蜀文輯存 27/9a

朱真人石洞記鄭敦仁撰 蜀藝文志 38 下/11b

遊石洞聯句夜坐記 晞髮集 10/7a

六 畫

利州綿谷縣羊模谷仙洞記 丹淵集 22/4b 蜀藝文志 28 下/10a

八 畫

遊金華三洞記 洛水集 10/5a

金華洞天行紀(上下) 存雅稿 4/1a,5/1a

新建委羽洞天大有宮記 閩風集 11/2a

委羽洞記謝侯撰 赤城集 15/15b 台州金石錄 5/21b

九 畫

遊信州巖洞記 考圖集/遺文 1a

十一 畫

張公洞記張維撰 粵西金石畧 8/18a

十三 畫

楊道真君洞記 龜山集 24/8b

真相寺圓覺洞記馮俊撰 蜀文輯存 26/4a

十四 畫

韶音洞記張杭撰 粵西金石畧 9/8b

碧落洞記 盤洲集 31/1a

十五 畫

鄭母洞記劉幹撰 蜀文輯存 97/8a

劉阮洞記鄭至道撰 赤城集 15/12b

十六 畫

龍門洞記蘇元老撰 蜀文輯存 96/2b

龍洞記陳朋撰 蜀文輯存 25/15a

十八 畫

藏丹洞記 渭南集 18/1a

二十四 畫

書遊靈化洞 東坡題跋 6/11b

(五) 谷

十二 畫

雲谷記 朱文公集 78/2a

象山縣西谷記 彭城集 32/11a

十六 畫

賁谷記 四如集 1/32b

(六) 塢

八 畫

東遊記 江湖集 22/12b

十 畫

遊桃塢記 牟陵陽集 11/1a

十一 畫

梅塢記 方舟集 11/6a

荷嘉塢記 秋崖稿 39/3b

十三 畫

福嚴浄影山塲記楊之道撰 山右石刻編 16/31a

萬里坡記劉達之撰 蜀文輯存 76/14a

十六 畫

黔南道中行記 豫章集 20/21a

十七 畫

濡須塢記 靈巖集 4/11b

十八 畫

翟唐關行記關春孫撰 蜀藝文志 64/5b

二十四 畫

靈源天境記 雪坡集 35/6a

二、河泉湖池

（一）河

二　畫

八功德水記梅堯撰　蜀文輯存 4/18a

三　畫

三河記　于湖集 14/6a

大明水記　歐陽文忠集 63/18a

小斜川記　須溪集 2/9b

四　畫

文山觀大水記　文山集 9/6b

觀水記　梅溪集/前 17/13b

六　畫

州內河記　霽山集/拾遺 1b

州治浚河記姜容撰　赤城集 13/2a

七　畫

遊吳江行記　克齋集 10/1a

八　畫

東嘉開河記　水心集 10/21b

和州重開新河記　相山集 23/6a

九　畫

書毘陵後河興廢　道鄉集 32/3a

十　畫

記一篇　范成大佚著/170

重刊唐明濟移丹河記武少儀撰　八瓊金石補 101/ 26a

十一　畫

黃巖浚河記王居安撰　赤城集 13/5b　南宋文範 44/13a

常州開河記　渭南集 18/15b

十三　畫

福州濬外河記　後村集 90/14b

蜀水考王象之撰　蜀藝文志 48 下/5b

十五　畫

觀潮記　吳文肅集 11/6b

（二）溪

六　畫

成都後溪記　跨鼇集 16/4b　蜀藝文志 33 中/6b

竹溪記　雪坡集 35/2a

八　畫

同遊澉溪石室記　武溪集 5/8b

十　畫

荊溪行記　鴻慶集 21/7b　孫尙書集 29/8b

十一　畫

王景和雪溪記　牧萊脞語/二稿 4/10a

梅溪記　黃氏日鈔 86/13a

十二　畫

馮源記　石門禪 22/11b

十五　畫

勾氏盤溪記李石撰　蜀藝文志 39 下/2a

盤溪記范仲苣撰　蜀藝文志 39 下/3a

十八　畫

遊雙源記　曾南豐集 27/4a
雙源記　演山集 15/5a

（三）瀑

二　畫

九井灘記陳鵬撰　蜀文輯存 25/15a

三　畫

小廬峰三瀑記　晞髮集 9/9b

十一　畫

天台山習養瀑記　古靈集 18/10b

（四）泉

四　畫

月泉遊記　晞髮集 9/4b

五　畫

白泉記　香溪集 6/17a
記白鶴泉　樂靜集 5/5b

八　畫

卓錫泉記　眉山集 8/2b　宋文選 23/7a

十一　畫

康濟泉記顏度撰　赤城集 14/10a
零泉記　蘇東坡全集 32/2b
滁州陳公泉記　錢塘集 17/7a

十二　畫

遊湯泉記　淮海集 88/11a
遊湯泉記　眉山集 8/4b
菊泉記　橘洲集 5/11a

十三　畫

新泉記　蔡忠惠集 25/2b
衡山福嚴禪院二泉記　景文集 46/17b
萬宗泉記　臨川集 83/5b

十四　畫

瀧州大雲寺滴乳泉記　豫章集 18/17b
廣孝泉記王欽若撰　山右石刻編 12/13b

十五　畫

閱古泉記　放翁逸稿/上 11a

十六　畫

縣學新泉記李知微撰　赤城集 14/4b

十七　畫

應心泉記賀允中撰　赤城集 14/8b

十九　畫

瓊州雙泉記　莊簡集 16/5b

二十 畫

覺喜泉記 桐江集 2/23a

二十四 畫

浮丘公廟靈泉記張栻撰 金石萃編 146/27a

（五）湖

五 畫

玉湖記 須溪集 5/18a

中秋泛石湖記 范成大佚著/161－162

重九泛石湖記 范成大佚著/162

六 畫

西湖記 舒嶽堂文存 3/1b

浚西湖記錢聞詩撰 嚴陵集 9/12a

八 畫

袁州東湖記 龍學集 7/12a

常德府東湖記或作東園 鶴山集 48/9b

修東湖記王廉清撰 赤城集 13/3b

十四 畫

廣德湖記 元豐稿 19/1a

碧湘湖録 宗伯集 16/1a

十七 畫

眉州新開環湖記 鶴山集 40/1a

（六）潭

三 畫

三潭記 蜀阜存稿 3/69b 新安文獻 13/6b

十一 畫

楊氏淥潭記 牧萊脞語/二稿 2 上/26a

十六 畫

遊龍潭記 古逸民集 2/5a 新安文獻 13/9a

（七）池

四 畫

華山天池記 鴻慶集 23/12b 孫尚書集 32/13b

五 畫

北池記 灌園集 9/6a

八 畫

放生池記 景文集 46/16b

金壇縣放生池記 張華陽集 32/10a

廣德軍放生池記 渭南集 19/12b

杭州放生池記王隨撰 金石萃編 130/32b 兩浙金石志 5/16a

十一 畫

漳州張氏池記 應齋雜著 3/16a

十三 畫

湘鄉縣褚公洗筆池記 鶴山集 49/7a

十五 畫

墨池記 曾南豐集 25/4b 元豐稿 17/6b

三、堤渠塘井

（一）堤堰

三　畫

山河堰落成記　金石萃編 151/4b

四　畫

王公堤記韓己百撰　蜀藝文志 33 下/2b

五　畫

永和堤記　東澗集 13/14a

六　畫

伊闕縣築堤記　河南集 4/3b

八　畫

重築采芹堤記　平齋集 9/2a

金堤記　于湖集 14/9a

十　畫

泰州重築捍海堰記　宋本攻媿集 56/5a　攻媿集 59/5a

泰州修桑子河堰記　東萊集 6/3b

十一　畫

梓州中江縣新堤記　丹淵集 23/3a　蜀藝文志 33/7b

僞虹堤記　歐陽文忠集 63/16b

永嘉平陽陰均堤記　慈湖遺書 2/28b

十二　畫

鄂城縣新堤記　祖徠集 19/16a

重修單公堤記任逢撰　蜀文輯存 73/5a

單公新堤記趙巖撰　蜀文輯存 100/14b

十三　畫

蜀州新堰記　淨德集 14/8a

十四　畫

漢中新修堰記楊繪撰　金石萃編 149/43a

十五　畫

撫州堰合樓記　黃氏日鈔 88/4b

餘姚縣海堤記　宋本攻媿集 56/7b　攻媿集 59/7a

十七　畫

糜棗堰記楊甲撰　蜀藝文志 37 中/15b

眉州新修蟇頤堰記　鶴山集 40/3b

（二）渠

三　畫

修三白石渠記趙佺撰　金石萃編 146/13b

四　畫

修宜城縣木渠記　郢漢集 15/1a

五　畫

重修古渠記方有開撰　嚴州集/上/25b

七　畫

汶水新渠記　後山集 15/8b

八 畫

疏濬京江漕渠記李壼撰 蜀文輯存 74/8b

十一 畫

淘渠記席益撰 蜀藝文志 33 中/5a

常州晉陵縣開渠港記 文恪集 35/10a

通濟渠記 相山集 23/8b

十二 畫

婺源新開巽渠記王汝舟撰 新安文獻 11/2b

十六 畫

澠池縣新溝記趙暘撰 宋文鑑 81/2b

衡岳寺新開石渠記 斐然集 20/16a

十七 畫

襄州宜城縣長渠記 元豐稿 19/5a

（三）陂塘

三 畫

新收三步泄記 後村集 88/3a

四 畫

重修木蘭陂記 夾漈稿/中/1a

重修太平陂記 後村集 88/6b

崇陽朱氏月泓記 牧萊脞語/二稿 2 下/11b

五 畫

新築石塘記 後村集 93/3a

福清縣重造石塘祥符陂記 廬齋集 10/12a

六 畫

至和塘記丘與權撰 吳都文粹 5/20b

七 畫

連州重修車陂記 西塘集 3/9a

九 畫

溫州重修南塘記 止齋集 39/3b

南塘記胡融撰 赤城集 14/3a

十 畫

遊浣花記任正一撰 蜀藝文志 40/3b

餘姚縣海塘記 臨川集 82/10b

海鹽縣重築海塘記 龔齋文編 3/4b

十一 畫

崑山縣新開塘浦記 范成大佚著/149－150

十四 畫

漁所記 牧萊脞語/二稿 2 上/21b

十七 畫

績溪縣新開塘記 水心集 9/11a

（四）井

三 畫

大井記 梅溪集/前 17/11b

大成井記李石撰 蜀藝文志 36 上/9a

四 畫

少陽義井記 石門禪 22/15a

六　畫

安州孝感縣井記　蔡忠惠集 25/11a

十一　畫

淮陽古井記　無爲集 10/2b

陳宮井記蘇易簡撰　蜀文輯存 1/4b

十二　畫

善感禪院新井記侯可撰　金石萃編 137/20a

報恩光孝禪寺雙井記　安晚集/輯文 4b

瓊州惠通井記　蘇東坡全集/後 15/2b

十六　畫

龍井記　淮海集 38/4b　金石萃編 138/7a

遊龍井記　洛水集 10/5b

錢塘六井記　蘇東坡全集 31/12b

十七　畫

薛公井記齊碩撰　赤城集 1/47a

（五）港閘

三　畫

修大小糯米堆記王敦夫撰　蜀文輯存 99/5a

四　畫

書方潭移溪事　劉給諫集 4/3b

重開支川記程公許撰　蜀文輯存 83/2b

水利記一風塘碣記　舒嬾堂文存 3/5b

水利記二廣德湖　舒嬾堂文存 3/7a

水利記三廣德湖　舒嬾堂文存 3/7b

導水記吳師孟撰　蜀藝文志 33 中/3b

泗州重修水寶廟記　景文集 46/8a

五　畫

重修石崗斗門記　止齋集 39/2a

六　畫

西水磨記　無爲集 10/1b

西湖引水記　舒嬾堂文存 3/3b

導伊水記　蔡忠惠集 25/7b

八　畫

重造林暗斗門記　盧齋集 10/1a

十　畫

真州水閘記　文恭集 35/1a

十一　畫

黃州開漢記　于湖集 14/11a

梅山浚河接山記　洛水集 11/7a

道遙栖禪寺水磨記志陸〔釋〕撰　金石續編 14/16a

灌畦記　四如集 1/37b

通州海門興利記　臨川集 82/11b

重修陰均斗門記　齊山集 4/1a

十二　畫

連州開楞伽峽記　水心集 11/14a

常州犇牛閘記　渭南集 20/11a

象山縣渡船記　宋本攻媿集 56/12b　攻媿集 59/11b

十三　畫

新濟記　祖徠集 19/8b

慈溪縣興修水利記　宋本攻媿集 56/1a　攻媿集 59/1a

萬春圩圖記　長興集 21(三沈集 4/62a)

十四　畫

漣水軍新廟記　蘇學士集 13/9a

齊州北水門記　元豐稿 19/4b

四、橋路驛站

（一）橋

三　畫

濂溪大富橋記　周元公集 8/27a　八瓊金石補 121/6a

信州貴溪縣上清橋記　朱文公集 80/11a

四　畫

文明橋記李良臣撰　蜀文輯存 35/18b

台州重建中津橋記　水心集 10/11b

重建中津橋記高文虎撰　赤城集 13/9a

五　畫

中興永安橋記馮職撰　蜀文輯存 38/8a

并州新修永濟橋記　蘇學士集 13/3a

平政橋記　文定集 9/11b

處州平政橋記　寶窗集 4/5a

平政橋記　范成大佚著/154－155

平橋水則記　履齋集 3/23a

平濟橋記王子謙撰　蜀文輯存 99/4a

石橋記　橘洲集 5/13a

六　畫

修江橋記　復齋集 9/28b

百丈橋記胡南逢撰　嚴州金石錄/上/26a

合洋惠人橋記陳日華撰　嚴州金石錄/下/5a

重修行春橋記范成大撰　吳都續文粹 35/29b　范成大佚著/163

如京橋記葉廷撰　吳都續文粹 35/27a

七　畫

利往橋記錢公輔撰　吳都續文粹 36/8a

利涉橋記　水心集 10/10a

新喻縣新作秀江橋記　誠齋集 73/10b

秀州崇德縣新三橋記　都官集 8/12a

南劍州創延安橋記　後村集 89/17b

八　畫

潼川府學洋橋記白棣撰　蜀文輯存 60/9b　金石萃編 150/58b

重修武侯橋記房芝撰　蜀文輯存 65/5b

武寧橋記　洛水集 11/4b

坦履橋記　演山集 16/8a

濟南陳公修東津橋記　四明文獻集 6/10a

東橋記　丹淵集 23/7b

芹澗橋記　後村集 93/12b

明經橋記　梅嚴集 4/4a

知政橋記　盤洲集 30/8a

岳安石橋記　盧齋集 10/3a

九　畫

宣化軍新橋記　祖徠集 19/12b

客星橋記　攻媿集 9/21b

睦州政平橋記江公望撰　嚴陵集 8/16a

桐廬縣重作政惠橋記　攻媿集 9/10b

相公橋記　吳文齋集 11/1a　新安文獻 12/10b

重熙橋記陳季尚撰　蜀文輯存 100/5a

十　畫

重修浦陽江橋記　存雅稿 3/5a

浮溪橋記　平齋集 9/14a

壽州重修浮橋記　景文集 46/7b

撫州新作浮橋記　東萊集 6/2a

袁州分宜縣浮橋記　止齋集 39/6a

信州新作二浮橋記　南澗稿 15/33b

廣德軍渣河浮橋記　黃氏日鈔 87/3b

嚴陵浮橋記　蛟峰集 5/1a

睦州新作浮橋記錢礪撰　嚴陵集 8/11a

海雁橋記　文莊集 21/7b

桐山石橋記羅適撰　赤城集 14/1a

重修桐山橋記唐仲友撰　赤城集 14/2a

將樂縣桃源橋記　四如集 1/51b

重建夏侯橋記潘夢旂撰　吳都續文粹 35/2a

十一　畫

清溪橋記汪逵撰　嚴州金石錄/下/17b

重修涵碧橋記陳堯佐撰　蜀文輯存 3/9a

撫州崇仁縣黃州橋記　黃氏日鈔 87/15b

梓州永泰縣重建北橋記　丹淵集 23/4b 蜀藝文志 33 中/9a

常州義興縣重建長橋記　徐公集 13/9b

重建建陽縣莒口橋疏　勿軒集 4/9a

通惠橋記袁輝撰　蜀藝文志 33 中/11a

通遠橋記　蔡忠惠集 25/6a

魏城縣通濟橋記尹商彥撰　金石萃編 150/60a

習溪橋記　須溪集 5/14a

十二　畫

綿竹縣湖橋記　鶴山集 44/9a

上饒縣善濟橋記　真西山集 25/20b

新建博濟廟博濟橋記程伯雄撰　蜀文輯存 92/8a

募建建陽縣朝天橋　默齋稿/下/27b

衆會鎮南橋記　丹淵集 23/15a

十三　畫

建昌軍溢溪橋記　黃氏日鈔 88/7b

新安建石梁記錢時撰　新安文獻 13/5b

萬安渡石橋記　蔡忠惠集 25/20a 金石萃編 134/46b

萬里橋記劉光祖撰　蜀藝文志 33 中/11b

重建跨塘橋記曹綠撰　吳都續文粹 36/1b

鄒公橋記　益國文忠集 28/7a 益公集 28/87a

十四　畫

漳浦橋記　東澗集 13/11a

昭慶寺夢筆橋記葉清臣撰　八瓊金石補 94/1a 兩浙金石志 5/22a

鳳林橋記　盧溪集 35/5b

安福縣重修鳳林橋記　益國文忠集 58/2a 益公集 58/40b

十五　畫

福州連江縣潘渡石橋記　蘆川集 9/3a

諸深橋記　文定集 9/16a

慶善橋記　盤洲集 31/8b

徽州重建慶豐橋記　秋崖稿 39/4b

馴馬橋記京鑑撰　蜀藝文志 33 下/1a

十六　畫

安溪縣龍津橋庫記　復齋集 9/16b

十七　畫

天台臨川橋記陳騤撰　赤城集 13/13b

十八　畫

齊州濼源石橋記　樂城集 23/6a

豐惠橋記　袁正獻遺文卷上/5a

藍橋記　默齋稿/下/26b

歸老橋記　曾南豐集 25/5a 元豐稿 18/10a

二十一　畫

寶慶府躍龍橋記　鶴山集 49/10a

躍龍橋記　恥堂稿 4/18b

二十四　畫

崇安衢川橋記　漁墅稿 5/8b

衢州溪橋記　程北山集 18/16a

（二）路

五　畫

白水路記雷簡夫撰　金石萃編 134/41b

十　畫

廣東路新開峽山棧路記張命撰　蜀文輯存 24/5b

十一 畫

修康濟廟路記陳阜撰 八瓊金石補 114/22b

南峰黃氏第一峰修路記 性善稿 11/14a

十二 畫

砌街記范譽撰 蜀藝文志 40/9b

十三 畫

新墊頂山路記陳于撰 吳都文粹 9/16a

筠州新砌街記 武溪集 7/1b

十四 畫

疏山砌路記 無文印集 3/7a

十九 畫

羅浮飛雲頂開路記 文溪稿 2/6b

二十一 畫

攝山棲霞寺新路之記 徐公集 13/8b

□

□州棧閣修橋路記林高撰 粵西金石畧 6/6a

(三) 驛站

六 畫

安州驛記樓鑰撰 赤城集 12/10b

七 畫

題澠池驛壁記 滿水集 6/7a

八 畫

邵武軍建寧縣經城驛記 黃氏日鈔 87/18b

姑蘇驛記方回撰 吳都續文粹 11/4a

九 畫

南驛記 爛湖集 9/20b

建寧府重建建溪驛記 織崖集 32/4b

十一 畫

都亭驛記 盤洲集 26/11a

十二 畫

富沙驛記 弁齋集 10/4b

富春驛記 洛水集 8/14b

十四 畫

鳳鳴驛記 蘇東坡全集 31/3a

十六 畫

霍丘縣驛記王回撰 宋文鑑 80/12a

樅川新驛記 在軒集 9a

二十三 畫

修驛記 蔡忠惠集 25/19b

五、城門村寨

（一）城垣

三 畫

慶州大順城記 張橫渠集 13/1b 宋文鑑 81/1b

重修子城記王象祖撰 赤城集 1/4b

常州興繕子城記胡珵撰 南宋文範/外編 3/17a

五 畫

平陽縣治記 霽山集 4/16b

重建石泉軍治記楊音孫撰 蜀文帳存 100/10b

台州修城記 東萊集 6/1a

台州新城記蘇夢齡撰 赤城集 1/1a

台州興修記張奕撰 赤城集 2/1a

六 畫

江西後城樓記 北磵集 4/8b

江陵府修城記 水心集 9/2a

新州竹城記 斐然集 21/34a

七 畫

利州修城記 淨德集 13/8b

八 畫

新升奉化州記 本堂集 51/4a

奉化重修縣治記 四明文獻集 6/6a

長汀縣重修縣治記 誠齋集 76/13a

重修金華縣治記 悅齋文鈔 9/6b

重修金壇縣記 漫塘集 20/2a

和州修城記 松隱集 31/5b

和州修城記 蒙齋集 13/8a

邵武重建軍治記 斐然集 21/29a

邵武縣興造記 渭南集 20/2b

九 畫

宣州修城記 于湖集 13/3b

信州興造記 臨川集 82/9a

十 畫

唐安修城記李大臨撰 蜀文帳存 19/16b

秦州新築東西城記 河南集 4/7a

擬秦壽泗三郡築城記 可齋稿/續前 5/3a

桂州新城記 臨川集 82/5b

真州修城記 宋本攻媿集 51/12a 攻媿集 54/11b

真州新翼城記 漫塘集 22/12a

重修郡城記 郴江百詠/輯補 1a

十一 畫

曹州修城記 彭城集 32/4b

常熟縣版籍記 杜清獻集 16/4a 江蘇金石志 17/1a

常熟縣記陳映撰 吳都續文粹 9/19a

十二 畫

善寂大城記 須溪集 1/26b

揚州重修城濠記 平齋集 9/4a

華亭縣修復經界記 蒙齋集 14/10a

婺州新城記 嶽山集 24/20a

大宋建築隆兗二州記李彦弼撰 粵西金石畧 6/8a

十三 畫

靖州營造記 浮溪集 19/4b

雷州城記 滄庵集 17/24a

楚州新城記 鉛刀編 23/2b

十四 畫

寧都縣新築城記 後村集 90/7a

城廣州記 盤洲集 31/2a

嘉定創縣記高衍孫撰 吳都續文粹 9/36a

鄞縣經遊記 臨川集 83/1b

鳳山新城記 散帶稿 3/16b

綿州新城記 鶴山集 42/14b

十五 畫

潼川府修城記 跨鼇集 16/1a
潼川府修城記 水心集 11/12b
慶州平溝接城記 西臺集 6/15b
撫州宜黃縣興造記 鴻慶集 21/2a 孫尚書集 29/2b
重修撫州城記家坤翁撰 蜀文輯存 94/6b
撫州修造總記 黃氏日鈔 88/10a
餘杭重建縣治記 平齋集 9/25a
樂安縣治記 真西山集 25/24b
德慶府營造記 文溪稿 2/4b

十六 畫

潭州重修北城記 蘇魏公集 64/6a
潭州頓丘縣重修縣治記江休復撰 宋文鑑 79/5a
重修靜江府城記 可齋稿/續前 5/10b
重修黔陽縣治記翁水年撰 八瓊金石補 119/1a
興化軍新城記 後村集 88/4b

十七 畫

臨海縣重建縣治記 尤棐溪稿 2/2a 赤城集 3/8a
臨海縣重建縣治記吳子良撰 赤城集 3/5a
繁昌縣興造記 曾南豐集 25/3a 元豐稿 17/5a
徽州新城記羅似臣撰 新安文獻 13/3b

十九 畫

瀛州興造記 元豐稿 18/14b
羅城記馮時行撰 蜀文輯存 46/6b

二十 畫

饒州重修城記 黃氏日鈔 88/12a
饒州新城記 後村集 90/8b

二十一 畫

宜州鐵城記黃應德撰 八瓊金石補 120/5a

（二）門

四 畫

信州新建牙門記 南澗稿 15/21b

八 畫

武進縣門記 漫塘集 20/21b
青州坊門記 演山集 14/5b
杭州新作雙門記 蔡忠惠集 25/15b

九 畫

洪州東門記 曾南豐集 26/1a 元豐稿 19/9a
洪州門記 無爲集 10/1a
重修信陽軍門記 西臺集 6/17b
建昌軍儀門記 直講集 23/3a

十 畫

高安郡門記 三餘集 4/1b

十一 畫

廣州重建清海軍雙門記 後村集 90/1a
黃州重建門記 郢溪集 15/3a

十三 畫

遂寧府門記張震撰 蜀文輯存 60/7b
池州新作鼓角門記 長興集 23 三沈集 5/8b

十四 畫

信州新修廣信門記 宗伯集 12/9a

十九 畫

瀧州讓門記 斐然集 20/40a
廣德軍重修讓門記 益國文忠集 58/3b 益公集 58/41b
瀧州讓門記鄧鑰撰 蜀文輯存 17/7a

（三）坊

三　畫

永嘉重建三十六坊記　浣川集 5/3b

四　畫

五桂坊記　雪坡集 35/3b

七　畫

黃巖州新孝行坊記　桐江集 2/19b

九　畫

奕世狀元坊記　雪坡集/補 3b

十三　畫

節孝巷記石處道撰　赤城集 14/10b

十四　畫

廣惠坊記　退庵稿/下/11a　吳都鑲文粹 8/36b

二十二　畫

鬱孝坊記　真西山集 24/10b

（四）村

四　畫

水竹村記　黃氏日鈔 86/16a

水雲村記　演山集 13/10b

五　畫

北村記　水心集 10/12b

六　畫

江村記　須溪集 4/13a

九　畫

范村記　范成大佚著/163－165

（五）寨堡

四　畫

新繁縣新展六門寨記周表權撰　蜀文輯存 17/1a

八　畫

沐川寨記張商英撰　蜀文輯存 14/5b

金魚堡記安原白撰　蜀藝文志 40/7a

十六　畫

宜黃龍藦寨記　嶰帶稿 4/8a

江東安撫司親兵寨記　默齋稿/增輯 8b

六、公田義莊

（一）學田

四　畫

分水縣學田記　潛齋集 8/16a

五　畫

永州零陵縣學田記　牧萊脞語/二稿 2 上/3a

石鼓書院田記　省齋集 4/17a

仙居創學糧記余閎撰　台州金石録 6/7b

台州新給贍學田記俞建撰　赤城集 6/3b

台州增學田記應椿年撰　赤城集 6/5b

（台州）增學田記陳耆卿撰　赤城集 6/7a

（台州）州學增高塗田記董亨復撰　赤城集 6/8a

六　畫

安溪縣贈學田記　復齋集 9/13b

七　畫

吳學復田記陳耆卿撰　吳都文粹 1/18b　江蘇金石志 15/46a

八　畫

青州州學公用記　組徠集 19/6b　宋文選 17/4b

邵武軍學置莊田記　直講集 23/6a

九　畫

洞山置田記　橘洲集 5/12a

建安縣學田記　真西山集 26/26b

建寧府崇安縣學田記　朱文公集 79/13b

十　畫

鄂州貢士田記　後村集 89/10a

十一　畫

常熟縣學新田記孫沂撰　江蘇金石志 16/5a

崑山縣學租記　吳都續文粹 5/29b

崑山學租田記　鄭閒國集/1a

宋紹興府建小學田記陳景行撰　兩浙金石志 13/1a

十二　畫

温州淹補學田記　止齋集 39/9a

鄂州學田記尹遷撰　金石萃編 139/17a

華亭縣學田記姚江撰　江蘇金石志 16/26a

十四　畫

廣州贍學田記　八瓊金石補 115/14a

嘉定縣學田租記唐夢翔撰　八瓊金石補 121/8a　江蘇金石志 18/17b

十五　畫

無錫縣學淳祐癸卯勸增養士田記薛師魯撰　江蘇金石志 17/19a

十六　畫

道州濂溪田記章穎撰　周元公集 8/23a

增學田記陳耆卿撰　赤城集 6/7a

添助學田記謝南撰　吳都續文粹 3/23b　江蘇金石志 15/3a

增贍學田記梁介撰　蜀文帙存 60/9a

十八　畫

鎮江府學田記　平齋集 9/26b

鎮江府學復沙田記　漫塘集 21/2b

魏城徐邑侯捐置學田記岑于進撰　蜀文帙存 78/9a

二十　畫

蘇學復租田記何林撰　吳都續文粹 3/26a

饒州州學新田記　平齋集 9/1a

二十四　畫

鹽城縣學蘆地記　江湖集 21/20a

衢州龍游縣學田記　香溪集 6/18a

（二）寺田

三　畫

上方寺置田疇記淮海（釋）撰　吳都續文粹 33/29a

四　畫

王氏捨田入定明寺記　本堂集 50/1a

天寧萬壽禪寺置田記張淺撰　蜀文輯存 45/9b

太秀洞天買田記　須溪集 2/5a

五　畫

正法院常住田記楊天惠撰　蜀文輯存 26/7b

宋正真院增田紀實　台州金石録 11/20b

捨田記　鴻慶集 23/9a　孫尙書集 32/8b

捨記　嵩山居士集 50/9b

六　畫

全行可度牒田記　真西山集 25/13b

七　畫

宏農楊氏捨田記楊克讓撰　括蒼金石補 3/20b

延昌寺遺公捨田記鄭鑑撰　括蒼金石志/續 2/7a

八　畫

賜杭州靈隱山景德靈隱寺常住田記　文莊集 21/1b

東靈寺莊田記陸徽之撰　吳都續文粹 34/19a

明州育王山買田記　渭南集 19/1a

九　畫

洞霄宮施田記　平齋集 9/9a

建康府溧陽縣報恩寺度僧田記　官教集 6/6a

十　畫

海虞山寶嚴寺田記　官教集 6/7b

能仁寺捨田記　渭南集 18/14a

十一　畫

浄土院舍田記　碧梧集 17/8a

浄嚴僧田記　松隱集 31/8a

陳氏捨田道場山記　東塘集 18/9b

陳致政施田度僧記　北磵集 4/6a

十二　畫

普明寺置田記　龍川集 16/4a

十三　畫

福源寺田記王公振撰　吳都續文粹 33/34a

楊曾九宣義捨田數楊曾九撰　括蒼金石補 3/22b

萬安縣舜祠買田記　須溪集 4/27a

十四　畫

壽聖禪院莊田記孫沂撰　江蘇金石志 10/31a

紹熙中提舉徐誼給壽寧萬歲院常平田記龔頤正撰　吳都文粹 7/39b

十五　畫

代人作襲禪捨田記　姑溪集 37/3b

書鄭氏捨田記　東牟集 13/9a

十六　畫

龍泉禪院田土壁記盧多遜撰　山右石刻編 11/21b

龍壽禪寺復田記裴由庚撰　金石萃編 152/3a

十七　畫

宋隱真宮莊田記陳仁玉撰　台州金石録 11/7b

二十一　畫

宋礱浄勝院捨田記　兩浙金石志 10/1a

二十四　畫

靈芝崇福寺撥賜田產記　安晚集/輯文 6a

靈源觀義田記章概撰　蜀文輯存 73/9b

（三）義田

五　畫

台州謝子暢義田續記趙善撰　赤城集 12/13b

六　畫

吉水縣除屯田租記　誠齋集 74/8b

成都施氏義田記　斐然集 21/8b

修復艾軒祠田記　後村集 89/12a　艾軒集/附録 10/14a

八　畫

林寒齋烝嘗田記　後村集 93/4b

九　畫

建陽縣增買振耀倉田記　後村集 90/16b

十二　畫

湖州嬰兒局增田記　蒙齋集 12/1a

開化張氏義役田記　洛水集 10/13a

十三　畫

義田記錢公輔撰　宋文鑑 80/16b　金石萃編 136/22b

施園地記　粤西金石略 6/19b

腰陂祖瑩祀田記　牧萊脞語/二稿 3/15a

十四　畫

代廣德縣精田書記　鴻慶集 21/11b

十五　畫

莊氏贈壙田記　漫塘集 23/18a

十七　畫

蘄州亭口馬氏復田業記　畫墁集 6/2a

十九　畫

瀧州贍軍田記　鶴山集 48/10b

廬陵養濟買田記　潛齋集 9/7b

二十　畫

嚴州釣臺買田記　渭南集 20/17a

（四）義役

台州黃巖縣太平鄉義役記　黃氏日鈔 86/19b

婺源義役記李緯撰　新安文獻 11/9a

餘姚縣義役記　燭湖集 9/19a

（五）莊

二　畫

二十三都義莊記　漫塘集 23/13a

四　畫

月莊記　秋崖臆語 38/10a

五 畫

資壽寺永豐莊記 北磵集 3/6b
陳氏本價莊記 杜清獻集/補 1a 赤城集 12/12a
石溪莊元契四至記 八瓊金石補 94/25a

六 畫

吉州吉水縣存濟莊記 巽齋集 17/8b

七 畫

希墐張氏義莊記 漫塘集 21/23a
武寧田氏希賢莊記 雪坡集 36/14a

八 畫

建昌軍青雲莊記 文山集 9/14a
東陽陳君義莊記 渭南集 21/6a

九 畫

洮湖陳氏義莊記 漫塘集 23/7b
范氏復義宅記 宋本攻媿集 57/1a 攻媿集 60/1a 范文正集/褒賢 3/9a 吳都文粹 4/16b
范氏義莊申嚴規式記劉棻撰 范文正集/褒賢 3/12a
吳都續文粹 13/13a
重真寺田莊記德謙[釋]撰 八瓊金石補 87/10b
建陽麻沙劉氏義莊記 默齋稿/下/25a

十 畫

邵武軍軍學貢士莊記 後村集 90/13b

吉州吉水縣貢士莊記 巽齋集 13/4a
廬陵貢士莊記 巽齋集 18/6b
吉州州學貢士莊記 文山集 9/1a
畢叔茲通判義莊記 江湖集 21/10a

十一 畫

雪寶普門莊記 橘洲集 5/13b
紹興府新置二莊記 水心集 10/20a 兩浙金石志 11/13b
紹興報恩光孝四莊記 緊齋集 10/14a

十二 畫

雲莊記 漫塘集 20/15a
登雲莊記 巽齋集 17/6b

十三 畫

義田莊先賢記 四明文獻集 6/4a
遊仙鄉二十一都義役莊記 漫塘集 21/20a
熊氏義莊記 雲莊集 8/1a
趙氏義學莊記 後村集 92/19b
毛氏慈惠莊記 鶴山集 44/15b

十五 畫

劉氏墨莊記 朱文公集 77/18b

十六 畫

靖州興賢莊記 鶴山集 50/6a
李氏儒富莊記 碧梧集 17/5b

七、學校貢院

（一）州縣學

三　畫

大邑縣學振文堂記　鶴山集 40/6a

上高縣學記　樂城集 23/3b

上虞縣修學記豐誼撰　八瓊金石補 115/22b

四　畫

六安縣新學記　水心集 9/10a

天台縣學記洪興祖撰　赤城集 7/1a

太平州新學記　臨川集 82/7a

太平州蕪湖學記　演山集 18/11b　金石萃編 143/22b

太平州學記　于湖集 13/9b

中江縣重修學記　性善稿 10/10b　八瓊金石補 118/22b

中江縣修學宮記黃元撰　蜀文輯存 33/8a

丹州新學記　西溪集 9(三沈集 3/27b)

丹邱州學記李昉撰　赤城集 5/1a

五　畫

汀州重修學記　後村集 92/1a

永州重修路學記　牧萊脞語/二稿 2 上/13b

永州重修學記　斐然集 21/3b

永福縣修學記　蒲齋集 5/1a

永嘉郡學永堂記　慈湖遺書 2/21b

（平江府）咸淳改立學門記潛說友撰　吳都續文粹 5/9a

平江府修學記鄭德年撰　吳都續文粹 3/1a　江蘇金石志 11/28b

平陽新修縣學記　浣川集/補遺 4a　東甌金石志 8/1a

仙居重修學記余閎撰　台州金石錄 6/4a

仙遊縣學遷道堂記　四如集 1/27a

句容縣重建縣學記　澹塘集 23/10b

台州仙居縣學記　益國文忠集 60/5b　益公集 60/69b

台州金石錄 7/20a

（台州）州學沂詠堂記　嘉帝稿/補 6a

（台州）州學建武齋記方曄撰　赤城集 6/1a

（台州）州學記章望之撰　赤城集 5/4b

台州重修學記季期撰　赤城集 5/4b

重修台州郡學記　悅齋文鈔 9/7b　赤城集 5/6a

六　畫

江陵府松滋縣學記　南軒集 9/12a

安州重修學記　郢溪集 15/6a

安岳縣修學記唐文若撰　蜀文輯存 50/4b

安岳縣學講堂記度正撰　蜀文輯存 76/8b

安福縣重修學記　盧溪集 35/2b

重修安福縣學記　吾汶稿 9/8a

安肅軍建學記　演山集 17/6b

安慶府修學記　宋本攻媿集 51/17b　攻媿集 54/16b

吉水縣修學記　須溪集 1/3b

吉州永新縣學記　勉齋集 19/13a

吉州改修學記　益國文忠集 28/11b　益公集 28/93a

吉州龍泉縣新學記　須溪集 4/1a

吉州學記　歐陽文忠集 39/11b,63/21b

修成都府府學記馮時行撰　蜀藝文志 36 上/8a

（成都府）修學記楊甲撰　蜀藝文志 36 上/9b

重修創（成都）府學記梅輔撰　蜀文輯存 67/8b

成都府學射山新修祠宇記　丹淵集 24/5b　蜀藝文志 37 中/20b

（成都）府學經史閣落成記　净德集 14/2b　蜀藝文志 36 上/1b

成都新建講武堂記　净德集 14/4b　蜀藝文志 34/上/9a

合州學宮記劉象功撰　蜀文輯存 32/1a

休寧縣修學記　吳文肅集 11/4a

休寧縣修學記　洛水集 9/3a

休寧縣修學記　秋崖稿 38/5a　洛水集 26/8b　新安文獻 13/4b

七　畫

沈丘縣學記　鷄肋集 29/4b

沙陽重修縣學記　栟櫚集 16/1a
祁州新修學記　鷄肋集 29/7a
祁陽縣學記　斐然集 21/6a
赤水縣修學記趙棣撰　蜀文輯存 72/6a
重修吴江縣學記盛章撰　吴都續文粹 6/17b
吴郡州學六經閣記張伯玉撰　宋文鑑 79/16a
吴縣重修學記汪極撰　吴都續文粹 4/31b
吴縣學記施清臣撰　吴都續文粹 4/29b
重修吴學記吴潛撰　吴都文粹 1/17a
邠州建學記　范文正集 7/4b
秀州崇德縣建學記　長興集 24(三沈集 5/11a)

八　畫

早年遊學泮宫記　所南集/49a
河南府密縣新作縣學記　彭城集 32/6a
定州新建州學記　安陽集 21/3a
宜州學記　南軒集 9/13b　八瓊金石補 115/7a
宜章縣學記　象山集 19/2b
宜黄縣縣學記　曾南豐集 26/4a　元豐稿 17/8a
宜興縣修學記　水心集 11/11b
奉化縣學記　宋本攻媿集 51/15a　攻媿集 54/14a
奉化縣學記　本堂集 49/2a
武陵縣學記　象山集 19/15b
青州州學後記　文莊集 21/5b
青州學記　演山集 18/6a
青溪縣修學記　蛟峰集 5/6b
杭州新作州學記　長興集 24(三沈集 5/13a)
林慮縣學記　鷄肋集 29/10a
東安縣重建學記　斐然集 20/25a
東莞縣學經史閣記　文溪集 1/5b
長洲縣學記俞琰撰　吴都續文粹 5/1a
長溪修學記　水心集 11/3a
昌化縣學門記　洺水集 9/7b
昌國州儒學記　袁正獻遺文卷上/1a
昌國縣學申義堂記　宋本攻媿集 53/3b　攻媿集 56/3b
盱眙軍新學記　絜齋集 10/6a
建寧重建明倫堂記　後村集 89/5a
金壇縣重建學記　水心集 9/15b
和州含山縣學記　鴻慶集 22/14b　孫尚書集 31/9b
岳州學記　河南集 4/8b
岳州學記　斐然集 20/36a
邵州重復舊學記　誠齋集 75/2b
邵州復舊學記　南軒集 9/3b
邵州學記　五峰集 3/1a
邵武軍光澤縣學記　默堂集 20/5b

九　畫

洪州新置州學記　武溪集 6/2b
冠氏縣新修學記　鷄肋集 29/2a
南安軍學記　蘇東坡全集/後 15/3a
重修興國軍學記　演山集 18/10a
軍學記　丹陽集 8/2b
昌化軍學記　莊簡集 16/8b
興化軍重建軍學記　知稼翁集 11/2a
興國軍學記　雪山集 6/14a
桂陽軍學記　南軒集 9/7b
石泉軍軍學記　鶴山集 39/7b
昌化軍修軍學記　臞軒集 5/5a
政和縣修學記　真西山集 25/33a
南劍州尤溪縣學記　朱文公集 77/23b
郃陽縣學記時彦撰　金石萃編 140/19a
信州州學大成殿記　朱文公集 80/14b
信州重修學記　水心集 11/2a
信州鉛山縣學記　朱文公集 78/22b
信州學記　宗伯集 12/5a
泉州南安縣新學記　復齋集 9/2b
建州重修學記　斐然集 21/13b
(建康)府學記　建康集 4/2a
重建建陽縣學記　雲莊集 8/3a
建寧府建陽縣學四賢堂記　朱文公集 78/18b
建寧府重修府學記　真西山集 26/1a
建寧府重修學記　絜齋集 10/2b

十　畫

(浦江縣)重建學校記　悦齋文鈔/補 2a
浮梁縣修學記　蒙齋集 14/4b
海監縣重建儒學記　蜀阜存稿 3/77b
高安縣縣學記　誠齋集 73/7a
高唐縣學記　王魏公集 6/11b
高郵軍興化縣重建縣學記陳垓撰　范文正集/褒賢 3/13b
高陵重修縣學記吴柔嘉撰　金石萃編 141/5b
唐州比陽縣新學記　濟南集 7/10b
袁州學記　直講集 23/1a　宋文鑑 80/15a
袁州學記　横浦集 17/2a

袁州學記　南軒集 9/2a

晉江縣學記　勿軒集 3/1a

虔州學記　臨川集 82/1b　宋文鑑 11/17a

鄂州京山縣遷學記　松垣集 4/1a

射洪縣修學記李蕃撰　蜀文輯存 59/15b

徐州學記　後山集 15/2b

十一　畫

淳安縣修學記洪璹撰　嚴州金石錄/下/9b

重修淳安縣學宮記方閎撰　嚴州金石錄/上/19a

淳安縣學魁星樓記　潛齋集 9/11a

淳安縣儒學石孝問增置東西齋廳記方達辰撰

嚴州金石錄/下/21a

梁縣學記　漫塘集 22/18b

黃州重建學記　蒙齋集 14/17a

黃州麻城縣學記　漫塘集 21/18b

郴州學記　龍學集 7/8a

郴州學記　南軒集 9/5b

梅州重修學記　益國文忠集 58/8b　益公集 58/48/a

曹州重修學記　學易集 6/14a

常州宜興縣學記　朱文公集 80/15b

常州學記王安國撰　江蘇金石志 9/9a

常熟縣重修學記　鶴山集 46/8a　吳都織文粹 5/44b

江蘇金石志 16/40a

增修處州學記　漢濱集 14/22b

崑山縣重修學記張九成撰　吳都文粹 1/24a

昆山縣重修學記范成象撰　吳都織文粹 5/18a

郫縣移建學記張楚民撰　蜀文輯存 31/7b

通州小學記詹仁澤撰　江蘇金石志 14/45a

通州州學直舍記　聚齋集 10/1a

通州重修學記　誠齋集 73/4b

通州重修學記王應鳳撰　江蘇金石志 18/21b

通泉縣重修學記　鶴山集 50/4a

紹興府修學記　渭南集 19/4b　八瓊金石補 116/25b

兩浙金石志 10/37b

宋紹興府修學記　兩浙金石志 11/8b

宋紹興府學整復買錢榜記劉致堯撰　兩浙金石志

12/12b

十二　畫

湖州武康縣學記　東堂集 9/1a

湖州新建州學記　樂全集 33/4b

重修温江縣學記楊紹撰　蜀文輯存 97/12b

温州新修學記　水心集 10/18a

温州樂清縣學記　竹軒集 6/10a

富春縣學記　洛水集 9/6a

宋修復彭溪山學業始末記陳善卿撰　台州金石錄

9/4a

博州高唐縣學記　鶴助集 29/1a

華亭縣重修學記　鶴山集 46/5b　江蘇金石志 16/23a

增修華亭縣學記汪遠撰　江蘇金石志 17/38b

華陽縣學記張行成撰　蜀文輯存 49/2a

華陽縣學館記張命撰　蜀文輯存 24/2b

貴溪重修縣學記　象山集 19/14a

鄂州州學四賢堂記周侍顧　程顧　程顧　朱熹　勉

齋集 20/2b

鄂州州學稽古閣記　朱文公集 80/9b

鄂州通城縣學資深堂記　豫章集 17/4b　宋文選

31/6b

欽州學記　南軒集 9/8b

無錫縣重修縣學記鄒子恭撰　江蘇金石志 15/1a

順興學記　淡山集 15/1a

隆興府重新府學記　誠齋集 75/6b

十三　畫

溪水縣學記　北山集 13/7b

新州州學御書閣記　斐然集 21/32a

新繁縣學記吳益撰　蜀文輯存 99/13b

道州學記仰駙撰　蜀文輯存 47/18b

遂寧縣遷學記楊輔選　蜀文輯存 67/9b

慈溪縣學記　臨川集 83/3b

重修資陽縣學記劉光祖撰　蜀文輯存 70/10a

福州州學經史閣記　朱文公集 80/20b

福州州學釋奠記　毘陵集 11/1a

福州建江縣新學記　筠溪集 22/11b

福清縣修學記　盧齋集 10/5b

雷州新修郡學記　武溪集 6/6a

雷州學記(1－2)　南軒集 9/9b,10b

瑞安縣重修縣學記　水心集 10/9a

重修瑞安縣學記　止齋集 39/4b

萬安縣新學記　益國文忠集 58/4b　益公集 58/43b

萬載學記　錢塘集 17/10a

萬壽縣學記　張右史集 50/8b

遷建峽縣儒學記　袁正獻遺文卷上/2b

鉛山縣修學記　真西山集 25/1a

筠州州學記歐陽修撰　宋文鑑 2/16b

筠州學記　元豐稿 18/12b

十四　畫

漳州龍巖縣學記　朱文公集 79/6b
漢陽軍新修學記　水心集 9/3b
寧海縣學記　閑風集 11/7a
寧國府修學記　蒙齋集 13/6b
韶州州學師道堂記　北溪集/第四門 3/4b
韶州重修學記　聚齋集 10/4b
廣州州學序賢亭記　漁墅稿 5/2b
廣州重建學記　梅溪集/後 26/17a
廣昌縣學記　益國文忠集 60/6a　益公集 60/70b
重修廣信郡學記　章泉稿 5/2b
肇慶府講武樹記　滄庵集 17/21a
嘉定縣修學記林應炎撰　八瓊金石補 119/31b　江蘇金石志 18/2a
嘉定縣學記沈瑱撰　八瓊金石補 119/3b　江蘇金石志 15/47b
嘉定學重修大成殿記林應炎撰　八瓊金石補 121/4b　江蘇金石志 18/24a
壽州學記　忠肅集 9/13a
壽昌縣學記　潛齋集 9/3b
壽陽縣新修學記李毅撰　金石續編 16/19b　山右石刻編 15/38a
重修鄞縣儒學記　四明文獻集 6/2a
桂陽監學記　斐然集 20/38a
休寧縣修嶽麓學記　治水集 9/4a

十五　畫

潼川府修學記　八瓊金石補 118/18b
潭州州學先賢堂記　漁墅稿 5/1a
潭州州學重建稽古閣明倫堂記　鶴山集 49/1a
潭州湘陰縣學記　罏齋集 17/13a
澶州新成州學記　武溪集 6/1b
并州新修廟學記　安陽集 21/7b
福州修廟學記　蔡忠惠集 25/12b
毫州永城縣廟學記　蔡忠惠集 25/17b
安慶府新建廟學記　勉齋集 19/7b
吳江縣重修廟學記陳從古撰　吳都續文粹 6/19b
襄城縣學記嚴時撰　金石萃編 143/13b
慶元府學重建大成殿記　四明文獻 1/9b
鄭州滎陽縣移建新學記　學易集 6/16b
撫州宜黃縣學記　鴻慶集 21/5b　孫尚書集 29/7b
撫州學記　益國文忠集 60/7a　益公集 60/72a

蔡州新建學記　龍學集 7/2b
餘姚縣重修學記　黃氏日鈔 88/14b
劍州修學記于奭撰　蜀文輯存 99/1a
重修劍州學記郭光遠撰　蜀文輯存 97/20a
樂平縣學記　慈湖遺書 2/12a

十六　畫

濂溪小學記　周元公集 8/24b
重修漳州學記　演山集 18/3a
澧州重建州學記　後村集 89/19a
靜江府學記　朱文公集 78/14b
靜江府學記　南軒集 9/1a
冀州州學記　張右史集 50/3b　宋文選 30/1b
蕉湖學新學記陳長方撰　金石萃編 148/19a
黔江修學記賈敦撰　蜀藝文志 36 下/6a
黔陽縣學記　鶴山集 47/12a
重修縣學記莫子純撰　吳都續文粹 5/21a
重修〔興化府〕學記　四庫拾遺 436/膳軒集
興化縣移建學記　江湖集 21/18a
興國軍大冶縣學記　雪山集 7/10a
錢塘縣學記　鶴林集 36/10b
歙縣新學記　竹坡稿 2/18b
學舍記　曾南豐集 27/2a　元豐稿 17/10b
鎮江路儒學成德堂記　佩韋集 9/6b
慶元路重建儒學記　四明文獻集 1/11b
常州路重修儒學記　蛟峰集 5/11b
重建儒學記錢牧撰　吳都續文粹 6/20a
儒學記史容撰　蜀文輯存 61/14b
衡州新學記　于湖集 14/4a

十七　畫

襄州光化縣重修縣學記　濟南集 7/5b
襄州遷學記　道鄉集 25/6b
襄陽府重修州學記　紫微集 32/6a
臨江軍新喻縣學重修大成殿記　須溪集 1/1a
臨安府臨安縣學記　鴻慶集 22/4b　孫尚書集 80/10b
臨安府學記　慈湖遺書 2/13b
繁昌縣學記　臨川集 82/7b
繁昌縣學記　東澗集 13/12b

十八　畫

慶元路建醫學記　四明文獻集 6/3a
鎮江府重修州學大成殿記　浮溪集 19/2b

重修雙流縣學記梁介撰　蜀文輯存 60/9b

十九　畫

濬州重修學記　鶴山集 45/5b
廬陵縣重修縣學記　益國文忠集 59/3b　益公集 59/55a
廬陵縣學三忠堂記　益國文忠集 60/8a　益公集 60/73a
廬陵縣學立心堂記　須溪集 3/45a
瓊州學記　朱文公集 79/4b

二十　畫

蘇州學記　樂圃集 6/3b　江蘇金石志 14/39b
(蘇州)學校記朱長文撰　吳都文粹 1/6a
饒州新建州學記　武溪集 6/4b

二十一　畫

重修變州明倫堂記　字溪集 8/11a
變州重建州學記　鶴山集 47/4b
(變州)重建州學記徐粹中撰　蜀藝文志 36 下/4a

二十四　畫

重建贛州州學記　橫浦集 17/6b
贛州贛縣重修學記　益國文忠集 58/7b　益公集 58/47a
贛縣學記　誠齋集 75/12b
鹽亭縣修學記劉千之撰　蜀文輯存 32/8a
衢州江山縣學記　朱文公集 78/9b
衢州江山縣學景行堂記　朱文公集 79/15b
衢州開化縣新學記　程北山集 19/12a

(二) 書院

二　畫

九峰講院記　蒙川稿/補 9a　區九峰集/卷首 6a

四　畫

王尊道先生講學記　范忠宣集 10/4a
公安南陽二書院記　恥堂稿 4/5a

五　畫

玉山劉氏義學記　朱文公集 80/2a
札溪書院記　洛水集 8/13a
石洞書院記　水心集 9/17b
重修石峽書院記牟巘撰　蛟峰集/外 3/23a
衢州石鼓書院記　朱文公集 79/22b　八瓊金石補 116/9b
白鹿洞書院記　東萊集 6/4a
廬山白鹿洞書院興復記　碧梧集 17/10a
白鹿書院君子堂記　蒙齋集 13/19a
白鹿書院重建書閣記　昌谷集 15/6a
南康軍新修白鹿書院記　勉齋集 20/4a
重修白鹿書院記　蒙齋集 13/16b
白鷺洲書院山長廳記　巽齋集 14/4b

六　畫

贛州興國縣安湖書院記　文山集 9/18b
代母梅庵題考亭書院祀因疏　勿軒集 4/5b
考亭書院記　勿軒集 2/1a
百丈溪書院記　潛齋集 9/16a
重建建陽書坊同文書院疏　勿軒集 4/1b
洛陽新建同文書院疏　勿軒集 4/3a
公安竹林書院記　可齋稿/續前 5/1a

七　畫

赤城書堂記　四明文獻集 6/7b
村西書院記　牧萊脞語/二稿 2 下/10a
上嚴坑杏壇書院記　緣督集 4/32a
旴山書院記　嶽帝稿 3/13b
秀溪書院記　誠齋集 76/8b

八　畫

潮州海陽縣京山書舍記　盧溪集 10/18a
重修武夷書院疏　勿軒集 4/1a
青雲峰書院記　巽齋集 16/12b
東山書院記　疊山集 7/3b
東湖書院記　絜齋集 10/8b

東萊書院竹軒記　蒙齋集 14/12a

汀州卧龍書院記　漁墅稿 5/4b

平江府虎丘山書院記　漫塘集 23/21a

明道書院記　默齋稿/增輯 6a

新建和靖書院記劉辛撰　吳都續文粹 13/20b

潭州岳麓山書院記　小畜集 17/10b

九　畫

洞巖講坐記　瀛庵集 17/1a

韶州相江書院記　巽齋集 14/1a

范文正公義學記　牟陵陽集 9/7a　范文正集/褒賢 4/7a　吳都續文粹 13/15b

泉山書院記　後村集 93/15a

十　畫

容安書院記　巽齋集 17/5a

泰山書院記　祖徠集 19/5a　孫明復集/附録 5a　宋文選 17/5b

桂巖書院記　松垣集 3/5b

桐源書院記　文定集 9/17a

陶山修竹書院記　齊山集 4/6a

十一　畫

賜名清湘書院記　洺水集 8/9a

全州清湘書院率性堂記　鶴山集 48/2b

釣臺書院清風堂記方回撰　新安文獻 14/2a

十二　畫

繆存齋朝陽書院記　黃氏日鈔 88/6a

建寧府紫芝書院記　宋本攻媿集 51/20a　攻媿集 54/19a

徽州重建紫陽書院記　桐江集 2/34a　新安文獻 14/1a

集虛書院記　伯牙琴 1/18a

象山書院記　蒙齋集 13/9b

異崖書院記李兼撰　蜀文輯存 52/23b

十三　畫

慈湖書院記　四明文獻集 1/14a

南康軍建昌縣義居洪氏雷塘書院記　武夷新集 6/8a

傅貽書院記文及翁撰　蜀文輯存 94/23a

十四　畫

記漢講堂　東坡題跋 6/14b

廣平書院記　四明文獻集 1/16a

榮陽公家塾廣記　東萊集/別 6/2a

十五　畫

鄭氏家塾記　復齋集 9/10b

筠州樂善書院記　益國文忠集 60/2a　益公集 60/66a

十六　畫

道州建濂溪書院記(殘)　鶴山集 47/18a

龍山書院記　真西山集 26/3a

泰和縣龍洲書院記　益國文忠集 59/7b　益公集 59/59b

廖氏龍潭書院記　誠齋集 75/3b

橋南書院記　渭南集 21/14b

學道書院記陳宜中撰　吳都續文粹 13/1a

南劍龜山書院記　須溪集 1/5b

十七　畫

江西提舉司撫州臨汝書院山長廳記　黃氏日鈔 88/8b

潮州重修韓山書院記　廣齋集 11/8b

潭州重修嶽麓書院記　止齋集 39/6b

潭州重修嶽麓書院記　南軒集 10/1a

十八　畫

南劍雙峰書院記　須溪集 2/6b

雙溪書院記　須溪集 1/7a

二十　畫

重修嚴先生祠堂書院記　潛齋集 8/7b

二十一　畫

書鶴山書院始末　鶴山集 41/6b

靖州鶴山書院記　鶴山集 47/1a

蘭玉書院記　須溪集 3/4a

二十四　畫

鷺洲重修書院疏　須溪集 7/80b

鷺洲書院修造疏　須溪集 7/30a

（三）貢院

五　畫

平江重修貢院記　山房集 4/3a
台州增造貢院記樓觀撰　赤城集 6/10a

六　畫

江東運司初建貢院記李道傅撰　蜀文帳存 77/17a
吉州新貢院記　益國文忠集 28/14a　益公集 28/96a
（成都府）貢院記李薦撰　蜀文帳存 52/21a

八　畫

長寧軍貢院記　鶴山集 40/8a

九　畫

建康府新建貢院記　誠齋集 74/1a
眉州創貢院記　鶴山集 48/15a

十　畫

高郵軍建貢院記　江湖集 21/2a

十一　畫

黃州貢院記　宋本攻媿集 51/18b　攻媿集 54/17b

梅州貢院記　益國文忠集 58/10a　益公集 58/49b
通州貢院記王應鳳撰　江蘇金石志 18/25b

十二　畫

普州貢院記　鶴山集 44/10b
彭州貢院記　渭南集 18/4b
婺州貢院記　南澗稿 15/12b

十三　畫

資州新創貢院記　鶴山集 38/11a

十五　畫

潮州貢院記　真西山集 24/8a

十七　畫

徽州貢院記　洛水集 9/1a

二十　畫

（嚴州）重建貢院記陳公亮撰　嚴陵集 9/9b

二十一　畫

（夔州）大貢院記關壽孫撰　蜀藝文志 36 下/7b

（四）藏書

五　畫

台州州學藏書監書記季翔撰　赤城集 5/11b

六　畫

（成都）府學石經堂圖籍記席益撰　蜀藝文志 36 上/4a

七　畫

李氏山房藏書記　蘇東坡全集 32/6b

九　畫

建昌軍麻姑山藏書山房記　誠齋集 73/8a
建寧府建陽縣學藏書記　朱文公集 78/17b
眉州州學藏書記　嵩山居士集 50/4a

十二　畫

楊州州學藏書樓記應節嚴撰　江蘇金石志 18/31a

十四　畫

廣德軍重建藏書閣記　黃氏日鈔 87/4b

十五　畫

劉氏藏書記　嵩山集 16/14a

十七　畫

徽州婺源縣學藏書閣記　朱文公集 78/8a　新安文獻 12/2a

十八　畫

藏書室記　樂城集/三 10/2a

十九　畫

樸齋藏書記　水心集 11/16a

八、廳壇獄倉

（一）廳廨

1. 省臺寺監

三省樞密院監門記任伯起撰　蜀文輯存 96/4b

大宗正司記　鶴山集 46/2b

行在重建大宗正司院　洛水集 7/1a

重修大理寺官廨記游似撰　蜀文輯存 79/12a

重修太常寺記　宋本攻媿集 51/4b　攻媿集 54/4b

安邊所公宇記　蒙齋集 14/15b

新修西府記陳輝撰　宋文鑑 81/12b

西外宗院廳東軒記　復齋集 9/21a

新修東府記陳輝撰　宋文鑑 81/10a

待漏院記　小畜集 16/14a　宋文選 7/6a

行在重建都督府記　洛水集 8/7a

重修御史臺記　曲阜集 4/6a

行在重建進奏院記　洛水集 8/4a

檢正都司重建直廬記　洛水集 8/2b

2. 帥臣監司

（1）帥

（四川）新建制置使司象廳記呂商隱撰　蜀文輯存 67/12a

江南西路安撫制置使廳記　三稼集 4/3b

鈐轄廳東園記李良臣撰　蜀藝文志 34 中/7b

福建安撫司二準備差遣廳記　後村集 90/5b

慶州新修帥府記　雞肋集 29/12b

（2）漕

重建四川總領所記　鶴山集 44/20a

成都府運判廳濯思堂記　丹淵集 23/8b

（成都府）漕司高齋堂記壹士幾撰　蜀藝文志 34/11a

（成都府）轉運司爽西樓記李石撰　蜀藝文志 34 中/6a

（成都府）轉運使韋修堂記張拂撰　蜀文輯存 5/11b

昇州重修轉運司公署記　乖崖集 8/10b

淮東總領所寬廉堂記　後村集 89/15b

淮南轉運司思政堂記　嵩山居士集 49/4b

湖北漕司乖崖堂記李兼撰　乖崖集/附 21b

潼川轉運司重建東衛記　鶴山集 43/12a

（3）憲

江東憲司恕軒記　蒙齋集 13/2a

湖北檢法廳盡心堂記　誠齋集 76/7b

（4）倉

（四川）都大茶司新建燕堂記楊天惠撰　蜀文輯存 26/6b

（四川）都大茶馬司新建簽廳架閣記楊天惠撰蜀藝文志 34 中/4b

江東倉司無倦堂記　蒙齋集 13/1a

江東提舉司湖山樓記　洛水集 9/11a

京西北路提舉常平司新移公宇記　程北山集 19/13b

常平司幹廳東齋記李知退撰　吳都續文粹 8/40b

提幹廳重建超然堂記趙希邁撰　吳都續文粹 8/38b

3. 州府軍監

（1）知州（府、軍、監）

永嘉郡治更堂亭名記　慈湖遺書 2/20a

（平江）府院簡孚堂記陳之茂撰　吳都續文粹 8/28b

台州重建便廳記姜容撰　赤城集 2/5b

江州廣寧監記　小畜集 17/8a

江寧府重修府署記　樂全集 33/1a

修吉安府廳記　吾汶稿 3/5a

（吉州）郡治廳北籌安堂記　巽齋集/附 8b

吉州新修小廳記　龍雲集 22/1a

（成都府）頒詔廳記張命撰　蜀文輯存 24/1b

（合州）州知監樂堂記趙逵撰　蜀文輯存 59/10b

河南府重修使院記　歐陽文忠集 63/1a

建昌知軍廳記　直講集 23/2a

益州重修公署記　乖崖集 8/5a　蜀藝文志 34 上/4b

真州分司記　敝帚稿 4/10a

新州重修廳記　斐然集 21/38b

睦州大廳記　嚴陵集 8/1a

蜀州重修大廳記呂陶撰　蜀藝文志 84 上/7b

韶州新修州衙記　武溪集 5/15a

韶州新置永通監記　武溪集 5/5b

撫州新建使廳記王無咎撰　宋文鑑 84/1b

寶慶府改建設廳記　庸伍編 13/1a

蘇州府重修大廳記　春卿稿/4a　吳都文粹 2/9a

（2）通判

北京通判廳賓樂堂記　豫章集 17/10b

重修台州通判廳記李宗勉撰　赤城集 2/7b

吉州通判廳記　益國文忠集 59/9a　益公集 59/61a

利州通判廳記　平齋集 9/6b

鄂州倅廳荊漢樓記　松垣集 4/8b

紹興府添差通判廳龍山堂記　黃氏日鈔 87/12b

廣德軍添差通判廳記　黃氏日鈔 87/1a

廣德軍通判廳佐清堂記　黃氏日鈔 87/2a

綿州通判廳伐木堂記　丹淵集 23/10b

撫州通判廳見山閣記　臨川集 83/7b

麟州通判廳記　乖崖集 8/1a

通判西廳記汪逵撰　吳都織文粹 8/22a

重修通判廳記　後村集 88/8a

（3）幕職曹官

平江府僉判廳勤儉堂記石如壏撰　吳都織文粹 8/24b

創修建康府都僉廳記姚希得撰　蜀文輯存 96/9a

筠州判官廳記　益國文忠集 60/4a　益公集 60/68b

潼川簽判廳綠筠堂記　鶴山集 41/8a

興化判官廳平一樓記　復齋集 9/23a

興化判官廳尊美堂記　復齋集 9/23b

台州推官重建廳事述趙師回撰　赤城集 2/10a

汝州推官廳記　彭城集 32/7b

保寧軍節推廳建造記　魯齋集 5/14a

重修觀察推官廳記李卞撰　吳都織文粹 8/27a

（開封府）户曹廳記　東澗集 13/9b

道州録事廳適齋記　雲溪集 28/4b

廣德軍重建録參廳記　黃氏日鈔 87/6b

平江府司法廳修造記　漫堂集 23/6b

平江府司理廳修造記　漫堂集 22/22b

潮州司理廳記　後村集 93/17b

潭州重修左右司理院記　南軒集 11/5b

（4）教授

吉州新修教授廳記　盧溪集 35/1a

（成都府）教授廳堅白堂記李石撰　蜀文輯存 62/5b

信州教授廳記　水心集 10/13b

建康府教授西廳記鄭自誠撰　金石萃編 151/22b

虔州重建教授廳記　盤洲集 30/3b

撫州重建教授廳記　黃氏日鈔 38/1a

撫州新建增差教授廳記　黃氏日鈔 87/19b

蘄州教授廳記　朱文公集 77/21b

贛州教授廳記　濂庵集 19/9a

（5）場務

（台州）杜瀆鹽場重修廳記宋晉之撰　赤城集 7/12a

金陵都作院記家之巽撰　蜀文輯存 95/9b

温州永嘉鹽場頣軒記　雲溪集 28/3a

鄂州建衙教場勤武堂記　漫塘集 21/16b

婺州都稅院記　魯齋集 5/12b

4．縣

（1）令

楚州山陽令廳北軒記　宗伯集 12/4a

於潛縣重建縣衙記　洛水集 10/1a

長洲縣令廳記　小畜集 16/9b　吳都文粹 9/27b

南城縣署記　直講集 23/5a

筠州高安縣重修縣署記　武溪集 6/11b

黃巖縣重建廳事記王居安撰　赤城集 3/13a

潭州湘潭縣新建堂宇記　洛水集 10/2a

登封縣令廳盡心堂記　清南集 7/12b

新都縣修廨舍記范鎭撰　蜀文輯存 9/6a

瑞安縣重建廳事記　水心集 10/3a

滕縣公堂記　蘇東坡全集 32/11a

興化縣重建廳事記　復齋集 9/25b

臨海縣重建宣詔亭記方沂撰　赤城集 3/7a

臨海縣廳記章望之撰　赤城集 3/4b

重修鹽亭縣廨宇記李毅一作李俊聊撰　蜀藝文志 34下/12b

（2）丞

仙居縣重修丞廳記趙善宿撰　赤城集 4/6b

仙遊縣丞廳記　復齋集 9/26b

饒州安仁縣丞廳記　南澗集 16/8a

撫州宜黃縣丞廳記　鴻慶集 21/3a　孫尚書集 29/3a

奉新縣重建丞廳記　雪坡集 33/12b

長州縣重建丞廳記方杵撰　吳都續文粹 9/4a

吉州龍泉縣丞廳記　畏齋集 15/5a

贛縣丞廳記　緣督集 4/30a

（3）簿

山陰縣重建主簿廳記　黃氏日鈔 87/8b

仙居縣主簿廳記俞建撰　赤城集 4/8a

單州成武縣主簿廳記　小畜集 16/8a

（吳江縣）新修主簿廳記范成大撰　吳都文粹 9/35b

范成大佚著/151

重建長洲簿廳記黃士特撰　吳都續文粹 9/8a

建寧府建陽縣主簿廳記　朱文公集 77/22b

零都縣重修主簿廳記　畏齋集 15/3a

（華陽縣）重修主簿廳事記李義撰　蜀文輯存 52/20a

墊江縣主簿公廨記　嵩山居士集 48/3b

諸暨主簿廳記　渭南集 20/5a

（樂平縣）主簿廳記　慈湖遺書/補 2b

（4）尉

仙居縣重修尉廳記俞建撰　赤城集 4/7a

江陰尉司新建營記　聚齋集 9/14b

修吳縣尉衙紀事　黃氏日鈔 86/1a

長洲尉廳記曾復撰　吳都續文粹 9/12b

高郵縣尉廳芭蕉軒記　雲渓集 28/6b

重建黃巖縣尉廳記謝直撰　赤城集 4/2b

潭州善化縣尉司新廨記　麗軒集 5/7a

雲安縣尉廳蘭菊軒記　嵩山居士集 49/2b

池州貴池縣尉廳記　碧梧集 17/6b

鄂州新修縣尉司記　東宮集 9/23a

萬載縣尉衙清心堂記　黃氏日鈔 88/7a

（5）其他

金壇縣監務廳記　漫塘集 20/19a

柘城縣巡檢廨署記　祖徠集 19/15a

撫州臨川縣主學廳記　黃氏日鈔 88/9b

（二）壁

1．省臺寺監

宗正寺少卿壁記　丹陽集 8/2a

起居郎廳壁記　洪文敏集 6/11b

禮部長貳壁記　洪文敏集 6/10a

禮部郎官廳壁記　洪文敏集 6/11a

2．帥臣監司

白波發運使廳壁記　蔡忠惠集 25/9a

江西安撫司機宜廳壁記　昌谷集 15/3b

（江東）安撫司僉廳壁記　默齋稿/增輯 7b

沿海制置司參議廳壁記　宋本攻媿集 55/3a　攻媿集 58/3a

廣東運幹廳壁記　抄本緣督集 19/3a

鎮江府駐劄御前諸軍都統廳壁記　渭南集 19/14b

3．州府軍監

大軍倉廳壁記　北磵集 4/3a

平江府司務廳壁記鄭霖撰　鄭開國集/附錄 39a　吳都續文粹 8/30a

平江府教授廳壁記　官教集 61a

四明支鹽倉廳壁記　聚齋集 9/17b

四明教授廳續壁記　聚齋集 10/8a

台州支鹽廳壁記陳善卿撰　赤城集 7/11a

台州司戶廳壁記謝零撰　赤城集 3/2b

台州郡治廳壁記曾會撰　赤城集 2/3a

台州添差通判廳壁記　盤洲集 30/2a　赤城集 2/9b

江陰軍司法廳壁記　聚齋集 9/16b

池州教官廳壁記　宋本攻媿集 55/8b　攻媿集 58/8a

合州廳壁記劉公儀撰　蜀文輯存 25/17a

眉州江鄉館壁記　鶴山集 40/2b

真州司法廳壁記　漫塘集 22/17b

荊門軍守廳壁記　盤洲集 32/1a

常州主簿廳壁記　山房集 4/1b　吳都續文粹 9/6a

常州新修市易務壁記　程北山集 19/9a

紹興府錢清鹽場廳壁記　洪文敏集 6/12b

福州教授壁記　洪文敏集 6/4b

題鄂州學壁　祖徠集 9/5b

楚州團練推官廳壁記　武溪集 6/13b

楚州鹽城南場公署壁記　武溪集 6/12b

漳州教授廳壁記　朱文公集 77/3b

慶元府通判南廳壁記　宋本攻媿集 55/6a　攻媿集 58/5b

錢清鹽場廳壁記　宋本攻媿集 55/7a　攻媿集 58/6b

4. 縣鎮

仙居縣令廳壁記方行可撰　赤城集 4/5a

江寧府句容縣廳壁記　節孝集 28/13a

休寧縣尉廳壁記　吳文庫集 11/8b

吳縣廳壁記郡受撰　吳都文粹 9/22b

吳縣廳壁記范成大撰　吳都文粹 9/23b　范成大佚著/ 153-154

河南縣尉廳壁記張景撰　宋文鑑 77/11b

定海主簿廳壁記　浣川集 5/6b

奉化縣丞廳壁記　江湖集 21/8b

許州長葛縣尉廳壁記　景文集 46/9b

昌國縣主簿廳壁記　宋本攻媿集 55/4a　攻媿集 58/4a

金壇監務廳壁記　漫塘集 21/4a

金壇縣丞廳壁記　漫塘集 23/15a

金壇縣廳壁記　漫塘集 23/9a

金壇簿廳壁記　漫塘集 20/20a

浦城縣廳壁記　真西山集 25/4b

淫縣尉廳壁記　東塘集 18/3b

高郵主簿廳壁記　宮教集 6/2b

翁源縣令廳壁記　漁墅稿 5/7a

庭德縣主簿廳壁記　洛水集 9/10b

黃巖縣廳壁記方行可撰　赤城集 3/11b

邢川堯山縣令廳壁記　長興集 21(三沈集 4/70a)

華陽縣主簿廳內東壁記李薦撰　蜀文輯存 53/18b

新昌縣丞廳壁記　宋本攻媿集 55/1a　攻媿集 58/1a

洪州新建縣廳壁記　元豐稿 18/7a

寧海縣主簿廳壁記李知微撰　赤城集 4/12a

寧海縣丞廳壁記劉倚友撰　赤城集 4/11a

龍陽縣丞廳壁記　竹坡稿 2/2b

錢塘縣廳壁記　宋本攻媿集 55/2a　攻媿集 58/2a

臨川簿廳壁記　象山集 19/18a

臨海縣尉廳壁記京鑑撰　赤城集 3/10b

臨海縣廳壁記彭仲剛撰　赤城集 3/4b

處州麗水縣廳壁記　武夷新集 6/3a

蘭風酒庫廳壁記　揭湖集 9/13a

犇牛鎮廳壁記　拙軒集 6/13a

5. 其他

一枝堂壁記　方是閒稿/下 9b

逆旅壁記　伯牙琴 1/14b

張氏壁記　姑溪集 37/7a

寓屋壁記　伯牙琴 1/14a

（三）壇

五　畫

吉水洞巖朱陵觀玉華壇記　須溪集 1/32a

七　畫

溫州社稷記　水心集 11/4a

永嘉縣社稷記　水心集 11/7b

海州社壇記　武溪集 5/7b

鄂州社稷記　朱文公集 79/12a

潼川府東關縣社稷壇記　性善稿 10/8a

涪州社稷壇記　鶴山集 48/7b

瑞金縣重修社稷壇記　後村集 91/11b

奉化社稷壇記　四明文獻集 1/20a

南劍路新社稷壇記　四如集 1/50a

崑山縣社稷壇記項公澤撰　吳都續文粹 12/12b

常熟縣社稷壇記陶任古撰　吳都續文粹 12/13b

重修社稷壇記黃應西撰　吳都續文粹 12/14a

重修社稷壇記汪逵撰　吳都續文粹 12/15a

建安社稷壇記王埜撰　金石續編 19/30b

淳安縣社壇記　鄂州集 3/9b　新安文獻 12/6a　嚴州金石錄/下/1a

汀州長汀縣社壇記　益國文忠集 59/10a　益公集 59/62a

台州社壇記　宋本攻媿集 51/8b　攻媿集 54/8a

樂平縣重修社壇記　慈湖遺書 2/36a

平陽縣修社壇記　舒文靖集 2/9a

會稽縣重建社壇記　渭南集 19/10b

高郵社壇記　江湖集 21/1a

新淦縣社壇記　漫塘集 23/1a

信州永豐縣社壇記　龍川集 16/1a

高郵軍社壇記　黃氏日鈔 86/18b

長洲縣社壇記孫應時撰　吳都續文粹 12/11a

淳祐重關社壇記李心傳撰　蜀文輯存 77/3b

重修社壇齋廬記廣允文撰　嚴州金石錄/下/20a

潭州太平興國寺新建戒壇記　武溪集 9/20a

江州景德寺新戒壇記　元豐稿 19/8b

崇勝戒壇記　南澗稿 15/16b

建寧府開元寺戒壇記　南澗稿 15/35a

九　畫

南康軍風師壇記　朱文公集 78/22b

十　畫

筠州高胡壇記　松垣集 3/16a

十二　畫

堯山瀧江二壇記　南軒集 10/2b

（四）獄

五　畫

吉州右院獄空記　文山集 9/3a

洪州右獄盡心堂記　浮溪集 18/9b

相州右獄壁記　初僚集 6/31b

六　畫

重修同州白水縣獄記常參撰　金石續編 14/14b

八　畫

長興獄記　北磵集 3/13b

十　畫

重建晉陵縣獄記　漫塘集 21/12b

十一　畫

淳安縣修獄記　恥堂稿 4/15a

重建黃巖縣獄記周端朝撰　赤城集 3/1a

十二　畫

彭城移獄記　後山集 15/4b

隆興府武寧縣修獄記　止堂集 10/12b

十五　畫

諸暨縣重建縣獄記　漫塘集 23/20a

十七　畫

臨海縣獄記王謙之撰　赤城集 7/13a

（五）倉庫

三　畫

大軍倉庫記　北磵集 4/3a

五　畫

浦城縣永利倉記　朱文公集 80/13b

建康平止倉免回稅記　漫塘集 22/4a

湘鄉縣平濟倉記　耻堂稿 4/12b

徽州平糶倉記　治水集 11/1a

衢州平糶倉記　蒙齋集 12/17a

京西提舉司平糶倉記　可齋稿/續前 5/7a

興化軍創平糶倉記　後村集 88/12a

華亭縣建平糶倉記　後村集 88/17b

龍溪縣復平糶倉記　後村集 89/6a

臨安府昌化縣重建平糶倉記　黃氏日鈔 87/11a

撫州金溪縣李氏平糶倉記　黃氏日鈔 88/2a

重建左藏庫記　柯部集 33/17a

六　畫

光澤縣大寺寨修倉記　濳軒集 6/9a

七　畫

建寧府崇安縣五夫社倉記　朱文公集 77/25a

婺州金華縣社倉記　朱文公集 79/17a

建寧府建陽縣長灘社倉記　朱文公集 79/18b

建寧府建陽縣大闡社倉記　朱文公集 79/20a

邵武軍光澤縣社倉記　朱文公集 80/8b

常州宜興縣社倉記　朱文公集 80/17a

建昌軍南城縣吳氏社倉記　朱文公集 80/22a

洪都府社倉記　絜齋集 10/10b

南康胡氏社倉記　澹塘集 22/8b

葉校勘社倉記　文山集 10/32a

撫州金溪縣李氏社倉記　黃氏日鈔 87/17b

社倉記　須溪集 3/1a

吉水義惠社倉記　須溪集 4/24b

巴川社倉記度正撰　蜀藝文志 34 下/13b

袁州萍鄉縣西社倉絜矩堂記　勉齋集 19/11b

瀧州社倉養濟院義家記　鶴山集 45/9a

吳學義廩記戴溪撰　吳都續文粹 3/24a

吳學義廩規約黃由撰　江蘇金石志 15/41b

茶陵州譚氏孚善倉記　四庫拾遺 504/養吾齋集

九　畫

石跋寨新置軍儲倉記　四庫拾遺 171/灌圃集

十　畫

增城新創貢士庫記　文溪稿 1/7b

融州新創貢士庫記唐轝撰　八瓊金石補 86/27b　粵西金石畧 12/1a

晉江軍儲倉記　臞軒集 5/18a

十二　畫

袁州萬載縣減月椿記　四庫拾遺 116/止堂集

潭州惠民倉記　鶴山集 43/5b

潭州外十縣惠民倉記　鶴山集 48/4b

蘄州惠民倉記　真西山集 24/16a

淯川縣惠民倉題名記　四庫拾遺 497/小亨集

廣州新創備安庫記　文溪稿 1/10a

常熟新建順民倉記所淑撰　吳都文粹 9/38a

順民倉記陳瑛撰　吳都文粹 9/39b

十三　畫

荊門軍義勇甲仗庫記　宋本攻媿集 56/3b　攻媿集 59/3b

荊南重建萬盈倉記　于湖集 14/10a

十四　畫

廣信糶糴記　樓塈集 10/4a

建寧府廣惠倉記　真西山集 24/13b

建陽縣復賑耀倉記　真西山集 26/13a

稿賞庫記陳驤壽撰　粵西金石畧 12/22b

十六　畫

翠嶠增修學廩記劉漢英撰　金石續編 19/33a　八瓊金石補 119/18a

十七　畫

禮尚庫記家之巽撰　蜀文輯存 95/8b

十八　畫

郴州仙居轉般倉記　誠齋集 73/9b

重修轉般倉記　黃氏日鈔 86/2a

富陽縣創建豐本倉記　洛水集 11/2b

二十一　畫

永州續惠倉記　耻堂稿 4/9a

二十四　畫

重修廣州都鹽倉記　洪文敏集 6/14a

新建鹽倉記陳淳祖撰　赤城集 7/9b

(六) 軍營

九 畫

茂州軍營記 鶴山集 39/6a

十六 畫

興國四營記 雪山集 6/16b

九、蠲免救濟

（一）蠲免

二　畫

均減嚴州丁稅記詹元宗撰　嚴陵集 9/4b

漳州代輸丁錢記　後村集 88/15b

四　畫

永康軍評事橋免夫役記　鶴山集 38/4a

七　畫

平陽縣代納坊場錢記　水心集 10/2a

延慶院免科折記陳善卿撰　赤城集 13/1a

八　畫

建德路罷金課記　潛齋集 9/1a

休寧縣減折帛軍布錢記　洛水集 10/14a

九　畫

新城折納秋苗記　洛水集 10/12a

鎭江府減秋苗斛面記　漫塘集 23/16a

茶陵軍減苗置寨記　水心集 11/15a

叙州蠲役記　鶴山集 42/11b

十　畫

揚州撥還泰興縣酒稅記　漫塘集 22/3a

義烏縣減酒額記　龍川集 16/2b

宜興縣尉司免發茶引記　漫塘集 21/12a

十四　畫

截留綱運記　章泉稿 5/1a

十七　畫

徽城蠲稅記　竹坡稿 2/17b

二十四　畫

轉運司蠲免鹽錢記　朱文公集 77/13a

（二）救濟

四　畫

仁義院記呂沆撰　竹坡稿 2/11a

六　畫

安老坊記呂發撰　嚴州金石錄/下/4a

安溪縣安養院記　復齋集 9/16a

安養院記陳善卿撰　吳都續文粹 8/35a　江蘇金石志 15/28b

安養院記石宗萬撰　嚴州金石錄/下/7a

七　畫

南康利民抵當庫記　復齋集 9/20b

八　畫

重建居養安濟院記盧搢撰　吳都續文粹 8/33a

真州居養院記　漫塘集 20/1a

吉水縣創建居養院記　洛水集 11/3b

十二　畫

安溪縣惠民局記　復齋集 9/15a

衢州續惠民藥局記　蒙齋集 12/15a

嘉定己巳金壇粥局記　漫塘集 20/13b

甲申粥局記　漫塘集 22/6a　江蘇金石志 15/15a

十五　畫

江西運司養濟院記　朱文公集 79/7b

養濟院記　履齋集 3/8b

十七　畫

濟民藥局記　退庵稿/下/9b　吴都續文粹 8/31a

總所撥歸本學園租公據後記張濟之撰　江蘇金石志 18/3b

十九　畫

建昌軍藥局記　緊齋集 10/12b

十、堂齋軒館

（一）堂

一　畫

一和堂記　雪坡集 36/8b
一經堂記　朱文公集 77/4b
一經堂記　誠齋集 71/5b
一樂堂記　南軒集 13/1a
一樂堂記　閒堂集 1/16b

二　畫

二友堂記　齋庵集 17/5a
二仙堂記　閬齋集 3/7a
資陽二賢堂記楊朴撰　蜀文輯存 49/12a
雷州十賢堂記　文山集 9/24a

三　畫

鄰學三友堂記　四庫拾遺 578/畫墁集
三勿堂記　異齋集 14/10a
三交堂記　演山集 17/11b
永州三省堂記張淡撰　蜀文輯存 45/11a
趙氏三桂堂記　誠齋集 75/11a
金氏三桂堂記　棠莖集 10/2b
三峽堂行記呂商隱撰　蜀藝文志 64/6b
夔州重茸三峽堂記宋筆撰　蜀藝文志 34 下/7b
三徑堂記　竹隱集 13/12a
活溪三絕堂記孫邁撰　新安文獻 11/2a
三瑞堂記　跨鼇集 16/6a
三過堂記　北磵集 2/7a
三賢堂記陳摯撰　陳修撰集 9/5a
代作三賢堂記　洛水集 10/7a
瑞州三賢堂記　文山集 9/12b
三賢堂記仲井撰　吴郡文粹 2/20a
通州三賢堂記程大昌撰　新安文獻 12/5a
漢州三賢堂記侯午仲撰　蜀藝文志 34 中/10b
新繁縣三賢堂記樊汝霖撰　蜀藝文志 34 中/12b
吴郡三賢堂記　四庫拾遺 228/浮山集

東湖三樂堂記　演山集 14/8b
三膜堂記　心史/下/38a
仙溪喻氏大飛書堂記　復齋集 9/11a
大師堂記　范太史集 36/5b
大雅堂記　豫章集 17/22b
大愚堂記　曾雲莊集 4/15b
大閱堂記梅摯撰　蜀文輯存 4/19b
大隱堂記　須溪集 2/12a
山堂記　橘洲集 6/2a
久翠堂辭並序　滿水集 7/2a

四　畫

吉州新建六一堂記　誠齋集 73/13b
朱氏六可堂記　秋崖稿 39/7b
心逸堂記　唯室集 2/9b
心遠堂記　渭南集 21/15b
心遠堂記　鶴山集 49/18a
李氏天理堂記　黃氏日鈔 88/10b
天與堂記　道鄉集 26/10b
元老壯獻之堂記　文溪稿 2/1a
溫州永嘉縣不欺堂記　香溪集 6/12b
不欺堂記　誠齋集 74/4a
不澗堂記　鴻慶集 23/2b　孫尚書集 31/13b
吳元鼎友梅堂記　秋崖稿 39/1a
友德堂記方山景撰　吴郡續文粹 5/7b
閩州香城宮建五百羅漢堂記趙宗堯撰　蜀文輯存 97/6a
五美堂記　誠齋集 75/1a
景定重修五峰堂記家坤翁撰　蜀文輯存 94/8b
止止堂記　道鄉集 26/8a
止善堂記　絜齋集 10/20b
日省堂記　演山集 16/6a
中和堂記　郡陽集 4/7b
袁州中和堂記　鐵菴集 32/3a
中和堂記　須溪集 2/19a

中和堂記李某撰　蜀文輯存 74/10a
介堂記　默堂集 20/4a
公溥堂記　齊山集 4/17b
公餘堂記　演山集 17/9b
仁智堂記　北溪集/第四門 3/3a
仁智堂記　性善稿 11/1a
仁智堂記　雪坡集 36/4b
及老堂記　滄庵集 18/7a
水村堂記　後村集 93/1a
水陸堂記范成象撰　吳都續文粹 31/13b

五　畫

市隱堂記　跨鰲集 17/4b
永堂記　慈湖遺書 2/37a
永感堂記　鶴助集 31/10a
揚州重修平山堂記　長興集 21(三沈集 4/67a)
平山堂記　鄭忠肅集/下/5b
揚州平山堂記　宋本攻媿集 53/10b 攻媿集 56/10a
揚州重建平山堂記　洪文敏集 6/7a
平心堂記　四庫拾遺 503/養吾齋集
平政堂記　雪山集 7/14b
平堂記　香溪集 6/16a
玉和堂記　益國文忠集 59/6b 益公集 59/58a
正己堂記　浪語集 31/17b
富灘世德堂記　滄庵集 18/32a
本空堂記　須溪集 3/14a
本泉堂記　須溪集 3/41b
布景堂記　石門櫝 22/14a
申申堂記　龍學集 7/6a
申義堂記　慈湖遺書 2/1a
四友堂記　梅溪集/前 17/9b
四友堂記　牧萊臆語/二稿 2 下/20a
四老堂記　毘陵集 11/1b
四老堂記　南澗橋/拾遺 2a
浣花四老堂記郭印撰　蜀文輯存 39/3b
四賢堂記　江湖集 21/7b
普州四賢堂記　昌谷集 15/1a
南康軍四賢堂記　蒙齋集 14/7a
生意堂記　須溪集 3/38a
弘毅堂記　真西山集 25/17b

六　畫

安老堂記　濟南集 7/2b

安堂記　宗伯集 12/7b
安堂記　牧萊臆語/二稿 4/12a
彭希呂亦樂堂記　須溪集 2/24b
亦樂堂記　八瓊金石補 88/22b
冰玉堂記　張右史集 49/5a
冰玉堂記　朱文公集 80/6a
冰玉堂辭　鶴助集 3/3b
共極堂記　真西山集 25/19b
高安吏隱堂記　松垣集 3/1a
淳化縣吏隱堂記石彥政撰　金石萃編 147/32a
有竹堂記　鶴助集 30/4a
有美堂記　歐陽文忠集 40/6b
伊山向氏有裕堂記　斐然集 21/26b
存心堂記姚希得撰　蜀文輯存 83/14a
存厚堂記　須溪集 3/9a
夷陵縣至喜堂記　歐陽文忠集 39/2a
雙溪岷瞻堂記　松垣集 3/14b
企疏堂記　斐然集 20/42a
仰斗堂記　羅鄂集 5/11b
仰止堂記　南軒集 12/9a
陳師復仰止堂記　勉齋集 20/6b
仰高堂記　寶晉英光集 6/2a 寶晉山林集 4/14a
仰高堂記　鶴山集 47/8b
自貴堂記　則堂集 1/27a
自然堂記　豫章集 18/22a
洪氏如堂記　漫塘集 22/16a

七　畫

沉厚堂記任達撰　蜀文輯存 73/3b
沛然堂記　蒙齋集 14/22a
沖和堂記　宋本攻媿集 53/6b 攻媿集 56/6b
汲古堂記　雪坡集 36/6b
茶陵陳公俊汲古堂記　須溪集 2/15b
汲古堂記　須溪集 3/36a
志古堂記　河南集 4/4b
孝友堂記　真西山集 26/23b
孝友堂記　後村集 91/12b
孝友堂記　石堂集 13/23a
孝思堂記　龜山集 24/12b
孝思堂記　後村集 91/5a
杜工部草堂記趙次公撰　蜀藝文志 39 上/7a
杜工部草堂記暗汝礪撰　蜀文輯存 47/9b
求仁堂記　梁溪集 132/3b

快哉堂記　江湖集 22/1a
肖顏堂記　益國文忠集 28/1a　益公集 28/80a
芝堂記　濟南集 7/1a
芝堂記　斜川集 6/6b
見山堂記　三餘集 4/3a
萬竹胡希道見思堂記　四如集 1/44b
簡州見思堂記　鶴山集 42/6a
希賢堂記　竹坡稿 2/8a
邵州希濂堂記　誠齋集 74/9b
秀野堂記　滄庵集 19/12a
秀野堂記　江湖集 22/6a
秀野堂記　須溪集 2/10b
何氏書堂記　浮溪集 18/12b
延清堂記　本堂集 52/2a
焦山延壽堂記　橘洲集 5/2a
妙湛延壽堂記平江　北磵集 3/8a
佚老堂十景記　演山集 17/2b
君子堂記　鶴山集 47/14a
馬實夫君子堂記　蒙齋集 13/12b
周景遠君子堂記　牟陵陽集 10/12b
即心堂記　跨鼇集 17/2b

八　畫

泗洲堂記　跨鼇集 16/13b
彭州永昌縣治己堂記　丹淵集 23/12a
重建青青堂記　赤城集 12/4a
松風堂記　梁溪集 133/12b
東嚴堂記曾丰撰　赤城集 14/14a
兩賢堂記　南澗稿 15/19b
南康直節堂記　樂城集 24/8a
直節堂記　曾雲莊集 4/20a
怡如堂記　黃氏日鈔 88/13b
尚賢堂記　性善稿 10/14b
肯堂記呂人龍撰　蜀阜存稿 3/120b
非非堂記　歐陽文忠集 63/6b　宋文選 2/17b
芳潤堂記　蛟峰集 5/5a
芷堂記　須溪集 5/21a
具瞻堂記　栟櫚集 16/3a
味書堂記　雪坡集 36/7a
味道堂記　朱文公集 77/17b
嘉定州重建明倫堂記牟巘撰　吳都續文粹 7/8a
明善堂記　樓墓集 10/1a
明善堂記趙大全撰　蜀文輯存 49/11a

明道先生書堂記　真西山集 24/1a
明經書堂記　梅巖集 4/1a
易足堂記　南澗稿 16/3a
御書撫州忠孝堂記　後村集 90/4b
忠宣堂記　漫塘集 21/1a
忠義堂記　金氏集/下/31a.
忠義堂記　北山集 13/6a
元符忠諫堂記　鶴山集 44/4b
泉州重建忠獻堂記　後村集 90/12b
固存堂記　方舟集 11/8a
岸老堂記　長興集 23　三沈集 5/1a
采衣堂記　無爲集 10/7a
金山草堂述事　文軒集 5/17a
金斗書堂記　蒙齋集 14/23b
鄭文叔垂芳堂記　文山集 9/8b
知心堂記　平齋集 9/15b
知雄堂記　龍學集 7/7a
張氏和政堂記　雪山集 7/12a
委懷堂記　誠齋集 75/10a
依緑堂記　秋崖稿 38/3a
阜民堂記薛紱撰　蜀文輯存 76/1a
近古堂記　則堂集 1/22b
近古堂記王灼撰　蜀文輯存 63/9a
吉水縣近民堂記　誠齋集 72/11a
章氏近思堂記　益國文忠集 28/16a　益公集 28/98a
居安堂記　四如集 1/12b
居思堂記　真西山集 26/12a
弦歌堂記　浪語集 31/13b
玉筍山承天宮雲堂記　須溪集 4/31a

九　畫

炤默堂記　姑溪集 36/5a
春雨堂記應僎撰　吳都續文粹 8/19b
相墨堂記何鑄撰　蜀藝文志 34 下/1a
束理堂記　道鄉集 25/10b
南風堂記　心史/下/31b
劉氏厚堂記　四如集 1/17b
厚德堂記　蜀阜存稿 3/60b
洪州華山胡氏書堂記　徐公集 28/4b
吉陽持正堂記　龍雲集 22/2b
拱翠堂記　雞肋集 30/1a
澧州范文正公讀書堂記任友龍撰　范文正集/褒賢 3/17a

重立茇堂記　益國文忠集 28/13a　益公集 28/95a
茂苑堂記米友仁撰　吳都文粹 9/29b
思古堂記　石門櫝 22/7b
思白堂記　後山集 15/1a
思武堂記魯自忍撰　金石續編 17/21b
思政堂記　曾南豐集 25/5b　元豐稿 18/1a
重修思政堂記　眉山集 22/4b
婺源縣思政堂記　蒙齋集 12/4b
思堂記　蘇東坡全集 32/15a
思堂記　蛟峰集 5/9a
絳州思堂記張槱撰　宋文鑑 84/17b
思堂記徐常撰　山右石刻編 16/19b
思終堂記　南軒集 13/4a
族祠思敬堂記　四如集 1/3b
湯陰縣思賢堂記　柯部集 33/16b
江寧縣思賢堂記　鄱溪集 15/2a
思賢堂記范成大撰　吳都文粹 2/22b　范成大佚著/148-149
李氏眸雲堂記　牧萊脞語/二稿 2 上/23b
品堂記　間堂集 1/20b
食燕堂記　北溪集/第四門 3/9a
拜掃堂記　祖徠集 19/18b
香遠堂記趙師夏撰　赤城集 15/2b
信道堂記　孫明復集 2/12a　宋文選 9/6a
後隆堂記　須溪集 2/25b
後樂堂記　浮山集 4/8a
風月堂記　演山集 18/1a
風月堂記　于湖集 13/9a
風月堂記　盤洲集 32/1b
風雪堂記　水心集 10/17a
眉壽堂記　益國文忠集 28/6a　益公集 28/86a
晉江縣飛鳥堂記　後村集 89/14b

十　畫

浩然堂記　蘇學士集 13/8b
吳氏浩然堂記　樂城集 24/5a
汧瞻堂記　傅家集 71/10a　司馬溫公集 66/10b
畈忠堂記　真西山集 24/20a
嚴州高風堂記　浮溪集 18/2b
旅堂記　斐然集 20/26b
泰民堂記陸德輿撰　吳都續文粹 9/2b
真陽縣素絲堂記　張右史集 50/8a
眉州起文堂記　嵩山居士集 50/5b

起堂記　克齋集 10/20a
核山堂記　須溪集 5/16a
真止堂記　滄庫集 17/13a
蘄州黃梅山真慧禪院法堂記　樂溪集 133/2a
真樂堂記　樂靜集 6/5b
致樂堂記　須溪集 2/22b
雅州振文堂記　鶴山集 39/12a
振民堂記　太倉集 60/4a
草堂記　雪坡集 36/9b
時中堂記　滄庫集 18/14a
時思堂記　間堂集 2/20a
豹隱堂記　文定集 9/8b
奐疑堂記　平齋集 9/11a
耕樂堂記　蒙齋集 14/16b
耕讀堂記　彝齋文編 3/11b
矩堂記　真西山集 25/8b
師吳堂記　盤洲集 31/4a
師善堂記家之巽撰　蜀文輯存 95/11a
留耕堂記　水心集 10/5a
劉氏留耕堂記　牧萊脞語 6/7a
奉化縣怨堂記　宋本攻媿集 53/5a　攻媿集 56/4b
娛山堂記　嵩山集 16/2b
娛老堂記　抽軒集 6/7a

十一　畫

贛州清平堂記　漁墅稿 5/10b
清白堂記　范文正集 7/2b
清芬堂記　宋本攻媿集 53/8b　攻媿集 56/8a
清芬堂記　圈軒集 5/10b
玉筍山清音堂記　須溪集 2/27a
清美堂記　鷄肋集 30/6b
婺源縣清風堂記汪藻撰　新安文獻 11/3b
清約堂記　平齋集 9/7b
清高堂記　本堂集 48/2a
王氏清虛堂記　樂城集 24/3b
杭州清暑堂記　蔡忠惠集 25/20b
清蔭堂記　橘洲集 10/2a
清賢堂記　九華集 19/3b
清鎮堂記　須溪集 4/37b
淇澳堂記　溪堂集 7/5a
康吉堂記吳子良撰　赤城集 15/5b
黃堂記　桐江集 2/36a
余子帶經堂記　松垣集 4/14b

梅友堂記 牧萊脞語 6/2b

梅露堂記 鴻慶集 23/5a 孫尚書集 32/2a

專壼堂記 後村集 90/3a

爽堂記 盤洲集 31/7b

雙流道遙堂記李薦撰 蜀藝文志 34 中/14b

處靜堂記 吾汶稿 3/11a

野堂記 漫塘集 21/21b

野堂記 秋崖稿 38/6b

問月堂記 牧萊脞語/二稿 3/8a

晚圃堂記 須溪集 5/2b

從所好堂記 太倉集 60/5b

祭堂記 俎徠集 19/17b

務本堂記 方舟集 11/10b

相州畫錦堂記 歐陽文忠集 40/8a

畫繡堂記 浮溪集 18/6a

將相堂記閔善舒撰 蜀藝文志 34 中/15b

細論堂記 梅溪集/前 17/17a

終慕堂記 益國文忠集 59/11a 益公集 59/63a

紹堂記 濟庵集 17/9a

十二 畫

滋德堂記 南澗稿 16/1a

溫樂堂記 恥堂稿 4/21b

淵源堂記 梅溪集/前 17/15b

淵樂堂記楊天惠撰 蜀藝文志 39 上/12a

雙峰正覺禪院涅槃堂記 石門禪 21/20a

寒溪堂記 浪語集 31/16a

詠春堂記 慈湖遺書 2/4a

詠春堂記 敝帚稿 4/1a

就日堂記 秋崖稿 39/2a

善堂記 須溪集 2/17a

善善堂記 九華集 19/1a

善慶堂記 異齋集 13/7a

普照千僧海會堂記 牟陵陽集 10/6a

尊己堂記 吳文肅集 10/11a 新安文獻 12/10a

尊美堂記 南軒集 12/10a

尊教堂記 則堂集 2/16a

尊賢堂記 四庫拾遺 147/恥堂存稿

曾程堂記李處全撰 吳都文粹 9/35a

黃勉齋先生雲谷堂記 復齋集 9/6a

雲蔭堂記 橫浦集 17/3b

雲嶠書堂記 蜀阜存稿 3/72b

琴堂記宋椿撰 吳都續文粹 9/30a

報暉堂記 盧齋集 11/1a

超隱堂記葉勸撰 吳都文粹 8/16a

博雅堂記張震撰 蜀文帙存 60/8a

植桂堂記 毗陵集 11/1a

棣華堂記 曾雲莊集 4/22a

朝陽書堂記 須溪集 2/13a

雄邊堂記王敦詩撰 蜀文帙存 62/14b

虛己遊世之堂記 四如集 1/31a

虛心堂記 霽山集 4/5a

尹氏萃貞堂後記 四如集 1/47a

方氏萊山堂記 秋崖稿 38/8b

景文堂記趙與鑒撰 吳都續文粹 5/5b

重刻晦庵景行堂記 牟陵陽集 10/8b

景呂堂記滕璘撰 新安文獻 13/1a

開濟堂小記何書仲撰 蜀藝文志 34 下/9b

閒樂堂記 勿軒集 8/7b

番江書堂記 蒙齋集 14/1a

筠州無訟堂記 宗伯集 12/13b

無訟堂碑記高典撰 蜀文帙存 65/1a

進士第一堂記 異齋集/附 11a

進德堂記楊師魯撰 蜀文帙存 100/11b

普成縣集瑞堂記何鵬舉撰 蜀文帙存 78/3b

順慶記 蜀阜存稿 3/64b

順豫堂記 西塘集 3/20b

衆妙堂記 蘇東坡全集/後 15/1b

衆美堂記 北山集 25/13a

劉氏復本堂記 四如集 1/46a

沈氏勝栖堂記 雪山集 6/5b

逸老堂記 王雙溪集 4/4a

逸老堂記 異齋集 16/16b

重建逸老堂記 履齋集 3/23b 八瓊金石補 120/11b

兩浙金石志 12/34b

劍南東川鄉賢堂記陳鵬撰 蜀文帙存 25/14a 八瓊

金石補 111/31b

十三 畫

劉氏溥平堂記 牧萊脞語/二稿 2 下/1a

墨池準易堂記何涉撰 蜀藝文志 39 上/1a

靖共堂記 盧溪集 34/4a

誠貫堂記 牧萊脞語/二稿 4/1a

誠樂堂記張震撰 蜀文帙存 60/6b

義方堂記 濟軒集 6/1a

吳氏義堂記 漫塘集 22/15b

李修年義愛堂記　拙齋集 15/7a
廣漢李氏義粟堂記　誠齋集 75/14b
道山書堂記　則堂集 1/14a
道山堂記　則堂集 1/11b
道原堂記徐明叔撰　北溪集/外/25b
劉正之遂初堂記　勉齋集 19/4a
福榮堂記　誠齋集 74/13b
郭聖予瑞蓮堂記　勉齋集 19/6a
眉州載英堂記　鶴山集 41/2a
靈泉縣聖母堂記蘇坤撰　蜀藝文志 37 上/19a
胡氏勤有堂記　雪坡集 34/4a
勤有堂記　蛟峰集 5/3b
勤清堂記范銘撰　嚴州金石錄/下/8a
楊文莊公書堂記　真西山集 26/10a
歲寒堂記　公是集 36/8b
吴子野歲寒堂記　西塘集 3/16a
歲寒堂記(1-2)　學易集 6/17b.19a
歲寒堂記　紫微集 31/10b
沈氏萱竹堂記　水心集 9/16b
萬山閣堂記　牧萊壁語/二稿 2 下/18a
萬卷堂記　于湖集 14/7b
萬卷堂記　盤洲集 31/9b
濟南張氏萬卷堂記　佩韋集 9/2a
紹興府萬柳堂記　黃氏日鈔 87/13a
葛氏草堂記　蔡忠惠集 25/14b
敬安堂記　鶴山集 50/2b
楊恭老敬義堂記　勉齋集 19/1a
李氏敬聚堂記　則堂集 2/5b
敬簡堂記　南軒集 12/8b　于湖集/附 15a
愚堂記　龍雲集 22/5b
嗣守堂記　潛齋集 9/18b
處州照水堂記　蘇學士集 13/7a
照堂記　程北山集 18/13b
照碧堂記　鶴肋集 29/16a
蜀錦堂記　益國文忠集 58/1b　益公集 58/39b
愛民堂記　吴文肅集 10/5a
愛教堂記　誠齋集 72/8a
愛閑堂記　閑風集 11/1b
愛萱堂記　嵩山集 16/4a
萬誠翁愛賢堂記　雪坡集 34/6a
雙羊山會慶堂記　宛陵集/拾遺 1b
節孝堂記　則堂集 2/22a
節愛堂記　尤梁溪稿 2/3b　赤城集 12/1b

傳易堂記　嵩山集 16/8a
傳清堂記　則堂集 1/18b
翠山圃堂記　後村集 91/1a
鉛山西湖羣賢堂記　克齋集 10/12a
瀛州經武堂記　初僚集 6/26a
經訓堂記　異齋集 15/7a
經德堂記　象山集 19/11a

十四　畫

演教堂記　鶴林集 36/13a
漫堂記　程北山集 19/10b
滿嵐堂記　盤洲集 32/2b
會稽縣寬簡堂記　宋本攻媿集 52/2a　攻媿集 56/2a
齊州二堂記　元豐稿 19/3a
廣錫堂記　方舟集 11/2b
粹隱堂記　蘇學士集 13/1a
榮事堂記　竹隱集 13/10b
志樂平朱氏榮緣堂許月卿撰　新安文獻 34/10a
南氏榮觀堂記　桐江集 2/16a
嘉禾堂記楊輔撰　蜀文輯存 67/11a
遠遊堂記　石門禪 22/9a
壽芝堂記　于湖集 14/8a
嚴州聚山堂記　誠齋集 71/10a
聚奎堂碑　宋本攻媿集 57/11a　攻媿集 60/10b
槐衮堂記　江湖集 22/4b
對雲堂記　渭南集 17/16a
蒙泉龍堂小記　漢濱集 14/27a
蓋公堂記　蘇東坡全集 32/5a
夢山堂記　三餘集 4/5b
爲德興汪氏種德堂作記　浮溪集 19/11b
種德堂記　清正稿 5/2b
種德堂記　則堂集 2/26a
武寧田氏魁星堂記　雪坡集 33/4b
旰胎軍翠屏堂記　渭南集 20/13a
翠微堂記　浮溪集 18/4b
盡心堂記　錢塘集 17/1a
盡心堂記　嵩山居士集 48/1a
盡心堂記　朱文公集 77/20a
蕭堂記　則堂集 2/1a

十五　畫

潛心堂記　嵩山居士集 48/6b
潛心堂記李皓撰　山右石刻編 18/9a

杜氏潜光堂記　益國文忠集 60/3a　益公集 60/67b

潔白堂記　南軒集 13/2b

審思堂記　道鄉集 25/11b

適正堂記　幼槃集 8/8a

王氏慶衍堂記　誠齋集 72/9a

袁州慶豐堂記　龍學集 7/9a

養正堂記　穆參軍集 3/9b

冀州養正堂記　豫章集 17/8b　宋文選 31/8a

養正堂記　真西山集 25/29b

養生堂記　莊簡集 16/3a

養志堂記　無爲集 10/4b

養志堂記　閑風集 11/4a

養志堂記　則堂集 1/24b

養拙堂記　洪文敏集 6/8b

養浩堂記　龜山集 24/19b

橫碧堂記　退庵稿/下/3a

紹興府重建賢牧堂記　四庫拾遺 127/聚齋集

賢樂堂記　宗忠簡集 3/1a

象州賢樂堂記　東溪集/上/16a

醉白堂記　蘇東坡全集 32/3b

醉愚堂記　漫塘集 20/17b

醉經堂記　王雙溪集 4/1a

醉經堂記張商英撰　蜀文輯存 13/16a

醉樂堂記　誠齋集 76/10a

虎溪蓮社堂記　須溪集 3/27b

墨君堂記　蘇東坡全集 31/8b　丹淵集/附錄 20a

墨寶堂記　蘇東坡全集 31/11b

定州閱古堂記　安陽集 21/6b

閱古堂記　演山集 17/1a

樊氏讀書堂記　鉛刀編 23/4a

稽古堂記馮時行撰　蜀文輯存 46/8a

儀鄭堂記　栟櫚集 16/5b

儼然堂記　嵩山居士集 49/8b

梓州中江縣樂閑堂記　丹淵集 23/1a

德熟堂記　須溪集 2/21a

新繁縣衛公堂記宋倞撰　蜀文輯存 39/1b

景定重修魯公堂記家坤翁撰　蜀文輯存 94/11a

十六　畫

江州重建濂溪先生書堂記　朱文公集 78/13a

寶慶府濂溪書堂記　恥堂稿 4/1a

龍堂記夏侯觀撰　山右石刻編 12/43a

凝碧堂記　景文集 46/11a

石氏静山堂記　漫塘集 23/14a

静安堂記　蜀阜存稿 3/67b

静見堂記　須溪集 5/22b

静治堂記　鴻慶集 22/2a　孫尚書集 30/7a

静治堂記樓鑰撰　赤城集 12/8a

静逸堂記　須溪集 2/28b

静暉堂記　益國文忠集 28/4b　益公集 28/84b

静鎭堂記　渭南集 17/16b

静邊堂記　嵩山居士集 48/5a

静觀堂記　魯齋集 5/10b

燕居堂記　北澗集 5/4a

燕居堂記　漫塘集 21/7a

燕香堂記　鴻慶集 23/4a　孫尚書集 32/1a

燕超堂記　鴻慶集 21/6b　孫尚書集 29/8a

雲安橘官堂記李壁撰　蜀藝文志 34 下/9b

閩州整暇堂記　豫章集 17/7a　宋文選 31/7b

遺老堂記　宋本攻媿集 53/1a　攻媿集 56/1a

遺愛堂記　跨鼇集 16/7b

譚氏學林堂記　誠齋集 74/11a

學易堂記劉鼓撰　播芳文粹 146/17b

積善堂記　雞肋集 31/7b

積善堂記　鶴山集 47/10b

積慶堂記　則堂集 2/23b

勸節堂記　無文印集 3/7b

獨有堂記郭印撰　蜀文輯存 39/4a

獨有堂記馮時行撰　蜀文輯存 46/7b

十七　畫

濟美堂記　濟南集 7/8a

謙山堂記　牧萊脞語/二稿 2 下/4b

講易堂記　歸愚集/補遺 7a

謝公堂記　蔡忠惠集 25/9b

禮堂記吳必大撰　吳都續文粹 5/3b

霞起堂記　尤樂溪稿 2/4b　赤城集 12/1a

霞峰堂記　牧萊脞語/二稿 3/6b

戲綵堂記　斐然集 20/34a

蹇隱堂記　須溪集 3/6a

隱求堂記　四庫拾遺 125/聚齋集

十八　畫

叢桂堂記　梁溪集 132/11a

叢桂堂記　方舟集 11/7a

叢桂堂記常璩撰　蜀文輯存 100/1b

蕭蕭堂記 長興集 24(三沈集 5/18a)
瞻岷堂記 牧萊脞語/二稿 3/18b
瞻儀堂記范成大撰 吳都文粹 2/24a 范成大佚著/147-148
重建瞻儀堂記陳振撰 吳都續文粹 8/14a
雙石堂記 東堂集 9/6b
王氏雙松堂記 嵩山集 16/6a 八瓊金石補 110/1a
雙峰堂記 雙峰稿 9/3a
胡氏雙清堂記 雪坡集 34/7a
雙清堂記王鉶撰 赤城集 12/8b
雙瑞堂記范成大撰 吳都文粹 2/18a 范成大佚著/165-166
雙槐堂記 張右史集 49/19b 宋文選 30/3a
雙蓮堂記 南澗稿 16/14a
雙應堂記凌唐佐撰 新安文獻 11/3a
濠州雙穗堂記 雪山集 7/7b
歸樂堂記 朱文公集 77/8a
彝訓堂記 本堂集 49/4b

十九 畫

識山堂記 橘洲集 6/1a
擬拙堂記 盤洲集 31/6b
懷種堂記 誠齋集 71/7a
隆興府奉新縣懷種堂後記 誠齋集 76/1a
懷鮮堂記 蜀阜存稿 3/90a

二十 畫

寶善堂記 黃氏日鈔 86/17a

趙提幹寶善堂記 黃氏日鈔 88/5a
楊氏寶經堂記 漫塘集 22/10b
寶繪堂記 蘇東坡全集 32/8a
閒儒堂記 牧萊脞語/二稿 2 上/19b
僉州纖美堂記 齋庵集 17/27a
繼思堂記 紫微集 31/15b

二十一 畫

松垣東西宇南北部蘭薰堂記 松垣集 4/9a
鐵壁堂記 後村集 93/13b

二十二 畫

襲桂堂記 蒙齋集 14/18b
讀易堂記 須溪集 4/17b
讀書堂記 四如集 1/21b
讀書堂記陳少微撰 蜀文輯存 31/11b
讀禮堂記 梅溪集/後 26/15b
聽雨堂記 後村集 88/8b

二十五 畫

觀妙堂記 蘇東坡全集/續 12/16b
溫江縣觀音堂芝堂記孫漸撰 蜀文輯存 97/4b
徽州東門觀音堂記 桐江集 2/30b

(二) 齋

二 畫

二樂齋記 須溪集 2/30a

三 畫

三益齋記 渠堂集 7/6b
三益齋記 香溪集 6/14a
于于齋記 滿水集 6/1a
寸齋記 拙齋集 15/8b

四 畫

重建六齋記 清正稿 5/6a
元同齋記 潛齋集 8/17b
木齋記 牟陵陽集 9/5a
不息齋記 五峰集 3/7b
友古齋記 伯牙琴 1/17a
友善齋記 誠齋集 74/12a
秦氏中齋記 無爲集 10/6b
中齋記 則堂集 1/1b

內訟齋記　慈湖遺書 2/1b

分定齋記　江湖集 21/15b

勿齋記　真西山集 26/17b

修夔州東屯少陵故居記于貢撰　蜀藝文志 39 上/10a

允齋記　本堂集 49/7b

李德敬毋自欺齋記　勉齋集 20/5b

五　畫

玉立齋記　誠齋集 71/2b

玉成齋記　敬帝稿 4/13b

梁氏玉峰書室記　復齋集 9/13a

正齋記　鶴山集 50/15a

本齋記　象山集 19/17a

可隱齋記　碧梧集 17/5a

四益齋記　巽齋集 13/9a

以齋記　牟陵陽集 9/6a

荊叔麟以齋記　牟陵陽集 11/1b

新修四齋記李燾撰　蜀藝文志 36/上/10b

用拙齋記　牧萊脞語/二稿 2 上/9a

弗措齋記　南軒集 11/8a

六　畫

安止齋記　慈湖遺書 2/30a

安齋記　須溪集 3/12b

亦山齋記　伯牙集 1/19b

西齋休假記　景文集 46/20b

存心齋記　香溪集 6/4a

存存齋記　巽齋集 15/14b

存齋記　朱文公集 77/6b

存齋記　南軒集 11/7a

存齋記　真西山集 25/26b

至樂齋記　朱文公集/別 7/4b

至樂齋記　牟陵陽集 10/9b

合妙齋記　石門禪 21/22a

竹友齋記　南澗稿 16/4b

竹齋記鄭少微撰　蜀文輯存 31/14a

自牧齋記　香溪集 6/8b

自牧齋記　牧萊脞語/二稿 2 上/11a

自得齋記　東堂集 9/27b

自得齋記　四如集 1/30a

自齋說　本堂集 34/6a

自覺齋記　孫尚書集 30/2a

如是齋記　唯室集 2/10b

如農齋記　孫尚書集 30/3b

七　畫

武岡軍沅溪書舍記　須溪集 4/22b

周沂曼沂齋記　雪坡集 34/12a

兌齋記　道鄉集 25/13a

克齋前記　浪語集 31/10b

克齋後記　浪語集 31/12b

克齋記　朱文公集 77/16a

求仁齋記　龜山集 24/1a

求仁齋記　克齋集 10/17a

足齋記　龍雲集 23/5a

足齋記　盧溪集 35/8b

困學齋記　佩韋集 9/5a

困齋記　南軒集 12/6b

似是齋記黃大輿撰　蜀文輯存 48/17b

君子齋記　臨川集 82/3b　宋文選 11/18b

八　畫

李次山定齋記　拙齋集 15/3b

定齋記　定齋集 12/11b

坦齋記　緣督集 4/17a

黃氏東山書齋記　牧萊脞語/二稿 2 下/13a

東齋記　歐陽文忠集 63/10a

直齋記　則堂集 2/8a

抽養齋記　寶晉集 4/11a

抽齋記　朱文公集 78/10b

抽齋記　南軒集 12/3a

抽齋記　鶴山集 47/7a

抽齋記　則堂集 2/13a

抽懶齋記　香溪集 6/10b

怡齋記　洪文敏集 6/6a

怡齋記　誠齋集 72/3a

溫陵陳彥遠尚友齋記　西塘集 3/18a

芸齋記　朱文公集 77/5a

杭州西湖李氏果育齋記　雲溪集 28/1a

易齋記　敬帝稿 4/17a

知旨齋記　北山集 13/9b

知非齋記　巽齋集 15/1a

知恥齋記　鶴山集 50/20a

和至齋記　慈湖遺書/補編 2a

委成齋記　四如集 1/19b

牧齋記　朱文公集 77/7b
牧齋記　竹坡稿 2/10a
天台陳侯牧齋記　松垣集 3/3a
牧齋記　玉蟾稿 9/12b
牧齋記孫松壽撰　蜀文輯存 50/8b
近智齋記　鷄肋集 30/15b
所齋記　恥堂稿 4/24a
孤竹齋記　霽山集 4/15a

九　畫

計過齋記　道鄉集 25/18b
思義齋記　則堂集 2/18a
思樂齋記　鴻慶集 22/1a　孫尚書集 30/5a
畏齋記　寶官集 4/7b
家恭伯重齋記　勉齋集 19/5b
省齋記　嵩山居士集 50/7a
省齋記　省齋集 4/15a
省齋記　性善稿 10/17b
省齋記　黃氏日鈔 86/15a
柔克齋記　橘洲集 10/1a
韋齋記　雜豫章集 11/4a
約齋記　南軒集 12/5b

十　畫

浩然齋記　道鄉集 25/15b
浩然齋記　渓堂集 7/8a
浩然齋記　克齋集 10/22a
浩齋記　誠齋集 73/6a
浩齋記　寶官集 4/9a
容齋記　默堂集 20/2b
高齋記　文恭集 35/7a
東屯高齋記　渭南集 17/12b
恥齋記　鶴山集 50/1a
時齋記　慈湖遺書 2/29b
時齋記　水心集 9/19a
耕穫齋記　盤洲集 30/2b
舫齋記　石門禪 22/3a
舫齋記　梅溪集/前 17/18a
退齋記　鶴林集 36/15b
恕齋記　朱文公集/別 7/5b
恕齋記　盤洲集 31/5b

十一　畫

淡齋記　南澗稿 15/2a
深省齋記　南澗稿 16/16a
池州清净侯記　東塘集 18/8a
净名齋記　寶晉英光集 6/3b　寶晉山林集 4/12a
寄傲齋記　眉山集 8/7a
余叔達寄傲齋記　松垣集 4/11b
杭州龍井院訪齋記　樂城集 23/11b
訪齋記　香溪集 6/9b
柳氏訪齋記　牧萊脞語/二稿 2 上/1a
李修年庶齋記　抽齋集 15/5a
率齋記　鴻慶集 21/4b　孫尚書集 29/5b
雪齋記　淮海集 38/3b
莫能名齋記　慈湖遺書 2/2b
野航齋記　牧萊脞語/二稿 3/4b
敏求齋記　本堂集 50/4b
敏齋記　須溪集 5/19b
江堂賓得齋記　黃氏日鈔 87/20b
習齋記　寶官集 4/6b
尉廳二齋記　濟齋集 15/10b
綱錦齋記　後村集 91/15b
貫齋記　北溪集/第四門 3/1a

十二　畫

寓齋記　程北山集 19/15a
詠春齋記俞恢撰　林屋稿/附錄 4a
敦復齋記　濟庵集 19/19a
敦復齋記　南澗稿 15/7a
善最樂齋記　方舟集 11/9a
雲齋記　則堂集 1/3b
彭節齋記　鶴山集 39/15b
博文齋記　抄本緣督集 19/6b
植齋記　北澗集 4/3b
朝陽齋記　蘿軒集 5/14a
殖齋記汪藻撰　新安文獻 11/6b
虛齋記　灌園集 9/11a
菖蒲齋記　石門禪 22/2a
最勝齋記　定菴稿 4/15a
無倦齋記　南軒集 12/1a
家本仲無欲齋記　勉齋集 20/7b
無慍齋記　小畜集 17/14a
無盡藏齋記　東牟集 13/8a

遊無窮齋記　于湖集 13/2a
進德齋記　石堂集 13/20a
復齋記　五峰集 3/4a
復齋記　斐然集 21/22b
復齋記　朱文公集 78/11b
復齋記　竹坡稿 2/15a
復齋記　渭南集 17/3b
復齋記　清正稿 5/1a
復齋記　巽齋集 16/10a
復齋記　魯齋集 5/15b
復禮齋記　慈湖遺書 2/23a
循善齋記　牧萊脞語/二稿 3/9b
畫舫齋記　歐陽文忠集 39/6a
强齋記　鶴山集 47/2b

十三　畫

誠齋記　濳庵集 18/1a
義齋記　道鄉集 25/4a
義齋記　斐然集 20/29b
義齋記　牟陵陽集 11/4b
瑞蓮齋記　誠齋集 76/14a
慎獨齋記　香溪集 6/1a
敬思齋記　真西山集 25/3a
敬義立齋記　絜齋集 10/23a
敬齋記　益國文忠集 59/7a　益公集 59/58b
敬齋記　象山集 19/1a
敬齋記　南軒集 12/2a
愚齋記　眉山集 22/6a　宋文選 23/6b
愚齋記　須溪集 2/4a
節齋記　濳齋集 15/6b
節齋記　須溪集 2/2b
節齋記　則堂集 2/11a

十四　畫

遠齋記　嚴帶稿 4/15b
李氏槐庭記　牧萊脞語/二稿 3/2b
蒙齋記　屏山集 5/1b
蒙齋記　斐然集 20/28a
蒙養齋記　蜀阜存稿 3/63a

十五　畫

潛齋記　雞肋集 31/3a
潛齋記　文定集 9/10a

潛齋記　真西山集 24/25a
養正齋記　香溪集 6/6b
長興劉林宗養浩齋記　浮溪集 19/1a
養齋記　雪坡集 36/11b
鞍山齋記　齊山集 4/9b
賢行齋記　樂圃集 6/9a　吳都續文粹 18/15b
賢覺齋記　慈湖遺書 2/27a
頤貞齋記　佩韋集 9/11b
頤齋記　道鄉集 25/14a
頤齋記　濳庵集 19/14a
謝從之頤齋記　秋崖稿 39/5b
樂齋記　于湖集 13/6a
德潤齋記　四明文獻集 1/21b
德齋記　絜齋集 10/22a
遯齋記　濳庵集 17/11a

十六　畫

澄齋記　橘洲集 5/10a
静常齋記　蘇東坡全集/續 12/20b
静勝齋記　畫墁集 6/1a
静勝齋記　默成集 3/1b
静勝齋記　橫浦集 17/4b
静齋記　滿水集 6/3a
静齋記　絜齋集 10/16b
磬齋記　慈湖遺書 2/19a
默齋記　慈湖遺書 2/35b
遺老齋記　樂城集/三 10/1a
學魯齋記　百正集 3/6a
篤齋記　鶴山集 50/18b
獨不愧齋記　後村集 92/2b

十七　畫

臨齋記　性善稿 11/7a
擴齋記　南軒集 11/9a
嬌齋記　默成集 8/1a
隱微齋記　吳文肅集 11/2b
隱齋記　南軒集 12/4b

十八　畫

覆簣齋記　滿水集 6/2a
江陵州叢蘭精舍記　鶴山集 50/17a
吴思道藏海齋記　姑溪集 36/3a
蟫齋記　龍雲集 22/7a

簡齋記　牟陵陽集 11/12a

十九　畫

山陰王氏鏡湖漁舍記　暘髮集 9/7b

二十　畫

飄然齋記　橫塘集 18/6b
覺齋記　水心集 9/5a

二十一　畫

灝酒齋記　梅溪集/後 26/8a

歸然齋記　慈湖遺書 2/34a
韓韓齋記　灌園集 9/7a

二十二　畫

儼若思齋記　浪語集 31/11a

二十三　畫

麟齋記　斐然集 21/17a

（三）軒

一　畫

一擊軒記　石門禪 22/4a

二　畫

二軒記　無爲集 10/3b
二軒記　道鄉集 25/15a

三　畫

川泳軒記　益國文忠集 28/2a　益公集 28/81a
也足軒記譚篆撰　蜀文輯存 47/16a
也足軒記孫觀國撰　蜀文輯存 60/13b

四　畫

文軒記　演山集 16/1a
文富軒記　王雙溪集 4/3a
李天與五經軒記　西塘集 3/19a
介軒記　浮沚集 4/19a
仁榮軒記　楳溪集 10/4b
勿軒記　蜀阜存稿 3/85b
引素軒記　跨鼇集 17/1a

五　畫

只恁麼軒記　秋崖稿 38/9a

六　畫

俞好問交樂軒記　牟陵陽集 10/2b

亦驥軒記　柿欄集 16/4b
老懶軒記　灌園集 9/9a
此君軒記　平齋集 9/21a
陳子美竹軒記　眉山集 22/7b
竹軒記　橫浦集 17/5b
竹軒記　敝帚稿 4/12b
竹軒記　無文印集 3/6b

七　畫

鄧子山家遊初軒記　西塘集 3/10a
君子軒記　敝帚稿 3/19b
君子軒記　牟陵陽集 9/12a

八　畫

定軒記　真西山集 25/11b
定軒記　巽齋集 13/11a
定軒記劉繪撰　吴都續文粹 17/29a
宜雪軒記　誠齋集 71/13b
東軒記　樂城集 24/1a
拄笏軒記　漢濱集 14/26a
拄笏軒記周辛撰　嚴州金石録/上/24a
抽軒記　梁溪集 132/7b
抽軒記　抽軒集 6/7a
明碧軒記　九華集 19/14b
金粟軒記　道鄉集 25/17b

九 畫

南軒記 曾南豐集 26/3b 元豐稿 17/12a
耐軒記 緊齋集 10/19a
拱北軒記 道鄉集 25/8a
思可軒記 江湖集 21/10b
映書軒記吳顥撰 蜀文輯存 47/18a
待月軒記 樂城集/三 10/3b
負日軒記 樂靜集 6/10b

十 畫

浮碧軒記 雲巢編 8(三沈集 8/22a)
容膝軒記 楳溪集 10/3a
高士軒記 朱文公集 77/1a
悟靜軒記 演山集 18/4b
書清軒 跨鼇集 30/9a

十一 畫

毛同可淡軒記 松垣集 4/13a
丹霞清泌軒記 栟櫚集 18/3a
清風軒記 嵩山集 16/26b
清軒記 韋齋集 10/8b
净香軒記 江湖集 22/2b
寄軒記 盧溪集 34/8a
昭武危西仲寄傲軒記 四如集 1/34a
梅軒記 須溪集 3/8a
悠然軒記 本堂集 49/1a
得志軒記 道鄉集 26/11b
得軒記 灌園集 9/8a

十二 畫

寓軒記 絜溪集 132/6a
寓軒記 高峰集 11/13a
寓隱軒記 江湖集 21/14b
就軒記 吳文廛集 10/7a
善應軒記 姑溪集 36/4b
琴軒記 演山集 16/9a
琴堂棋軒記 尊德集/補遺 1a
棲雲日新軒記 栟櫚集 18/1a
殖軒記 江湖集 21/11b
虛直軒記俞植撰 勿軒集 3/14b
閑軒記 淮海集 38/6a
畫浪軒記 石門禪 21/1a

絕塵軒記 南澗稿 16/6a

十三 畫

滌軒記 高峰集 11/10b
義勝軒記喻汝礪撰 蜀文輯存 47/12a
盟鷗軒記 林屋稿/附録 6a
愛竹軒記 雪坡集 35/5a

十四 畫

漱汀軒記 盤洲集 30/7a
韶石軒記 西塘集 3/12a
蒙軒記張商英撰 蜀文輯存 13/17a
箕踞軒記 眉山集 22/9a
緑畫軒記 梅溪集/前 17/10b

十五 畫

潛軒記 演山集 14/3b
澄碧軒記 龍雲集 23/7a
紫極宮寫韻軒記 須溪集 4/9a
頤軒記 簡齋集 1/5a
稼軒記 洪文敏集 6/2b
楊氏樂養軒記 忠庵集 9/10b

十六 畫

澹軒記 瀑軒集 6/6a
濳軒記 牟陵陽集 11/10b
辨志軒記 蜀阜存稿 3/86b
靜軒記范鈛撰 山右石刻編 14/17b
靜賞軒記 江湖集 22/2a
遺老軒記 碧梧集 18/5b
學稼軒記 四如集 1/5b
穆如軒記 牧萊脞語/二稿 4/14a
憩思軒記 吳文廛集 10/6a

十七 畫

鴻軒記 張右史集 49/13b
灌鳳軒記 嵩山集 16/22b
尉思隱軒記林仰撰 赤城集 3/11a

十八 畫

騎鯨軒記 吳文廛集 11/11b
藏游軒記鄭少微撰 蜀文帳存 31/13a
韞玉軒記 敝帚稿 4/5b

十九 畫

識全軒記　本堂集 51/1b

二十五 畫

觀盡軒記　演山集 13/6b

（四）館

四 畫

丹陽館記　陸忠烈書 1/4b　南宋文範 46/10b

紹興府修少卿館記　竹坡稿 2/1a

六 畫

眉州江鄉館記　鶴山集 44/24b

八 畫

重修姑蘇館記吳必大撰　吳都續文粹 11/1a

十 畫

臨海縣泰安館記石公璟撰　赤城集 11/1a

韶州真水館記　武溪集 5/14a

十一 畫

清陰館記吳師孟撰　蜀文輯存 14/25a

重修清陰館記黃大奧撰　蜀文輯存 48/16b

十四 畫

嘉賓館記　竹坡稿 2/6b

十六 畫

錦溪館記陳暉撰　嚴州金石錄/下/5b

十八 畫

歸來館記　秋崖稿 39/2b

（五）屋舍

一 畫

一粟窩記　四如集 1/16a

三 畫

山居記　誠齋集 76/15a

山窗記　須溪集 4/39a

小窗記　北山集 5/10a

小菟裘記　江湖集 21/16a

四 畫

六香吟屋記　覃齋集 14/7b

洪氏天目山房記　鶴山集 49/4b

天多許記　先天集 7/1a

木居士條記　太倉集 61/3b

五雲梅舍記　霽山集 4/12a

陶隱居丹室記　浮沚集/補遺/2b

水村精舍記　桐江集 2/21a

五 畫

半山精舍記　四如集 1/8a

玉窗記　須溪集 3/19a

左氏書莊記　雪坡集 34/2a

北窩記　蜀阜存稿 3/100a

四無室記　北磵集 3/4a

白雲精舍記　漫塘集 23/19b

六 畫

池陽冬窩記　蜀阜存稿 3/79b

交翠窩記　本堂集 50/5a

竹所記　誠齋集 71/8a

竹修室記　本堂集 48/3b

名軒室記　南軒集 13/6a

名堂室記　朱文公集 78/5b　新安文獻 12/1a

七　畫

廬山重建李氏山房記　復齋集 9/8b

酉室記江公望撰　吳都續文粹 18/14a

吾廬記　須溪集 4/18b

芝室記　淮海集 38/6b

妙香條記　太倉集 61/6b

八　畫

松泉精舍記　復齋集 9/22b

東埜書房記　四如集 1/48b

東樂記　須溪集 4/14b

東莫書房記周端朝撰　赤城集 15/4a

命隱室記　四如集 1/36a

居易俟命之奧記　黃氏日鈔 87/10a

居室記　渭南集 20/1a

邵古香行窩記　潛齋集 9/13a

九　畫

信州鄭固道侍郎寓屋記　浮溪集 19/6b

風月窩記　後村集 89/11b

十　畫

浮沚記　浮沚集/補遺/3b

班衣寮記　渭南集 7/17a

清湘寶仁孟晉窗記　雪坡集 36/16b

耕舍記　秋崖稿 38/1a

書巢記　渭南集 18/9a

十一　畫

清源隱居記　黃氏日鈔 88/11a

清隱山房記　本堂集 49/5b

望雲條記　蒙川稿/補 1a

雪巢記　尤梁溪稿 2/6b　赤城集 15/1a

雪窗記　橘洲集 5/2b

梅屋記　獻醜集/1b

梅窗記　本堂集 48/8b

梅麇記　浪語集 31/18b

通鑑室記　朱文公集 77/10b

十二　畫

寓所記　古逸民集 2/3b

寓室記　方是閒稿/下/12b

善吾精舍記　齊山集 4/2b

雲泉精舍記　後村集 88/1a

惠補之樽室記　東塘集 18/6b

華蓋山新建三廬記　緣督集 4/24a

著圖書所記　平齋集 9/12a

閒戲記　自堂稿 4/16a

游無窮室記　雪山集 7/25b

順寧精舍記　後村集 92/7a

衆芳所記　牧萊脞語/二稿 2 下/3a

十三　畫

道山之宇記　盧齋集 11/10a

葉嶺書房記　水心集 10/16a

敬室記　則堂集 2/3b

暗室記　寶窗集 4/12b

鉛山周氏義居記　南澗集 16/11a

十四　畫

端屋室記俞植撰　林屋稿/附錄 5a

碧栖山房記　後村集 92/4b

趙氏村屋記　雪坡集 34/8b

浦城夢筆山房記　鶴山集 49/8b

十五　畫

樂閒山房記　晞髮集 9/8b

盤蝸室記　江湖集 21/17b

劉潤夫定宇記　牧萊脞語 6/13b

十六　畫

融春室記　獻醜集/4b

十七　畫

霞隱記　牧萊脞語/二稿 2 下/15b

蟲條記　盤洲集 30/4b

隱求室記　則堂集 1/29b

十八　畫

雙碧柱記　清正稿 5/5b

歸來子名縉城所居記　雞肋集 31/4b

十九 畫

藥房記 四如集 1/10b
曝背龜記 勿軒集 3/11a

二十一 畫

蘭室記 嵩山集 16/12a

二十二 畫

齋窗記 黃氏日鈔 86/5a

十一、亭臺樓閣

（一）亭

二　畫

二友亭記　四如集 1/41b
二亭記　後山集 15/2a
武昌九曲亭　樂城集 24/2b

三　畫

吉州西峰院三秀亭記　豫章集 18/18a
西峰寺重修三秀亭記　盧溪集 34/5b
山月亭記　緣督集 4/9a
山月亭記　誠齋集 74/5a
小憩亭記周邵虎撰　八瓊金石補 93/5b

四　畫

心舟亭記冉木撰　蜀文輯存 78/6b
心遠亭記　牧萊腥語/二稿 3/11b
天香亭記　梅溪集/後 26/4b
不改色亭記　竹坡稿 2/1b
五芝亭記　艾軒集 5/3a
內樂亭記　錢塘集 17/4a
分弓亭記范聲撰　蜀藝文志 34 中/1a
少休亭記劉淫撰　蜀藝文志 39 下/6b
尹公亭記　元豐稿 18/11b
均州尹公亭記　鶴山集 49/16b
尹氏茅亭記　牧萊腥語 6/12a
引月亭記　江湖集 22/4a
水月亭記　誠齋集 71/9a

五　畫

立雪亭記　黃氏日鈔 86/3a
永慕亭記　陶山集 11/10a
陳氏永慕亭記　斐然集 20/32b
玉茗亭記家坤翁撰　蜀文輯存 94/9b
玉霄亭柱記　尤梁溪稿 2/5a　赤城集 11/8a
可友亭記　北山集 5/8b

石門亭記　臨川集 83/7a
崇陽縣重建北峰亭記項安世撰　乘崖集/附録 23a
叩雲亭記任伯傳撰　蜀文輯存 17/12a
四并亭記　抽軒集 6/11a
四望亭記　百正集 3/7a
代笠亭記　梅溪集/前 17/12b
（白雲亭）記　四庫拾遺 557/都官集

六　畫

安遠亭記　須溪集 5/13a
考亭記　石堂集 13/16b
重修共樂亭記　龍雲集 23/3a
西山亭記　洪文敏集 6/4a
萬州西亭記劉公儀撰　蜀文輯存 25/16a
西亭蘭若記　北磵集 4/10b
在亭記　桐江集 2/8b
有本亭記　五峰集 3/6a
峽州至喜亭記　歐陽文忠集 39/3b
同元亭記　須溪集 3/22b
合江亭記呂大防撰　蜀藝文志 39 下/5a
合翠亭記　濟南集 7/10a
泗州先春亭記　歐陽文忠集 39/1a
任亭記　九華集 19/16b
仰高亭記　吳文肅集 11/7b
仰高亭記留元剛撰　吳都續文粹 9/34a
多稼亭記　南軒集 13/7b
良止亭記　浪語集 31/18a

七　畫

沂泳亭記　龔齋文編 3/9a
忘歸亭記　後山集 15/16a
池州弄水亭記　東塘集 18/4a
題湖州西余山寧化寺弄雲亭記　文恭集 35/9a
李氏族譜亭記　文山集 9/9a
李氏園亭記　小畜集 16/15b

孝友亭記　瀛奎集 6/2b
黃州快哉亭記　樂城集 24/5b
芝亭記　鴻慶集 23/3a　孫尚書集 32/22a
見山亭記　則堂集 1/7b
建吳井列泉亭記施清臣撰　吳都續文粹 31/35a
秀亭記　桐江集 2/9b
秀野亭記　則堂集 1/10a
延射亭記章琰撰　吳都文粹 9/25b
壯節亭記　朱文公集 80/5b　三劉家集/83b
真州重建壯觀亭記　誠齋集 73/12a

八　畫

西湖泳澤亭記　洪文敏集 6/1a
宜南亭後記　羅軒集 5/9a
撫州放生亭記　黃氏日鈔 88/6b
肇慶府放生咸若亭記　文溪稿 1/1a
放鶴亭記　蘇東坡全集 32/13b
泰州玩芳亭記　彭城集 32/9b　宋文鑑 81/9b
玩芳亭記　山房集 4/3b
永州玩鷗亭記　浮溪集 19/10a
來賢亭記　河東集 4/7a
記遊松風亭　東坡題跋 6/30b
松菊亭記　豫章集 17/23b
東平樂郊池亭記　公是集 36/6a　宋文鑑 79/3a
李秀才東園亭記　歐陽文忠集 63/7a
臥雲亭記　跨鰲集 17/3b
直清亭記　絜齋集 10/24b
果泉亭記　漫塘集 20/23a
明月亭記　蒙齋集 12/2b
岸幘亭記沈震撰　赤城集 11/12a
金鄉張氏重修園亭記　鶴肋集 20/13a
書遊垂虹亭　東坡題跋 6/12b
瓊州知樂亭記　朱文公集 79/5b
知樂亭記　慈湖遺書 2/26b
知樂亭記　江湖集 21/13b
欣欣亭記　公是集 36/10a

九　畫

春日宴李氏林亭記　乖崖集 8/11a
春雨亭記　誠齋集 71/11b
南雄州池亭記　洪文敏集 6/15a
仙民亭記張俞撰　蜀文輯存 24/5a
范公亭記　誠齋集 78/3b

是是亭記　後山集 15/12a　三劉家集/81b
思洛亭記蔣桂撰　蜀文輯存 65/12a
思亭記　後山集 15/4a
思亭記張絃撰　蜀文輯存 17/17a
思耕亭記　北山集 13/10a
思淮亭記　張右史集 49/15a
李氏思終亭記　宋本攻媿集 57/8b　攻媿集 60/8a
眉山蘇氏思敬亭記　性善稿 11/3b
思養亭記　宗伯集 12/11b
毗陵郡公南原亭館記　徐公集 14/3b
看山亭記　演山集 14/5a
飛躍亭記吳子良撰　赤城集 11/11a　南宋文範 45/15a
香遠舟（亭）記　徐文惠稿 3/11b
劍州重陽亭記吳師孟撰　蜀藝文志 39 下/9b
待月亭記　公是集 36/4b
待月亭記劉牧撰　宋文鑑 78/19a
待鶴亭記　瀛齋集 15/8a　蜀藝文志 39/7b
風玉亭記　太倉集 60/2a
癸水亭記　范成大佚著/172
建安郡齋三亭記　武夷新集 6/18a

十　畫

流杯亭記　文恭集 35/12a
訓農亭記　九華集 19/7b
凌風亭事狀　南澗稿 9/34a
索履亭記張俞撰　蜀文輯存 24/4b
新作殊亭記　浪語集 31/15a
馬氏園亭記　學易集 6/13a
草亭記　北山集 25/11b
哦松亭記　瀛齋集 15/13b
襄州峴山亭記　河南集 4/1b
峴山亭記　歐陽文忠集 40/10b
追遠亭記　梅溪集/前 17/14b
重修徐瑀亭記　徐公集 14/1a
登州新造納川亭記章望之撰　宋文鑑 81/4a
孫宰軒亭記　江湖集 21/12a

十一　畫

清心亭記　元豐稿 18/8a
潤州金壇縣清修亭記　文恭集 35/5b
清風亭記　江湖集 22/3a
清風亭記吳子良撰　赤城集 11/9b
清溪亭記王安國撰　宋文鑑 81/5a

綿竹縣圃清曠亭記　漁齋集 15/5a

望岷亭記張俞撰　蜀藝文志 39 下/4a

望思亭記　劉給諫集 4/2b

雪溪亭記　後村集 92/18b

蕭氏梅亭記　文山集 9/9b

蕭贊之掛冠亭記　宗伯集 12/10a

惜陰亭記京鑑撰　蜀藝文志 34 中/3b

野吏亭記　蘇東坡全集/續 12/13b

野興亭記　小畜集 17/6b

崇山崖圃亭記　紫微集 31/8b

移癖亭記　跨鼇集 17/9b

得異亭記　緣督集 4/12a

魚我亭記　四如集 1/49b

通會亭記李燕撰　蜀文輯存 54/8b

參前亭記　本堂集 49/3a

尉遲氏園亭記　竹隱集 13/13b

慧山陸子泉亭記　鴻慶集 21/9a　孫尚書集 32/17a

巢鳳亭記　鴻慶集 21/10b　孫尚書集 32/18a

十二　畫

遊廉亭記　歐陽文忠集 63/13b

湧泉亭記　武溪集 5/11a

湧翠亭記　玉牒稿 9/13b

寒亭記黃潛撰　八瓊金石補 103/6a

詠歸亭記　益國文忠集 28/3a　益公集 28/82b

喜雨亭記　蘇東坡全集 31/2a

博見亭記　緣督集 4/7a

揚州九曲池新亭記　長興集 2(三沈集 4/68b)

揚州新園亭記　臨川集 83/11b

飲歸亭記　元豐稿 18/3a

喬公亭記　徐公集 14/2b

建昌軍集賓亭記　直講集 23/4a

勝亭記　浪語集 31/16b

逸心亭記章楶撰　蜀藝文志 39/下/6a

十三　畫

滄浪亭記　蘇學士集 13/4b　吳都文粹 3/40b

新亭雙茵苔碑張禹撰　山右石刻編 16/11a

意足亭記　四如集 1/43a

道山亭記　元豐稿 19/10b

遂安縣三亭記　楓潮集 9/13a

錢氏遂初亭記　丹陽集 8/3b

筠州新昌縣瑞芝亭記　豫章集 17/17a　宋文選 31/

9a

河陽楊清亭記　豫章集 17/19b

重建萬壑風煙亭記陳觀撰　赤城集 11/8b

敬亭後記　水心集 10/4a

敬思亭記　益國文忠集 60/1b　益公集 60/65b

睦亭記　真西山集 24/18a

南昌後城臺觀袁道士愛山亭記　松垣集 6/2b

愛方亭記　鐵菴集 30/7a

愛蓮亭記　性善稿 11/6a

會享亭記　斐然集 21/20a

節亭記　錢塘集 17/5b

十四　畫

漢中三亭記　公是集 36/7b

漢嘉李氏林亭記　九華集 19/5b

韶亭記　武溪集 5/10a

陳氏榮鄉亭記　歐陽文忠集 63/2b

榮黎山亭記魯清撰　蜀文輯存 98/15b

碧松亭記　梅巖集 4/6b

碧雲亭記楊覃撰　蜀文輯存 47/15a

壽州西園重修諸亭録　景文集/拾遺 15/13a

壽亭記　溪堂集 7/14b

嘉蓮亭記　異齋集 16/15a

蜀雲亭記　江湖集 21/14a

夢牛亭記　佩韋集 9/3b

復州夢野亭記　松垣集 4/6a

翠微亭記　異齋集 14/12a

盡美亭記張景修撰　赤城集 15/6b

十五　畫

潤州州宅後亭記　蘇魏公集 64/4b

適南亭記　陶山集 11/11a

毗陵張氏重修養素亭記　梁溪集 133/13b

橫舟亭記曹涇撰　新安文獻 14/3b

醉翁亭記　歐陽文忠集 39/14b　八瓊金石補 10/25b

滁州重建醉翁亭記　鴻慶集 22/11a　孫尚書集 31/5a

醉樂亭記　水心集 9/13b

墨妙亭記　蘇東坡全集 31/10a

賦歸亭記　盤洲集 31/3b

臨湘縣閱武亭記　忠肅集 9/12b　宋文鑑 81/14a

樂全亭記　龜山集 24/10a

十六　畫

龍君亭記文熙之撰　蜀文輯存 94/21a

禾山龍溪亭記　龍雲集 22/9a
靜勝亭記　穆參軍集 3/12b
靜觀亭記　定齋集 12/12a
醒心亭記　元豐稿 17/4a
遺愛亭記　蘇東坡全集/續 12/14a
遺愛亭記巢穀撰　蜀文輯存 26/1b

十七　畫

高郵軍興化縣重建灌繒亭記　范文正集/褒賢 3/7a
壓波亭記　雪山集 7/23b
薛氏樂安莊園亭記　范忠宣集 10/2a

十八　畫

豐樂亭記　歐陽文忠集 39/13a　金石萃編 146/11b
叢翠亭記　歐陽文忠集 63/5b
梁源蟠松亭記王藻撰　赤城集 11/13a
蟠翠亭記龔頤正撰　吳都文粹 9/32b
溪水尉治雙玉亭記　漫塘集 22/7b
雙桂亭記　雪坡集 36/10a

十九　畫

重修瀛洲亭記家坤翁撰　蜀文輯存 94/14a

瀘江亭記梁介撰　蜀文輯存 60/10a
懷遠亭記　演山集 13/5a
曠爽亭記　聚齋集 10/17b
翻風亭記　道鄉集 25/9b

二十　畫

蘇氏族譜亭記　嘉祐集 13/8b
繼雅亭記　江湖集 22/3b

二十一　畫

灝亭記　渭南集 17/4a
辯蘭亭記呂大防撰　蜀藝文志 34 上/16a
覽翠亭記　宛陵集 60/1a

二十四　畫

靈壁張氏園亭記　蘇東坡全集 32/16b
江州攬秀亭記　長興集 23(三沈集 5/2b)

二十五　畫

觀亭記　鶴山集 50/11b
觀德亭記王景齊撰　吳都續文粹 3/7a

（二）臺

三　畫

子隱臺記梅摯撰　蜀文輯存 4/18b

四　畫

天與清香臺記　四庫拾遺 771/膝東類稿
友石臺記　屏山集 5/1a　金石萃編 150/61a
記鐵墓厄臺　東坡題跋 1/36b
厄臺記　曾南豐集 27/1b　宋文選 14/6b

五　畫

鄂州重修北榭記李堅撰　金石萃編 151/25b

六　畫

登西臺慟哭記　晞髮集 10/9b

八　畫

金玉臺記家坤翁撰　蜀文輯存 94/7b

十　畫

凌虛臺記　蘇東坡全集 31/4a
台州白雲山北净名庵般若臺記　四庫拾遺 15/景文集

十一　畫

章貢臺記　清獻集 5/20a
望闕臺記　西塘集 3/1b
漢州莊真君上臺記郭印撰　蜀藝文志 39/3b
重修釣臺記　東萊集 6/5a　嚴陵集 9/6b　嚴州金石錄/下/2a

釣鱣臺記　太倉集 60/9b

誠臺記　浪語集 31/15b

嵩臺石室記陶翼撰　金石續編 14/56a

十二　畫

雲山一碧臺記　牧萊脞語/二稿 2 下/6b

雲山臺記　漢濱集 14/30a

雲風臺記　南澗稿 15/23b

雲莊榭記　斐然集 20/20b

江原縣天慶觀雲層臺記　鶴山集 42/3b

遊越王臺記　眉山集 8/1a

超然臺記　蘇東坡全集 32/1a

徐州哭臺記　樂靜集 6/3b

十三　畫

意會臺記　竹坡稿 2/3b

十四　畫

蒼梧臺記　長興集 21(三沈集 4/11a)

十七　畫

擬峴臺記　曾南豐集 27/1a　元豐稿 18/4a

撫州重建擬峴臺記　黃氏日鈔 88/3b

嘯臺記馮攄撰　蜀文輯存 98/12b

縱雲臺記　苕溪集 22/1a

二十三　畫

龍多山鷲臺記馮時行撰　蜀文輯存 46/8b

（三）樓

二　畫

八景樓記高似孫撰　赤城集 14/7b

三　畫

張希房山光樓記　誠齋集 76/4b

石源計義甫川上樓說　鶴山集 41/11b

黃州新建小竹樓記　小畜集 17/14b

四　畫

天邊風露樓記　蛟峰集 5/2b

五嶽微文崇樓記戴思恭撰　江蘇金石志 11/30a

資州中和宣布之樓記　鶴山集 47/15a

永豐縣仁政樓記　樓墉集 10/2a

月樓記　復齋集 9/22a

五　畫

去思樓記　雪山集 6/10b

古山樓記　須溪集 5/7a

譚氏古愚樓記　牧萊脞語/二稿 2 上/5a

泉州新修北樓記　梅溪集/後 26/14b

六　畫

江山第一樓記　雪坡集 34/1a

江山勝概樓記　浣川集 5/2a

江安南門樓記鄧翼揚撰　蜀文輯存 78/16b

重修成都西樓記　淨德集 13/10b

重修西樓記吳師孟撰　蜀藝文志 34 上/13a

江陵府曲江樓記　朱文公集 78/21a

曲胘樓記　牧萊脞語 6/10b

重建仲宣樓記　可齋稿 21/8b

行藏樓記　東堂集 9/26a

重建多景樓疏　鉛刀編 26/6b

七　畫

許氏步雲樓記　尊德集 2/7b

足山樓記　蜀阜存稿 3/97a

吳氏書樓記　渭南集 21/10b

八　畫

宗會樓記　北溪集/第四門 3/6b

卷雪樓記　太倉集 61/9b

漢州房公樓記　鶴山集 41/4a

東陽樓記楊楙撰　蜀文輯存 93/11b

披雲樓記　後山集 15/7a

披雲樓記　編溪集 11/3a

制勝樓記董鉞撰　蜀藝文志 34 下/6a

岳陽樓記　范文正集 7/3b

重建岳陽樓記　可齋稿 21/7b
永豐縣重建狀元樓記　緣督集 4/26a

九　畫

宣風樓記王伯廣撰　吳都續文粹 9/23b
神秀樓記陳著卿撰　赤城集 11/2a
林可山柁樓記　竹坡稿 2/16b
南樓記　南軒集 11/4a
邛州新創南樓記　鶴山集 89/2b
富順監創南樓記㢮　鶴山集 40/11a
是亦樓記　絜齋集 10/25b
風鶴樓記　南澗稿 15/25b
資州省元樓記　鶴山集 44/7a
眉山孫氏書樓記　鶴山集 41/13b
飛翼樓記汪綱撰　新安文獻 13/2b

十　畫

烟葦樓記　水心集 9/6b
虔州栢林温氏書樓記　直講集 23/8a

十一　畫

我家清風樓記　所南集/1a
定海縣淮海樓記　宋本攻媿集 52/4b　攻媿集 55/4b
(庚樓)記　四庫拾遺 617/老圃集
族雲樓記　牧萊陸翁/二稿 2 上/27b
韶州新修望京樓記　武溪集 5/12a
連州新修都景樓記　西塘集 3/13a
永新賀氏梯雲樓記　須溪集 3/24a
新修敕書樓記　眉山集 23/2b
建安縣敕書樓記　章齋集 10/5b
吳江縣敕書樓記李處全撰　吳都續文粹 9/29a
得江樓記　盤洲集 32/5a
虎丘陳公樓記王曉撰　吳都續文粹 31/8b

十二　畫

重建湘南樓記　可齋稿/續前 5/12b
桂林湘南樓記李彦弼撰　金石續編 17/9a　八瓊金石
　補 108/21a　粵西金石畧 5/3a
滁州莫枕樓記　官教集 6/3a
滁州莫枕樓記　鉛刀編 23/5a
雲隱記　蜀阜存稿 3/76b
琴書樓記　江湖集 21/17a
重修彭祖燕子二樓記　景文集 46/12a

喜祥樓記　北磵集 3/12a
棲碧樓記　存雅稿 3/4b
極高明樓記　須溪集 4/16a
淮東提舉司門樓記　洛水集 8/5b
景延樓記　誠齋集 71/4a
贈蛟峰先生易登雲新扁記　蛟峰集外 2/1a
湖州勝賞樓記　水心集 11/17a
勝静樓記　洛水集 7/31b
隆州新倉郡樓記　九華集 19/9b

十三　畫

詩隱樓記　文溪稿 2/9b
達觀樓記　蜀阜存稿 3/95a
秀州重修鼓角樓記　景文集 46/3b
山東德州重修鼓角樓記　景文集 46/5b
廣德軍重修鼓角樓記　元豐稿 18/15b
泰州水門鼓角樓記　南澗稿 16/9b
撫州重建鼓角樓記　黃氏日鈔 87/17a
溪水縣鼓樓記　漫塘集 23/3a
處州縉雲縣重建鼓樓記　蒙齋集 13/3a
唐勤政務本樓記　盤洲集 28/12a
萬山樓記　黃氏日鈔 87/7b
羅氏萬卷樓記　誠齋集 75/5a
萬卷樓記　渭南集 21/16b
台州重建衛樓記張布撰　赤城集 3/3a
寧海縣新建衛樓記錢惟演撰　赤城集 4/12b

十四　畫

宋氏實輝樓記　桐江集 2/7a
齊雲樓記周南老撰　吳都續文粹 8/16b
榮伯樓記　嵩山集 16/1a
遠明樓記　誠齋集 74/7b
眉州遠景樓記　蘇東坡全集 32/3b
壽台樓記王象祖撰　赤城集 10/14a
台州壽台樓記葉棠撰　赤城集 18/12b
吳氏壽慶樓記　潛齋集 9/9b
壽慶樓記　梅巖集 4/10a
聚書樓記李石撰　蜀文輯存 62/7a
閣皂山門記　四庫拾遺 738/須溪集

十五　畫

重修潤州丹陽縣門樓記　文莊集 21/1a
賞心樓記一名東樓　益國文忠集 58/1a　益公集 58/

39a
長興篢溪樓記　北礀集 4/1b
樂亦樓記　牧萊脞語/二稿 2 上/17b

十六　畫

瀷陽樓記　宋本攻媿集 51/10a　攻媿集 54/9b
靜勝樓記　洛水集 9/14a
興文樓記左震撰　蜀文輯存 4/5b
錦官樓記呂大防撰　蜀藝文志 34 上/14b
壁津樓記　鶴山集 45/4a

十七　畫

環翠樓記　高峰集 11/12a
還芴樓記　四如集 1/23b

十八　畫

豐登樓記　艾軒集 5/4b
鎮遠樓記李寅仲撰　蜀文輯存 72/16a
天台張氏端甫雙壁樓記　鶴山集 43/4b
朱端仁韞暉樓記　拙齋集 15/1a

十九　畫

黃巖縣譙樓記　杜清獻集 16/14a
汀州重建譙樓記　後村集 88/18b
建寧府新建譙樓記　後村集 89/2a

邵武軍新建郡治譙樓記　後村集 89/3b
福清縣重建譙樓記　後村集 92/8b
雷州重建譙樓記　文山集 9/25b
重建譙樓記程公許撰　嚴州金石録/下/18a
願豐樓記　聚齋集 10/26b

二十　畫

安州景福寺重修鐘樓記　景文集 46/13b
常熟縣大慈寺鐘樓記　北礀集 8/2a
保寧寺鐘樓記徐沖撰　吳都鑲文粹 34/44a
靈峰院鐘樓記王咸久撰　蜀文輯存 99/4a　八瓊金石補 113/13a
玉兔寺鐘樓記衛京撰　山右石刻編 16/7b
唐籌邊樓記　盤洲集 28/2a
籌邊樓記　渭南集 18/2a　蜀藝文志 36 中/2b

二十一　畫

池洲西祠儷景樓記　蒙齋集 13/5a

二十二　畫

齋月樓記　誠齋集 71/12b

二十五　畫

觀遠樓記　牧萊脞語/二稿 3/14a

（四）閣

二　畫

大中祥符觀新修九曜閣記　臨川集 83/10b

三　畫

簡州三賢閣記　鶴山集 49/3b
大悲閣記　蘇東坡全集 31/15b,40/4a
懷安軍金堂縣慶善院大悲閣記　豫章集 18/16a
　蜀藝文志 38 中/17b
大悲閣記　橘洲集 5/17b
興聖寺大悲閣記章亭　北礀集 8/9b
衢州大中祥符寺大悲觀世音菩薩閣記　程北山集 19/16a

漳州崇福禪院千佛閣記　鐔津集 14/8b
天童山千佛閣記　宋本攻媿集 54/5b　攻媿集 57/5a
温州開元寺千佛閣記　水心集 9/20a
九峰法善千佛閣記　桐江集 2/26b

四　畫

天慶觀火星閣記　雲集編 7　三沈集 8/11b
五慈觀閣記　石門禪 21/16b
分繡閣記　盤洲集 30/1a
新州龍山少林閣記　濟庵集 17/15a
辛居安水閣記　雪坡集 34/11a

五 畫

四菩薩閣記 蘇東坡全集 31/6b 蜀藝文志 38 中/14b
四賢閣記黃庭堅撰 蜀藝文志 34 下/3a
白公竹閣記 安晚集/帙文 7b
鄂州白雲閣記 演山集 14/1a

六 畫

臨江軍閣早山玉像閣記 須溪集 1/24b

七 畫

孝廉閣記馬涓撰 蜀文輯存 32/2b
更生閣記 跨鼇集 16/16b
西昌重修快閣記 須溪集 1/9b
步雲閣記 演山集 15/6b
芝閣記 臨川集 82/8b
徽州秀錦閣記 蒙齋集 12/6a
延平閣記 演山集 15/8b
朱氏延真閣記 石門禪 22/6a

八 畫

張參軍注倚閣記 緣督集 4/10a
衢州開化縣雲門院法華閣記 程北山集 18/6b
松風閣記 浪語集 31/14b
龔簡甫芳潤閣記 雪坡集 34/4a
昊天閣記 伯牙琴 1/24b
昊天閣記陳振撰 吳都續文粹 28/18a
味書閣記 後村集 89/7b 清正稿/附錄 20b
明潤閣記家坤翁撰 蜀文輯存 94/12a
仙林火後建舍那佛閣下作戒壇於中殿榜 北磵集 8/9a
迎坡閣記 橫塘集 18/6a

九 畫

思賢閣記 梅溪集/後 26/7a
隱靜山新建御書旽盧二閣記 南澗稿 15/5a
昭勤崇德閣記程源撰 新安文獻 13/7a

十 畫

楊大丞高遠閣記 松垣集 3/19b
林氏兼山閣記 復齋集 9/9b
邛州永福院新修桂華閣記 丹淵集 24/10b
真逸閣記 四明文獻集 6/5a

十一 畫

深明閣記 慈湖遺書 2/25a
清心閣記 演山集 16/2a
清平閣記黃閣撰 赤城集 11/5a
清風閣記 蘇東坡全集 31/1a
清華閣記 道鄉集 26/4b
清懷閣記 西塘集 3/14b
致政李殿丞豫章東湖所居涵虛閣記 武夷新集 6/9b
寂照閣記 則堂集 2/30a
望仙閣記 九華集 19/2a
麻姑山仙都觀御書閣後記 直講集 23/11b
南嶽御書閣記 忠肅集 9/11b
御書閣記 歐陽文忠集 39/4b
繁昌建御書閣記 青山集/附錄 1a
焦山御書閣記 道鄉集 26/12b
宜州新建御書閣記 于湖集 13/7a
御書閣記 默齋稿/增帙 2a
御書閣記 洪文敏集 6/20b 吳都文粹 1/14b
御書閣記陳鵬撰 蜀文輯存 25/15b
紬書閣記 建康集 4/1a

十二 畫

雲章閣記 止齋集 39/8a
饒州天慶觀新建朝元閣記 後村集 91/8a
朝陽閣記 蒙川稿/記 2a
棠陰閣記 于湖集 14/1b
華嚴閣記 道鄉集 26/6a
澄心寺華嚴閣記通泉 北磵集 4/1a
鎮安廟新建景福閣記姜容撰 赤城集 11/3b
峽州登雲閣記 松垣集 4/3a
發興閣記 嵩山集 16/28a

十三 畫

廉清閣記 緊齋集 10/15a
樂平縣慈湖先生書閣記 蒙齋集 14/8b
衢州聖者閣記 蒙齋集 12/15b
搖碧閣記 竹坡稿 2/14a
葆光閣記 演山集 16/4a
睡鄉閣記 鷄肋集 31/2a
寶積院白雲堂圓常閣記 潛齋集 9/8a
圓通閣記 覺齋集 17/3a

善拳圓通閣記宜興　北磵集 4/2a
杭州鹽官縣開福寺圓滿閣記　北磵集 2/1b
飽山閣記程俱撰　新安文獻 11/8b
宣州石盎寺傳燈閣記　長興集 22　三沈集 4/79a
清江經史閣記　澹庵集 18/16a
程氏經史閣記　嵩山居士集 49/6b
鄞縣經綸閣記　宋本攻媿集 52/3b　攻媿集 55/3a

十四　畫

漫浪閣辭　鷄肋集 3/5b
精神閣記　蒙齋集 14/5b
銅壺閣記　渭南集 18/3a
銅壺閣記吴栻撰　蜀藝文志 34 上/11a

十五　畫

澄紛閣記鄭少微撰　蜀文輯存 31/12b
景德寺諸天閣記范浩撰　吴都文粹 9/4b
璇璣閣記　牧萊脞語/二稿 4/3a
慧通大師真身閣記　盧齋集 10/15a
墨池閣記　益國文忠集 58/6b　益公集 58/45b
鄆州賜書閣記　忠肅集 9/18a
婺州稽古閣記　渭南集 20/7a

十六　畫

凝翠閣記　梁溪集 132/10a
處州郡齋凝霜閣記　武夷新集 6/6b
資壽寺盧舍那閣記平江　北磵集 3/6a
李氏重修遺經閣記　誠齋集 74/6a
圜覺閣記　渭南集 18/11a

十七　畫

饒州明教禪寺重建應真閣記　洺水集 11/12b
王氏重建環勝閣記　紫微集 32/2b
臨湖閣記　洪文敏集 6/19a
常州太平興國寺彌陀閣記　文恭集 35/14a
建昌軍景德寺重修大殿並造彌陀閣記　直講集 24/4a
寶意寺修彌勒閣記李德用撰　八瓊金石補 86/17b

十八　畫

雙梅閣記　太倉集 60/1a
歸鴻閣記　龜山集 24/13b

十九　畫

承天院羅漢閣記　直講集 24/8a
羅漢閣記　斐然集 21/36a

二十　畫

伯父寶書閣記　公是集 36/10b

二十四　畫

靈香閣記　蘇魏公集 64/10b
靈香閣記錢紦撰　嚴陵集 8/13b
静難軍靈峰寺新閣記　丹淵集 24/1a

二十五　畫

觀瀾閣記　斐然集 21/24b

（五）園

三　畫

小蓬萊記　鄂州集 8/14a
小隱園記　溪堂集 7/10a

五　畫

卭洲記　須溪集 3/21a
北園記　鶴山集 48/17a
瀘洲北園記鄧巽揚撰　蜀文輯存 73/17a

六　畫

東川西園記　緣督集 4/28a
鍾伯玉西園記　巽齋集 22/11a
合江園記蔡迨撰　蜀藝文志 39 下/1a
竹洲記　平齋集 9/20a
竹洲記　吴文肅集 10/1a　新安文獻 12/8b

七 畫

迁樂園記 牧萊脞語 6/4a
李氏山園記 眉山集 9/2b 宋文選 23/8a
李氏中州記 水心集 9/7b
秀野記 拙軒集 6/5b
秀野園記 聚齋集 10/30a

八 畫

來喜園記 西塘集 3/1a
真州東園記 歐陽文忠集 40/3b
東園記 王雙溪集 4/5b
東皐集 南澗稿 5/14b
李氏長春園記 竹坡稿 2/12b
永康軍花州記 鶴山集 38/7a
忠州復古記 豫章集 17/12b

九 畫

洛陽名園記 洛陽名園記/1a
洛陽李氏園池詩記 樂城集 24/9a
宛州美章園記 彭城集 32/10a
相州新修園池記 安陽集 21/10a
武信杜氏南園記 丹淵集 23/13a
海陵許氏南園記 歐陽文忠集 40/2a
東郭居士南園記 豫章集 17/20b
南園記 放翁逸稿/上/12b
是亦園記 聚齋集 10/28a
泉石膏肓記 誠齋集 74/2b

十一 畫

河間旌麼園記 初僚集 6/29a

十二 畫

喚春園記 誠齋集 75/8b
定州棠香園記 安陽集 21/5a
重刻綘守居園池記孫沖撰 山右石刻編 11/33a

十三 畫

道隱園記李彌大撰 江蘇金石志 11/15a
勾氏慈蔭園記劉淫撰 蜀文帳存 27/10a
張氏會隱園記 河南集 4/5b

十四 畫

宜興縣漏澤園記 漫塘集 22/20b

十五 畫

盤洲記 盤洲集 32/7a

十六 畫

獨樂園記 傅家集 71/12a 司馬溫公集 66/9a

十八 畫

雙溪園記 王雙溪集 4/7a
遊歸仁園記 滿水集 6/12a

二十 畫

繡春園記高定子撰 蜀文帳存 78/6a

二十五 畫

觀蒔園記 真西山集 26/19b

(六) 圍

二 畫

九華藥圍記 無爲集 10/5a

三 畫

山圍記 須溪集 4/20b

四 畫

太平郡圍記 退庵稿/下/5a

八 畫

東圍記 平齋集 9/3a
東圍記丁彦師撰 山右石刻編 18/22a

東籬記　渭南集 20/16a

十　畫

射圃記　朱文公集 77/2a

十二　畫

善圃記　平齋集 9/22a
菊墅記　梅巖集 4/13b

十五　畫

樂圃記　樂圃集 6/1a　吳都文粹 4/3b
趙季明樂圃記　松垣集 4/10b

十六　畫

鄉林記　須溪集 5/29b
默室後圃記　演山集 17/5b

（七）坡

六　畫

竹坡記　竹坡稿 2/4b
竹坡記　拙軒集 6/8b
竹坡記　須溪集 2/8a

十　畫

荳畦記　須溪集 5/5b

十五　畫

樂郊記　渭南集 17/14b

二十　畫

蘇坡記　克齋集 10/15a

二十一　畫

蘭坡記　橘洲集 5/1a

十二、廟寺宮觀

（一）廟

1.孔廟

三 畫

修房州大成殿記 紫微集 31/12b

潭州重修大成殿記 真西山集 26/15b

休寧縣重建大成殿記 洛水集 9/5b

昌國州重建大成殿記 四明文獻集 6/1a

代重修大成殿記 佩韋集 9/9b

重修大成殿記鄭仲熊撰 吳都文粹 1/12a 江蘇金石志 11/24b

新修大成殿記陳堯佐撰 吳都續文粹 6/21b

重建大成殿記黃由撰 吳都續文粹 6/24a

四 畫

浦城縣重建文宣王殿記 龠山集 24/6b

永興軍新修文宣王廟大門記孫僅撰 金石萃編 127/52b

宣州涇縣文宣王廟記 徐公集 13/1a

泗州重修文宣王廟記 徐公集 28/1b

崑山縣新修文宣王廟記 小畜集 16/12a 吳都文粹 1/21b

康州重修文宣王廟記 武溪集 6/7a

興國軍重修文宣王廟記 武溪集 6/8a

惠州海豐縣新修文宣王廟記 武溪集 6/10a

聞喜縣重修至聖文宣王廟記 傳家集 71/5b 司馬溫公集 66/2b 宋文選 5/17a

台州重修至聖文宣王廟記范祖撰 赤城集 5/7b

寧海縣文宣王廟記李慶孫撰 赤城集 7/3b

重修至聖文宣王廟記浦宗孟撰 蜀藝文志 36 下/1a

雙流縣文宣王廟記李畋撰 蜀文輯存 4/1a

郫縣文宣王廟記張俞撰 蜀文輯存 24/3a

郫縣犀浦鎮修文宣王廟記王實撰 蜀文輯存 34/2b

重修文宣王廟記劉從义撰 金石萃編 123/9a

拜文宣王廟記徐休復撰 金石萃編 125/56a

藍田縣重修聖文宣王廟記董儲撰 金石萃編 129/

13b

襄城縣文宣王廟記竇充撰 金石萃編 133/9a

處州縉雲縣新修文宣王廟記 括蒼金石志 3/8a

文宣王廟新建講學堂記成昂撰 金石萃編 132/22b

黃州重修文宣王廟壁記 小畜集 17/11b

重修文宣王廟□梁勵撰 金石續編 13/1a

保安鎮夫子殿記 嵩山居士集 49/9b

宋城縣夫子廟記 祖徠集 19/3b 宋文選 17/4b

襄州穀城縣夫子廟記 歐陽文忠集 39/9b

嘉州平羌縣新修夫子廟記 丹淵集 24/9a

丹稜縣夫子廟記馮時行撰 蜀文輯存 46/9b

絳州重修夫子廟記李亞撰 金石萃編 131/29a 山右石刻編 12/51a

修夫子廟堂記田錫撰 嚴陵集 8/3b

翠縣孔子廟記 河南集 4/2b

天台縣孔子廟記 古靈集 18/11a 赤城集 7/2a

清平縣新修孔子廟記 鷄肋集 29/3b

涪陽縣重修孔子廟記杜德機撰 金石萃編 139/25a

六 畫

廬陵縣重修先聖廟記 渝庵集 17/7a

仁和縣重修先聖廟記 渭南集 21/1a

九 畫

溫江縣宣聖廟記張俞撰 蜀文輯存 24/4a

2.諸廟

二 畫

七門廟記劉敞撰 宋文鑑 81/8a

九里廟記 抽軒集 6/9a

九里廟記 四明文獻集 6/9a

三 畫

蜀三大神廟記姚希得撰 蜀文輯存 83/14a

元祐初建三郎廟記張商英撰 蜀文輯存 13/24b

陽平鎮府君三郎廟記馮祖柯撰 蜀文輯存 98/11a 吳太皇帝廟遷造記 浪語集 31/8b
建德路新創三皇廟記 潛齋集 9/14b 義勇普濟吳侯廟記 後村集 92/16b
平江路新建三皇廟記牟巘撰 吳都續文粹 17/1a 樂平孚惠廟記 慈湖遺書 2/15b
儀真晉浦橋三將軍廟記 漫塘集 20/4a 信州自鳴山孚惠廟記 蒙齋集 14/20a
臨安縣琅壁土地廟記 桐江集 3/32b 伯夷叔齊廟記 豫章集 17/2b 宋文選 31/6a
大禹廟記許有功撰 蜀藝文志 37 上/13b 彭澤縣狄梁公廟記 恥堂稿 4/7a

四 畫

文孝廟記 三餘集 4/1a

八 畫

天齊仁聖廟記齊仲馳撰 山右石刻編 15/28a 修武安王廟記阮升卿撰 山右石刻編 17/20b
天興廟記 四明文獻集 6/8b 重建當陽武廟記張商英撰 蜀文輯存 13/23b
太史公廟記尹陽撰 金石萃編 147/35a 修東嶽廟行廊記王志道撰 八瓊金石補 109/9a
重修五龍廟記李夷行撰 山右石刻編 16/1a 重修東嶽廟記魏邦哲撰 吳都文粹 3/36b
重修中岳廟記路文蔚撰 金石萃編 123/28b 井研縣東嶽廟記李心傳撰 蜀文輯存 77/2b
水東廟記 眉山集 9/3b 敕賜協順廣靈陸侯廟記文及翁撰 蜀文輯存 94/
24a 吳興金石記 12/10b

五 畫

利州重建永安廟記 淨德集 13/9b
丞相平襄侯廟記徐閎中撰 蜀藝文志 37 中/4a
濠州新建石韓將軍廟記 漫塘集 21/3a
石藤石授二夫人廟記林師鄭撰 赤城集 9/8a
定州重修北嶽廟記 安陽集 21/1a 金石萃編 134/1a
白帝廟記 雪山集 7/3a
白帝廟辯誣記張琥撰 蜀藝文志 37 中/9b

剛應廣利忠祐侯廟記 靈巖集 4/1a
髭田忠烈廟記 竹坡稿 2/13a
永嘉忠烈廟記 霽山集 4/19a
重建忠景趙侯廟記 後村集 91/6a
忠節廟記 覆齋集 3/4b
忠節廟記李駒撰 蜀藝文志 37 中/16b
季子廟記 水心集 11/5b
宜興周孝公廟記 漫塘集 22/1a
晉平西將軍周孝侯廟籤記胡靖撰 江蘇金石志
11/38b
兗州鄒縣建孟子廟記 孫明復集 2/10b 宋文選 9/
5b

六 畫

江安縣安濟廟記鄧翼揚撰 蜀文輯存 73/17b
西嶽廟乳香記韓見素撰 金石萃編 126/22b
重修至德廟記潘凱撰 吳都續文粹 12/20b
漢世祖光武皇帝廟記 張右史集 49/1a 宋文選 30/
4b
重修先主廟記任淵撰 蜀藝文志 37 中/6a
復州重修伏義廟記 斐然集 21/1a
伍子胥廟記 臨川集 38/7a
行在仰山孚惠二王廟記 盧齋集 10/7a
仰山廟記 于湖集 14/1a
仰山廟記張商英撰 蜀文輯存 14/4a
后土聖母廟記裴僴撰 山右石刻編 12/33b
風亭新建妃廟記 後村集 91/17b

九 畫

神女廟記馬大年撰 蜀藝文志 37 中/1a
虔州神惠廟記 浮溪集 18/7b
記祚德廟始末 象山集 20/15b
新建祠山廟記 江湖集 21/6b
池州重建祠山廟記 蒙齋集 13/4b
鎮江府城隍忠祐廟記 渭南集 17/9a
高安城隍廟記 石門禪 21/25a
重修城隍廟記 嵩山居士集 49/1a
寧德縣重修城隍廟記 渭南集 17/2b
重建城隍廟記 可齋稿/續前 5/13b
臨海縣城隍廟記王子與撰 赤城集 9/2b
重修僊居城隍廟記命建撰 赤城集 9/3a
雙流縣城隍廟記馮方撰 蜀文輯存 54/14a
威懷廟記 覺軒集 7/20a

七 畫

孝感廟記鄭少微撰 蜀藝文志 37 中/10a
協應李長者廟記 後村集 92/12a

眉州威顯廟記　楠山集 41/1a
新安縣威顯靈需公受命廟記　雲溪集 28/11a
南海廟記曾鞏撰　金石續編 19/25a　八瓊金石補 118/31a
南康郡王廟記張栻撰　蜀藝文志 37 中/12a
南雙廟記蔡京撰　吳都文粹 3/19b
重修英烈廟記蕭德藻撰　江蘇金石志 13/1a
重修英惠侯義濟廟記　宗忠簡集 3/4b
茅將軍廟記　灌園集 9/15a
富池昭勇廟記　雪山集 7/20a
昭烈廟記　文定集 9/12b
台州黃巖縣昭應廟記盛元撰　台州金石録 4/18a
建興廟記　須溪集 5/10b

十　畫

漣水軍唐王侍御廟記　寶晉英光集 6/2b　寶晉山林集 4/11a
修唐太宗廟記趙茂曾撰　金石萃編 143/3a
練氏重修泰山廟記　金石萃編 139/5b
重修泰伯廟記曾幾撰　吳都文粹 3/14b
宣和重修泰嶽廟記宇文粹中撰　蜀文輯存 36/17a　金石萃編 147/26a
歙縣柳亭真應仙翁廟記　桐江集 2/5a
創建有夏皇祖廟記張玠撰　蜀藝文志 37 上/16a
晉元帝廟記　水心集 10/8a
安溪縣輔陽廟記　復齋集 9/18b
烏龍王廟記章蛻撰　嚴州金石録/上/16a
衢州龍丘縣重修徐偃王廟記　丹淵集 24/7a

十一　畫

淮陰侯廟記　蘇東坡全集/續 12/19b
翊忠侯廟記楊幼度撰　嚴州金石録/下/14a
敕祠南海廟記碑陳之芳撰　八瓊金石補 104/3a
敕賜神居洞崇道廟額記王仲撰　山右石刻編 17/29b
崇德廟財帛庫記謝忠信撰　八瓊金石補 117/23a
閩州張侯廟記　元豐稿 18/9a
張益德廟記　雪山集 7/5b
張桓侯廟記安國中撰　蜀藝文志 37 中/8b

十二　畫

渠王廟記馬唐民撰　金石萃編 138/1a
湖州武康縣淵應廟記　東堂集 9/15a
重修普澤廟記黃舜撰　蜀文輯存 73/10b

惠佑廟路寢記　瀛庵集 19/16a
惠應廟記黃岡撰　吳都續文粹 15/1a
惠應廟牒記　山右石刻編 16/34b
雄威廟記黃輝撰　蜀文輯存 73/10a
宜興縣鄂王廟記周端朝撰　金佗粹編/續 30/10b
新修晉太尉褚公廟記　安陽集 21/13a　金石萃編 137/15b
程儀同廟記　鄂州集 3/7a
清隱院順濟王廟記　豫章集 18/21a

十三　畫

新廟記　牟陽集 11/12b
新建煥靈宣惠侯廟記魯詹撰　吳都文粹 3/35a
普州鐵山福濟廟記　跨鰲集 16/11b
董司徒廟記朱熹撰　嚴州金石録/上/23a
慈溪縣董孝子廟記　宋本攻媿集 52/10b　攻媿集 55/10a
董將軍廟記林師點撰　赤城集 10/12b
重修廬州蜀山廟記　彭城集 32/17a
灊山會靈廟記　北磵集 2/12b　金石萃編 151/12b　江蘇金石志 14/47a
創建會靈廟記李壁撰　蜀文輯存 75/5b

十四　畫

廣利侯廟記　雲溪集 28/2a
徒建精忠廟記費士戣撰　蜀文輯存 79/3b
建康府嘉惠廟牒（記）趙世僑撰　金石萃編 148/1a　江蘇金石志 15/27a
重修嘉賢廟十字碑亭記　漫塘集 21/16a
贛州重修嘉濟廟記　文山集 9/17b
王山輔順廟記　瀛庵集 19/21a
蒼山廟記宋威撰　赤城集 10/3b
嵊縣嵊浦廟記　宋本攻媿集 52/13a　攻媿集 55/12b

十五　畫

潘浦廟記　黃氏日鈔 88/18a
樊侯廟災記　歐陽文忠集 63/9a

十六　畫

龍沙廟記　高峰集 11/15b
維揚龍廟記　江湖集 21/4b
耀州五臺山靜應廟記毛充撰　金石萃編 143/19b
協應錢夫人廟記　後村集 92/10a
東陽縣興孝廟記　蒙齋集 13/13a

十七 畫

敕賜應潤廟記余彥和撰 山右石刻編 17/35a
唐韓文公廟記 龍學集 7/10a
袁州重建韓文公廟記 勉齋集 20/10a
潮州修韓文公廟記 後村集 91/2b

十八 畫

唐顏文忠公新廟記曹輔撰 八瓊金石補 107/5b
蕭瀧廟記 盧溪集 35/4b
毫州魏武帝帳廟記 樓參軍集 3/1a
雙廟記 公是集 36/1b

二十 畫

饒娥廟記 慈湖遺書 2/16b
饒娥廟記 碧梧集 18/1a

二十一 畫

玉笥山重修廳駙廟記 誠齋集 75/16b

二十三 畫

瀘州顯惠廟記 鶴山集 39/4b

顯惠廟記方淙撰 江蘇金石志 10/21b
建顯慧廟記劉光祖撰 蜀文輯存 70/11a
資陽縣顯慧廟記張方撰 蜀文輯存 77/21a

二十四 畫

靈祐廟記 巽齋集 16/1a
靈祐廟記范成大撰 吳都續文粹 14/50a
重建靈祐廟鼓樓記 後村集 93/18b
靈威廟記 須溪集 4/32b
清州靈津廟記 初僚集 6/15a
宋重修靈康廟記許興商撰 台州金石錄 7/14b
衢州重修靈順廟記 蒙齋集 12/13b
連州靈禧真君記 西塘集 3/6b
重修靈濟廟記 漫塘集 21/4b
邳州靈應公廟記 武夷新集 6/20a
靈應廟記 須溪集 3/35a
新繁縣新建靈應廟記周良翰撰 蜀藝文志 3 上/20b
靈應廟記劉執中撰 山右石刻編 18/19a
靈護廟記 滄庵集 17/3a
劍南東川靈護廟記 八瓊金石補 109/1a
靈顯王廟記 山右石刻編 18/13a

（二）寺

二 畫

九功寺記 北礀集 2/6a
九華禪寺記 跨鼇集 17/8a

三 畫

長江三聖禪寺記 跨鼇集 17/6a
吉州重修大中祥符禪寺記 須溪集 4/3b
大禹寺記 黃氏日鈔 86/10a
成州新修大梵寺記 嵩山集 16/39a
大梵寺記 須溪集 1/10a
大雄寺記 北礀集 3/1a
大雄寺記劉光祖撰 蜀文輯存 70/9a
大聖慈寺大悲圓通記蘇軾撰 蜀藝文志 88 中/16a
方山上定林寺記朱舜庸撰 江蘇金石志 15/10a
千佛寺記 北礀集 3/4b

四 畫

重建方興寺記 洛水集 11/10b
蜀州修建天目寺記 樂全集 33/8b
宋維恩天竺靈隱二寺遊記 兩浙金石志 5/5a
重修天封寺記 渭南集 19/7a
宋天童寺應庵和尚石刻 兩浙金石志 9/49a
天寧報恩禪寺記 本堂集 48/4b
信州天寧寺記 石門禪 21/23a
南山天寧禪寺三門記 潛齋集 8/1a
天禪寺新建法堂記 姑溪集 37/5a
仰山太平興國禪寺記 宋本攻媿集 54/18b 攻媿集 57/18a
太安寺額記劉覺撰 山右石刻編 16/4b
太寧寺僧堂記 張右史集 50/10a
臨安府五丈觀音勝相寺記 洛水集 11/15b

五 畫

撫州永安禪寺法堂記張商英撰 蜀文輯存 13/22a

永慶寺記 須溪集 1/28b

京口正平山平等寺記 漫塘集 21/5b

重鑄玉兔寺實錄令狐呆撰 山右石刻編 11/4b

韶州重建東平山正覺寺記 武溪集 7/12b

吉州禾山寺記 石門禪 22/18a

仙林寺記 松隱集 31/2a

白馬寺記蘇易簡撰 蜀文輯存 1/5a 金石萃編 125/57b

台州白塔寺三目觀音記 橘洲集 5/6a

華亭白蓮寺記 北磵集 2/13b

重建台州東掖山白蓮寺記 閩風集 11/9a

六 畫

黃州安國寺記 蘇東坡全集 33/3a

重修安國寺記 濂齋集 16/1a

安禪寺記 潛齋集 8/19a

成都古寺名筆記 范成大佚著/155－159

光孝寺重修筆授軒記 緣督集 4/5a

衢州光孝寺記 蒙齋集 12/11b

光福寺銅觀音像記黃公紹撰 吳都文粹 8/30b

重建光濟寺記張壟撰 金石萃編 147/11b

七 畫

惠州羅浮山延祥寺記 武溪集 9/16a

奉新縣延恩寺記 松垣集 5/1a

台州黃巖縣妙智寺記 陶山集 11/9a

八 畫

法性寺記 楊湖集 9/15a

法門寺修九子母記張庚撰 金石續編 14/37b 八瓊金石補 94/9a

重修法明寺記 濂齋集 15/1a

法雲寺禮拜石記 蘇東坡全集/續 12/17a

西山治平寺莊帳記集楨撰 山右石刻編 16/35b

汀州路重造府治定光吉祥寺記 四如集 1/57a

穹窿山寺記楊宿撰 吳都文粹 8/27b

簡州奉聖寺新建齋廳記陶融撰 蜀文輯存 97/1a

武功寺記 須溪集 4/29a

東林善法堂記張商英撰 蜀文輯存 14/2a

重修東華寺記 盧溪集 35/9b

重修臥龍寺記楊光發撰 八瓊金石補 118/27a

性空寺畫阿羅漢記 濂齋集 16/7a

長慶寺十八羅漢記 誠齋集 72/2a

虎邱山寺記王隨撰 吳都文粹 8/1a

韶州月華山花界寺傳法住持記 武溪集 9/7a

花藥山法堂碑 雲巢編 7 三沈集 8/13a

明因寺新改禪院記陳千撰 吳都文粹 9/7b

金山寺水陸堂記 曾南豐集 26/3a 元豐稿 17/13a

金山重建南水陸堂記 鉛刀編 24/1a

承天寺水陸堂記 北磵集 2/3a

承天寺僧堂記 北磵集 2/2b

廬山承天歸宗禪寺重修寺記 武溪集 7/4a

九 畫

神景寺記 蜀阜存稿 3/101b

祇園寺記李居仁撰 吳都續文粹 33/31b

建德府南山禪寺僧堂記 桐江集 2/28b

安吉州烏程縣南林報國寺記李心傳撰 蜀文輯存 77/4b 兩浙金石志 11/35b

南岡禪寺記 須溪集 4/8a

池州改建南泉承恩禪寺記 九華集 19/18a

宋南高峰大佛寺 兩浙金石志 10/44a

南翔寺九品觀堂記 北磵集 2/11b

南翔僧堂記 北磵集 2/11a

韶州曹溪寶林山南華禪寺重修法堂記 武溪集 8/11a

南禪寺記馮職撰 蜀文輯存 38/9a

南康軍昭忠禪寺記 須溪集 3/31b

重修昭覺寺記李政撰 蜀藝文志 38 中/9a

陝府迴鸞寺記 乖崖集 8/2b

香山寺行記黃庭堅撰 蜀藝文志 64/2b

重修保安寺記張浚撰 蜀文輯存 45/12a

宋湖州飛英寺浴院記慈梵(釋)撰 吳興金石記 6/15b

十 畫

祥符寺千佛記 濂齋集 16/6a

宋祥符寺造内浴室記 台州金石錄 3/7b

祥雲寺行記劉昉撰 蜀藝文志 64/4b

真相寺石觀音記馮世雄撰 蜀文輯存 28/21a

徑山寺記 鶴林集 36/16b

徑山興聖萬壽禪寺記 宋本攻媿集 54/11a 攻媿集 57/10b 兩浙金石志 10/50a

狼山寺重建僧堂記 秋崖稿 38/4a

吉州能仁寺重修記 須溪集 4/5b

十一　畫

净慈寺記　定川遺書 1/6a

重修净慈寺記　本堂集 50/6a

净慈創塑五百羅漢記　松隱集 30/1a

密印寺記湖州　北礀集 4/4b

鹿苑寺記水因(釋)撰　山右石刻編 14/8a

乾元寺詩壁記　抽軒集 6/5b

乾明寺修造記　盤山集 24/15a

雙溪化城接待寺記楊汝明撰　蜀文輯存 79/1a

建安白雲山崇梵禪寺羅漢堂記　南澗稿 15/3b

沂州承縣崇勝寺重修上生院記　蘇魏公集 64/ 10a

頴昌府崇寧萬壽寺元賜天寧萬壽敕賜改作十方住持黃陞刻石記　姑溪集 37/1a

崇寧萬壽寺記　演山集 16/10b

崇壽寺記　無文印集 3/12a

重建兜率寺記羅汝楫撰　嚴陵集 9/1a

十二　畫

富昨寺記　洛水集 11/7b

善才寺觀音院記陽曄撰　八瓊金石補 86/1a

循州新修白雲山普安寺記　武溪集 9/17b

普安寺記　蛟峰集 8/3b

台州重修普安禪寺記　漢濱集 14/31b　台州金石錄 5/18b

普明寺長生穀記　龍川集 16/5b

普照寺千佛水陸院記　牟陵陽集 11/9a

普照寺千僧堂記　北礀集 4/14b

松江普照寺記　牟陵陽集 9/10a

處州麗水縣敕賜普照寺記曹祥(釋)撰　兩浙金石志 5/46a　括蒼金石志 3/14a

普寧寺修造記　黃氏日鈔 86/7b

建昌軍普潤寺記　須溪集 1/13a

九龍山重修普澤寺記　北礀集 3/7b

重修普濟寺記　無文印集 3/5a

西河普濟寺記曹景儉撰　八瓊金石補 110/23b

雲封禪寺重造記　清正稿 5/3b

報恩寺行記唐文若撰　蜀藝文志 64/4b

報恩寺佛牙樓記馬大年撰　蜀藝文志 38 下/18a

嚴州重修南山報恩光孝寺記　渭南集 19/8b

報恩光孝寺僧堂記　尤翠渓稿 2/5b

净慈山重建報恩光孝禪寺記　洛水集 11/13b

超果寺水石記　松垣集 5/8a

白雲山超果寺記　松垣集 5/6a

超果寺懺院記華亭　北礀集 3/10b

隆州重修超覺禪寺記　方舟集 11/12a

沙邑棲雲寺法雨會記　拼礀集 18/3b

廬山棲賢寺新修僧堂記　樂城集 23/10a

棲嚴寺四至記　山右石刻編 11/30b

華山寺記懷深(釋)撰　吳都續文粹 33/32b

重建華嚴寺記　緣督集 4/22a

南嶽雲峰山景德寺記　武溪集 8/5b

景德寺新院記　直講稿 24/5b

潮州開元寺法堂記　盧齋集 11/7a

連州開元寺重修三門行廊記　武夷新集 6/11b

惠州開元寺記　武溪集 9/5b

韶州開元寺新建浴室記　武溪集 7/11a

閑心普安禪寺修造記　浮汴集 4/19b

智者寺興造記　渭南集 20/9a

龍門山勝善寺藥條記　范太史集 36/1a

隆慶禪寺五百羅漢堂記　盧溪集 34/9b

十三　畫

道林寺衍六堂記　文山集 9/20a

慈雲寺興造記　漫塘集 21/14a

慈觀寺記　無文印集 3/10a

資福法堂記　石門禪 21/19a

雪寶山資聖禪寺記　本堂集 48/6b

龍角山福志寺修造記　漁齋集 15/3a

福慶寺始末記　緣督集 4/19a

中隱佛子嚴福緣寺修造記祖華(釋)撰　粵西金石暑 8/20a

瑞雲寺記　明堂集 2/28b

重修聖昌寺記　存雅稿 3/5b

新修南山聖壽禪寺記　西塘集 3/22a

聖興寺護浄門屋記李大臨撰　蜀藝文志 3 下/2a

塔寺修法堂記姚宗道撰　山右石刻編 14/42a

建康府句容縣圓寂寺記　鉛刀編 24/2b

紹興府重修圓通寺記　黃氏日鈔 87/15a

十四　畫

彰教法堂記　北礀集 3/2b

重建崑山縣廣孝寺記　盧齋集 10/8b

廣昌崇福寺記　四明文獻集 6/11a

廣壽慧雲禪寺之記史浩撰　南湖集/附録中/碑刻 3b

兩浙金石志 10/35a

龍山壽聖寺記　黃氏日鈔 86/11a

重修僧堂記　石門禪 21/15a

十五　畫

潭州大溈山中興記　石門禪 21/5a

澄照寺記陳最撰　吳都文粹 8/32a

褒能寺記　北澗集 4/13a

慶寧僧堂記華亭　北澗集 3/8b

常熟縣慧日寺修造記張珏撰　吳郡續文粹 34/7b

慧聚寺聖迹記辯端(釋)撰　吳都文粹 9/1a

頤浩禪寺記牟巘撰　蜀文輯存 95/17a

十六　畫

重修龍王寺記　石門禪 21/9b

重建龍泉布金寺記　漫塘集 21/10a

濟州龍泉寺修山門記　小畜集 16/19a

龍游寺宴堂記　雲巢編 8　三沈集 8/19b

龍須禪記　須溪集 1/15a

婺州浦江縣龍德寺記　本堂集 51/2b

温江龍興寺無盡圓通會記胡叔豹撰　蜀藝文志 38 下/12a

正定府龍興寺鑄銅像記惠演(釋)撰　金石萃編 123/23a

龍興寺鑄像修閣記田錫撰　金石萃編 125/48a　八瓊金石補 85/21b

後溪龍懷寺記趙康年撰　蜀文輯存 92/1b

常州興化寺記　文恭集 85/4a

浙川縣興化寺廟記　歐陽文忠集 63/14a

興教寺玉峰軒記陳正舉撰　金石萃編 138/22b

筠州興國寺禪悅堂記　長興集 22　三沈集 4/74b

泉州重修興福寺記　廣齋集 10/13b

興聖寺疏地記　弗齋文編 3/10b

十七　畫

杭州薦福寺記　潜山集 12/10a

重建歎石寺記　廣齋集 10/10b

十八　畫

重修鎮國寺記孫碻撰　山右石刻編 13/9a

十九　畫

青州羅漢堂記　渭南集 17/7b

二十　畫

寶林寺普賢堂記　北澗集 2/7b

寶林禪寺記　默成集 3/2a

永新重建寶峰寺記　誠齋集 76/11b

寶峰寺選佛堂記張商英撰　蜀文輯存 13/19a

奉新寶雲寺上善堂記　松垣集 5/2b

杭州寶雲寺記　文莊集 21/10a

松江寶雲寺記牟巘撰　蜀文輯存 95/15b

重修寶華寺記　無文印集 3/4a

寶慶寺記　四明文獻集 6/12a

眉州醴泉寺善慶堂記　净德集 14/11a

二十三　畫

顯恩寺記　松隱集 31/1a

二十四　畫

高安靈山寺記　松垣集 5/4a

隨州大洪山靈峰禪寺記張商英撰　蜀文輯存 13/17b

景德靈隱寺記蘇處約撰　蜀文輯存 1/14a

(三) 院

二　畫

十方禪刹僧堂記　所南集/56b

重建九座太平院記　後村集 91/16a

三　畫

大中祥符院大悲像並閣記馮瓘撰　蜀文輯存 38/3b

大中祥符禪院記吳師孟撰　蜀藝文志 38 下/6a

遊大字院記　歐陽文忠集 63/7a

大雲禪院記 山右石刻編 15/43b

多寶院記 須溪集 1/19a

四 畫

方丈記 蘇東坡全集/續 12/13b

秀州華亭縣天台教院記 都官集 8/7a

天峰院記曾肅撰 吳都文粹 8/13a

天壽保國接待院記 本堂集 52/1a

太平院浴室記 直講集 24/3a

太平興國禪院什方住持記 直講集 24/1a

中和勝相院記 蘇東坡全集 31/5a

邵武軍泰寧縣瑞光巖丹霞禪院記 梁溪集 133/8b

蘇州洞庭山水月禪院記 蘇學士集 13/5b 吳都文粹 8/36b

五 畫

重修永大中安禪院記彭乘撰 蜀文輯存 4/6b

撫州永安禪院記 徐公集 28/9b

撫州永安禪院僧堂記張商英撰 蜀文輯存 13/21

海鹽廣福永爲賢首教院記 獻機集/2b

永福院記李杵撰 吳都文粹 9/20a

永慶院記 伯牙琴 1/16a

常州永慶禪院興造記 鴻慶集 22/8b 孫尚書集 31/1a

黃州齊安水興禪院記 小畜集 17/4a

敕台州寧海縣龍母山玉溪院龍王記呉堯(釋)撰 台州金石錄 2/14b

聖宋台州靈龜山敕正真院記有威(釋)撰 台州金石錄 4/11a

宋正真院結界記惟偲(釋)撰 台州金石錄 4/13b

邛州鳳凰山新禪院記 丹淵集 24/3a 蜀藝文志 38 中/18b

金城村功德院記 八瓊金石補 112/1a

古城院復興記呂午子 竹坡稿 2/14b

衢州石塘橋院記 蒙齋集 12/14b

北禪廣福禪院經界寺基圖記德恢(釋)撰 江蘇金石志 18/7a

重修白塔院聖像記李良臣撰 八瓊金石補 113/14b

包山禪院記王經撰 吳都文粹 3/42a

六 畫

江祁院記 鄂州集/鄂州遺文 8b

太平州蕪湖縣吉祥禪院記 豫章集 18/11a

重建西壽昌院記 本堂集 51/8a

七 畫

戒岡重興院記 須溪集 5/9a

鹽官州延恩院記 桐江集 2/22b

四明山延勝院碑 雲巢編 7 三沈集 8/7b

重修延福禪院記李湛撰 吳都文粹 9/10b

韶州白雲山延壽禪院傳法記 武溪集 8/4a

台州延慶院記 文莊集 21/12b

台州臨海縣敕延豐院記葉交撰 台州金石錄 2/23b

重修妙行院記 牟陵陽集 9/8b

湖州德清縣城山妙香禪院記 苕溪集 22/2a

八 畫

永嘉縣重建法空院記 霽山集 4/13b

白雲山法華院記 潛齋集 8/13b

重修資州法華院記謝用撰 蜀文輯存 4/15b

重修法輪院記 胡正惠集 1/4a

泗洲院記 東牟集 13/10b

重建治平院記永慶(釋)撰 山右石刻編 16/33a

慈溪定香復教院記 爐湖集 9/11b

記游定惠院 東坡題跋 6/16a

定慧院記 嵩山居士集 50/1a

空相院記 須溪集 1/17a

湖州石塚村青蓮院記 苕溪集 22/7a

明因禪院重建方丈記凌民瞻撰 吳都文粹 8/33b

華亭南橋明行院記 北礀集 4/15a

泰州石莊明倩禪院記 爐湖集 9/16b

金繩院五百羅漢記姜如晦撰 蜀藝文志 38 下/13b

金繩院記楊億撰 蜀藝文志 38 中/3b

承天院記 直講集 24/7a

滁州新敕賜承天禪院記 武夷新集 6/16a

九 畫

修建宣妙院記 秋聲集 5/27a

城陂院興造記 臨川集 83/3a

南翔院長懺觀堂記居簡(釋)撰 江蘇金石志 14/52b

平江南翔懺院記 北礀集 2/10a

昭化禪院帖 山右石刻編 16/22a

迴向院記 直講集 24/6a

香積院行記蔡禪撰 蜀藝文志 64/4a

重興院記 抄本緣督集 19/13a

衢州常山縣重建保安院記 程北山集 18/5a

保寧禪院記楊誠撰　山右石刻編 11/24b

禹跡山院記何汝賢撰　蜀文輯存 65/5b

十　畫

重修珠溪院記　秋崖稿 38/2a

秀州真如院法堂記　傅家集 71/8b　司馬溫公集 66/1a

滁州滁城縣金粟山南垂村真如院重修佛殿功德記劉光撰　山右石刻編 14/6b

真如禪院十方住持新記　灌圃集 9/22a

臨安真相院修造記　平齋集 9/19a

殊勝院記蔡京撰　吳都文粹 9/21a

十一　畫

清泉院記　竹坡稿 2/7b

京兆府重修清涼建福禪院記司馬潛撰　金石萃編 124/4a

南康軍都昌縣清隱禪院記　豫章集 18/13a

浄土院記　橘洲集 6/3a

台州浄安禪院興建記張布撰　台州金石録 7/1a

豫章新建浄社院記　雪坡集 36/3a

游頂破二山浄居院李謐撰　吳都文粹 9/17a

河南府重修浄垢院記　歐陽文忠集 63/1b

上高浄衆禪院記　溪堂集 7/11a

寂照院記　北磵集 4/9a

新創望雲院記　本堂集 50/7b

歙縣黄坑院記　洛水集 11/11b

台州勅惠安院結界記楊傑撰　兩浙金石志 6/35a

台州金石録 3/12b

復州乾明禪院記　景文集 46/19a

湖州常照院記　渭南集 21/2b

崇先顯孝禪院記　松隱集 30/10b

黄龍山崇恩禪院三門記　渭南集 17/10a

黄龍崇恩禪院記張商英撰　蜀文輯存 13/20a

江州廬山重修崇勝禪院記　武溪集 8/1b

龍山崇福院事李心傳撰　蜀文輯存 77/1b

崇聖院記江陰　北磵集 3/9a

韶州翁源縣浄源山貶石院記　武溪集 7/2b

兜率院記　元豐稿 18/2a

陵壽聖禪院記善仁(釋)撰　山右石刻編 15/36a

十二　畫

韶州善化院記　武溪集 9/4a

筠州洞山普利禪院傳法記　武溪集 9/12b

平江府楓橋普明禪院興造記　鴻慶集 22/6a　孫尙書集 32/19a　吳都文粹 8/23a

江州普照院記　宋本攻媿集 54/15b　攻媿集 57/14b

北山普濟院記　龍川集 16/9a

焦山普濟禪院僧堂記　鉛刀編 23/1a

雲峰院重修建法堂記　後村集 91/9b

分寧縣雲峰院記　曾南豐集 26/2b　元豐稿 17/1a

雲龍院記　橘洲集 5/8a

重修雲巖壽寧禪院記　姑溪集 36/6a

新復報恩善生院記　益國文忠集 40/4b　益公集 40/133b

報德院記　牟陵陽集 11/3a

超悟院記郭印撰　蜀文輯存 39/2b

極樂院造六菩薩記　嘉祐集 14/3a

惠安院復十方禪院記　橘洲集 5/15a

惠寂院記李元信撰　蜀文輯存 73/2a

惠嚴禪院法堂記蔡叔撰　吳都文粹 9/5b

華嚴院記　石門禪 22/15b

安巖華嚴院記　宋本攻媿集 54/8b　攻媿集 57/8b

會稽縣新建華嚴院記　渭南集 19/18a

東京左街永興華嚴禪院記　武溪集 9/1b

撫州菜園院記　直講集 24/10b

南康軍開先光禪院修造記　豫章集 18/4a

欽山禪院記　北磵集 4/12a

豐城縣新修智度院記　斐然集 20/1a

邳州定平縣傳燈禪院記　徐公集 28/13a

茂州汶川縣勝因院記　丹淵集 24/4a　蜀藝文志 38下/1a

十三　畫

新成院記　直講集 24/9a

慈竺院記　竹坡稿 2/9a

資福院記　盤洲集 32/4a

臨海縣資瑞院記本如(釋)撰　兩浙金石志 5/38b　台州金石録 3/4a

資聖院記　龜山集 24/18a

太原府資聖禪院記　彭城集 32/14b

常州資聖禪院興造記　鴻慶集 22/12b　孫尙書集 31/7a

福昌院記餘姚　北磵集 3/5b

鹽官縣南福嚴禪院記　芸庵稿 6/14a

雷院記　後村集 93/17a

陸河聖像院記仲殊(釋)撰　吳都文粹 9/17b

筠州聖壽院法堂記　樂城集 23/9a

台州楞伽院結界記楊傑撰　台州金石録 3/15b

楞嚴院新作經堂記　徐公集 13/6b

鳳翔府萬壽禪院記梁鼎撰　金石萃編 126/26a

彭州圓覺禪記　嘉祐集 14/2b

應天禪院記疊義[釋]撰　吳都文粹 9/18b

薦誠禪院五百羅漢記　蘇東坡全集 83/6a

十八　畫

明州鄞縣鎮國禪院記　都官集 8/3a

十四　畫

廣慈寺暨洪濟禪院牒郭贊撰　山石石刻編 11/23a

通泉廣福院記　北磵集 4/7a

廣福院記　本堂集 48/2b

壽安院記　文溪稿 2/10b

雁蕩山壽聖白巖院記　梅溪集/後 26/2b

雲門壽聖院記　渭南集 17/1a

壽聖院記張淡明撰　吳都文粹 8/39a

壽聖禪院修造記李泉淵撰　兩浙金石志 7/31a　台州金石録 4/21a

壽寧院記張博撰　蜀藝文志 38 下/8a

台州嘉祐院記　元憲集 36/1a

嘉祐禪院記馮京撰　蜀藝文志 38 下/8a

復維識院記　伐檀集/下/15b　金石萃編 134/19a

十九　畫

證覺懺院記華亭　北磵集 4/14a

廣州南海縣羅漢院記　武溪集 7/6a

遊羅漢院記　網山集 8/6b

二十　畫

韶州樂昌縣寶林禪院記　武溪集 7/8a

寶峰院記　石門禪 22/20b

撫州曹山寶積院僧堂記　鴻慶集 21/4a　孫尚書集 29/4a

廬山楼賢寶覺禪院石浴室記　武溪集 8/9b

廣州烏龍山覺性禪院草堂記　武溪集 7/16a

覺城禪院記王曙撰　蜀藝文志 38 中/5a

十五　畫

鄧林禪院記公孫輔撰　蜀文輯存 98/10a

十六　畫

龍泉院記江公望撰　嚴陵集 8/20b

揚州龍興講院記　臨川集 83/5b

興化重建院記　栟櫚集 17/7a

洪州分寧縣青龍山興化禪院記　豫章集 18/9a

興福院記江公望撰　嚴陵集 8/19a

積慶院記張守約撰　蜀文輯存 100/3a

二十三　畫

顯忠資福禪院興造記　鴻慶集 23/10a　孫尚書集 32/9b

二十四　畫

靈山院記　竹坡稿 2/6a

螺山靈泉院記　冥齋集 17/1a

靈秘院營造記　渭南集 21/12b

二十五　畫

香山天寧觀音禪院新塑大阿羅漢記　攻文集 12/3b

十七　畫

重造應天院記　盧齋集 11/5b

（四）宮

三　畫

上真宮記陳于撰　吳都文粹 7/21a

四　畫

紹興新建太一宮記　靈巖集 4/5a

太一宮記陳搏撰　金石萃編 123/4a

新修太和宮記王禹偁撰　吳都文粹 7/16b

建章宮記　苕溪集 23/1a

五　畫

漢未央宮記　益國文忠集 92/6a　益公集 92/164b

未央宮記　浪語集 31/1a

十　畫

徐偃王行宮記　蒙齋集 12/10b

十一　畫

六　畫

西真宮記　潛齋集 8/2a

代歐陽考功撰西陽宮記　西塞集 6/23a

蘇州常熟縣乾元宮興造記沈珣撰　江蘇金石志 10/20a

臨江軍閤阜山崇真宮記　益國文忠集 80/4a　益公集 80/129a

崇壽宮記　黃氏日鈔 86/3b

八　畫

重建東嶽行宮記紹熙甲寅四月　崔清獻集 5/3b

明真宮記　北磵集 4/10a

十二　畫

南山紫極宮記　竹坡稿 2/21a

九　畫

洞神宮記　潛齋集 8/11b

洞霄宮碑　渭南集 16/15a

洞霄宮記　則堂集 2/32b　蜀文輯存 94/16a

十七　畫

宋台州仙居縣隱真宮記陳仁玉撰　台州金石錄 11/3a

（五）觀

二　畫

十方道院雲堂記　所南集/52b

鎭江府月觀記　浮溪集 18/11a

五　畫

三　畫

筠州青江縣重修三清觀記　徐公集 10/17b

上善觀記　蜀阜存稿 3/98b

千山觀記　于湖集 14/3b

永興觀記　濂庵集 18/19a

修玉局觀記彭乘撰　蜀藝文志 38 上/19a

玉宸道院原一堂記　秋齋集 5/29b

玉真觀記　須溪集 4/11b

玉虛觀記　敝帚稿 4/2b

玉虛觀賜書記郭鄰撰　蜀文輯存 50/7b

北真觀記　濂庵集 19/7a

重修仙鶴觀記王夷仲撰　金石萃編 134/15a

白鶴觀記　後山集 15/13a

四　畫

重建天禄觀記杜寅生撰　蜀文輯存 99/17b

台州天慶觀三官堂記　文莊集 21/14b

盧州天慶觀物產記　相山集 23/11b

敕賜興修天慶觀記宋工烈撰　蜀文輯存 94/4a

廣州修復天慶觀衆妙堂記　鐵菴集 32/9a

天樂觀記方聞撰　嚴州金石錄/上/20a

太平道院新造三乘小像記　筠溪集 22/17a

丁橋太霄觀記　漫塘集 23/17a

五雲觀記　元獻集/補編 1/10b

中興顯應觀記　宋本攻媿集 51/1a　攻媿集 54/1a

六　畫

守正觀養二齋記　文定集 9/7b

老學道院記　碧梧集 18/3b

龍多山至道觀記趙棟撰　蜀文輯存 72/7a

鳳翔府跳縣重修至德常寧觀記高安撰　金石萃編 131/14a

至德觀記　本堂集 52/2b

七 畫

沖天觀記 伯牙琴 1/20b
妙靈觀興造記 灌圃集 9/13a

八 畫

宛陵道院記 杜清獻集 16/12b
重修筠州祈仙觀記 徐公集 10/16a
奉真道院記 黃氏日鈔 88/13a
撫州招仙觀記 臨川集 83/6b
昇真觀記 勿軒集 3/3a
明道觀壁記 寶晉英光集 6/5a
金釜觀記張見幾撰 蜀文輯存 100/4b
泉州紫帽山金粟觀記 鶴山集 43/9b

九 畫

奉化縣洞真觀記 本堂集 49/6a
洞晨觀記宇文十朋撰 蜀文輯存 95/7b
修政和縣西山道院記 雪蓬稿/9b
拱極觀記薛公度撰 金石萃編 147/37a

十 畫

秦中觀記王子中撰 蜀文輯存 92/1a

十一 畫

清真道院記 伯牙琴 1/23a
清虛觀記謝採撰 山右石刻編 15/40b
無爲軍淮西道院記 相山集 23/9b
章貢道院記 誠齋集 76/6a
連雲觀記 東堂集 9/20a
新安重建乾明觀記 蜀阜存稿 3/66a
白鶴山崇元觀記 松垣集 6/3a
紫雲山崇仙觀記 鶴山集 38/8a
重修桐栢山崇道觀記 松隱集 31/10a
創建通元觀記劉能真撰 兩浙金石志 9/17b
學射山通真觀記周時撰 蜀文輯存 99/18b

十二 畫

富春道院記 洛水集 8/11b
雲海觀記王綽撰 赤城集 15/8b
華山重修雲臺觀記 樂全集 33/11a
重修報恩光孝觀記 雪坡集 33/1a

超然觀記 伯牙琴 1/22a
高安荷棲霞觀記 松垣集 6/6b
朝仙觀記 須溪集 3/25a
成都府朝真觀記 鶴山集 42/1a
紫芝道院記 須溪集 1/21a
重建紫霄記 龍川集 16/7a
虛白觀記 黃氏日鈔 88/16b
宣州開元觀重建中三門記 徐公集 13/4a
漢州開元觀記 鶴山集 39/10a
集真觀記 淨德集 13/12a
信州龍虎山象元觀記 本堂集 50/7a

十三 畫

徽州休寧縣廳新安道院記 朱文公集 80/1a 新安文獻 12/4a
仙遊縣傅氏金石山福神道院記 臞軒集 5/24a
崇寧萬壽觀記 演山集 14/7a
筠州重修道院記 益國文忠集 28/10b 益公集 28/ 92a
僊都觀三門記 曾南豐集 26/2a 元豐稿 17/2a

十五 畫

璇璣觀記 潛齋集 8/9a
望春山蓬萊觀記 宋本攻媿集 54/3a 攻媿集 57/3a

十六 畫

龍跡觀記李石撰 蜀文輯存 62/6a
洪州始豐山興玄觀記 徐公集 28/7a

十七 畫

撫州靈谷山隱真觀記 黃氏日鈔 88/3a

十八 畫

分寧縣廳雙松道院記 姑溪集 36/1a

二十 畫

襄陽寶林觀記原闕 松垣集 6/11b
寶姿觀記 水心集 11/10b
嚴真觀記楊師魯撰 蜀文輯存 100/12a

二十四 畫

成都府靈應觀賜額記 鶴山集 38/10a

(六) 庵

一　畫

一枝庵記　耕櫚集 18/5b

二　畫

九峰庵記江公望撰　嚴陵集 8/18a

三　畫

上天竺復庵記　渭南集 20/14b

四　畫

方圓庵記守一〔釋撰〕　金石萃編 138/25b

心泉字説　後村集 112/7a

止庵記　黃氏日鈔 87/12a

介庵記　渓堂集 7/8b

介庵記　須渓集 5/26a

五　畫

玉液庵記　漫塘集 20/9a

潘叔度可庵記　南澗稿 15/27b

白雲庵記　龜山集 24/16a

六　畫

安養庵記　程北山集 18/14b

西原庵記　朱文公集 79/2a

在庵記　秋崖稿 39/6b

存庵記　漫塘集 20/6a

此庵記　滄庵集 19/1a

全真庵記　曾南豐集 27/3b

自信庵記張淡撰　蜀文輯存 45/10b

自庵記　橘洲集 10/3a

七　畫

見山庵記　竹坡稿 2/11a

横山吴君侠老庵記　東萊集/外 5/2b

超宗道人妙用庵記　曾雲莊集 4/19a

八　畫

汀州定光庵記　益國文忠集 80/9a　益公集 80/133b

林庵記　牟陵陽集 10/11a

卧龍庵記　朱文公集 79/1a

長汀庵記　宋本攻媿集 57/5b　攻媿集 60/5a

易庵記　眉山集 9/5a　宋文選 23/7a

易庵記　潛齋集 8/5a

和樂庵記　范太史集 36/4b

九　畫

洪慶庵記　樓奎集 10/5a

清風峽施水庵記　盧齋集 10/16b

面壁庵記　後山集 15/17a

則庵記　蜀阜存稿 3/74b

思愛庵記　寳窗集 4/1a

畏壘庵記　朱文公集 77/5b

十　畫

流止庵記　橘洲集 10/2b

容庵記　滄齋集 15/12a

栽松庵記　石門禪 22/13a

息庵記　盤洲集 30/6a

息庵記　鶴軒集 5/20a

黃州師中庵記　樂城集 24/7a

陟思庵記　後村集 90/18a

十一　畫

清隱庵記　松隱集 31/4b

遊密庵記　朱文公集 84/32b

寄老庵記　彭城集 32/12b

寄老庵記　石門禪 22/17a

寄庵記　寳窗集 4/2b

宿覺庵記　水心集 9/21a

雪庵記　則堂集 1/5b

惟友庵記　後村集 92/15b

惟孝庵記　後村集 92/6b

惟孝庵後記　後村集 92/14b

惟庵記江公望撰 嚴陵集 8/22b
逍遙遊庵記 須溪集 5/24b
莫能名庵記 蒙齋集 12/7b
崇福庵記 南澗稿 15/10b
假記 北磵集 3/1b

十二 畫

〔雲慶庵〕記 四庫拾遺 557/都官集
汪氏報本庵記 宋本攻媿集 57/3b 攻媿集 60/3a
天井山報濟庵記 本堂集 51/1a
紫芝庵記 三餘集 4/6a
景疏庵記 桐江集 2/24a
開壽庵壁記 竹坡稿 5/1b
鈍庵記龔汝明撰 蜀文輯存 33/4a
鈍庵新記 嵩山集 16/30a
鈍庵舊記 嵩山集 16/17b
湖州銅山無畏庵記 東堂集 9/24a
無證庵記 石門禪 22/1a
順庵記 恥堂稿 4/20a
復庵記 樂軒集 5/1a
周公謹復庵記 牟陵陽集 10/1a
隆恩庵記 芸庵稿 6/15b

十三 畫

慈教庵記 朱文公集 79/9b
瑞石庵記錢藻撰 吳都文粹 9/15a
達庵記 慈湖遺書 2/6b
强衍之愚庵記 曾雲莊集 4/17a
圓庵記 高峰集 11/17a
節庵記 慈湖遺書 2/30b
節庵記 須溪集 2/31b

十四 畫

寧庵記 朱文公集 80/18a
寧庵記 疊山集 7/1a
廣孝庵記 閩風集 11/5b
寧溪王氏遠庵記陳永年撰 台州金石録 7/12b
蒙庵記 鉗刀編 24/3b

夢庵記 梅溪集/後 26/2a
郭氏種德庵記 水心集 11/1a 赤城集 15/7b

十五 畫

慕庵記 魯齋集 5/20b
曾氏樂斯庵記 勉齋集 20/12a

十六 畫

林正卿龍門庵記 勉齋集 19/6b
靜庵記 誠齋集 76/3a
默庵記 滄齋集 15/15a
踵息庵記 龜山集 24/2b
德清縣平陽嶺興善施水庵記 弄齋文編 3/6a
積慶庵記 黃氏日鈔 86/14b

十七 畫

濟庵記 須溪集 3/40a

十八 畫

藏庵後記 後村集 91/10b
雙寂庵記 道鄉集 25/2a
歸元庵記 無文印集 3/1a
歸來庵記 須溪集 3/33b
歸愚庵記 道鄉集 25/1a

十九 畫

陸氏懷庵記 洛水集 9/13a

二十 畫

處州麗水縣寶溪濟庵記 無文印集 8/9a
覺庵記 齊山集 4/8a

二十一 畫

漳州鶴鳴庵記 後村集 89/8b

二十四 畫

莆田方氏靈隱本庵記 盧齋集 11/3b

(七) 殿

二 畫

九里法喜院佛殿記吳江　北礇集 3/11b

九峰寺重建佛殿記　桐江集 2/25a

三 畫

麻姑山重修三清殿記　直講集 23/9b

撫州祥符觀三清殿記　臨川集 83/12b

吉州新修天慶觀三清殿記　龍雲集 25/1a

新建三清殿記　栟櫚集 17/1a

上成觀三清殿記　盧溪集 35/7b

平江府重建三清殿記牟巘撰　吳都續文粹 28/1a

重修三清殿記家坤翁撰　蜀文帙存 94/13a

尋仙觀三清殿記盧國慶撰　江蘇金石志 18/29a

大仁院重建佛殿記　灌園集 9/2b

東京寶相禪院新建大悲殿記　蘇學士集 13/1b

紫巖院大悲殿記張商英撰　山右石刻編 15/17a

泗州普照寺重修大聖殿記　可齋稿/續前 5/8b

大鑒禪師殿記陳宗禮撰　金石續編 19/40a　八瓊金石補 121/11b

靈巖寺千佛殿記王逢撰　八瓊金石補 101/11a

四 畫

章聖天臨殿記　寶晉英光集 6/5a

天臨殿記　靈巖集 4/6a

元寶觀重建大殿記　龍川集 16/10a

天慶觀五嶽真君殿記彭乘撰　蜀藝文志 38 中/1a

仁濟殿記　靈巖集 4/8a

五 畫

玉皇殿記　黃氏日鈔 86/9a

玉宸殿記　靈巖集 4/7a

台州臨海縣救惠安院大佛殿記曾會撰　台州金石錄 3/9a

紫極宮新建司命真君殿記　徐公集 13/5b

六 畫

邢州紫極宮老君殿記　徐公集 28/3a

普照寺重修西方前殿記　北礇集 2/5a

漢百官朝會殿記　四明文獻集 1/3b

宋成州净因院新殿記　嵩山集 16/37a

廣平府重建成信侯殿記方回撰　新安文獻 14/2b

光州開元寺重修大殿記　樂城集 23/7b

任城修佛殿記　樂靜集 6/9a

七 畫

含清院佛殿記　演山集 17/8a

新建佛殿記陸蜚撰　吳都文粹 9/12a

八 畫

法雲寺重修大殿記靈藏(稀)撰　江蘇金石志 9/2a

法慈懺殿記　渭南集 21/5a

杭州於潛縣治平寺重建佛殿記　程北山集 18/9b

麻姑山僊都觀初建東嶽府君殿記　灌園集 9/1a

青州龍興寺重修中佛殿記　文莊集 21/8a

戒珠寺重修卧佛殿記　北礇集 2/4b

重修昇仙太子大殿記謝蜂撰　金石萃編 132/3a

明因院羅漢像新殿記　穆參軍集 3/14a

妙德禪院明覺殿記雷簡夫撰　金石萃編 135/20b

九 畫

柳源院重建殿宇記孫巘撰　嚴州金石錄/上/11a

南嶽山雲峰景德禪寺重修佛殿記　武溪集 8/7b

禪龕院毘盧殿記　北礇集 4/7b

建寧府尊勝院佛殿記　渭南集 19/2b

十 畫

真君殿記　直講集 23/12b

濟州真武殿記　樂靜集 6/1a

晉陵乾明寺古殿記鄒山撰　江蘇金石志 13/47a

十一 畫

宋州龍興寺浴室院新修消災菩薩殿壁記　河東集 4/8a

麻姑山仙都觀新殿記　益國文忠集 80/6b　益公集 80/135b

重修麻姑殿記　直講集 23/10b

高安冲道黃真人新殿記　松垣集 6/1a

修梓山寺殿記　直講集 24/11b

明州奉化縣梓潼帝君殿記　雪坡集 33/2b

梵業院重建佛殿記張方撰　蜀文輯存 77/22a

東京永安禪院敕賜崇聖智元殿記　長興集 23（三沈集 5/6b）

張天師正殿記　四如集 1/55a

十二　畫

湘潭縣修藥師院佛殿記　歐陽文忠集 63/15b

湘潭縣龍王山慈雲寺新建佛殿記　斐然集 20/3a

重修湯王殿記劉泳撰　山右石刻編 17/34a

温州開元寺重修大殿記　蘇魏公集 64/12a

普安院佛殿記　灌園集 9/19a

峨眉山普賢殿簡版　蜀藝文志 64/2b

尊勝院佛殿記　韋齋集 10/7a

報本殿記　粱溪集 132/2a

雁蕩山本覺院殿記　梅溪集/後 26/4a

靈嚴智積菩薩殿記　鴻慶集 22/3b　孫尚書集 20/9a

吳都文粹 8/8a

華藏寺佛殿記　灌園集 9/5a

菜園院佛殿記　晉南豐集 25/4a　元豐稿 17/7a

隆禧殿記　東萊集/別 4/2a

十三　畫

滁州龍蟠山壽聖寺佛殿記　曲阜集 4/9a

景德寺西禪院慈氏殿記　張右史集 50/1a

福源觀大殿記　耶溪集 15/5a

筠州聖祖殿記　樂城集 23/1a

漳浦縣聖祖殿記　水心集 10/19a

洋州天慶觀聖祖殿記　鶴山集 50/7b

觀音院圓通殿記懷深(釋)撰　吳都文粹 8/44b

十四　畫

觀音院修滿净佛殿記　後山集 15/14b

瘟神殿記程荀撰　江蘇金石志 9/32a

十五　畫

潭州白鹿山靈應禪寺大佛殿記　石門禪 21/13b

潮州開元寺重修大殿記　武溪集 8/3a

十六　畫

新州龍山殿記　濂庵集 17/17a

聖墩順濟祖廟新建蕃釐殿記　四如集 1/53a

興化寺佛殿記王基撰　山右石刻編 15/11a

衡嶽寺大殿記　道鄉集 26/14a

壁州龍興寺重修佛殿記馬翔撰　蜀文輯存 23/16a

選德殿記　益國文忠集 110/7b　益公集 104/108b

選德殿記　洪文敏集 6/16b　止齋集 39/1a

十七　畫

講武殿記　東萊集/外 4/1a

臨安海會寺殿記　蔡忠惠集 25/12a

衢州重修嶽帝殿記　蒙齋集 12/14a

十八　畫

福昌院藏殿記　爛湖集 9/14a

碧雲藏殿記宜興　北磵集 4/4a

治平寺藏輪殿記寶華(釋)撰　金石萃編 151/24a

鵝湖佛殿記　元豐稿 17/14a

十九　畫

廬山圓通寺佛殿記　益國文忠集 80/7b　益公集 80/134b

二十　畫

齊祈寺釋迦大殿記　洛水集 11/9b

松江普照寺釋迦殿記　牟陵陽集 11/7b

宋浄土院釋迦殿記鄒起撰　兩浙金石志 7/1b

二十四　畫

靈泉寺新殿記王安中撰　八瓊金石補 112/8a　粵西金石畧 7/1a

湖州安吉縣靈峰殿記　都官集 8/5b

二十五　畫

衡陽觀音寺殿記　濂庵集 18/25a

湖州報恩光孝祠寺新建觀音殿記　苕溪集 22/5a　吳興金石記 8/20b

法雲寺觀音殿記　渭南集 19/15b

寶慶院新建觀音殿記　黃氏日鈔 88/17a

（八）塔

三　畫

宋大慈山修塔題記　兩浙金石志 6/12a

魏塘大聖塔記　宋本攻媿集 54/17a　攻媿集 57/16a

宋僧有嵩建造千佛塔願言有嵩〔釋〕撰　台州金石錄 4/7a

四　畫

六和塔記　松隱集 30/4a

聖興寺僧文爽壽塔記　淨德集 14/10a

天王寺塔記青陽仲廣撰　蜀文輯存 72/3a

吉州慈恩寺仁壽塔記　豫章集 18/19a

五　畫

半塘重修塔記魏憲撰　吳都文粹 8/48b

七　畫

沙縣福聖院重建塔記　邠櫟集 17/4b

八　畫

處州龍泉縣金沙塔院記　武夷新集 6/4b

龍游縣新修舍利塔院記　清獻集 5/20b

潤州甘露寺新建舍利塔記　徐公集 28/10b

泗州龜山水陸禪院佛頂舍利塔記　長興集 22（三沈集 4/77a）

天鉢禪院準禪師舍利塔記　豫章集 18/20b

隋朝感應佛舍利塔記　石門禪 21/12a

萬固寺舍利塔記田沃撰　山右石刻編 12/36b

定光佛舍利塔記薄淙撰　山右石刻編 13/36a

十　畫

天竺薦福寺懺主遵式敕賜師號塔銘記　松隱集 30/3a

徑山三塔記　真西山集 25/10b

十一　畫

淨嚴和尚塔記馮職撰　蜀文輯存 38/5a

十二　畫

海昌童兒塔記　橫浦集 17/1a

遂州廣利寺善濟塔記馮世雄撰　蜀文輯存 28/20a　八瓊金石補 108/28b

台州海門普光塔院記劉伯禹撰　台州金石錄 2/25b

普同塔記　石門禪 22/10a

普通塔記虞觀撰　金石萃編 183/12a

宋慈雲寺普會寶塔記祖迪撰　兩浙金石志 7/6a

越州寶林院重修塔記　陶山集 11/7b

蔡州開元寺佛塔記　穆參軍集 3/6b

十三　畫

重建慈恩塔院記　龔齋文編/補 2b

宣州徑縣銅峰瑞應塔記　苕溪集 22/18b

江寧府江寧縣牛首山崇教寺毗支佛塔記善莊〔釋〕撰　金石萃編 134/13b　江蘇金石志 8/54a

十六　畫

重修龍興寺東塔記　金石萃編 125/1a

靈巖山寺磚塔寺孫承祐撰　吳都文粹 8/7a

宋天台般若新寺磚塔記　兩浙金石志 5/1a

十七　畫

重修薦福寺塔記李壁撰　金石萃編 147/10a

(九) 經幢

四 畫

成都府玉局觀新建五符幢記 丹淵集 22/1a 蜀藝文志 38 中/20a

九 畫

保寧禪院經幢緣政(釋)撰 山右石刻編 11/12a

十二 畫

開元寺新修佛頂尊勝陀羅尼經幢記 黃麟撰 金石萃編 123/21a

夏家堂尊勝殘幢記 夏家堂撰 八瓊金石補 82/29a

尊勝幢記 李仁遂撰 八瓊金石補 82/23b

華州別駕杜承訓尊勝幢記 張汝弼撰 八瓊金石補 82/25b

尊勝幢記 義從(釋)撰 八瓊金石補 82/30a

興國寺□寶臣尊勝幢記 八瓊金石補 82/35b

雁塔寺經幢智朗(釋)撰 山右石刻編 11/1a

十六 畫

戰場立經幢記 松隱集 31/7a

(十) 經藏

五 畫

永州法華寺經藏記 道鄉集 26/3a

古巖經藏記 鄂州集/郢州遺文 6a

石泉寺經藏記 誠齋集 72/1a

北巖定林禪院藏經記 朱處約撰 蜀文輯存 99/12b

白石浄慧院經藏記 水心集 9/1a

六 畫

江州東林寺藏經記 豫章集 18/1b

江東延慶院經藏記 北磵集 4/5b

安州白兆山寺經藏記 范忠宣集 10/1a

休寧縣方興寺西院新建藏記 竹坡稿 2/23a

七 畫

妙果院藏記 梅溪集/後 26/1a

八 畫

承天寺大藏記 道鄉集 26/1a

九 畫

洪州分寧縣雲巖禪院經藏記 豫章集 18/7a

南岡寺藏記 須溪集 1/23a

泉州金粟洞天三教藏記 北磵集 3/3a

十 畫

海惠院經藏記 都官集 8/1a

真州長蘆寺經藏記 臨川集 83/9a

虔州崇慶禪院新經藏記(1-2) 蘇東坡全集/後 19/12b 蘇東坡全集/續 12/2b

十一 畫

常州無錫縣開利寺藏院記 鴻慶集 22/13b 孫尙書集 81/8b

處州龍泉西山集福教院佛經藏記 紫微集 32/4a

崇道觀道藏記 范鎮撰 蜀藝文志 38 中/12b

代范忠宣撰通慧禪院移經藏記 西臺集 6/20a

十二 畫

湖州德清縣覺華寺藏經記 柯部集 33/15b

雲安德英藏記 北磵集 4/11a

宋惠因院教藏記 章衡撰 八瓊金石補 105/20b 兩浙金石志 6/25b

無盡藏記 誠齋集 72/4a

勝相院經藏記(1-2) 蘇東坡全集 40/2a 蘇東坡全集/續 12/1a

婺州開元寺新建大藏經樓記 武夷新集 6/14b

十三 畫

新吳昭德觀道藏記 松垣集 6/8a

義烏景德禪院新建藏殿記 宋忠簡集 3/7b

十四 畫

漣水軍淳化院經藏記 臨川集 83/9b

嘉州清溪觀道藏記 嵩山居士集 50/2b

十五 畫

澄心院藏記通泉 北礀集 3/12b

撫州疏山白雲禪院大藏記 鴻慶集 22/10a 孫尚書集 31/3b

撫州廣壽禪院經藏記 渭南集 18/6a

十六 畫

興崇院經藏記 誠齋集 72/6b

衢州壽光寺輪藏記 瀛庵集 18/28a

十八 畫

藏記張淡撰 吳都文粹 8/5b

十九 畫

羅山妙心院華嚴經室記 三餘集 4/7a

二十一 畫

鎮江府鶴林天寧寺大藏記 程北山集 18/12a

二十四 畫

鹽亭藏經記 北礀集 4/12b

衢州開化縣靈山寺大藏記 程北山集 18/8b

(十一) 轉輪藏

四 畫

天寧寺轉輪藏記吳拭撰 蜀藝文志 38 下/9a

五 畫

汀州南安嚴均慶禪院轉輪藏記 梁溪集 133/11a

北嚴轉輪藏記吳駿撰 蜀文帙存 47/19a

台州佛窟山轉輪藏記王以寧撰 台州金石錄 5/9b

六 畫

安樂院飛輪藏記 方舟集 11/4a

吉州隆慶禪院轉輪藏記 豫章集 18/14b

七 畫

秀州華亭縣布金院新建轉輪經藏記 都官集 8/4b

秀州資聖禪院轉輪經藏記 都官集 8/2a

八 畫

虎邱轉輪大藏記張淡撰 蜀文帙存 45/11a

九 畫

建康府保寧寺輪藏記 建康集 4/6a

十 畫

桂陽監永寧寺輪藏記 斐然集 20/13a

十一 畫

崇安寺五輪藏記 鴻慶集 23/13b 孫尚書集 82/14b

十二 畫

景福寺輪藏記 無文印集 3/3b

景德寺五輪藏記 南澗稿 16/17a

勝法寺輪藏記裘夢得撰 吳都文粹 9/8b

無爲軍崇壽禪院轉輪大藏記 鐔津集 14/7b

十三　畫

新昌縣寶蓋院輪藏記　松垣集 5/11a

十四　畫

廣教院重修轉輪藏記　南澗稿 16/19a
翠巖山寶積院輪藏記　舒懶堂文存 3/1a

十五　畫

潭州開福轉輪藏靈驗記　石門禪 21/2b

十六　畫

澧州夾山普慈禪院轉輪藏記　梁溪集 133/3b
龍須山轉輪經藏記　盧溪集 34/6b

十七　畫

徽州城陽院五輪藏記　鄂州集 3/15b

（十二）聖燈

聖燈記　四庫拾遺 106/雪山集

十三、祠堂墳墓

（一）神祠

二　畫

泰和縣仰山二王行祠記　益國文忠集 59/1a　益公集 59/52a

三　畫

三台祠記陳貴謙撰　赤城集 9/4b

六　畫

新繁縣朱真人祠堂記劉光祖撰　蜀藝文志 38 下/ 16b

七　畫

袁州宜春臺孚惠新祠記　益國文忠集 59/2b　益公集 59/53b

八　畫

紹興嵊縣新建東嶽行祠記　牟陵陽集 10/7b

鄂州忠烈行祠記王自中撰　金佗粹編/續 30/8b

建寧府沖應周真人祠記　宋本攻媿集 52/16a　攻媿集 55/15b

邵氏神祠記　直講集 24/12a

九　畫

重修尉廟南康祠記　澹齋集 15/16b

十　畫

桐廬縣桐君祠記　宋本攻媿集 52/15a　攻媿集 55/ 14b

邵武軍雲錦山真武祠記　松垣集 6/9b

般若會善知識祠記李沫撰　八瓊金石補 115/2b　兩浙金石志 9/47a

孫真人祠記王壏撰　金石萃編 138/13b

十一　畫

梓潼帝君祠記　碧梧集 17/3a

龍泉縣太霄觀梓潼祠記　文山集 9/4b

分陽覺道山麻姑祠記　潛齋集 8/4a

十二　畫

程師孟祠南海神記陳之方撰　金石續編 16/1a

十三　畫

相山會靈四仙祠記　黃氏日鈔 88/15b

十四　畫

古田縣廣惠惠應行祠記　後村集 88/2a

十六　畫

新建州境龍王祠記　真西山集 24/22a

三聖壇龍祠記　雪山集 7/17a

十七　畫

英州應龍祠記　西塘集 3/5b

(二) 祠堂

二 畫

建寧府崇安縣學二公祠記 朱文公集 77/14b

衢州杜黃二先生祠堂記 尊德集 2/9a 新安文獻 12/11b

肇慶府學二先生祠堂記 敬帚稿 3/10b

二宋二連君祠堂記 張石史集 49/8b 宋文選 30/6a

潤州金山二使君祠堂記 長興集 22(三沈集 4/73a)

二陸先生祠記 慈湖遺書 2/17b

黃州州學二程先生祠記 朱文公集 80/7a

綿州通判廳二賢祠堂記(鮮于侁 馮如晦) 鶴山集 39/13a

潮州八先生祠記 復齋集 9/7b

九先生祠堂記 四明文獻集 6/7a

三 畫

高郵軍紹興三巨公祠記戴楙撰 金佗粹編/續 307a

台州州學三老先生祠堂記 水心集 11/9b

袁州州學三先生祠記 朱文公集 78/16a

三先生祠記 南軒集 10/13b

城山三先生祠記 後村集 90/10b 艾軒集 10/14a

徽州婺源縣學三先生祠記 朱文公集 79/3a 新安文獻 12/3a

南安軍三先生祠記 水心集 11/8b

成都府學三先生祠堂記(周敦頤 程顥 程頤) 鶴山集 38/1a

三高祠記祝籛撰 吳都文粹 3/29a

三高祠記范成大撰 吳都文粹 3/31a 范成大佚著 152-153

重建三高祠記陸壑撰 吳都續文粹 15/34b

三高祠記石處道撰 吳都續文粹 15/37a

三陸先生祠堂記昂 敬帚稿/補 8b

鈞山三劉先生故居祠堂記 松垣集 3/10b 三劉家集/86b

桃源洞三賢祠記 字溪集 8/7a

黃巖縣學三賢祠記陳善聯撰 赤城集 8/1b

樂清縣學三賢祠堂記 水心集 9/12b

州學三賢祠堂記 巽齋集 13/1a

上蔡先生祠記 水心集 10/6a

德安府應城縣上蔡謝先生祠記 朱文公集 80/4a

山中祠堂記 後村集 91/4b

分寧縣學山谷祠堂記 益國文忠集 59/5a 益公集 59/56b

四 畫

建康府卞公祠堂記 濂庵集 18/22a

沙溪六一先生祠堂記 誠齋集 72/12b

沙溪六一祠記 巽齋集/附 2b

長寧軍六先生祠堂記(周敦頤 程顥 程頤 張載 朱熹 張栻) 鶴山集 48/12b

清江六賢祠記 濂庵集 18/10a

州學六賢祠堂記吳子良撰 赤城集 8/3b

紹熙廣西轉運判官方公祠堂記吳曈撰 粵西金石畧 11/11a

薦福院方氏祠堂記 後村集 93/8a

方長者祠堂記 秋崖稿 39/8b

荊國王文公祠堂記 象山集 19/6b

宋岳州平江縣王文正公祠堂記 宗伯集 12/1a

平江縣王文正公祠記 水心集 10/15a

豐城王氏家廟記 雪坡集 36/12a

王沂公祠堂記 公是集 36/3a 宋文鑑 79/1b

王長洲祠堂記黃由撰 吳都織文粹 14/27b

重建王忠文公祠堂記 真西山集 26/21b

重修義塾建夫子祠堂記 秋聲集 5/24b

元次山祠堂記 太倉集 61/11b

謁太史公祠題記田淵 邵鑛 高士乙撰 金石萃編 139/16a

太師史越王祠記 浣川集 5/6b

漢陽軍學五先生祠堂記(周敦頤 游酢 程顥 程頤 程顥 朱熹) 勉齋集 20/1a 定夫集/卷末 5b

三山郡洋五賢祠記(周敦頤 程顥 程頤 張載 朱熹) 勿軒集 2/6b

丹陽公祠堂記朱嘉撰 吳都文粹 1/25b

紹興尹朱二先生祠堂記 漫塘集 23/5a

平江府和靖尹先生祠堂記 勉齋集 19/10a 尹和靖集 10/8b 吳都續文粹 14/40b

重遷尹和靖先生祠堂記黃士毅撰 吳都續文粹 14/42b

五　畫

祖徠石先生祠堂記　鶴山集 48/6a

四令公祠堂記　鴻慶集 21/1a　孫尚書集 29/1a

懷安縣學四先生祠記(周敦頤　程顥　程頤　朱熹)

復齋集 9/4a

鄞縣學乾淳四先生祠記　蒙齋集 14/14a

台州州學四先生祠堂記(周敦頤　程顥　程頤　朱

熹)　勉齋集 20/12b

簡州四先生祠堂記(周敦頤　程顥　程頤　張明誠)

鶴山集 42/9a

長沙縣四先生祠堂記(周敦頤　胡仁仲　張栻　朱

熹)　鶴山集 48/1a

南雄州學四先生祠堂記(周敦頤　程顥　程頤　朱

熹)　真西山集 26/7a

四先生祠堂記(周敦頤　程顥　程頤　朱熹)　劉鑄撰

赤城集 8/6b

建陽縣學四君子祠記　真西山集 26/5a

洪州新建尚書白公祠堂之記　徐公集 28/5b

孝肅包公祠堂記張環撰　包孝肅奏議/祠記 1a

廬州重建包馬二公祠堂記　南澗稿 15/30b

司馬溫公祠堂記　張右史集 50/5b　宋文通 30/5a

司馬溫公祠堂記　水心集 9/9a

司馬溫公祠堂記張行成撰　蜀藝文志 37 下/11a

南安軍司理廳先生祠堂記陳宗禮撰　周元公集 8/

38a

六　畫

鷺洲書院江文忠公祠堂記　須溪集 3/29a

安公祠記王震撰　蜀文輯存 73/6b

安公祠記吳炎寅撰　蜀文輯存 83/11a

菖學朱文公祠記　復齋集 9/1a

徽州朱文公祠堂記　勉齋集 19/14b

同安縣朱先生祠堂記　水心集 10/7a

先賢祠記　黃氏日鈔 87/7a

宜興縣先賢祠堂記　真西山集 26/28a

餘干縣先賢祠堂記　蒙齋集 12/3a

先賢祠堂記　四明文獻集 1/18b

贛州興國先賢祠堂記　蛟峰集 5/10a

梁新安太守任公祠堂記羅汝楫撰　新安文獻 11/7a

任氏家祠堂記　穆參軍集 3/3b

伊川祠記曹彥時撰　八瓊金石補 112/25a

七　畫

汪端公祠堂記　王雙溪集 4/2a　新安文獻 96 上/6b

辛稼軒先生祠記　豐山集(清刻本)3/29a

成州同谷縣杜工部祠堂記　嵩山集 16/34a

杜清獻公祠堂記程公許撰　杜清獻集/卷首 38b

富平縣李太尉祠堂記汪哲撰　金石萃編 133/43a

邵武軍學丞相隴西李公祠記　朱文公集 79/21a

梁溪集/附錄 5a

李兵部祠堂記　勉齋集 20/9a

平江府常熟縣學吳公祠記　朱文公集 80/23b

常熟吳公祠記　江蘇金石志 13/52b

余大使祠堂記　字溪集 8/4b

何公祠堂記　嵩山居士集 48/3a

鄲縣漢大司空何公祠堂記侯溥撰　蜀藝文志 37

中/22a

狄守祠堂記　幼槃集 8/6b

八　畫

儒學林公祠堂記　樂圃集 6/11a

林氏一門忠義祠堂記　後村集 91/13b

林光朝祠堂記陳俊卿撰　艾軒集 10/附錄 11b

東坡先生祠堂記　雲山集 7/18b

東萊大愚二先生祠記　真西山集 25/28a

東萊呂大史祠堂記　宋本攻媿集 52/6b　攻媿集 55/

6b

漳州州學東溪先生高公祠記　朱文公集 79/24a

東溪集/附錄 4a

韶州州學兩公祠堂記　誠齋集 72/10a

遂安縣學兩祠記　爛湖集 9/9a

忠孝祠記(1－2)　真西山集 24/11b

忠武侯祠堂記張震撰　蜀藝文志 37 上/5a

忠祐祠記蒲果撰　蜀文輯存 100/13b

建康府學明道先生祠記　朱文公集 78/7a

道州故居周濂溪先生祠記章穎撰　周元公集 8/

11b

重建先生周敦頤祠記龔維藩撰　周元公集 8/16b

江州學濂溪祠記林栗撰　周元公集 8/29a

濂溪周先生祠堂記　蕩庵集 18/3a　周元公集 8/1a

隆興府學濂溪先生祠記　朱文公集 78/19b　周元

公集 8/4b

韶州州學濂溪先生祠記　朱文公集 79/10b　周元

公集 8/33a

邵州州學濂溪先生祠記　朱文公集 80/12a　周元

公集 8/36a

濂溪先生祠堂記 聚齋集 9/5a

道州重建濂溪周先生祠記 南軒集 10/4b 周元公集 8/9a

永州州學周先生祠記 南軒集 10/9a 周元公集 8/7a

濂溪周先生祠記 南軒集 10/10b

南康軍新立濂溪祠記 南軒集 10/12a 周元公集 8/31a

道州寧遠縣新建濂溪周元公祠堂記 鶴山集 43/7b 周元公集 8/13a

合州建濂溪先生祠堂記 鶴山集 44/23a

寶慶府濂溪周元公先生祠堂記 鶴山集 49/13a

昌黎濂溪二先生祠記 真西山集 25/5b

廣東憲司周濂溪先生祠記 久軒集 8/51a 周元公集 8/39b

合州濂溪祠記何預撰 蜀文輯存 62/16a

九 畫

柳子厚祠堂記柳拱辰撰 金石萃編 134/41a

永州柳先生祠堂記 浮溪集 19/8a 新安文獻 11/4b

蘭石重修柳侯祠記 緣督集 4/14a

胡文定張宣公二先生祠堂記 麗軒集 5/3a

參議胡君祠堂記 鶴山集 41/10b

范文正公忠烈廟記 牟陵陽集 9/1a 范文正集/褒賢 4/2b 吳都續文梓 14/30b

廣德軍范文正公祠記 宋本攻媿集 52/2b 攻媿集 55/2b 范文正集/褒賢 3/11a

淄州長山縣建范文正公祠堂記韓澤撰 范文正集/褒賢 3/5a

池州范文正公祠堂記丁巖撰 范文正集/褒賢 3/18b

高郵軍興化縣重建范文正公祠堂記葉大發撰 范文正集/褒賢 3/21a

范文正公祠堂記 浮溪集 18/1a 范文正集/褒賢 3/7b 新安文獻 11/5b

范文正公祠堂記家安國撰 蜀藝文志 37 下/1a

後梁宣帝祠記王藝撰 赤城集 10/8b

韋溪先生祠堂記鄒公鐵撰 赤城集 9/12b

十 畫

家廟記 劉忠肅集 9/14b

翰林唐公祠堂記 雪集編 8(三沈集 8/20b)

唐質肅公祠記 梅溪集/後 26/11a

維揚貢院壽祠記 江湖集 22/9a

景遷先生祠堂記 渭南集 18/10a

重建太守倪公祠記 真西山集 25/31a

南劍州棣堂徐公祠堂記 廣齋集 11/2a

徐儒子祠堂記 曾南豐集 25/2a 元豐稿 19/7a 宋文選 14/7a

殷少師祠堂記 鶴山集 49/14b

十一 畫

梁軌祠堂記薛宗儒撰 山右石刻編 14/3b

寇忠愍公巴東祠記 梅溪集/後 26/10a

寇萊公祠堂記鄧鉦撰 蜀藝文志 37 下/12a

孝節郭公祠堂記 四如集 1/25a

郭孝子祠記 杜清獻集 16/7a

郭孝子祠記吳子良撰 赤城集 9/1a

郭宣徽祠記 濟南集 7/14a

永春大夫御史黃公祠記 真西山集 24/4a

梅子真祠記 松垣集 3/7a

梅逸林隱君祠堂記 本堂集 50/2a

梅溪先生忠文王公祠記 恥堂稿 4/2b

莊子祠堂記 蘇東坡全集 32/12b

莊列祠記 滄庵集 17/29a

丞相張公祠堂記唐文若撰 蜀文輯存 50/3a

張忠定公祠堂記楊天惠撰 蜀藝文志 37 下/3b

張忠定公祠堂記王剛中撰 蜀藝文志 37 下/5b

張龍公祠記 蘇東坡全集/續 12/6b

張縣尉舊祠堂記 吾汶稿 3/15a

興元府新作張魏公虞雍公祠堂記 鶴山集 43/2a

惠州太守陳文惠公祠記 西塘集 3/3b

察院陳公祠堂記宋子鐵撰 蜀文輯存 92/4a

陳氏四令祠堂記 傅家集 71/3b 司馬溫公集 66/7b

陳(古靈)先生祠堂記陳犖撰 古靈集/附錄 15a

陳忠肅公祠堂記陳振孫撰 赤城集 8/8a 南宋文範 45/16b

陳修撰祠堂記 漫塘集 20/10b 陳修撰集 9/8a

沙縣陳諫議祠堂記 嵩山集 24/3b

南劍州陳諫議祠堂記 嵩山集 24/5a

秀州陸宣公祠堂記 東萊集 6/2b 兩浙金石志 9/53b

陶令祠堂記 郡州集 3/12b 新安文獻 12/7b

十二 畫

建寧府學遊胡二公祠堂記 南軒集 11/1a 定夫集/卷末 3b

建寧府學遊御史祠記 朱文公集 77/9a 定夫集/卷

末 1b

奉天縣譚忠武公祠堂記辛育撰 金石萃編 139/13a

武陵縣善卷先生祠堂記李廌撰 蜀文輯存 52/24a

重建臨江太守彭公祠堂記 巽齋集 15/9b

齊州閔子祠堂記 樂城集 23/2a

舜祠記 巽齋集 14/12b

舒元質祠堂記 絜齋集 9/11b

奉化縣舒先生祠堂記 蒙齋集 14/3a

程太中祠堂記 雪堂橋 10b

休寧縣學端明程公祠記趙師若撰 洛水集 26/9b

程純公楊忠襄公祠堂記 鶴山集 46/10b

傅子淵祠堂記 敬帚稿/補 1a

休寧縣鄉賢祠記周洪謨撰 洛水集 26/11a

十三 畫

吳縣學慈湖先生祠堂記 蜀阜存稿 3/91a

褚公祠堂記魏了翁撰 八瓊金石補 119/11b

楊文安公祠堂記 鶴山集 44/13a

楊允恭壽祠記陳翼眞撰 八瓊金石補 120/22b

龜山楊先生祠堂記 水心集 10/1a

賈浪仙祠堂記龔鼎臣撰 蜀藝文志 37 下/14a

采石虞忠肅公祠記 退庵稿/下/7a

葛司城祠堂記 滄庵集 19/3a

敬慤侯祠記 牟陵陽集 11/5b

圓峰道院祠堂記 疊山集 7/6a

故節士詹公祠堂記 絜齋集 9/7a

昭州新立吏部侍郎鄒公祠堂記 南軒集 10/15b

十四 畫

唐太尉趙公祠堂記 樂全集 33/23b

贛州重修清獻趙公祠堂記 文山集 9/16a

趙公遠祠記 浮山集 4/11b

華陽趙侯祠堂記楊天惠撰 蜀藝文志 37 下/6b

十五 畫

變州新修諸葛武侯祠堂記 梅溪集/後 26/8b

變州新遷諸葛武侯祠堂記 梅溪集/後 26/12a 蜀藝文志 37 上/6b

渭源諸葛武侯祠題記 滿水集 6/5a

衢州石鼓山諸葛忠武侯祠記 南軒集 10/6a 八瓊金石補 114/24a

靜素法師鄭君祠堂記 鴻慶集 23/11b 孫尚書集 32/12a

鄭知微祠堂記 括蒼金石補 2/9a

慧感夫人祠記 范成大佚著/173

歐陽監丞祠堂記 巽齋集 16/4b

檢詳劉大監祠堂記 北磵集 2/4a

廖棄堰劉公祠堂記何汐撰 蜀藝文志 37 中/14a

净慈寺屯田劉公凝之祠堂記 松垣集 3/18b 三劉家集/87b

靈山寺劉屯田員外郎祠堂記 松垣集 3/15a

劉忠顯公祠堂記 鄧峰錄 32/7b

寶謨閣直學士知潼川府贈太師劉清惠公祠堂記 鶴山集 45/1a

元城橫浦劉張二先生祠堂記 絜齋集 9/8b

十六 畫

龍伯高祠堂記 誠齋集 71/1a

楊子寺聲隅先生祠堂記 蘇魏公集 64/7b

盧氏祠堂記 橘洲集 10/7b

閻使君祠記馬唐民撰 金石萃編 138/11a

蘇州清流山錢氏奉祠舘記 長興集 22(三沈集 4/76a)

宜州新豫章先生祠堂記 誠齋集 72/5a

十七 畫

寧國府增建韓文公祠記 杜清獻集 16/11a

宴雲寺玉陽先生韓公祠堂記 後村集 93/11a

韓忠憲公祠堂記閻瀆撰 蜀藝文志 37 下/8b

北京韓魏公祠堂記 傳家集 71/2a 司馬溫公集 67/1a 金石萃編 138/31a

十八 畫

番陽顏范二公祠記 蒙齋集 13/20a

顏范祠堂記 梅溪集/後 26/5b

撫州重立唐魯郡顏公祠記 南軒集 10/8a

麻姑山顏魯公祠記 宋本攻媿集 52/1a 攻媿集 55/1a

顏魯公祠記 巽齋集/附 5b

撫州顏魯公祠堂記 曾南豐集 25/1a 元豐稿 18/5b

顏魯公祠堂記 眉山集 23/1a 宋文選 23/8a

重修顏魯公祠堂記 牟陵陽集 10/4b

顏魯公祠堂記馬存撰 蜀藝文志 37 下/13b

顏蘇二公祠記 絜齋集 9/3a

豐清敏公祠記 絜齋集 9/9b

蕭正肅公祠堂記 真西山集 24/23a

魏侯祠記史子申撰 蜀文輯存 78/13b

十九 畫

涪陵譙先生祠記 雪山集 7/1a

二十 畫

蘇丞相祠記 朱文公集 77/3a 蘇魏公集/卷首 15b

重修嚴先生子陵祠堂記 桐江集 2/15a

富陽觀山嚴先生別廟記 斐然集 20/5a

桐廬郡嚴先生祠堂記 范文正集 7/1a 嚴陵集 8/5a 宋文選 6/19b

重修嚴先生祠堂記(一作重修釣臺記)呂祖謙撰 嚴陵集 9/6a

重建嚴先生祠堂記陳公亮撰 嚴陵集 9/8a

(三) 生祠

四 畫

王侍御生祠記 渭南集 17/11b 蜀藝文志 37 下/20b

五 畫

盧帥田侯生祠記 渭南集 21/8b

擬生祠記 北山集 25/10b

邑大夫丘君生祠記 鄭樵遺文/36

六 畫

廣安軍和溪縣安少保丙生祠記 鶴山集 40/11b 蜀藝文志 37 下/17b

安少保丙果州生祠記 鶴山集 42/16b

前知衢州向公生祠記 斐然集 20/18a

七 畫

杭州知府沈公生祠堂德政記 都官集 8/10a

沈御史生祠記 洛水集 10/10a

汪參政生祠堂記 雪山集 6/7b

敷文閣直學士安撫制置使長沙吳公生祠記 性善稿 11/9b

九 畫

高安洪侯生祠記 雪坡集 33/7b

十一 畫

再建曹侯生祠記 雪坡集 33/6b

福建招捕使陳公生祠記 真西山集 25/15a

福清縣創大參陳公生祠記 後村集 88/14a

新昌陳知縣生祠記 雪坡集 33/10b

臨江陳侯生祠記 雪坡集 36/1a

陳曾二君生祠記 後村集 88/10a

十二 畫

饒州浮梁程公生祠堂記 香溪集 6/20b

傅講書生祠堂記 克齋集 10/9a

十三 畫

浙東提舉葉侯生祠記王象祖撰 赤城集 10/1a

十四 畫

益國趙公生祠記 碧梧集 17/1a

趙公生祠記陳仁玉撰 吳都續文粹 3/51b

十五 畫

潼川運使劉公生祠記 方舟集 11/15a

徽守劉寺丞生祠記 竹坡稿 2/5a

十七 畫

徽州謝守生祠記 洛水集 10/11a

應綽之教授生祠記 江湖集 22/8a

十九 畫

羅君生祠記 淮海集 38/9a

(四) 墳墓

二 畫

二陵採石記曾孝序撰 金石萃编 142/16b

四 畫

中江縣靈感廟神墓記 鶴山集 39/1a

五 畫

永定陵修奉採石記樂補國撰 金石萃编 131/7b

永泰陵採石記曾孝廣撰 金石萃编 142/14b

六 畫

江氏小山祖墓記 程北山集 19/6b

卜葬先塋記安癸仲撰 蜀文輯存 92/6b

修故丞相太師溫國公墳記司馬富撰 司馬氏源流 4/1a

七 畫

重修孝肅包公墓記林至撰 包孝肅奏議/墓記 1a

杜宇鷲靈二墳記陳卓撰 蜀藝文志 37 上/18a

昌化吳安阡記 洛水集 11/6a

吳孫王墓記滕成撰 吳都文粹 10/1a

九 畫

宣仁后山陵採石記吳安持撰 金石萃编 140/27b

泉州東坂葬蕃商記 拙齋集 15/12a

建康掩骼記 建康集 4/4a

十 畫

半亭高祖墓記 慈湖遺書 5/13b

十一 畫

黃林(孫氏)先墓記 鴻慶集 23/1a 孫尚書集 31/11a

庹表陸氏門記 四庫拾遺 731/散帛稿暑

記陵家 樂靜集 5/1a

十二 畫

牧齋程伯强遷墓記 漁墅稿 5/15a

十三 畫

江東提刑司新創藥局義阡記 恥堂稿 4/16b

福州新創義阡記 盧齋集 10/4a

華藏義家記 性善稿 11/16a

宋重修義家碑王介撰 兩浙金石志 11/5a

宋吏部侍郎鄞公墓亭記 水心集 11/6b

十五 畫

墳院記 樂城集/三 10/4b

歐陽氏山墳記 崔清獻集 5/4b

蓮蕩先生墳亭記 字溪集 8/8b

蔡公展先塋記 樂圃集 6/12a

蔡尚書墓記楊良之撰 蜀文輯存 60/7b

蔡家墓記 杜清獻集/補 3a

記劉向家 樂靜集 5/10b

十六 畫

龍母墓記 灌園集 9/24b

葬遺骸記 樂靜集 6/6b

錢母墓記 蜀阜存稿 3/87b

碑陰穆氏塋舍記穆淡撰 八瓊金石補 111/19a

十九 畫

廬墓記楊良之撰 蜀文輯存 61/7a

十四、人物世事

（一）史事

一　畫

乙巳泗洲録　少師集/附録 1a

乙亥前上書本末　桐江集 6/1a

乙亥後上書本末　桐江集 6/14a

二　畫

二老堂新誌　益國文忠集 179/1a 益公集 179/1a

丁巳筆録　忠正德集 8/12a

入越録　東萊集 15/1a

入蜀記　渭南集 43/1a

入閩録　東萊集 15/6a

三　畫

書三苗　朱文公集 71/20a

于役志　歐陽文忠集 125/1a

大義暴叙　心史/下/44a

記己酉傳位事廬充文撰　蜀文輯存 50/19a

己酉避亂録　少師集/附録 6a

子產　斐然集 24/1a

四　畫

書節行王夫人事　文定集 12/3a

王濟議張齊賢　歐陽文忠集 130/8a

元祐召試館閣記　宗伯集 12/17b

元積家奴　跨鼇集 30/5b

書元積遺事　幼槃集 9/1b

記太子親王尹京故事　渭南集 22/9a

太宗皇帝御批記　濟南集 7/5a

日記　勉齋集 34/9b

書牛李事　姑溪集 17/3b

書丹徒五百事　浪語集 27/15a

［水洛故城］事記　四庫拾遺 579/畫墁集

五　畫

玉堂新記（上中下）　益國文忠集 174/1a 益公集 174/1a

玉牒初草（寧宗）　後村集 82/1a

丙辰筆録　忠正德集 8/1a

左氏傳故事　斐然集 23/1a

北行日録（上下）　宋本攻媿集 129/1a 攻媿集 111/1a

北記范仲熊撰　蜀文輯存 54/19a

田賦述　鄭開國集/6a

書包明事　渭南集 25/10b

台州奏行萬戸記謝采伯撰　赤城集 7/8a

台州補軍額記陳書卿撰　赤城集 7/7a

司馬溫公布衾銘記　范太史集 36/3a 司馬氏源流 5/1b

書司馬檮事　張右史集 47/11a

六　畫

燕安南使自叙　范成大佚著/134

西隴筆暑　九華集 24/1a

西齋話記　龍學集 14/2a

七　畫

記宋退翁齊愈被禍事孫道夫撰　蜀文輯存 64/16a

記言　宗伯集 16/1b

志林　蘇東坡全集 11/1a

書杜祁公事　梁溪集 160/7a

記甘露李文饒事　南軒集 18/2a

李氏唐告記　秋崖稿 43/2a

過李固鄉偶書　跨鼇集 30/8b

漢永平車服制度記　靈巖集 4/4a

書呂湊事　寶晉英光集 8/1b

書吳忠烈遺事　文定集 12/5a

吴船録范成大撰　蜀藝文志 62/1a

書余清老　道鄉集 32/3a

書狄武襄事 蘇東坡全集 23/8a

八 畫

庚子辛丑日記 東萊集 15/9b
奉安玉册記 四庫拾遺 616/老圃集
幸學詔記事 文軒集 5/15a
興化軍林氏重修庭表門閭記 梅溪集 26/13b
書林舍人逸事 漁庵集 4/10a
書東坡宜興事 益國文忠集 19/8a 益公集 19/58b
紹興采石大戰記 九華集 25/1a
采石瓜州甄亮記裏駒撰 蜀文輯存 54/19a
使金録程卓撰 新安文獻 39/14a
使指筆録 忠正德集 9/1a

九 畫

漫記疫疾事朱熹撰 新安文獻 33/7a
記施逵事 松隱集 37/5b
奏事録 益國文忠集 170/1a 益公集 170/1a
唐政事堂記 益國文忠集 92/7a 益公集 92/166a
書咸淳五年事 咄堂稿 3/8a
書范文正公事 梁溪集 160/6b
思陵録 益國文忠集 172/1a 益公集 172/1a
契丹官儀 武溪集 18/5b
建炎時政記(上中下) 梁溪集 178/3a－180/2a
建炎筆録 忠正德集 7/1a－10a
建炎進退志(上下) 梁溪集 174/1a－177/1a
書建陽宋君嗣事 石堂集 13/29a

十 畫

家世舊事 二程集(伊川)48/7a
記一篇(二則) 范成大佚著/171
參知政事高公平盜記 滄齋集 9/5a
唐十六衛記 聚齋集 9/1a
唐七學記 四明文獻集 1/6b
唐太宗达 鑑津集 8/7b
唐貞觀凌煙閣功臣記 靈巖集 4/2b
益州交子務記 靈巖集 4/2b
宋桂州瘞宜賊首級記孔延之撰 粵西金石畧 2/11a
桂林撒戊記 粵西金石畧 12/22a
泉守真公申請宗子給俸記 龐軒集 5/15b
書徐子融遺事 克齋集 7/4a
書徐則事 東坡題跋 1/41a
徐義士庄門記 蛟峰集 5/14a

書留夢炎見逐本末 咄堂稿 3/11b
孫少傅[覿]致政小録 祖徠集 9/7b

十一 畫

淳熙薦士録 誠齋集 113/1a,8a
書章子厚事 梁溪集 160/8b
許浦增置右軍記 浣川集/補遺 2b
郭氏庭表門閭記 文軒集 5/1a
郴行録 畫墁集 7/1a－8/1a
書張主客遺事晁詠之撰 宋文鑑 131/20b
紹興筆録 忠正德集 7/16a
評陳矯 錢塘集 18/14b

十二 畫

書渭橋事 渭南集 25/9b
詒楚文辭 魯齋集 4/1a
書馮[湛]帥功 慈湖遺書 5/28b
書曾子宣事 梁溪集 160/9b
雲石市記 松垣集 3/13b
雲臺功臣記 苕溪集 23/2a
漢雲臺功臣記 盤洲集 28/1a
書揚雄事 栟櫚集 19/1b
閒居録 益國文忠集 166/1a 益公集 166/1a
書筆工王玕 樂靜集 9/13b
筆記 悅齋文鈔 9/8b
知縣程公政事記劉時行撰 蜀文輯存 98/15a
書外曾祖程公遺事 蘇東坡全集/後 9/15b
續秦叔度所書喬君宜治朱氏事 高峰集 11/20b

十三 畫

靖康傳信録(上中下) 梁溪集 171/3b－173/2a
記雷孝子事 范成大佚著/170
書楊縝事 姑溪集 17/4a
買似道大逆不道留夢炎擬旨取問事 咄堂稿
3/10a
書廢事 曾南豐集 5/2a
記董國度事 范成大佚著/170

十四 畫

漳州諭舍記 後村集 93/5b
漢五屬國記 盤洲集 26/8b
漢初學記張唐英撰 蜀文輯存 13/4b
漢武功賞官記 盤洲集 26/9b

漢追封高祖功臣記　靈巖集 4/2a
漢議民徙寬大地記　靈巖集 4/9a
彭明〔李白〕逸事　蜀文帙存 96/1b
書趙烈侯事　浪語集 27/12b
書趙鳳事　姑溪集 17/3a
記聞（上下）　抽齋集 1/1a　2/1a
輯聞　佩韋集 17/1a
書种放事王回撰　宋文鑑 130/6a
記翟望話　松隱集 37/4b

十五　畫

澗泉日記〔五十八條〕　四庫拾遺 443－454/澗泉集
日記
談叢　後山集 21/1a－25/1a
慶元路治中拜降奉議德政記　本堂集 51/5b
慶元路達魯花赤月列通議德政　本堂集 51/6b
書鄭成慤驢遺事　浪語集 27/13a
書〔鄭俠謝諤〕二公事　渭南集 25/13a
震澤紀善録周憲記　王著作集 8/1a
書樂天事　栟櫚集 19/1a
書劉元平事　姑溪集 17/4b
録壯慤劉公遺事　淮海集 34/5b
書劉昌事　東坡題跋 1/7b
書劉忠肅事　文定集 10/13b
書劉庭式事　蘇東坡全集 23/7a
書劉瑾事　灌園集 18/1a

十六　畫

辨誕筆録　忠正德集 9/3b
親征録　益國文忠集 163/1a　益公集 163/1a
書龍協惠事　鶴山集 92/27a

龍飛録　益國文忠集 164/1a　益公集 164/1a
遺堯別録　羅豫章集 8/1a
遺堯録　羅豫章集 2/2b
燕魏雜記　忠穆集 8/1a
劉氏旌表門閭記　誠齋集 73/2a

十七　畫

書襄城公主事王回撰　宋文鑑 130/7b
書韓魏公事　梁溪集 160/7b

十八　畫

雜記　山房集 8/1a
雜記　後村集 112/9b
雜著（三十三條）　四庫拾遺 179/竹隱集
歸田録　歐陽文忠集 126/1a
歸廬陵日記　益國文忠集 165/1a　益公集 165/1a

二十　畫

大監廬川老隱幽巖尊祖事實　廬川集 10/12a

二十二　畫

讀書處記　四庫拾遺 506/養吾齋集
贐屍記李獻撰　陳修撰集 7/1a

二十三　畫

麟書汪若海撰　新安文獻 33/1a
〔失題〕　四庫拾遺 33/華陽集
〔失題〕　四庫拾遺 403/東洲集
〔失題〕　四庫拾遺 404/東洲集
〔失題〕　四庫拾遺 592/滿水集

（二）雜事

二　畫

記人說前生事　梅溪集/前 19/12a

三　畫

劉學正小天柱記　牧萊脞語 6/9a

四　畫

六侯事迹記方漸撰　金石續編 18/4a　八瓊金石補 113/1a
文鄉記　梁溪集 132/13a
廣帥方右史行鄉飲酒記　文溪集 1/3a
心田記　須溪集 3/15b

心境記　桐江集 2/13b
王氏家譜記　霽山集 4/10b
記王尚書事　江湖集 22/17b
中秋翫月記　方是閒稿/下/7b
記公擇天柱分桃　東坡題跋 6/12a

五　畫

記永康軍老人說　祖徠集 9/11a
平實記　桐江集 2/11b
台州鄉飲酒記謝升俊撰　赤城集 5/10a

六　畫

安止記　慈湖遺書 2/33b
記西湖夜語　石門禪 24/19a
西湖棹事記　洛水集 10/4a
存心記　古逸民集 2/2a
朱文公夢奠記　九峰集 6/58b
先公遺文記　傅家集 71/5a　司馬溫公集 66/6a

七　畫

沈夫人繡經記　括蒼金石補 2/3b
泛舟遊山録　益國文忠集 167/1a　益公集 167/1a
宋全等施石獻床記　八瓊金石補 111/30b
李太白故宅記楊逢撰　蜀藝文志 39 上/4b
記見　錢塘 18/18b
余氏子歸養記　蜀卓存稿 3/61b
禿禿記　元豐稿 17/3a

八　畫

宋建庚申勝會記　兩浙金石志 9/2a
林水會心記　黃氏日鈔 86/6a
記林黃中辨易西銘　朱文公集 71/2a
紀事　郎溪集 18/9a
金華洞人物古蹟記　嘯髮集 10/2a
金華遊録　嘯髮集/遺下/1a
記和靜先生五事　朱文公集 71/1a
和靖記　慈湖遺書 2/31b
周氏十公記　鴻慶集 23/7b　孫尚書集 32/6a
記承天夜游　東坡題跋 6/18b

九　畫

津人問　四庫拾遺 682/宮教集
郊行記　佩韋集 9/1a

録祖先遺事　漁軒集 8/1a
南昌胡子器學古記　松垣集 3/17b
昭融記　慈湖遺書 2/7a
記後堉福平長者八祖遺事　鐵莊集 37/3b

十　畫

唐少卿遇仙記歐陽闓撰　八瓊金石補 107/21a　粵西金石畧 4/10b
送淩戩歸蜀記張商英撰　蜀文輯存 14/1b
恥獨記　黃氏日鈔 86/13b
馬明生記闕著舒撰　蜀文輯存 61/2a
〔烏說〕　四庫拾遺 596/溪堂集
胸臆記李燕撰　蜀藝文志 40/6b
記孫觀事　朱文公集 71/1b

十一　畫

清寢記　斐然集 30/14a
教育言氏子孫記　蒙齋集/拾遺 1a　江蘇金石志 16/47a
記黃倌　江湖集 22/16a
悼亡別記　斐然集 20/7a
述莆方三派聚族　鐵莊集 37/3a
御史星記　洛水集 10/3a
參前記　慈湖遺書 2/5b
張公美偶言記　宗伯集 12/12b
陳氏世系記　魯齋集 5/21b
陳瞻宣撫記陳瞻撰　八瓊金石補 85/6a

十二　畫

淵冲子觀磨崖記淵冲子(釋)撰　八瓊金石補 100/14b
馮君振甫言行記　蒙齋集 13/15a
馮翊行記　滿水集 6/8b
雲陽小隱記　牧萊脞語/二稿 2 上/7b
彭母湯氏復明事記　吾汝稿 3/19a
彭州胡氏三遇異人記　丹淵集 22/6b　蜀藝文志 40/10b
記惡　柯部集 33/18b
記朝斗　東坡題跋 6/30b
虛舟記(雉士俊號虛舟)　須溪集 8/18a
著庭記　慈湖遺書 2/27b
閒境志　屏山集 6/6b
程九萬詩並記　八瓊金石補 117/7b
集同年記　江湖集 22/15b

絕四記　慈湖遺書 2/8a

十三　畫

意樂記　須溪集 2/33a
遊山録　竹隱集 20/9a
道旁老父言　廣陵集 14/2b
［禁煙］　四庫拾遺 624/丹陽集
敬止記　慈湖遺書 2/23a
農隱記　大隱集 6/17a
記蜀守　二程集(伊川)48/4b
慕玉殿曲宴記　蔡忠惠集 25/1a

十四　畫

碧湖雜記　疊山集(清刻本)5/14a
壽鄉記　鄞峰録 32/5a
趙文定還内江記楊椿撰　蜀文輯存 100/12b
越州趙公救荒記　元豐稿 19/12a
敕賜嘉潤公記　山右石刻編 17/15a
記與安節飲　東坡題跋 6/15b
記與舟師夜坐　東坡題跋 6/29a
書夢　寶晉英光集補遺 2b
記夢　錢塘集 18/21b
記夢　程北山集 17/14a
記夢　盤洲集 29/10b
紀夢並序　客亭稿 7/6a
書夢事付洵　本堂集 52/4b
夢遊玉真峰餐梅花記　心史/下/2b
團拜記　拙齋集 15/9b
獄懶道人凝雲小隱記　心史/下/1a

十五　畫

養生記　鄱溪集 15/4a
醉鄉記　蘇東坡全集/續 12/17b
慎樂記　慈湖遺書 2/32a
代仲兄舍人撰賜詩記　西塞集 6/21a
樂境記湖州　北礀集 3/5a
盤隱記　膽軒集 5/21b
盤隱記　雪坡集 35/11a
遯野記　牧萊脞語/二藁 4/8a
緣事記劉仲文撰　江蘇金石志 18/13b

十六　畫

記濂溪傳　朱文公集 71/4b
記龍鳴　鄮津集 8/19a
靜處記　古逸民集 2/1a
饒郡守王夢應記　蜀文輯存 94/3a

十七　畫

避喧記　樂軒集 5/4a

十八　畫

魏國録贈告後記　朱文公集 80/20a

十九　畫

韻鄉記　四如集 1/59a

二十五　畫

觀月記　于湖集 14/6b

（三）風物

五　畫

四明七觀　四明文獻集 8/5b
台州雜記元綘撰　赤城集 1/12a

八　畫

坦山巖觀農記趙不退撰　八瓊金石補 113/5b

十　畫

桂林盛事記張仲宇撰　粵西金石畧 8/9b
邕州化外諸國土俗記　吳文靖集 10/8a

十三　畫

楚望記　南軒集 10/4a

十四　畫

壽州風俗記　景文集 46/1a

十六　畫

衡州上元記　文山集 9/21b

十七　畫

臨海風俗記陳公輔撰　赤城集 1/13a

（四）釋道

三　畫

廟山新開三伯佛記杜仲午撰　蜀文帙存 92/7b

閩思三法資修記晃迥撰　蜀藝文志 88 中/7b

五　畫

金陵寂樂塔院故玄寂禪師影堂記　徐公集 28/8a

北溪院僧龕記楊天惠撰　蜀文帙存 26/9b

伏錫山佛記　橘洲集 10/9b

重建仙佛神宇記　可齋稿/續前 5/15b

六　畫

書老牛智融事　宋攻媿集 66/7a　攻媿集 79/10b

七　畫

大聖慈寺圓通院佛掌骨記劉涇撰　蜀文帙存 27/9b

八　畫

書東禪浴室壁　北磵集 3/3b

寶雲院長生庫記　橘洲集 5/16b

琅山長生庫記　梅山續稿/雜文 2a

芙蓉楷法師辯　北磵集 6/17a

明仙和尚記　四庫拾遺 562/王魏公集

九　畫

書神僧近事　渭南集 25/11b

書南華長老重辯逸事　東坡題跋 1/7b

十　畫

書浮屠事　渭南集 25/8b

敕賜唐二高僧師號記周邦彥撰　瞑陵集 8/14b

唐隆宣大師開山記　拙軒集 6/10b

十一　畫

浄嚴度僧記　松隱集 31/9a

常熟縣興福寺再修功德記　吳都文粹 9/14a

崇明寺大佛殿莊功德記李潛撰　江蘇金石志 10/11b

十二　畫

湖州寶雲彬文仲浄業記　北磵集 2/8a

温室洗浴衆僧經記　八瓊金石補 83/1a

録僧惠泉事跡　樂靜集 5/2b

十三　畫

書道士齊希莊事　張右史集 48/1a

道法師逸事　北磵集 6/17b

福州乾元寺度僧記　筠溪集 22/14a

達磨大師行龕記　雪山集 7/27a

十四　畫

趙先生舍利記　蘇東坡全集/續 12/21a

十六　畫

秀州資聖禪院故遲禪師影堂記　鐔津集 15/13a

十七　畫

隱静修造記　于湖集 13/10b

十五、題名碑刻

（一）題名

二 畫

同登七星山題名 范成大佚著/185

九龍巖柳應辰題記 八瓊金石補 100/12a

九龍巖題記蒲宗孟撰 蜀文輯存 19/12b 八瓊金石補 100/9b

九曜石黃朴題記 金石續編 15/31b

三 畫

三司續磨勘司題名記 郎溪集 15/7b

上巳題名 范成大佚著/186

宋小隱山題名並敘 兩浙金石志 5/42b

四 畫

六部架閣題名記李大異撰 蜀文輯存 97/22a

方孚若題名 粵西金石畧 11/17a

火星巖題記柳應辰撰 八瓊金石補 99/8b

火星巖題記董鴻道撰 八瓊金石補 99/14b

王氏題名記 河南集 4/6a

觀石魚王季和等題名 八瓊金石補 83/34a

王清叔題名 粵西金石畧 9/12a

王補之題記王無咎撰 八瓊金石補 88/12b 粵西金石畧 8/12a

天台縣題名記韓元吉撰 赤城集 4/3b

中隱山題名 范成大佚著/186

巴州南山題名記何蜆撰 蜀文輯存 17/16a

水月洞張子題記張栻撰 八瓊金石補 114/30a

五 畫

主簿題名記 山房集 4/1b 吳都續文粹 9/6a

永州祁陽縣大營驛題記 金佗粹編 19/13a

平瑤題記趙希邁撰 八瓊金石補 116/18b

平蠻三將題名 金石續編 14/52b 八瓊金石補 98/14b

皇祐平蠻題名 粵西金石畧 2/15b

甘露寺題名記 默堂集 20/7b

丙戌殘題 八瓊金石補 83/32b

古書巖（楊輔）留題 蜀藝文志 64/7b

石門寺題名 山谷題跋 8/25b

涪州石魚題記晁公遡撰 八瓊金石補 83/27b

戊辰遊山題壁記 舒嶽堂文存 3/8b

田君錫等仙都山題名並陳紹若題記磨崖田君錫撰 括蒼金石志 7/4b

仙居縣題名記許景龍撰 赤城集 4/6a

仙都山磨厓留元剛撰 括蒼金石志 7/2a

台州司理參軍題名記吳子良撰 赤城集 8/1b

台州通判廳題名記黃遹撰 赤城集 2/7a

六 畫

江東轉運使題名記 南澗稿/拾遺 4a

江寧縣令題名記 蘇魏公集 64/1a

安溪縣丞廳題名記 復齋集 9/19b

州學教授題名記王謙之撰 赤城集 6/2b

州學登科題名記孫實撰 赤城集 6/9a

刑部郎官題名記 尤梁溪稿 2/9a

吉州錄參廳題名記 益國文忠集 60/1a 益公集 60/65a

吉州廬陵縣令題名記 豫章集 17/14b

西山題記（1－2）黃庭堅撰 八瓊金石補 108/19a

成都府錄事廳題名壁記 鶴山集 46/1a

觀石魚朱水齋等題名 八瓊金石補 83/31b

朱晞顏題名 粵西金石畧 10/2b

朱樸孫題名 粵西金石畧 13/10b

休寧先達續題名記 洛水集 9/5a

七 畫

宋景通題名 粵西金石畧 7/15b

李大異題名 粵西金石畧 11/1a

觀石魚李公玉等題名（1－2） 八瓊金石補 83/32a,32b

伏波巖李曾伯題名 金石續編 15/20b

李曾伯題名　粵西金石畧 13/10a

李與章時發題名　粵西金石畧 13/13b

吳宗旦朱晞顏題名　粵西金石畧 10/2b

觀石魚吳革等題名　八瓊金石補 83/21b

吳興郡守題名記　樂全集 33/6b

兵部長貳題名記　益國文忠集 28/8b　益公集 28/89a

兵部郎官題名記　益國文忠集 28/10a　益公集 28/90b

觀石魚何震午等題名　八瓊金石補 83/37a

八　畫

法相嚴題記姜桐撰　八瓊金石補 117/28a

泗岸喜題　東坡題跋 6/20b

定州廳壁題名記　安陽集 21/12a

京口先達題名記陳德一撰　江蘇金石志 13/53b

京西北路轉運使題名記　樂城集 23/5a

京東路轉運使廳題名記　龍學集 7/4a

於潛丞廳續題名記　平齋集 9/10a

於潛登科續題名記　平齋集 9/13b

於潛縣廳題名記　平齋集 9/18a

武夷桂籍記　斐然集 21/11a

武義題名記　錢塘集 17/3a

武學登科題名記　袁正獻遺文卷上/3b

武學經遠齋題名記　蒙齋集 14/13a

青田縣尉題名記　寳窗集 4/3b

杭州題名　東坡題跋 6/23a

東松寺題記　金佗粹編 19/12b

東佯題名記　杜清獻集 16/9b

東崖題記黃庭堅撰　八瓊金石補 90/24b

直講題名記　彭城集 32/1a

題招隱字並記張玟撰　八瓊金石補 102/5b

刻招隱字題記詹體仁撰　八瓊金石補 102/6b

尚書六部架閣記　太倉集 61/2a

長沙廉訪司題名記　須溪集 2/1a

長洲丞題名記滕政撰　吳都續文粹 9/9b

長洲縣續題名記史顯卿撰　吳都續文粹 9/10b

長洲縣續題名記諸嗣興撰　吳都續文粹 9/11a

長興縣主學廳題名記　黃氏日鈔 87/14a

卓樽題名　粵西金石畧 12/5b

金華洞題名　南澗稿 16/21b

金壇縣尉題名記　漫塘集 20/10a

本朝牧守題名記葉夢得撰　吳都文粹 3/12b

九　畫

度支副使廳題名記　臨川集 82/4b

城南厢官題名壁記　洛水集 9/15a

南京書院題名記　范文正集 7/1b　宋文選 6/19a

南雄州通判廳後題名記　緣督集 4/16a

南華長老題名記　蘇東坡全集/後 20/13b

南龕題記趙善期撰　八瓊金石補 115/10b

胡宗回題名黃邦撰　粵西金石畧 4/11b

胡彥温題名　粵西金石畧 9/16a

信安公園亭題名記　宗伯集 12/15b

宋釋保珍築墻題記　兩浙金石志 5/16a

癸丑嚴陵鄉會題名記　蛟峰集 5/13b

建安縣丞廳題名記　南澗稿 16/7a

建康府教授續題名記　洛水集 9/9b

建陽縣廳續題名記　後村集 89/13b

十　畫

浙西提刑司題名記陳賈撰　吳都文粹 2/34a

浙西提舉司題名記徐康撰　吳都文粹 2/35b

浙東路分新廳題名壁記　淡川集 5/4b

海州太守題名壁記　鶴山集 43/1a

海昌題名　山谷題跋 8/23a

高凉洞題名記冉木撰　蜀文輯存 78/7a

凌風亭題字　南澗稿 16/22a

秦太虚題名記　蘇東坡全集/續 12/8b

起居院題名石柱記　蘇魏公集 64/2b

桂閫文武賓校戰守題名記　可齋稿/續後 12/30a

桐廬縣令題名記倪天隱撰　嚴陵集 8/9b　嚴州金石錄/上/13b

夏敏彦等題記　八瓊金石補 83/31b

原州後圃廳壁題記　滿水集 6/15b

晉江縣主簿壁題名記　復齋集 9/24b

晉城縣令題名記　二程集（明道）40/2a

郡丞詹义民題記　八瓊金石補 97/31b

觀石魚孫仁宅等題名　八瓊金石補 83/25b

孫覽題名　粵西金石畧 4/8b

十一　畫

涪州太守題名石記　鶴山集 48/9a

淳安簿廳題名記　蜀阜存稿 3/88b

先太師潭州益陽縣清修寺留題記　益國文忠集 19/19a　益公集 19/71a

淮西江東總領題名記 滄庵集 19/23a
淮東安撫司幹辦公事題名記 秋崖稿 88/4b
梁山縣令題名記 嵩山居士集 48/8b
梁山縣尉廳題名記 嵩山居士集 50/8a
梁安世題名 粵西金石畧 9/11b
密州通判廳題名記 蘇東坡全集/續 12/4b
黃巖知縣績題名記蔡範撰 赤城集 4/1a
黃巖縣尉題名記孫應時撰 赤城集 4/1a
堵田仰山新廟題名 龍學集 10/8b
曹遷李彦弼題名 粵西金石畧 6/12a
推官廳題名記 歐帝稿/補 2b
常山縣主簿題名記 雙溪集 11/4a
常熟縣主簿題名記趙汝廱撰 吳都續文粹 9/21b
常熟縣丞題名記張淵撰 吳都續文粹 9/21a
常熟縣廚題名記徐次舉撰 吳都續文粹 9/22b
常熟縣題名記曾慎撰 吳都文粹 9/37a
崑山縣補註題名記葉子强撰 吳都文粹 9/41a
張孝祥朝朝亭題名 粵西金石畧 8/14b
張杕題名 粵西金石畧 9/8b
張釜題名 粵西金石畧 10/3a
張敬夫題名 粵西金石畧 9/4a
張殿撰八字題記黄尙文撰 江蘇金石志 11/13b
張壽之題名 粵西金石畧 4/13a
觀石魚張霖等題名 八瓊金石補 83/34a
柑葬陳國公監護等題記 八瓊金石補 104/1b
陳紹若等初陽谷磨崖陳紹若撰 括蒼金石志 8/21a
陳騤題名 粵西金石畧 12/3b
陳議題名 粵西金石畧 10/9a

十二 畫

宋北山湛泉題名記葉義問撰 台州金石錄 5/10b
湖石林虞題記 八瓊金石補 110/13b
寒亭題記杜子是撰 八瓊金石補 103/10a
馮和叔等題名 八瓊金石補 83/31a
壺天觀題名一 范成大佚著/185
壺天觀題名二 范成大佚著/185
彭城縣令石記 後山集 15/6a
喜雨題記李深甫撰 八瓊金石補 113/10a
揚州廳壁題名記 安陽集 21/11b
遊華景洞題名宋威撰 粵西金石畧 3/2b
開封府南司判官題名記 彭城集 32/3b
開慶紀功磨崖李曾伯撰 粵西金石畧 13/4a
焦山踏雪觀壑鶴銘題名陸游撰 江蘇金石志 8/14b

臨海縣進士登科題名記 歐帝稿/補 4b
睦州學進士登科題名記趙抃撰 嚴陵集記 8/9a
宋仙居縣進士題名三碑陳夢寅撰 台州金石錄 11/24b
饒州州學進士題名記 東堂集 9/13b
泉州進士題名記 西塘集 3/17b
建昌軍進士題名記 朱文公集 80/18b
紹興府進士題名記 東塘集 18/1a 兩浙金石志 10/16b
南康進士題名記 昌谷集 15/5a
進士題名記 曝軒集 5/23a
撫州樂安縣進士題名記 文山集 9/12a
衡州末陽縣進士題名記 文山集 9/11a
進士題名記田沒撰 蜀藝文志 36 上/1a
劍州學進士題名記趙大全撰 蜀文粹存 40/11b
胖山悼園監護等題記 八瓊金石補 104/1a
象耳山任寅等題名 八瓊金石補 108/1b
象耳山唐柜等再題名 八瓊金石補 108/2b
象耳山題記唐柜撰 八瓊金石補 108/2a
象耳山題記馮元之撰 八瓊金石補 108/3a
登科績題名記魯書撰 赤城集 6/9b
登聞檢院續題名記 後村集 88/16b
發女征官題名記 漫塘集 22/14b
題綘州鼓堆祠記 傅家集 73/1a 司馬温公集 66/5a

十三 畫

溪陽尉治題名記 漫塘集 22/20a
滁州州治題名記 漫塘集 20/16a
靖州教授廳名壁記 鶴山集 49/12a
義井題記龔大雅撰 八瓊金石補 117/11b
慈相院重月泉題記 南澗稿 16/21a
福建漕臺題名記 錢塘集 17/6a
雷觀題記 八瓊金石補 83/38a
楚州教授廳題名記李翔撰 節孝集/附載 1a
知州楊瑜題名 江蘇金石志 9/19a
楊損題名 粵西金石畧 6/16a
楊譓等題名 八瓊金石補 83/28a
觀石魚賈思誠等題名(1-2) 八瓊金石補 83/24b、25a
賈渙題記 八瓊金石補 82/32a
鼎州桃源觀題名 龍學集 10/8b
詹儀之題名 粵西金石畧 9/16a
詹體仁題名(1-2) 粵西金石畧 9/9b、17a

皋牧司題名記　彭城集 32/2a

十四　畫

漳州守臣題名記　朱文公集 80/3b
漣水軍監轉般鹽倉題名記　柯部集 33/14b
寧海知縣題名記樓府撰　赤城集 4/8b
寧海縣尹題名記吳子良撰　赤城集 4/9b　台州金石錄 9/16a
端平江閣題名記　後村集 89/1a
廣德軍金沙寺壁題記　金佗稡編 19/12b
廖重能題名　粵西金石畧 9/8b
碧虛題名　范成大佚著/186
碧落洞（蔣之奇）題名　春駒稿/附 9b
趙立夫仙都山磨崖趙立夫撰　括蒼金石志 7/24b
觀石魚趙彦球等題名　八瓊金石補 83/30a
觀石魚趙時僪題名　八瓊金石補 83/38a
趙善政題名　粵西金石畧 8/18b
嘉興府通判廳題名記　漫塘集 20/7b
管定夫題名　粵西金石畧 11/6b
管洪題名　粵西金石畧 11/8b

十五　畫

審刑院題名石柱記　蘇魏公集 64/3a
諫司題名記謝諤撰　蜀文輯存 96/5b
諸軍題名記謝諤撰　蜀文輯存 96/6a
樞密院官屬題名記　誠齋集 73/1a
頴學題名記　道鄉集 25/5b
閬中台星巖（司馬池）題名　蜀藝文志 64/2b
劉昉題名　粵西金石畧 7/9b
劉師文等題名　八瓊金石補 83/31a
觀石魚劉意等題名　八瓊金石補 83/23b
劉意題名　粵西金石畧 9/18b
魯池閬才元題名　八瓊金石補 108/20a

十六　畫

潭州學生登科記　鶴肋集 30/10b
潛山巖黄郡守題記　八瓊金石補 95/24a
潛山巖蔣之奇題名　春駒稿/附 9b
潛山巖題記（1－2）柳應辰撰　八瓊金石補 95/8b,10b
龍川淳祐磨崖劉大任撰　蜀文輯存 94/5a
龍川磨崖題名李梓甫撰　蜀藝文志 95/1a
龍井題名記　淮海集 88/5b

龍隱巖題記李與撰　八瓊金石補 98/39a
諫院題名記　傅家集 71/5a　司馬温公集 66/6a
諫院題名記謝諤撰　蜀文輯存 96/5a
靜江府廳壁題名記　南軒集 11/2b
翰苑續題名記　洛水集 9/8b
黔州黔江縣題名記　豫章集 17/15b
黔陽縣登科題名碑薛舉巖撰　八瓊金石補 120/2b
縣尉司題名記周復撰　吳都續文粹 9/12a
興國太守題名記　雪山集 6/6b
重建錄事廳題名記　赤城集 3/1a

十七　畫

觀石魚謝興甫等題名　八瓊金石補 83/33a
禮大禪師題名　山谷題跋 8/23b
臨淮縣主簿廳題名記　張右史集 49/14a
嚻臺磨崖記李蘩撰　蜀藝文志 40/9a
徽州先達題名記　整洲集 32/8b

十八　畫

顏頤仲鍾震題名　粵西金石畧 12/12a
鎮江都統司題名記　緊齋集 9/13b
魏景伯磨崖石刻魏景伯撰　山右石刻編 17/24a
雙流縣令題名記楊天惠撰　蜀藝文志 34 中/9b
雙溪潭磨崖黄存沖撰　東甌金石志 4/16a

十九　畫

譚拔題名　粵西金石畧 5/2a
觀石魚龐恭孫等題名　八瓊金石補 83/20b
關蔚宗題名　粵西金石畧 4/8a

二十一　畫

爛柯巖題名蔣闓立撰　八瓊金石補 108/5a

二十二　畫

讀書巖孫觀題名　八瓊金石補 110/30a

二十四　畫

贛州州學教授題名記　益國文忠集 28/8a　益公集 28/88b

□

□楚巖題記楊輔撰　八瓊金石補 117/22a

（二）碑刻

休寧顏公山碑羅願撰　新安文獻 44/5a

鵝山碑陰　艾軒集 9/21a

放生池碑張端撰　赤城集 14/5a

水淫(通濟堰規)　范成大佚著/179

石函斗門(通濟堰規)　范成大佚著/178－179

甲頭(通濟堰規)　范成大佚著/175

田户(通濟堰規)　范成大佚著/175

逆掃(通濟堰規)　范成大佚著/180

船缺(通濟堰規)　范成大佚著/177

通濟堰碑　范成大佚著/174

通濟堰碑范成大撰　拈著金石志 5/14a

渠堰(通濟堰規)　范成大佚著/178

湖塘堰(通濟堰規)　范成大佚著/179

堰工(通濟堰規)　范成大佚著/176

堰夫(通濟堰規)　范成大佚著/178

堰司(通濟堰規)　范成大佚著/181

堰匠(通濟堰規)　范成大佚著/176

堰首(通濟堰規)　范成大佚著/174－175

堰椿(通濟堰規)　范成大佚著/177

堰廟(通濟堰規)　范成大佚著/179

堰簿(通濟堰規)　范成大佚著/181

開淘(通濟堰規)　范成大佚著/180

葉穴頭(通濟堰規)　范成大佚著/180

解州鹽池新堰碑張仲尹撰　山右石刻編 12/55a

請官(通濟堰規)　范成大佚著/178

宋重修朱儲斗門碑部槱撰　兩浙金石志 6/27b

新建中津橋碑記　悅齋文鈔 9/8a

挂金魚碑記牟巘撰　蜀文輯存 79/5a

潼川修城堤三橋記碑陰　漢濱集 14/28a

房州修城碑陰記　畫墁集 6/3b

延昌寺僧祖紹拾田碑葉西慶撰　拈著金石志/續 2/15b

宋佛窟嚴塗田記碑謝佐撰　兩浙金石志 8/44a　台州金石錄 5/12b

報恩光孝禪寺賜田免稅公據碑　吳興金石記 9/1b

潘苑使拾田立祠紀實碑德芳(柯)撰　拈著金石志 8/1b

宋免納塗田鹽公據碑　兩浙金石志 12/19a　台州金

石錄 10/3b

休寧縣校官碑　盤洲集 33/3b

武功縣學碑趙茂曾撰　金石萃編 143/9a

咸淳改立學門記潘說友撰　吳都續文粹 5/9a

常州州學獎論敕碑　程北山集 19/1a

崑山縣校官碑范成象撰　江蘇金石志 12/3a

温州瑞安遷縣學碑　槐塘集 18/5a

越州新學碑張伯玉撰　八瓊金石補 110/26a　兩浙金石志 7/21b

楚州新建學碑銘朱祁撰　江蘇金石志 8/38a

嘉重修縣學碑銘汪逵撰　八瓊金石補 119/21b　江蘇金石志 18/9a

嘉定縣重修廟學碑汪逵撰　吳都續文粹 6/42b

潼川府修廟學碑馬戴甫撰　蜀文輯存 78/10b　八瓊金石補 117/25a

濂溪書院額並表記碑楊充恭撰　八瓊金石補 120/16b

宋小天童山施財米疏碑吳憲撰　兩浙金石志 8/42a

宋免役殘碑　台州金石錄 11/30b

酒官碑楊仲修撰　八瓊金石補 116/6b

刻國減各課利錢碑　蜀阜存稀 3/60a

四賢堂碑陰記　畫墁集 6/5a

信州二堂碑　浮溪集 20/1a　新安文獻 44/1a

宋觀頤堂碑黄夢高撰　兩浙金石志 12/33b

修忠清粹德碑樓記司馬桂撰　司馬氏源流 4/3a

宋處州應星樓記碑葉宗魯撰　兩浙金石志 10/2b　拈著金石志 6/16b

京兆府興平縣保寧寺浴室院新修鐘樓碑記内曾撰　金石萃編 130/22a

宋越州蕭山大悲閣記碑沈逵撰　兩浙金石志 6/1a

宸奎閣碑　蘇東坡全集 33/9a　蘇東坡全集/續 12/39b　金石續編 16/17b　兩浙金石志 6/33a

復州廣教禪院御書閣碑　景文集 57/1a

御書閣碑葉清臣撰　吳都文粹 8/3a

宋巾山翠微閣碑趙與譯撰　兩浙金石志 12/26a

廣州資福寺羅漢閣碑　蘇東坡全集/後 20/9a　八瓊金石補 108/7b

南安軍興福院慈氏觀音堂閣碑銘　武溪集 8/13b

昭應縣文宣王廟碑王漢撰　金石萃編 126/17b

潤州重修文宣王廟碑文　河東集 4/1a

絳州翼城縣新修至聖文宣王廟碑記　文路公集 12/1a　山右石刻叢編 12/39b

重修兗州文宣王廟碑銘並序呂蒙正撰　金石萃編 125/28b

聞喜縣夫子廟碑李垂撰　山右石刻叢編 18/17b

書環州馬嶺鎮夫子廟碑陰　范文正集 14/9a

湖州德清縣重修孔子廟碑　嘉溪集 11/1a

移建孔子廟碑李曼撰　蜀文輯存 25/17b

劉甲重修潼川孔廟碑任炎佐撰　蜀文存 78/11b八瓊金石補 118/12b

雙流縣重修宣王廟碑陰記鄧至撰　蜀文輯存 11/9a

女媧廟碑裴麗澤撰　山右石刻叢編 11/8a

大宋增修中嶽中天崇聖帝廟碑銘並序陳知微撰　金石萃編 131/1a

增修中嚴廟碑銘　八瓊金石補 88/14a

永懷廟磨崖碑　跨鰲集 29/1a

宋永靈廟土地顯佑侯碑孫與進撰　兩浙金石志 8/40b

溧水縣正顯廟碑王端朝撰　金石萃編 149/40a

世忠廟碑記　洛水集 10/6b

石壽廟碑記　覺齋集 13/13a

重修北嶽廟碑奉敕撰並序　小畜集 16/1a　八瓊金石補 86/3b

四皓廟碑　小畜集 16/5b　宋文鑑 7/6b　金石萃編 125/62a

唐司空威顯廟碑　疊山集(清刻本)5/1a

成都府江瀆廟碑　渭南集 16/1a

新修江瀆廟碑記蘇德祥撰　蜀藝文志 73 上/10a

伏波將軍廟碑　蘇東坡全集/後 15/14a

伏波將軍廟碑　斜川集 5/16a

后土廟碑　山右石刻叢編 13/12b

商相巫公墓廟碑孫應時撰　吳都續文粹 15/21b

唐臨淮王李武穆廟碑舒金撰　赤城集 10/10b

宋李衛公廟碑　兩浙金石志 10/6b

武成王廟碑　徐公集 10/1a

武威廟碑陰記　粟溪集 133/7a

武烈帝廟碑銘　徐公集 10/13a

東嶽廟碑　曲阜集 4/1a

東嶽廟碑　南澗稿 19/1a

東嶽廟碑王鼎撰　山右石刻叢編 12/21a

明靈公廟碑梅昌符撰　山右石刻叢編 16/15a

忠烈廟碑　建康集 8/9b

福州重修忠懿王廟碑錢昱撰　金石萃編 125/5b

新修周武王廟碑並序盧多遜撰　金石萃編 124/19a

大宋新修周康王廟碑並序黃遹淳撰　金石續編 13/10a

修周康王廟碑黃遹淳撰　八瓊金石補 84/1a

舒州周將軍廟碑銘　徐公集 11/1a

宋越州修城隍廟碑吳顯撰　兩浙金石志 7/4a

南海英護廟額牒碑記錢之望撰　八瓊金石補 117/8a

敕修南海廣利王廟碑銘並序裴震澤撰　金石續編 13/9a

陳豐南海廟記碑陳豐撰　金石續編 18/4a

鄧中立修南海廟碑章望之撰　金石續編 15/34a

敕修南海廟碑並陰　金石續編 13/19a

南豐軍山廟碑　曲阜集 4/4a

杭州吳山英烈王碑　雲巢編 7(三沈集 8/10b)

延州重修嘉嶺英烈王廟碑文　長興集 22(三沈集 4/80a)

靜江府英烈廟碑　洛水集 11/16b

漢陰鳳凰山神昭烈公廟碑王仲撰　金石萃編 151/1a

雙流昭烈廟碑陰記馮方撰　蜀文輯存 54/15a

昭靈侯廟碑　蘇東坡全集/後 15/9a

昭靈侯廟碑石庶道撰　吳都續文粹 16/5a

高廟碑陰記唐意撰　宋文鑑 81/13b

新修唐太宗碑並序李整撰　金石萃編 124/23a

新修唐高祖廟碑並序盧家撰　金石萃編 124/16a

修唐憲宗廟碑銘並序趙寧撰　金石續編 13/15b

北京深州安平縣真武靈應真君廟碑記　初僚集 6/23b

苟息廟碑楊充中撰　山右石刻叢編 11/2a

峻靈王廟碑　蘇東坡全集/後 15/13a

衢州徐偃王廟碑　蒙齋集 12/8b

新修商帝中宗廟碑銘並序柴同輸撰　金石萃編 124/31b

永豐縣旌忠廟碑　益國文忠集 60/9a　益公集 60/74b

記旌儒廟碑陰語　朱文公集 71/4b

張桓侯廟碑並序張成撰　八瓊金石補 112/20a

古城馮侯廟碑裴駒撰　歸雲集/附錄 1a

定海雲霧三公廟碑　沈川集 5/1a

担漿村修堯廟碑李勸撰　八瓊金石補 107/18a

喬澤廟碑田藹撰　山右石刻叢編 17/14a

金山順濟廟英烈錢侯碑文　犁齋文編 4/25a

義靈廟碑　朱文公集 89/29b　赤城集 9/10a

靜江府虞帝廟碑　朱文公集 88/1a　粵西金石畧 9/4b

新修嵩嶽廟碑銘並序盧多遜撰 金石萃編 124/27b

郫縣蜀叢帝新廟碑記張命撰 蜀藝文志 37 上/11b

嚴州烏龍廣濟廟碑 渭南集 16/6a

宋廣靈王廟碑陳雲造撰 兩浙金石志 9/9b

嘉濟廟碑 盤洲集 33/1a

叙州諸葛武侯忠靈廟碑 鶴山集 44/1a

褒忠廟碑 鶴林集 84/1a

宋蔡大王廟碑李達可撰 兩浙金石志 9/17b 台州金石錄 5/25a

僧耳廟碑 莊簡集 16/11a

德勳廟碑 渭南集 16/8b

蔣莊武帝廟碑銘 徐公集 10/6b

潮州韓文公廟碑 蘇東坡全集/後 15/10b 蘇東坡全集/續 12/11b

豐應廟碑 梁溪集 166/2a

顧公廟碑石處道撰 吳都續文粹 16/1a

福州長樂縣顯應廟碑 真西山集 26/30b

靈祐廟碑陰記林戊撰 吳都文粹 3/26a

澧州靈津廟碑孫沫撰 宋文鑑 76/13a

臨海縣靈康廟碑石公孫撰 赤城集 10/5a 台州金石錄 5/3a

河濱靈源王廟碑陳振撰 金石萃編 146/16b

宋靈衛廟碑鄭文子撰 兩浙金石志 12/3b

吳郡陽山靈濟廟碑胡倫撰 吳都續文粹 12/34b

吉州靈護廟新宮碑記 須溪集 4/34b

上天竺講寺碑 洪文敏集 7/9a

洪州延慶寺碑銘 徐公集 26/10a

宋南林寺報國碑 兩浙金石志 11/38a

南翔寺大殿碑陰 北郭集 2/12b

揚州建隆寺碑 小畜集 17/1a

涌泉寺碑史渤撰 蜀文輯存 62/10b

宋高麗寺劉付碑陰記周必大撰 兩浙金石志 10/1b

寧國寺牒碑並陰 八瓊金石補 83/2b

大宋重修峨眉山普賢寺碑銘並序 徐公集 23/8a

重修開元寺行廊功德碑並序劉從又撰 金石萃編 123/14a

開寶仁王寺碑程公許撰 蜀文輯存 83/8a

慈孝寺銘並序 文莊集 26/7b

麓臺山聖俱寺殘碑 八瓊金石補 94/51b

廣利寺龍圖碑鄭閎撰 八瓊金石補 115/1a

重修橋院寺碑記孫觀國撰 蜀文輯存 60/12b

寶梵寺碑陳祖仁撰 蜀文輯存 72/1a

寶雲寺碑張儀鳳撰 山右石刻編 12/28a

宋天台山護國寺碑幾惟演撰 兩浙金石志 5/25a

永安禪院碑 山右石刻編 11/42a

大理寺獎諭敕書記 南澗稿 15/9a

宋正直院碑有威(釋)撰 兩浙金石志 7/17b

宋泗州禪院殘碑 兩浙金石志 12/42a

宋南潯接待懺院公據碑 兩浙金石志 11/16a

宋保安院界相碑惟白(釋)撰 兩浙金石志 5/32a

真如院碑 山右石刻編 14/6a

大宋舒州龍門山乾明禪院碑銘並序 徐公集 27/3a

焦山普濟院碑 寶晉英光集 7/1a 寶晉山林集 4/5a

汗陽縣普濟禪院碑銘並序閔仲卿撰 金石萃編 129/67b

宋遇明禪院碑顧鴻(釋)撰 兩浙金石志 5/5b

大宋台州永安縣遇明禪院碑銘顧鴻(釋)撰 台州金石錄 2/11a

傳法院碑銘 文莊集 26/1a

壽聖禪院碑 山右石刻編 15/35a

宋興福院碑劉莊士撰 兩浙金石志 10/2b

宋寶積院碑周鑄撰 兩浙金石志 6/30b

咸平觀音禪院碑銘錢儼撰 吳都文粹 8/18a

大宋鳳翔府新建上清太平宮碑銘有序 徐公集 25/4b 金石萃編 125/20a

上清儲祥宮碑 蘇東坡全集/後 15/6a

太平宮碑陰 八瓊金石補 97/22a

玉皇行宮碑馬祥撰 山右石刻編 13/20b

宋安吉縣新建東嶽行宮碑彭修撰 兩浙金石志 7/24b 吳興金石記 8/1a

復洞神宮碑記文復之撰 蜀文輯存 94/20a

洞霄宮碑 渭南集 16/15a

鎮江府金山神霄宮 浮溪集 20/4b

楊府新建崇道宮碑銘並序 徐公集 26/1a

池州重建紫極宮碑銘 徐公集 12/6a

會聖公碑銘並序石中立撰 金石萃編 132/8b

洪州西山重建慶聖宮碑銘並序 徐公集 26/5b

江州彭澤縣修山觀碑 徐公集 25/14a

修天慶觀碑高之問撰 金石續編 19/27a

天慶觀碑 山右石刻編 12/17b

天慶觀碑李教撰 山右石刻編 13/31a

玄妙觀三門碑銘年巖撰 吳都續文粹 28/2b

大宋平蠻京觀誌並序 武溪集 5/4a

表忠觀碑 蘇東坡全集 33/7a 蘇東坡全集/續 12/37b 金石萃編 137/22b

承天觀碑銘並序李維撰 金石續編 14/1b

江寧府茅山崇禧觀碑銘張商英撰 蜀文輯存 14/ 10b

宋創建通元觀碑劉敦撰 兩浙金石志 9/11a

茹山紫陽觀碑銘 徐公集 12/1a

袁州宜春縣重造紫微觀碑文 徐公集 12/11a

陽升觀碑程元佑撰 八瓊金石補 111/3a

葆真觀記碑黃諴撰 八瓊金石補 110/16b

行在寧壽觀碑 渭南集 16/3b

宋蓬萊觀陶真人碑 兩浙金石志 5/18b

凝真觀碑蔣林撰 山右石刻編 12/47b

洪州奉新縣重建閣業觀碑銘並序 徐公集 26/ 3a

驪山靈泉觀碑 徐公集 26/7b

宋龍井山方圓庵記碑不二(釋)撰 兩浙金石志 6/ 22b

商州福壽寺天王殿碑 小畜集 16/20a

法興寺新修佛殿碑王益末撰 山右石刻編 14/26b

唐興殿記碑陰 八瓊金石補 120/29a

泰州報恩光孝禪寺最吉祥殿碑 渭南集 16/12a

滁州全椒縣寶林寺重修大殿碑 小畜集 17/3a

慈氏殿殘碑 八瓊金石補 101/37b

宋白雲山慈聖院圓通殿碑鄭清之撰 兩浙金石志 12/5a

濟州榮等寺新修大殿碑並序 小畜集 16/17a

大安塔碑銘 文莊集 27/1a

宋修六和塔碑記 兩浙金石志 13/42b

惠明寺舍利塔碑呂惠卿撰 山右石刻編 14/46a

宋普光塔院碑 兩浙金石志 5/27b

祈澤寺建經藏碑寶華(釋)撰 江蘇金石志 15/12b

宋佛窟山轉輪藏碑正信(釋)撰 兩浙金石志 9/20b

宋重修靈應行祠碑萬達撰 兩浙金石志 12/31a

靈護祠碑記李壁撰 蜀文輯存 75/6b

六一先生祠堂碑 誠齋集 121/19a

婺源朱塘晦翁祠碑 先天集 9/6a 新安文獻 45/1a

范公慶州祠堂碑陰記奚周楠撰 范文正集/慶覽 3/ 3a

純孝祠碑記 雪坡集/補 4b

鄂州張烈女祠堂碑 鄂州集 4/6a 新安文獻 44/7b

成都府新建漢文公祠堂碑 景文集 57/3b 宋文鑒 75/6a 蜀藝文志 37 中/18b

成都府新建漢文翁祠堂碑銘 元憲集 36/3a

静樂先生祠堂碑 蛟峰集 8/4b

伯夷叔齊墓碑黃庭堅撰 金石萃編 140/10a 山右石刻編 15/31b

丁晉公碑曾鞏撰 吳都續文粹 37/48a

大觀聖作碑趙信撰 金石萃編 146/5a

文中子碑 鑑津集 15/1a

故丞相文正王公碑陰記 景文集 46/22b

太上師除伏連碑銘 八瓊金石補 113/28a

太子少保趙公詩石記 樂城集 24/10a

中嶽中天崇聖帝碑銘並序王曾撰 金石萃編 130/ 1a

重摹孔子見延陵君子葬題字碑記朱彥撰 江蘇金石志 10/16a

大宋平蠻碑 武溪集 5/1a 八瓊金石補 98/10a 粵西金石畧 2/13a

北嶽安天元聖帝碑銘並序陳彭年撰 金石萃編 130/13b

有巢氏碑 小畜集 14/3a

同年酬唱碑范成大撰 江蘇金石志 18/20a

朱氏旌表門閭碑吳蒂撰 赤城集 14/12b

先志碑記 石門稗 22/22b

汾州磨崖碑謝景初撰 山右石刻編 13/38b

巫馬大夫碑銘 徐公集 25/12a

李太白碑陰記 蘇東坡全集 33/5b

海鹽李宰遺愛碑記 都官集 8/8b

重建弦子賤碑陰記 徐公集 28/12a

定功繼伐碑 初寮集 6/1a

〔岳飛追封鄂王諡〕碑陰記 金佗粹編 27/11b

〔岳飛賜謚忠武史部牒〕碑陰記 金佗粹編 16/4b

眉州先賢圖像碑陰 嵩山居士集 51/2b

高宗賜宗忠簡公親札碑陰記 黃氏日鈔 86/6b

高纖嵩碑王遇撰 山右石刻編 16/40a

唐侍衛都指揮使王抃衛大尉碑 蛟峰集 7/28b

孫氏碑陰記 歐陽文忠集 63/19b

重刊宋立唐鄂忠武王碑王彰撰 八瓊金石補 101/ 4b

黃鹿真人碑記趙次公撰 蜀文輯存 98/13b

崑山養士碑袁宗仁撰 江蘇金石志 12/8a

重刊漢車騎將軍馮緄碑並序張棻撰 八瓊金石補 109/10b

揚子雲宅辯碑記高維幾撰 蜀藝文志 39 上/2b

焦夫子碑記周表撰 蜀藝文志 41/11a

源神碑記趙珙撰 山右石刻編 12/1a

義帝新碑張命撰 蜀文輯存 25/11b 八瓊金石補 99/ 24a

汝州楊文公詩石記 樂城集/後 21/2a

寧遠記王介撰 金石萃編 151/8b

敕書獎諭記 淮海集 38/10a

獎諭敕記 蘇東坡全集/續 12/10a

東京路轉運使廳刻獎諭敕記 龍學集 7/5a

淮南轉運使獎諭敕書記 樂全集 33/15b

錫山唱和詩石刻記 蘇魏公集 64/13b

顏魯公碑陰記 寶晉英光集 7/2a 寶晉山林集 4/6b

嚴先生釣臺碑銘刀圻撰 嚴陵集 8/2

露筋之碑 寶晉英光集 7/3b 寶晉山林集 4/9a

書大鑒碑陰記 眉山集 9/6a

天衣懷禪師碑 寶晉英光集 7/4a

雙林大士碑 程北山集 18/1a

太學上舍題名碑汪藻撰 八瓊金石補 91/13b

元祐黨籍碑題記沈暐撰 八瓊金石補 109/28a

仙居登科題名碑葉秀實撰 台州金石錄 6/9a

安岳縣題名碑記李仲熊撰 蜀文輯存 83/10a

吳郡鄉舉題名碑（1－2） 江蘇金石志 8/2a 11/5b

建漕續題名碑首 鐵菴集 82/6a

飛霞洞題名碑陳求古撰 東甌金石志 2/13a

宋紹興府進士題名碑（1－3） 兩浙金石志 10/24a 10/29b

松陽縣進士題名碑馬光祖撰 括蒼金石志/續 2/10a

宋仙居縣進士續題名碑趙汝述撰 台州金石錄 8/ 10a

婺州題名碑記關泳撰 八瓊金石補 94/17a

十六、文物書畫

（一）畫像造像

四　畫

成都府楞嚴院畫六祖記　丹淵集 22/9a　蜀藝文志 41/5a

王彥章畫像記　歐陽文忠集 39/7a

夫子象贊記毛友撰　粵西金石略 9/19a

孔子畫像記張持撰　山右石刻編 15/9b

五　畫

石像大士記徐格撰　吳都續文粹 31/11b

瓦屋山瑞像記　漁齋集 16/2b

司徒田公繪像記孫長民撰　蜀文帥存 100/1a

四先生畫像記（周敦頤　程顥　程顥　邵雍）　性善稿 10/13a

六　畫

寶晉米公畫像記方信儒撰　金石續編 19/20a　粵西金石略 11/22a

四明章聖如來像記　橘洲集 5/4a

七　畫

含雲寺真柯遺像記　龜山集 24/17a

內西頭供奉余祺鑄像記余祺撰　八瓊金石補 88/2b

八　畫

南昌武寧縣城隍祠岳忠武王遺像記章子仁撰　金佗粹編/續 27/14a

周孝侯畫像題記洪偲撰　江蘇金石志 15/14b

九　畫

南劍天寧寺塑像記　栟櫚集 17/2b

十　畫

徐子玉畫像記　跨鼇集 16/15a

十一　畫

常景造像記常景撰　八瓊金石補 88/9b

莆田縣廟學聖像記　四如集 1/28b

莫侯畫像記楊天惠撰　蜀藝文志 41/10a

張益州畫像記　嘉祐集 14/1a　蜀藝文志 41/1b

陳成肅公畫像記　宗伯集 12/3a

十二　畫

重新堯廟像記李挺方撰　山右石刻編 16/25a

須菩提像記　粵西金石略 9/20b

十三　畫

載酒亭隼公畫像記范鎮撰　蜀藝文志 41/3b

瀏陽歸鴻閣龜山楊謨議畫像記　南軒集 10/14b

王正卿楞嚴譯經像記　漁齋集 16/4a

傳神記　蘇東坡全集/續 12/14b

十四　畫

廣元千佛崖□氏造像記　八瓊金石補 89/17b

趙忠肅公畫象記　牧萊脞語/二稿 3/1a

紹興府法華山維衛像記　相山集 23/13a

十六　畫

龍興寺鑄銅像記　八瓊金石補 83/1b

十七　畫

巡撫謝公畫像記　净德集 14/1a

薛文恭公尚書真像記　净德集 14/6b

忠顯王廟復薛夫人像記　浪語集 31/9b

十八　畫

平江府瞻儀堂畫像記　宋本攻媿集 52/9b　攻媿集 55/9a

十九 畫

漢麒麟閣名臣圖記 大隱集 6/14b

二十四 畫

靈泉縣石門院石像記員安輿撰 蜀文帙存 33/18a

二十五 畫

難聘觀音畫像記 道鄉集 25/3b

金繩院觀音塑像記 九華集 19/21a

時山觀音遺像記 太倉集 60/7b

【失題】 四庫拾遺 211/忠惠集

（二）畫圖

二 畫

七祖院吳生畫記 滿水集 6/4a

八陣圖記劉昉撰 蜀藝文志 40/5b

三 畫

三脊茅記 公是集 86/11b

吳興郡學重繪三禮圖記 苕溪集 22/3b

大聖慈寺畫記李之純撰 蜀藝文志 41/4a

四 畫

徒文湖州木石畫壁記楊天惠撰 蜀藝文志 41/9a

文與可畫墨竹枯木記 淨德集 14/9b

文與可畫寶箴谷偃竹記 蘇東坡全集 32/18a 丹淵集/附錄 21a 蜀藝文志 41/6b

五百羅漢圖記 淮海集 38/1b

畫水記 蘇東坡全集/續 12/5b

五 畫

去二畫本記 祖徠集 19/11b

左右生圖記李石撰 蜀藝文志 41/12a

石氏畫苑記 蘇東坡全集 33/2a

白蓮社圖記 鶴助集 30/8b

六 畫

汝州龍興寺修吳畫殿記 樂城集/後 21/1a

考古圖後記呂大臨撰 宋文鑑 83/12b

地藏經文變相圖記 宮教集 6/4b

西園雅集圖記 寶晉英光集/補遺 6a

七 畫

杏壇圖記孔宗壽撰 粵西金石畧 8/1a

八 畫

定海七鄉圖記 浣川集 5/7a

長興萬壽寺閣圖並記 金石萃編 140/4a

周山川圖記 四明文獻集 1/1a

九 畫

昭陵圖記游師雄撰 金石萃編 141/2a

十 畫

剡溪九曲圖記陳沆撰 本堂集/附錄上/9b

修桂州城圖記 粵西金石畧 13/6a

捕魚圖記 丹淵集 22/12a

徑山羅漢記 松隱集 30/7a

徑山續畫羅漢記 松隱集 30/8b

十一 畫

淨因院畫記 蘇東坡全集 31/9b

雪峰瑞芝圖記 拙齋集 15/10a

梅露圖後記 鴻慶集 23/6a 孫尚書集 32/3b

十二 畫

記畫 郡溪集 18/7b

畫紀 小畜集 14/11b

彭州張氏畫記 丹淵集 22/8a 蜀藝文志 41/6a

畫記 北山集 25/6b

十五 畫

潼川二顧相公祠重畫記 跨鼇集 16/9b

十六 畫

記曆年圖後 傳家集 71/14a 司馬溫公集 66/7a

十七　畫

臨川畫圖記　黃氏日鈔 87/16a

十九　畫

藥園小畫記謝侃撰　赤城集 15/10a

二十一　畫

記顧愷之畫　寶晉英光集/補遺 4b

（三）書籍

四　畫

五色賦記　文山集 9/20a

五　畫

古文苑記　南澗稿 15/18b

石經始末記范成大撰　蜀藝文志 36 上/5b　范成大佚著/159－161

京兆府學新移石經記黎持撰　金石萃編 139/19a

劍州普成縣孫氏置四大部經記　渝輯集 6/8a

六　畫

先公遺文記司馬光撰　司馬氏源流 5/1a

八　畫

泉州同安縣官書後記　朱文公集 77/1b

十一　畫

彭城陳先生集記魏衍撰　後山集/卷末 1a

十二　畫

記嬾經　樂靜集 5/8a

集古錄録目記歐陽棐撰　歐陽文忠集 134/卷首 2b

十五　畫

緇巾集記　元憲集 36/2b

十七　畫

謝上蔡語錄後記　朱文公集 77/14a

（四）文物

二　畫

真觀刀記　公是集 36/14b

龍雀刀記　公是集 36/14b

三　畫

補婺州大晟樂記　蜀藝文志 36 下/5b

四　畫

辨六尊之名物　四庫拾遺 466/字溪集

五　畫

石花記　北山集 25/9a

高州石屏記洪遹撰　八瓊金石補 98/28b　粵西金石畧 10/7a

順濟王廟新獲石磬記　蘇東坡全集/後 15/5a

石磨記　北山集 5/9b

岐陽石鼓記　浪語集 31/3b

王稚子石闕記劉經撰　蜀藝文志 40/2a

記白朱砂　北山集 25/14b

六 畫

先秦古器記 公是集 26/13b 宋文鑑 79/4b

七 畫

得欽崇豆記 浪語集 31/6a

八 畫

興國軍重修刻漏記 太倉集 61/7b

浦城縣刻漏記 南澗稿 15/1a

袁州慈化院刻漏記 罨齋集 15/13a

台州新造刻漏記馬仲甫撰 赤城集 2/11a

修刻漏記廣充文撰 嚴州金石錄/下/15b

怪石供 蘇東坡全集 23/5b

後怪石供 蘇東坡全集 23/6b

九 畫

黑水洞香爐記 山右石刻編 14/44b

羅氏雪翠屏記 潛齋集 9/3a

十 畫

振玉齋記 四庫拾遺 502/養吾齋集

十一 畫

新作祭器記 浪語集 31/7b

南劍州州學造祭器記 織若集 32/1a

十二 畫

惠燈寺雲板記 松垣集 5/10b

三琴記 歐陽文忠集 63/20b

方壺圓壺 四庫拾遺 43/公是集

記碑碣盃 北山集 25/14a

硏記 蔡忠惠集 25/22a

三硯記 北山集 25/7b

十三 畫

古鼎記 松垣集 4/5a

十五 畫

賜墨記 范太史集 36/3a

記漢尚方劍 浪語集 31/7a

十六 畫

星燈記 瀕齋集 15/2b

仗錫山無盡燈記 橘洲集 10/11a

華亭西寺無盡燈記 北磵集 2/9b

瑞巖開田然無盡燈記 北磵集 2/10a

昭覺僧堂無盡燈記計有功撰 蜀文輯存 63/15a

二十 畫

亳州法相禪院鐘記 樓參軍集 3/10b

潭州興化禪寺新鑄鐘記 武溪集 8/15b

義烏滿心寺鐘記 宗忠簡集 3/3a

寶華山寺新鐘記孫規撰 吳都文粹 8/30a

上清太平宮鐘記王化基撰 金石萃編 125/39b

重刊上清太平宮鐘記馬紐庭撰 八瓊金石補 85/19a

宋雲嚴寺新鑄銅鐘記碑 兩浙金石志 5/10b

清溪嚴石鐘鼓記 牧萊脞語 6/1a

崇勝寺鐘銘記知祖[釋]撰 八瓊金石補 121/19a

林華觀行鐙記 公是集 36/14a

繡衣鹵簿記 益國文忠集 93/5b 益公集 93/183b

十七、天象怪異

（一）天象

三　畫

千頃雲記家之異撰　吳都續文粹 31/9b

四　畫

日月食記　盧齋集 6/1a

月中桂子記　閑風集 11/1a

五　畫

甘露記　摘文集 12/3a

七　畫

記旱　北山集 5/14b

九　畫

秋宇記　牧萊腆語/二稿 4/7a

十一　畫

鹿田聽雨記　晞髮集 10/6a

十二　畫

華陰遇雨記　滏水集 6/7b

十三　畫

高郵軍興化縣滄浪清風記陳塤撰　范文正集/襄賢 3/15b

震雷記　滏水集 6/18b

（二）怪異

二　畫

記丁卯撰卦解　勉齋集 34/8b

三　畫

子姑神記　蘇東坡全集/續 12/22a

四　畫

支提山天冠應現記　筠溪集 22/15a

天篆記　蘇東坡全集/續 12/23a

水陸報應記　龜溪集 11/4b

七　畫

江陰縣壽聖院泛海靈感觀音記王孝嶇撰　江蘇

金石志 10/32b

呂真人感應記趙彥清撰　吳都文粹 10/8a

佛指記　後山集 15/10a

佛迹記　眉山集 8/5b

八　畫

法門寺浴室院靈異記毛文格撰　金石續編 13/25a

八瓊金石補 84/26b

夜虹見　梅溪集 19/4b

十　畫

祥光記　道鄉集 25/16b

十一 畫

記異 張石史集 50/2b

紀異單學撰 蜀藝文志 64/8a

書異石 寶晉英光集/補遺 9b

常山瑞相記 程北山集 18/16b

十二 畫

渠州珠山佛現記王佐撰 蜀文輯存 36/19a

平江府吳江縣無礙院普賢感應記 鴻慶集 22/ 9b 孫尚書集 31/3a 吳都文粹 9/19a

越州修住宅靈籤記 雲溪集 28/9b

朝斗記 滄庵集 19/26a

紫厓利應記劉光祖撰 蜀文輯存 70/12a

十三 畫

圓通閣瑞光記 海陵集 22/6b

廣慈禪院修瑞象記陳搏撰 金石續編 13/27a 八瓊金石補 85/1a

筌記 樂軒集 5/5a

僊蹟記尹穡撰 粵西金石畧 7/6a

十四 畫

夢筆記 四如集 1/1a

十五 畫

魯公仙跡記 金石萃編 140/16b

十七 畫

應夢泗洲大士記 北礀集 2/5b

應夢羅漢記 蘇東坡全集/續 12/16a

景德寺應夢羅漢記 溪堂集 7/12b

十九 畫

廬山文殊像現瑞記 臨川集 83/12a

二十四 畫

靈夢記 丹淵集 22/10a

二十五 畫

觀音記 紫微集 32/1a

十八、草木鳥獸

（一）草木

四　畫

伐木記　張右史集 49/17a　宋文選 30/2b
實録院種木記　太倉集 61/5a

五　畫

郫縣嘉禾記楊天惠撰　蜀文輯存 26/10a

六　畫

紆竹記　丹淵集/拾遺下/8a
伐竹記　歐陽文忠集 63/12a
臨川嚴泰伯瘦竹記　松垣集 3/9b
雙竹記　无文印集 3/2b
居竹記　桐江集 2/18a
文湖州竹記呂元鈞撰　蜀藝文志 41/8b
竹隱記　牧萊脞語/二稿/20b

七　畫

福嚴院種杉述　景文集 48/7b
芝後記　錢塘集 17/9a
靈芝記　錢塘集 17/8a
祖氏先瑩芝記　淮海集 38/8a　龍學集 16/3b
瑞芝記　吳文肅集 11/10b
報德菴芝草記　梁溪集 132/14b
雄邊堂芝草記崔潤撰　蜀文輯存 67/13a
洛陽牡丹記　歐陽文忠集 72/3a

八　畫

忠孝松記　石門禪 22/5a
嚴松記　梅溪集/前 17/14a
涪城祇陀院種松記　橘洲集 10/4a
植松記　寳窗集 4/10b
山堂花木記　太倉集 61/12b
附子記楊天惠撰　蜀文輯存 26/17a

九　畫

古柏記田况撰　蜀藝文志 40/1b

十　畫

龍須山梅檀林記　巽齋集 17/11b
茶記　蔡忠惠集 25/22b
關茶記　眉山集 8/8b
邛州先茶記　鶴山集 48/19a
北苑茶焙記　勿軒集 3/12a

十一　畫

梅花記　道鄉集 26/9b
梅花境界記　牧萊脞語/二稿 2 下/8b
撫州仁壽堂續種梅龍記　黃氏日鈔 88/8a
末江李氏梅隱記　牧萊脞語/二稿 3/16b
梅隱記　牧萊脞語/二稿 4/5b
連理瑞記　慈湖遺書 2/23b
紹興府麥秀三岐牛產二犢記　字溪集 8/6a
庭莎記　元獻遺文/3a

十二　畫

瑞棠記沈立撰　高峰集 11/14b
海棠記　蜀藝文志 56 下/11a
菖蒲記　方是閒稿/下/15b
石菖蒲記　牧萊脞語 6/6a

十三　畫

新繁古楠木記蒲成臨撰　蜀藝文志 40/2b
成都犀浦國寧觀古楠記　渭南集 18/7a

十四　畫

海榕記　嵩山集 16/17a
咸平縣丞廳酥醪記　張右史集 49/3a

十五　畫

朋溪雙蓮記　鴻慶集 21/12a　孫尚書集 30/1a

十六　畫

壼公祠大樹記　公是集 36/12b

伐樹記　歐陽文忠集 63/11a

秀橘記　演山集 13/9a

十九　畫

爨州藥記　滿水集 6/17a

二十一　畫

記舍中櫻桃　宗伯集 16/5b

（二）鳥獸

十　畫

記馬　小畜集 14/5a

拖馬記　性善稿 11/17b

盆蛇記　太倉集 61/1a

十一　畫

義鹿記　文溪稿 2/8b

養魚記　歐陽文忠集 63/13a

養魚記　二程集(伊川)48/6a

養魚記　宗伯集 12/14b

西溪觀魚記　香溪集 6/17b

十二　畫

記蛙　梅溪集/前 19/11b

射象記　眉山集 9/1a

十三　畫

記蜂　小畜集 14/4b

粵某山蜂分日記　晞髮集 9/5b

記鼠　宗伯集 16/3b

記鼠　吳文肅集 14/8b

君山養猿記　景文集 46/22a

十六　畫

玉淵龍記　雪山集 6/2b

永州九龍記蔣忱集　八瓊金石補 100/5a

記龍鳴　鶴津集 8/19a

猫相乳記　鴻慶集 21/9b　孫尚書集 32/21a

十九　畫

記交趾進異獸　斜川集 6/7b

二十一　畫

異鶴記　張華陽集 33/1a

鶴記　北磵集 3/13b

二十四　畫

蠶書　淮海集/後 6/1b

伍、序

【编纂說明】

（一）序類下分書序、詩文圖序、贈序、名字序、雜序等五目，每目之下又按內容分爲若干項。

（二）"書序"目下按四庫分類法分爲經部、史部、子部、集部四項，每項又分若干小類。每小類之下諸篇目按所序書名的筆畫、筆形爲序排列，書名之前的附加詞一般不計，如"周子太極通書後序"，按"太"字計算，爲四畫，"周子"二字不計。

（三）"詩文圖序"目下不分項，所繫篇目按所序詩、文、圖的筆畫、筆形爲序排列。

（四）"贈序"、"名字序"二目下均分有姓氏者、姓氏未詳者、釋道三項。有姓氏者之諸篇目按姓名筆畫爲序排列；姓氏未詳者按宋人文集順序排列；釋道按名號爲序排列。

（五）"雜序"目下又分爲山峰巖石、海洲泉潭、城塔祠廟、樓堂軒齋、宴飲郊遊、義約義田、釋道、禮樂、其他等九項。每項之下諸篇目按所序對象的筆畫、筆形爲序排列。

一、書 序

（一）經 部

1. 易 類

周子太極通書後序　朱文公集 75/19b
再定太極通書後序　朱文公集 76/4b
太極傳後序　嵩山集 17/7a
~極圖通書總序　周元公集 4/5a
~極圖解序　周元公集 4/7a
~極圖解序　節齋集 3/30a
~極圖解後序　周元公集 4/8b
~極辯序　石堂集 13/4b
嚴光大先天圖義序　牟陵陽集 12/9b
序易占例汪深撰　新安文獻 34/11b
易外傳序　公是集 34/3b
~外傳序　誠齋集 80/6a
~外傳後序　誠齋集 83/17b
京氏易式序　嵩山集 17/6b
易序　二程集(伊川)/拾遺 4a
澶州講易序　演山集 22/2b
張舜元講易序　演山集 22/8a
易衍序　潛齋集 6/8a
秦楚材易書序　毘陵集 11/3a
易康成注序　四明文獻集 6/17a
~通變序張行成撰　蜀文輯存 49/4a
慶長兄易集議序　抄本緣督集 18/1a
蔡模易集義序　庸齋集 5/9b
易傳內篇序　梁溪集 134/2a
~傳外篇序　梁溪集 134/5b
孫莘老易傳序　定夫集 6/4a
都聖與易傳序　橫浦集 16/7a
李氏易傳序李薦撰　蜀文輯存 53/11a
括蒼先生易傳序跋　道鄉集 28/7a
校正伊川易傳後序　龜山集 25/10a
易傳後序　唯室集 2/1a
~解序　道鄉集 27/6a
尹商老易解序　滄庵集 15/10a

李仲永易解序　滄庵集 15/13a
擇善易解序　東塘集 18/10b
四明胡謙易說序　鶴山集 53/10b
溫公易說序　牧萊脞語 7/18a
傳易圖序　歐陽文忠集 65/4a　宋文選 2/12b
康節先生太玄准易圖序　嵩山集 10/1a
春臺圖敍　四如集 2/18b
丙子學易編序李心傳撰　蜀文輯存 77/5b
易學啓蒙小傳序稅與權撰　南宗文範 51/6b　蜀文輯
存 95/2a
~學啓蒙序　朱文公集 76/18a
~講義序　浮沚集 4/1a
季父易稿序　後村集 95/2b
易覽圖序　止堂集 10/2b
明變序　梁溪集 134/10b
周易宏綱序　誠齋集 83/15a
張令注周易序　歐陽文忠集 64/12b
宋職方補注周易後序　武溪集 3/7a
周易訓解後序　九峰集 6/13a
~易彩戲圖序　小畜集 19/19a
~易集傳序朱震撰　南宋文範 47/10b
~易集解序計用章撰　蜀文輯存 4/14a
~易解序　慈湖遺書 1/1a
~易鄭氏注後序　四明文獻集 7/1a
~易窺餘序　北山集 25/1a
龍圖序陳摶撰　宋文鑑 85/4b
繫辭序　道鄉集 27/7a
~辭發揮序　何北山集 1/1a
~辭解序　南澗稿 14/1a
讀易筆記序　王雙溪集 3/23b

2. 尚書類

九意自序楊繪撰　蜀文輯存 18/19a
滕和叔尚書大意序　秋崖稿 40/1b
尚書小傳序　王雙溪集 3/21a

～書序　洛水集 7/1a
～書表注序　仁山集 1/4b
～書括旨序姚希得撰　蜀文帙存 83/16b
方時發尚書索至序　雲溪集 29/3a
尚書集解序　抽齋集 16/1a
羅允中尚書集說序　誠齋集 82/3b
尚書傳序　雪坡集 37/1b
書古文訓序　浪語集 30/21a
絜齋家塾書鈔後序　蒙齋集 11/23a
書義序　臨川集 84/3a
～義序　嶧山集 25/5a
～經集傳序　九峰集 6/12a
鄭景望書說序　龍川集 14/4b
書疑序　魯齋集 5/1a

3. 詩經類

韓魯齊三家詩考序文及翁撰　蜀文帙存 94/21a
三家詩押韻序　宋本攻媿集 49/26a　攻媿集 52/25a
毛詩解義序　太倉集 51/1a
序反古詩說　浪語集 30/22a
呂氏家塾讀詩記後序　朱文公集 76/6b
～氏讀詩記後序　鶴山集 51/5b
唐棣詩序　牟陵陽集 13/11a
詩地理考序　四明文獻集 6/18a
～考後序　四明文獻集 7/1b
～考語翼序　四明文獻集 1/25b
～集傳序　朱文公集 76/3a
錢氏詩集傳序　鶴山集 54/15a
詩義序　臨川集 84/2b
～解序　慈湖遺書 1/3a
姚野庵詩解敍　四如集 2/10b
詩經通義序　四明文獻集 6/18b
黃文叔詩說序　水心集 12/13a
詩譜補亡後序　歐陽文忠集 41/5a　宋文選 2/13b
魯國圖詩並序　眧髮集 8/9a
讀詩私記序　黃氏日鈔 90/7b

4. 禮　類

補正三禮圖次篇序　無爲集 8/5b
秀巖先生三禮辨後序　恥堂稿 3/20a
五宗圖序　直講集 15/11b
～宗綱要旨訣序　石門禪 23/1a
明堂定制圖序　直講集 15/1a

講周禮序　無爲集 9/7b
～周禮序　演山集 22/1a
黃文叔周禮序　水心集 12/17a
周禮折衷後序稅與權撰　蜀文帙存 95/3a
～禮訂義序　真西山集 29/11a
～禮義序　臨川集 84/1b
～禮解序　漁庵集 15/7a
進周禮說序　止齋集 40/1b
周禮講義序　抽齋集 16/4b
深衣翼序程時登撰　新安文獻 18/8a
文公喪禮考異序曹涇撰　新安文獻 19/3a
寶祐鄉飲小録序趙與㝫撰　吳都續文粹 4/1a
繁昌鄉飲序　絜齋集 8/1a
餘姚鄉飲酒儀序　燭湖集 10/1a
鄉飲酒儀序　漫塘集 19/5a
會族講禮序　滄軒集 5/10b
儀禮本經注疏會編後序　碧梧集 12/9a
～禮圖序　石堂集 13/1a
講筵禮序　漁庵集 15/1a
衛正叔禮記集說序　鶴山集 54/1a
橫渠禮記說序　鶴山集 52/2a
禮記講義序　浮汴集 4/2b
章中時甫集禮書序　潛齋集 7/5a
伊洛禮書補亡序　龍川集 14/1b
禮編序　石堂集 13/14b
～選序　靈巖集 3/4b
序聘禮　傳家集 69/8b　司馬溫公集 65/11a

5. 春秋類

左氏九六編序　北山集 25/4b
徐得之左氏國紀序　止齋集 40/6b
左氏提綱序　竹坡稿 1/15b
春秋三傳分國紀事本末序劉光祖撰　蜀文帙存 70/12b
～秋五論序　蔡復齋集 4/4a
～秋五論後序熊禾撰　蔡復齋集 4/40b
～秋比事序　龍川集 14/3a
～秋分紀序游似撰　蜀文帙存 79/13b
～秋分紀序程公說撰　蜀文帙存 83/1a
～秋分紀序程公許撰　蜀文帙存 83/5a
西疇居士春秋本例序崔子方撰　蜀文帙存 32/9b
春秋古經後序李燾撰　蜀文帙存 52/26a
說春秋序　范文正集 6/14b

講春秋序　龍雲集 24/1a

趙懿簡春秋序　嵩山集 17/23b

講春秋序　四如集 2/6b

吳園先生春秋指南序　浮溪集 17/6a　新安文獻 17/2a-3a

春秋指歸序　羅豫章集 11/1a

止齋春秋後傳左氏章指序　宋本攻媿集 48/1a　攻媿集 51/1a

～秋通志序　樂甫稿 7/2a

～秋通說序黃仲炎撰　南宋文範 51/3b

息齋春秋集註序　宋本攻媿集 48/5a　攻媿集 51/5a

春秋集義序度正撰　蜀文帙存 76/6a

～秋集傳序例趙汸撰　新安文獻 36/5b

～秋集傳詳說序家鉉翁撰　蜀文帙存 94/17a

李伯勇明復春秋集議序　鶴山集 53/7a

春秋會義序任貫撰　蜀文帙存 25/18b

～秋會義序杜諮撰　蜀文帙存 26/2a

～秋會義後序杜諮撰　蜀文帙存 26/2b

孫先生春秋傳序　嶽山集 25/10b

春秋傳序葉夢得撰　南宋文範 47/1lb

王彥休春秋解　盧溪集 36/1a

春秋解序　慈湖遺書 1/2a

徐德操春秋解序　水心集 12/18a

四明高氏春秋解後序　洛水集 12/1lb

春秋經筌序趙鵬飛撰　蜀文帙存 40/4a

～秋經筌序青陽夢炎撰　蜀文帙存 95/6b

～秋經解旨要序　浪語集 30/23a

蕭先生春秋經辨序　瀕廬集 15/15a

春秋說序　平齋集 10/6a

董仲舒春秋繁露序　牧萊脞語 7/20b

春秋權衡序　公是集 34/4b

～秋屬辭序例趙汸撰　新安文獻 36/10b

6. 孝經類

三字孝經序句中正撰　蜀文帙存 1/1a

古文孝經指解序　傅家集 68/9a　司馬溫公集 64/10a

～文孝經指解後序　宋本攻媿集 48/7a　攻媿集 51/6b

～文孝經說序　范太史集 36/9b

孝經大義序　勿軒集 1/2a

～經本旨序　復齋集 10/4b

～經注疏序傅注撰　蜀文帙存 100/6b

～經集註序　須溪集 6/14b

～經集義序　真西山集 29/15a

劉養晦孝經解序　黃氏日鈔 90/9a

7. 諸經總義類

毛義甫居正六經正誤序　鶴山集 53/19a

臺居治五經序龔鼎臣撰　宋文鑑 90/10a

經史專音序　北山集 25/5a

孫君山經序　桐江集 1/22b

趙節度使進經解序　東牟集 13/1a

8. 四書類

大學要署序　石堂集 13/2a

～學衍義序　真西山集 29/22b

～學章句序　朱文公集 76/21a

中和舊說序　朱文公集 75/24b

胡魯川中庸大學序　洛水集 12/1a

中庸後解序呂大臨撰　宋文鑑 91/8b

～庸章句序　朱文公集 76/23a

～庸集解序　朱文公集 75/28b

～庸義序　嶽山集 25/9a

楊龜山中庸解序　龍川集 14/2b

郭兼山沖晦中庸說序　須溪集 6/10a

內治聖鑒序　止堂集 10/1a

董伯羽四書集成序　詹元善集/下 8a

四書集義序　巽齋集 12/1a

說孟子序　廣陵集 14/9a

孟子要署序　真西山集 29/9a

～子要署後序　雲莊集 7/5a

～子義序　嶽山集 25/7b

～子解義序　道鄉集 27/3a

～子講義序　拙齋集 16/6b

～子講義序　南軒集 14/5b

～子纂要序　石堂集 13/3a

陸氏翼孟音解序　益國文忠集 53/11a　益公集 53/11a

朱氏語孟集注序　鶴山集 53/6b

語孟集義序　朱文公集 75/21a

孫氏拙齋論孟序　鶴山集 52/11b

論孟紀蒙序　貫窗集 3/1a

～孟紀蒙後序　貫窗集 3/3a

～孟集疏序　覺軒集 7/22a

～語少學序　浪語集 30/20a

延平講論語序　演山集 22/9b

講論語序　龍雲集 24/5a
王定國注論語序　淮海集 39/7a
論語序　浮沚集 4/4a
～論語序　默堂集 20/10b
～語直解序　浪語集 30/18b
～語要義目録序　朱文公集 75/6b
～語訓蒙口義序　朱文公集 75/7b
～語通釋序　鶴山集 55/2a
～語通釋題敍　復齋集/拾遺 5a
蔡覺軒模論語集疏序　庸齋集 5/7b
胡英彦論語集解序　益國文忠集 20/5a　益公集 20/79b
論語發微序　雲莊集 7/1a
～語發微序　真西山集 29/1a
～語詳說序　梁溪集 138/8a
～語詳說後序　雲莊集 7/4a
～語詳說後序　真西山集 29/7b
～語義序　魚山集 25/6b
～語解序　尹和靖集 4/2b
沈氏論語解序　益國文忠集 55/1a　益公集 55/134a
論語解序　九華集 22/1a
～語解序謝良佐撰　宋文鑑 92/9a
上蔡論語解後序　斐然集 19/7b
論語解義序　道鄕集 27/2a
～語說序　南軒集 14/3b
張魏公紫巖論語說序　鶴山集 54/3b
習齋論語講義序　誠齋集 77/7b
論語纂訓序　朱文公集 75/4b
魯語詳說序　斐然集 19/22b

9. 樂　類

大樂十二均圖序　無爲集 8/9b
～樂圖義序　景文集 45/1a
平律書序　無爲集 8/6a
擬宏詞黃帝律本序　相山集 23/5a
律呂新書序　朱文公集 76/18b
樂書正誤序　宋本攻媿集 50/3b　攻媿集 53/3a
三山陳先生樂書序　誠齋集 82/11b
樂論序范鎭撰　蜀文輯存 9/8a
燕樂本原辨證序　宋本攻媿集 50/5a　攻媿集 53/5a
虞舜民禮樂韻語序　卓陵陽集 13/1a

10. 小學類

（1）訓詁之屬

爾雅注疏序舒雅撰　新安文獻 17/1a
～雅新義序　陶山集 11/4b
～雅翼後序　鄂州集 3/1a
～雅翼後序　四明文獻集 7/5b

（2）字書之屬

敍古千文　斐然集 30/6a
勇氏續千字文序　丹陽集 8/6a
篆書千字文序陶穀撰　金石萃編 124/9a
止堂訓蒙序　鶴山集 55/7b
正蒙序范育撰　宋文鑑 91/1b
增廣字訓序　竹坡稿 1/18a
彭山李肩吾從周字通序　鶴山集 53/1a
北溪陳先生字義序　復齋集 10/2a　北溪集/序 4b
名物蒙求序　蛟峰集 4/9a
邵萬州孝弟蒙求序　鶴山集 54/13a
急就篇後序　四明文獻集 7/4a
計子真訓蒙正譌序　鶴山集 55/4b
班馬字類序　洪文敏集 5/2a
～馬字類序　宋本攻媿集 50/9b　攻媿集 53/9a
啓蒙通釋序　梅巖集 3/9b
～蒙發揮後序　魯齋集 5/7a
復古編序　程北山集 15/4a
～古編序　宋本攻媿集 50/7b　攻媿集 53/7b
～古編後序　魚山集 25/4a
漢隸字源序　洪文敏集 5/3a
重修說文序　徐公集 23/1a
說文解字五音韻譜序李燾撰　蜀文輯存 53/1a
～文解字五音韻譜後序李燾撰　蜀文輯存 53/3a
熙寧字說序　臨川集 84/3b
蒙古字學題名記序　四如集 2/1a
類要序　元豐稿 13/5b
～篇敍　樂城集 25/16b
胡謙盧陵蒙求序　抄本錄晉集 18/11b

（3）音韻之屬

八韻關鍵序　文山集 9/33a
謝季澤正事韻類序　止齋集 40/8b
切韻類例序　鴻慶集 30/4a　孫尚書集 33/5b
北韻序　須溪集 6/13b

序一　書序　經部　8.四書類　9.樂類　10.小學類　1655

押韻序　鴻慶集 31/7b
吴彩鸞唐韻後序　鶴山集 56/2a
潘舍人昌年集篆韻序　鶴山集 53/15a
古郫徐君詩史字韻序　鶴山集 52/6b

隸韻序　盤洲集 34/8a
韻譜前序　徐公集 23/3b
～譜後序　徐公集 23/4b
～總序　歐陽文忠集 42/1a　宋文選 2/14b

（二）史　部

1. 正史類

太祖皇帝總敍　元豐稿 10/19b
奉敕修四朝史志序　洪文敏集 5/4a
張介仲刊史記序張杆撰　蜀文帙存 64/18b
斐及卿史漢四紀序　鶴山集 55/3a
後周書序王安國撰　宋文鑑 90/1b
後漢書精要序　彭城集 34/1a
新唐書糾謬序吴縝撰　蜀文帙存 28/9b
漢書正異敍　浪語集 20/26b
羅得禮補注漢書序　誠齋集 78/4b
擬班固漢書敍　浪語集 20/27b
續後漢書序　益國文忠集 53/7a　益公集 53/106b

2. 編年類

敍十國紀年　浪語集 30/34b
劉道原十國紀年序　傅家集 68/3b　司馬溫公集 65/6a　三劉家集/63a
十國紀年通譜序　浪語集 30/35b
三國紀年序　龍川集 12/1a
大事記序　東萊集 6/8a
五代紀元序　無爲集 9/2a
本朝長編節要綱目序　雪坡集 38/2b
東都紀年序　王雙溪集 3/26b
周鑑序　盧石編 13/3b
帝王世次圖序　歐陽文忠集 43/8b
帝王世次圖後序　歐陽文忠集 43/10a
神宗皇帝實錄敍論　陶山集 11/1a
皇王大紀序　五峰集 3/17a
皇宋玉牒序　盤洲集 25/12b
皇朝編年舉要備要序　真西山集 27/1a
紀年備遺序　水心集 12/6a
高宗日曆序李燾撰　蜀文帙存 53/4a
資治通鑑綱目序　朱文公集 75/23a

資治通鑑舉要曆後序　朱文公集 76/10a
資治通鑑釋文序馮時行撰　蜀文帙存 46/11b
通鑑外紀序司馬光撰　三劉家集/68a
[通鑑]外紀前序　三劉家集/12b
[通鑑]外紀後序　三劉家集/13b
通鑑地理通釋後序　四明文獻 7/2b
節通鑑序　唯室集 2/2a
通鑑前編序　仁山集 1/1a
通鑑前編後序　仁山集 1/2a
通鑑記纂序　後村集 97/12b
嘉邸進讀藝祖通鑑節署序　止齋集 40/3a
通鑑綱目發明序　鶴山集 56/5b
通鑑總類序　攻媿集/拾遺 3
通鑑韻語序　誠齋集 81/12a
漢唐三帝紀要錄序　梁溪集 137/2a
補編年圖敍　無爲集 9/4a
經世紀年序　南軒集 14/1a
續通鑑長編要署序　真西山集 29/16a

3. 紀事本末類

袁機仲通鑑本末序　誠齋集 78/10b
蜀鑑序李文子撰　蜀文帙存 95/12b

4. 別史類

東觀漢記序　鄂州集 6/11b
季漢正義序　蕘山集 5/1a
路史別序費師撰　蜀藝文志 31/7a

5. 雜史類

中興至言序　梁溪集 139/6a
中興館閣錄序李燾撰　蜀文帙存 53/10b
丙丁龜鑑序　秋堂集 1/2a
西征叢紀序　雪山集 5/2a
遷論序　梁溪集 137/8a

兩朝寶訓序 盤洲集 28/8b
招捕使陳公平寇録序 真西山集 29/21a
征爪哇録序 牧萊脞語/二稿 5/10b
建炎進退志總敍上之上 梁溪集 174/2a
建炎進退志總敍上之下 梁溪集 175/2a
建炎進退志總敍下之上 梁溪集 176/2a
建炎進退志總敍下之下 梁溪集 177/2a
華夷魯衛信録總序 蘇魏公集 66/1a
開禧德安守城録序 昌谷集 14/9a
開禧德安府守城録序李忠撰 蜀文輯存 74/14a
靖康行紀序 梁溪集 136/2a
靖康傳信録序 梁溪集 171/2a
奉詔擬進御製至尊壽皇聖帝聖政序 止齋集 40/1a
避盜録序 北山集 5/3b
續國語序 魯齋集 4/4a
觀天辨證通敍 金佗粹編 20/1a

6. 詔令奏議類

(1) 詔令之屬

內制序 庸齋集 5/5a
外制序 庸齋集 5/6b
參政兄內外制序 鴻慶集 30/3a 孫尙書集 33/4a
翰林莫公內外制序 鴻慶集 30/7a 孫尙書集 33/10a
王文定公內外制序 宋本攻媿集 49/14a 攻媿集 52/13b
西漢詔令序 程北山集 15/16b 新安文獻 17/14b
兩漢詔令序 平齋集 10/7b
建炎制詔奏議表劄集序 梁溪集 139/2a
續中興制草序 益國文忠集 20/6a 益公集 20/80b

(2) 奏議之屬

戊午議議序 朱文公集 75/10b
田表聖奏議敍 蘇東坡全集 24/12a,成平集/卷首 1a
包孝肅公奏議敍 包孝肅奏議/序 14a
包孝肅公奏議敍 包孝肅奏議/序 15a
孝肅包公奏議集序 包孝肅奏議/序 16a
江謀議奏稿序 南軒集 14/9a
丞相李公奏議後序 朱文公集 76/8a
呂獻可章奏集序 傅家集 69/2b 司馬溫公集 65/5a
何龍圖奏議序 鶴肋集 34/1a
林待制奏議序 王雙溪集 3/18a
胡尙書奏議序 水心集 12/20b

文正范公奏議集序 安陽集 22/2a 范文正集/奏議序 1a
范貫之奏議集序 元豐稿 12/7a
黃簡肅公中奏議序 益國文忠集 55/2b 益公集 55/136a
國朝諸臣奏議序史季溫撰 蜀文輯存 93/16b
閒樂先生奏議序 莊簡集 16/1a
滄州先生奏議序 恥堂稿 3/16b
楊萊惠公輔奏議序 鶴山集 54/5b
虞忠肅公奏議序 鶴山集 52/7a
雍國虞忠肅公奏議序劉光祖撰 蜀文輯存 70/15a
鄒公侍郎奏議序 嶽山集 25/11b 道鄉集/序 2b
盡言集序 横浦集 16/8b 盡言集/序前 1a
劉謀議諫稿序 益國文忠集 55/4a 益公集 55/138a
韓文忠富公奏議集序 萬山集 17/15a
羅文恭公奏議序 鶴山集 54/16b
議論集序 議論集/1a

7. 傳記類

(1) 傳録之屬

八朝名臣言行録序 朱文公集 75/24a
大閒録序 太倉集 51/15b
久要録序 勉齋集 21/6b
中興遺傳序 龍川集 13/8a
成都府太守圖像册序 東塘集 18/17b
伊洛正源書序 龍川集 14/1a
伊洛淵源録序 鶴山集 55/2b
名臣碑傳琬琰集序薛敘撰 蜀文輯存 76/3b
宋江三十六贊序 融城集/6a
宗忠簡遺事序 後村集 98/8b
忠臣傳序 龍川集 13/2a
書呂聖與零陵事序 誠齋集 78/3b
忠孝提綱序 文山集 9/32b
代序忠厚録 北山集 5/4b
趙劉之忠節録序 益國文忠集 53/2a 益公集 53/100a
范文正公郡陽遺事録序 范文正集/郡陽遺事 1a
英豪録序 龍川集 13/6b
陳簽判思賢録序 誠齋集 83/1a
百氏昭忠録序 金佗粹編/續 17/1a
浦城耆舊録序 緣督集 3/15a
高士傳序 龍川集 13/1a
唐朝賢將傳序 梁溪集 137/9b
象臺首末引 象臺首末/引 1a

鄂國金佗稡編序　金佗稡編/序 7a

鄂國金佗續編序　金佗稡編/續/序 1a

鄉記序　慈湖遺書 1/7b

廉吏傳序費樞撰　蜀文輯存 40/7a

義士傳序　龍川集 13/3a

道命録序李心傳撰　蜀文輯存 77/6a

達賢録序　鶴山集 52/3b

萱壽録序　牧萊臞語/二稿 5/11a

漢保傳傳序　四明文獻集 6/23b

趙氏行實序　南軒集 14/10a

盡忠録序　陳修撰集 9/1a

鄭安之總録序　北山集 5/4a

鄭御史序　牟陵陽集 13/7b

墨林類考序　魯齋集 4/9b

劉氏傳忠録後序　真西山集 29/13a

謀臣傳序　龍川集 13/4b

豐清敏遺事後序　朱文公集 76/26b　豐清敏遺書/遺事/後序 1a

賓諫議録　范文正集/別 4/4a

辯士傳序　龍川集 13/5b

懷恩序　道鄉集 27/5b

(2) 題名録之屬

大宋登科記序　盤洲集 34/6b

壬戌童科小録序　文山集 9/33b

平江同官小録序　官教集 6/10a

同舍小録序　山房集 4/1a

甲申同班小録序　後村集 94/1a

同班小録序　緣督集 3/8a

金陵校官録序　洛水集 12/5a

重編唐登科記序　盤洲集 34/7a

郡守鄭霖會三學同舍序陸應霆等撰　吳都續文粹 2/29a

國史監修提舉題名序李燾撰　蜀文輯存 52/25a

温州進士題名序　宋本攻媿集 50/13b　攻媿集 53/13a

富川同僚記序　太倉集 52/6b

棣華小録序　吳文肅集 12/4a

棣賢進士題名序　昌谷集 14/14b

雁塔題名序趙汝溄撰　蜀文輯存 79/7a

揚州進士題名記序　江湖集 23/20b

登科要覽序　真西山集 29/27a

登科記序　景文集 45/3b

會拜題名序　魯齋集 5/8a

嘉興司法廳題名引序　芸齋文編 3/3b

撫州登科題名記序　益國文忠集 54/13a　益公集 54/127b

龍泉縣監潛鄉舉題名引　文山集 9/50b

興化軍仙遊縣登第記序　蔡忠惠集 26/2a

(3) 譜牒之屬

方氏族譜序　鐵菴集 34/1a

王氏族譜序　本堂集 37/5a

王氏族譜序　須溪集 6/12a

鄭雲我孔子年譜敍　四如集 2/6a

孔子編年序　少師集 5/3a

世系録序　王雙溪集 3/42b

江氏族譜序　勿軒集 3/23a

朱文公年譜序　鶴山集 54/8a

婺源茶院朱氏世譜後序朱荣撰　新安文獻 18/1a

先世遺蹟序　魯齋集 5/3b

烏洲李氏世譜序　濟軒集 5/2b

吳氏族譜序　須溪集 6/35a

下邳余氏世譜序　武溪集/補佚/3a

何氏祖譜序　滄齋集 6/6a

於潛洪氏譜系圖序　平齋集 10/2b

姜山族譜序　黄氏日鈔 90/1b

泰和胡氏族譜序　須溪集 6/33b

皇朝百族譜序　益國文忠集 20/1a　益公集 20/74a

代家德麟作重修家譜序　方舟集 10/21b

家譜後序　定夫集 6/5a

家譜後序　方舟集 10/20b

進士家狀籍序　覺齋集 8/4b

重修族譜序　緣督集 3/18a

黄師董族譜序　覺齋集 11/7b

乾道重修家譜序　少師集/附録 17b

國朝宗室世系表序　無爲集 8/3b

陳氏族譜序　默齋稿/下 23b

攸川陳氏族譜序　牧萊臞語/二稿 7/5b

歙西岩鎮閔氏家譜序　竹坡稿 5/2b

象山先生年譜序　敬帚稿 3/1a

楊氏世譜序　無爲集 8/6b

賈氏家譜序　浪語集 30/39a

玉華葉氏譜序　仁山集 1/10a

榮陽家譜前序　鄭樵遺文/38

趙氏族譜序　牟陵陽集 13/1b

歐陽文忠公年譜後序　益國文忠集 52/2a　益公集

52/83b

歐陽氏譜圖序石本　歐陽文忠集 71/1a
歐陽氏譜圖序集本　歐陽文忠集 71/9a
蔡氏宗譜序　疊山集(清刻本)3/13a
麻沙劉氏族譜序　勿軒集 3/21b
馬伏劉氏譜系序　覺軒集 7/18b
燕氏族譜序　文山集 9/49b
後杜廣氏宗譜序　龍川集 15/15b
戴氏桃源世譜序　四明文獻集 6/22b
題家保狀序(1-2)　文山集 9/34b-35b
續九族圖後序　王雙溪集 3/41b
續家譜序　范文正集/補編 1/16b

8. 載記類

吳越春秋序徐天祐撰　吳都續文粹 1/54b
重刊華陽國志序李壬撰　蜀藝文志 30/16a
華陽國志後序呂大防撰　蜀藝文志 39/15a
蜀檮杌序張唐英撰　蜀藝文志 30/10b
蜀檮杌後序陸昭通撰　蜀藝文志 30/12a

9. 時令類

神農時令序　靈巖集 3/6b
賞心樂事序　南湖集/附錄上/遺文 1a

10. 地理類

(1) 總志之屬

十八路地勢圖序　灌園集 8/5b
方輿勝覽敘　竹坡稿 1/13a
宇宙紀畧序　魯齋集 4/16a
地理發微序　牧堂集/附錄 1/45b
地理發微序　牧堂集/附錄 1/46b
混一華夷疆城圖序　雪坡集 38/1a
漢輿地圖序　浪語集 30/24b
漢輿地圖序　東萊集/別 4/11a
輿地紀勝序李惡撰　蜀藝文志 31/4b
李季膺輿地新書序　緣督集 3/6a
輿地綱目初稿序　昌谷集 14/7b

(2) 方志之屬

分陝志總序　濟齋集 14/18b
平陽州志序　霽山集/拾遺 3a
成都古今丙記序　范成大佚著/166
成都古今丙記序范成大撰　蜀藝文志 30/18b

成都古今丁記序胡元質撰　蜀藝文志 30/19a
成都古今集記序趙抃撰　蜀藝文志 30/12b
成都古今集記序范百祿撰　蜀藝文志 30/13b
成都志序　東塘集 18/15b
仙溪志序　後村集 97/1a
合州墊江志序任達撰　蜀文幀存 73/6b
合肥誌序　鄭忠肅集/下 9a
赤城三志序　赤城集 18/1b
赤城志序　貫窗集 3/19a　赤城集 17/14a
赤城續志序　赤城集 18/1a
吳都志序趙汝談撰　吳都文粹 1/1a
吳郡圖經續記序　樂圃稿 7/1a　吳都續文粹 1/16a
河南志序　傅家集 68/1b　司馬温公集 65/12b
和平志序　後村集 94/1b
重修南海志序　文海集 3/1a
荊南府圖序　忠肅集 10/1a
隆興府纂修圖經序　緣督集 3/1a
新安志序　鄂州集 6/12b　新安文獻 18/4b
新安志敘仙釋巖廟撰　新安文獻 33/10b
新安志敘義民巖廟撰　新安文獻 33/9b
新安續志序　洛水集 12/6a
會稽志序　渭南集 14/13a
廣陵志序　鄭忠肅集/下 11a
嘉禾縣圖經序　後村集 97/16a
圖經序　艾軒集 5/5b
圖經續記後序林虙撰　吳都續文粹 1/18b
圖經續記後序祝安上撰　吳都續文粹 1/20b
圖經續記後序孫祐撰　吳都續文粹 1/21b
豫章圖志後序　緣督集 3/3a
嚴州新定續志序　蛟峰集 4/1a

(3) 雜志之屬

八境圖後序　蘇東坡全集/續 8/1a
水利圖序　范成大佚著/167-69
汀郡諸寨圖序　文溪集 3/17a
左丞侯蒙行記序　金石萃編 146/33a
北巖序　廬仝編 13/21b
宜興縣(岳飛)生祠敘　金佗粹編/續 30/12a
武昌土俗編序　浪語集 30/36b
書武昌土俗編敘　浪語集 30/37a
東坡遠遊並序　四庫拾遺 211/忠惠集
阿褥達池石鏡圖序沈遼撰　雲巢集 7(三沈集 8/7a)
洛陽名園記序　洛陽名園記/序 1a

祖墓經界公據簿序　王雙溪集 3/40a

南溪二朱先生祠堂志序　織菴集 34/4b

海潮圖序　武溪集 3/10a

刻唐祖先生墓誌於賀監祠堂序　范文正集 6/9a

桂巖雙蓮圖序　平齋集 10/5b

烏目山五題序李壁撰　吳都續文粹 22/25b

徐氏墓田誌序　潛齋集 7/11a

宿靈佑觀謝沈君序　義豐集 1/18a

商於驛記後序　小畜集 20/7a

賀氏先塋誌序　巽齋集/附 1a

序越州鑑湖圖　曾南豐集 24/1a　元豐稿 13/1a

陽華嚴圖序安珪撰　八瓊金石補 106/18a

歲寒堂三題序范仲淹撰　吳都續文粹 48/29b

錢塘勝遊録序　太倉集 52/3a

録附鼓城府君墓誌石本序　安陽集 46/1a

録截五代祖庶子並其二弟墓誌序　安陽集 46/2b

謝趙宰拜襄敏墓並留題序　義豐集 1/23a

廬山五笑序　無爲集 7/1a

廬山記序劉渙撰　三劉家集/11b

鷲啼序吳江長橋　在軒集 44a

11. 職官類

（1）官制之屬

天禧以來諫官年表序李燾撰　蜀文輯存 53/7a

玉堂雜記序　益國文忠集 174/卷首　益公集 174/序 1a

蔡文懿公百官公卿年表序　鶴山集 56/3a

百官公卿表序李燾撰　蜀文輯存 53/5a

百官表總序　傅家集 68/1a　司馬溫公集 65/14a

百制總序　悅齋文鈔 4/1a

弁錦編序　定菴稿 4/10b

唐令序　曾南豐集 20/5b

景祐鹵簿圖記序宋綬撰　宋文鑑 85/14b

輔弼名對序劉顏撰　宋文鑑 85/16a

次續翰林志序麻賁撰　蜀文輯存 17/10b

歷代宰相年表序李燾撰　蜀文輯存 53/6a

麟臺故事後序　程北山集 16/15a

（2）官箴之屬

平陽會書序　水心集 12/9a

本治論序沈遘撰　西溪集 8(三沈集 3/30a)

事宜志　梁溪集 126/9a

侍坐元龜序　程北山集 15/3a　新安文獻 17/5b

書撤志　梁溪集 136/8a

婺源四十都義役關書序　尊德集 2/6a

預備志序　梁溪集 136/8a

縣法序呂惠卿撰　宋文鑑 90/7a

12. 政書類

（1）通制之屬

西漢會要序　宋本攻媿集 50/11a　攻媿集 53/10b

建炎以來朝野雜記序李心傳撰　蜀文輯存 77/7b

建炎以來朝野雜記乙集序李心傳撰　蜀文輯存 77/8a

通志序　四如集 2/7b

通志總序鄭樵撰　南宋文範/外編 4/1a

漢制考序　四明文獻集 6/19b

續會要序李燾撰　蜀文輯存 53/4b

（2）儀制之屬

太常因革禮序李壁撰　蜀文輯存 75/7b

周元公程純公正公謚告序　鶴山集 53/4a

政和冬祀點檢供張録序　竹隱集 13/2a

家禮序　朱文公集 75/18a

文公朱先生家禮序　復齋集 10/6b

唐開元禮序　楊溪集 10/1a

唐開元禮序　益國文忠集 92/12b　益公集 92/173b

崇祀録序　景文集/拾遺 15/6b

熙寧太常祠祭總要序　無爲集 8/4b

燕同年序　江湖集 23/25a

歷代帝王總要序　宋本攻媿集 50/12b　攻媿集 53/12a

濮議序　歐陽文忠集/120 卷首

韓氏參用古今家祭式序　安陽集 22/7b

（3）邦計之屬

井田分畫序　昌谷集 14/4a

夏休井田譜序　止齋集 40/4b

元祐會計録敍　樂城集/後 15/4a

比較圖序李燾撰　蜀文輯存 53/8a

田制總序　悅齋文鈔 4/5a

民賦敍　樂城集/後 15/9a

收支敍　樂城集/後 15/6b

社倉砧基簿序　滄軒集 5/8a

邦典序　道鄉集 27/1a

皇祐會計録序田况撰　宋文鑑 87/1b

原幣録序　浮山集 4/5b

紹定江東荒政録序　真西山集 29/18b

善救方後序　臨川集 84/7b

李大卿纂羅羅録序　鶴山集 54/2a

樂平傳遠乘序　昌谷集 14/6a

（4）軍政之屬

三朝聖政録序　祖徠集 18/1a

三朝聖政録序　安陽集 22/5a　祖徠集/卷末

兵制總序　悅齋文鈔 4/2b

定遠寨戰守紀實序　洛水集 12/3a

奉國軍衛司都目序錢彥遠撰　宋文鑑 87/3b

政和重建軍鋪録序　竹隱集 13/3a

曾無愧三英南北邊籌序　益國文忠集 54/9b　益公集 54/123a

曾無愧南北邊籌後序　誠齋集 83/7b

建炎時政記序　梁溪集 178/2a

唐西南備邊序　四明文獻集 6/24b

魚鱗保甲編序　王雙溪集 3/12a

尊堯録序　羅鄂章集 1/1a

羅從彥先生尊堯録序　詹元善集/下 7a

新淦曾叔仁義約籍序　文山集 9/36a

福建罷差保長條令本末序　真西山集 29/4b

萬桂社規約序　真西山集 27/6b

鄭州原武監碑陰後序　學易集 6/6b

（5）法令之屬

建隆編敕序　東萊集/別 4/7a

13．目録類

（1）經籍之屬

王文書目序　獻醜集/5a

徐幹中論目録序　曾南豐集 19/3b　元豐稿 11/13b

古遷精舍書目序　牧萊脞語 7/12a

石蒼藏書目序　水心集 12/2a

列女傳目録序　曾南豐集 20/3a　元豐稿 11/4a

朱氏藏書目序　太倉集 52/5a

邯鄲圖書十志序李淑撰　宋文鑑 86/13b

南齊書目録序　曾南豐集 20/1a　元豐稿 11/11a

泉州同安縣學故書目序　朱文公集 75/1a

唐令目録序　曾南豐集 20/5b　元豐稿 11/13a

益齋藏書目序　誠齋集 78/9a

梁書目録序　曾南豐集 19/1a　元豐稿 11/2a

梅屋書目序　獻醜集/3b

陳書目録序　曾南豐集 19/2a　元豐稿 11/9b

新序目録序　曾南豐集 19/3a　元豐稿 11/1a

說苑目録序　曾南豐集 19/4a　元豐稿 11/14a

夾閏蔡氏藏書目叙　斜川集 5/8a

劉氏藏書序　跨鼇集 18/12a

敍遺編別録　浪語集 33/25b

戰國策目録序　曾南豐集 20/2a　元豐稿 11/8a

鮑溶詩集目録序　元豐稿 11/15b

禮閣新儀目録序　曾南豐集 20/4a　元豐稿 11/5b

（2）金石之屬

七石序　蔡忠惠集 26/5b

三洪遺墨石刻並序　古遺民集 1/17a

金石苑序　學易集 6/10a

金石録序　學易集 6/9a　宋文鑑 92/12b　金石録/後序 1a

金石録敍　金石録/敍 1a

金石録後序　李清照集/7a　金石録/跋 1a

宣和殿博古圖序　靈巖集 3/7a

故蹟遺文序王回撰　朱文鑑 87/23a

泉志序　小隱集/9a

家藏石刻序　朱文公集 75/2a

泰山秦篆譜序　學易集 6/11a　宋文鑑 92/13b

淮東總領石記序　盤洲集 32/6a

御書碑序　蔡忠惠集 26/1a

集古録自序　歐陽文忠集 41/7a　宋文選 2/15a

李仲南集古録序　東萊集 6/7b

歐陽文忠公集古録序　益國文忠集 52/3a　益公集 52/84b

歐陽文忠公集古録後序　益國文忠集 52/4a　益公集 52/85b

集府尹石刻序代　楊天惠撰　蜀藝文志 31/12b

隸釋序　盤洲集 34/9a

隸續序　洪文敏集 5/5a

14．史評類

李仲仁史考序　巽齋集 11/1a

史警序　于湖集 15/5b

史纂通要序　勿軒集 1/5a

史權序江宋符撰　新安文獻 18/7b

四明尊堯集後序　尊堯集 10/1a

進四明尊堯集序　尊堯集 1/序 1a　宋文選 32/3b

考信録序劉光祖撰 蜀文輯存 70/12b
唐史論斷序孫甫撰 宋文鑑 87/10b
唐史辨疑序 孫尙書集 34/2b
唐史屬辭序 無爲集 9/1b
唐鑑序 祖徠集 18/3b 宋文鑑 17/1a

唐鑑序 范太史集 36/8a
酌古論序 龍川集 5/1a
周敬甫晉評序 真西山集 28/13a
讀史句編自序 碧梧集 21/1a

（三）子　部

1. 儒家類

（1）性理之屬

三先生論事録序 朱文公集 76/35b
三先生論事録序 龍川集 14/2a
類次文中子引 龍川集 14/8a
注心經序 北磵集 5/4a
五箴後序 河東集 13/4a
尹和靖言行録序 朱文公集 75/26b
横渠正蒙序 五峯集 3/16a
西疇常言序 文溪集 3/3b
至書序 素軒集 5/4a
朱子語類序黎靖德撰 蜀文輯存 95/4b
徽州朱子語類後序 久軒集 8/49b
朱子語續録後序李心傳撰 蜀文輯存 77/19a
朱文公五書問答序 鶴山集 55/7a
朱文公語類序 鶴山集 53/2b
先聖大訓序 慈湖遺書 1/5a
周子通書序 五峯集 3/14b
洙泗言仁序 南軒集 14/4b
研幾圖序 魯齋集 4/14a
胡子知言序 南軒集 14/6b
唐楊倞注荀子後序 悅齋文鈔補/1a
張子抄釋序 張横渠集/序 1a
曾子序 慈湖遺書 1/5b
程子雅言序 五峯集 3/9a
程子雅言後序 五峯集 3/12a
程氏外書後序 朱文公集 75/28a
程氏遺書後序 朱文公集 75/16a
程氏遺書附録後序 朱文公集 75/17a
買誼新書序 牧萊脞語 7/21b
楊子講義序 拙齋集/拾遺 3b
輔仁録序 勉齋集 21/2a

溫公潛虛圖序 牧萊脞語 7/19a
潤洋講義序 黃氏日鈔 90/1a
蔡氏諸儒言行録序 牧堂集/九儒首卷誌述 4b
箴銘後序 咸平集 14/9b
謝上蔡語録後序 朱文公集 75/3a

（2）禮教之屬

仁皇訓典序 范太史集 34/10a
古今家誡敘 樂城集 25/18a
并州學規後序 傅家集 69/7b 司馬溫公集 64/12a
仰止堂規約序 復齋集 10/1a
青雲課社序 清正稿 5/16b
承華要畧後序 東萊集/別 4/8a
帝學序 靈巖集 3/9a
皇朝仕學規範序 南湖集/附録上/遺文 20a
家忌圖序 字溪集 8/1a
家範後序劉光祖撰 蜀文輯存 70/12b
訓族編序 黃氏日鈔 90/3b
莆田義莊方氏規矩序 盧齋集 12/13a
曾神童對屬序 抄本緣督集 18/11a
義田序 復齋集 10/3b
義役規約序 止齋集 40/8a
楊氏言動家訓序 滿水集 7/10b
閨範序 南軒集 14/2a
劉氏家訓序 太倉集 51/13b
縣學課盟序 竹坡稿 1/11b
學小之書後序 鶴山集 51/2b
學問指南序 復齋集 10/2a
鰲峰求仁課會題目序 石堂集 13/13b

2. 兵家類

浮光戰守録序 絜齋集 8/3b
素書序張商英撰 蜀文輯存 14/5b

素書明録序　樂全集 33/17a

孫子後序　歐陽文忠集 42/9b　宋文選 2/16a

孫子發微序　止齋集 40/10b

陳規守城録序　慈湖遺書 1/7a

叙握奇經　浪語集 30/6a

漢四種兵書序　盤洲集 28/10b

漢兵本末序　益國文忠集 54/3a　益公集 54/115b

聞聲録序　渭南集 15/11b

慶曆兵録序　景文集 45/19a　宋文鑑 86/12a

歐陽生兵書序　覃齋集 10/14a

3. 法家類

趙維城洗寃録序　文山集 9/29b

韓子後序　悅齋文鈔 9/6a

4. 農家類

圃中雜論序　北山集 5/8b

農商輯要序　勿軒集 1/14b

齊民要術序李燾撰　蜀文帙存 53/7b

5. 醫家類

李生方書序　眉山集 27/5b

費茂卿方書序　牟陵陽集 13/5b

本事方序　漫塘集 19/2b

本草正經序　王雙溪集 3/22a

活國本草序　滄庵集 15/18a

本草後序　蘇魏公集 65/4a

節要本草圖序　文溪公集 11/5a

本草圖經序　蘇魏公集 65/5a

補注神農本草總序　蘇魏公集 65/1a

四時治要方序　勿軒集 2/16b

安樂國序　張華陽集 32/12b

類編朱氏佐集驗新方序朱景行撰　蜀文帙存 94/5b

良方序沈括撰　長興集（三沈集 2/1a）

增釋南陽活人書序　宋本攻媿集 50/17a　攻媿集 53/16b

黃帝素問靈樞集註序史崧撰　蜀藝文志 31/8a

張氏手試方序　洛水集 12/13b

校定備急千金要方序　蘇魏公集 65/7b

校定備急千金要方後序　蘇魏公集 65/9a

達營編序　北山集 25/6a

聖散子敘　蘇東坡全集 24/11a

聖散子後序　蘇東坡全集/續 8/1b

聖惠方後序　蔡忠惠集 26/12b

龐安常傷寒論後序　豫章集 16/26a

梁辛觀經驗良方序　本堂集 38/7b

楊晉齋濟世良方序　牧萊脛語/二稿 7/16a

錢申醫録序　張右史集 51/17b

柯通甫醫藥序　潛齋集 6/3b

藥準序　文溪公集 11/4b

6. 天文算法類

鄧氏立見曆序　緣督集 3/13a

甲曆序　浪語集 30/13b

擬宏詞太初曆序　相山集 23/1a

重改庚午循環曆序　魯齋集 4/7a

明天曆序　華陽集 34/2b

易玄星紀譜後序　嵩山集 10/31a

易玄星紀譜後序　嵩山集 17/3b

禹瑞曆序　靈巖集 3/8a

紋渾儀制度張思訓撰　蜀文帙存 1/3a

序報彈漏刻　浪語集 30/37a

7. 術數類

元包數總義序張行成撰　蜀文帙存 49/3a

集注楊子太玄序　嵩山集 10/39b

太玄索隱序張縝撰　蜀文帙存 65/9a

太玄經序　牧萊脛語 7/16a

災異志　梁溪集 136/5b

吳德先命書序　北山集 5/6b

洪範皇極內篇序　九峰集/附 6/67b

相山新圖序　灌園集 8/4b

皇極剛克要署序　靜軒集 9/4a

皇極經世索隱序張行成撰　蜀文帙存 49/3b

皇極經世觀物外篇衍義序張行成撰　蜀文帙存 49/4a

衍數序　梁溪集 134/12b

乘閒志序　梁溪集 136/3b

王希聲陰陽家理學序　潛齋集 5/13b

陰陽精義序　水心集 12/4b

叙焦氏易林　浪語集 30/14b

校定焦贛易林序　東觀余論/下 85b

遁甲龍圖序　浪語集 30/12b

鄒淮百中經序　鶴山集 53/17b

夢志　梁溪集 136/3b

翼元序張行成撰　蜀文帙存 49/5a

類占上序　梁溪集 134/15a

類占下序　梁溪集 134/17b

證兆志　梁溪集 136/7a

釋象序　梁溪集 134/7b

靈椿庵芝草序　芸庵稿 6/11a

8. 藝術類

七賢畫序　歐陽文忠集 65/7a

山水屏序　錢塘集 17/11a

葛德卿篆注兩千文序　恥堂稿 3/17b

仁宗御書後序　後山集 13/4b

打馬圖經自序　李清照集 82b

投壺新格序　傳家集 75/1a 司馬溫公集 65/2b

法帖刊誤自敘　東觀余論/上 1a

東陽遊戲序　龍洲集 15/1b

奕棋序宋白撰　宋文選 85/6a

棋序　江湖集 23/23a

皇族服制圖序　無爲集 8/1a

御賜飛白書序　丹淵集 25/1a

益州名畫錄序李畋撰　蜀文輯存 4/4a

桂隱百課序　南湖集/附錄上/遺文 10a

捕魚圖序　鶴肋集 34/17b

校定師春書序　東觀余論/下 87a

書史序　寶晉英光集/補 2/1b

琴史序　樂圃稿 7/7b

畫史序　寶晉英光集/補 2/2a

贈梅不塵子桂翁畫梅序　四庫拾遺 511/養吾齋集

畫纂序鄧椿撰　蜀文輯存 67/4b

楚州秋擊毬序　江湖集 23/21b

題漫翁林春山草韻序　四如集 2/2a

廣川書跋序　廣川書跋/序 1a

廣象戲圖序　鶴肋集 35/1a

遞鍾小序　誠齋集 83/17a

樗蒲格序　丹淵集 25/8a

鮮于夫人李氏手帖序　潛齋集 5/11b

譜雙序　小隱集 10a

寶章待訪錄序　海岳題跋 1/5a

御書蘭亭後序　忠穆集 7/1a

蘭亭續考序李心傳撰　蜀文輯存 77/8b

觀書序　錢塘集 17/21b

9. 譜錄類

文房四譜序　徐公集 23/7a

文房四譜序蘇易簡撰　蜀文輯存 1/6a

竹間偶語序　佩韋集 10/1a

李德茂書城四友序　石門禪 23/22a

墨譜序馬滔撰・蜀文輯存 32/4b

牧丹記敘　蘇東坡全集 24/3b

海棠記序沈立撰　蜀藝文志 56 下/10b

茶經序　後山集 13/1a

龍茶錄後序　歐陽文忠集 65/8a

糖霜譜序王灼撰　蜀文輯存 63/10a

序本心先生蔬食譜　潛齋集 5/8a

10. 雜家類

（1）雜學之屬

人物志　梁溪集 186/11b

久敬錄序　省齋集 4/18b

介石語錄序　盧齋集 12/12b

漢白虎議奏序　益國文忠集 93/2a 益公集 93/179a

危忽齋論序　文山集 9/27b

好生錄序　魯齋集 5/5b

序時議六篇　東溪集/上 13b

忍經敘　四如集 2/19b

忍經輯要後敘　四如集 2/9a

金蘭錄序　治水集 12/8b

校淮南子題序　蘇魏公集 66/5a

張氏雜義序　公是集 34/7a

測幽記序　灌園集 7/20a

程子清雲萍錄序　克齋集 9/4a

雲萍錄序　覺齋集 8/5b

王月莊雲萍錄序　雪坡集 37/14a

呂雲叔雲萍錄序　雪坡集 37/14b

楊商英善惡勸懲錄序　桐江集 1/36b

辨志錄序　宋本攻媿集 50/6b 攻媿集 53/6a

聲隅子序黃暐撰　蜀文輯存 26/3a

樵談並序　獻醜集/6b

擁爐閒話序　江湖集 23/18b

（2）雜考之屬

古今考序　鶴山集 54/21b

考古編序程大昌撰　新安文獻 18/1b

東觀餘論序　攻媿集/拾遺 1

南窗雜著序　王雙溪集 3/31b

容齋三筆自序　洪文敏集 5/6a

容齋四筆自序　洪文敏集 5/7a

郡齋録後序 北溪集/第四門 4/1a

清漳文會録序 曝軒集 5/2b

羣書雜嚼序 太倉集 52/10a

（3）雜說之屬

三教記序 所南集/49a

王氏語録序 范忠宣集/遺文 1a

元城先生語録序 橫浦集 16/9a

石塘閒話序 後村集 94/13b

交信録序 疊山集 6/7a

竹林精舍録後序 北溪集/第四門 4/2b

車隂軒閒居録序 杜清獻集 16/1a

困學恐聞編序 朱文公集 75/10a

或問序 竹坡稿 1/22a

治通小序 鷄肋集 34/6a

校風俗通義題序 魏蘇公集 66/4a

御製雜說序 徐公集 18/4a

猶覺旅雜記序 洪文敏集 5/1a

雲門録序 景文集 45/17a

壺郵序 盤洲集 34/2a

閒話緒餘序 後村集 98/11a

周公謹齊東野語序 牟陵陽集 12/5a

夢溪筆談自序沈括撰 長興集（三沈集 2/5a）

鄭景望雜著序 龍川集 14/4b

遁言後序 真西山集 27/24b

（4）雜慕之屬

文簧序 省齋集 4/24a

古今長者録序 鄂州集 3/2b 新安文獻 18/2b

谷盈通說序 鴻慶集 31/6b 孫尚書集 34/13b

洗心録序 雲山集 5/3a

11．類書類

小學紺珠序 四明文獻集 6/22b

白孔六帖序韓駒撰 蜀文帙存 37/14b

胡彥和事海序 巽齋集 11/3a

御覽序田錫撰 蜀文帙存 1/9a

語本序 鴻慶集 30/6b 孫尚書集 33/9a

宰輔部實黨篇序 四庫拾遺 161/夏文莊公集

宰相部威重篇序 文莊集 22/5b

將帥部議論篇序 文莊集 22/6a

將帥部强明篇序 文莊集 22/6b

將帥部受命忘家序 文莊集 22/6b

將帥部不和篇序 文莊集 22/7a

閣位部知子篇序 文莊集 22/7b

邦計部貪汗篇序 文莊集 22/8a

學校部譽妬篇序 文莊集 22/8b

卿監部邪佞篇序 文莊集 22/9a

總録部讒佞篇序 文莊集 22/9b

總録部傲慢篇序 文莊集 22/10a

12．小說家類

敘山海經 浪語集 30/17b

文會談叢序上官融撰 蜀文帙存 4/17b

天定録序 金佗粹編 26/1a

天定録後序 金佗粹編 28/15b

天定別録序 金佗粹編/續 13/1a

太平廣記序 靈巖集 3/10a

玉照堂梅品序 南湖集/附録上/遺文 16b

東齋紀事序范鎮撰 蜀文帙存 9/8b

笑股編序 北山集 5/1a

倦遊録序 潛齋集 7/3a

滑稽小傳序 太倉集 52/10b

寬厚録序 溪堂集 7/5a

裴及卿漢註拾遺序 鶴山集 55/3b

談苑序 元憲集 35/8b

獨醒雜志序 誠齋集 79/13b

歸田録序 歐陽文忠集 44/1b

靈異集序 濳齋集 14/10b

13．釋家類

（1）經藏之屬

新譯三藏聖教序 金石萃編 125/42b

大光明藏後序 無文印集 9/3a

大慧正法眼藏序 履齋集 3/22a

大慧禪師正法眼藏序 雪山集 5/10a

仁王護國般若疏後序 北磵集 5/4a

仁王護國般若經疏序 嵩山集 17/11a

四十九章經序李壁撰 蜀文帙存 75/8b

重校妙法蓮華經序 文莊集 22/1a

法明寺教藏序 水心集 12/19b

法華經顯應録序 宋本攻媿集 50/20a 攻媿集 53/19a

正六譯波羅密經序 寶晉英光集 6/1b 寶晉山林集 4/15b

家藏海中螺蚌所共護持金剛般若波羅密經序

拙齋集 16/10b

葉雲心註清浄經序　後樂集 17/2b

萬山居士頌常清浄經序敍　道鄕集 27/22a

尊勝陀羅尼經序　鴻慶集 30/6a　孫尙書集 33/8a

華嚴同緣序　石門禪 23/4a

小字華嚴經合論後序　梁溪集 137/5a

蕭居士書華嚴經序　後村集 97/9a

華嚴經讚序　樂圃稿 7/8b

楞嚴神呪序　碧梧集 12/8a

楞嚴經序　文莊集 22/3a

書楞嚴經序　寶晉英光集/補 2/1a　寶晉山林集 4/16a

萬佛名經序　學易集 6/4a

[萬佛名經]後序　學易集 6/5b

集註圓覺經序　北礀集 5/4b

圓覺經皆證論序　溪堂集 7/2b

趙少師續注維摩經序　安陽集 22/6a

墮齋偈序　石門禪 23/24a

觀音經序　疊山集 6/11a

(2) 諸宗之屬

六祖法寶記敍　鷗津集 12/2b

不二門指歸敍　嵩山集 17/12b

止觀妙境辯正序　嵩山集 17/9a

宗門會要序　無文印集 9/2a

宗記序　水心集 12/20a

教海要津序　後村集 97/6b

崇正辯序　斐然集 19/1a

普燈序　渭南集 15/7a

傳燈玉英節錄序　斐然集 19/16a

勸發大菩提心廣博莊嚴供養會總錄序　若溪集 24/4a

[演公□□]序　學易集 6/8a

(3) 總錄之屬

仗錫開四窗序　橘洲集 6/5a

西湖高僧傳序　無文印集 9/2b

張仲荀抄高僧傳序　金石萃編 124/13b

僧寶傳序　石門禪 23/7a

刻經效方序　龍學集 8/1a

林間錄序　溪堂集 7/3b

晁氏二圖序　益國文忠集 55/3b　益公集 55/137a

連瑞圖序　石門禪 23/23a

禪源通錄序　樂全集 33/21b

(4) 語錄之屬

大馮喆禪師語錄序　豫章集 16/30b

大陽明安禪師古錄序　昆陵集 11/4a

方廣譽老語錄序　道鄕集 28/12a

天童無用禪師語錄序　渭南集 15/17b

天寧寺主僧可舉語錄序　本堂集 38/4a

元谷禪師語錄序　北礀集 5/10a

太平興國堂頭璨公語錄序　拼櫚集 15/4a

仁山隆慶禪院第十六代禪師語錄序　龍雲集 21/12b

石門進禪師語錄序　無文印集 9/1a

印禪師語錄序　道鄕集 28/10b

夾山語錄序　姑溪集 35/6a

佛印清禪師語錄序　梁溪集 139/4a

佛照禪師語錄序　渭南集 14/15a

佛鑑大師語錄序　鷄肋集 69/9b

佛鑑大師語錄序　東堂集 10/4a

宗禪師後錄敍　道鄕集 28/9b

宗禪師語錄序　張右史集 51/17a

東山長老語錄序　蘇魏公集 67/5b

長松長老顯禪師語錄序蘇元老撰　蜀文輯存 35/1a

長松長老顯禪師語錄序楊天惠撰　蜀文輯存 26/18a

明州五峰良和尚語錄敍　鷗津集 12/3b

洪州大寧寬和尚語錄序　石門禪 23/5a

洞山文長老語錄敍　樂城集 25/19a

持老語錄序　渭南集 14/8a

悅禪師語錄序　龍雲集 24/10a

能侍者編無準語錄序　無文印集 9/1b

雪峰真歇了禪師一掌錄序　梁溪集 137/11a

釣魚山回禪師語錄敍馮時行撰　蜀文輯存 46/12b

雲居祐禪師語錄序　豫章集 16/29b

雲峰慧照禪師語錄序　昆陵集 11/4b

極圓覺上人詩禪錄序　牟陵陽集 13/4b

開先性語錄序　北礀集 5/11b

無文語錄序　無文印集/語錄 1a

智京語錄序　斐然集 19/17b

福州仁王讓老語錄序　筠溪集 22/10b

福州西禪遷老語錄序　豫章集 16/32a

寧國長老語錄序　宗忠簡集 6/1a

翠巖真禪師語錄序　豫章集 16/28b

翠巖悅禪師語錄後序　豫章集 16/31b

慶禪師語錄叙　道鄉集 28/8b
慧和尚四會語錄序　苕溪集 24/6a
德瀾禪師語錄序　道鄉集 28/10b
燈禪師語錄序　道鄉集 28/11a
璉禪師語錄序　道鄉集 28/10a
聰老語錄序　宋本攻媿集 50/20b　攻媿集 53/20a
臨平妙湛慧禪師語錄序　石門禪 23/6a
蘇州承天寺永安長老語錄序沈遼撰　雲集 7（三沈集 8/3b）

坐忘論序　鷄肋集 34/16b
庚申玉樞會規約序　齊山集 5/9b
拈古頌序　丹淵集 25/2b
南華真經義海纂微序文及翁撰　蜀文輯存 94/21b
叙黃帝陰符經　浪語集 30/10b
黃帝陰符經解序寒昌辰撰　蜀文輯存 32/11b
刪正黃庭經序　歐陽文忠集 65/1a
黃籙盟真玉檢序　翟忠惠集 8/8b
趙虛齋注莊子內篇序　後村集 94/17a
順興講莊子序　演山集 19/10a
讀莊筆記序　碧梧集 12/5b
徐雲壑注道德經序　潛齋集 6/14a
道德經註序史少南撰　蜀文輯存 93/18a
梁養源道德篇論序　盧溪集 36/5a
感應篇序　真西山集 27/11a
講齊物論序　演山集 20/11a
鶡冠子序　陶山集 11/5a
鬻子序　陶山集 11/5b

14. 道家類

王隱君六學九書序　後村集 95/1a
文子序　牟陵陽集 12/3a
元學史提舉序　潛齋集 5/20b
叙古文老子　浪語集 30/11b
杜南谷老子原旨序　牟陵陽集 12/7a
應師老子解序　杜清獻集 16/3a
謝懷英老子實錄序　止齋集 40/9b

（四）集　部

1. 楚辭類

九奏序　南澗稿 14/5b
楚辭集註序　朱文公集 76/33b
新校楚辭序　東觀余論/下 83a　宋文鑑 92/15b
續楚辭序　鷄肋集 36/8a
雲韜堂楚辭後序　雪山集 5/9b
楚辭後語目錄序　朱文公集 76/32a
離騷新序上　鷄肋集 36/1a
離騷新序中　鷄肋集 36/3a
離騷新序下　鷄肋集 36/5a
高端叔變離騷序　益國文忠集 53/8b　益公集 53/108a
變離騷序上　鷄肋集 36/10b
變離騷序下　鷄肋集 36/13b
高元之變騷後序　緣督集 3/17a

2. 別集類

一　畫

譚民望一笑集序　牧萊脞語/二稿 6/11a

羅氏一經堂集序　誠齋集 81/4b
李黃山乙稿序　秋聲集 5/18a

二　畫

二堂先生文集序　王雙溪集 3/28b
丁少詹文集序　水心集 12/7b
九華集序　九華集/序 1a　蜀文輯存 77/9a
至德觀蕭曼翁九皐吟稿序　巽齋集 10/9a
重序九皐集　丹淵集/拾遺 下/3a

三　畫

三近齋餘錄序　誠齋集 83/10b
紫岩于先生詩集序　仁山集 1/8b
于湖集序　雪山集 5/4a
許主簿大梁集序　蒙齋集 11/7b
山名別集序　後村集 96/6b
陸伯政山堂類稿序　渭南集 15/5b
山游唱和詩集叙　鄮津集 12/12a
山游唱和詩集後叙　鄮津集 12/13b
山鵲自愛集序　佩韋集 10/8a

千巖摘稿序　誠齋集 81/5b

小山集序　豫章集 16/24a

何濬小山雜著序　四庫拾遺 422/舊窗集

小畜外集序　蘇魏公集 66/6a

眉山任公小醜集序　誠齋集 82/10a

洪文安公小隱集序　宋本攻媿集 49/4b　攻媿集 52/ 4b

四　畫

六桂堂詩集序　演山集 21/8a

文莊集序　文莊集/序 1a

文莊集序　文莊集/序 3a

文瑩師集序　忠肅集 10/2b

文瑩師詩集序　郡溪集 14/8a

誠齋文臠集序　蛟峰集 4/3b

文獻太子詩集序　徐公集 18/7a

次雲方先生詩集序　盧齋集 12/3a

方叔規詩集序　潛齋集 6/11b

方是閒居士小稿序　章泉稿/拾遺 1a　方是稿/卷首 2b

方是閒居士小稿序　方是閒稿/卷首 1a

方是閒居士小稿序　方是閒稿/卷首 4a

方壺存稿序　方壺稿/卷首 5a

方壺存稿序　方壺稿/卷首 10a

汪耕耘方壺集序　洛水集 12/8a

方德亨詩集序　渭南集 14/17a

〔心史〕後序　心史/下 84a

〔心史〕又後序　心史/下 86a

〔心史〕總後序　心史/下 87a

所南翁一百二十圖詩集自序　所南集/序 1a

宋鄭所南先生自敘(大義集)　心史/上 14a

王子立秀才文集引　欒城集/後 21/4b

王子直文集序　曾南豐集 22/2a　元豐稿 12/8a

王元湻洋石史文集序　益國文忠集 20/6b　益公集 20/81b

王介甫文集序　三餘集 4/8b

王荊公詩序　四庫拾遺 510/養吾齋集

臨川集詠序　溪堂集 7/2a

臨川詩註序　鶴山集 51/10b

方巖王公文集序　赤城集 17/3a

故兵部侍郎王公集序　徐公集 23/5b

王平甫文集序　曾南豐集 21/1a　元豐稿 12/8a

王平甫文集後序　後山集 13/1b

著作王先生文集序　王著作集/卷首序 1a

王著作先生文集後序　王著作集/後序 1b

王君禮詩集序楊天惠撰　蜀藝文志 31/11b

王定國文集序　豫章集 16/23a

王定國詩集敘　蘇東坡全集 24/9b

王侍郎集序　元憲集 35/9b

王南卿集序　後村集 94/12b

王容季文集序　元豐稿 12/6a

先大夫(王益)集序　臨川集 71/3b

王致君司叢集序　益國文忠集 52/8b　益公集 52/ 90b

王深父文集序　曾南豐集 22/1b　元豐稿 12/4a

王梅溪文集序　朱文公集 75/30a

王修竹詩集序　齊山集 5/7a

王參政文集序　益國文忠集 53/9b　益公集 53/109a

王補之文集序　曲阜集 4/10b

王菊山詩集序　潛齋集 6/13a

王廉翁詩集序　巽齋集 9/12a

王夢錫集序　灌園集 8/9a

王魏公文集序　宋本攻媿集 48/13a　攻媿集 51/12b

天禧編御集序　四明文獻集 1/23a

元豐懷遇集後序　益國文忠集 52/6b　益公集 52/88b

張宗甫木雞集序　文山集 9/29a

太倉稊米集序唐文若撰　蜀文輯存 50/5b

楊少逸不跂集序　鶴山集 55/5a

宋太博尤川雜撰序　武溪集 3/8a

五浪留題集敘　北磵集 5/10b

五峰集序　河東集 11/2a

五峰集序　南軒集 14/8b　五峰集/序 1a

五顯靈應集序　王雙溪集 3/39a

彭忠肅公止堂文集序　鶴山集 54/6a

日湖文集序　真西山集 28/22b

中散兄詩集序　丹陽集 8/5b

中興集甲自序　心史/上 27a

中興集乙自序　心史/上 67a

内制集序　歐陽文忠集 43/7b

内簡尺牘序　内簡尺牘/序 1a

公是先生集序　彭城集 34/2b

陳大庾公餘集序　清正稿 5/22a

毛拔萃洵文集序　益國文忠集 52/13b　益公集 52/97a

毛達可尚書文集序　紫微集 31/1a

毛霆甫詩集序　雪坡集 37/6b

仁宗御集序　歐陽文忠集 64/1a

仇山村詩集序　牟陵陽集 12/6a

丹陽集序　鴻慶集 30/9a　孫尚書集 34/1a　丹陽集/序 1a

丹霞賞音文集序　榘楊集 15/11b

月崖近集序　雪坡集 37/4a

月崖前集序　雪坡集 37/3a

勿失集序　後村集 98/12a

勾易之書記之父如庭文集序　鶴山集 53/4b

水心先生文集序　水心集/序 1a

孔處士文集序　韓南陽集 28/2b

白石道人詩集自敘(1-2)　白石集/自敘 1a-1b

白石道人詩說序　白石集/詩說序 1a

白石叢稿序　抄本緣督集 18/2b

白雲先生集序　東塘集 18/16b

白雲集序牟巘撰　蜀文輯存 95/13b

瓜圃集序　後村集 94/5b

外制集序　歐陽文忠集 43/5a

司馬太師溫國文正公傳家集序　傳家集/序 1a

溫國文正司馬公文集序　司馬溫公集/序 1a

皮子文藪序　河東集 11/1a

五　畫

溫州薦從事永嘉集序　武夷新集 7/6a

平湖集序　後村集 98/2b

平園續稿序　益國文忠集 41/序 1a　益公集 41/1a

玉泉詩集序　雪坡集 37/13a

玉峰居士文集序　梁溪集 138/2a

玉堂集序　東澗集 13/3a

[玉堂集]序　四庫拾遺 66/忠肅集

張文定玉堂集敘　忠肅集/拾遺 1/3a

甘定薦文集序　須溪集 6/29b

可齋雜稿序　可齋稿/序 1b

可齋雜稿自序　可齋稿/序 1a

可齋續稿自序　可齋稿/續前/原序 1a

丙寅赴闈詩稿序　宗伯集 13/8b

古梅吟稿序　古梅稿/遺稿 1a

石屏集後序　赤城集 17/8a

石屏詩集序　攻媿集/拾遺 2　赤城集 17/7a

石屏詩集序　章泉稿/拾遺 1b

石屏頌集序　無文印集 9/5a

重刻石堂先生遺集序　石堂集/卷首

石曼卿詩集序　祖徠集 18/4b　宋文選 17/1b

石曼卿詩集敘　蘇學士集 13/11b

重改石筍清風録序　魯齋集 4/12b

石遠叔集序　鷄肋集 34/12a

天台山石橋詩集序　盤洲集 34/1a

石聲編序　無爲集 9/7a

北村詩集序　佩韋集 10/2b

北海先生文集序　宋本攻媿集 48/19a　攻媿集 51/18a

史景正詩集序　本堂集 38/2b

沈簡薦四益集序　真西山集 28/8a

仙東溪詩集序　無文印集 8/4b

白氏長慶集序　耻堂稿 3/18a

六　畫

鈞臺江公文集序　真西山集 28/14b

誠齋江西道院集序　誠齋集 81/1a

誠齋江東集序　誠齋集 81/3b

江湖長翁自序　江湖集/序志 1b

誠齋江湖集序　誠齋集 80/7a

江鄰幾文集序　歐陽文忠集 44/5a

翰林學士江簡公集序　徐公集 18/8b

汝南主客文集序　嵩山集 17/27a

汝陰倡和集後序　濟南集 6/32a

止止先生宇文公集序　鶴山集 55/1a

宇文肅愍公文集序劉光祖撰　蜀文輯存 70/14a

交情集序　心史/F 26a

亦樂居士集序　蘆川集 9/1a

冰玉老人集序　王雙溪集 3/33a

冰華先生文集序　龜山集 25/17a

考德集序　柯部集 33/12a

西山老文集序　鴻慶集 30/8a　孫尚書集 33/11b

西江集序　方舟集 10/17b

西塘先生文集序　西塘集/序 1a

西膦集自序　西膦稿/序 1a

誠齋西歸詩集序　誠齋集 80/9a

成氏詩集序　徐公集 18/11b

艾軒林先生集序　復齋集 10/3a　艾軒集/序 2b

郡陽刊艾軒集序　艾軒集/序 4b

艾軒集序　後村集 94/8a　艾軒集/序 3a

朱子雲詩集序　雪坡集 38/6a

朱文公別集序　朱文公集/別/序 11a

文公續集序　朱文公集/續/序 1a

晦庵集抄序　桐江集 1/3a

晦庵詩纂序　四庫拾遺 465/字溪集

朱逢年詩集序　尤梁溪稿 2/11a

朱新仲舍人文集序 益國文忠集 52/7b 益公集 52/ 89b

竹洲文集序 竹坡稿 1/21a 吳文肅集/序 4a

吳安撫竹洲集序 洛水集 12/6b 吳文肅集/序 1a

竹溪集序 後村集 96/13b

伐檀集自序 伐檀集/序 1

仲氏文集序 歐陽文忠集 44/2b

仲井文集序 益國文忠集 54/4b 益公集 54/117b 浮山集 1/1a

黃叔通自鳴集序 真西山集 28/6b

外弟李淳伯自嬉集序 牧萊脞語 7/14b

伊川先生文集後序程端中撰 新安文獻 17/7b

向藂林文集後序 朱文公集 76/13a

向藂林酒邊集後序 斐然集 19/21b

七 畫

沈子壽文集序 水心集 12/3b

沈佺期集序 牧萊脞語 7/22a

汪古誠詩集序 雪坡集 37/12b

完美集序 范忠宣集 10/5b

宋元憲集序 元憲集/序 1a

宋去華集序 後村集 97/1b

宋希仁四六序 後村集 97/11a

宋宣慰文集序 佩韋集 11/12b

宋雪岩詩集序 竹坡稿 1/19b

宋景元詩集序 霽山集 5/4a

辛稼軒集序 後村集 98/1b

言意文集序 演山集 19/9b

初僚先生前後集序 益國文忠集 53/5b 益公集 53/ 104a 初僚集/卷首 1a

初僚集序 初僚集/卷首 3b

初僚集序暑 初僚集/卷首 5a

〔初僚〕詩序 四庫拾遺 607/初僚集

刻杜子美巴蜀詩序 豫章集 16/34a

重校正杜子美集序 梁溪集 138/4a 東觀集/附錄 1a

吳章門杜詩九發序 文溪集 3/14a

新淦曾季輔杜詩句外序 文山集 9/32a

何南仲分類杜詩敘 方舟集 10/20a

楊夢錫集句杜詩序 渭南集 15/5a

新刊杜詩序 四庫拾遺 508/嶧吾齋集

九家集註杜詩序郭知達撰 蜀文輯存 73/1a

老杜詩後集序 臨川集 84/4b

侯氏少陵詩注序 鶴山集 55/6a

杜必簡詩集序 誠齋集 82/6b

杜起莘文集序劉光祖撰 蜀文輯存 70/14b

袁餉管坊雅序 黃氏日鈔 90/2a

杉溪居士文集序 益國文忠集 54/2a 益公集 54/114a 楊溪集/序 1a

杉溪集後序 誠齋集 83/13a

李元直文集序 滄庵集 15/25a

李氏家集敘 四如集 2/9b

李白詩集後序 曾南豐集 22/1a 元豐稿 12/1a

李長吉詩集序 浪語集 30/33a

李忠懿文集序費樞撰 蜀文輯存 40/6b

李簡夫少卿詩集引 樂城集/後 21/3a

攻媿先生樓公集序 真西山集 27/29b

攻媿樓宣獻公文集序 鶴山集 56/1a

甫里先生文集序林希逸撰 吳都續文粹 55/13a

甫里陸先生文集序(笠澤叢書序)樊開撰 吳都續文粹 55/10b 蜀文輯存 33/9a

甫里陸先生文集後序朱宛撰 吳都續文粹 55/11b

甫里陸先生文集後序葉茵撰 吳都續文粹 55/12a

求齋遺稿序 益國文忠集 54/3b 益公集 54/116a

折渭州文集序 姑溪集 35/1a

見一堂集序 宋本攻媿集 49/17a 攻媿集 52/16b

柳月澗吟秋後稿序 秋聲集 5/1a

呂忠穆公文集序 忠穆奏議/序 1a

呂舍人文集序 蘇魏公集 66/8b

呂居仁集序 渭南集 14/13b

東萊先生詩集後序 茶山集/拾遺 3b

東萊集抄序 桐江集 1/7a

吳文肅公文集序 吳文肅集/序 6a

吳文肅公文集序 吳文肅集/序 7a

田曹呈公文集序 盦山集 25/16a

吳氏實訓管覽序 碧梧集 12/3a

吳叔椿詩集序 冤齋集 8/12a

吳基仲詩集序 洛水集 12/11a

秋山余按察文稿序 牧萊脞語 7/2b

谷泉上人詩集序 秋聲集 5/12a

何閬學遺文序 漫塘集 19/21a

延平集序 直講集 25/1b

伯牙琴自序 伯牙琴/序 1a

伯牙琴後序 伯牙琴/後序 1a

佛祖同參集序 武夷新集 7/18a

王象文使甬上詩集序 南陽集 5/12b

八　畫

洋林討古集序　艾軒集 5/7a
河東集序　河東集/序 1a
尹師魯河南集序　范文正集 6/10b　河南集/序 1a
河南穆公集序　龍學集 8/3a
宗卿雲壑先生文集敍　閑風集/跋遺 1a
趙綸夫宗藩文類序　鶴山集 54/19b
劉定翁定見集序　牧萊脞語 7/3b
黃侍郎定勝堂文集序　鶴山集 51/8b
定齋集序　定齋集/序 1a
空巖頌集序　無文印集 9/4a
放麑子集序　宋本攻媿集 49/23a　攻媿集 52/22b
刻梧集序　後村集 96/12b
刻梧集後序　後村集 98/1a
刻鑑集序　孫尙書集 34/4a
坐忘居士房公文集序　鶴山集 51/4a
李文昌表臆集序　洛水集 12/4a
曾侍郎武城集序　昌谷集 14/15a
武陵集敍　鋼津集 12/4b
余少師襄公武溪集序　武溪集/序 1a
林大淵稿序　後村集 98/5b
林丹岳吟編序　秋聲集 5/20a
林和靖先生詩集序　宛陵集 60/1b
膺蕩林霽山詩集序　蛟峰集 4/6b
松窗醉醒序　王雙溪集 3/37b
松窗醉鏡集序　抄本緣督集 18/9a
曹忠靖公松隱集序　宋本攻媿集 49/8b　攻媿集 52/8b　松隱集/序 1a
松廬集序　水心集 12/12b
汪稱隱松蘿集序　蛟峰集 4/5b
東山詩集序　橘洲集 6/6a
東平集序　鴻慶集 30/1a　孫尙書集 33/1a
東林集敍　演山集 19/4b
東宮錫燕集序　范太史集 36/8b
東原集序　學易集 6/3a
東野農歌集自敍　東野集/卷首 1b
東野農歌集序　東野集/卷首 1a
東溪先生集序　水心集 12/2b
東樓集序　渭南集 14/6b
東歸亂稿序　朱文公集 75/18b
東觀集序　小畜集 19/3b
鉅鹿東觀集序　東觀集/序 1a

蕭公直諒集序　昌谷集 14/17b
李君瑞奇正賦格序　盧齋集 12/7b
雪寶和尚拈古序　雪寶集/拈古 1a
唐李推官披沙集序　誠齋集 81/11a
拋石摘稿序　拙軒集 5/13a
拙軒集自序　拙軒集 5/13a
長樂詩集序　演山集 20/5a
非鄭樵詩辯妄序　鉛刀編 25/3b
芸庵類稿序　芸庵稿/1a
譚伯可芷芳少稿序　牧萊脞語/二稿 6/13a
芮氏家藏集序　益國文忠集 54/16a　益公集 54/131a
夏德甫易窩吟序　潛齋集 7/8a
忠正德文集序　益國文忠集 54/11a　益公集 54/125a
忠愍公詩序　忠愍集/序 15
忠肅集序　忠肅集/卷首
呻吟集序　浮溪集 17/9a
塗元直明倫集序　松垣集 7/1a
蕭燧夫采若集序　文山集 9/31a
金氏文集序　金氏集/序 1a
洪石泉知裁集序　潛齋集 7/3b
黃考功知稼翁集序　洪文敏集 5/9a
乖崖先生文集序　乖崖集/序 1a
委羽居士集序　赤城集 17/1a
牧萊少年稿自序　牧萊脞語 7/5b
牧萊脞語序　牧萊脞語/卷首序 1a
牧萊脞語序　牧萊脞語/卷首序 3b
牧萊脞語序　牧萊脞語/卷首序 4a
重刻水明壽禪師物外集序　北礀集 5/3b
岳臺暨景新書序范鎭撰　蜀文輯存 9/8a
邱退齋文集序　盧齋集 12/6a
周南仲文集後序　水心集 12/16a
周益公文集序　渭南集 15/12a　益國文忠集/卷首 1a
周衞屋詩集序　無文印集 8/2a
周徽之詩集序　尊德集 2/4b
居士集敍　蘇東坡全集 24/16a
邵茂誠詩集敍　蘇東坡全集 24/5a
邵英甫詩集序　蛟峰集 4/4a
姑溪三昧序　太倉集 51/10b
姑溪集序　湖山集/輯補 1b
孟水部詩序　小畜集 20/11a

九　畫

洪百照詩集序　潛齋集 6/6a

洞霄詩集序　伯牙琴 1/33a
洙泗文集序　斐然集 19/18b
洙泗文集序　潛庵集 15/17a
玄暉宣城集序　牧萊脞語 7/23a
秘丞章蒙明發集序　張右史集 51/9b　宋文選 29/2a
祖英集序　雪寶集/祖英上/1a
祝先生詩集序　無爲集 9/1a
柳如京文集序張景撰　宋文鑑 85/10a
唐柳先生集後序　穆參軍集 2/10a
柳師聖詩集序　宗伯集 12/7a
南行前集敘　蘇東坡全集 24/2a
南仲集原序　林湖稿/序 1a
丁端叔南征集序　止齋集 40/5b
仇池翁南浮集序　姑溪集/後 15/2a
南浦老人詩集序　梅溪集/前 17/2a
誠齋南海詩集序　誠齋集 80/9a
張南軒文集序　朱文公集 76/11a　南軒集/序 1a
南軒集鈔方岳撰　新安文獻 35/9b
南軒集抄序　桐江集 1/6a
南陽集序　景文集 45/6b
南陽集後序　韓南陽集/後序 1a
秋山陳教南轉稿序　牧萊脞語/二稿 7/14a
南齋集稿序　宗伯集 13/9b
胡仁仲遺文序　龍川集 14/4a
胡允升詩稿序　雪坡集 37/11b
進先公(胡安國)文集序　斐然集 19/11b
胡先生言行錄序　浮溪集 17/10a
胡宗元詩集序　豫章集 16/20b　宋文選 31/3a
胡俊伯詩集序　竹坡稿 1/17a
胡德甫四六外編序　蛟峰集 4/7a
指南錄自序　文山集 13/1a
指南錄後序　文山集 13/3a
范文正公文集敘　蘇東坡全集 24/14a　范文正集/序/1a　吳都續文粹 55/18a
鄱陽刊文正公集引張燒撰　吳都續文粹 55/21a
范正獻公文集序　鶴山集 53/16a
范忠宣公文集序　范忠宣集/序 3b
范忠宣公文集序　范忠宣集/序 4a
范忠宣公文集序　范忠宣集/序 4b
范忠宣公文集序　宋本攻媿集 45/9b　攻媿集 51/9a
　范忠宣集/序 1a
石湖先生大資參政范公文集序　誠齋集 82/1a
范待制詩集序　渭南集 14/7a

俞好問詩稿序　牟陵陽集 12/13b
秋聲集自序　秋聲集/卷首 1a
秋巖上人詩集序　秋聲集 5/13b
香溪先生文集敘　香溪集/序 1a
香蕈集敘　浪語集 30/32a
自題信天巢自序　信天巢稿/22a
再題後上人詩集　雪坡集 37/7b
皇祐續稿序　直講集 25/1a
皇華集序　小畜集 20/6a
鬼繒先生詩集敘　蘇東坡全集 24/8a
龔知縣帥正錄序　文山集 9/30a
劉方叔待評集序　梅溪集/前 17/4b
后山集序　牧萊脞語 7/20a
後村先生大全集序　後村集/林序 1a
後村先生大全集序　後村集/劉序 1a
袁稼學重刊勉齋講義序　牟陵陽集 13/4a
省齋集序　省齋集/序 1a
屏山集序　屏山集/序 1a
韋蘇州集序　灌園集 7/6b
韋蘇州集序　宮教集 6/10b
姚進道文集序　毘陵集 11/2b
約梅農妙集序　黃氏日鈔 90/3a
約齋南湖集序　誠齋集 80/5a　南湖集/序 1a

十　畫

浮溪集序　鴻慶集 30/2a　孫尙書集 33/2b
浮淪集序　潛齋集 5/15a
浮圖秘演詩集序　河南集 5/4a
楊伯昌浩齋集序　鶴山集 55/10a
海陵集序　雞肋集 34/10a
周茂振櫃密海陵集序　海陵集/卷首 1a　益國文忠集 20/7b　益公集 20/83a
家集序　金佗棷編 10/1a
高祖宮師文編序　南澗稿 14/3a
高景仁詩稿序　牟陵陽集 14/1a
眉山唐先生文集序唐庚撰　蜀文粹存 32/11a
凌懸谷集序　犁齋文編 3/1a
逆旅集序　淮海集 39/2b
葉子發珠玉集序　東牟集 13/5b
袁潔齋先生書鈔序　畿帶稿 3/4b
桂籍追榮序　文莊集 22/4b
酌古堂文集序　宋本攻媿集 49/15a　攻媿集 52/14b
真西山集後序　朋軒集 5/1a

真隱詩集序　雙峰稿 9/4b
原宗集敍　鄮津集 12/6a
劉弊撮要序　王雙溪集 3/13a
悟書記小稿序　廬齋集 12/11b
馬静山詩集序　齋山集 5/10a
三兄司封荊玉集後序　安陽集 22/4b
荊門集序　盤洲集 34/5a
誠齋荊溪集序　誠齋集 80/7b
草堂詩稿序　雪坡集 38/5b
畢憲父詩集序　豫章集 16/21a
晁元升集序　浮沚集 4/9b
昭德晁公文集序劉光祖撰　蜀文輯存 70/13b
晁君成詩集引　蘇東坡全集 24/7a
晁伯咎詩集序　渭南集 14/10b
陸象翁候鳴吟編序　秋聲集 5/5a
師伯渾文集序　渭南集 14/9a
徐公文集後序　徐公集/後序 9a　元獻遺文/補編 1/ 14a
徐先薹集序　後村集 96/13b
給事徐侍郎先集序　徐文惠稿/附録 8a
玉笥山道士徐師瀛詩集序　黃氏日鈔 90/9b
徐斯遠文集序　水心集 12/11b
徐逸平集序　蒙齋集 11/7a
徐壽卿集序　文定集 9/2a
殷陽集序　學易集 6/8b
桑澤卿詩集序　龍川集 14/5b　赤城集 17/10b
書意集序　演山集 21/2a
退文序　雪山集 5/6b
李泰伯退居類稿序　龍學集 8/4a
陳傳正退居類稿序　净德集 13/3a
李氏退居類稿序李覯撰　宋文鑑 89/5b
退庵集序　後村集 94/7a
孫工部詩集序　武溪集 3/2b
定齋居士孫正之文集序　誠齋集 82/8a
孫次皋詩集序　桐江集 1/25a
孫容莊甲稿序　文山集 9/26b
孫穪仲文集序　朱文公集 76/28a

十 一 畫

清江集後序　王雙溪集 3/16a
故相國龐公清風集晏後序　傅家集 69/4a　司馬溫公集 65/13b
清真先生文集序　宋本攻媿集 48/16b　攻媿集 51/

16a
胡氏清雅詩集序　潜齋集 7/8b
清源文集序　雲莊集 7/8a
清源文集序　真西山集 27/3b
清溪吟課序　潜齋集 5/1b
清隱丙稿序　竹坡稿 1/16a
净德集序馬麒撰　净德集/序 1a　蜀文輯存 61/10b
淮海罙音序程公許撰　蜀文輯存 83/6a
淮海閒居集序　淮海集/後 6/5b
淮海叢編集序　景文集/拾遺 15/4b
〔淮海叢編集〕序　四庫拾遺 16/景文集
吳尚賢漁礬腔語序　桐江集 1/25b
吳尚賢漁礬續語序　桐江集 1/26a
梁溪先生文集序　梁溪集/卷首陳序 1a
梁溪先生文集序　梁溪集/卷首末序 1a
新開寇萊公詩集序　忠愍集/序 14a
再開萊公詩集後序　忠愍集/後序 89a
寇參軍集序　後山集 13/6a
寄庵曶嘯序　拙軒集 5/14a
章安詩集序　演山集 21/11a
許大方詩集序　張右史集 51/16a
許昌詩集序　乖崖集 8/序 4a
許進道文編序　碧梧集 12/2a
雪山集序　雪山集/序 1a
蓬東叔雪林稿序　雪坡集 37/9a
雪坡姚舍人文集序文及翁撰　雪坡集/序 2a　蜀文輯存 94/22a
雪坡集序　雪坡集/序 1a
張良臣雪窗集序　益國文忠集 54/10b　益公集 54/124a
雪巢小集序　尤梁溪稿 2/7b　赤城集 17/4b
雪巢小集後序　誠齋集 81/7b　赤城集 17/5b
雪巢詩集序　宋本攻媿集 49/20a　攻媿集 52/19a
雪蓬稿自序　雪蓬稿 1/1a
雪磯叢稿自序　雪磯稿/自序 1a
雪磯叢稿序　雪磯稿/序 1a
郴江百詠序　郴江百詠/序 1a
都官集序　都官集/序 1a
山谷精華録序馮方撰　蜀文輯存 54/16b
薌室史氏註山谷外集詩序　豫章集/山谷/外集序 1a
黃太史文集序　鶴山集 53/5a
注黃詩外集序　鶴山集 55/10b
豫章外集詩注序　平齋集 10/4a

〔黄庭堅豫章集〕序　四庫拾遺 634/紫微集

〔豫章集〕序　四庫拾遺 232/唯室集

婺源黄山中吟卷序　桐江集 1/30b

黄子耕文集序　水心集 12/9a

黄西坡文集序　勉齋集 21/9a

黄西坡文集序　昌谷集 14/18b

黄御史集序　誠齋集 79/1a

梅南詩稿序　佩韋集 11/8a

梅聖俞別集序　渭南集 15/3b

梅聖俞詩集序　歐陽文忠集 42/10b　宋文選 2/12a

梅澗吟稿序　雪坡集 37/10a

曹東圃集序　後村集 98/4a

揚州盛忠齋吟稿序　蛟峰集 8/2b

盛童子遺稿序　佩韋集 12/2a

披垣類稿序　益國文忠集 94/卷首 1a　益公集 94/序 1a

挂笻集序　牟陵陽集 13/10b

捌膝先生文集序劉光祖撰　蜀文輯存 70/13b

悼仟丹山頌集序　無文印集 9/4b

伍氏野舟清嘯集序　牧萊睦語/二稿 7/3a

野谷集序　後村集 94/9a

唯室集序　唯室集/序 1a

晚覺翁稿序　後村集 97/3b

崇福集序　嵩山集 17/20a

歐陽伯威腆辭集序　誠齋集 77/6a

左街僧錄通惠大師文集序　小畜集 20/7b

張文叔文集序　元豐稿 13/8a

張文靖公文集序　益國文忠集 54/14a　益公集 54/ 128b

張氏子集序　徐公集 23/7b

張史君詩詞集序　江湖集 23/19a

張安國詩集序　南澗稿 14/8a

張竹山文稿序　牟陵陽集 13/11b

張仲實詩稿序　牟陵陽集 12/8b

張尚書集序　後村集 94/11a

張承宣詩集序　洛水集 12/10b

張彦正文集序　益國文忠集 20/9a　益公集 20/84b

張昭州集序　後村集 95/3b

張澤民詩集序　桐江集 1/11b

陳子寬詩集序　盧齋集 12/9b

天台陳方叔詩集序　本堂集 38/2a

陳天定漫稿序　後村集 97/3a

觀文殿學士知樞密院事陳公文集序　水心集 12/22a

陳少陽文集序　鶴山集 54/18b　陳修撰集/序 1a

陳正獻公詩集序　鶴山集 54/3a

陳去非詩集序　丹陽集 8/4b

陳可齋文集序　可齋稿/續後 12/1a

陳西軒集序　盧齋集 12/4b

陳長翁文集序　渭南集 15/18b　江湖集/序 1a

陳忠肅公文集序　文定集 9/1a

陳侍郎文集序　鶴林集 36/6b

古靈陳述古文集序　梁溪集 138/10a

陳省副集序　清南集 6/29b

陳商老詩集序　演山集 21/12a

陳都官文集後序　宋本攻媿集 48/15a　攻媿集 51/ 14b　都官集/序 3a

陳晞顏和簡齋詩集序　誠齋集 79/3a

陳晞顏詩集序　誠齋集 78/6b

陳敬夐集序　後村集 94/4b

陳舜民詩集序　冀齋集 8/2a

陳殿院集序　瀑園集 8/6b

陳藏一後集序　黄氏日鈔 90/5a

十 二 畫

渡江集序　宗伯集 18/10b

游受齋集序　後村集 98/6b

吳康肅公帝湖山集並奏議序　益國文忠集 55/1b 益公集 55/134b　湖山集/序 1a

富修仲家集序　南澗稿 14/7a

詩癖符序　宋本攻媿集 49/10b　攻媿集 52/10a

詞科舊稿自序　益國文忠集 91/卷首

尊白堂集序　尊白堂集/1a

程洵尊德性齋小集序　益國文忠集 54/6a　益公集 54/118b　尊德集/序 2a

安岳馮公太師文集序劉光祖撰　蜀文輯存 70/16b

馮氏家集前序　小畜集 20/3a

馮伯田詩集序　桐江集 1/15a

馮亞詩集序　傳家集 69/6a　司馬溫公集 64/8a

曾公卷文集序　鴻慶集 31/8b　孫尚書集 33/12b

曾空青文集序　碧梧集 12/1a

曾季章家集序　須溪集 6/32a

曾南夫提舉文集序　益國文忠集 52/12b　益公集 52/93a

南豐曾先生文集序王震撰　曾南豐集/卷首 1a　宋 文鑑 90/13b

先大夫(曾致堯)集後序　元豐稿 12/2a

曾裘父詩集序　渭南集 15/14b

雲太虛四六序　無文印集 8/1a

雲安集序　渭南集 14/4a

温州磊從事雲堂集序　武夷新集 7/1a

雲莊先生文集序　雲莊集/卷首序 2/1a

雲莊集序　曾雲莊集/卷首 1a

史少弼雲莊集序　鶴山集 52/9b

雲巢詩序　雲集集/附錄(三沈集 8/75a)

雲溪居士集序　雲溪集/序 1a

雲龠李公文集序　朱文公集 76/25a

彭仲珍吟稿序　雪坡集 37/13b

極目亭詩集序　南澗稿 14/4a

誠齋朝天詩集序　誠齋集 80/10a

誠齋朝天續集序　誠齋集 81/3a

揚州集序　淮海集 39/3b

致堂先生胡公斐然集序　鶴山集 55/8b

華陽老人文集序　張華陽集/前序 1a

〔華陽集〕序許光疑撰　四庫拾遺 35/華陽集

貴德詩序　潛齋集 3/19a

楊濟道純齋集序　鶴山集 53/14b

欽德載閒道集序　黃氏日鈔 90/7b

舒平甫文集序　本堂集 37/1a

舒閬風文集序　閬風集/序 1a

無爲集序　無爲集/序 1a

〔無爲集〕序　四庫拾遺 215/相山集

〔無爲〕別集序　四庫拾遺 216/相山集

程斗山吟稿序　桐江集 1/27a

程允夫集序　王雙溪集 3/28a

程致道集序　建康集 3/14b

焦尾集序　南澗稿 14/2a

傅忠肅公家文集序　傅忠肅集/卷首序 1a　益國文忠集 52/1a　益公集 52/82a

傅景裴文編序　真西山集 27/8a

傅給事外制集序　渭南集 15/9b

傅樞密文集序　真西山集 27/16b

順寧文集序　誠齋集 81/9b

王侍郎旺復齋詩集序　鶴山集 54/14a

象山先生文集序　絜齋集 8/2a　象山集/序 4b

象山先生集序　慈湖遺書/補編 1a　象山集/序 6a

强幾聖文集序　曾南豐集 21/1b　元豐稿 12/9a　祠部集/原序 1a

費先生詩集序　丹淵集 25/8b

巽巖集序　水心集 12/7b

賀方回詩集序　程北山集 15/5b　新安文獻 17/6a

十 三 畫

溪師詩集敍　竹坡稿 1/12a

溪堂文集序　太倉集 51/6a

滄州麈缶編自序　麈缶編/序 1a

滄州麈缶編序　麈缶編/序 3a

新秦集序　臨川集 84/4a

新集玉堂詩序　洛水集 12/13a

詩境集序　後村集 97/13b

誠齋集序　誠齋集/序 1

茶山誠齋詩選序　後村集 97/15b

義師求寄閑詩集序　竹坡稿 1/11b

義豐集序　義豐集 1/1a

禘正書序　朱文公集 75/1b

達齋先生文集序　誠齋集 79/10a

錢塘勸上人詩集敍　蘇東坡全集 24/5b

楊希旦文集序　龜山集 25/14b

楊初薹詩卷序　桐江集 1/27b

楊彥侯集序　後村集 97/14b

楊謹仲詩集序　益國文忠集 52/11a　益公集 52/94a

霍和卿當世急務序　誠齋集 81/1b

葉堅渡筆義序　秋聲集 5/9a

葛聖功文集序　瀛奎集 15/22a

葛敏修聖功文集後序　益國文忠集 20/3b　益公集 20/78a

鄱陽董仲先詩集序　洛水集 12/9b

敬上人集序　巽齋集 10/15b

李去非愚言序　誠齋集 78/5b

張子厚睦州唱和集序　宗伯集 13/7b

鄞溪集序　鄞溪集/序 1a

陸子履嵩山集序　益國文忠集 53/1a　益公集 53/99a

嵩山集原序　嵩山居士集/卷首 1a

會稽送行詩集序　竹坡稿 1/6b

頌古集序　雪竇集/頌古 1a

筠溪文集序　宋本攻媿集 49/7a　攻媿集 52/7a　筠溪集/序 1a

節孝先生文集序　節孝集/序 1a

道卿鄒公文集序　梁溪集 138/5b　道鄉集/舊序 1a

暮公贈行集序　武夷新集 7/7b

暮玉詩集序　益國文忠集 52/9a　益公集 52/92a

隱軒先生文集序　寶晉集 3/17b

十 四 畫

漫塘文集前序　漫塘集/序 1a

王推官洋漫齋文集序　益國文忠集 52/12a　益公集 52/95a

潘聖功詩集序　抽軒集 5/15a

適齋詩稿序　雪坡集 37/10b

適齋續稿序　雪坡集 38/4b

褒賢集序　西臺集 6/13b

鄭中隱詩集序　霽山集 5/13a

安晚先生丞相鄭公文集序　廬齋集 12/1a

鄭屯田賦集序　宋本攻媿集 50/18a　攻媿集 53/17b

鄭雲我存稿序　四如集 2/4a

瑩玉硐詩集序　無文印集 8/3a

樗曼詩集序　王雙溪集 3/32b

横江雜稿序　清正稿 5/20a

歐陽文忠公別集後序　姑溪集/後 15/1a

歐陽文忠公集後序　益國文忠集 52/4b　益公集 52/ 86b

裴夢得注歐陽公詩集序　鶴山集 54/4b

頤堂集序　漫塘集 19/20a

頤菴詩稿序　誠齋集 83/2b

播芳集序　水心集 12/24b

穎川詩集叙　道鄉集 27/16b

蓮峰集自序　蓮峰集/序 1a

蓮峰集序　蓮峰集/序 1a　蜀文輯存 92/4b

蔡端明文集序　梅溪集/後 27/3b　蔡忠惠集/卷首/序 1a

施少才蓬户甲稿後序　誠齋集 77/1a

蝶軒稿序　閑風集 10/10b

閲古叢編序　樂圃稿 7/5b

閩靜老人文集序　鶴山集 53/18b

宋同年劍池編序　景文集 45/15b

放翁劍南集序　牧萊脞語 7/17b

黎恰菴詩集序　玉嶋稿 9/3a

柴史君德政詩集序　洛水集 12/8b

劉山立論稿序　覺齋集 7/13a

廣陵劉生賦集序　徐公集 23/10a

劉次莊考古樂府序　須溪集 6/31a

清溪劉武忠公詩集序　覃齋集 8/1a

劉尚書集序　後村集 95/16b

劉清文文集序　鶴林集 36/5a

劉药莊詩集序　秋聲集 5/3b

滕元秀詩集序　桐江集 1/9b

樂全先生文集叙　蘇東坡全集 24/12b

樂府詩集序　演山集 21/3a

樂軒集序　後村集 95/6a

樂圃餘稿序　樂圃稿/序 1a

攀芳集序　牧萊脞語/二稿 5/12b

韶雪屋詩集序　無文印集 8/3b

沈宏甫齊瑟録序　鶴林集 36/4a

廖氏文集序　歐陽文忠集 43/3b

進士廖生集序　徐公集 23/9a

梓裝集序　水心集 12/5a

精騎集序　淮海集/後 6/10a

趙大資與法雲長老唱和集序　蘇魏公集 67/7b

趙史君詩集序　洛水集 12/13a

趙司戎詩集序　清正稿 5/20b

趙竹潭詩集序　雜齋文編 3/2a

趙秘閣文集序　渭南集 14/15b

趙帥幹在營吟集序　秋聲集 5/15a

趙清獻公集序　清獻集/序 1a

趙清獻公集叙　清獻集/叙 1a

趙朝議丙寅南正文稿序　傳家集 69/5b　司司温公集 65/16a

趙賓暘詩集序　桐江集 1/13b

趙韓王遺稿序李義撰　蜀文輯存 53/8a

嘉祐集序　石門禪 23/8a

威德軍節度使嘉國公詩集序　嵩山集 17/25b

盧申之蒲江詩稿序　燭湖集 10/3a

胡德輝蒼梧集序　誠齋集 79/6a

錢氏箋裝集序　苕溪集 24/5a

薫峰集序　斐然集 19/20b

僧一山魁松江詩集序　桐江集 1/32b

翠庭詩集序　潛齋集 5/17b

網山月魚先生文集序　廬齋集 12/14b　網山集/序 1a

網山集序　後村集 95/5a　網山集/序 1a

緑淨文集序　王雙溪集 3/34b

韓戴叔障東集序　黄氏日鈔 90/6b

十 五 畫

澈溪居士文集序　益國文忠集 54/1a　益公集 54/113a

澈溪居士文集後序　誠齋集 83/3b

潛仲剛詩集序　無文印集 8/2b

潛洲嚴闘梨文集序　梅溪集/前 17/3a

測谷集序　測谷集/序 1a

潘大臨文集序　張右史集 51/10a

金華潘公文集序　朱文公集 76/16a

十 六 畫

滄庵先生文集序　誠齋集 82/13a　滄庵集/序 1a

龍川集序　水心集 12/5b　龍川集/序 1a

龍洲道人文集序　龍洲集/卷首 1a

龍湖遺稿序　誠齋集 82/15b

龍雲先生文集序　益國文忠集 55/5a　益公集 55/ 138b　龍雲集/序 1a

謀垣存稿序　安陽集 22/1a

靜退居士文集序　宋本攻媿集 49/6a　攻媿集 52/6a

靜齋迁論序　宋本攻媿集 49/21a　攻媿集 52/20a

橤林集序　芸庵稿 6/9b

蔣定叔橤吟集序　本堂集 37/6b

樵居集序　鴻慶集 31/5b

胡文卿樵隱詩稿序　煳湖集 10/2a

橘林詩集序　無文印集 8/1b

宋職方憂餘集序　武溪集 3/9b

盧溪先生文集序　盧溪集/序 1a

盧溪先生文集序　盧溪集/序 4a

盧溪先生文集序　誠齋集 80/1a　盧溪集/序 6a

鄰林居士文集序　宋本攻媿集 49/1a　攻媿集 52/1a

默堂先生文集序　誠齋集 79/4b　默堂集/序 3a

默堂集序　默堂集/序 1a

游誠之默齋集序　鶴山集 54/17a

曉山烏衣圻南集序　桐江集 1/29a

曉山吟卷序　桐江集 1/40a

王塑儒珍集序　碧梧集 12/7b

錢竹深吟稿序　秋聲集 5/2b

賃窗續集序　赤城集 17/12b

鮑子壽詩集序　桐江集 1/33a

鮑吏部集序　浮溪集 17/7b

龜溪集序　龜溪集/敘 1a

沈忠敏公龜溪集序　龜溪集/序 1a

隨隱詩集序　黃氏日鈔 90/5b

十 七 畫

王氏濟美集序　益國文忠集 54/15a　益公集 54/129b

［濟南月嚴集］序（李之儀）　四庫拾遺 566/濟南集

孫尚書鴻慶集序　益國文忠集 53/3b　益公集 53/ 102b　鴻慶集/序 1a　孫尚書集/卷末

鴻慶集後序　鴻慶集/後序 1a

謝幼槃文集序　幼槃集/序 1a

謝東莊詩集序　秋聲集 5/11a

謝景思集序　水心集 12/11a

謝疊山文集序　石堂集 13/7a

謝監廟文集序　朱文公集 76/14b

應齋雜著序　誠齋集 83/6a

燭湖集序　燭湖集/序 1a

燭湖集原序　燭湖集/序 2a

環溪文集序　宋本攻媿集 49/12a　攻媿集 52/11b

顏仲奎擊缶集序　牧萊脞語/二稿 5/13b

伊川擊壤集序　擊壤集 1/1a

邵氏擊壤集序　鶴山集 52/1a

王石澗臨清詩稿序　潛齋集 10/16a

臨齋遺文序　真西山集 27/15a

詳註韓文引杜莘老撰　蜀文輯存 50/15b

韓文考異序　朱文公集 76/29a

書韓文考異前　朱文公集 76/30a

彭文蔚補注韓文序　誠齋集 80/3b

彭石庭韓文覽序　巽齋集 12/4b

詳註昌黎先生文集序文讜撰　蜀文輯存 65/3b

昌黎先生文集後序蘇渦撰　蜀文輯存 26/4b

昌黎集後序　河東集 11/3a

韓氏家集序　安陽集 22/3a

忠獻韓魏王別録序　安陽集/別録/序 1a

故樞密直學士薛公諱田詩集序　傅家集 69/4b 司馬溫公集 65/15a

薛經仲詩集序　嵩山居士集 47/8a

薛簡肅公文集序　歐陽文忠集 44/6a

樊巷居士文集序　宋本攻媿集 49/18a　攻媿集 52/ 17b

繆淡圃詩文序　牟陵陽集 13/6b

十 八 畫

濂泉集序　雪寶集/濂泉 1a

顏魯公文集序　公是集 34/5b

覆瓿集序　水心集 12/11a

斛叔用詩集序喻汝礪撰　蜀文輯存 47/13b

雞肋集自序　雞肋集/序 1a

雙桂老人詩集後序　誠齋集 78/12a

雙峰猥稿自序　雙峰稿/卷首 7b

雙峰猥稿序　雙峰稿/卷末 1a

番易王養正雙嵓集序　鶴山集 54/17b

歸愚翁文序　水心集 12/14a

歸愚集序　歸愚集/序 1a

十九畫

汪斗山識梅吟稿序　桐江集 1/28b

羅袁州文集序　水心集 12/22b

羅豫章文集原序　羅豫章集/卷首 1a

羅濟川詩集序　潛齋集 6/12a

贊府兄詩稿序　雪坡集 37/3a

嫩窗詩稿序錢穀　平齋集 10/9a

二十畫

寶晉英光集序　寶晉英光集/序 1a

觀音集序　道鄉集 28/8b

獻醜集自序　獻醜集/1a

蘆川歸來集序　蘆川集/卷首 1/1a

重刊蘇文忠公詩序　疊山集 6/9a

百家註東坡先生詩序趙夔撰　蜀文輯存 62/13b

施司諫註東坡詩序　渭南集 15/1a

程氏東坡詩譜序　鶴山集 51/1a

蘇氏文集序　歐陽文忠集 41/8b

蘇魏公文集後序　益國文忠集 20/8b　益公集 20/84a

蘇魏公集序　浮溪集 17/4b　蘇魏公集/卷首 2a

嚴陵集序　嚴陵集/序 1a

鐔津文集序　鐔津集 22/1a

鐔津文集序　鐔津集 22/5b

釋秘演詩集序　歐陽文忠集 41/2b

釋惟儼文集序　歐陽文忠集 41/3b

杜南谷籌峰真率録序　牟陵陽集 12/4a

張穆之觸鱗集序　鶴助集 34/3b

二十一畫

灌園集序　灌園集/序 1a

〔灌園集〕序崔組撰　四庫拾遺 173/灌園集

瀟灑集序　蛟峰集 8/1b

汪復心瀟灑集序　潛齋集 5/19b

顧伯玉文稿序　牟陵陽集 12/1a

顧近仁詩集序　齊山集 5/12a

鶴山文集序　退庵稿/下 1a　鶴山集/卷首

魏鶴山文集後序　覆齋集 3/2b　鶴山集/後序 1a

存齋覽古詩斷序　誠齋集 82/16b

譽德集序　緣督集 3/9a

蠟展集序　伯牙琴 1/30a

鐵菴遺稿序　後村集 95/15b

續荊玉集序　碧梧集 12/6b

二十二畫

游忠公仲鴻鑑虛集序　鶴山集 56/6a

游忠公鑑虛集序　文溪稿 3/4a

鑵溪老人集序　王雙溪集 3/5b

二十四畫

瀷陵文集序　潛庵集 15/19a

蘞齋鉛刀編序　鉛刀編/卷首 1a

鑢堂先生楊公文集序　誠齋集 78/1a

3. 總集類

二江先生文集序馬涓撰　蜀藝文志 31/9b

二馮先生集序何惠固撰　蜀文輯存 95/1a

二薛先生文集序　齊山集 5/5a

臨江軍三孔文集序　益國文忠集 53/3a　益公集 53/ 101b

三洪制稿序　鶴山集 51/7a

三洪詩序　後村集 95/9b

文林啓秀序　嵩山集 17/21b

文苑英華序　益國文忠集 55/5b　益公集 55/139b

文鑑注釋序　黃氏日鈔 90/7a

中興五七言絕句序　後村集 94/19a

中興絕句續選序　後村集 97/6a

分陽諸公感遇詩集序　潛齋集 7/17b

本朝五七言絕句序　後村集 94/18b

本朝絕句續選序　後村集 97/5b

迂齋標註古文序　後村集 96/3b

古今歲時雜詠序蒲積中撰　蜀文輯存 61/14a

古今諸家樂府序　太倉集 51/4a

江西宗派詩序　誠齋集 79/11a

江西詩派總序　後村集 95/7a

江西續派二曾居士詩集序　誠齋集 83/8b

成都文類序　東塘集 18/14a　蜀藝文志 30/19b

續成都古今集記序王剛中撰　蜀藝文志 30/17b

名苑序　傅家集 68/7a　司馬温公集 64/3b

赤城集序　赤城集/前序 1a

李氏棣華酬唱集序　漫塘集 19/10a

東皐唱和集序　鶴林集 36/8a

東皐唱和集後序　鶴林集 36/9a

花溪唱和集後序　錢塘集 17/12a

舍人林公時雋集句後序　筠溪集 22/8b

洛陽耆英會序　傅家集 68/9b　司馬温公集 65/9b　山

右石刻編 14/29a

宣城總集序　廎齋集 3/1a

皇朝文鑑序　益國文忠集 110/12b　益公集 104/114b

萬首唐人絶句詩序　洪文敏集 5/8a

唐三百家文粹序劉光祖撰　蜀文輯存 70/15a

唐五七言絶句序　後村集 94/18a

唐百家詩選序　臨川集 84/7b

厲瑞甫唐宋百袖集序　牟陵陽集 12/10b

唐詩序　牧萊睦語 7/23b

贊隱唐詩絶句序　梅巖集 3/13b

〔唐詩選序〕　四庫拾遺 509/養吾齋集

唐絶句續選序　後村集 97/5a

梁文選序　靈巖集 3/5b

國朝二百家名賢文粹序王楠撰　蜀文輯存 78/4b

朝賢送定惠大師詩序　范文正集 6/7a

朝賢送寶珪詩序　武溪集 3/6b

朝賢贈行詩總序　武溪集 3/4a

發遣三昧序　魯齋集 4/14b

滄洲漁唱集序　雪坡集 38/4a

新安廣録序　竹坡稿 1/14a

新安廣録續集序　竹坡稿 1/19a

詩集大成序　在軒集/1a

楚風序　無爲集 9/5b

歳時雜詠詩序　四庫拾遺 72/西臺集

續歳時雜詠序　鶴助集 34/13b

睦州詩派序　嗜愛集 10/8b

章工樂府序　客亭稿 7/13b

廣平公唱和集序　武夷新集 7/10a

淳溪嘯倡序　北礀集 5/10a

諸家詩集序　演山集 21/6b

諸公送蘇屯田詩序　武溪集 3/5a

諸朝賢寄題洪州義門胡氏華林書齋序　小畜集 19/18a

李氏賦篇序　巽齋集 8/11a

翰墨全書序　勿軒集 1/7a

蘇州四瑞聯句詩序崔端撰　吳都續文粹 10/12b

觀瀾集前序　抽齋集 16/8a

觀瀾集後序　抽齋集 16/8b

4. 詩文評類

名僧詩話序　桐江集 1/18a

唐詩紀事序許有功撰　蜀文輯存 63/16a

詩話總龜序　郴江百詠/輯補 4a

碧雞漫志序王灼撰　蜀文輯存 63/9a

賦林衡鑑序　范文正集/別 4/2a

霧隱賦則序　客亭稿 7/14b

韻語陽秋序　歸愚集/補遺 7b

辭學指南序　四明文獻集 6/21b

5. 詞曲類

山中白雲序　閩風集/補遺 2a

王昭君辭序　竹坡稿 1/16b　新安文獻 18/8a

元韓攻日本敗北歌序　心史/上 63a

月石硯屏歌序　歐陽文忠集 65/6b

西巖漁歌序　牧萊睦語/二稿 5/1a

辛稼軒詞序　須溪集 6/9a

求定齋詩餘序　宋本攻媿集 49/27a　攻媿集 52/26a

東川節度歌〔並〕序　四庫拾遺 418/滄州塵缶編

長短句序　渭南集 14/12a

知稼翁詞序　抄本錄署集 17/20a　知稼翁集/詞序 1a

金匱歌序　文山集 9/28a

胡汲古樂府序　霽山集 5/2a

翁應星樂府序　後村集 97/4b

烏有編序　北山集 13/5b

徐大用樂府序　渭南集 14/12b

梅苑序黃大輿撰　蜀文輯存 48/18a

張叔夏詞集序　伯牙琴 1/30a

曾使君新詞序　赤城集 17/11a

雅歌序　魯齋集 5/2b

賀方回樂府序　張右史集 51/15b　宋文選 29/3b

詩餘序　王雙溪集 9/17a

詩餘序　方壺稿 1/6b

義靈廟迎享送神曲序　默齋稿/上 4b

奧屯提刑樂府序　佩韋集 10/9b

演山居士新詞序　演山集 20/10a

樞密宣撫相公樂府序　雪山集 5/1a

静寄樂府序　客亭稿 7/15a

騎牛歌後敍劉煥撰　三劉家集/12a

蘆川居士詞序　定齋集 13/2b

鶴山師友雅言序稅與權撰　蜀藝文志 31/14b

鶴山師友雅言序游似撰　蜀藝文志 31/13b

二、詩文圖序

一 畫

羅主簿一鶚詩序 文山集 9/31b

二 畫

二林詩序 後村集 95/10b

二林詩後序 後村集 98/15a

二謝詩序 後村集 95/10b

十六羅漢因果識見頌序 范文正集/別 4/1a

入朝感舊詩序 元憲集 13/10b

李氏九思翁詩序 牧萊脞語/二稿 6/16a

三 畫

三高堂詩序 程北山集 16/16b 吳郡文粹 3/33b

御製龍圖天章閣觀三聖御書詩序 華陽集 34/1a

三僧詩序 後村集 95/13b

三謙詩序 小畜集 19/2b

永州三巖詩序盧威攄 八瓊金石補 95/2a

上張觀文所業序 眉山集 14/8b

尚書宋公山居三十韻序 吳文肅集 12/1a

諸朝賢題朱氏小山詩序 樂全集 33/18b

四 畫

六老圖序 宋本攻媿集 50/1a 攻媿集 53/1a

文山詩序 潛齋集 5/7a

文勿齋詩序 潛齋集 5/18a

舒州新建文宣王廟碑序 徐公集 12/12b

方仁叟詩序 潛齋集 6/17a

方君節詩序 盧溪集 12/9a

方帥山判序 文溪集 3/2b

王子文詩序 後村集 94/15a

王木叔詩序 水心集 12/18a

王任詩序 閑風集 10/4a

尚書工部郎中太原王君詩序 四庫拾遺 5/元憲集

王梅谷詩序 潛齋集 7/1a

王參預詩後序 景文集/拾遺 15/8b

王煒翁詩序 潛齋集 7/7b

王與義詩序 後村集 96/1a

王蒙泉詩序 潛齋集 6/18a

王樵所詩序 潛齋集 5/6a

太清宮九詠序 范文正集 6/6b

不平鳴詩序 須溪集 6/4a

中書試詔臣僚和御製雪詩序 小畜集 19/1a

紹興中興上復古詩序 紫微集 1/7b

諸公留題王氏中隱堂詩序 元憲集 35/6b

介神廟詩碣有序 山右家墓文 15/15b

秋崖毛應父詩序 雪坡集 37/5a

仇仁父詩序 存雅稿 3/2a

贈尹氏子詩序 義豐集 1/33b

水木清華詩序 後村集 94/10b

五 畫

玉蕊花并序 四庫拾遺 164/雲溪集

甘圃詩序 灌園集 8/1a

北苑侍宴詩序 徐公集 18/6b

四絶堂分題詩序 石門禪 24/11a

四遠齋詩序 桐江集 1/31b

錢塘白廷詩序 本堂集 37/1b

白鷗詩盟序 潛齋集 5/1a

司馬公詩序 范忠宣集 10/5a

六 畫

黃元肇江山風月閣詩序 徐文惠稿 3/7b

江子之詩序 後村集 95/13b

汐社詩序 潛齋集 6/5a

西溪先生和陶詩序 誠齋集 80/2b

百一老詩序 閑風集 10/9b

徐貢士百梅詩序 後村集 98/13b

同年會諸詩序　古靈集 18/2b
録曾祖父(朱振)作詩後序　韋齋集 10/1a
睡庵與江玉汝往復帖序　黃氏日鈔 90/6a
竹亭詩序　鴻慶集 30/5a　孫尙書集 33/7a
杜學正竹處詩序　潛齋集 6/11a
竹溪詩序　後村集 94/14a
竹齋詩序　義豐集 1/44a

七　畫

汴都賦序　鶴助集 34/15a
沈次韓詩序　相山集 23/4b
汪斗山詩序　潛齋集 5/4b
汪君明詩序　蛟峰集 4/4b
汪信民詩序　後村集 95/13a
宋希仁詩序　後村集 97/10a
宋君異詩序　潛齋集 7/11b
宋梅堂詩序　潛齋集 6/15b
爲吟友序餞行詩　秋聲集 5/23b
代士友敍餞行詩序　秋聲集 5/21b
志隱堂詩序　柳江集 1/34b
孝先詩卷序　則堂集 2/34b
長沙李氏詩序　須溪集 6/2a
李希聲詩序　後村集 95/14a
李侍郎母夫人慶壽詩序　佩韋集 12/3b
李後林詩序　後村集 98/12b
李晉壽詩敍　方舟集 10/18b
李商老詩序　後村集 95/13b
宣城李虞部詩序　渭南集 15/13b
李瑞卿詩序　異齋集 12/8b
呂主簿詩序　洛水集 12/11b
呂紫微詩序　後村集 95/14a
吳下同年會詩並序跋龔頤正撰　八瓊金石補 116/18a
吳仲遠詩序　潛齋集 5/9b
吳愚隱詩序　潛齋集 7/2a
吳歸父詩序　後村集 96/11a
邑士和東平段約齋三詩序　本堂集 38/8a
余橘所詩序　潛齋集 7/16b
伴送北朝人使詩序　臨川集 84/7b
何梅境詩序　潛齋集 7/6a
姙(何)燁之詩序　潛齋集 5/21b
延真觀詩引　義豐集 1/31b
似刻老人正論序　誠齋集 79/8b

御製狄公祭文序　鄱溪集 14/7a

八　畫

法雲十詠詩敍　譚津集 12/8a
法喜堂詩敍　譚津集 12/9b
題宜春臺詩序　龍學集 8/7a
京口唱和序　渭南集 14/2b
京口唱酬詩卷序　漫塘集 19/10b
庚午省闈唱和詩序劉望之撰　蜀文輯存 55/11b
武夷圖序　朱文公集 76/28b
林子暴詩序　後村集 98/14a
林同孝詩序　後村集 96/2b
林同詩序　後村集 96/11b
永嘉林霽山詩序　潛齋集 5/10a
松聲詩序　須溪集 6/1a
東山集句詩序　王雙溪集 3/15a
東封聖製頌序　元獻道文/輯文 1a
東皋子詩序　恥堂稿 3/19a
東園十詠序　錢塘集 17/14a
花石詩十一章序　栟櫚集 1/1a
忠烈詩序　節孝集 1/1a
明義大師集菩薩戒稀磨文序　蘇魏公集 67/8a
題金山廟詩序　義豐集 1/39a
金玉詩序　潛齋集 5/3a
制科題目序李義撰　蜀文輯存 53/9b
和陶詩六首序　義豐集 1/8a
題方山翁牧歌樵唱詩序　潛齋集 7/19a
周月潭詩序　蛟峰集 4/8b
周會卿詩序　水心集 12/9b
邵西坡詩序　潛齋集 5/5a
邵梅間詩序　潛齋集 5/2a
姑蘇同年會詩序　范成大佚著 166-67　吳都鎭文粹 4/6b

九　畫

洮湖和梅詩序　誠齋集 79/7a
祥符御製爲君難爲臣不易論序　益國文忠集 92/14b　益公集 92/175a
僧祖信詩序　濱庵集 15/27a
神童劉少逸與時賢聯句詩序　小畜集/外 12/9a
御製春雪詩序　徐公集 18/1a
御製春雪詩後序　徐公集 18/3a
柳塘詩序　文溪集 3/6b

述夢詩序　范文正集 6/9b
南嶽唱酬序　南軒集 15/1a
胡仁叔詩序　須溪集 6/37a
胡汲古詩序　潛齋集 6/2b
胡柳塘詩序　潛齋集 6/3b
林明中持服詩序　西塘集 2/13b
英宗賜趙抃詔書序閻顥撰　蜀文輯存 17/15b
思亭詩序　灌圃集 7/13a
思軒詩序　曾南豐集 22/5a　元豐稿 12/10a
思耕亭序　恥堂稿 6/2b
續思顒詩序　歐陽文忠集 44/3b
思顒詩後序　歐陽文忠集 44/1a
俞竹屋詩序　潛齋集 5/9a
俞宜民詩序　閑風集 10/2a
秋風圖序　須溪集 6/39b
重陽詩卷序　存雅稿 3/3b
信庵詩序　後村集 97/17a
皇帝賜辟雍詔後序薛昂撰　兩浙金石志 7/12b
禹穴詩序　義豐集 1/28a
後山詩序　後村集 95/8a
省題詩序　覺齋集 10/6a
韋蘇州詩序　四庫拾遺 737/須溪集
竹境姚子康詩序　潛齋集 7/9b
諸公紀贈四謝詩序　龍雲集 24/1la
紀贈法智詩序　嵩山集 17/14a
諸公紀贈(范)子鎮詩序　演山集 19/2a
紀德緯詩序　佩韋集 10/6a

十　畫

録海人書後序　小畜集 14/8a
容齋燕集詩序　渭南集 14/1a
周子益訓蒙省題詩序　誠齋集 83/5b
高子勉詩序　後村集 95/13b
高郵貢院落成詩序　江湖集 23/20a
唐月心集句序　潛齋集 5/19a
唐月心詩序　牟陵陽集 13/13b
唐月心詩序　潛齋集 5/2b
唐異詩序　范文正集 6/12a
送人知宣州詩序　武夷新集 7/11a
分韻送王德愔詩序　止齋集 40/3b
送太子少保致仕李東之歸西京詩序　華陽集 34/4a
送田密學元均赴闕詩序　净德集 13/7b

送四十男翁東遊詩序　武夷新集 7/13b
送白廷玉如當塗詩序　桐江集 1/41b
送江秀才歸廬陵詩序　武溪集 3/12a
送刑部侍郎致仕李受歸廬山詩序　華陽集 34/5b
送朱郎中詩序　丹淵集 26/4a
集賢給事俞公送行詩序　文恭集 29/13b
林比部送行詩序　蔡忠惠集 26/11a
陳殿丞送行詩序　蔡忠惠集 26/12a
郭令送行詩序　丹淵集 25/9b
王卿送行詩序　嶽山集 25/18a
雍資州送行詩序　滄齋集 14/16a
吳通直送行詩敍　道鄉集 27/21b
呂望之送行詩敍　道鄉集 28/1a
送李少楊詩序　竹坡稿 1/3a
送佛陀恩歸雲門寺詩序　桐江集 1/50a
送杭州進士詩敍　東坡題跋 24/4a
送呼延參議入蜀調兵詩序方回撰　新安文獻 19/1a
送周公濟詩序　鶴津集 13/5b
送周感之入京詩敍　鶴津集 13/4b
送承制劉兼濟知原州詩序　景文集/拾遺 15/5b
張園送客分韻詩序　止齋集 40/7b
館閣諸公送胡正字詩序　洪文敏集 5/12b
送英州理掾詩序　景文集/拾遺 15/9b
送致政朱侍郎歸江陵唱和詩序　武夷新集 7/9a
送章子平詩敍　東坡題跋 24/2b
送郭公甫朝奉詩敍　鶴津集 13/2b
送張正言詩序　節孝集 8/3a
送張泌之畊陵詩序　武夷新集 7/17b
送陳原父詩序　北磵集 5/9a
送(陳)蕃曼弟赴江西撫幹分韻詩引　止齋集 40/10a
朝賢送陳職方詩序　郡溪集 14/10b
送程守詩序　節孝集 1/13a
送葉守行詩序　真西山集 29/28a
代李元善送葉伯奇之台州詩序　寶峰集 2/30a
辜公送潘君秘校赴頴上詩序　龍學集 8/2b
送駕部劉侯赴闕詩序　南陽集 1/12a
邑士送韓君美經歷解任詩序　本堂集 38/6b
送韓轉運赴闕詩序張命撰　蜀文輯存 24/10a
送關漕詩序　渭南集 14/3b
送贊善大夫陳翊致仕還鄉詩序　徐公集 19/3a

凌馭詩序　潛齋集 7/4b
恭靖先生家說序　漫塘集 19/12a
夏均父詩序　後村集 95/10a
破山八詠序劉極撰　吳都讀文粹 22/26b
晉公曳尾堂詩序　西塘集 2/13a
馬竹泉詩序　潛齋集 7/13a
柴讓山詩序　潛齋集 5/13a
晃叔用詩序　後村集 95/11a
時會堂詩序　公是集 34/6b
翁真卿詩序　潛齋集 7/6b
笑玉詩序　梅巖集 3/11b
師說序　尹和靖集 4/4b
徐冰壑詩序　潛齋集 6/10b
徐祥叔詩序　潛齋集 5/19b
徐師川詩序　後村集 95/9a
紙閣詩序　宋本攻媿集 49/24b　攻媿集 52/23b
孫雪窗詩序　彝齋文編 3/4a

十 一 畫

清江道院詩序　止堂集 10/3b
章文柔詩序　龍雲集 24/14a
呂先生許昌十詠後序　伐檀集/下 22b
應資深康樂園四詠詩序　相山集 23/4a
鹿鳴燕詩序（1－2）　淨德集 13/1a－2b
徐州鹿鳴燕賦詩敍　蘇東坡全集 24/9a
黃山谷詩序　後村集 95/7b
黃子厚詩序　朱文公集 76/31a
黃子厚詩後序　真西山集 28/11a
黃公灘詩序　義豐集 1/47a
黃帝秘文序　演山集 20/9a
黃紹谷詩序　徐文惠稿 3/7a
黃端可詩序　雪坡集 37/9b
梅林分韻詩序馮時行撰　蜀文輯存 46/12a
連伯正詩序　須溪集 6/6b
曹之才詩序　佩韋集 10/13a
曹少監詩序　洺水集 12/12b
曹說州詩序　淮海集 39/2a
苫嚴先生詩序　蛟峰集 4/6a
晞髮道人詩序　潛齋集 6/1a
釣磯懷古十章序　無爲集 7/4a
移石詩敍　鋼津集 12/7a
相國張公聽普印昕師彈琴詩序　景文集/拾遺 15/3b

張氏學古齋倡和詩序　牟陵陽集 12/12b
張石山戲筆序　秋聲集 5/7b
琳溪張兄詩序　潛齋集 7/10b
張刑部詩序　臨川集 84/9a
諸公寄題建州浦城縣清河張君所居池亭詩序　武夷新集 7/20a
張相公御賜飛白書並進歌答詔刻石序　景文集/拾遺 15/10a
輓陸君實輓詩序　龜城集/7a
陳一齋詩序　牟陵陽集 13/5a
陳古莊詩序　潛齋集 6/10a
陳生詩序　須溪集 6/38a
陳宏曼詩序　須溪集 6/39a
宮師陳相公留題羅浮山詩序　武溪集 3/1b
陳南齋詩序　秋聲集 5/17a
陳舜功詩序　異齋集 12/7b
陳儀仲詩序　閬風集 10/5a
費元甫陶靖節詩序　鶴山集 52/5b
題靖節先生祠詩序　義豐集 1/13a
巢鳳庭詩序　孫尙書集 34/3a

十 二 畫

遊大嶼山詩序　武溪集 1/10b
遊天衣詩序　梅溪集/後 27/1a
桂陽羅君遊太湖洞庭詩序　小畜集外/13/7a
遊鄂山詩序程顥撰　二程集（明道）38/2a
遊靈巖詩序鮮于侁撰　蜀文輯存 11/4a
湯王殿芝草詩序　山右石家墓文 18/1a
淵源堂十二詩序　梅溪集/前 17/8b
寓宅十詠序　桐江集 1/20b
童明甫詩序　潛齋集 7/1b
詠古詩序　真西山集 27/27b
韶臣僚和御製賞花詩序　小畜集 20/1a
雲壑詩序　江湖集 23/17b
琴所王濟君用詩序　潛齋集 5/20a
彭城太尉詩序　雲巢集 7（三沈集 8/5b）
吉州彭推官詩序　周元公集 3/2a
喜雨行詩序　紫微集 31/2b
答大覺道果詩序　演山集 19/7b
程因百詩序　濟南集 6/31a
程楚翁詩序　須溪集 6/7b
程漢翁詩序　豐山集 6/8a
集瑞圖序　淮海集 39/8a

順杞詩序　景文集 5/1a
順濟王敕書祝文刻石序　元豐稿 13/10b
道臻師畫墨竹序　豫章集 16/27b
尋真觀詩序　義豐集 1/31a
賀知無聞頌軸序　無文印集 9/4a

十 三 畫

滄浪會稽十詠序　桐江集 1/31a
滁州全椒縣寶林寺重修大殿碑後序　小畜集 17/4a
新田詩序　臨川集 38/2b
詩八珍序　太倉集 51/12a
詩意序　雪坡集 27/1a
義門和樂詩序　牟陵陽集 13/8b
福州社壇銘序　八瓊金石補 97/29b
瑞粟圖序　蛟峰集 8/1a
達觀堂詩序　渭南集 15/3a
紹興聖孝感通詩序　紫微集 1/14a
聖傳頌詩並序張本中撰　八瓊金石補 116/16b
代胡倉進聖德惠民詩序　義豐集 1/2a
楊公留題道卿上人棲真塔亭詩序　灌圃集 8/3a
楊信祖詩序　後村集 95/14a
賈仲穎詩序　後村集 94/10a
虞意求詩序　後村集 98/10b
葉朝瑞詩序　後村集 97/8b
葉謙甫唱和詩序　龍雲集 24/8a
葛元白詩序　佩韋集 11/5b
董宏父詩序　洛水集 12/12a
圓石詩序　演山集 22/11b
唐宰相薦萬會百官賦詩敘　傅忠肅集/下 33a
會稽唱和詩序　淮海集 39/4b
節婦邱母周氏詩序　桐江集 1/38a
傅法正宗定祖圖敘　鄮津集 12/1a
傅神程元振詩序　竹坡稿 1/3b
題微王大峽紀開府故跡詩序　紫微集 31/4a

十 四 畫

漢中興頌序　浪語集 30/30b
漢儒授經圖序　程北山集 15/6b 新安文獻 17/2－3b
吳鼎君實求古村煙草詩序　潛齋集 7/10a
齊州雜詩序　元豐稿 13/9b
陳公廣說病詩序　豫章集 16/25a
廣招後序　于湖集 15/1a

褐飲詩序程顥撰　二程集(伊川)48/2a
趙寺丞和陶詩序　後村集 94/16a
趙仲仁詩序　須溪集 6/3a
趙信之詩序　須溪集 6/4b
姪孫昭德遠遊詩序　潛齋集 5/15b
壽章運使詩序　性善稿 10/6b
清獻趙公壽瑩頌序　無爲集 9/6a
楊克一圖書序　張右史集 51/8a
種柳詩序　丹淵集 25/5b

十 五 畫

潘邵老詩序　後村集 95/9b
墓公送潘秘校赴穎上詩序　龍學集 8/2b
潘善甫詩序　牟陵陽集 14/2b
御製論大道文後序　摘文集 12/5a
題鄭松泉詩序　潛齋集 7/15b
鄭康道諸公詩序　松隱集 28/3a
歐氏塏植詩序　須溪集 6/5b
賞梅唱和詩序　丹淵集 25/6b
賦古調賀融堂先生赴召蘭臺十首序呂人龍撰　蜀阜存稿 3/119b
賦梅自序張巛撰　蜀文輯存 65/8b
篆畦詩序　閩風集 10/5b
稽古圖序　桐江集 1/31b
劉士元詩序　閩風集 10/1a
劉元高詩序　盧齋集 12/10b
劉玉淵詩序　雪坡集 37/7b
劉正仲和陶集序　閩風集 10/3a
劉竹閒詩序　牧萊睦語/二稿 6/12a
劉圻父詩序　後村集 94/3a
劉孚齋詩序　須溪集 6/37a
劉直之坡詩六帖敘　竹坡稿 1/20a
劉彥純和陶詩後序　益國文忠集 52/5b 益公集 52/ 87b
劉相岩詩序　覺齋集 12/16a
劉悅心詩序　佩韋集 12/3b
劉崑搏虎圖詩序　佩韋集 10/10b
鄧生詩序　徐公集 23/9a

十 六 畫

濳齋居士詩序　渭南集 15/8b
龍舒淨土文序　于湖集 15/1b
龍源普度紀勝詩序　齊山集 5/8b

龍興祥符戒壇院公韻詩序　佩韋集 11/10a
吳興歸安尉署凝碧堂詩序　樂全集 33/20a
興國僧房詩序　宗伯集 13/3b
錢肯堂詩序　潛齋集 7/13a
墓公餞集賢錢侍郎知大名府詩序　武夷新集 7/8a
衢州送行詩軸序　盧溪集 31/2b
豫亭詩序　灌園集 7/15a
選佛圖序　演山集 21/4b

十 七 畫

太子賓客謝公夢讀史詩序　范文正集 6/8a
謝氏詩序　歐陽文忠集 42/5b
謝君詠史詩序　龜山集 25/15a
禮部唱和詩序　歐陽文忠集 43/6b
曾太博臨川十二詩序　武溪集 3/6a
韓子蒼詩序　後村集 95/8b
韓毅伯詩序　王雙溪集 3/4b
韓隱君詩序　後村集 96/1b
擬解試策序　巽齋集 9/11a
擬漢高祖沛泗水亭碑銘序　浪語集 30/29a

十 八 畫

顏太初雜文序　傳家集 69/1a　司馬溫公集 64/2a
蕭禹道詩序　須溪集 6/36a
蕭庶子詩序　徐公集 18/10b
蕭道士詩序　雪坡集 37/11b
題大令保母帖詩序　龜城集/5b
題東林序　義豐集 1/15b
雙蓮圖詩序　佩韋集 11/1a
獵較詩序　臨川集 38/3a
獵會詩序　東坡題跋/續 8/4a

十 九 畫

廬山太平宮詩序　義豐集 1/47b
葛亞卿廬陵詩序　益國文忠集 20/2a　益公集 20/76a
懷樂安蔣公唱和詩序　淮海集 39/5a
懶翁詩序　王雙溪集 3/36a
贈司徒王公詩序　錢塘集 17/13b

贈武陵(巂)翁詩序　灌園集 8/7b
贈俊上人詩序　雪坡集 37/5b
贈浮屠元正師詩序　宗伯集 13/11b
贈寂照居士詩序　竹坡稿 1/2b
王內翰贈商雍龐主簿詩後序　傳家集 69/6b　司馬溫公集 64/11b
贈黃子真詩序　紫微集 31/8a
贈錢融堂詩序　蒙齋集 11/11b
羅文恭公文序　漫塘集 19/6a
宋貞士羅滄洲先生詩敍　羅滄洲集/序 1a

二 十 畫

獻詩賦序　無爲集 8/9a
雲安監勸學詩序王日翼撰　蜀文輯存 64/10a
蘇文定公遺言後序　益國文忠集 52/10a　益公集 52/93a
子瞻和陶淵明詩集引　樂城集/後 21/5b
蘇學士題敍朱長文撰　吳都續文粹 4/11b
題嚴陵釣台詩序　義豐集 1/27a
饒道士詩序　雪坡集 37/12b

二 十 一 畫

註鶴山先生渠陽詩序游似撰　蜀文輯存 79/14b
蘭亭詩序　義豐集 1/25a

二 十 二 畫

讀浯溪碑序　義豐集 1/24a
陳公輔聽雨亭詩序　牟陵陽集 13/9a
聽蛙序　後村集 97/11b

二 十 三 畫

林上舍體物賦料序　蛟峰集 4/8a

二 十 四 畫

靈谷詩序　臨川集 84/5a
鹽池詩序　山右石刻編 12/6a

二 十 五 畫

觀潮閣詩序　水心集 12/10a

三、贈 序

（一）有姓氏者

二 畫

送丁浦江序 傳家集 70/4b 司馬溫公集 64/9b
送丁珙序 曾南豐集 23/2a 元豐稿 14/9a
送丁謂序 小畜集 19/11b
贈丁潤父 象山集 20/7b
送刁君續序 景文集 45/9b
送刁桐廬序 徐公集 24/2a

三 畫

送上官知十序 小畜集 20/14a

四 畫

送文心之鈞臺山長序 牟陵陽集 12/8a
送清湘文元歸土溪序 鶴山集 54/12b
送文府公歸觀序張命撰 蜀文輯存 24/11b
送方元中序 鄞溪集 14/9a
送方生序 洛水集 12/16b
送方次山序 潛齋集 5/14b
送方希則序 歐陽文忠集 64/2b 宋文選 2/8b
送方伯載歸三山序 疊山集 5/3a
送方明父歸岳陽序 勉齋集 21/10b
送方耕道序 南軒集 15/7a
送方務德序 唯室集 2/6b
送方嘉謨判官序 鴻慶集 31/1b 孫尚書集 34/6a
送方犒春赴仙游簿序 樂軒集 5/6a
送王才臣赴秋試序 誠齋集 77/4b
送王山立序 文山集 9/38a
送王子欽歸龔子序 鴻慶集 31/1a 孫尚書集 34/5a
送王子載序 嵩山居士集 47/4a
送王井研序 跨鼇集 18/5a
送王元用謁故人序 綠暫集 3/5a
送王元均序 道鄉集 27/14b
送王中舍序 灌園集 8/15a
贈王介叔序 巽齋集 11/16b

送王公濟序 文定集 9/3a
觀物王氏序 牧萊壁語/二稿 7/18a
送王旦序 小畜集 19/12b
送王生序 公是集 25/4b
送王次卿之浙西序 太倉集 51/8a
贈王次點名與之序（1－2） 蒙齋集 11/17b－18a
贈相者王仲父序 清正稿 5/21b
送王仲敏山長之明道書院序 牟陵陽集 13/12b
送王仲寧秘丞謝叙 譚津集 13/3b
送王仲德序 龍川集 15/9b
贈王志叔序 蒙齋集 11/15b
送王抑之序 寶窗集 3/8b
送王希序 曾南豐集 23/3b 元豐稿 14/6a
送王希正序 蜀阜存稿 3/115a
送王秀才序 盤洲集 34/3a
贈王伯友名塤序 蒙齋集 11/14b
送王伯忠序 魯齋集 5/6a
送王伯時赴丞連江序 定齋稿 4/11b
送王君玉秀才序 西塘集 2/1b
贈課術王宗岩序 徐文惠稿 3/6b
送王性之序 嵩山集 17/38a
送王昌巽序 鶴林集 36/1a
送王使君序 字溪集 8/3a
送王狀元歸天台序 洛水集 12/14a
送王保義序 巽齋集 7/5b
爲長洲令自叙王禹偁撰 吳都續文粹/補遺上 18b
送柳州教授王俊父序 桐江集 1/47a
送王規方叔序 蘇學士集 13/12a
送海鹽王尉序 弁齋文編 3/2b
送益牧王密朝觀序張命撰 蜀藝文志 32/15a
送王國華歸東平序 佩韋集 11/4a
送王陶序 歐陽文忠集 42/7b 宋文選 2/10b
送王景文教授歸江西序 曾雲莊集 4/14b
送王舒序 公是集 25/1b
贈王復山人序 齋庵集 16/17a

送王勝之西歸序　蔡忠惠集 26/5a
送王勝之贊善　河南集 5/3a
送外弟王靖叙　蘇學士集 13/10a
送王聖紀赴扶風主簿序　歐陽文忠集 65/2b
甥言送王實齋守吳門　漫塘集 19/26b
送王察推序　真西山集 27/14a
送王粹中序　宋本攻媿集 50/16a　攻媿集 53/15b
送王壽朋歸雪川序　于湖集 15/3a
送王槐城序　覺齋集 9/1a
送王德父遠遊序　潛齋集 7/13b
送王綽赴選叙　蘇學士集 13/10b
送王顯叔主富陽簿序　漫塘集 19/2a
送王應夫序　佩韋集 11/9a
贈姪王犉卿序　王雙溪集 3/44b
送王觀復序　眉山集 27/7a
送井都運出峽序　北山集 13/3b
元太守得告南陽襄葬送行序　景文集/拾遺 15/2a
送元道宗秀才書(序)　武夷新集 7/16a
送太原秀才序　歐陽文忠集 65/4a
送牛子明序　佩韋集 10/11b
送牛文翔廬陵序　牧萊睦語 7/8a
送牛晃序　小畜集 19/15b
送毛元善序　象山集 20/1a
贈尹方亨入蜀序　須溪集 6/16b
送尹少稜序　南澗稿 14/27a
送水丘仙夫秀才序　蘇東坡全集/續 8/2b

五　畫

送左經臣序　橫塘集 18/1a
送古下北遊序　樂全集 34/14b
送石昌言使北引　嘉祐集 14/6a
送石尉序　北山集 5/1b
送田府公入觀序張俞撰　蜀文輯存 24/12a
送田承君叙　道鄉集 27/20b
送田畫秀山寧親萬州序　歐陽文忠集 42/4b
送田錫韓丕之任序　乘崖集 8/序 2b
送田疇惠叔序　竹坡稿 1/3b
送冉元老序　嵩山居士集 47/2b
送史吏部赴召序　應齋雜著 3/14b
送史炤赴邵州幕序　蔡忠惠集 26/8a
送史迭古序　道鄉集 27/16a
送史星官序　漫塘集 19/11b
送史縣尹朝京序　疊山集 6/1a

贈丘生別序　乘崖集 8/序 3b
送丘秀才序　王文公集 36/14a
送丘秀州宗卿序　龍川集 15/2a
送丘賢良序　蔡忠惠集 26/10a
送丘齋郎　河南集 5/7b
贈包進士序　蒙齋集 11/22a

六　畫

送江主一序　牧萊睦語/二稿 6/7b
送江任序　曾南豐集 23/1a　元豐稿 14/2a
送南平江守叔文序　真西山集 28/27b
送江翊黃序　小畜集 20/19a
送江參政赴召序　宮教集 6/9a
送江鄰幾出守同州序　韓南陽集 28/1b
送江鄰幾序　公是集 35/2b
送江靜之序　王雙溪集 3/2a
送江鵬解元赴省序　抄本緣督集 17/5b
送池師惠序　真西山集 29/26a
送宇文修撰序　跨鼇集 18/10b
送全永叔序　雲莊集 7/3a
送全永叔序　真西山集 29/3a
贈談命朱斗南序(1－2)　文山集 9/42b－43b
贈朱月窗序　覺齋集 9/6b
送朱生序　貞窗集 3/15b
送辰州朱守序　昌谷集 14/1b
送相士朱杞　文溪稿 12/9a
送朱景淵序　默齋稿/下 10a
送朱擇善序　真西山集 27/9a
答任子厚秀才序　抄本緣督集 17/9a
贈日者任君序　克齋集 9/9a
送任唐徵序　河南集 12/5a
上任德翁序　眉山集 27/8b
贈仰顧峰拆字序　文山集 9/46b
送向秘丞序　柯部集 33/10b
送學正牟元通序　牧萊睦語/二稿 5/4b

七　畫

宿靈佑觀謝沈君序　義豐集 1/18a
送沈定海序　宮教集 6/12a
送沈忠夫序　灌園集 8/13b
送沈明遠序　南澗稿 14/13b
送沈信臣序　南澗稿 14/26a
贈沈知甫名省曾序　蒙齋集 11/20b　定川遺書/附録 2/

20a

送汪守懷忠侍舉 知稼翁集 11/5a

送汪易數序 蜀阜存稿 3/105b

送汪制置序 濳齋集 14/6a

贈汪彦常 象山集 20/8a

送汪信民序 溪堂集 7/1a

送汪師魯序 桐江集 1/49a

送汪清之序 竹坡稿 1/10a

贈汪堅老 象山集 20/6b

送汪遂序 徐公集 24/3b

送野堂老人(宋子華)序 于湖集 15/4b

贈宋司獄序 須溪集 6/13b

送秘書丞宋君歸太學序 歐陽文忠集 43/1a

宋梅堂千人營後事序 濳齋集 6/16b

贈宋道士叙流 竹坡稿 1/2b

贈宋義甫序 巽齋集 11/5b

送宋節推序 江湖集 23/5a

送邢居實序 後山集 13/3b

送山人邢通序 樂全集 34/17b

送杜倡罷舉北歸序 景文集 45/11b

贈杜衍士序 文定集 19/6b

送杜然中序 龍雲集 25/3a

交說送杜漸 廣陵集 12/9b

送杜驥序 南陽集 5/9b

與四八姪序 濳軒集 5/13b

送李山長任撫州臨汝序 牧萊睦語/二稿 5/15b

送李子勉序 王著作集 3/4a

送李子儀序 傳家集 70/3a 司馬溫公集 64/6b

送李文老序 鶴助集 35/16b

送李公明序 傳家集 70/7a 司馬溫公集 65/1b

送李平叔序 南澗稿 14/16b

送李生序 盧溪集 57/4b

送李至之致仕歸清江序 宗伯集 13/2a

與內弟李休復序 武夷新集 7/12b

送李仲元寄超然序 石門禪 23/20a

送李仲明司户序 濳齋集 14/1a

贈李杞序 濳庵集 16/23a

送李秀才應陳州舉序 穆參軍集 2/14a

送李秀才歸泉南序 穆參軍集 2/11a

送李秀實序 南澗稿 14/14b

送李秀實序 文山集 9/41b

送李伯諫序 朱文公集 75/27a

送李林叔知柳州 元豐稿 14/4a

贈姪李松坡天瑞序 牟陵陽集 14/3b

送兄長之官洋川序 濳齋集 14/11b

神福山李長者像序 北湖集 5/2a

送李叔元序 巽齋集 11/4b

送李季通序 橫塘集 18/2b

送李侍禁序 河南集 5/2a

送李茂先之官南恩序 雲莊集 7/7a

送李茂先之官南恩序 真西山集 29/17b

送李泰叔序 陶山集 11/6a

送李清宇序 鉛刀編 25/1a

送醫李寅序 鶴助集 35/18b

送隨縣尉李康侯 河南集 5/5a

送李童子序 洛水集 12/15b

送李雲卿歸金精山序 巽齋集 11/9a

贈李堯舉序 朱文公集 75/13a

送李撰之推官序 傳家集 70/1b 司馬溫公集 64/4b

送李著作之官高郵序 臨川集 84/6b 王文公集 36/13b

贈李景雷序 濳齋集 5/4a

送盧陵李舜臣序 省齋集 4/22b

送李翼序 小畜集 19/16b

送李端叔赴定州序 張右史集 51/3a

贈李生談星序 須溪集 6/20a

贈李德遠 三餘集 4/9b

送李憲序 河東集 11/6b

張學士送李君觀南歸序 直講集/外集 3/1a

送李學士序 小畜集 20/16a

送集賢李學士員外知歙州序 武夷新集 7/14b

李學正遠遊序 濳齋集 7/12b

贈李醫序 蜀阜存稿 3/113a

贈筆工呂文質 攻媿集 79/8b

送呂公初序 穆參軍集 2/15a

送呂秘校序 蔡忠惠集 28/14b

送吳山人遠遊觀地理序 所南集/9a

送吴子正序 龜山集 25/1a

送吴子敬序 百正集 3/5a

序贈吳丹陽 四如集 2/16a

送吴允成運幹序 龍川集 15/10b

送吴必裕序 濳軒集 5/12b

送吴正夏序 真西山集 28/26b

送吴兄入京序 漫塘集 19/14b

贈吴安仲序名自 本堂集 57/7a

贈地理吳竹澗序 勿軒集 1/25a

送吴仲庶還豫章序　宗伯集 13/4b
送吴秀才歸汶上序　樂静集 7/11b
書贈吴定夫　漫塘集 19/25b
送吴定夫往慈湖　漫塘集 19/25a
送吴怡序　張右史集 51/6a　宋文選 29/1b
贈吴叔有　象山集 20/4b
送吴侍郎序　性善稿 9/13b
送同年吴昌卿之上元序　景文集/拾遺 15/1a
送吴教授秉信歸省序　梅溪集/前 17/1a
吴信之茶提舉序　牟陵陽集 13/10a
送卜者吴唐佐序　盧溪集 37/5a
送吴恭父知縣序　龍川集 15/5a
送渤海吴倩序　小畜集/外 13/2b
送吴規甫序　敝帚稿 3/8a
送吴教授序　于湖集 15/3b
送吴進士晞之序　洺水集 12/17b
送吴斯立序　真西山集 29/6b
送吴提幹叙　竹坡稿 1/5b
送吴進士序　洺水集 12/16a
送糾曹吴雍之官序　文溪集 3/12b
送吴夢授序　王雙溪集 3/17a
送吴翼萬庠赴省試序　梅溪集/前 17/7a
送吴顯道序　摛文集 12/6b
送吴□□釋褐西歸序游似撰　蜀文輯存 79/15a
送余山南序　牧萊脞語/二稿 5/6a
送循州余法掾仲宣之官序　文溪集 3/11b
贈篆字余焕序　真西山集 27/12a
送余疇若南豐掌學序　直講集 25/2b
送何才卿太守序　九華集 20/5b
送司門何公赴闕序　南陽集 5/8a
送何少卿序　澹齋集 19/9a
送何主簿序　灌園集 8/18a
贈何石厓姪孫序　潛齋集 7/14b
分陽何皆山序　潛齋集 5/11a
送學正何悦堂北行序　牧萊脞語/二稿 7/10a
送宜黄何尉序　象山集 20/2a
送思院(何景文)如杭問仕序　潛齋集 6/15a
何貴德遠遊序　潛齋集 6/16a
送何進孺序　浮沚集 4/16a
別玉笥何鍊師　漁墅稿 7/1a
送何龔父序　平齋集 10/1b

八　畫

送林子序　真西山集 29/25a
送林子柄序　水心集 12/15b
送林太淵赴安溪序　後村集 98/15b
與平陽林升卿謀葬父序　水心集 12/25a
送林成己序　默齋稿/下/9a
送(林)松存弟序　霽山集 5/6b
送林理齋序　四如集 2/17b
贈林梅所序　文山集 9/39a
送林野夫秀才歸潮陽叙　鐔津集 13/8a
送同年林嘉言序　知稼翁集 11/3b
送林德甫赴京學教授序　蒙齋集 11/1a
送林德祖序　竹隱集 13/7a
送林謙之序　九華集 20/2b
送卓漁之羅浮　後村集 96/5b
送明運使赴職益州序張俞撰　蜀文輯存 24/9a
送季商老下第序　浮沚集 4/10a
送岳大用序　定齋集 13/1b
送岳主管序　南軒集 15/5a
送周士元序　文溪集 3/10b
送周天驥序　真西山集 27/14a
送周屯田序　曾南豐集 23/3a　元豐稿 14/1b
送周允升序　省齋集 4/21b
贈周生序　篔窗集 3/16b
贈周生序　巽齋集 8/6a
送周希顏序　克齋集 9/8a
送安福周秀才序　省齋集 4/20b
送周知録之官序　真西山集 28/18a
贈周秋陽序　須溪集 6/15a
送周術士序　澹軒集 5/1a
送周湜下第歸寧序　南陽集 5/10b
送周感之秘書南還叙　鐔津集 13/6b
別周廣文序　江湖集 23/15a
送周夢授序　三餘集 4/7b
贈周儀之入燕序　須溪集 6/21b
送屈用誠序　嵩山集 17/36b
送邵公緝還鄉序　筠溪集 22/5b
送邵秀才序　祠部集 33/10a
送邵淑　文溪稿 12/7a
送邵尉序　幼槃集 8/5b
送邵通直序　東堂集 10/1a
送邵賢良序　公是集 35/6b

送邵魯子序　漫塘集 19/16a
勸學贈孟錫扶揚　豫章集 20/18a
送孟翱宰宜君序　傳家集 70/4b　司馬溫公集 64/8b

九　畫

送安定書院洪山長序方回撰　新安文獻 19/1b
送江油使君司令洪公赴召四川制屬項公入侯
　班引序　庸伍編 13/20a
送桂陽洪守序　昌谷集 14/11b
送洪季思赴吳江簿序　蜀阜存稿 3/112a
送洪季揚序　漫塘集 19/12b
送洪季揚教授橫川序　漫塘集 19/18a
送洪宰序　王雙溪集 3/3b
贈術者宣頓序　龍川集 15/14a
送新懷安使君度侯西歸成都序　庸伍編 13/17b
送施知縣壽之序　江湖集 23/2a
送施峻序　漁庵集 16/10a
送施龍圖赴延安序　蘇魏公集 67/2b
送姜涉序　河東集 12/2b
郎曹卿歸涿州奉親求諸公詩成牛腰軸矣爲序
　以勉其行　牟陵陽集 14/1b
送同年郎兄景微歸會稽榮觀序　傳家集 70/1a
　司馬溫公集 64/1b
送祖擇之序　祖徠集 18/6b　宋文選 17/2b
送祝伯益東遊序　竹坡稿 1/1b
贈祝君泌序　蒙齋集 11/21b
送祝得之序　鴻慶集 31/3a　孫尚書集 34/7b
送柳宜通判全州序　小畜集 20/16b
送柳瀹序　樂全集 34/15b
贈易數胡一鑒序　漁墅稿 4/10a
送胡子借赴官浦城序　竹隱集 13/9b
送潼川憲胡元琰序　文溪稿 3/8a
諸朝賢寄題洪州義門胡氏華林書齋序　小畜
　集 19/18a
送胡生序　石堂集 13/8a
贈姪胡幼文還侍序　本堂集 38/3a
送胡因甫宰湘鄉序　彭城集 34/5b
送胡完夫序　傳家集 70/5b　司馬溫公集 64/1b
胡季聲序　潛齋集 7/18b
送胡叔才序　臨川集 84/10a　王文公集 36/11b
送胡优子仁序　庸伍編 13/22b
送胡庭芳序　勿軒集 1/17a
送胡庭芳後序　勿軒集 1/19a

送胡素行赴省序　巽齋集 10/1a
贈術士胡卿月序　巽齋集 11/14b
邵陽別胡强仲序　石門禪 23/17a
送胡童子序　巽齋集 10/8a
送胡植芸北行序　桐江集 1/50b
贈胡聖則序　須溪集 6/40a
送苗師顏序　眉山集 27/3b
送范元禮叙　斜川集 5/14b
送前益部漕寶謨寺丞范公赴召序　庸伍編 13/
　12a
贈醫者范安常　鐵薇集 37/11b
送范西叔序　渭南集 14/5b
送范石湖序　吳文齋集 12/2b
送范至能使金序　漁庵集 16/5a
送福州文學蜀人范宗韓序　公是集 35/10b
送范潛赴湖北序趙逵撰　蜀文輯存 59/11a
贈范鶴孫序　本堂集 37/3a
送苟厚夫學正之昌國序　百正集 3/3b
贈俞文學　象山集 20/4b
送俞知縣君任序　江湖集 23/1a
送俞叔通序　橫塘集 18/3a
贈新昌俞君序　蒙齋集 11/15a
送俞唯道序　桐江集 1/45a
送俞觀光序　牟陵陽集 12/11b
贈香山工公　文溪稿 12/8a
送段郁文序　須溪集 6/33a
送段康侯序　鶴助集 35/21a
送脩彥通還西湖序　石門禪 24/5b
送侯子雲序　誠齋集 83/1b
送侯世昭序　誠齋集 78/2b
送曲江侯清卿序　巽齋集 12/12b
送省東岡歸白雲序　無文印集 8/5a
送韋生序　漁庵集 16/14a
送潯陽姚駕部敘　鄱津集 13/1a

十　畫

送家本仲序　北溪集/第四門 4/7a
送高九萬菊磵遊吳門序　北磵集 5/7b
送高紳之官序　徐公集 24/3a
送高銑下第序　河東集 12/1a
送高銑赴舉序　河東集 12/7a
送高與可還儀真序　龍雲集 25/7a
送席帥序楊天惠撰　蜀藝文志/32/17b

送成都席帥序王實撰 蜀藝文志 32/19a

送成都帥席晉仲序蘇元老撰 蜀文輯存 35/1b

送唐子方序 淨德集 13/4a

送造墨唐生序 清正稿 5/27a

送唐道人序 大隱集 6/14a

送秦少章赴臨安簿序 張右史集 51/1a 宋文選 29/1a

送秦少逸李師尹序 石門禪 24/4a

送軍器監丞秦侯入觀序 盧缶編 13/6a

送秦悴序 宣教集 6/14a

送秦觀從蘇杭州爲學序 張右史集 51/11b 宋文選 29/2b

送袁明仲入京序 漁墅稿 4/9a

送進士郝太沖序 小畜集/外 13/1b

送通山郝令戡序 傳家集 70/6b 司馬溫公集 64/13a

送桂九官歸鄉序 南陽集 5/14a

贈真二夫名志道序 蒙齋集 11/19a

送夏思學歸江東序 勿軒集 1/21a

送夏醫序 朱文公集 76/2b

送馬長卿叙 道鄉集 28/6b

送馬承之通判儀州序 蔡忠惠集 26/6a

送馬應昌序 河東集 12/4b

送柴生謁東嘉呂守序 北磵集 5/9a

送柴侍御赴闕序 小畜集/外 13/5a

贈筆工柴珏 孫尚書集 54/12b

送柴轉運赴職序 小畜集/外 13/6a

贈晏裼背序 吾汶稿 3/3a

送畢從事東魯赴任序 小畜集/外 13/3b

送(兒)子嘉兄赴達州司户序 嵩山居士集 47/6b

送翁子功序 南澗稿 14/12b

贈開圖書翁生序 無文印集 8/10a

送翁炳翁序 滄齋集 7/16a

送翁德功序 屏山集 5/3b

贈倪生謀屋序 須溪集 6/16a

送倪君澤序 魯齋集 4/8a

送倪秘監序 巽齋集 7/1a

送師文二甥子赴省試序 江湖集 23/11a

送師文赴春官試序 江湖集 23/10a

送師淮父序 嵩山居士集 47/1a

贈徐通甫名士龍序 蒙齋集 11/13b

送徐山序 寳窗集 3/15a

送徐子才赴富陽序 龍川集 15/3b

贈徐心易易數序 須溪集 6/27b

贈徐心鏡 攻媿集 79/9a

送徐元杰子祥序 真西山集 28/28b

送徐元賓序 蜀阜存稿 3/117a

太學正節先生徐公序 潛齋集 5/16b

送徐仁伯之官序 克齋集 9/5a

夢徐生序 石門禪 23/20b

送徐生遊成都序 性善稿 10/1a

送徐宗孟序 小畜集 20/18b

送徐長世序 橫塘集 18/1b

送徐制參序 竹坡稿 1/4b

送徐居父歸永嘉序 勉齋集 21/3b

送徐致中序 水心集/補遺/4a

贈徐師表序 朱文公集 75/17b

送徐湘赴太學試序 艾軒集 5/8b

送徐琰序 止堂集 10/5a

贈徐朝卿序 文定集 9/6a

送徐無黨南歸序 歐陽文忠集 43/2a 宋文選 2/10a

送徐楊二友序 北溪集/第四門 4/3b

贈徐端叔命序 朱文公集/75/4a

送孫正之序 臨川集 84/9b 王文公集 36/10b 宋文選 11/16b

贈富春子孫守榮序 真西山集 27/10b

贈孫秀才序 本堂集 37/7b

送孫屯田序字延仲 歐陽文忠集 64/11b

送孫何序 小畜集 19/10a

送孫伯寅序 巽齋集 9/8a

送(孫)删定姪倬越序 鴻慶集 31/6a 孫尚書集 34/13a

送(孫)删定姪歸南安序 鴻慶集 31/4a 孫尚書集 34/9b

送孫宗丞序 松隱集 28/5a

贈孫明遠序 相山集 23/3a

送孫季山序 巽齋集 10/11b

送孫季和赴遂安序 鄮峰録 32/8b

送孫海若赴官河朔叙 斜川集 5/12b

贈京口富春子孫君名高榮序 蒙齋集 11/23a

贈孫夢臣叙 道鄉集 28/4b

送興平孫隱之知新都序 伐檀集/下 21b

十 一 畫

送清奚翁序 無文印集 8/9a

送梁士衡序 南澗稿 14/11b

送梁主簿序 巽齋集 7/3b

送梁竑夫通判江州序　洪文敏集 5/11a
送梁教授序　江湖集 23/13b
送寇密直西京遷葬序　小畜集 19/5b
送章牧叔歸雪上序　克齋集 9/2a
送章景韓序　洛水集 12/14b
送章德昂之於潛序　鄂州集 3/5a
送章衡秀才序　古靈集 18/8a
送商義仲佐延平序　貢窗集 3/4b
送許太博入宇文宣撫幕府序　勉齋集 21/7a
送許允杰序　秋崖稿 40/1a　先天集/附錄上/6a
贈許存齋序　本堂集 37/4b
送許羿秀才還舊隱敍　道鄉集 27/19b
送田曹三許(聖由、子至、明遠)序　龍雲集 25/5a
送許製歸曹南序　小畜集/外 13/11a
贈星度郭大觀序　須溪集 6/40a
送郭才舉序　誠齋集 82/6a
贈郭元吉序　異齋集 7/15b
送郭先生序　嵩山集 17/40a
論命郭君序　真西山集 29/20b
送郭京評事序　蘇魏公集 67/1a
贈寫照郭拱辰　攻媿集 79/8b
送郭拱辰序　朱文公集 76/2a
送郭偉序　斐然集 19/9a
送郭照赴徐州司理敍　道鄉集 28/1b
送廬陵郭叙判致仕歸並序　雪坡集 17/1a
送郭銀河序　誠齋集 77/11b
送郭慶道序　誠齋集 77/3b
與郭德元序　勉齋集 21/14a
送郭學士序　蔡忠惠集 23/15a
送黃士安應賢良方正序張侑撰　蜀文輯存 24/7b
送永嘉黃上舍　北磵集 5/12b
送黃子思寺丞知咸陽序　蔡忠惠集 26/9a
送黃子衡序　朱文公集 75/5b
送黃六有歸三山序　疊山集 6/5b
送姪黃正孫入越序　本堂集 38/1a
與畫工黃本軒序　織葦集 34/6a
送黃可庭美解序　牧萊臞語/二稿 6/14a
喜似贈黃生序　曾南豐集 22/3b
贈黃戎序　蜀阜存稿 3/110b
送黃竹卿序　漫塘集 19/19a
送黃秀才序　盧溪集 36/3a
送黃秀才序　益國文忠集 20/3a　益公集 20/77b
送黃伯庸晦若序　益國文忠集 55/8a　益公集 55/142b

送黃侍郎序　性善稿 9/11b
送黃信叔序　異齋集 7/8a
送黃教授序　演山集 19/6b
送同官黃教授序　悅齋文鈔 9/4b
送黃莘任道赴揚學序　廣陵集 15/1a
贈黃舜容　象山集 20/7b
送黃循聖序　唯室集 2/4a
送黃强立序　雪坡集 38/7a
送通判黃誠中舍序　古靈集 18/1a　赤城集 18/8a
贈山人黃煥甫序　文山集 9/45b
送黃夢符序　王雙溪集 3/6b
贈日者黃樓序　燭湖集 10/4a
贈黃璣翠微序　文山集 9/46b
送梅君遇入龍虎山序　牟陵陽集 12/2a
送梅聖俞序　公是集 35/3b
送梅聖俞歸河陽序　歐陽文忠集 64/7a　宋文選 2/9a
宛陵集/附錄 3a
送連必達序　南澗稿 14/23a
送光化縣尉連序　河南集 5/6a
送連君錫分司歸安陸序　鄱溪集 14/9a
贈曹子政劍客序　文山集 9/45a
送曹守序　吳文肅集 12/7b
送曹西淑序　魯齋集 5/3b
送曹成之序　王雙溪集 3/36b
贈曹居敬復職序　本堂集 88/5a
送供奉曹測　河南集 5/7a
送曹簡夫序　性善稿 10/2b
送曹贛州序　洪文敏集 5/10a
贈京口外醫戚君序　佩韋集 11/6b
送戚維序　小畜集 19/13a
送盛元仁序　佩韋集 11/11b
送盛大夫仲孫歸朝序　龍雲集 25/1a
贈盛童子序　蜀阜存稿 3/116b
送制置閣學侍郎崔公赴召序　塵缶編 13/14b
送崔伯盈序　穆參軍集 2/15b
送崔教授說　敬尋稿 7/14a
送崔壽之序　則堂集 2/35b
送符制置被召序何耕撰　蜀彙文志 32/20a
送張才之全州學官序　牧萊臞語 7/9b
送河南法掾張子野序　元憲集 35/6a
送張户曹序　灌園集 8/16a
送張元直歸畢陵序　東塘集 18/20a
送張元顯序　真西山集 28/16a

送張太丞赴□序 文潞公集 11/1a
送張氏二甥赴舉序 竹隱集 13/6a
送進士張及赴舉序 乖崖集 8/總 1a
送張少良序 北礀集 5/5b
送相士張允序 北山集 5/7a
送張史君南歸序 江湖集 23/11b
贈張幼擇序 牧萊睦語/二稿 6/8b
送張安道赴成都序張俞撰 蜀文輯存 24/12b
相者張仲思覓序 洛水集 12/17b
送張仲隆序 朱文公集 75/15a
送張砭郭貢二先輩序 徐公集 19/4b
送張伯深序 巽齋集 12/5b
送張伯常赴吳尉序 蒙齋集 11/4a
贈張君序 樊榭集 10/8b
送張君明序 灌園集 8/16b
送張宗昌序 真西山集 29/2a
送臨川簿張季海序 客亭稿 7/16a
送張季常序 祖徠集 18/8a 宋文選 17/3a
送張季德序 巽齋集 10/2a
送張承祖赴嘉興撩序 鴻慶集 31/5a 孫尚書集 34/10b
送張孟遠序 東萊集/別 5/3a
送張珍父序 滄齋集 14/3b
送張南窗序 獻醜集/4a
張昭範尊勝幢序 八瓊金石補 82/33b
贈張帥幹(若風)序 黃氏日鈔 90/4a
送張唐民歸青州序 歐陽文忠集 42/6b
送張唐翁序 石堂集 13/12b
送張荊州序 南軒集 15/3b 于湖集/附 17b
送張剛甫之廣德學正序 牟陵陽集 13/3a
送張都官知兗州序 景文集 45/10b
送張都統序 字溪集 8/2a
贈畫者張黃二生 朱文公集 76/34b
送張詠序 小畜集 19/7a 乖崖集/附錄/4a
送張堯卿序 斐然集 19/9b
贈傅神張森 文溪稿 12/8b
送張森疇甫序 性善稿 10/4b
送新江東提舉常平張朝散序 雲溪集 29/1b
張景韶巽齋序 巽齋集 11/4a
送相士張舜舉序 王雙溪集 3/8b
送新安尉張說序 公是集 35/12b
送張道宗監簿赴益州序張俞撰 蜀文輯存 24/8b
送猶子(張)煥炳序 南軒集 15/10b

送張損之赴任定府幕職序劉奉世撰 三劉家集 6/9a
送張損之赴定府幕職序劉牧撰 宋文鑑 85/18a
送張當世序 屏山集 5/2b
送張塤寬夫赴省序 漫塘集 19/13b
送張端公轉運兩浙序 景文集 45/5b
贈山人張壽伯序 牧萊睦語 7/11a
送張潛夫入道序 跨鼇集 18/8b
贈張橫孫序 巽齋集 10/13a
送張德昭歸通州序 官教集 6/12b
贈張德父序 蜀阜存稿 3/111b
贈張德榮序 緣督集 3/16a
送張學士知嘉州序 丹淵集 26/3a
送通判張總之都官赴闕序 丹淵集 23/7a
送張總之温州司理序 蔡忠惠集 26/7a
贈陸唐卿 象山集 20/10a
送陸提幹序 漫塘集 19/1a
送陸務觀序 南澗稿 14/28b
送陳山長赴紫陽書院序 黃氏日鈔 90/3a
送陳子究序 巽齋集 9/9b
送陳子履赴絳州翼城序 歐陽文忠集 64/10b
送陳元平宰邵武序 勉齋集 21/1a
送丹士陳中蒼歸序 牧萊睦語 7/4b
送陳公朝序 跨鼇集 18/1a
送陳公儲序 文溪集 3/9b
送并帥陳公還闕序 淨德集 13/5b
送陳升之序 臨川集 84/8a 王文公集 36/9b
送陳平甫楊嗣賢劉德修序 九華集 20/4b
表兄陳可山序 四如集 2/11b
送陳司户序 嶽帝稿 3/6a
送陳守入覲序 吳文肅集 12/6b 新安文獻 18/5a
贈種牙陳安上 攻媿集 79/5a
送進士陳在中序 武夷新集 7/2b
送陳仲修叙 道鄉集 28/3b
重贈陳良夫序 賓窗集 3/16a
送陳伯厚縣尉赴官建陽序 拙齋集 16/15b
陳君益宅觀假山序 灌園集 7/16a
送陳宗之序 朱文公集 75/8b
送陳宗望序 真西山集 28/21b
送陳東序 後村集 94/2b
送陳忠厚秀才還姑蘇叙 道鄉集 27/23a 吳都纍文粹 37/38a
送陳明叔序 蜀阜存稿 3/109b

序三 贈序 有姓氏者 十一畫

送姪(陳)明翁赴郴州學錄序　牧萊腫語/二稿 6/9b
送陳侍郎序　定齋集 13/1a
送陳孟明監常州稅序　澗塘集 19/19b
贈高眼陳相士並序(1-2)　雪坡集 11/7b-9a
送陳茂叔序　佩韋集 10/4a
送陳昭華序　河東集 11/5b
送(陳)容安兄分教鄱邑序　牧萊腫語/二稿 5/17b
贈陳晉卿　象山集 20/8b
送潭州陳教授序　真西山集 27/25b
贈陳衍士序　巽齋集 11/15a
送陳淵幾曼遊廬山序　梁溪集 135/4b
送陳童子序　抽齋集 16/17b
贈武川陳童子序　龍川集 15/12a
陳尊宿影堂序　石門禪 23/9b
贈琴泉陳生序　須溪集 6/23b
送陳朝彥序　橫浦集 16/4b
送進士陳景年赴省序　抄本緣督集 17/7a
送姪(陳)景彬之常寧學官序　牧萊腫語/二稿 6/6a
與陳傅道序　龜山集 25/2b
送陳敬伯歸桂陽序　牧萊腫語/二稿 6/3b
送陳經秀才序　歐陽文忠集 64/4a
送陳端父辛武義序　真西山集 28/2b
送陳駐泊序　巽齋集 7/16a
送(陳)曉屏兄永州學官序　牧萊腫語 7/6b
送陳興之序　臨川集 84/6a　王文公集 36/13a
送(陳)濟甫弟赴武昌序　牧萊腫語/二稿 6/1a
送陳濟叔序　揭湖集 10/4b
送(陳)嚴起叔之官序　龍川集 15/8b
送叔祖(陳)主筠州高安簿序　龍川集 15/7a
送伯父(陳)歸餘杭序　貴耳集 3/12b

十　二　畫

送游子正歸蜀序　默齋稿/下 22b
送游公玉序　滄齋集 14/5a
送游宏遠序　抄本緣督集 18/14a
贈相者游照序　鉛刀編 25/3a
送湯士美之秀州戶曹序　鉛刀編 25/4b
送湯兄赴薛館序　澗塘集 19/17a
送湯司農歸朝序李兼撰　蜀文輯存 52/25b
送湯仲能之官繁昌序　真西山集 27/20b
贈湯謨舉　象山集 20/9b
送富修仲序　南澗稿 14/20a
送三衢貨墨童文寶子玉序　竹坡稿 1/1a

送馮相士序　誠齋集 77/12b
送馮梓州序　淮海集 39/9a
送馮提刑赴召序　滄齋集 14/13a
送馮樞密還朝序范鎮撰　蜀藝文志 32/14a
送曾子山序　浮德集 13/7b
贈曾友文　象山集 20/6a
送曾公亮赴省試序　益國文忠集 55/7a　益公集 55/141b
送曾申甫遠遊序　巽齋集 11/18a
送曾明發序　益國文忠集 55/7b　益公集 55/142a
送曾裘父序　南軒集 15/5b
送曾翠秀才序　歐陽文忠集 42/3b
送曾鴻父序　王雙溪集 3/19a
送彭士安序　巽齋集 12/17b
送彭子從赴召序　滄庵集 16/1a
送彭子壽序　象山集 20/3b
送采詩彭丙翁序　牧萊腫語 7/13a
送彭叔英序　文山集 9/37a
送彭叔夏序　滄庵集 16/11a
送彭和父遊學序　文山集 9/42a
彭快作室序　滄庵集 16/15a
送彭雲翔序　王雙溪集 3/14a
別長沙彭暐序　小畜集/外 13/3a
送彭端卿序　省齋集 4/19b
送彭學士序范鎮撰　蜀藝文志 32/13a
贈項吉甫序　蒙齋集 11/22b
項國秀炙法序　巽齋集 11/12a
送項異可入南序　文山集 9/39b
送卜葬者單生歸寧都序　巽齋集 8/9b
贈華相士序　真西山集 28/24b
送喻秀奇尉廣德序　梅溪集/後 27/1b
送程少章遊兩淮序　吳文肅集 12/3b
送程平叔之晉江簿序　江湖集 23/6a
送程叔運雲之湖南序　平齋集 10/8a
送程復亨序　章齋集 10/2a
送(程)道傳姪補中國學序　慶仉編 13/24a
送程說序　河東集 11/7b
送程德章歸新安歙　竹坡稿 1/10b　新安文獻 18/6b
送程總郎序　江湖集 23/12b
送焦千之序　公是集 25/8b
送焦千之序　彭城集 34/6a　宋文鑑 90/11a
送傅子登遊浙西序　克齋集 9/1a
送傅向老令瑞安序　元豐稿 14/1a

送傅亨父序　灌園集 7/11b
送傅察推序　古靈集 18/4b
送傅濟道赴漳浦序　灌園集 7/18a
示象山學者　象山集 20/8b
送强仲北遊序　石門禪 23/18b
送强應物序　浮沚集 4/15a

十 三 畫

送靖檢法序　道鄉集 27/11a
贈廉監司序　須溪集 6/28b
送臨武雷令序　于湖集 15/5a
雷陽父序　潛齋集 6/4a
送楊子聰户曹序　歐陽文忠集 64/5a
送果州使君楊文叔赴召序　廣信編 13/9a
送楊文度鄭良佐赴省序　江湖集 23/7b
送楊日靖序　真西山集 28/9b
送判縣楊侯汪中入京序　文溪集 3/13b
送造墨楊伯起序　真西山集 28/26a
送楊府公歸朝序張命撰　蜀文帷存 24/10b
送楊春伯序　蜀阜存稿 3/104b
贈地理楊南川序　疊山集 6/10b
送楊通老　象山集 20/4a
送東平楊提舉陳言序　牧萊睦語/二稿 7/1a
送楊善長序　則堂集 2/37b
送楊釣廷評赴治温江序張命撰　蜀文帷存 24/8a
送楊循義序陳瓘撰　播芳文粹 147/29a　宋文選 32/9a
送楊真序　歐陽文忠集 42/2b
送楊該下第序　蘇魏公集 67/3b
贈楊愚谷序　四如集 2/17a
送楊德駿序　鉛刀編 25/5b
送楊顥序　蜀阜存稿 3/115b
送楊鬱林序　公是集 35/5b　宋文鑑 87/4b
送表叔賈元範赴省試序　梅溪集/前 17/6a
送湖南運使慎學士序　公是集 35/14b
送虞宣櫃序　濳齋集 14/8a
送虞仲易朝簡赴變路提刑序　楠山集 53/8a
送虞參政序　濳齋集 14/16b
送葉大明序日者　後村集 86/9b
送吴門葉元老歸浮光序　楠山集 54/10a
送葉元輔秀才序　徐公集 24/4b
送葉令謙甫序　龍雲集 25/8b
贈三衢葉生序　寳窗集 3/17a
送葉秀才序　梅溪集/後 27/2b

送葉伯文序　誠齋集 78/8a
贈上饒葉宗山序　雲莊集 7/9a
贈上饒葉宗山序　真西山集 27/6a
送葉孟我之官寧國序　寳窗集 3/10a　赤城集 18/9a
送葉祖道序　滄庵集 16/7a
送葉童子序　後村集 96/16b
送葉著作序　灌園集 7/8a
贈畫墨竹葉漢卿序　寳窗集 3/14a
送萬繼先之臨江序　牧萊睦語/二稿 7/12b
贈董一之謀築序　抄本緣督集 18/5a
送董震叔求詩序　牧萊睦語/二稿 6/5a
送路編寺丞序　河南集 5/1b
路寶文送行詩序　竹隱集 13/8a
送族姪(僉)以元還家序　寒松集/附 1a
贈詹仲和還杭序　本堂集 36/5b
送詹伯伊之大梁序　太倉集 51/9a
送詹君履學正序　勿軒集 1/22b
送詹景陽序　吴文靖集 12/4b
送鄒次魏序　鴻慶集 31/2a　孫尚書集 34/7a
送鄒志新序　鴻慶集 31/3b　孫尚書集 34/8b
送鄒德章序　南澗稿 14/18a

十 四 畫

送廖及序　小畜集 20/15a
送廖倚歸衡山序　歐陽文忠集 64/6a　宋文選 2/9b
送齊彦邦序　王雙溪集 3/1a
贈齊君龍吉詩序　桐江集 1/52a
送榮禮丞赴宋都序　小畜集/外 13/13a
送壽居仁序　鄭峰録 32/9a
贈二趙　象山集 20/5a
送趙大資再任成都府詩序　丹淵集 23/1a　蜀藝文志 32/16a
送趙山長序　桐江集 1/48a
宗室(趙)子漓子沈字序　豫章集 16/20a
送趙節推介卿序　江湖集 23/3a
上趙少師詩序　節孝集 1/16b
送趙允明序　文定集 9/5b
送良可(趙必宓)赴銓試序　巽齋集 12/18a
送趙仕可序　巽齋集 9/2b
送趙守詩序　節孝集 8/6a
送趙宏序　曾南豐集 23/4a　元豐稿 14/5a
送趙庇民序　竹軒雜著 6/11b
送趙希道序潘興嗣撰　宋文鑑 90/12b

送趙兵侍往維揚叙 竹坡稿 1/8b
送趙況進士謁李員外序 乖崖集 8/序 1a
與趙叔豹序 橘洲集 6/4b
送衢州趙使君序 拙齋集 16/12a
送東平趙孟益爲譯史序 本堂集 38/9a
送趙彥成序 跨鰲集 18/6b
送趙秋序 北溪集/第四門 4/5b
謝趙宇拜襄敏墓並留題序 義豐集 1/23a
送趙庶可秩滿言歸序 蒙齋集 11/5b
送趙教授叙 道鄉集 27/18b
送趙新班崇墐序 文溪集 3/9a
送趙參序 樂全集 34/16b
送趙主簿紫芝序 歐齋稿/下 11a
送趙從道名隆孫赴福倅序 蒙齋集 11/4b
送趙廉州序 宋本攻媿集 50/14b 攻媿集 53/14a
送趙運使赴召序 東塘集 18/18a
送趙漕儋詩序 節孝集 8/4a
韶石說送曲江趙廣文 文溪稿 12/6a
送趙德莊序 太倉集 51/18a
送趙德遠序 芸庵稿 6/12b
送趙聯卿之官武林序 克齋集 9/7a
贈趙君是名隆夫序 蒙齋集 11/17a
送甄雲卿赴西宮學官序 浪語集 30/38b
送臧夢壽序 河東集 11/4b
送裴仲藩赴官江西叙 道鄉集 27/17b
送蒲彥獻序 跨鰲集 18/3a
送夢書記序 北磵集 5/6b
贈儒醫閒人晦未序 北磵集 5/10a
送管師常秀才序 古靈集 18/6a
送退齋(熊禾)東歸序 勿軒集/附錄/8b
贈熊雲岫挾星術遠遊序 勿軒集 1/24b
送翟驥序 小畜集 20/17b

十 五 畫

送潛子言趨朝序 蒙齋集 11/2a
送潘況序 公是集 35/11a
贈醫潘況秀才序 彭城集 34/4a
送潘湖州序 徐公集 24/1b
贈潘景梁序 須溪集 6/24b
送諸葛彥章序 紫微集 31/4b
送鄭少齊赴官嚴州序 知稼翁集 11/4a
送鄭允升序 文定集 9/4b
送鄭生序 石堂集 13/12a

送鄭炎震序 真西山集 28/25b
送鄭武子序 紫微集 31/6a
送偶然居士(鄭彥祥)序 真西山集 27/23b
送鄭晉輔赴和靖書院山長序 牟陵陽集 12/14a
送鄭將之序 蜀阜存稿 3/107b
又送鄭將之序 蜀阜存稿 3/109a
送鄭節夫序 漫塘集 19/7b
冠義序付(鄭)嘉正 西塘集 2/4a
送鄭與之赴召序 宮教集 6/8a
贈鄭潛明序 石堂集 13/11a
送鄭褒序 小畜集 20/10b
送鄭顥叔入京序 姑溪集 35/2b
贈鄭簡卿序 須溪集 6/22b
送樓仲輝知温州序 北山集 13/1a
贈樓應元序 龍川集 15/13a
送歐陽山人序 巽齋集 8/7a
贈歐陽可夫序 真西山集 28/19b
送歐陽行甫序 巽齋集 12/14b
送歐陽臣夫序 四如集 2/13b
送歐陽奇父序 楳埜集 10/7a
送歐陽毅齋序 牧萊睦語/二稿 6/2a
送屬直之遠遊序 霽山集 5/11a
送蔡元振序 元豐稿 14/8a
送蔡迪肩吾序 南澗稿 14/21b
贈筆工蔡藻 朱文公集 76/35a
送蔣安行序 誠齋集 77/2a
送蔣守文序 佩韋集 12/1a
送蔣惠民序 北山集 5/7b
送閻丘時舉序 李忠愍集 1/28a
贈黎安二生序 元豐稿 13/12a
與山人黎端吉序 文山集 9/38b
送樂良秀才謁梁中謀序 小畜集/外 13/10a
送衛奕仕歸詩序 潛水集 7/9b
送右衛教授劉一清北上序 吾汶稿 3/1a
劉大臨序 巽齋集 7/7a
別子劉子序 太倉集 52/8a
送劉子甫序 演山集 20/1a
送(劉)子野東遊序 盧溪集 37/2a
送劉中夫教柳州序 牧萊睦語/二稿 5/7a
送劉公權序 鶴助集 35/20a
送通玄劉氏子談易序 牧萊睦語/二稿 7/17b
劉可隱序 潛齋集 6/1b
送劉生序 徐公集 19/6b

送劉圭父序　南軒集 15/8a
送劉先之序　祖徠集 18/9b
送紫陽山長劉仲鼎序　桐江集 1/43a
送劉初平序　公是集 35/7b
贈劉呈才序　盧溪集 37/3a
送劉希聲序　元豐稿 14/3b
送劉伯協序　止堂集 10/4a
送劉伯宣尚書序　佩韋集 10/7a
送劉伯稱教授序　斐然集 19/13a
送劉伯譚宰江寧序　真西山集 28/7a
贈東嘉劉君序　蒙齋集 11/14a
送劉君鼎序　盧溪集 36/4a
送劉叔嘉赴太學試序　樂軒集 5/7a
贈劉明叔序　蜀阜存稿 3/114a
送劉季清赴補序　覺齋集 12/9b
贈劉季蒙　象山集 20/11a
贈劉神童序　寳窗集 3/14b
送劉南仲序　竹坡稿 1/5a
送劉茂實序　水心集 12/1a
謝劉幸老寄玉堂集序　樂全集 34/19a
送劉得昇序　盧溪集 36/7a
贈劉逢源入國學序　久軒集 8/50a
送劉童子序　覺齋集 10/7a
送劉雲昭序　覺齋集 7/2b
贈寫真劉琰序　濟庵集 16/20a
送劉景明遊長沙序　誠齋集 77/9a
送劉聚矩序　浮汕集 4/13a
贈劉登龍序　覺齋集 10/6b
送劉雷震入太學序　覺齋集 8/7b
送劉進士序　灌圃集 8/19a
送劉監序　王雙溪集 3/11a
贈劉德素序　盧溪集 37/5b
送從父弟(劉)敦序　公是集 35/1a
送劉簡之序　盧溪集 36/3b
送劉歸美序　道鄉集 27/9b
送從兄赴選序　公是集 35/12a
送滕子勤赴衢州司録序　赤城集 18/4a
送滕寺丞之官單州序　韓南陽集 28/1a
送滕彥真序　王雙溪集 3/7a
送魯推官赴南海序　穆參軍集 2/13a
送鄧山人序　覺齋集 7/11a
送鄧彥霄序　省齋集 1/10a
送鄧彥鱗序　省齋集 4/19a

送鄧德夫序　灌圃集 8/12a

十 六 畫

送龍昌期先生歸蜀序　文源公集 11/1b
送諶自求歸建昌序　覺齋集 12/11a
送賴伯玉入贛序　文山集 9/40b
送盧日新序　水心集 12/23b
送錢公紀秘校序　古靈集 18/2b
送錢秀才序　淮海集 39/6a
送監征錢宗哲序　柯部集 33/6b
集賢錢侍郎知大名府序　小畜集/外 13/13b
館閣送錢純老知婺州詩序　元豐稿 13/9a
上錢憲雜文序　眉山集 27/5a
錢融堂先生赴聘叙昌人龍撰　蜀阜存稿 3/118a
送穆秀之序　則堂集 2/39b
送鮑以道序　文定集 9/5a
贈別鮑秀才序　小畜集/外 13/12a

十 七 畫

謝司理寺序　元豐稿 14/10b
送謝仲宣員外使北蕃序　徐公集 19/1a
送謝希樂學士赴闕序　公是集 35/9b
送耕雲謝道判序　石堂集 13/9b
送謝昕序　後村集 96/15b
送應太丞赴闗序　寳窗集 3/6a
送應緯之廣文序　江湖集 23/16b
送戴石玉序　牧萊腭語/二稿 7/8b
贈術者戴生序　龍川集 15/14b
勸戴伯揚歸鄉序　樂軒集 5/8b
送戴許蔡仍王汶序　水心集 12/14b
送鞠仲謀序　小畜集 19/8b
贈鞫植彈琴序　河東集 12/3b
送韓子師侍郎序　龍川集 15/1a
送韓用可序　横塘集 18/3a
送韓仲文赴安豐序　佩韋集 11/2b
贈韓道録序　須溪集 6/26b
送韓毅伯序　王雙溪集 3/9a
贈台州薛大丞序　黄氏日鈔 90/2a
送薛右司赴行在序　定菴稿 4/13a
送薛昭序　小畜集 20/13a
書贈薛留耕　黄氏日鈔 90/10a
送蔣嘉魚序　景文集 45/7b
送鍾尉序　南軒集 15/9b

送鍾煥甫序　異齋集 9/5a
送鍾賢良序　北磵集 5/12a
送繆帳幹解任諸銓改秩序　抄本緣督集 17/10b

十八畫

顏長道詩序　後山集 13/9a
鄱陽顏范二公序俞湖撰　吳都續文粹 55/20a
贈相士蕊生序　滄庵集 16/22a
贈(藍氏)三同乳子序　須溪集 6/25b
贈蕭長夫序　真西山集 27/5a
送蕭建功秀才歸臨江序　粱溪集 137/7a
贈蕭清可序　須溪集 6/20b
送魏元履序　九華集 20/1a
送魏監丞赴襄帥序　蒙齋集 11/2b

十九畫

送譚叔思歸省序　牧萊睦語/7/1a
贈譚明山序　牧萊睦語/二稿 5/9a
送譚景伯序　牧萊睦語/二稿 7/12a
送譚堯曼序　小畜集 19/14b
送龐祐甫序　南澗稿 14/24b
贈懷集莫貢士　文溪稿 12/8a
贈羅一新序　真西山集 28/20b
送羅永年序　誠齋集 77/10b
送布衣羅以寧上書不報歸鄉序　緣督集 3/11a
送羅明仲序　寶窗集 3/7b
送術士羅師禹序　異齋集 9/13a
與羅術士序　異齋集 11/14a
贈羅陽卿序　異齋集 11/11b

二十畫

送寶君入閩序　默齋稿/下 6b

謝蘇子贈寄全集序　樂全集 34/20a
送教授蘇公序李良臣撰　蜀文輯存 35/19b
送蘇安上序　公是集 35/4a
送三蘇君序　仁山集 1/7a
送日者蘇君序　韋齋集 10/3a　新安文獻 17/6b
送仲豫(蘇迨)兄赴官武昌敍　斜川集 5/10a
送嚴上舍遊湖北序　江湖集 23/8b
送嚴介序　直講集 25/3a
送嚴公裕序　柯部集 33/8b
送嚴主簿序　南軒集 15/9a
送嚴江陰守序　宮教集 6/13a
送嚴修造序　石門櫝 24/10b
贈嚴坦叔名察序　蒙齋集 11/16a
贈饒子序　盧溪集 37/2b

二十一畫

送顧子敦使河北序　宗伯集 13/5b
贈顧淳序　真西山集 27/13b
送顧都監序　濂庵集 16/8a

二十二畫

送龔伯成序　濟軒集 5/13a
送武進龔明府之官序　徐公集 19/5b
送龔聖任序　唯室集 2/5a
送龔鼎臣序　祖徠集 18/5b　宋文選 17/2a
送權郎中守臨江序　昌谷集 14/12b
書贈權溪水張察佳　漫塘集 19/27a

二十五畫

送觀書記序　北磵集 5/14a

(二) 姓氏未詳者

送仲甫序　河東集 12/6a
贈清河先生序　文藻公集 11/3a
送湖南安撫某使君序　公是集 35/14a　宋文鑑 37/6b
送人序　東坡題跋/續 8/2a
送仲時南歸序　演山集 21/9a

燕遊十友序　樂靜集 7/15b
九嶷老會序　寶晉英光集 6/1a　寶晉山林集 4/14b
贈筆工序　浮山集 4/6b
送宗人游術序　吳文肅集 12/5b
送壁侍者遊浙東序　江湖集 23/14b
送退翁序　橘洲集 6/5b

贈金溪砌街者 象山集 20/9a
送諸生赴補序 龍川集 15/2b
送右史將漕江左序 絜齋集 8/5a
送達翁赴潮陽序 樂軒集 5/6a
送三君入淮東帥幕府 竹坡稿 1/8a
代送學子之婺女序 覈窗集 3/11a
無倦序示江東幕屬 蒙齋集 11/8b
贈嫩朴序 杜清獻集 16/2b
送立齋入京序 魯齋集 4/15a
送撫州新參太學生序 黃氏日鈔 90/4b

送術者龜峰序 四如集 2/15a
送人入燕序 須溪集 6/11b
贈采詩生序 須溪集 6/17b
送尋賢相士序 佩韋集 10/1b
十先生像序 石堂集 13/5b
送原心之永興教諭序 牧萊膾語/二稿 7/4a
留別知己序向敏中撰 宋文鑑 85/9a
十老序米芾撰 吳都文粹 1/3a
昭覺寺宴席送聖從察院還朝序張命撰 蜀文輯存 24/14a

(三) 釋 道

送一上人序 石門禪 24/10a
送一上人持盂序 北礀集 5/6a
送一怡雲序 無文印集 8/6b
贈了敬序 罨齋集 7/14a
送僧了敬序 文山集 9/47b
大慶居士序 西塘集 2/1a
贈仁木上人山遊序 本堂集 37/3b
送丹霞宗本遊徑山序 梁溪集 139/3a
丹霞禪師行化序 柟楩集 15/3a
送上天竺月光遠歸四明序 北礀集 5/7a
贈僧允懷(1-2) 象山集 20/5b
送旦上人序 梅屋雜著/6a
送因覺上人遊天童序 柏山集 23/2a
送因覺先序 石門禪 24/3a
送成上人序 元憲集 35/7b
道人朱氏法華浄業 橘洲集 10/7a
送僧如澤序 北山集 5/2b
送道士宋茗舍歸江西序 黃氏日鈔 90/8b
送秀化士還金陵序 筠谿集 22/7a
送東林長老法平序 昌平集 14/1a
朝賢送定惠大師詩序 范文正集 6/7a
定照禪師序 石門禪 23/15b
送空上人之京口序 橘洲集 10/5b
送空源二教師序 跨鼇集 18/8a
送浮圖奉堅 河南集 5/3a
臥雲先生西遊序 演山集 19/1a
贈周道士序 朱文公集 26/15b
送錢唐僧思聰歸孤山敍 東坡題跋/後集 9/10a

昭默禪師序 石門禪 23/10b
送南禪長老浩然赴雙林序 東堂集 10/3a
送高上人序 真西山集 28/17a
送高上人序 後村集 94/3b
贈踈山益侍者 象山集 20/10a
祥瑛上人字序 姑溪集 25/6b
道士袁惟正字行之序 丹淵集 26/8a
送真法師歸廬山敍 鶴津集 13/10a
真和尚紹興傳燈序 松隱集 28/4a
贈悟上人序 雪坡集 38/14a
送僧悟純序 九華集 20/7a
送浮圖迴光 河南集 5/5b
送乘月洲歸九江序 無文印集 14/3a
清慧師偈序 鄱陽集 4/7a
寂音自序 石門禪 24/17a
送訥蓬寄坦竹洲卜策序 無文印集 8/7a
贈相宇郡道人序 真西山集 29/10a
送教上人序 獻醜集/6a
贈道士黃季長遇異人授醫方序 玉牒集 9/7b
送梵才吉師還天台譔敍 鶴津集 13/9b
送道士習順僧序 龍雲集 25/12b
送參寥序 後山集 13/8b
送參寥道人南歸敍 斜川集 5/11a
送張堅道人歸固始山中序 張右史集 51/14a
送畫士張道人序 方是閒稿/下 26b
送張道士序 東坡題跋/續 8/5a
送閑禪師還鍾陵序 龍雲集 25/10b
送敏行無演序 丹淵集 26/6a

送然松麓歸南嶽序　無文印集 8/5b
送四明賜越州源珪往華亭序　北磵集 5/8a
送源靈曼歸蜀序　無文印集 8/8b
溪翁拯海塗序　北磵集 5/14a
送道元一序　橘洲集 6/9b
贈福上人序　巽齋集 7/12b
送圓上人序　石門禪 24/7b
送隆興鄒道士序　文山集 9/37a
送演勝遠序　石門禪 24/6b
潛庵禪師序　石門禪 23/13a
送慶侍者遊諸方序　筠谿集 22/8a
送瑞嚴行者慶誠求僧序　橘洲集 6/10a
送浮圖慧深序　梁溪集 135/7b
送賢上人歸山序　景文集 45/18a
送相人蔡道人序　北山集 5/7a
贈劉道士序　巽齋集 10/9b
送浮屠覬中開講序楊椿撰　蜀文輯存 39/21a

送燈老序　橘洲集 10/4b
贈錢道人序　真西山集 27/13a
送羽士龔拱辰序張商英撰　蜀文輯存 14/6b
禮書記歸葬弟序　北磵集 5/11a
送戴道人序　姑溪集 35/7a
送戴道士歸玉筍序　牧萊脞語/二稿 5/2a
送觀道人歸故山詩序　武夷新集 7/4a
送蕭道士序　真西山集 28/1a
送譚道士歸湘西序　巽齋集 8/3a
送寶相長老序　雪寶集/祖英上 1b
送鑑老歸慈雲寺　石門禪 24/8b
送嚴電道人入蜀序　渭南集 15/15b
靈叟序　北磵集 5/13b
送僧乞食序　石門禪 24/1a
寄醫僧序　橫浦集 16/1a
送一侍者歸日本序　無文印集 8/7b
賣墨道人序　雪坡集 38/13b

四、名 字 序

（一）有姓氏者

四 畫

文安國字序 豫章集 16/8a 宋文選 31/4a

方道全字序 西塘集 2/5b

方聖然字序 西塘集 2/4b

王供奉字亮弼序 西塘集 2/11b

王供奉字時道序 西塘集 2/12a

王耕耘字序 橫浦集 16/6b

王惊字序 滄庵集 16/27a

王無咎字序 曾南豐集 22/3a 元豐稿 14/7a

王勳字重民序 鶴肋集 35/14a

元勛字序 豫章集 16/19a

贈尤生相字序 盧溪集 37/5b

尹源字子漸序 歐陽文忠集 64/8b

五 畫

石仲卿字序 臨川集 84/7a 王文公集 36/15a

石敦仁字序 竹隱集 13/5b

請田友直字序 東坡題跋/續 3/4b

田益字序 豫章集 16/16a

丘氏四子字序 滄庵集 16/27b

諸兄子字序 傳家集 69/8b 司馬溫公集 64/5b

六 畫

江子靜字序 東坡題跋/續 3/6a

朱廷隱字大隱序 浮沚集 4/11b

任氏二子字序 盧溪集 36/1b

七 畫

宋完字序 豫章集 16/33b 宋文選 31/4a

宋廓字子大序 鉛刀編 25/2a

邢鄒甫字序 渭南集 15/16a

三杜兄弟字序 西塘集 2/5b

杜成己字序 澹塘集 19/3b

杜漸字子長序 廣陵集 15/4a

杜與子師名字序 鶴肋集 35/1b

（李）小一姪字革先序 跨鼇集 18/13b

諸子命名序 濟軒集 5/5b

與六七弟命子名序 濟軒集 5/14a

李大耕大獵字序 豫章集 16/33a

李去病字仲霍序 鶴肋集 35/12a

李存誠更名序 朱文公集 76/25a

李彥方字序陳瓘撰 宋文選 32/8a

李相如字師蘭序 鶴肋集 35/16a

姪（李）革奇字謹先序 跨鼇集 18/14b

李浩字季良甫序 鶴肋集 35/8a

李維志字序 勉齋集 21/14a

鎮陽李楙字非我序 鶴肋集 35/7a

李德載字序 張石史集 51/19a 宋文選 29/3b

李擇之字序 浮沚集 4/12b

呂虔部士龍字序 祖徠集 18/10b

呂商隱字序 嵩山居士集 47/11a

吳三班字序 柯部集 33/6a

潮州吳致之字序 西塘集 2/8a

余青字長生序 演山集 19/12b

何秉字序 古靈集 18/9b

八 畫

林子至子字序 勉齋集 21/10a

林允中字序 朱文公集 75/22b

林用中字序 朱文公集 75/14a

林仲則二子名字序 勉齋集 21/6a

林良夫三子字序 勉齋集 21/13a

林貫之字序 朱文公集 76/30b

花蕊字序 雲集編 7(三沈集 8/6b)

易季真字序 石門禪 24/15a

侍其鑑字序 豫章集 16/18b

周元仲字序 嵩山集 17/31b

周伯玉字元翰序 廣陵集 15/3a

周深父更名序 朱文公集 76/35a

周渤字序　豫章集 16/12a

周感之更字敍　鄮津集 12/15b

周與可字景夏序　萬山集 17/33a

孟聲遠字序　橫浦集 16/5b

九　畫

洪氏四甥字序　豫章集 16/3a

洪無競字序　東萊集 6/7a

贈從弟（胡）東字東行序　梅巖集 3/7a

（胡）季懷姪三子乞名序　滄庵集 16/29a

（胡）兼美兄五孫字序　滄庵集 16/24a

胡寅字序　歐陽文忠集 64/9b

姪孫（胡）普字序　滄庵集 16/29b

俞紫芝字序　淮海集 39/1a

段拂教授字序　丹陽集 8/6b

十　畫

唐節字序　豫章集 16/15b

秦少游字序　後山集 13/2b

袁聵字耕道序　雞肋集 35/10a

夏伯字德卿序　丹淵集 26/9b

晁子安字序　樂靜集 7/14a

晁氏四子字序　豫章集 16/4a

晁百谷字序　益國文忠集 20/10a　益公集 20/86a

晁伯均字序　樂靜集 7/12b

從兄字（晁）伯順序　雞肋集 35/5a

（晁）觀（之）弟字盤道序　萬山集 17/34b

師德字序　演山集 20/4a

師璞字序　石門禪 24/13b

徐宗義宗禮字序　橫浦集 16/3a

孫斌字序　橫浦集 16/4a

十　一　畫

章公甫字序章望之撰　宋文鑑 89/15a

章望之字序　歐陽文忠集 41/1a　宋文選 2/11a

許升字序　朱文公集 75/2b

郭子先字序　盤洲集 34/4a

訓郭氏三子名字序　豫章集 16/13b

黃育字序　豫章集 16/16b　宋文選 31/5b

黃遹甫字序　默齋稿/下 1a

訓（黃樸、黃棣、黃極、黃札）四從子字序　豫章集 16/7a

連席秀才字序　龍學集 8/5a

曹味字昭父序　張右史集 51/7b

國經字序　豫章集 16/10b

張子揚字序　默齋稿/下 2a

張仁父字序　真西山集 27/22a

越州張推官字序（張共字大成序）　傅家集 69/7b　司馬溫公集 64/7b　宋文選 5/17a

張光祖光嗣字序　豫章集 16/11a

張仲思字序　鄂州集 3/5b　新安文獻 18/3b

敍張延之字　直講集 25/5a

張舜譜字序　道鄉集 27/12b

張循中字敍　道鄉集 28/5b

張當字序　穆參軍集 2/12b

張應之字序　歐陽文忠集 64/7b

張覺夫字序　姑溪集 35/4a

陳氏二子字序　滄庵集 16/28b

陳氏五子字序　豫章集 16/5a

陳氏四子字序　盤洲集 34/4b

年孫（陳本德）名字序　樂軒集 5/14b

敍陳司理字　直講集 25/6a

陳仲餘改名序　北山集 5/6a

陳君傑四男子序　抽齋集 16/14b

陳長方字序　唯室集 5/1a

陳師道字序　豫章集 16/7b

陳琦伯比字序　雞肋集 35/6a

陳鍵字子感序　萬山集 17/32b

敍陳公變字　直講集 25/4a

可孫（陳弈德）名字序　樂軒集 5/14a

十　二　畫

游子舟字序　西塘集 2/8b

童氏子去疾字序　默齋稿/下 3a

曾氏三子字序　滄庵集 16/28b

曾温伯字序　渭南集 15/17a

彭少初字序　誠齋集 79/2b

單拯字序　宗伯集 13/1a

傅伯拱字序　朱文公集 76/1a

傅坦之字序　學易集 6/2a

傅巖字夢弼序　灌圃集 7/10b

十　三　畫

綿亭楊氏子名字序　樂軒集 5/13a

楊仲遠字序　龜山集 25/13a

外弟楊若字知類序　雞肋集 35/3b

楊景温字序　嵩山居士集 47/9b

序四　名字序　有姓氏者　八至十三畫

楊栗字序 豫章集 16/12b 宋文選 31/5a
葉剛明字序 道鄉集 28/2b
葉雲曼子名序 勉齋集 21/8a
詹滄字序 盧溪集 37/4a

十 四 畫

趙安時字序 豫章集 16/9b 宋文選 31/4b
趙季仁二子字序 勉齋集 21/8b
趙若抽子字序 孫尚書集 34/4b
趙信臣子名字序 雪山集 5/9a
臧子儀字序 江湖集 23/27b
聞人氏諸子字序 大隱集 6/12b

十 五 畫

潘顯甫字序 南澗稿 14/30a
慶伯虎字序 滄庵集 16/26a
鄭苟改名序 歐陽文忠集 41/10b
鄭野甫序 公是集 34/10b 宋文鑑 87/17a
(鄭)華孫命名序 北山集 5/5a
鄭默字序 眉山集 27/8a
樓說之名字序 魯齋集 5/5a
姪(蔡)至夫名字序 蔡忠惠集 26/14a
蔡子實二幼子叔閱字必正季閱字必充序 江湖集 23/26b
黎拱二子字序 滄庵集 16/29b
送劉天遊字序 盧溪集 37/1a
劉君仙尉字序 柯部集 33/8a
劉師嚴字序 滿水集 7/11b
劉常甫字序 江湖集 23/27a
劉景烈字解序 公是集 34/12b 宋文鑑 87/5b
劉翊瑾字序 朱文公集 76/7b
(劉)衡字公甫序 公是集 34/8b

劉應伯字序 演山集 20/6b
(劉)敦字序 公是集 34/11b
鄧文伯字序 龜山集 25/14a
鄧德恭字序 默堂集 20/12a

十 六 畫

駱子玉序 橘洲集 6/7b
盧沃字子獻序 嵩山集 17/30a
盧君字序 柯部集 33/5b
錢培字序 豫章集 16/15a
錢舉字少周序 鷄肋集 35/13b

十 七 畫

謝舉之字序 橫浦集 16/2b
戴衍字序 東萊集 6/6a
鍾濟字節性序 江湖集 23/26a
儲端中字序 浮沚集 4/12a
鮮于珵字序 滄庵集 16/29a

十 八 畫

魏翊恪字序 朱文公集 75/13b
進士魏舜元字序 龍學集 8/6a

十 九 畫

譚文初字序 西塘集 2/9b
羅中彥字序 豫章集 16/18a
羅泌字序 滄庵集 16/28a
羅季能字序 漫塘集 19/9a

二 十 三 畫

欒宗顏字序蒲宗孟撰 蜀文輯存 19/8b

（二）姓氏未詳者

資深字序 演山集 21/1a
韓孫小名序 北山集 13/2a
達孫小名序 北山集 13/2b

某氏三子字序 滄庵集 16/28a
字序（1－3） 太倉集 52/1a

(三) 釋　道

字三子序　北磵集 5/8b	無染字序　石門禪 24/14b
與月上人更字敘　鶴津集 12/14b	無静字序　石門禪 24/16a
妙宗字序　石門禪 24/15b	德効字序　石門禪 24/12b
彦舟字序　石門禪 24/14a	穎菴字序　石門禪 24/15a
持晉翁字序　橘洲集 6/8a	尊上人字序　橘洲集 6/6b
温道士字序　學易集 6/1a	贊能長老字序　丹陽集 8/7a
無住字序　石門禪 24/13b	

五、雜　序

（一）山峰巖石

方石序　無文印集 7/2a
月巖序　北礀集 5/11a
別峰序　無文印集 7/6a
即山序　無文印集 7/2a
松巖序　玉蟾稿 9/4a

洪崖序　無文印集 7/3b
梅峰序　無文印集 7/5a
頑石序　北礀集 5/8a
瘦巖序　無文印集 7/2b

（二）海洲泉潭

月潭序　北礀集 5/11b
古泉序　無文印集 7/4a
竹洲序　無文印集 7/5b

信翁序　北礀集 5/13b
海翁序　無文印集 7/3a
鏡潭序　北礀集 5/12a

（三）城塔祠廟

牛渚磯修水府祠序　無爲集 4/4a
雲塔序　蛟峰集 4/1b

登復州城序　昌谷集 14/5a

（四）樓堂軒齋

三省齋序　黃氏日鈔 90/1a
山茨堂敘　鑑津集 12/10b
方子曲肱齋序　東牟集 13/4a
友德齋序　西塘集 2/12b
止堂序　無文印集 7/5a
石樓序　北礀集 5/15a
丘子中逸老堂序　樂軒集 5/11b
宜晚堂序　魯齋集 4/9a
拙逸軒序　黃氏日鈔 90/2a
肯堂序　潛齋集 6/13b

制勝樓序張商英撰　蜀文輯存 14/5b
待月堂序　石門禪 24/12a
容膝軒序　樂軒集 5/7b
栖雲院新修印心堂名序　梁溪集 135/2a
格齋序　覺齋集 11/13a
純甫仙尉正性齋序　柯部集 33/11a
清白堂敘　北礀集 5/6b
寄項月齋　潛齋集 6/17b
畫假廬序　樂軒集 5/8a
準齋序　準齋雜說/下 14a

瑞花堂序　栟櫚集 15/1a
蒙菴序　玉牒稿 9/4a
胡仲容廛隱序　北山集 13/2b
養源齋序　東牟集 13/3b
趣軒敍　鄮津集 12/11b

樂軒序　樂軒集 5/5a
遊衛氏林亭序　徐公集 19/7a
鄧公新墳菴堂名序　梁谿集 135/3a
鄧氏新墳菴堂名序　梁谿集 135/5b
蒼葡軒序　石門禪 24/2a

（五）宴飲郊遊

代仲兄會表兄弟序　勉齋集 21/4b
江上宴集序　景文集 45/13a
春日同趙侍禁遊白兆山寺序　景文集 45/14b
春遊序　應齋雜著 3/15b

喜雪燕序　江湖集 23/23b
翠麓夜飮序　玉牒稿 9/5a
慶元縣鄉飮酒序　後村集 96/8b
餘姚縣鄉飮序　黃氏日鈔 90/2b

（六）義約義田

乙卯詞賦義約序　雪坡集 38/8a
古洪三洲義約序　雪坡集 38/10a
吉水縣永昌鄉義役序　文山集 9/48a
助約序　雪坡集 38/10b
庚申玉樞會規約序　霧山集 5/9b
高安義約序　雪坡集 38/9b
陳氏同宗義約序　雪坡集 38/11a
詞賦義約序　雪坡集 38/7b

新昌義約序　雪坡集 38/9a
瑞州經賦義約序　雪坡集 38/10a
楚洋榮登義約序　平齋集 10/1a
鄒氏同宗義約序　雪坡集 38/11b
廣墊規約序　蜀阜存稿 3/106b
橫域義墊序　蛟峰集 4/2b
德興義田序　後村集 96/4b

（七）釋　道

新修三門檀施名衘序　浮止集 4/17b
左街大相國寺釋迦佛靈牙序　華陽集 24/6b
青雲課社序　清正稿 5/16b
持善序　後山集 13/7a
章善序　後山集 13/4b
頑極序　無文印集 7/1b

無外序　北礀集 5/14b
無岸序　無文印集 7/1a
無極序　北礀集 5/9b
無照序　無文印集 7/4b
無積序　樂軒集 5/9b
圓沙桂籍序　雪坡集 38/12b

(八) 禮 樂

西湖修禊序 伯牙琴 1/32a

序聘禮 傳家集 69/9b 司馬溫公集 65/11a

明經先世省墓序(1-2) 梅巖集 3/1a-3b

相國寺維摩院聽琴序 元豐稿 13/6b 曾南豐集 24/5b

(明經先世)省墓後序 梅巖集 3/6a

射中金錢序 丹淵集 25/4a

琴樂序 玉蟾稿 9/6b

趙季仁習鄉飲酒儀序 勉齋集 21/12a

聽琴序 曾南豐集 21/2a 宋文選 14/6a

鑑湖修禊序 伯牙琴 1/30b

觀王巖彈箏序 南陽集 5/11b

(九) 其 他

池州青陽縣方氏義門序 本堂集 37/8b

考蘭序 魯齋集 4/10b

至行序 道鄉集 27/8b

竹坡四君子字序 太倉集 52/11b

爲林彦明千秋穀序 梅溪集/前 17/8a

東歸序 南澗稿 14/9b

易紅丸子爲神奇丸序 北礀集 5/13a

高同父卷子紙序 雪坡集 38/15a

送倚序 武夷新集 7/21a

陳氏濟利堂藥序 雪坡集 37/14b

爲方外陳敬叟題墨序 方是閒稿/下 25b

惠應廟塑魁星像序 雪坡集 38/12a

萬氏詩社序 牧萊脞語/二稿 5/14b

萬侯求書序 牧萊脞語/二稿 7/7a

贈富寧槐簡序 雪坡集 38/13a

請待補公搬籍序 巽齋集 10/4b

默成賜硯序 魯齋集 4/12b

題家狀序 巽齋集 11/16a

靈芝序 文恭集 29/12b

陸、題 跋

【編纂說明】

（一）題跋類下分書跋、文跋、詩詞、法書碑帖、畫圖、山水草木、器物、建築、人事等九目，每目之下一般又分若干項。

（二）"書跋"目下按四庫分類法分爲經部、史部、子部、集部四項，每項又分爲若干小類。每小類之下諸篇目按所跋書名的筆畫、筆形爲序排列，書名之前的附加詞一般不計，如"題六一先生五代史稿"，按"五"字計算，爲四畫，"題六一先生"五字不計。

（三）"文跋"、"詩詞"、"法書碑帖"、"畫圖"等四目之下不分項，所繫篇目按所跋對象的筆畫、筆形爲序排列。

（四）"山水草木"目下不明分項，但所繫篇目仍先以山、水、草、木爲序，然後再以其筆畫、筆形爲序排列。

（五）"器物"目下又分爲筆墨紙硯、金石禮樂、生活用品、其他器物等四項。

"筆墨紙硯"項下諸篇目，先以筆、墨、紙、硯爲序，然後再分別按筆名、墨名、紙名、硯名的筆畫、筆形爲序排列。

"金石禮樂"項下諸篇目，先以鐘、鼎、敦、盤、尊、爵、劍、琴等爲序，然後再按各器物名的筆畫、筆形爲序排列。

"生活用品"及"其他器物"項下諸篇目，亦先以類相聚，然後再按各器物名的筆畫、筆形爲序排列。

（六）"建築"目下不明分項，但所繫篇目先以寺、塔、庵、觀、廟、堂、齋、壁、軒、室、亭、閣、院、樓、柱、驛、橋、倉、墓等爲序，然後再以各建築名的筆畫、筆形爲序排列。

（七）"人事"目下亦不分項，其諸篇目以所跋人事的筆畫、筆形爲序排列。

一、書 跋

（一）經 部

1. 易 類

題大易粹言 江湖集 31/22b

題林叔清古易 鶴山集 62/15a

古易跋 魯齋集 11/12b

晃以道古易跋 蜀文帙存 53/12b

跋趙共甫古易補音 宋本攻媿集 71/2a 攻媿集 73/1b

書河圖洛書後 朱文公集 84/4a

題沈氏易小傳 江湖集 31/16b

跋蒲郎中易老解 渭南集 29/3b

易呂氏音訓跋朱鑑撰 新安文獻 23/2b

書柴鳴舉易索隱後 曾雲莊集 4/24a

跋呂與叔易章句 性善稿 14/13b

書易啓蒙後胡玉齋撰 新安文獻 23/5a

題易象本旨後 覃齋集 20/5b

跋蘇氏易傳 渭南集 28/1a

跋朱氏易傳 渭南集 29/7a

題程氏易傳 江湖集 31/15a

書伊川先生易傳板本後 朱文公集 81/19b

記京房易傳後 嵩山集 18/3a

書寄枳老易傳後 梁溪集 163/7b

書校本伊川先生易傳後 東萊集 7/1a

書易傳後序 尹和靖集 4/4a

張紫巖易傳跋張獻之撰 蜀文帙存 49/6b

李氏易傳跋鮮于侃撰 蜀文帙存 67/15b

李氏易傳跋鮮于申之撰 蜀文帙存 97/23a

題所作書易傳論語說 東坡題跋 1/34b

跋王君儀待制易說 渭南集 26/15b

跋兼山先生易說 渭南集 27/5b

跋二李易說 後村集 99/18a 後村題跋 2/24a

題郭彥逢庚午解陟並易辨說 益國文忠集 18/19a 益公集 18/46a

跋易學啓蒙 復齋集 10/9a

易學啓蒙小傳跋史子翬撰 蜀文帙存 93/17b

書易學啓蒙後 性善稿 14/9b

書晦庵易學啓蒙後 性善稿 14/11b

跋易舉正 容齋題跋 1/1b

易舉正跋 蜀文帙存 53/12b

跋袁機仲侍郎易贊 誠齋集 100/6b

書所定古周易十二篇後 東萊集 7/5b

題古周易後 嵩山集 18/1a

題蜀本周易後 尹和靖集 4/6b

書古文周易後 浪語集 27/8b

書周易參同契考異後 朱文公集 84/28b

周易總義跋李嘉撰 蜀文帙存 74/19b

柴翼秀才著書求跋語 益國文忠集 16/2b 益公集 16/135b

跋周茂叔通書 渭南集 26/11b

跋蘇德淵森易 本堂集 46/7a

跋李秀巖先生學易編諭詩訓 恥堂稿 3/29a

跋臨川王氏繫辭解 黃氏日鈔 91/19a

2. 尚書類

跋三墳傳 龜山集 26/8b

跋古文書武成篇後 東觀餘論/下 67b

武成脫簡 悅齋文鈔 9/4a

記尚書三義 朱文公集 71/17b

跋孔安國尚書註 容齋題跋 1/3b

書尚書講義後 牟陵陽集 17/10a

趙尉尚書講解跋 盧齋集 13/2a

讀洪範五行王瑩翁撰 新安文獻 35/10a

書洪範傳 臨川集 71/12a 王文公集 33/17a

跋晁以道書傳 渭南集 29/7b

題王深甫書傳後 嵩山集 18/7a

跋樂平吳榮書說 後村集 101/8b 後村題跋 3/10b

跋呂伯恭書說 朱文公集 83/7b

3. 詩經類

書毛詩後 嵩山集/雜文 8b

跋王達善梅嶼附辯後　閩風集 12/1a
跋周氏棣華編　宋本攻媿集 75/4a　攻媿集 77/4a
書詩性情說後　浪語集 27/9b
曾祖詩訓後語　道鄉集 21/10b
讀呂氏詩記桑中高　朱文公集 70/1a
跋謝春堂詩義後序　勿軒集 2/11b
讀王荊公詩說跋　桐江集 3/4a
題趙德亮詩論後　碧梧集 14/5a
跋韓嬰詩外傳　容齋題跋 1/4b

4. 禮　類

跋三家昏喪祭禮　南軒集 33/7a
跋三家禮範　朱文公集 83/15a
大戴禮記跋　南澗稿/拾遺 1a
跋古今家祭禮　朱文公集 81/6a
書四家禮範後　洛水集 13/17a
書伊洛遺禮後　龍川集 16/13a
朱權教序拜録跋　蒙齋集 15/11b
書周禮井田譜　宋本攻媿集 68/10b　攻媿集 70/10b
跋居家雜儀　渭南集 28/15b
書晦庵先生家禮　勉齋集 22/6a
代鄭寺丞跋家禮　北溪集/第四門 4/5a
代陳憲跋家禮　北溪集/第四門 9/1a
家禮跋　北溪集/第四門 9/3b
方氏考訂家禮跋　黃氏日鈔 91/10b
修撫州儀禮跋　黃氏日鈔 91/20b
讀朱文公儀禮經傳跋　桐江集 3/7b
儀禮經傳通解目録跋朱在撰　新安文獻 23/2a
跋李先生先之禮記義　益國文忠集 47/12a　益公集 47/13b
編次禮記解題辯　雲莊集 2/4b

5. 春秋類

左氏紀傳跋　蜀文帙存 53/14a
記夢中論左傳　東坡題跋 1/37b
跋虞復之春秋大義　真西山集 36/10b
題春秋名臣傳　江湖集 31/15b
春秋名號歸一圖跋　蜀文帙存 53/20b
跋先君講春秋序後　海陵集 22/4a
跋春秋後　姑溪集 42/1b
春秋得法志例論跋　蜀文帙存 58/13b
跋胡吳春秋答問後　昌谷集 17/6b
春秋集義書後李鳴復撰　蜀文帙存 82/21a

書襄陵春秋集傳後　梁溪集 163/3b
書伊川先生春秋傳後　龍川集 16/13b
題孫先生春秋解　江湖集 31/17b
春秋摘微跋　蜀文帙存 53/13a
著作春秋講義　真西山集 35/9a
跋春秋繁露　宋本攻媿集 75/1a　攻媿集 77/1a
書春秋繁露後　歐陽文忠集 73/4a
書穀梁傳後　東觀餘論/下 33a

6. 孝經類

題史繩祖孝經　鶴山集 35/1a
編正孝經刊誤跋　陸忠烈書 1/4a

7. 諸經總義類

詹應之三經　真西山集 85/2a
修撫州六經跋　黃氏日鈔 91/20a
跋陳與權印五經善本　誠齋集 98/4b
書臨漳所刊四經後　朱文公集 82/20b
跋方實孫經史說　後村集 107/13b

8. 四書類

書臨漳所刊四子後　朱文公集 82/26a
跋四子章句或問集注輯畧　復齋集 10/2a
題重刊四書後　巽齋集 21/5a

（1）大學之屬

題大學　五峰集 3/53b
代跋大學　北溪集/第四門 9/5b
題循陽通守黃必昌大學中庸講義　文溪集 4/6a
記大學後　朱文公集 81/9a
題鄭上舍玠大學策稿　文溪稿 4/2a
大學解義跋　疊山集 9/3b
題蕭欲仁大學篇後　嶽山集 26/2b
跋季兄大學編　魯齋集 11/2b

（2）中庸之屬

題諸葛珏北溪中庸大學序　文溪集 4/6b
跋牟少真發蒙中庸大學俗解　鶴山集 64/1b
書中庸後　朱文公集 81/9b
題中庸後示陳知默　嶽山集 26/7a
古中庸跋　魯齋集 12/1a
跋中庸集解　南軒集 38/4b
書徽州婺源縣中庸集解板本後　朱文公集 81/

17a 新安文獻 22/4a

題呂與叔中庸解 五峯集 3/48b
跋張季長中庸辨擇 渭南集 31/16a
跋方石巖正通庸言 四如集 2/21b

(3) 論語之屬

書語孟要義序後 朱文公集 81/24b
題集二程語孟解卷後羅革撰 羅豫章集/卷末 45b
題陳壽老論孟紀蒙 水心集 29/15b 赤城集 17/9a
韋御帶論孟集語跋 秋崖稿 43/4a
跋薛常州論語小學後 水心集 29/2b
跋王元澤論語孟子解 渭南集 31/16b
跋胡五峯論語指南 宋本攻媿集 76/8b 攻媿集 78/8b

題論語後 王著作集 3/3b
書尹和靖論語後 南澗稿 16/32a 尹和靖集 10/14a
跋論語集義或問通釋 復齋集 10/10b
題林汝器論語集說後 朱文公集 84/28a
跋葉君論語解 裴然集 28/6a
題論語解後 尹和靖集 4/3a
跋廣漢趙變論語說 鶴山集 62/2a
跋王次點論語說 蒙齋集 15/17a
楊公節論語講義跋 後村集 108/18b

(4) 孟子之屬

讀孟子 廣陵集 13/5b
書孟子指要後 絜雲集 4/23b
題王達原講孟子後 臨川集 71/4a
讀孟子疏 灌園集 17/3b
跋和靖先生孟子解 尹和靖集 10/14b
書孟子慕父母章程大昌撰 新安文獻 22/5a

9. 小學類

(1) 訓詁之屬

跋方言 容齋題跋 1/5b
題爾雅後 灌園集 17/9a
跋爾雅疏 止齋集 41/6b
跋羅鄂州爾雅翼 桐江集 3/27a
跋雲巢王公續雅 絜齋集 8/7a
讀續釋常談跋 桐江集 3/17b

(2) 字書之屬

跋敍古千文 朱文公集 81/21a

書胡致堂敍古千文後 文溪稿 4/1a
跋趙從季所藏吳傅朋千字文 盧溪集 49/5a
跋千字文 金石錄 30/8a
題小學 朱文公集 76/21a
代跋小學 北溪集/第四門 9/5a
跋小學之書 復齋集 10/15b
跋小學大暑 牟陵陽集 16/4a
小學題辭 朱文公集 76/20b
跋前漢通用古字韻編 渭南集 28/12a
字林跋 蜀文輯存 53/14b
程達原字訓跋 秋崖稿 43/4b
李肩吾字通跋 蜀文輯存 94/1b
題增廣字順程元鳳撰 新安文獻 23/1b
讀字源小說 灌園集 17/7a
跋重廣字說 渭南集 31/16b
跋字韻 魯齋集 12/2b
題危忽齋佩觿錄後 覺齋集 20/4b
書糾繆正俗 文定集 10/1b
跋凱書 宋本攻媿集 76/1a 攻媿集 78/1a
凱書跋 蜀文輯存 49/10a
跋胡玉齋啓蒙通釋 梅巖集 7/5b
跋汪立義教童子訣 燭湖集 10/14b
題聖宋蒙求後 樓墖集 10/8b
跋郭忠恕說文字源 朱文公集/別 7/9a
郭忠恕小字說文字源跋 歐陽文忠集 143/12b
跋說文解字 容齋題跋 1/7a
說文解字五音韻譜跋 蜀文輯存 53/14b
跋藏書 宋本攻媿集 76/2a 攻媿集 78/2a

(3) 音韻之屬

跋三衢毛氏增韻 勉齋集 22/2a
跋毛氏增韻 鶴山集 63/11b
跋古文韻後 東觀餘論/下 56b
跋張持義所藏吳彩鸞唐韻 山谷題跋 8/16b
代跋錢居韻補 賓窗集 7/11b
書劉氏子隸韻 盤洲集 63/11a
題計次陽教授家傳韻暑 東塘集 19/2a

(二) 史 部

1. 正史類

讀王莽傳 錢塘集 18/14a

題六一先生五代史稿 益國文忠集 15/6a 益公集 15/121b

書主父偃傳 鄱溪集 18/4a

書石晉紀後 宗伯集 16/22b

讀北齊書 嵩山集 12/25b

史記考異 真西山集 35/9b

書史記律書後 新安文獻 22/7a

書史記索隱後 太倉集 67/12a

書史記陳丞相傳後 牧萊睡語 13/5a

書唐吐蕃傳後 張右史集 48/7b 宋文選 29/8b

書朱梁本紀後 宗伯集 16/21b

讀宋書 嵩山集 12/29b

書李林甫傳後 莊簡集 17/8a

書李林甫傳後 洛水集 13/10b 新安文獻 23/1a

讀李斯傳 松隱集 37/1a

書李勣傳後 廣陵集 14/1a

書呂不韋傳後 方舟集 18/19b

書刺客傳後 臨川集 71/11b 王文公集 33/12a

書明皇紀後 廣陵集 13/9b

書房玄齡傳後 演山集 35/7a

題東漢逸民傳後 公是集 48/2a

書周亞夫傳後 斜川集 6/26b

書周紀後 宗伯集 16/23a

讀周書 嵩山集 12/27b

讀孟嘗君傳 臨川集 71/9a 王文公集 33/11b

讀柳宗元傳 臨川集 71/9b 王文公集 33/12b

讀南越傳 宛丘題跋 1/4b

題范滂傳後處靜齋書 杜清獻集 17/10b

書范睢傳後 鶴津集 16/8a

書後唐紀後 宗伯集 16/21b

書唐史諸傳三篇倪朴撰 南宋文範 60/16b

跋宋景文公唐史稿 益國文忠集 16/20a 益公集 16/156b

讀唐志 朱文公集 70/3a

唐紀跋 蜀文輯存 58/16b

讀唐書 宋文選 29/8a

〔論唐書及五代史劊〕 四庫拾遺 6/宋元憲公集

書唐憲宗紀後 宗伯集 16/17a

跋方汝一班史贊後 後村集 107/11a

書晉武帝紀後 宗伯集 16/16a

讀梁書 嵩山集 12/31b

書郭崇韜傳後 渭南集 25/5b

書曹參傳後 香溪集 19/7a

題史記貨殖傳 香溪集 19/4b

讀貨殖傳趙訪撰 新安文獻 36/12a

書張鷟傳後 斜川集 6/25a

讀陳書 嵩山集 12/34b

題隋書 江湖集 31/15a

書賈充傳後 渭南集 25/4b

讀賈誼傳 晉南豐集 6/1a 宋文選 13/7a

書賈誼傳 鄱溪集 18/5a

書賈誼傳後 孫明復集 1/10a 宋文選 8/5a

書賈誼傳後 幼槃集 9/2b

讀董仲舒傳方岳撰 新安文獻 35/9a

書鄒陽傳後 張右史集 47/11b

書漢元帝贊後 孫明復集 1/8b 宋文選 8/4b

漢紀跋 蜀文輯存 53/15a

跋白鹿洞所藏漢書 朱文公集 81/25b

書齊史 道鄉集 31/10a

讀齊書 嵩山集 12/30b

書裴度傳後 宗伯集 16/19a

書裴垍傳後 宗伯集 16/20b

讀裴寂傳 歐陽文忠集 73/7b

書諸葛武侯傳後 鶴津集 16/7a

書鄭玄傳林希撰 宋文選 131/6b

題蔡琰傳 東坡題跋 2/6a

盧杞傳題後 丹淵集 21/8b

書南史盧度傳 東坡題跋 1/4a

書韓安國傳後 牧萊睡語 13/4a

書韓退之傳後 張右史集 47/9a 宋文選 29/9a

書儒林傳後 宗伯集 16/11b

讀韓信傳 宋文選 29/7a

題魏太祖紀 公是集 48/2b

讀魏書　嵩山集 12/25a

書魏鄭公傳　曾南豐集 6/1b　宋文選 13/7b

關題　學易集 6/24a

書竇嬰傳後　牧萊雜語 13/5b

2. 編年類

讀大紀　朱文公集 70/5a

跋汲家周書　容齋題跋 1/10b

汲家周書跋　蜀文輯存 53/17a

題長編疑事　嵩山集 18/10a

跋胡元高之父譚宣聖編年　郢峰錄 36/11b

書政塗雜抄録跋　山房集 5/7a

跋真宗實錄　容齋題跋 1/10a

跋方蒙仲通鑑表微　後村集 106/1a

書通鑑後(1-2)　渭南集 25/3a-3b

得通鑑綱目發明嘗見各歎忭而書　漁齋集 18/6a

跋通鑑韻語　朱文公集 82/17b

跋資治通鑑　容齋題跋 1/8a

書資治通鑑外紀後劉恕撰　宋文鑑 130/17a

資治通鑑跋　蜀文輯存 53/16b

漢少帝編年後跋　止堂集 10/9b

跋稽古錄　復齋集 10/11a

題徽宗實錄　山房集 5/4b

3. 紀事本末類

跋通鑑紀事本末　朱文公集 81/7a

書袁機仲國錄通鑑紀事本末後　東萊集 7/3a

蜀鑑跋李文子撰　蜀文輯存 95/13a

4. 別史類

跋孔氏野史　容齋題跋 1/23b

蘇子由古史跋　蜀文輯存 75/10b

讀申國春秋　文定集 10/10b

讀江南錄　臨川集 71/9b　王文公集 33/10a

高宗聖政草　渭南集 26/1b

書孫之翰唐史記後　傅家集 73/2a　司馬溫公集 79/8a

書唐史遺事後　太倉集 67/1b

跋高彥休關史後　東觀餘論/下 38a

跋續後漢書　巽齋集 21/10a

5. 雜史類

跋蔡端明三司日錄　後村集 101/16a　後村題跋 3/20b

跋大唐說纂　容齋題跋 1/13a

跋元祐黨籍事跡　相山集 27/5a

跋平寇錄　真西山集 35/30a

書平寇錄後　敬帥錄 5/14b

戊午議和錄跋　山房集 5/6a

題四川書定錄　山房集 5/5b

題松漠紀聞　盤洲集 62/7b

松漠紀聞補遺跋　小隱集/58a

跋孟蜀斷憲　鶴山集 61/3b

帝王經世圖譜題辭　益國文忠集 54/6b　益公集 54/81a

南部煙花錄(1-2)　山房集 5/2b

跋貞觀政要　文定集 10/1a

跋建寧縣平寇錄　後村集 109/7a

題伯恭所抹荊公日錄三　朱文公集 82/2a-2b

題國語　江湖集 31/19a

春秋外傳國語跋　蜀文輯存 58/14b

顧貢士文英詩傳演說柳氏國語辨非後敘　後村集 111/16b

書朱丞相渡江遭變錄　文定集 11/8b

書晉語後　宗伯集 16/11a

跋黃錄參廣西平蠻錄　後村集 99/1a　後村題跋 2/1a

跋蔣穎叔樞府日記　益國文忠集 18/4b　益公集 18/29a

跋戰國策　容齋題跋 1/18a

6. 詔令奏議類

(1) 詔令之屬

跋王禹玉内外制草　益國文忠集 17/7b　益公集 17/9a

跋東坡玉堂詞草　後村集 105/7a

跋王魯公北使口宣詞稿　洛水集 13/4a

跋陳少師制詞稿　昌谷集 17/11a

(2) 奏議之屬

給事丁先生奏議跋　廣齋集 12/5a

跋方宣諭宗卿庭實奏議　鶴山集 63/3a

跋元祐王樞密奏稿　後村集 105/8a

題龔深之侍郎太常奏稿後　于潮集 28/5a

書和靖尹先生悼奏疏後　洛水集 13/12a

石林奏議跋葉夢撰　石林奏議/跋/a

跋戊午讜議　南軒集 34/2b

跋北山巒議　鶴山集 63/5a

跋史獨善奏議　本堂集 47/1b

題包孝肅公奏議　文定集 19/7b

跋溫公奏稿　宋本攻媿集 74/9b　攻媿集 70/9b

題司馬溫公奏議　文定集 11/1a

跋釣臺江公奏議　渭南集 27/9a

跋朱侍郎奏稿　豫章集 30/6b

跋朱常卿時敏奏稿　址堂稿 3/32b

跋周侍郎奏稿　渭南集 30/13b

書洪玉父奏稿後　雪坡集 41/5a

題范公奏議　江湖集 31/12b

跋袁侍郎機仲奏議　真西山集 36/11b

跋倪尚書遺奏　澗塘集 24/4a

跋許石丞許史部奏議　南軒集 34/2b

跋黃通老尚書奏稿　益國文忠集 50/11a　益公集 50/68b

跋張大資政奏議　定齋集 13/3a

題張右丞如瑩奏疏　益國文忠集 46/16a　益公集 46/127b

讀喻玉泉紹興甲寅奏對錄　文定集 11/11b

題晏尚書紹興奏稿　覺齋集 19/3a

跋中丞陸公奏稿　聚齋集 8/8b

跋陸宣公奏議　復齋集 10/13b

跋陸宣公奏議總要　宋本攻媿集 70/1a　攻媿集 72/1a

陳少陽謀稿跋　黃氏日鈔 91/1a

跋〔陳東〕奏議楊遇撰　陳修撰集 10/5a

跋〔陳東〕奏議樓珣撰　陳修撰集 10/5a

跋〔陳東〕奏議胡夢齡撰　陳修撰集 10/5b

跋〔陳東〕奏議泰州野人撰　陳修撰集 10/7b

跋陳東奏議周巖撰　陳修撰集 10/8a

題富鄭公奏議　莊簡集 17/2a

跋曾文清公奏議稿　渭南集 30/11a

跋傅侍郎奏議後　真西山集 34/9a

跋毋隋趙資政奏稿　後村集 111/9b

盡言集梁安世撰　盡言集/題跋 4a

盡言集跋王綱撰　盡言集/題跋 1a

諸臣奏議跋史季溫撰　宋朝奏議/跋 1a

諸臣奏議跋趙希靜撰　宋朝奏議/跋 1a

跋歐陽文忠公疏草　渭南集 29/4b

書蔣象山謀草後　則堂集 4/5a

著作劉公奏稿　真西山集 35/8b

吳敏中橋錄跋　山房集 5/6a

跋王荊公進鄰侯遺事奏稿　朱文公集 83/2a

再跋王荊公進鄰侯遺事奏稿　朱文公集 83/20b

題白鹿晏洞賓濟美錄　黃氏日鈔 91/11b

羅文恭公奏議　真西山集 35/12b

7. 傳記類

（1）傳錄之屬

書二唐風憲記事後　太倉集 67/4b

跋文武兩朝獻替記　渭南集 26/5b

王舍人元石家傳　真西山集 34/29a

書董資政轉元帥府事迹　宋本攻媿集 69/19b　攻媿集 71/19b

跋太傅家傳(關文)　益國文忠集 16/15b

題太傅北平莊武王家傳後　碧梧集 14/9b

跋五代登科記　盤洲集 63/4b

跋尹和靖家傳　黃氏日鈔 91/21a

題孔氏家傳　覺齋集 21/8b

書四明衣冠盛事錄後　本堂集 47/3b

題永豐趙直閣廟節義錄　水心集 29/20a

跋滕戶曹守台州事實　朱文公集 82/28a

跋安溪攀桂社錄　復齋集 10/23b

跋戊午歲吉州舉人期集小錄　益國文忠集 48/11b　益公集 48/34a

代題同銓小錄　秋崖稿 43/5b

題李秋山家傳後　碧梧集 14/8b

跋高公題李憲遺事傳　抽齋集 20/8a

跋吳中丞家傳　朱文公集 83/28b

跋〔何〕金八行家傳　魯齋集 13/12b

書兩朝忠義錄後　洛水集 13/10b

跋湯徵獻昌言錄　牟陵陽集 15/12b

跋金花帖子綾本小錄　宋本攻媿集 71/6a　攻媿集 73/5b

書周世宗家人傳　浪語集 27/13b

建隆遺事跋　蜀文輯存 53/17b

題家狀簿　蛟峰集 6/16b

題家狀箋　蛟峰集 6/13a

書高道傳後　太倉集 67/15a

李氏唐告　秋崖稿 43/2a

跋孔君家藏唐誥　朱文公集 84/6b

題唐朝賢將傳後　樂溪集 163/8b

題徐先輩家傳　廬齋集 13/11b

跋孫氏誌述　止齋集 41/6b

孫少傅致政小錄　祖徠集 9/7b

題孫少傳致政小録　嵩山集 18/18a
書郭令公家傳後　太倉集 67/9b
跋黄總幹家傳褒忠録　黄氏日鈔 91/2a
題常氏家傳後　恥堂稿 3/26a
跋李世修藏累科狀元帖　文山集 10/4b
張太尉家傳跋　黄氏日鈔 91/1b
跋張氏家傳　魯齋集 11/11a
跋張侍制家傳　渭南集 31/11b
跋姜堯章所編張循王遺事　宋本攻媿集 69/10b
攻媿集 71/10b
跋張横浦言行録　復齋集 10/14b
將作監題名蘇峴撰　蜀文輯存 97/16a
題墨莊陳夫人賢慧録　巽齋集 22/8b
跋[陳東]遺事劉宜孫撰　陳修撰集 10/1a
跋陳東遺事孟忠厚撰　陳修撰集 10/2a
跋(陳東)遺事劉棐撰　陳修撰集 10/2b
書陳僉判勉雲萍録　竹坡稿 3/7a
書趙騰可雲萍録　無文印集 10/11b
題胡自牧雲萍録　巽齋集 18/9b
題劉繼芳雲萍録　巽齋集 22/9b
題陳尚書防雲萍録　文山集 10/8a
題中書直院劉左史震孫雲萍録　文山集 10/8b
跋劉養浩雲萍録　牧萊聯語/二稿 8/3b
跋彭大博家傳　盧溪集 49/1a
跋景行録　黄氏日鈔 91/7b
書程剛愍節惠録後　碧梧集 13/4b
跋嘉祐二年進士小録　宋本攻媿集 69/11b　攻媿集 71/11b
跋元豐八年進士小録　宋本攻媿集 68/13b　攻媿集 70/13b
跋進士題目後　東坡題跋 1/29b
題盛京登科小録　益國文忠集 44/5b　益公集 44/94b
趙璋登科記　廣川書跋 8/18b
跋道統録　魯齋集 11/1a
節義紀録跋鄒宗張撰　北山集/卷末 61b
傳記　山房集 5/4a
跋趙子直尊人家録　盤洲集 63/11b
跋趙主管乃祖忠節録　誠齋集 100/4a
跋趙直閣忠節録　朱文公集 83/1b
題趙清獻事實後　朱文公集 83/11a
蜀人游監簿慶元黨人家乘後跋　真西山集 35/25a
題蓮社題名集社名懷故鄉　無文印集語録/題 4a
跋處士蔣南式家傳　鶴山集 63/10a

跋蔣魏公逸史　容齋題跋 1/15b
跋劉元城言行録　朱文公集 81/9a
劉氏家傳跋尾　宗伯集 15/20a
跋盧氏正歲會拜録　鶴山集 62/9b
題鄰侯家傳後　蘇魏公集 72/3b
書錢宣靖遺事後　張右史集 48/7a
跋學士院題名　歐陽文忠集 73/14a
書職事題名後　龍川集 10/17a
蘇子美家傳跋　蜀文輯存 40/3b

（2）年譜之屬

朱子繫年録跋　魯齋集 13/9a
書朱文公年譜大暑　覺軒集 7/18a
韓文公年譜跋樊攵改霖撰　蜀文輯存 40/3b

（3）族譜之屬

跋黄子邁所藏山谷乙酉家乘　宋本攻媿集 74/10b
攻媿集 76/10b
題潮陽方氏族譜　鐡庵集 37/18a
跋公子血脈譜　嵩山集 20/8a
戒子孫珍藏族譜題辭　西山集 2/142a
題醴陵李氏族譜　巽齋集 21/6b
跋李氏譜　文山集 10/19a
跋李利涉命氏編　鄱陽集 4/13b
吾吳氏宗譜跋　履齋集 3/21b
跋吳氏族譜　文山集 10/16a
帝王歷紀譜跋　蜀文輯存 53/13b
書范雷卿家譜　牟陵陽集 15/11a
跋郁氏族系　真西山集 34/8a
跋皇朝百族譜　容齋題跋 1/16a
跋姚氏族譜　勿軒集 3/20b
書家譜石刻後　龍川集 16/16b
跋許氏世譜後　先天集 7/8a
讀曹氏世濟録書其後　吳文肅集 14/3b
題西秦張氏世譜後　牟陵陽集 16/8a
跋江州陳氏家牒　復齋集 10/31a
跋彭和甫族譜　文山集 10/15b
跋董氏族譜遺跡　魯齋集 11/6a
跋裴氏家譜　瀕庵集 32/11a
書歐陽氏族譜　巽齋集 19/8b
書蔣氏族譜後　本堂集 45/6a
跋孝義劉氏譜序　黄氏日鈔 91/9a
跋建陽趙宰羅源常寧二譜　鐡菴集 37/12b

8. 載記類

跋吳越備史　渭南集 30/6a

越絶書序又跋汪綱撰　吳都續文粹 1/54a

越絶書序跋丁翰撰　吳都續文粹 1/53b

9. 時令類

題四時纂要書　江湖集 31/24a

跋呂侍講歲時雜記　渭南集 28/9b

跋呂氏歲時雜記　朱文公集 84/16a

題呂侍講希哲歲時雜記後　益國文忠集 48/9b　益公集 48/32b

10. 地理類

（1）方志之屬

書吳郡圖經續記後常安民撰　吳都續文粹 1/17b

題奉化圖志揭首　本堂集 47/6a

跋海陵志後　東觀餘論/下 20a

跋清源新志　後村集 106/11b

跋臨汝志　渭南集 31/10b

（2）雜志之屬

跋命奉使庭春北轅録　黃氏日鈔 91/16b

跋出疆行程　渭南集 31/13b

西南備邊録跋　蜀文輯存 53/18b

書單鍔吳中水利書　浪語集 27/14a

洛陽名園記跋郎博撰　洛陽名園記/4b

洛陽名園記跋陳振撰　洛陽名園記/4b

跋洛陽伽藍記後　東觀餘論/下 51a

跋汪約叟高安紀程後　魯齋集 11/2b

書朔行日記後　南澗集 16/29a

劉子卿都梁紀聞後跋　止堂集 10/9b

題萊山書院志　畏齋集 22/4b

跋韋洛行記後　山房集 5/9a

龍城録　山房集 5/3a

跋歷代陵名　渭南集 26/15a

鄰城雜事記　山房集 5/1b

嶺表録異　山房集 5/3b

11. 職官類

跋包侍郎六官疑辨　後村集 109/12b

玉堂雜記跋蘇森撰　蜀文輯存 76/11a

題金國文具録　盤洲集 62/8b

跋金國文具録劉子　鄱陽集 4/10a

續翰林志跋蘇易簡撰　蜀文輯存 1/1b

翰苑羣書跋　小疇集/59a

12. 政書類

六家澧法跋李壁撰　蜀文輯存 75/9b

讀仁宗政要　幼槃集 9/1a

書封演古今年號録後　太倉集 67/13b

古今通系圖後序　高峰集 11/21b　·

跋安溪縣刊司馬溫公書儀　復齋集 10/9a

書安濟法後　渭南集 25/7a

題陳中書孝廟聖政序稿　水心集 29/9b

題吉水宰陳藏一本作戡孫邑計録　益國文忠集 19/12a　益公集 19/63a

書林勸本政書　浪語集 27/11b

書林勸本政書後　龍川集 16/18a

書常希古長洲政事録後　水心集 29/1a

書金華義役册後　洛水集 13/14b

高李彌征録跋　恥堂稿 3/35b

弩薹書暑張行成撰　蜀文輯存 49/5b

跋孫氏書儀　濳庵集 32/4a

康節先生諡議後記　嵩山集 18/11b

跋梅溪善政編後　復齋集 10/17a

跋江西趙漕救荒録　真西山集 36/20a

通典跋　鶴山集 64/9a

書紹興政論後　洛水集 13/10a　新安文獻 23/1a

尊號録　山房集 5/4a

跋朝制要覽　渭南集 27/3b

揚州利害録跋　山房集 5/7a

跋義役　水心集 29/23a

跋漢舊儀等書後　東觀餘論/下 49a

跋續會要　容齋題跋 1/14b

13. 目録類

（1）經籍之屬

跋白樂天集目録　宋本攻媿集 74/3a　攻媿集 76/3a

跋秘閣書目　容齋題跋 1/1a

郡齋讀書志跋游鈞撰　蜀文輯存 94/5a

校正崇文總目十七條　東觀餘論/下 77a

復齋書目跋　魯齋集 13/10b

遂初堂書目跋　蜀文輯存 53/20a

跋尤氏遂初堂藏書目録序後　鶴山集 63/8a

魯齋先生文集目後題　仁山集 3/16b

書濂溪目録後　四庫拾遺 280/性善堂稿

(2) 金石之屬

石經跋　盤洲集 63/10a

石經跋胡元質撰　蜀藝文志 59/1a

石經跋宇文紹奕撰　蜀藝文志 59/3a

記石經與今文不同　東觀餘論/上 43a

跋好一集録　後村集 105/16b

題法帖刊誤王玠撰　東觀餘論/上 32a

跋法帖刊誤許翰撰　東觀餘論/上 33a

跋趙德甫金石録　容齋題跋 2/4b

淳熙隸釋跋　盤洲集 63/12b

跋鄭宗聖博古考義　北磵集 7/7a

跋六一居士集古録跋尾　渭南集 30/2b

書歐陽文忠公集古録跋尾後　朱文公集 82/7a

跋丙申修改隸釋　盤洲集 63/11b

隸篆跋　盤洲集 63/8b

池州隸續跋　盤洲集 63/12a

題桑世昌蘭亭博議後　水心集 29/5a

跋桑澤卿蘭亭博議　宋本攻媿集 73/16a　攻媿集 75/

15b

蘭亭辨考跋　後村集 111/5b

14. 史評類

跋陳了齋辨王荊公日録　鶴山集 62/13b

跋王才臣史論　誠齋集 99/1b

跋鍾筆史論　後村集 111/9a

德夫弟史斷跋　魯齋集 13/10a

跋徐彥成考史　魯齋集 12/8b

讀唐鑑　鴻慶集 32/4a　孫尙書集 54/15a

跋范唐鑑稿　竹坡稿 3/12a

書陳忠肅公尊堯書後　洛水集 13/14b

跋尊堯集劉震孫撰　尊堯集 11/5a

題陳忠肅公尊堯集稿　益國文忠集 47/5b　益公集 47/6a

評漢史　須溪集 6/44a

書漢評後　三餘集 4/11a

讀史　郡溪集 18/2b

讀史鈔前漢書十八條　漫塘集 18/16b

(三) 子　部

1. 儒家類

(1) 性理之屬

跋符君記上蔡語録　南軒集 33/8a

書曾熤所刊楊慈湖先生已易後　慈湖遺書/續 2/ 11b

書楊慈湖先生著已易後趙彥械撰　慈湖遺書/續 2/ 12b

再書楊慈湖先生著已易閒居解後　慈湖遺書/ 續 2/13a

題文中子　本堂集 47/3a

書文中子附録後　龍川集 16/12b

書文中子後　郡溪集 18/4b

書類次文中子後　龍川集 16/11b

跋樂道心經　山谷題跋 9/12a

書心經後贈紹鑒　傅家集 67/12b　司馬温公集 69/1b

跋梁養源心經解義　盧溪集 48/5b

跋太極圖說　蜀文輯存 76/7b

宋文叔編仁説　真西山集 35/13b

書楊慈湖先生著孔子閒居解後曾熤撰　慈湖遺書/續 2/12b

題孔叢子　江湖集 31/17a

跋金溪陸主簿白虎洞書堂講義後　朱文公集 81/27a

跋包敏道講義　真西山集 36/2b

跋黃伯岡西山問答　樵野集 10/13b

跋西銘　尹和靖集 4/5a

跋西銘　南軒集 33/6b

跋西銘示宋伯潛　南軒集 33/7a

書晦庵所釋西銘後　性善堂 15/1a

書張子西銘解義後　洛水集 13/16a

題朱子三書朱泫撰　新安文獻 23/5a

朱子語類跋黎靖德撰　蜀文輯存 95/6a

書龔夢錫所編晦庵先生語録　勉齋集 22/4a

書晦庵先生語録　勉齋集 22/5a

跋吳荊溪講義　異齋集 22/1a

題張敬夫希顏録 五峰集 3/51b
跋希顏録 南軒集 313/8b
跋延平答問 昌谷集 17/7a
跋武威先生語録 渭南集 26/9b
性理蒙求跋 恥堂稿 3/30a
題和靖先生語録後孫達吉撰 尹和靖集 10/15b
題近思録 東萊集 7/3a
跋近思録 復齋集 10/11a
書近思録後 朱文公集 81/6b
書李推近思録跋後 北溪集/第四門 9/5b
跋趙和仲顏孫近思録精義 恥堂稿 3/29b
題五峰先生知言卷末 吳文肅集 14/2b 新安文獻 22/8a
書徽州婺源縣周子通書板本後 朱文公集 81/17b
周子通書後記 朱文公集 81/30a
跋孔從龍沐泗言學 真西山集 36/25a
書沐泗齋編後 碧梧集 14/6b
跋南軒語録 牧萊腆語/二稿 8/6b
胡子知言稿 真西山集 34/26b
跋京本家語 渭南集 28/4b
題家語後 張右史集 47/10b
跋兼山家學 渭南集 31/15b
題夏判官講義後 蒙齋集 15/20a
題荀子 江湖集 31/10b
讀荀子樂論 悅齋文鈔 9/4b
讀荀子禮論 悅齋文鈔 9/4b
讀荀孟 鄱溪集 18/5b
怨齋講義跋 後村集 111/3a
記孫韻語 東坡題跋 1/12b
跋李少膺胜說 朱文公集 81/14a
通書後跋 南軒集 33/5b
北溪陳氏字義跋 北溪集/原序 5a
跋陳鄭答問目 魯齋集 12/6b
書劉子澄所編曾子後 朱文公集 81/29a
曾子後記 嵩山集 18/9a
跋項吉父講義 真西山集 36/17a
書欽承天閑道録後 恥堂稿 3/28a
跋無逸講義 渭南集 28/6a
書李參仲家藏二程先生語録後 朱文公集 83/ 28a 新安文獻 22/4a
題伊川先生語録 尹和靖集 4/5b
讀呂榮陽公發明義理酬酢事變二書 文定集 10/12a

跋劉向新序 牧萊腆語/二稿 8/7a
題道統三書後 本堂集 46/2b
經筵講義跋 庸齋集 5/15b
跋說苑 渭南集 27/8b
題劉向說苑卷首 本堂集 47/2b
說苑跋語 牧萊腆語/卷末 1a
震澤紀善録跋周憲撰 王著作集 8/8b
震澤紀善録跋曾遷撰 王著作集 8/9a
震澤紀善録跋施温舒撰 王著作集 8/10a
跋鄭德與歷代蒙求 宋本攻媿集 74/13b 攻媿集 76/13b
跋遺書 南軒集 38/6a
題晁無咎學說 横浦集 19/8a
跋韓子蒼語録 渭南集 31/13a
跋三山薛瑗講義 後村集 109/3b
書朱元晦雜學辨後向綸撰 南宋文範 61/8a 朱文公集 72/48b
書議論要語卷後羅博文撰 羅豫章集/卷末 46b
跋黃君觀物外篇說 碧梧集 15/1a

(2) 禮教之屬

跋譚師直士訓 文定集 12/1b
子弟誠 山谷題跋 7/6b
跋心如水翁治家箴 則堂集 4/10b
題四印五章後 碧梧集 15/4a
跋項文卿孝行録 杜清獻集 17/3a
跋曾伯智孝行類要 龜山集 26/7b
跋郭省元玘帝王萬世寶鼎鑑 巽帶稿 5/3a
跋相山正論 聚齋集 8/11a
跋柳氏訓序 渭南集 81/11b
跋范巨山家訓 渭南集 28/13a
題王少卿家範 水心集 29/17a
題彭忠肅公訓子十箴 冥齋集 18/3b
慈湖訓語 真西山集 35/5a 慈湖遺書 18/28b
聚齋先生訓語 真西山集 25/6a
爲李純父題袁蒙齋遺訓 黃氏日鈔 91/7a
書徐君家訓後 漫塘集 24/15b
書王直講所著教述篇 文定集 12/5a
跋程董二先生學則 朱文公集 82/14a
跋羅宗約試呼録 文定集 12/1a
跋朱呂學規 鶴山集 61/14b

2. 兵家類

題七書 江湖集 31/23a

跋張平仲注三略　真西山集 36/27a
書陳密學守城録　勉齋集 22/9b
(題)守禦録　水心集 29/4b
跋泣蘄録後　昌谷集 17/15b
武經總要跋　蜀文輯存 53/20a
書李氏建炎備禦録後　宋本攻媿集 72/21b　攻媿集 74/19a
跋孫子　南軒集 34/1b
跋漢志兵技考　容齋題跋 1/26b

3. 法家類

跋潛守治獄好生方　文溪集 5/1b
讀管子　紫微集 32/13b
讀管子　聘齋集 7/28b
跋韓非子　渭南集 27/14a
讀韓非子　牧萊脞語 13/3a
題陳推官歐鄉暫心録　巽齋集 22/7a

4. 醫家類

題本事方後　曾雲莊集 4/20b
重刻證類本草跋劉甲撰　蜀文輯存 72/9a
題本草單方　江湖集 31/14a
書本草圖經後　洛水集 13/12a
題古良醫妙技　寶晉英光 8/2a　寶晉山林集 4/25b
跋休糧方　相山集 27/4a
跋加味平胃散方　范成大佚著/140
題百一方　江湖集 31/18b
跋再刊初度世必用方　莊簡集 17/2b
書董及延壽録後　張右史集 48/5b
題長生妙訣後　攻文集 13/13b
洪氏集驗方跋　小隱集/59b
題活人書　江湖集 31/13b
重修政和本草書後宇文虔中撰　蜀文輯存 36/6a
重修政和本草跋　蜀文輯存 36/7a
書秦醫後　廣陵集 13/9a
跋宋信翁産經　止齋集 42/3a
跋陸宣公集古方　誠齋集 98/5b
書傷寒治要後　建康集 3/2b
跋龐安常傷寒論　張右史集 47/5a
題養老書　江湖集 31/14a
題衛生家寶方　江湖集 31/25a
跋淳陽石本頭眩方後　東觀餘論/下 61b
書濟衆方後　東坡題跋 1/26a

跋郭長陽醫書　朱文公集 83/23a
藥戒　張右史集 48/2b　宋文選 29/5a
跋續集驗方　渭南集 27/2b
跋癰疽方　盤洲集 63/5b
跋靈樞經　盧溪集 49/5a

5. 天文算法類

牛羊日曆　山房集 5/2a
唐曆跋　蜀文輯存 53/15a
跋蔡以仁經世曆　碧梧集 13/8b

6. 術數類

題太玄注疏後　九華集 20/10b
跋太玄後　四庫拾遺 175/襄陵集
太玄發隱跋　蜀文輯存 53/19a
章氏太玄經注疏跋　蜀文輯存 53/18b
太玄經疏跋　蜀文輯存 53/19a
跋洪智堂地理心機　蛟峰集 6/10b
題廖老庵地理書　巽齋集 18/8a
跋地理書程傅之撰　新安文獻 22/9a
題蔡九峰洪範内篇後　雪蓬稿/13a
信書跋　蜀文輯存 53/19b
跋修心鑑　渭南集 26/6b
跋浩然子　屏山集 6/2b
題周襄所編鬼神說後　南軒集 33/9b
書麻衣心易後　朱文公集 81/12a
再跋麻衣易說後　朱文公集 81/13a
題周吉甫雲莊數學後　碧梧集 14/3b-4b
書莊綽樗薯新譜　浪語集 27/10b
跋漢志雜占十八家　容齋題跋 1/25b
說玄跋　蜀文輯存 53/18b
跋潛虛　渭南集 30/7b

7. 藝術類

題陳思書苑菁華　鶴山集 65/7a
跋徐氏習射括要　後村集 110/16a
跋彩選　渭南集 27/14b

8. 譜録類

跋文房四譜　盤洲集 63/6a
跋歙源硯譜　范成大佚著/140
書閔氏琴譜後　牧萊脞語 13/8b
跋陝西印章(1-2)　渭南集 27/15a

書洪駒父香譜後　太倉集 67/6a
跋歐陽公牡丹釋名　容齋題跋 2/9b
書黃道輔品茶要録後　東坡題跋 1/27a
跋茶録　歐陽文忠集 73/14b
跋蔡君謨茶録　跨鰲集 17/12b
跋蔡君謨茶録　莊簡集 17/2a
跋蔡君謨茶録　陳修撰集 4/8a
跋蔡端明茶録　後村集 101/14a　後村題跋 3/18b
書荔枝譜後　歐陽文忠集 73/13a
跋建陽馬棋菊譜　後村集 101/2a　後村題跋 3/2b
跋司馬子微餌松菊法　渭南集 26/11a
跋相鶴經　豫章集 25/11b
跋慎漢公所藏相鶴經後　東觀餘論/下 52a
曾氏農器譜題辭　益國文忠集 54/7b　益公集 54/121a

9. 雜家類

跋三近齋餘録　渭南集 30/5b
題彭昌詩下車録　文溪集 5/8b
跋小事録　抽軒集 5/17b
書方夷吾已見録後　山房集 5/8a
題張聲之友于叢居記　水心集 29/13a
五雲次舊聞録跋　山房集 5/8a
書宋齊邱化書後　張右史集 47/2a　宋文選 29/10a
跋尹子　容齋題跋 1/16b
題鄒景周平反録　巽齋集 22/3b
王蘂辨證跋語　益國文忠集 184/9a
王蘂辨證又跋　益國文忠集 184/10b
跋李洺刊誤　渭南集 28/10a
跋石溪漫志　漁墅稿 5/18a
古今注　山房集 5/1a
題崔豹古今註　蜀文輯存 53/20b
讀白虎通　灌園集 17/6a
跋白虎通德論　容齋題跋 1/5a
跋王坦道江淮録　抽軒集 5/17b
跋交信録序　勿軒集 1/1a
跋西京要書後　尊德集 2/1b
書夢溪丈人忘懷録後　太倉集 67/10b
跋却掃編　渭南集 27/14a
跋黃巖余更生語　復齋集 10/30a
跋呂伯恭日記　朱文公集 82/2a
書奉親養老書後　太倉集 66/6a
跋天台劉深父杯水編　真西山集 36/28b

跋林次麟東宮事鑑　畏帚稿 5/2a
跋東萊擇善　復齋集 10/11b
跋東觀餘論　東觀餘論/附録 13a
跋黃長睿東觀餘論　宋本攻媿集 74/14b　攻媿集 76/14a　東觀餘論/附録 14a
題金坡遺事後　北海集 36/8b
跋金樓子後　東觀餘論/下 74b
跋趙晞遠使北本末　攻媿集 75/1b
先左丞使遼語録　渭南集 27/3a
灸獻子　山房集 5/1a
姑蘇衍冤録跋　山房集 5/6b
封氏見聞記　山房集 5/1b
跋范子計然　容齋題跋 1/19b
跋段太常語録後　東觀餘論/下 39a
題浮雲居士曾達臣雜志後　益國文忠集 47/15b　益公集 47/18a
録洪景盧容齋續筆　益國文忠集 44/6a　益公集 44/95a
跋曹昌谷叙荆門遺事　魯齋集 12/2b
書倦遊雜録後　默堂集 22/8a
怨齋平心録跋　後村集 111/2a
題孫公談圃　江湖集 31/18a
讀淮南子　紫微集 32/15b
書姑蘇張自强教授所編寅申録　眉山集 14/9a
跋章氏辨誤録　渭南集 27/9a
跋造化權輿　渭南集 26/9a
跋家藏造化權輿　渭南集 27/5a
温公日記跋　蜀文輯存 53/17b
書方勺雲茅漫録後　建康集 3/3b
跋沈存中筆談　牧萊脞語/二稿 8/7b
書筆談後　演軒集 8/12a
書隱叢録跋　山房集 5/6b
跋意林　容齋題跋 1/21b
跋湯侍郎勸王録　漫塘集 24/15a
劉翠微罪言跋　雪坡集 41/1a
跋劉翠微罪言稿　文山集 10/2a
題潘彦庭羣書辨正　水心集 29/1b
跋了翁廣龜鏡録　梁溪集 162/11b
書梅聖俞碧雲霞後　太倉集 67/10a
趙氏痛心録跋　山房集 5/7a
跋奪標録　忠穆集 7/5b
跋陸日新盡忠辨誣録　鶴山集 60/9b
跋彭叔英談命録　文山集 10/17a

跋王金斗談命録 文山集 10/18a

題論衡後 灌園集 17/10b 宋文鑑 131/7b

論衡跋 盤洲集 63/8b

跋稀叔夜養生論後 東坡題跋 1/14a

書鄭稻田册後 黃氏日鈔 91/2b

墨子跋 蜀文輯存 53/20a

劍南須知跋 蜀文輯存 53/18a

跋辨志録 朱文公集 83/14b

書某氏辨誣録後 江湖集 31/3a

讀龍川別志 文定集 10/8a 新安文獻 22/3a

跋隨巢子胡非子 容齋題跋 1/17b

書惠厚下觀雜録後 壯堂稿 3/36a

跋韓氏舊聞 後村集 106/17b

跋葉英叔譽談 黃氏日鈔 91/16b

跋陳無己譚叢 文定集 12/2a

讓天授事録跋 山房集 5/7b

跋歐陽邦基勸戒別録 益國文忠集 19/3a 益公集 19/52b

讀蘇氏紀年 朱文公集 70/14a

跋蘇黄滑稽録 誠齋集 90/3b

跋劉彌邵讀書小記 真西山集 36/26a

騫子跋 蜀文輯存 53/19b

10. 類書類

跋元和姓纂後 東觀餘論/下 27b

跋元和姓纂後 東觀餘論/下 31a

刻太平御覽跋李廷充撰 蜀文輯存 92/5b

刻太平御覽跋補叔獻撰 蜀文輯存 76/13b

題古今事文類聚後 新安文獻 22/9b

跋册府元龜 容齋題跋 1/27a

題策府元龜 江湖集 21/21b

西漢蒙求跋 南軒集 34/1a

跋張鷺龍筋鳳髓判 容齋題跋 1/32a

跋惠峯韻老所編類海 宋本攻媿集 35/11a 攻媿集 81/11a

跋陳氏續蒙求 宋本攻媿集 68/2b 攻媿集 70/2b

11. 小說家類

記山海經 朱文公集 71/19a 新安文獻 33/6b

跋世說第三卷後 東觀餘論/下 11b

跋世說新語後 東觀餘論/下 12b

跋北里誌 石門禪 27/2b

跋西京雜記後 東觀餘論/下 46a

松窗雜録 山房集 5/3b

幽閒鼓吹 山房集 5/3b

跋後山談叢 容齋題跋 1/24b

跋子聿所藏國史補 渭南集 29/9b

國史補 山房集 5/1b

跋雲仙散録 容齋題跋 1/23a

題張淏雲谷雜記後 水心集 29/10a

跋開元天寶遺事 容齋題跋 1/13b

書漢武帝故事後 龍雲集 29/9b

書漢武帝故事後 盧溪集 48/1b

跋孔毅夫談苑 朱文公集 84/7b

跋曾氏獨醒雜志 宋本攻媿集 69/6b 攻媿集 7/6b

續博物志跋黃公泰撰 蜀文輯存 100/10b

跋續樹萱録 容齋題跋 1/22a

12. 釋家類

（1）經藏之屬

題八師經後 程北山集 15/10b

八師經題後 丹淵集 21/5a

書大般若經抄序後 北溪集 5/6b

題大寶篋經後 鶴助集 70/8b

論六祖壇經 東坡題跋 1/44a

跋正法眼藏 宋本攻媿集 65/17b 攻媿集 81/17b

四十二章經跋武翊撰 蜀文輯存 97/13b

跋寶月老頌解多心經 南齋集 5/19b

唐鄭預注多心經跋 歐陽文忠集 139/19a

跋貝多葉（1－2） 北磵集 7/3b

題佛本行經 丹陽集 10/3a

題張君所注佛書 水心集 29/8b

書法華合論後 瀛軒集 8/11b

題法華經 無文印集/語録/題 3b

書金光明經後 蘇東坡全集/後集 19/15a 東坡題跋 1/49a

題褚氏印施金光明經後 苕溪集 27/3a

題六祖釋金剛經 石門禪 25/7a

題靈驗金剛經 石門禪 25/7b

金剛經 廣川書跋 8/17a

跋石藏玉所藏金剛經 本堂集 48/1b

書金剛經後 樂城集/後 21/9a

題所刊金剛經後 東塘集 19/2b

黃月山解金剛經跋 徐文惠稿 3/10b

金剛經跋尾 蘇東坡全集/後集 19/16b 東坡題跋 1/51a

蕭氏印施夾頌金剛經跋尾 梁溪集 162/6b

題魏公所藏先少師陀羅尼經後 孫尙書集54/2a

跋般若心經後 雙溪集 11/7b

跋張益藩清浄經後 東坡題跋 1/25b

唐于僧翰尊勝經跋 歐陽文忠集 142/13b

跋華氏中藏經 宋本攻媿集 69/22a 攻媿集 71/21b

跋思古人華嚴經 柏山集 27/8b

題華嚴經 無文印集 10/10b

題華嚴經 無文印集/語錄/題 3a

跋華嚴經後 東觀餘論/下 26a

又跋所施先垂德餘萃華嚴經後 柏山集 27/9a

題華嚴十明論 石門禪 25/3a

書金字華嚴經普賢行願品後 梁溪集 162/9a

跋王氏華嚴經解 東坡題跋 1/18b

題華嚴綱要 石門禪 25/1a

書道一經後 孫尙書集 54/4b

題鄭亨老新刻楞伽經 益國文忠集 80/2b 益公集 80/127b

書楞伽經後 蘇東坡全集 40/14a 東坡題跋 1/47b

書楞伽經後 道鄕集 33/7b

王荊公書楞嚴經要旨跋 蜀文輯存 95/15a

跋柳閔楞嚴經後 東坡題跋 1/25a

書楞嚴經後 樂城集/後 21/8b

跋楞嚴白鐵蓋後 東觀餘論/下 62b

跋圓覺經後 盧溪集 48/3a

題鄭亨老新刊注維摩經 益國文忠集 80/3a 益公集 80/127b

跋維摩經贈羊荊華 莊簡集 17/4b

跋道教經 宋本攻媿集 71/13a 攻媿集 73/12b

書陽國瑞（一作王國瑞）科院所刊遺教經 洛水集 13/18a 新安文獻 23/1a

跋遺教經 後村集 110/9a

跋唐遺教經 金石錄 30/9a

書遺教經後 豫章集 28/13a

題遺教經後 摘文集 13/13b

改觀音經 東坡題跋 1/44a

（2）雜錄之屬

題古塔主論三玄三要法門 石門禪 25/22a

題百丈常禪師所編大智廣錄 石門禪 25/14a

題小參 石門禪 25/24b

題五宗錄 石門禪 25/21a

題方景說出家疏簿 蛟峰集 6/12b

跋東坡汧池錄 石門禪 27/6b

題佛鑑蒿文字禪 石門禪 26/13a

題宗鏡錄 石門禪 25/8a

跋趙超然契聖錄後 筠溪集 21/23b

題修僧史 石門禪 25/10b

題修西方念佛三昧集要 梁溪集 163/9a

跋楊和父印施普門品 真西山集 34/8b

跋嚴太常編傳燈 北礀集 7/5a

書傳燈錄後 樂城集/三 9/1a

跋大慧禪師廣錄後 橘洲集 6/13a

題輔教編 石門禪 25/20a

僧伽傳 廣川書跋 10/12b

跋曉師顯應錄 渭南集 28/12b

題西峰黔禪師雜錄 益國文忠集 80/1b 益公集 80/126a

跋修法師釋氏通紀 鄮峰錄 36/14b

跋釋氏通記 渭南集 28/10b

書觀音感應錄後 太倉集 66/5b

（3）語錄之屬

題玄沙語錄 石門禪 25/18a

跋甘露滅記韓徐語 北礀集 7/17a

跋尼光語錄 渭南集 31/10b

書全無用語錄 宋本攻媿集 65/17a 攻媿集 81/17a

題汾州語 石門禪 25/23b

跋錢彭曳吟仙傳 北礀集 7/12b

記佛語 東坡題跋 1/31a

跋祖慶所藏其師宗杲法語 南軒集 35/7b

跋南堂語 渭南集 28/16b

跋南堂語錄 橘洲集 7/3b

俞拙庵倡語跋 平齋集 10/11a

題谷山崇禪師語 石門禪 25/19a

題雲居弘覺禪師語錄 石門禪 25/14b

跋山谷雲峰悅老語錄序 石門禪 27/8b

無文語錄跋 無文印集/跋 1a

無文語錄跋虛舟釋撰 無文印集/跋 3a

題準禪師語錄 石門禪 25/24a

跋圓悟禪師授佛日臨濟正宗記及持鉢住庵法語 無文印集語錄/題 1a

題香山艶禪師語 石門禪 25/17b

題僧語錄後 東坡題跋 1/25b

題潛庵書 石門禪 26/3b

題韶州雙峰蓮華叔姪語錄 石門禪 25/19b

題斷際禪師語録 石門禪 25/13a

題寳公識記 石門禪 25/21b

跋卍菴法語 北磵集 7/10a

跋卍菴語 渭南集 23/9b

13. 道家類

書三洞羣仙録後 孫尙書集 51/11a

讀亢倉子 灌圃集 17/5a

跋天隱子 渭南集 26/8b

太一天尊應驗録 真西山集 35/21a

題太公丹書後

（一）丹書詞（二）席四端銘（三）几銘（四）鑑銘（五）盤銘（六）楹銘（七）杖銘（八）帶銘（九）履銘（十）觴豆銘（十一）戸銘（十二）牖銘（十三）劍銘（十四）弓銘（十五）矛銘 豫章集 25/3b－6a

跋王輔嗣老子 渭南集 28/11b

書老子注解及莊子內篇論後 山谷題跋 7/10a

題寫本老子後 萬山集 18/8b

老子義 宛丘題跋 1/7a

跋老子道德古文 渭南集 26/9a

跋子由老子解後 東坡題跋 1/33b

跋列子 容齋題跋 1/16b

跋亡弟嗣功列子册 豫章集 25/18a

觀列子偶書 朱文公集 67/26b

跋訁永傳龜山列子解後 朱文公集/別 7/8b

跋劉向列仙傳後 東觀餘論/下 44b

葉清父同歸録後序 真西山集 35/17a

赤松子經 真西山集 35/24a

爲陳生題度人經後 客亭稿 7/22a

度人經後跋 後樂集 17/4b

祖仙傳跋（1－2）王灊撰 龍學集 13/4a

祖仙傳跋（1－3）李平仲撰 龍學集 13/4b

祖仙傳跋（1－5）查籥撰 龍學集 13/5b

跋南華真經 渭南集 30/15a

題南華真經 江湖集 31/18b

跋夏元鼎悟真篇陰符經入藥鏡注 後村集 99/3a 後村題跋 2/3b

夏宗禹悟真講議 真西山集 35/11a

題謝道士混元皇帝實録後 水心集 29/2a

跋謝觀妙混元實録 宋本攻媿集 69/8a 攻媿集 71/8a

跋黃庭內景經 東觀餘論/下 57a

跋張正字莊子講義 宋本攻媿集 73/24b 攻媿集 75/23b

題清涼注參同契 石門禪 25/16b

題袁機仲所校參同契後 朱文公集 84/31a

題劉定子陰符經 巽齋集 20/7a

青陰符經 牟陵陽集 16/12a

陰符經序 廣川書跋 8/16b

唐鄭滁陰符經序跋（1－2） 歐陽文忠集 142/6b－7a

跋聞丘生陰符經說 朱文公集 82/19b

書傳道集後 盧溪集 48/4a

唐石臺道德經跋 歐陽文忠集 139/13a

感應篇 真西山集 35/19b

跋陳道士覃偈蒙求 鴻慶集 32/6a

跋碧虛子繁經 莊簡集 17/4a

（四）集 部

1. 楚辭類

題屈原天問後 朱文公集 82/24a

題梅騷後 蛟峰集 6/12a

跋蘇韶君楚語後 蘆川集 9/20a

再跋楚辭叶韻 朱文公集 82/23b

書楚辭協韻後 朱文公集 82/23a

書鮮于子駿楚辭後 蘇東坡全集 23/10a 東坡題跋 1/15b

書楚辭後 龍雲集 29/11a

書篇茂德楚辭後 默堂集 22/9b

書楚辭後 先天集 7/5b 新安文獻 23/3a

書離騷後 宗伯集 16/9a

題變離騷 江湖集 31/10a

2. 別集類

一 畫

題印山羅氏一經集後 益國文忠集 19/17a 益公集

19/69a

二　畫

書諸公贈鍼醫李立之十全堂詩文後　平齋集 10/17b

讀國史定葊胡公升丁巳雜稿　桐江集 3/25a

跋許用晦丁卯集　渭南集 28/10a

題子真人身倡酬集　盧齋集 13/10b

跋從叔祖八景士遺稿　滄庫集 32/9a

九華集跋自典寅撰　蜀文輯存 61/7a

題了堂先生文集　蘆川集 9/4b

三　畫

跋之罘先生稿　渭南集 27/11b

跋山谷先生三榮集　渭南集 26/12b

跋吳大檢察山林素封集　後村集 109/14a

題鄭宅心山居稿　文溪集 5/5b

跋杜子野小山詩　清正稿 5/25a

書子虛詩集後　演山集 35/6a

四　畫

刊文正公尺牘跋　吳都續文粹 55/21b

書梅節愍公文安集後　存雅稿 3/3a

宜興姜宰朱宗文昌集書其後　孫尚書集 54/6b

題方舟集　江湖集 31/19b

跋方是閒居士小稿方立撰　方是閒稿/卷末

跋方是閒居士小稿周世興撰　方是閒稿/卷末

跋方是閒居士小稿黃淳撰　方是閒稿/卷末

跋方是閒居士小稿張牧撰　方是閒稿/卷末

跋方是閒居士小稿陳以莊撰　方是閒稿/卷末

跋方是閒居士小稿游彬撰　方是閒稿/卷末

跋方是閒居士小稿劉友直撰　方是閒稿/卷末

跋方是閒居士小稿劉璠撰　方是閒稿/卷末

跋方俊甫元英小稿　後村集 111/18a

題方壺存稿卷首王應麟撰　方壺稿/卷首

題方壺存稿卷首孫嶸撰　方壺稿/卷首

題方壺存稿卷首程珌撰　方壺稿/卷首

題汪茗方壺詩稿劉次皐撰　方壺稿/卷首

跋方景雲課稿後　碧梧集 15/3b

題王子飛所編文後　豫章集 26/22a

跋王右丞集　渭南集 29/4a

著作王先生文集跋袁萬頃撰　王著作集 3/6b

著作王先生文集跋汪愨撰　王著作集 3/7a

著作王先生文集跋虞就撰　王著作集 3/8a

著作王先生文集跋徐鼎撰　王著作集 3/8b

著作王先生文集跋毛鼎新撰　王著作集 3/9a

著作王先生文集跋朱子昌撰　王著作集 3/9b

著作王先生文集跋黃大有撰　王著作集 3/10a

王著作文集跋汪愨撰　王著作集 4/4a

跋王府君文編　梁溪集 162/7b

跋王直講集　四庫拾遺 95/王直講集

題王承可文集後　雪山集 5/14a

跋王秘監文集　真西山集 35/28b

跋王深甫先生書簡　渭南集 27/16a

書王寅庵遺文　本堂集 47/1b

跋劒中王愚山及其子怡雲詩集　本堂集 44/7b

跋王德玉庭藻詩集　本堂集 44/5a

跋王雙巖文集　真西山集 36/13a

跋元子（元次山）　容齋題跋 1/30b

跋元微之集　盤洲集 63/9a

題太倉稀米集　江湖集 31/24a

讀太倉稀米集跋　桐江集 3/9b

友竹亭詩卷後記　則堂集 4/7a

跋仇仁近詩集　桐江集 4/24a

跋文與可丹淵集　容齋題跋 1/32b

丹淵集拾遺卷跋家誠之撰　丹淵集/跋 1a

書月巖集後　太倉集 66/7b

跋尹希聖詩集後　覺齋集 20/15a

跋巴東集　渭南集 28/9a

水心別集後記　水心別集 15/25a

書故人孔應得資政遺文　本堂集 46/6a

五　畫

跋半山集　渭南集 27/10b

跋胡復半堅詩稿　鶴山集 62/12b

題劉潭州必成三分集　文溪集 5/4b

跋林逢吉玉溪續草　恥堂稿 3/34a

跋玉溪集後　東觀餘論/下 27b

題古樂府後　豫章集 26/11a

古靈集遺文跋尾陳公輔撰　古靈集/附錄 25a

書石門披雲集後　宋本攻媿集 70/14b　攻媿集 72/ 12a

石屏詩集跋楊汝明撰　蜀文輯存 79/1b

石湖居士集跋范幸撰　吳都續文粹 55/26b

跋曹夢祥石巖集　後村集 109/5b

題北枝小稿　覺齋集 21/12b

題宋蜀翁北遊詩卷後　四如集 2/20b
跋勉齋北溪文粹　魯齋集 11/13a
跋張天定四六　後村集 106/13a
黃牧四六　後村集 107/7b
跋黃孝邁四六　後村集 108/9a
跋熊舍人四六後　渭南集 31/10a
跋蔡伯英四友集　廬齋集 13/13b
跋丘撫幹丹遺稿　後村集 111/22b
書白樂天集後　樂城集 21/10b
題周公謹弁陽集後　碧梧集 15/2b

六　畫

跋江氏舊書　益國文忠集 48/7a　益公集 48/29b
跋江玉汝文集　黃氏日鈔 91/17b
跋江石卿詩文　桐江集 4/20a
江峰文集　真西山集 35/1b
書餘干高太清冰玉觀雜稿後　碧梧集 14/1a
老艾遺文跋　廬齋集 13/19b
老艾遺稿跋　廬齋集 13/18b
書老圃集後　太倉集 66/8a
題邵太史西山集　江湖集 31/20b
西州猥稿系題　景文集 48/8b
題姚令威西溪集　水心集 29/21a
跋西園詩集　絜齋集 8/18a
跋皇阜寺主僧知恭百吟集　本堂集 48/1b
跋李季可百說　鄮峰錄 36/11a
書侯體仁存抽稿後　嶽帶稿 5/12b
跋竹齋指南胡泳撰　竹齋集/附 7a
跋王秘監合齋集　後村集 99/5b　後村題跋 2/7a
朱子詩選跋　魯齋集 13/8b
跋朱元剛詩集　滄川集 9/5a
書朱尚書集後　眉山集 28/1a
書先集後唐文若撰　眉山集/書後 1a
跋朱景淵詩集　滄川集 9/5b
跋傅給事丁友詩稿　渭南集 31/6b
竹坡類稿跋祝穆撰　竹坡稿 5/4a
書胡侍竹集七思集　文溪集 5/4b
跋竹溪吳君詩集　魯齋集 13/5b
跋竹齋漫存遺稿胡泳撰　竹齋集 4/6b
跋竹齋遺稿倪祖義撰　竹齋集 4/8a
伐檀集跋黃榦撰　伐檀集/下 38b
伐檀集跋黃幹撰　伐檀集/下 38b
書馮頤自得集後　益國文忠集 49/3b　益公集 49/40b

跋周汝明自鳴集　文山集 10/10a
書趙經幹彥捍自鳴錄　文溪集 5/9b
跋向子潩遺書　益國文忠集 50/2a　益公集 50/58a

七　畫

書桃源居士汪公詩集後　洺水集 13/10a
跋汪君若楩詩文　桐江集 3/36a
跋宋正甫詩集　真西山集 36/4b
跋西園宋茂叔遺稿　真西山集 36/4a
跋南城吳氏社倉書樓詩文後　渭南集 30/1b
書初寮集後　太倉集 67/7a
跋初機集　滄川集 9/6a
書邢敦夫遺稿　鶴助集 33/26b
題杜子美別集後　蘇學士集 13/17b
跋洛陽所得杜少陵詩後　東觀餘論/下 50b
書少陵詩集正異　文定集 10/3a
跋陳教授杜甫補註　後村集 100/12a　後村題跋 1/15b
跋章國華所集注杜詩　朱文公集 84/27b
題劉玉田選杜詩　須溪集 6/41a
題宋同野編杜詩　須溪集 6/42a
再跋陳禹錫杜詩補註　後村集 106/6b
題韻類詩史　江湖集 31/22a
趙景山村田集跋　秋崖稿 43/1a
跋李文公集　盤洲集 63/5a
書李文公集後　臨川集 71/10b　王文公集 33/13a
書李翱集後　歐陽文忠集 73/1a
讀李文饒集　灌園集 17/8a
題長興李王顯應集序　恥堂稿 3/27a
跋李太白詩　渭南集 31/16b
題李太白詩　朱文公集 84/28a
書李白集　東坡題跋 2/8b
題李玠叔詩文　益國文忠集 46/11b　益公集 46/122a
跋李但徠集　渭南集 28/5b
跋李後主詩後　朱文公集 82/1b
跋李泰發參政詩集　濳庵集 32/15a
題吳荊溪點李核詩集　冀齋集 22/5b
書李純甫文稿　本堂集 47/2b
跋李深之論事集　渭南集 27/10b
讀李滿水集跋　桐江集 3/16b
跋李衛公集　渭南集 31/14a
跋李翰林集　後村集 111/25a
書李翰林集後　禪津集 16/5b

書李簡夫詩集後　東坡題跋 3/26a
書道士貝鶴隱詩集　本堂集 45/5b
題呂子進集　文定集 10/11a
題呂申公集　文定集 10/9b
書撫州呂通判開詩稿暑　敬帚稿 5/13b
跋孝門吴子舉瘦稿　本堂集 45/1b
題吴畏齋家集　巽齋集 21/5b
題吴晦之家集　秋崖稿 43/1b
題吴雲龍詩集　新安文獻 23/7a
跋宗元先生(吴筠)文集　渭南集 31/12b
跋吴夢子詩編　渭南集 27/12a
書邑中文盟集後　本堂集 45/3b
書岑參詩集後　太倉集 67/14a
跋岑嘉州詩集　渭南集 26/12a
書余襄公集後韓璜撰　武溪集 20/6a
跋余巖起集　朱文公集 83/9a
跋何水曹集後　東觀餘論/下 31a
跋何叔度詩集　蒙齋集 15/9b

八　畫

書空青集後　渭南集 25/7b
題夜光集　益國文忠集 15/1b　益公集 15/116b
跋呂舍人青溪類稿　朱文公集 83/12a
題林子中集　文定集 11/7b
跋林平父文集　雪坡集 41/6b
題林秀才文集　水心集 29/13a
跋林抽齋集　復齋集 10/27a
跋林和靖詩集　渭南集 30/2b
跋松陵倡和集　渭南集 30/7a
跋松陵集(1-3)　渭南集 27/12b
跋東原集序　浮溪集 17/13b
題東堂集　江湖集 31/13a
跋許介之東溪詩集　昌谷集 17/5b
題抽齋詩稿　水心集 29/14a
跋性善堂後集　昌谷集 17/12a
跋怡齋吟稿　魯齋集 13/6b
跋尚仲明文稿　誠齋集 9/3a
書長江集後　灌圃集 17/12a
題長慶集　江湖集 31/11a
題長慶集　江湖集 31/16a
書具茨後　太倉集 36/7a
跋昌谷別集後　東觀餘論/下 21a
易齋詩稿跋　平齋集 10/10b

跋宋君忠嘉集　朱文公集 82/9b
跋金給事彦亨文稿　益國文忠集 46/14a　益公集 46/125a
跋金盞集　渭南集 27/13b
知稼翁集跋黄沃撰　知稼翁集/附錄 8a
題委羽居士集後二首陳瓘撰　赤城集 17/2a
題委羽居士集後　赤城集 17/2b
書委羽居士集後石公弼撰　赤城集 17/2b
跋周夢雲詩文　後村集 106/15b
題周簡之文集　水心集 29/19b
書周蘧齋集後　漫塘集 24/5b
跋孟東野集　洛水集 13/4b
題東野集贈任貫道　東塘集 19/2a
題孟浩然集後　江湖集 31/23b
跋孟浩然詩集　渭南集 31/13a

九　畫

題章一齋洄川詩集　無文印集 10/4a
跋施真人集後　東觀餘論/下 69b
題楊夢錫客亭類稿後　于湖集 28/6a
跋姜山黄借庵集　黄氏日鈔 91/17a
跋柯部集　渭南集 31/12a
跋柳柳州集　渭南集 27/8b
河東先生集記後韓醇撰　蜀文輯存 73/11b
河東先生集題後　蜀文輯存 62/8b
跋何玉華南山八詠集　潛齋集 10/0b
讀張功父南湖集並序　南湖集/題詞 1a
題南湖集十二卷後　南湖集/附錄上/遺文 16a
題[南陽集]　四庫拾遺 137/南澗甲乙稿
跋易氏南溪翁漁唱集　碧梧集 13/9a
題劉潛夫南嶽詩稿　水心集 29/19b
跋胡氏教忠集後　洛水集 13/6a
跋胡少汲小集　渭南集 28/12a
跋胡琴窗詩卷　文山集 10/10b
題姚幼開皆山樵語　覺齋集 19/8a
題范太史集　文定集 10/9b
跋秘閣太史范公集　真西山集 36/27b
跋范尚書楷蓬閣唱和集　本堂集 46/5b
題范蜀公集　文定集 10/8b
跋昭明文集　東塘集 19/23a
跋俞愼庵詩集　棠野集 10/12b
跋皇甫先生文集　渭南集 28/16a
再跋皇甫先生文集後　渭南集 30/15b

跋皇甫持正集 容齋題跋 1/31b
讀後山詩註跋 桐江集 3/24a
後山詩注跋馮方撰 蜀文輯存 54/17b
後樂集跋衞櫓撰 後樂集 20/15b
跋後溪敬堂詩卷 北澗集 7/10a
跋胸山公集 復齋集 10/18b
書王知載胸山雜詠後 豫章集 26/12b
跋勉齋集 黃氏日鈔 91/19b
跋趙君鼎風月集 梅山雜著/4b
題建安李演風露吟小稿 恥堂稿 3/27a
省齋集跋唐潛敦撰 省齋集/跋 1a
省齋集跋郭應祥撰 省齋集/跋 1b
省齋集跋丁南金撰 省齋集/跋 5b
省齋集跋蔡容齋撰 省齋集/跋 4a
省齋集跋王高全撰 省齋集/跋 4b
省齋集跋葉謙之撰 省齋集/跋 5a
省齋集跋孟程撰 省齋集/跋 6a
省齋集跋揚洵撰 省齋集/跋 7a
省齋集跋王遇撰 省齋集/跋 7b
省齋集跋王遇撰 省齋集/跋 8a
省齋集跋王容撰 省齋集/跋 9a
省齋集跋黃巖撰 省齋集/跋 9a
省齋集跋蔣伯瑛撰 省齋集/跋 10a
省齋集跋陳元粹撰 省齋集/跋 10a
省齋集跋王淮撰 省齋集/跋 10b
題建康集後葉蕃撰 建康集/跋 1a
書屏山先生文集後 朱文公集 81/5a 屏山集/卷首跋 1a
韋先生集跋韋能定撰 錢塘集/跋 1a
跋韋蘇州集 容齋題跋 2/10b
韋蘇州集跋 蜀文輯存 37/15a
題姚鍊縣尉文稿 後村集 99/4a 後村題跋 2/5a
跋蔚上人約梅集 年陵隱集 15/10a

十 畫

跋劉賓之浩然集 益國文忠集 46/9b 益公集 46/ 120a
跋梅溪王先生家政集 復齋集 10/16a
書家集後劉將孫撰 蘆豫章集/卷末 47a
跋方蒙仲記過集 後村集 106/2a
書高居實集後 建康集 3/1a
讀高齋審是集 北溪集/第四門 9/7b
書唐子西集後 默堂集 22/7b

跋唐月心詩集 潛齋集 10/8a
眉山唐先生文集後跋（鄭康佐撰） 眉山集/跋 1a
跋唐道人編余草稿 山谷題跋 9/11a
跋唐察院文稿 後村集 100/7a 後村題跋 1/8b
書秦觀詩卷後 豫章集 26/20a
跋王樞使軒山集 真西山集 36/19a
題真上人詩稿 雪坡集 41/12a
真窖遺文跋 後村集 108/15b
題夏文莊集 江湖集 31/23a
跋荊溪外集 東坡題跋 1/19b
跋魏先生草堂集 渭南集 28/11a
題翁士特文編 龜山集 26/9b
跋耘溪懇稿 黃氏日鈔 91/18b
跋李宗望倚樹吟集 牧萊臆語/二稿 8/2b
跋徐待制詩稿 渭南集 30/12b
跋徐鷹伯詩集 止齋集 41/4b
書陳瑩中書簡集卷 梁溪集 163/17b
跋退齋遺稿 後村集 107/16b
題危志仁怨齋詩稿 文溪集 5/5b

十 一 畫

跋淮海後集 渭南集 31/15b
書婆娑集後 太倉集 67/8b
梁溪先生文集跋章穎撰 梁溪集/附錄 54a
梁溪先生文集跋李大有撰 梁溪集/附錄 55a
梁溪先生文集跋鄭應龍撰 梁溪集/附錄 58a
梁溪先生文集跋黃登撰 梁溪集/附錄 60a
梁溪先生文集跋陳彭壽撰 梁溪集/附錄 60a
梁溪先生文集跋姜注撰 梁溪集/附錄 61a
梁溪先生文集跋趙以夫撰 梁溪集/附錄 61b
讀寇萊公集胡仔撰 新安文獻 22/3b
跋章南舉小稿 後村集 111/22a
跋章翔卿詩集 真西山集 36/10a
書許昌唱和集後 南澗稿 16/30a
跋康南翁詩集 無文印集 10/1a
康範詩集跋王夢斗撰 康範集/13b
跋望江鞠君集 渭南集 30/5b
題曾輔之雪澗詩集 雪坡集 41/11b
跋都官集陳杞撰 都官集/跋 5a
黃山谷内集詩跋 徐文惠稿 3/10a
跋豫章別集 宋本攻媿集 71/23b 攻媿集 73/23a
書黃子思詩集後 蘇東坡全集/集後 9/14a 東坡題跋 2/38b

題黃耕曼存稿　四如集 2/21a

黃紹谷集跋　廬齋集 13/3a

跋任德翁梓集　渭南集 29/8a

跋梅谷集　後村集 99/15b 後村題跋 2/20a

跋彭先生梅坡集稿後　昌谷集 17/7b

梅溪續集　真西山集 34/15b

書梅聖俞稿後　歐文忠集 73/1a 宛陵集/歐後序 1a

跋曼卿詩刻　鶴助集 33/24b

書崇岳集　覃齋集 21/1b

崧菴集跋李處權撰　崧菴集/原跋 1a

崧菴集跋邵躋撰　崧菴集/原跋 4a

題張子野詩集後　東坡題跋 3/23b

柯山張文潛集書後　浮溪集 17/13a

跋張曲江集後　東觀餘論/下 65b

跋秦溪張先生集　復齋集 10/27b

書張仲謀詩集後　山谷題跋 7/13b

書張武子詩集後　宋本攻媿集 68/14b 攻媿集 70/14b

書張侍舉詩集後　太倉集 66/10b

題節推張端義荃翁集　文溪集 5/6b

題陸宣公集　江湖集 31/12a

跋四三叔父文集　渭南集 29/4a

跋陵陽先生詩草　渭南集 27/2a 蜀藝文志 59/11b

書陵陽集後　太倉集 67/8a

陳中行宣事樂府跋尾　蘆川集 9/15a

跋陳正獻公詩集　真西山集 36/1a

讀陳同甫文集跋（1－3）　桐江集 3/10b－13b

題彭城陳先生集王雲撰　後山集/卷末 2b

書彭城陳先生集後任淵撰　後山集/卷末 3a

跋〔陳東〕遺稿潘集征撰　陳修撰集 10/14a

跋〔陳東〕遺稿李大同撰　陳修撰集 10/15a

跋〔陳東〕遺稿樓中之撰　陳修撰集 10/15a

跋〔陳東〕遺稿羅梓古撰　陳修撰集 10/15b

跋〔陳東〕遺稿陳珄撰　陳修撰集 10/16b

跋〔陳東〕遺稿羅愿撰　陳修撰集 10/16b

跋〔陳東〕遺稿許元實撰　陳修撰集 10/17a

跋〔陳東〕遺稿劉希仁撰　陳修撰集 10/17a

跋〔陳東〕遺稿吳溶撰　陳修撰集 10/18a

跋〔陳東〕遺稿衛介撰　陳修撰集 10/18a

跋〔陳東〕遺稿任哀然撰　陳修撰集 10/18b

跋〔陳東〕遺稿桂如虎撰　陳修撰集 10/18b

跋〔陳東〕遺稿徐敢撰　陳修撰集 10/19a

跋〔陳東〕遺稿陳宗撰　陳修撰集 10/19a

跋〔陳東〕遺稿伍霞撰　陳修撰集 10/20a

跋〔陳東〕遺稿章球撰　陳修撰集 10/20a

跋〔陳東〕遺稿廖膺嘉撰　陳修撰集 10/21a

跋〔陳東〕遺稿張介撰　陳修撰集 10/22a

跋〔陳東〕遺稿趙圖夫撰　陳修撰集 10/22b

跋〔陳東〕遺稿曹忠樂撰　陳修撰集 10/23a

跋〔陳東〕遺稿趙崇績撰　陳修撰集 10/23b

跋〔陳東〕遺稿趙崇績撰　陳修撰集 10/24b

跋〔陳東〕遺稿王濟之撰　陳修撰集 10/25b

跋〔陳東〕遺稿李節撰　陳修撰集 10/26a

跋〔陳東〕遺稿趙時實撰　陳修撰集 10/26a

題陳壽老文集後　水心集 29/18a 赤城集 17/10a

跋陳謀議書後　王著作集 3/4b

跋淵明集　渭南集 28/8b

跋陶淵明集後　東觀餘論/下 30a

書淵明集後三首　丹陽集 8/7b

題陶淵明詩後　鶴助集 33/1b

跋陶靖節文集　渭南集 30/5a

跋陶微士集後　東觀餘論/下 48a

書御史龍圖公集後　碧梧集 14/2b

十　二　畫

游季僊索詩文集成兩編書後　方是閒稿/卷末 1a

跋温庭筠詩集　渭南集 26/15b

書富春斷案集後　洽水集 13/10b

跋童氏子名之懋,字竹咏詩集　本堂集 45/1a

題童竹澗詩集序　勿軒集 1/13b

書陳孟剛童烏集後　覆瓿集 4/2a

跋馮聖先詩集語　尹和靖集 4/8a

書曾子固集後　張右史集 47/7a

跋曾文清公詩稿　渭南集 30/11b

題曾南夫集序　益國文忠集 49/14b 益公集 49/53b

跋雲丘草堂慧舉詩集　宋本攻媿集 71/9a 攻媿集 73/8b

跋雲丘詩集後　渭南集 29/14b

跋趙次山雲舍小稿　廬齋集 13/15a

跋張監丞雲莊詩集　渭南集 28/8a

題趙應之雲集集　客亭稿 7/21b

題琴溪記詠　黃氏日鈔 91/6b

跋壺山詩集　昌谷集 17/6a

跋彭忠肅文集　真西山集 36/24a

跋彭監丞集　朱文公集 84/17b

題博愛堂詩卷後　牟陵陽集 16/1b

書孫氏棟亭集後　道鄉集 32/6b

書張君壽希崖敝帚集荷屋　本堂集 46/6b

讀包宏翁敝帚集跋　桐江集 3/20b

跋紫極宮揭松一默堂詩集　無文印集 10/3b

跋書菊莊詩集　竹坡稿 3/15b

跋鳳山楊先生景申集　復齋集 10/20a

題嵩陽景适生文集後晁公祖撰　嵩山集/雜文 7b

題喻季直文編　龍川集 16/20a

題舜孝　復齋集 10/7b

跋鄭大惠飯牛集　真西山集 34/6a

書徐致遠無絃稿後　敝帚稿 5/11b

程務實詩集跋　秋崖稿 43/1a

絜齋集書後　絜齋集/末 1a

跋傅判院著述稿　復齋集 10/19b

跋復休庵詩集　無文印集 10/2b

跋象山先生集　蒙齋集 15/19a

書浮休先生畫墁集後　太倉集 67/9a

跋給事徐侍郎先集　後村集 109/12a

跋鄉僧詩集　廣齋集 13/13a

十 三 畫

跋溪上翁集　朱文公集 82/10b

跋滕南夫溪堂集　朱文公集 82/12b　新安文獻 22/4b

又書溪堂集後　益國文忠集 47/17b　益公集 47/20a

書慈湖遺稿　蒙齋集 15/16a

題慈順堂集　巽齋集 18/7b

跋資暇集　渭南集 28/1b

跋彭瓐瑞麟集　省齋集 9/15b

跋永嘉王秘監楠合齋集　復齋集 10/18a

書楊東里詩集後　佩韋集 8/9a

跋郭元邁廡中詩卷後　江湖集 31/1a

跋董長卿名斗祥,號梅齋詩編　本堂集 44/2a

睢陽子集晁公武撰　孫明復集/附錄 8b

跋嵩山景迂集　渭南集 29/7b

筠溪集跋李玨撰　筠溪集/跋 1

十 四 畫

跋齊驅集　渭南集 27/8a

題范氏蒨清堂詩文　巽齋集 18/5a

書碧岳詩集後　漫塘集 24/6a

題碧霞山人王公文集後　魯齋集 11/8a

跋趙十朋文集　杜清獻集 17/9a

跋趙子栎詩集後　益國文忠集 17/6a　益公集 17/7a

跋趙史君詩集後　洛水集 13/6b

跋趙伯泳家集　蒙齋集 15/19b

跋延平趙知錄維詩集序　復齋集 10/27b

跋趙卿遺稿　後村集 110/7a

跋趙渭南詩集　渭南集 31/14b

題方山長鄒能小稿　巽齋集 22/2a

題茂林野叟鳴娃集後　碧梧集 13/10a

熊竹谷文集跋　勿軒集 2/9a

題韓提幹伯高乃翁障東集　潛齋集 10/7b

十 五 畫

跋潔齋贈陶韓　竹坡稿 3/6a

記滿水集二事　朱文公集 71/18a

題察判學士家集後　碧梧集 14/3a

題胡直内適安集　潛齋集 5/6b

跋黃瀛父適意集　清正稿 5/26b

書諸集改字　東坡題跋 2/11a

書諸集偽謬　東坡題跋 2/10b.

門人鄭无妄書後　敝帚稿 8/23a

讀鄭北山集跋　桐江集 3/22b

自跋　心史/下 89a

鄭資政遺書跋　黃氏日鈔 91/4a

跋歐曾文粹　魯齋集 11/13b

書歐陽文粹後　龍川集 16/14a

跋六一先生詩文稿　益國文忠集 15/6b　益公集 15/122a

六一居士集跋　北澗集 5/5b

歐陽四門集　真西山集 34/16b

書唐歐陽詹集　曾南豐集 5/3a

書餘慶集古賦後　艾軒集 5/16a

題岑嵓起劍門詩刻後　錢塘集 8/7a

跋樊川集　渭南集 30/13b

跋先忠宣公鄱陽集　盤洲集 63/5a　鄱陽集/原跋 1a

書樂章集後　演山集 35/11b

跋黃容安醉地集　真西山集 36/30b

跋劉玉窗詩文　文山集 10/10a

題劉壯輿文編後　東坡題跋 1/36a

跋劉狀元集後　樓墅集 10/11b

書劉養源詩集　巽齋集 19/2a

跋劉瀾詩集　後村集 109/6a

跋劉瀾樂府　後村集 109/14a

鄧中丞家集跋　恥堂稿 3/31a

十六畫

濟庵文集跋胡澍撰　濟庵集/卷首 10a

跋濟齋集後李庚棗撰　濟齋集/附錄 4b

書龍川集後　水心集 29/6b

跋龍云先生文集後羅良弼撰　龍雲集/跋 1a

龍洲文集跋劉俊撰　龍洲集 15/1a

龍學文集跋趙體國撰　龍學集/跋 1a

題石次仲燒尾集　江湖集 31/20a

跋王達善燒痕稿　閩風集 12/4a

跋靜觀小稿　盧齋集 13/14a

跋李敬則椎唱稿　文山集 10/9b

題輞軒唱和集　盤洲集 62/6a

題輞軒唱和詩集　梅巖集 7/2b

書擇軒集後　黃氏日鈔 91/5a

跋駱賓王集　容齋題跋 1/30a

書盧全集後　灌園集 17/11a

跋唐盧肇集　渭南集 28/15a

跋常熟長錢竹岩詩集　北礀集 7/12a

跋誠齋錦江文稿　文山集 10/3b

讀賈窗荆溪集跋　桐江集 3/18a

跋鮑參軍文集　渭南集 30/15a

十七畫

跋濮陽衍慶集　黃氏日鈔 91/11a

跋禮菊泉詩集　無文印集 10/2b

讀臨川集　鴻慶集 32/3b　孫尙書集 54/14a

記舊本韓文後　歐陽文忠集 73/9b

跋昌黎文粹　魯齋集 11/13a

書韓承旨別集後　太倉集 67/6b

跋韓莊敏公遺稿　宋本攻媿集 78/15b　攻媿集 75/15a

題薛上舍集　蛟峰集 6/11b

跋薛許昌集　容齋題跋 1/29a

書先石史(薛徽言)遺編　浪語集 33/23b

跋潘子宇還淳集　魯齋集 13/9b

唐石洪鍾山林下集序跋　歐陽文忠集 141/8a

跋繆淡園文集　牟陽集 17/4b

十八畫

鷄肋集後跋晁謙之撰　鷄肋集/後跋 1a

跋魏侍郎集　朱文公集 83/8a

雙溪集後跋蘇翊撰　雙溪集/卷末

十九畫

書譚玘樂府後　益國文忠集 48/12b　益公集 48/36a

書謝郡先生文集後　太倉集 67/11a

跋麗澤遺文録後　魯齋集 11/2a

跋羅可寄詩集　牧萊脞語/二稿 8/6a

羅豫章遺集跋黃大任撰　羅豫章集/卷末 43b

二十畫

寶晉英光集跋　寶晉英光集補

題鄭南瑛礫鑛集　文溪集 5/7a

書新昌杜黃山王心月騷壇集後　本堂集 45/5a

題韻類坡詩　江湖集 31/21b

東坡先生大全集跋尾　孫尙書集 54/9a

跋東坡集　渭南集 30/5a

跋東坡樂府　豫章集 26/7a

蘇後湖詩翰跋蘇嵩撰　蜀文輯存 79/18b

跋趙簿覺庵集稿　清正稿 5/27b

跋覺齋十論　竹坡稿 3/5a

二十一畫

鶴山文集跋開慶改元夏五月甲子諸生朝請大夫成都府

路提點刑獄公撰(無撰著人姓名)　鶴山集/卷末跋/1a

王周卿註鶴山詩跋　秋崖稿 43/1b

書南豐黃大受露香拾稿　安晚集/11a

蘭皋集跋宇文十朋撰　蜀文輯存 95/8a

題周公謹蠧展集後　碧梧集 15/2a

題天台潘少白太老續古集　本堂集 47/5a

題續池陽集　文定集 11/7a　新安文獻 22/3b

二十二畫

跋龔判院詩集　江湖集 31/2b

題汪心齋讀史雜詠後　碧梧集 13/10b

跋賀方回鑑湖集　龜山集 26/5a

二十三畫

樂城集後跋蘇森撰　蜀文輯存 76/11a

樂城集跋蘇翊撰　樂城集/後序 2a

跋巖壑小集　渭南集 31/16b

二十四畫

題靈寶集後　北山集 25/15b

3. 總集類

題二劉文集後　水心集 29/8a

[清江三孔集]跋　四庫拾遺 43b/麗軒集

題三劉先生家集李伯玉撰　三劉家集/4b

書三謝詩後　眉山集 15/1a

跋三蘇遺文　渭南集 27/5a　蜀藝文志 59/12a

跋四靈詩選　梅屋雜著/7a

題六君子古文後　江湖集 31/11a

跋王伯奮所藏文苑英華　宋本攻媿集 71/24a

跋文章正宗　後村集 109/9a　後村題跋 1/12a

郡學刊文章正宗跋　後村集 106/7b

題文選　東坡題跋 2/5a

題梁昭明太子文選　東塘集 19/1a

書文選後　東坡題跋 2/6b

昭明文選跋　尤梁溪稿/補遺 2b

題文選雙字　東塘集 19/1b

題中興集乙　心史/上 44a

跋中興間氣集（1－2）　渭南集 27/7b

書四家詩選後　梁溪集 162/3a

跋西崑酬唱集　渭南集 26/14b

跋西崑酬唱集　渭南集 31/15a

跋百家詩選後　東觀餘論/下 13b

題宋百家詩　江湖集 31/25b

讀宏詞總類跋　桐江集 3/15b

跋邱忠定與鄭檢法唱酬集　漫塘集 24/4a

書皇朝文鑑後　洛水集 13/17b

書泉山贈言後　鴻慶集 32/1a　孫尙書集 54/13a

書唐人絕句編後　洛水集 13/15b

書題紫芝編唐詩　竹坡稿 3/11b

跋晉代名臣文集　容齋題跋 1/28b

隆興路學題書籍　須溪集 7/34a

跋查菴懷净土薦倡集並馮給事歸去來詞　北

礀集 7/6a

書滄海遺珠後　太倉集 67/5b

諸賢與艾軒書跋　盧齋集 13/20a

諸賢與東巒書跋　盧齋集 13/20b

書賦編後　灌園集 17/12b

跋譚氏編首　潛齋集 10/9b

4. 詩文評類

跋文章緣起　盤洲集 63/6a

書作論法後　龍川集 16/22b

跋後山居士詩話　渭南集 26/16a

讀後山詩話跋　桐江集 3/23b

跋劉貢父詩話　文定集 10/6b

跋練溪詩話後　尊德集 2/2b

5. 詞曲類

書三學士長短句新集後　雙溪集 11/7b

題東堂詞集　江湖集 31/11b

跋花間集（1－2）　渭南集 30/8b－9a

跋莊龍溪民謠　後村集 110/18a

二、文 跋

一 畫

跋誠齋爲譚氏作一經堂記(名去疾字更生一字淡明) 北礀集 7/10a

二 畫

書二李傳後 斜川集 6/31b
御製二銘跋 後村集 101/7b 後村題跋 3/9b
讀十二月卦 悅齋文鈔 9/1a
跋王才臣十史論 益國文忠集 48/12b 益公集 48/35b
跋丁氏手簡並剛異詩卷 張華陽集 33/7a
跋沈君迪丁酉上書 竹坡稿 3/13b
跋八箴 絜齋集 8/16b
跋九峰了應渦山警策後 北礀集 7/5b
題刀鎌民傳後 豫章集 30/16a

三 畫

題三公子傳 公是集 48/1a
題柳子厚三戒後 姑溪集 42/4a
嘉興薄廳三秀堂記跋尾 高峰集 11/20a
跋徐仲祥天麟三表說 昌谷集 17/14b
跋劉夢得三閣辭 豫章集 26/5a
跋曾世選三賢論 盧溪集 50/4b
跋三蘇畫像贊 益國文忠集 16/9b 益公集 16/143b
書大呂申公試卷後 洛水集 13/18a
跋周元翁龍眠居士大悲贊 豫章集 30/13b
書大象賦 浪語集 27/13b
跋大慧回大禪杆山長老書 無文印集/語錄/題 7a
跋營上人大慧禪師傳 孫尙書集 54/7b
跋錢希白上宰相啓 盧溪集 49/2a
跋東坡上樞密論開邊書 宋本攻媿集 68/17a 攻媿集 70/16b
題東坡上薛向樞密書 益國文忠集 48/8b 益公集 48/31a

跋山甫家書 後村集 111/25a
跋章政平刺血上表乞父北還表後 毘陵集 11/9a
跋劉師文昆仲乞增母壽疏稿 宋本攻媿集 72/20b 攻媿集 74/18a
(乞寢史嵩之職名奏狀)跋語 後村集 80/12b
久久書後九跋 心史/上 77a－83a
記己酉杭州鄭樞密事 益國文忠集 18/14b 益公集 18/41a
跋子淵兄弟行實 絜齋集 8/12b

四 畫

跋卞居讓攝泰州長史牒並宣徽院公文 宋本攻媿集 69/15a 攻媿集 71/15a
書胡澹庵爲忠獻作卞壺祠記後 山房集 5/5a
六祖堂題銘跋尾 宗伯集 15/18a
書六賦後 東坡題跋 1/33a
跋文元公行狀後 慈湖遺書 18/27b
書文中子傳後 鑄津集 16/5a
題東坡奏文呂二公免拜詔 文定集 11/3a
跋方至文房四友除授四六 後村集 106/18b
跋文恭公墓誌 栟櫚集 20/4b
跋東坡所作文與可硯屏贊 宋本攻媿集 68/17a 攻媿集 70/17a
文廟五臣封爵割子跋 蜀文輯存 92/6a
文廟五臣封爵割子跋支南榮撰 蜀文輯存 99/3b
跋方汝玉行卷 後村集 106/14a
跋方耕道書 勉齋集 22/2b
書伯兄心箴後 魯齋集 11/16a
跋户曹考課牒 芸庵稿 6/28b
題孫叔諭序王文炳 橫浦集 19/9a
跋王太初所題 朱文公集/別 7/11a
跋汪季路所藏東坡作王中父哀詞 益國文忠集 18/1a 益公集 18/25a
跋王少保行述 宋本攻媿集 68/5a 攻媿集 70/5a
跋王立之諸家書 豫章集 28/23b

跋王用和行卷　後村集 107/13a

跋王民瞻文　滄庵集 32/17b

跋王如晦文卷　宋本攻媿集 72/18a　攻媿集 74/16a

書杜孝恭所記王宣功伐　益國文忠集 19/16a　益公集 19/67b

跋王禹玉謝翰林學士承旨表本　益國文忠集 17/7b　益公集 17/9a

跋王禹玉立英宗爲皇子詔草及當日請對奏稿　益國文忠集 17/8a　益公集 17/9b

跋王岐公立英宗韶草　宋本攻媿集 69/1a　攻媿集 71/1a

跋河東轉運王忠陷虜後家書　鶴山集 59/11a

跋王信臣行實　朱文公集 84/13b

題王荊公家書　益國文忠集 15/9a　益公集 15/125a

跋王荊公與呂申公書　文定集 11/6b

跋王寄樸遺事　竹坡稿 3/14a

跋王逢原小傳後　忠穆集 7/3b

跋老蘇先生所作王道矩字說　山谷題跋 8/17b

跋王實之與喻淮東　後村集 108/18b

跋王端明奏稿　朱文公集 82/25b

跋王平甫所撰王職方墓表　益國文忠集 16/7b　益公集 16/141b

書王蟠後事　鶴助集 33/3b

書王蟠後事文　淮海集 33/1b

題王觀復所作文後　陵章集 26/16a

題柳仲塗天平山記後　安陽集 23/1a

天平范氏諸跋程敎序撰　蜀文輯存 51/24b

跋鄧石文天池記　柿欄集 20/3b

書天竺呆古鏡住持箴　平齋集 10/17b

書元祐八年補録　文定集 10/15b

跋隆興王邦立所藏元祐關書　文山集 10/13b

書元齋跋後　雪坡集 41/3a

御批丐祠不允兩奏並詔書跋　益國文忠集 14/13a　益公集 14/113a

御批丐祠不允兩奏跋　益國文忠集 14/14a　益公集 14/114a

御批丐祠不允奏並詔書跋　益國文忠集 14/11a　益公集 14/110b

御批丐祠不允奏並詔書跋　益國文忠集 14/12a　益公集 14/111b

題太極西銘解後　朱文公集 82/15a

跋李用之太極問答　竹坡稿 3/13a　新安文獻 23/1a

跋西山太極問答　竹坡稿 3/14b

跋沈國録煥淳熙八年太學私試策問　鶴山集

62/11a　定川遺書/附録 2/21b

御批不允致仕奏並詔書跋　鄭忠肅集/下 13b

題不易心泉銘後　巽齋集 37/22a

題張魏公爲王詹事作不欺室銘　文定集 12/3b

跋張魏公不欺室銘　眞西山集 34/7a

題不養出母議後　朱文公集 84/28b

跋盧氏友于堂記　恥堂稿 3/33a

書韓公五箴　文定集 10/5a

梅摯五瘴說跋朱希顏撰　粵西金石畧 10/1b

題五顯事實後胡升撰　新安文獻 23/4a

跋胡侍郎撰比真觀記　盧溪集 50/3a

跋胡子知止齋記後　九華集 20/10a

題陳東井日者卷　覆瓿集 4/1b

跋日者邱賦庵所攜薦序　棟堂集 10/14b

日者葉宗山行卷跋　後村集 99/4b　後村題跋 2/5b

跋中散留題　北山集 16/1a

遊中巖行記(1－3)　山谷題跋 8/27a

跋介軒記後　巽齋集 20/9a

跋呂元吉先人介軒記後　文山集 10/6a

跋張欽夫介軒銘　誠齋集 98/2b

題分甘亭記後　鶴助集 33/2a

跋東坡牛賦　朱文公集 82/25b

書柳子厚牛賦後　蘇東坡全集 9/18b　東坡題跋 1/16b

跋牛頭心銘　山谷題跋 8/19a

書廖德明仁壽廬條約後　朱文公集 83/31b

丹陽志媿跋　黄氏日鈔 91/2a

跋丹稜彭君墓志銘　鶴山集 59/4a

書屯田三事詔跋(後)　金佗粹編/續 1/13a

題勿軒先生行狀李謙撰　勿軒集/附録 4a

跋李德文勿齋四箴　鶴山集 59/1a

跋滕君勿齋記後　絜齋集 8/11b

書尹和靖墓銘後　魯齋集 13/8a

論尹師魯墓誌　歐陽文忠集 73/5a

跋李之儀端叔尺牘　歸愚集/補遺 6b

跋張永州尺牘　誠齋集 103/4b

跋蘇養直尺牘後　孫尚書集 54/10b

書崔尚書尺牘後　洛水集 13/15b

跋李秀弔東坡文　石門禪 27/18b

五　畫

跋劉搉堂作立齋銘　魯齋集 13/7b

跋永城縣學記　歐陽文忠集 73/12a

永壽縣太君告詞跋尾　宗伯集 15/19b

跋呂達德所收平園文字　文山集 10/3a

跋王易簡玉仙傳後　東觀餘論/下 32b

邵瀷翁玉成說　潛齋集 10/5a

書正信和尚塔銘後　蘇東坡全集 40/15b　東坡題跋 1/46a

跋鄰道鄉甘泉銘　恥堂稿 3/33b

可友亭記跋　北山集 25/17a

書左傳醫和語　東坡題跋 1/38a

跋折仲古文　盧川集 9/11a

古書巘留題楊輔撰　蜀藝文志 64/7b

跋楊廷秀石人峰長篇　益國文忠集 49/9b　益公集 49/47b

〔跋〕魏侍中王粲石井欄記　元豐稿 50/1b

跋東陽郭氏石洞書院記　昌谷集 17/14a

跋石洞霄傳　斐然集 28/6b

跋石洞霄傳　文定集 12/9b

〔跋〕尚書省郎官石記序　元豐稿 50/3b

題石曼卿送周卿遊邊　嵩山集 18/30b

書東坡石菖蒲贊後　牟陰陽集 15/3b

跋石鼓文辨　渭南集 31/15a

石鼓祝章祭文後　真西山集 34/11b

〔跋〕江西石幢記　元豐稿 50/5b

跋坡公石鍾山記　後村集 110/10a

跋石鐘山記後　東坡題跋 1/35b

跋范太史記司馬公布衾銘　鶴山集 62/16b

跋司馬温公布衾銘後　東坡題跋 1/23b

書布衾銘後　張右史集 48/7b

北山公敕賜尚書禮部侍郎跋潘霆孫撰　北山集

叢書集成本 373 頁

跋彭子壽甲寅奏稿並目録手澤　宋本攻媿集 76/ 12b　攻媿集 78/12b

書田布傳後　斜川集 6/29b

跋史嵩之母家氏墓誌　鶴山集 61/17a

跋吳仲堅史論　真西山集 34/1b

跋四十年前補試卷　鶴山集 65/6b

跋掄甫姪四友除授制　後村集 108/14b

題孔融四公頌　無爲集 9/10a

跋余氏四以齋銘　後村集 107/3b

有宋福建莆陽黄仲元四如先生夢筆記後跋余

一議撰　四如集/後序 1a

書四戒　東坡題跋 1/23a

跋劉景明四美堂序　誠齋集 98/4b

代書晦庵先生四齋藏　勉齋集 22/1b

生臺銘跋　山谷題跋 8/21b

跋高師機斯衛生賢閣記後　可齋稿/續前 5/18a

跋丘氏家則　洛水集 13/5b

跋白兆語後　山谷題跋 9/7b

題賈長卿高彦休體白樂天事　張石史集 48/11b

宋文選 29/9b

跋司馬温公呂申公同除内翰告　益國文忠集 16/ 19b　益公集 16/155b

書司馬温公咨　横浦集 19/8a

跋司馬温公與潞公書　山谷題跋 7/16b

題司馬季思所藏温公賓次咨目後　抽齋集 20/ 9b

書温公誌文異壙之語　東坡題跋 1/21b

書尼刺　北礀集 7/11a

六　畫

書江西道院賦後　山谷題跋 7/9a

跋江表民願文　石門禪 27/15b

書瀧水趙宰汝軻生祠碣後　文溪集 5/3a

跋字文中允傳　南軒集 34/6b

跋安氏教子五說　方舟集 13/12b

跋〔安丙作〕崔次和勉齋銘　鶴山集 61/16b

讀安樞密行狀　文定集 10/14b

遊瀘州合江縣安樂山行記　山谷題跋 8/26a

書字浩說後　克齋集 7/22b

書充泉銘後　巽齋集 21/3a

題謝昌國式華堂記　益國文忠集 47/8b　益公集 47/ 10a

跋吉水蕭氏祖長宣告　益國文忠集 48/4b　益公集 48/26a

書吏商贈趙仲堅題其後　宋本攻媿集 70/8a　攻媿集 72/6a

西山南浦行記　山谷題跋 8/24b

跋西山翠巖寺南唐保大中賜僧無殷詔書　益

國文忠集 16/11a　益公集 16/145b

跋黄若晦西膝棄室記　浣川集 9/4b

書在軒銘後　在軒集 7a

跋傅正議至樂菴記　渭南集 27/6b

跋光祿堂記　漫賓集 15/2a

此所跋　黄氏日鈔 91/13a

跋此庵記　益國文忠集 16/9b　益公集 16/144a

跋艾軒繳新除殿中侍御史書黄奏稿　後村集 101/3a　後村題跋 3/3b

題馮仰之因重論後　鶴山集 65/2b

跋龔尉所記全氏心遠室　真西山集 36/9b

書合論後　道鄉集 33/7b

跋朱文公所與任伯起樞密束　鶴山集 62/13b

跋朱文公答李從事書　復齋集 10/21b

跋朱文公與陳丞相書　後村集 101/3b　後村題跋 3/4a

題朱兄文　秋崖稿 43/9b

跋朱奉使奏狀　朱文公集 83/10a

朱相士贈卷跋　後村集 99/2b　後村題跋 2/3a

跋朱給事奏劄　朱文公集 81/1a

跋大父(朱森)承事府君行狀　朱文公集 84/25b

跋朱新仲自誌墓　益國文忠集 16/19a　益公集 10/155a

跋朱新仲舍人自作墓誌　渭南集 28/17a

書朱道者傳後　筠溪集 21/16a

書朱暉傳後　山谷題跋 9/23a

跋朱瀧山自撰墓誌　宋本攻媿集 68/8a　攻媿集 70/8a

跋蘇澤先天太極論　後村集 409/2a

先友總跋　魯齋集 12/5b

跋金壇李提幹先世諭　黃氏日鈔 91/4b

跋先訓　魯齋集 12/3a

書王元之竹樓記後　豫章集 26/7a

跋三山林貢元立武伏關書　黃氏日鈔 91/7a

書印紙後　澹塘集 24/1a

書所題印紙語後　澹塘集 24/18a

讀仲氏之誥　悅齋文鈔 9/4a

跋任氏香園記　宋本攻媿集 68/4a　攻媿集 70/4a

書仰孝子行實後　宋本攻媿集 68/2a　攻媿集 70/2a

跋歐陽詹自明誠論　范成大佚著/143

跋關著作行記　渭南集 26/10b　蜀藝文志 59/12b

題名茶記　魯懋公集 72/10a

七　畫

跋沈寺丞墓誌　南澗集 16/26b

跋德清沈敏學先銘　東牟集 13/14b

跋湖州沈壽岡之祖墓銘後　益國文忠集 16/3b　益公集 16/136b

書沈麟士傳後　太倉集 66/10a

跋汪公祭文　魯齋集 12/3b

書汪聖錫簡後　盧溪集 50/4a

題汪薦文卷　後村集 101/10a　後村題跋 3/13a

書沖厚居士墓銘後　歐陽文忠集 73/7a

跋趙司令楷沙市辨證　後村集 100/5b　後村題跋 1/7a

題宋元憲公表稿　益國文忠集 18/7a　益公集 18/32a

跋宋母墓表趙昌父作宋白適母　後村集 99/6a　後村題跋 2/7b

題宋景文公家書　益國文忠集 18/7a　益公集 18/32a

跋宋運判兩奏稿　益國文忠集 48/5b　益公集 43/27a

跋辛龍泉行狀　文山集 10/8b

跋辛簡穆公與秦檜爭和議奏稿　鶴山集 83/16b

跋辛簡穆遺事　真西山集 36/13b

社倉事目跋語　朱文公集 99/21b

跋朱元晦所作南城吳氏社倉記　益國文忠集 49/2a　益公集 49/39a

跋袁州萍鄉縣社倉記　朱文公集 84/26b

跋浙西提舉司社倉規　盧齋集 13/1a

跋董間軒成子苦吟說　梅巖集 7/4a

跋成公疏後　雞肋集 69/12a

記成石銘　文定集 10/6b

跋真侍郎成宣吏四事十書　復齋集 10/22b

跋成殺文　盤州集 62/12a

跋吳氏戒殺文　燭湖集 10/15b

跋戒殺生文後　嵩山集 18/21a

跋理宗戒飭僥倖姑息疏薄方叔撰　蜀文輯存 83/19a

書邢居實文卷　豫章集 26/14b

跋赤溪山主頌　東坡題跋 1/17a

跋孝女記　碧梧集 14/7b

題慈湖先生書孝本末　蒙齋集 15/16b

跋杜子師字說　張右史集 47/4a

跋杜氏墓誌　盤洲集 62/10b

跋虞秦公板所撰杜府君與權墓銘　鶴山集 62/1a

書杜牧集僧制　東坡題跋 1/37b

書晁無咎所作杜輿子師字說後　蘇東坡全集/後集 9/12b　東坡題跋 1/14b

跋杜隱君墓銘　牟陵陽集 15/1a

書杜瓘父墓誌銘　北海集 36/9a

跋李文敏公遺事　宋本攻媿集 73/13b　攻媿集 75/13a

跋仗節死難武德李公翼行狀　緣督集 10/1a

跋李氏記先夫人孫氏藏書訓語　黃氏日鈔 91/9b

跋李氏述先記　東坡題跋 1/43a

跋魯直李氏傳　東坡題跋 1/29a

書黃魯直李氏傳後　蘇東坡全集 40/15b

題李光論馮澥劄子　南軒集 33/1a

跋李先之文　文定集 12/6b

書李志中文後　東坡題跋 1/28a

記李邦直言周瑜　東坡題跋 1/39a

跋李防禦遺文　斜川集 6/33b

跋李武義翼行狀　宋本攻媿集 69/8b　攻媿集 71/8b

跋先大父秦國公所作滄州使君李昌年墓誌銘　益國文忠集 17/14b　益公集 17/17a

跋無咎兄所作李季良字叙　嵩山集 18/30a

書李侍郎墓誌後　黃氏日鈔 91/19a

題李彥平遺書後　益國文忠集 49/14a　益公集 49/53a

跋李清臣奏疏　鶴山集 62/10b

跋李文簡公手記李稅等十事　鶴山集 61/11a

書枯冷道人李處士序後　太倉集 66/1b

跋李莊簡公家書　渭南集 27/11a

跋李國録墓銘　織茜集 37/18b

跋李敏膚行卷　後村集 101/6b　後村題跋 3/8b

書李從政墓誌　盤山集 26/12b

跋李參仲行狀　朱文公集 83/26b

跋李虞部與范忠宣公啓　渭南集 29/2b

李監簿誌銘跋　庸齋集 5/18b

跋李監簿墓誌　後村集 100/16b　後村題跋 1/21b

題李擇尚書宣論　嵩山集 18/31a

題李縣尉□□所作　黃氏日鈔 91/12a

跋李瓊州與古揚千守書　齋庸集 32/13a

讀李翱文　歐陽文忠集 73/3a

書東陽呂進士友志攻媿齋記後　洛水集 13/13a

題陳擇之克齋銘　于湖集 28/7a

跋彭惟孝求志堂記　益國文忠集 18/11a　益公集 18/36b

跋臨川張清伯求志齋記　黃氏日鈔 91/10a

題折桂院行記　朱文公集/別 7/9a

跋虞雍公允文折廬使奏劄　鶴山集 60/7a

跋韓熙載投吳狀　宋本攻媿集 76/13a　攻媿集 78/13a

跋吳垕投匭書後　後村集 107/3a

樂斯拋碑文朱橙撰　新安文獻 48/9b

題諸公邪說論後　盤山集 26/15a

書芝亭記後　孫尚書集 54/3a

書陳池州芝亭記後　普雲莊集 4/24b

跋里積約　魯齋集 13/11a

跋困齋方公耕道事實　真西山集 36/9a

跋章冠曼困齋記　真西山集 34/4a

跋呂子約與羅櫃密書　漫塘集 24/5b

跋呂子獻小簡二　盤洲集 63/4a

題呂文靖公事狀　文定集 10/12b

書呂夫人墓誌後　横浦集 19/9b

跋呂正獻公緻進興龍節廟使例外送土物奏稿　鶴山集 61/6a

題呂申公試卷　魯齋集 11/9a

跋呂伯恭日記　益國文忠集 47/7b　益公集 47/9a

題呂獻可墓誌　益國文忠集 47/4a　益公集 47/4b

跋吳少卿遺事　盤洲集 63/7a

跋吳孝子傳　後村集 99/8a　後村題跋 2/10b

書吳忠烈遺事　文定集 12/5a

跋吳省元真贊　鴻慶集 32/6b

書贈吳教授　南軒集 35/6a

讀吳廟主傳　錢塘集 16/15a

跋坐忘論　渭南集 26/7b

跋坐忘論　渭南集 28/14b

書谷永傳後　宗伯集 16/14a

題郭知章告身後　益國文忠集 18/17b　益公集 18/44b

跋蕭武寧告詞　誠齋集 100/2a

跋尤溪趙瑋廷策　後村集 108/4a

跋許廣文一鶚廷對　文溪稿 4/2b

無垢先生廷對分録跋　沈川集 9/2a

跋陵陽袁使君桂廷策　昌谷集 17/8a

跋許教一鶚廷對策　後村集 102/7b　後村題跋 4/8b

跋黃君汝宜廷對策後　真西山集 36/6b

跋李犖甫廷對策稿　雪坡集 41/8a

牡丹記跋尾　歐陽文忠集 72/10b

跋趙章泉作何夫人墓表　真西山集 36/5a

跋謝昌國所作何孝子傳　誠齋集 99/3a

跋何居仁自作墓誌　益國文忠集 46/10a　益公集 46/120b

求何秘監作墓誌銘書鄭良嗣撰　北山集/卷末 24b

跋達道所蓄伶子于文　石門碑 27/3a

跋佛頂呪　豫章集 28/1b

跋佛智與升老書　渭南集 26/16b

題佛鑑僧寶傳　石門碑 26/4a

跋免解張克明啓　朱文公集 81/24b

跋狄梁公傳　石門碑 27/1b

書子由君子泉銘後　東坡題跋 1/16a

君子泉銘跋尾　宗伯集 15/19a

八　畫

跋注心賦　渭南集 28/17a

〔跋〕法帖通解序　淮海集 35/1a

題富鄭公河北安邊策 默堂集 22/5b

跋王輔道所作河東方潛墓誌 後村集 104/15a

書陳兄治安策後 澹塘集 24/11a

題賈誼治安策後 牧萊脞語 13/3b

跋宗忠簡行實 黃氏日鈔 91/8b

跋定交篇後 默堂集 20/10a

跋李舍人放墓文 栟櫚集 19/4a

書武侯草廬語遺張以道 朱文公集/別 7/11b

跋武連湯尉檄 鶴山集 60/1a

書李統制大父武義公死節事後 洛水集 13/7b

武當贈行輔識 魯齋集 9/8a

題青城瑞石文後 摘文集 13/13b

跋臨江軍劉昌詩之父青詞稿 益國文忠集 47/12b

益公集 47/14b

跋林氏兄弟遺事後 勿軒集 1/28a

跋林府君誌銘 洛水集 13/1b

跋薛士隆所撰林南仲墓誌 宋本攻媿集 68/10a

攻媿集 70/9b

跋林襲世子字說 知稼翁集 11/6a

跋林徽州墓誌後 復齋集 10/22b

方名父松竹梅三友除授四六後語 後村集 111/15b

書松醪賦後 東坡題跋 1/32b

書六世祖析產後 洛水集 13/9a

跋陳君舉東宮進故 鶴山集 65/6a

命朱監倉東軒名 孫尚書集 54/12b

跋東陽郭德輔行狀 朱文公集 84/3a

書東卓子傳後 蘇東坡全集/後集 9/13a

跋鄭根矩傳 石門禪 27/3a

跋蘇文定公直節堂記 朱文公集 81/20a

書拉雜變 東坡題跋 1/21a

跋劉直溫拙逸軒記 玘堂稿 3/34b

書濂溪先生拙賦後 朱文公集 81/21b

跋向鄰林拘偃楚檄稿 宋本攻媿集 76/14a 攻媿集 78/14a

跋向侍郎子諲拘張邦昌家屬檄稿 鶴山集 59/1b

跋長沙幕府四箴 蒙齋集 15/10b

跋方詩境叔長官遷莆事始 鐵菴集 37/1a

題長洲縣學記後 黃氏日鈔 91/6a

周從龍長語 後村集 107/9b

題贈叔晦 寶晉英光集/補遺 2a

芸齋遺文跋 朱文公集/別 7/7b

跋易道士贈育王光老頌 鄮峰録 36/15a

跋題忠果公死節錄 棲芬集 10/14a

跋忠宣公守尚書右僕射兼中書侍郎諸任希夷撰 范忠宣集/補編 4b 蜀文輯存 72/13b

跋忠烈王傳後 牟陵陽集 15/6a

跋忠節傳 聚齋集 8/9b

楊議郎忠諫跋 可齋稿/續後 12/7a

忠穆公行實跋 雪坡集 41/1b

跋呂文靖門銘 渭南集 31/6a

書丁彥良明堂議後 淮海集/後 6/4a

書明道先生行狀後 定夫集 6/6a 二程集/附錄 42/20b

跋龔氏金花帖子 渭南集 30/10a

跋金尚書奏稿 秋崖稿 43/10b

跋閒樂先生論金陵日曆 鄮峰録 36/13b

金闕宴陽寶殿跋語 趙伯醔撰 吳都文粹 7/13a

劉允叔夢紫瓜而作舍萌題其後 宋本攻媿集 70/18b 攻媿集 72/16a

跋劉原父制詞草 誠齋集 99/4a

跋黃仲本朋友說 朱文公集 81/15a

題周子實所録 水心集 29/12b

跋周公謹自銘後 牟陵陽集 16/9b

周氏輪苗記 真西山集 35/14a

跋周生卷 盤洲集 63/2b

先太師(周利建)潭州益陽縣請修寺留題記 益國文忠集 19/19a 益公集 19/71a

題馮深居簡翁序 無文印集 10/5a

跋康節先生答富韓公束 鶴山集 62/4b

跋向子諲家邵康節戒子孫文 益國文忠集 17/6b

益公集 17/7b

書康節誡子孫文 朱文公集 81/22b

書淵明孟府君傳後 東坡題跋 1/4a

題孟葦事狀 鶴山集 64/3b

跋孟蜀王與周世宗書 宋本攻媿集 70/5a 攻媿集 72/3a

書孟德傳後 蘇東坡全集 23/8b 東坡題跋 1/1a

書杜牧阿房宮賦後 新安文獻 22/10b

九 畫

題洪厚齋行狀後 碧梧集 13/5b

跋洪提幹母夫人墓誌 黃氏日鈔 91/3b

題洞山巖頭傳 石門禪 25/12a

書美錦堂記後 罨齋集 22/3a

跋姜氏上梁稿 宋本攻媿集 70/10b 攻媿集 72/8a

跋施良翰軍政策 朱文公集 82/18b

祖仙傳跋席登撰　龍學集 13/5a
敬書先忠宣(洪皓)賜謚制書後　盤洲集 62/9a
祖先傳跋范炳文撰　龍學集 13/6b
祖先傳跋蔡武子撰　龍學集 13/6b
祖先傳跋一蘇覺撰　龍學集 13/3b
祖先傳跋六續齋撰　龍學集 13/6a
題祖姑銘　五峯集 3/54a
題祖誥　張華陽集 33/4b
跋李正之祖墳約束後　南澗集 16/27a
跋暉庵記外大父祝公遺事　竹坡稿 3/7b
題西齋祝君墓誌後　碧梧集 13/6b
書奏稿後　朱文公集 14/27b
跋奏議　陳修撰集 10/6b
跋陳兄春臺賦　杜清獻集 17/1a
恭跋御製春賦　洪文敏集 8/10a
讀封禪書劉敞撰　宋文鑑 120/6a
書淵明述史章後　東坡題跋 1/14b
書枯木道人賦後　豫章集 30/13a
題枯樹賦　蘇魏公集 72/6a
枸杞賦跋謝昌撰　蜀文輯存 73/2a
書子厚夢得造語　東坡題跋 2/22a
跋咸通湖州刺史牒　東坡題跋 4/12a
跋南安嚴主簿　斜川集 6/35a
跋邢敦夫南征賦　東坡題跋 1/30a
書邢居實南征賦後　豫章集 26/14a　宋文鑑 131/11a
南城包生行卷跋　後村集 99/1b　後村題跋 2/2a
題周洽所藏南唐牒訴　益國文忠集 47/15a　益公集 47/17a
跋德本所藏南軒主一箴　朱文公集 84/21b
跋張魏公南軒四益齋　止齋集 42/5b
跋暉庵記南軒建曲江樓　可齋稿/續稿 5/18a
跋南軒雙鳳亭記　壯堂稿 3/30b
書南華長老重辯師逸事　東坡題跋 1/11b
跋王君昭所攜厚德說　樓墅集 10/15b
跋胡文恭草稿後　聚齋集 8/9a
跋劉慶子母胡夫人萱堂記　真西山集 36/16b
跋胡公墓誌　柑欄集 20/5a
跋南康胡氏鄉約　勉齋集 22/4a
跋楊廷秀所作胡氏節齋堂記　益國文忠集 48/1a　益公集 48/22b
跋胡邦衡奏劄稿　益國文忠集 50/7a　益公集 50/63b
跋胡忠簡公諭和議稿　益國文忠集 47/6b　益公集 47/7b

書胡純伯正叔二生字說後　本堂集 46/3a
題胡邦衡侍郎撰胡從周寺丞誌文　益國文忠集 47/13a　益公集 47/14b
讀胡評事夢昱書跋　桐江集 3/15a
[胡夢昱]封事跋王遂撰　象台首末 7/1a
[胡夢昱]封事跋羅愚撰　象台首末 7/1b
[胡夢昱]封事跋史繩祖撰　象台首末 7/3b
[胡夢昱]封事跋章麗　象台首末 7/4a
胡夢昱封事跋董楷撰　象台首末 7/5b
[胡夢昱]封事跋陳彬撰　象台首末 7/12a
吉水縣刊[胡夢昱]諭詞跋陳元晉撰　象台首末 6/14a
讀曾君皆春堂記　北溪集/第四門 9/8a
跋趙承宣拱督府檄　洛水集 13/3a
跋尚鄺祖與知己書　定齋集 13/3b
題魏仲秉貞齋跋　桐江集 4/32b
跋范文正公家書　朱文公集 81/16b　吳都續文粹 55/22a
題范巨卿傳後　姑溪集 42/6a
范丞相謝表跋　平齋集 10/15b
題薊州儀曹范壇元帥府牒張　鶴山集 64/5a
唐范隨告跋　茶山集/拾遺 3a
題曾大父豫公思亭記後　南軒集 34/5a
跋李允蹈思故山賦　東塘集 19/23b
思庵記跋尾　眉山集 28/4b
書毗陵後河興廢　道鄉集 32/3a
跋山谷食時五觀　章實集 10/9b　新安文獻 22/2b
士大夫食時五觀　山谷題跋 7/22b
書食時五觀後　山谷題跋 8/12b
書新淦郭氏敍譜堂記　勉齋集 22/9a
跋朱文公秋夜歎　樓墅集 10/11a
書香山傳後　張右史集 48/6b
題張唐公香城記後潘興嗣撰　宋文鑑 131/9b
跋香嚴頌後　松隱集 33/5b
跋信岐二王傳　宋本攻媿集 73/24a　攻媿集 75/23a
跋皇子嘉王賜驩金劄子　止齋集 41/2a
跋王獻之保母壙誌　益國文忠集 46/5a　益公集 46/114b
泉州歲賜宗室度牒聖旨跋語　後村集 100/10b　後村題跋 1/13b
書侯水監行狀　黃氏日鈔 91/21a
御製很石銘跋書後趙雄撰　蜀文輯存 66/3b
書後出師表　石堂集 12/25a
題後省封事看詳　益國文忠集 15/1a　益公集 15/116a

跋羅文恭公後省駁稿　鶴山集 63/14b
後記晁子健撰　萬山集 20/47a
省齋跋孫次康撰　省齋集/跋 3a
建德縣賑耀本末　後村集 111/20b
韋齋記跋石墊撰　羅豫章集/卷末 41b
書宋故龍川史君姚公墓誌後　四如集 4/4a
跋姚君墓銘　杜清獻集 17/14a
姚南一齋名跋　後村集 109/19a
題姚雪篷答張子學問　巽齋集 21/11a
書姚廉州墓銘後　道鄉集 32/4b
跋姚編禮冊救膿　宋本攻媿集 69/7b　攻媿集 71/7b

十　畫

書安樂泉酒頌後　山谷題跋 9/24a
跋消災頌　渭南集 31/12a
跋李梅亭浮香亭說　漁墅稿 5/18b
題楊廷秀浩齋記　益國文忠集 19/2b　益公集 19/52a
書海月贊跋　寶晉英光集/補遺 7b
家書　益國文忠集 15/3b　益公集 15/119a
跋家書後陳南撰　陳修撰集 10/3a
跋向鄰林家規　宋本攻媿集 76/14b　攻媿集 78/14b
跋張龍閣家問　豫章集 25/15b
跋張安國家問　渭南集 28/14a
跋張忠確公家問　朱文公集 84/2b
跋桐陰韓氏家問　宋本攻媿集 70/16a　攻媿集 72/13b
跋唐侍卿家問　魯齋集 11/8b
常卿王忠惠公家問跋　魯齋集 11/4a
跋鄭忠穆公家問遺事　鶴山集 61/8b
家朝南避偶回任徹跋　平齋集 10/12b
記導引家語　東坡題跋 1/42a
題向士伯所收温公貯贈堊額　益國文忠集 19/16b　益公集 19/68b
跋曾召南所藏先侍郎訓戒　宋本攻媿集 75/17a　攻媿集 77/16b
跋高大卿家書　渭南集 29/16a
跋臨江軍任韶盤園高風堂記　益國文忠集 18/11b　益公集 18/37a
跋高康王墓誌　渭南集 27/10a
高無悔跋尾　淮海集 34/3b
跋高端叔詩序　橘洲集 6/8b
跋高獲敬公傳　豫章集 30/5a
跋盛子謙座中銘　益國文忠集 19/15b　益公集 19/67a

書唐子西傳　無文印集 10/12b
書唐李氏告後　建康集 3/5a
書唐李弼告後　建康集 3/4a
跋唐明皇傳　石門櫃 27/1a
跋唐昭宗賜錢武肅王鐵券文　渭南集 31/1b
跋唐建中告後　東觀餘論/下 71a
跋熊叔雅所作唐傑孝子贊　誠齋集 98/3a
跋董氏唐誥　鷄肋集 33/15b
跋唐誥　毘陵集 11/6a
跋馮君家藏唐誥　朱文公集 82/13a
跋唐僖宗賜憫實敕書　宋本攻媿集 74/5a　攻媿集 76/4b
跋唐察院判案　後村集 100/7b　後村題跋 1/9b
跋送石昌言引　東坡題跋 1/28b
跋西山真先生送李教桂高序　文溪集 4/7a
跋退之送李愿序　東坡題跋 1/15a
讀盤谷序跋　桐江集 3/17a
跋彭器資送余仲勉序　龜山集 26/15b
跋王實齋送林叢桂序　後村集 101/5b　後村題跋 3/7b
跋李尚書路樞密送張元裕主簿序　斐然集 28/5b
跋蔡忠懷送將歸賦　渭南集 29/12b
跋劉彥純送曾克後作室序　誠齋集 98/7b
題李丞相送幾叟序　龜山集 26/9a
跋送晉光序　蘇魏公集 72/9b
跋韓退之送窮文　山谷題跋 8/4a
跋王金州送瞻學錢書　方舟集 13/11b
題陸本益齋記　益國文忠集 47/14b　益公集 47/16b
跋秦少章雜文　益國文忠集 50/1b　益公集 50/57b
記少遊論詩文　東坡題跋 3/12b
跋秦希甫墓銘　漁庵集 32/19a
題珪粹中偶後　盧溪集 49/4a
書珠子法後　東坡題跋 1/21a
跋袁光祿叡與東坡同官事迹　宋本攻媿集 75/9a　攻媿集 77/8b
跋袁繁齊答舒和仲書　四明文獻集 1/26b
題趙章泉所作桂山書祠堂記後　漫塘集 24/18a
書桂芝堂記後　黃氏日鈔 91/1b
跋桓宣武傳後　東觀餘論/下 74b
跋子由栖賢堂記後　東坡題跋 1/24a
讀樓攻媿桐君祠記跋　桐江集 3/9a
跋桐岡書舍記　魯齋集 11/5b
跋許兄桐嶺書院本末　秋崖稿 43/11a

先祖内翰亡第二女埋銘記識語蔡檢撰 北海集 36/11a

[跋]厝井銘 元豐稿 50/6a

書真西山潛江東日與建平尉兄往復救荒麻後 漫塘集 24/14b

跋西山與李用之書 後村集 100/17a 後村題跋 1/ 22a

跋西山與邱宣義書 後村集 100/17b 後村題跋 1/ 23a

跋西山贈日者郭公序 後村集 99/9b 後村題跋 2/ 13a

書真潛與建平尉兄書後 漫塘集 24/14b

御製真武贊恭書 安晚集/4a

跋後唐汾陽王真堂記 金石録 30/9b

跋真誥栗靈教戒條後 東觀餘論/下 48b

題真歸誥銘 石門禪 26/3b

跋夏子壽墓誌銘 杜清獻集 17/8b

書夏肯父乃父誌銘後 漫塘集 24/12a

跋夏迪卿誌銘 蒙齋集 15/21b

跋夏迪卿墓銘 杜清獻集 17/4a

跋砥柱銘後 豫章集 30/11b

題魏鄭公砥柱銘後 山谷題跋 8/5b

題韓愈原道 香溪集 19/5b

跋黃端冕原學 畏室集 2/17b

書馬處士墓銘後 杜清獻集 17/17a

跋高侯行實 朱文公集 83/16b

跋虔州學記遺吳季成 豫章集 25/7b

跋荊溪教藏記 北磵集 7/17b

跋古心爲岳甫姪作草塘記 無文印集 10/4b

題王介甫荀卿論下 悅齋文鈔 9/9b

跋東坡剛説 嵩山集 18/19b

跋東坡剛説 朱文公集 83/22a

題畢西臺墓誌後 斐然集 28/4a

跋晁百谷字敍 渭南集 27/1b

跋程君師中時文贊卷 桐江集 4/1a

跋蕭唐叟時庵記 益國文忠集 46/13a 益公集 46/ 124a

跋時逐齋遺言 魯齋集 11/1b

唐元結峴臺銘跋 歐陽文忠集 140/13b

跋温公倚几銘 宋本攻媿集 76/3b 攻媿集 78/3b

跋倪文節遺奏 杜清獻集 17/1b

書無名師息心銘後 豫章集 30/14a

題顧侯射記後 朱文公集 82/11a

跋陳文惠公記鳥君事後 東觀餘論/下 75b

跋黃壷隱所藏師説 朱文公集 84/26a

書師説後 南澗集 16/27b

跋師瀕堂記 雪坡集 41/5b

跋微上人徑山賦後 筠溪集 21/20a

跋徐氏二誥(1-2) 後村集 111/3b-4b

跋徐季節文 杜清獻集 17/5b

徐徑坂銘楾塋徐侍郎墓跋 唐齋集 5/15b

跋徐狀元爽祥符五年敍牒 宋本攻媿集 68/8b 攻媿集 70/8a

書徐晉寧傳後 江湖集 31/6b

記徐陵語 東坡題跋 1/13a

題徐雲翔先述後 碧梧集 13/6b

跋徐會稽題經 後村集 110/9b

跋徐節孝語 渭南集 31/14b

書徐德占題壁後 豫章集 30/8a

[跋]殽羔論 山房集 5/4b

跋廖明晏能賦堂記後 雞肋集 33/13b

跋吳仲卿恕齋記 後村集 111/1a

跋胡季隨恕齋記後 尊德集 2/3a

題探判監奏稿 五峰集 3/51b

跋孫莘老告身 益國文忠集 16/12a 益公集 16/146b

書渤海郡王孫戩傳後 演山集 35/7a

跋陳履道丞嘗田約 勉齋集 22/8a

再跋參政龔公陸辯奏稿 朱文公集 82/19a

記參政龔公陸辯奏稿後 朱文公集 82/17a

書孫之翰墓誌後 傳家集 73/3b 司馬温公集 79/7b

孫安人誌銘跋 唐齋集 5/19a

跋孫府君墓誌銘 渭南集 27/4a

書孫晟傳後 宗伯集 16/24a

題孫教授誌銘 鶴山集 64/6b

十 一 畫

書淳熙二年十二月獄空獎論後秦灼撰 蜀文輯存 64/20b

淳熙戊申國書跋 益國文忠集 46/1b 益公集 46/ 110b

書卓生甫深衣述後 本堂集 47/1a

跋深衣說曹涇撰 新安文獻 24/1a

跋元聖庚清水巖記 豫章集 26/21b

題張泰然清白堂記 嵩山集 18/31b

跋房氏清白堂記 鶴山集 59/4a

跋沈大卿德和修净覺塔記 北磵集 7/3a

書淮西碑文後 祖徠集 8/6a 宋文選 15/9a

跋德光與梁世昌頌　益國文忠集 80/2b　益公集 80/　跋山谷黃蘖字序　真西山集 36/6b
127a　跋黃夢升墓誌銘　盧溪集 50/2b
跋梁仲謨尚書奏稿　益國文忠集 50/10a　益公集 50/　書子由黃樓賦後　東坡題跋 1/20b
67b　跋黃魯直與蕭氏書　益國文忠集 19/14a　益公集 19/
跋唐相梁國忠公爲吏部侍郎加勳告　益國文　65b
忠集 17/13b　益公集 17/16a　跋昭武黃漢文卷　桐江集 3/31a
跋寄庵記　竹坡稿 3/3b　辨蕉字　豫章集 25/17b
題章致平丐父内徙表後　苕溪集 27/3b　跋番易徐應明梯雲峽　文山集 10/12b
跋宋正甫記章泉事　真西山集 36/3b　跋宋自達梅谷序　後村集 101/11b　後村題跋 3/14b
跋章援致平與坡公書　後村集 99/9a　後村題跋 2/　書李君梅花祠後　漫塘集 24/7b
12b　跋陳宰梅花賦　梅山續稿/4b
跋姚宣伯所立許斯二孝子墓表　宋攻媿集 72/　跋陳昌年梅花賦　宋本攻媿集 69/16b　攻媿集 71/
17a　攻媿集 74/14b　16b
書郭文語　東坡題跋 1/40a　跋宋廣平梅花賦附梅花賦　桐江集 4/5b　新安文獻
書郭元壽家叔黨書後　太倉集 66/8b　23/6b
題郭氏種德庵記　秋崖稿 43/6a　跋梅花賦　牟陵陽集 16/3a
書郭秦公事實後　緣雲集 4/18a　題梅福傳後　鄮津集 16/3b
跋郭節度父墓誌銘　簡齋集 1/6a　跋曹子方墓誌銘　盧溪集 50/2a
跋郭靖父告　可齋稿 23/5b　書曹武惠王傳後　攻媿集 75/1a
郭傅師太尉曾祖墓銘跋尾　高峰集 11/20a　題處士樊記後　存雅稿 3/4a
跋郭德誼墓誌銘(1-2)　渭南集 27/16b-17a　跋莊侍郎行實　後村集 111/24a
題普慈馮惟一率錢建貢院疏後　鶴山集 61/5b　讀斐師德傳　梅溪集/前 19/1b
跋了翁責沈　南軒集 35/3b　跋秦伯鎮兵部問易康節書　鶴山集 62/5b
跋了齋責沈　鶴山集 61/15a　書問政先生諸後　豫章集 25/15a
題了翁責沈　盤山集 26/6b　跋楊司理德輔之父紀問辨曆　鶴山集 61/5a
跋趙延康公責偶楚書　止齋集 41/9a　題黃龍清禪師晦堂贊　山谷題跋 8/13a
跋趙伯山責偶楚書　宋本攻媿集 69/7a　攻媿集 71/　崔文昌書翰跋鳶鑒監丞伯登作　平齋集 10/10b
7a　書崔公冶書後　濳庵集 32/2b
跋陳了翁責說　朱文公集 82/16b　跋崔菊坡與劉制置書　後村集 108/1a
題周子靖理齋銘後　鶴山集 65/2a　題崔圓傳後王無咎撰　宋文鑑 131/13b
跋南豐黃世成銘文　益國文忠集 19/14b　益公集　書釣臺壁間何人所題後　朱文公集 84/15a
19/63b　跋第五永篇　鷄肋集 33/23a
跋黃志仁字說　樓垈集 10/15a　書偶韶後　朱文公集 83/10a
題黃叔度傳後　唯室集 2/16a　跋術者施元龍行卷　後村集 109/1a
跋黃刺史公移　宋本攻媿集 72/2b　攻媿集 75/2b　跋樓聖準得母記　滄川集 9/4a
跋黃尚書由與任千載逢書後　鶴山集 59/2b　題御前曆子　蘇魏公集 72/8a
跋黃侍禁墓銘　豫章集 30/11a　跋李邯鄲撰御書閣記後　東觀餘論/下 5b
跋陳北山序黃春伯本末　真西山集 36/29a　書鄭北山祭吳忠烈廟文　魯齋集 13/4a　北山集/
題潛守黃連傳　文溪集 5/1a　卷末 62a
跋福清黃尉字說　後村集 110/19a　跋子瞻祭胡屯田文　豫章集 30/8b
跋黃給事行狀稿　盧溪集 49/1a　跋東坡祭范蜀公文　朱文公集 84/11a
跋黃廉夷仲行狀　益國文忠集 16/4b　益公集 16/　跋東坡祭范蜀公文　攻媿集 71/1b
138a　跋東坡祭陳令舉文　渭南集 28/7a
跋黃檗文卷　後村集 99/16b　後村題跋 2/21b　了翁祭陳奉議文跋尾　梁溪集 162/6a

跋秦陵祭温公文　南轩集 33/4b

跋史丞相祭诸葛梦曳文　止斋集 41/7a

跋王参政祭蒋从义文　文定集 12/8a

跋了翁祭邓南夫文　盘山集 26/14b

题东坡鱼枕冠颂　萬山集 18/21b

跋鱼计亭赋　益國文忠集 50/9a　益公集 50/66a

跋鱼计赋　渭南集 30/12a .

跋曹唐弼通济仓記　真西山集 36/22a

书刘仲坎习之孝義傳後　鹤山集 65/8a

题张之望文卷後　止斋集 41/5a

书张士節字叙　文定集 11/4a

跋张子韶與陳朝彦序詞　益國文忠集 49/13a　益公集 49/51b

跋何居仁張斗南序　益國文忠集 51/2a　益公集 51/72b

题张公行狀後　盘山集 26/3b

书张氏祠記後　碧梧集 13/7b

张少師邵宇才彦墓銘跋　雪坡集 41/2a

书张生客遺事晁詠之撰　宋文鑑 131/20b

书张母陳氏禮部符後　碧梧集 16/1a

跋张安國疏後　孫尚书集 54/7a

跋张安國與伯子家书　益國文忠集 49/7b　益公集 49/45b

跋张存之行狀　鹤山集 61/10b

跋张仲宗先世聘书後　筠谿集 21/20a

跋张呂二相與李文肅公往來书後　復齋集 10/32b

跋张希甫墓誌後　東坡題跋 1/22a

书陳止齋所作张臣甫墓銘後　宋本攻媿集 75/11a　攻媿集 77/10b

跋张忠獻呂忠穆與李忠肅书　鹤山集 63/12b

跋张季文卷　後村集 99/8b　後村題跋 2/11b

跋张南軒回周益公书　巽齋集 20/11a

书张茂先傳後　演山集 35/12a

跋张英玉行卷　雪坡集 41/7a

题张思叔书後　王著作集 3/5a

书张待制宇發行實後　宋本攻媿集 69/9b　攻媿集 71/9a

书张敬夫祋劉文潛序與蔣薹州书　益國文忠集 18/17a　益公集 18/43b

题蘇庭藻所作张漢陽傳　于湖集 28/5b

跋张樂全上范文正公书　宋本攻媿集 76/9b　攻媿集 78/9b

书张魏公祠堂記後　雪山集 5/12a

跋楊廷秀秘監张魏公配享議　鄮峰録 36/14a

题张魏公與晁升道營　益國文忠集 47/13a　益公集 47/15a

跋张魏公與彭子從书　益國文忠集 47/14a　益公集 47/16a

跋鄂州通判饒公將鑑　敏帶稿 5/1a

紹興淳熙兩朝内禪詔跋　益國文忠集 14/1a　益公集 14/98a

跋李景春紹興萬言书稿　文山集 10/1b

跋紹興獎聲[林遹]詔　後村集 108/12a

书陳文正擬進紹興親征詔草後　山房集 5/5a

跋陸子履簡尺　漢濱集 15/4a

跋陸子彊家书　渭南集 29/9b

跋陸氏墓誌　後村集 99/6a　後村題跋 2/8a

先楚公(陸佃)奏檢　渭南集 31/12b

跋慈湖先生陸君墓誌　蒙齋集 15/22a

书陸靈傳後　竹隱集 20/1b

跋了翁先生與忠定公书葉夢得撰　梁溪集/附録 50b

跋了翁先生與忠定公书曾閔撰　梁溪集/附録 51a

跋了翁先生與忠定公书李彌遜撰　梁溪集/附録 51b

跋了翁先生與忠定公书张祋撰　梁溪集/附録 52a

跋了翁先生與忠定公书劉琪撰　梁溪集/附録 52b

跋陳了翁與兄书　朱文公集 81/1a

跋了翁與丞相隨西公书　南轩集 35/4b

跋了翁與韋深道书　盘山集 26/6b

书了翁贈别頌後　太倉集 66/3a

代仲男汪尚书跋了齋表稿　宋本攻媿集 76/16b　攻媿集 78/16a

书陳文惠公逸事後　浮溪集 17/12a

跋陳分寧傳　南轩集 34/7b

陳氏與子請字跋　潛齋集 10/10a

题許右丞瀚作陳少陽哀詞　文定集 12/4b

跋陳少陽哀詞　益國文忠集 50/7b　益公集 50/64b

跋陳同年信學去官本末　桐江集 4/1a

跋葉正則所為陳仲石墓誌　止齋集 42/4b

跋陳后山再任校官謝啓　抽軒集 5/16a

金尚书撰陳丞相誌銘稿　真西山集 34/17a

跋陳墓誌銘　杜清獻集 17/11a

讀陳君舉答晦翁书跋　桐江集 3/14b

跋[陳東]行實李綱撰　陳修撰集 10/4a

跋[陳東]第三书王遂撰　陳修撰集 10/9a

跋[陳東]第三书王遂撰　陳修撰集 10/9b

跋〔陳東〕第三書印應雷撰 陳修撰集 10/10a

跋〔陳東〕第三書李憲撰 陳修撰集 10/10a

跋〔陳東〕第三書朱承祖撰 陳修撰集 10/11a

跋〔陳東〕第三書高世奇撰 陳修撰集 10/11a

跋〔陳東〕第三書趙孟遂撰 陳修撰集 10/11b

跋〔陳東〕第三書(趙與言撰) 陳修撰集 10/11b

跋〔陳東〕第三書(詹元熙撰) 陳修撰集 10/12a

跋〔陳東〕第三書(許炎撰) 陳修撰集 10/12b

跋〔陳東〕第三書(朱文烱撰) 陳修撰集 10/13a

跋〔陳東〕逸傳(朱萬里撰) 陳修撰集 10/26b

跋〔陳東〕遺稿(孫應鳳撰) 陳修撰集 10/25a

跋唐命珝書陳果仁告身並捨宅造寺疏跋 歐陽文忠集 62/9b

跋陳忠肅公表稿 宋本攻媿集 68/6a 攻媿集 70/6a

跋羅亨甫書陳使者死節事 聚齋集 8/10b

跋陳居士傳 定大集 6/9b 嶽山集 27/5b

跋楊中立陳居士傳 嶽山集 27/6a

跋陳居士傳 蘆川集 9/12b

跋陳居士傳 朱文公集 81/23a

跋陳居士傳後 道鄉集 32/5a 嶽山集 27/5a

書陳居士傳後 梁溪集 162/3a

題先君正獻(陳後聘)奏議遺文 復齋集 10/7a

陳帥參南一奏疏跋 唐齋集 5/16a

書陳養大祖贈告 牟陵閣集 15/9a

跋陳與義費庸張擴被召省劄 益國文忠集 17/15b 益公集 17/18b

跋陳徵獻墓誌銘後 朱文公集 81/30a

跋陳戶曹陰德記 芸庵稿 6/27a

陰德記跋 應齋雜著 4/7a

書陶淡傳 東坡題跋 1/3a

題蘇叔明公誠陶然堂賦後 鶴山集 64/2b

跋陷蕃王太尉家書 豫章集 25/12a

十 二 畫

書尤季端遊山志後 澹塘集 24/8a

題吳應奎名文可遊山紀勝 本堂集 46/2a

跋薛叔容遊四明洞記 滄川集 9/4a

跋王坦道遊江淮錄 竹坡稿 3/3a

題孫吉甫遊東山跋 聚齋集 8/17a

跋劉資政遊縣學留題 宋本攻媿集 75/7a 攻媿集 77/6b

跋滑州崇壽寺杜師雄留題後 東觀餘論/下 8a

跋盧溪先生盜賊論 盧溪集/序 8a

跋富文方公行狀 盧齋集 13/4a

跋桐鄉艾軒所作富文翁行狀誌銘 後村集 111/14b

書富家翁逸事後 梅溪集/前 19/11a

跋富鄭公與路公書 山谷題跋 7/17a

題富鄭公與丞相沈書 益國文忠集 18/6a 益公集 18/31a

跋姚令威詛楚文 漢濱集 15/2b

跋詛楚文 益國文忠集 15/2a 益公集 15/117a

題蔡條訴神文 文定集 11/8a

跋吉水周君家藏訴牒 朱文公集 84/23a

跋王元高詞科擬稿 文山集 10/5b

詞科舊稿後記 益公集 93/187a

書故友趙君善詞場投卷後 洛水集 13/10a

唐韋維善政論跋 歐陽文忠集 139/6b

跋馮京與朱喬右丞家書 益國文忠集 17/9b 益公集 17/11a

跋馮宿所爲某人碑文 文定集 10/6a 新安文獻 22/3a

跋馮聖先墓誌(1-2) 尹和靖集 4/7a-7b

跋楊宇記曾氏連理木 文山集 10/16b

跋曾仲恭文 朱文公集 83/13a

跋曾忠節墓爲識諸 鐵崖集 37/17a

書曾帖程弟跋後 朱文公集 82/25b

跋范季克雲坡記後 昌谷集 17/12b

書李邦直超然臺賦後 東坡題跋 1/18a

書子由超然臺賦後 東坡題跋 1/18a

書文與可超然臺賦後 東坡題跋 1/18b

跋彭忠毅諡 蒙齋集 15/18a

彭忠毅謐救跋馬董景操作 平齋集 10/12a

書元次山惡圓惡曲後 北磵集 7/13a

尹景升楷君賦跋 牧萊腴語 13/6b

胡古瀕植竹說 潛齋集 10/5b

跋羅右文李左史題棲雲真戒大師營治 柟楠集 20/2a

跋汪龍溪彥章殖齋記 北磵集 7/12b

跋貴溪主簿廳記(闕文) 益國文忠集 16/15b

跋貴溪簿廳記 南軒集 34/5b

跋單父趙氏事實 後村集 39/14b 後村題跋 2/19b

書單道開傳後 東坡題跋 1/2b

題單傳閣記後 于湖集 28/7a

慶餘長老開堂疏跋尾 梁溪集 163/12a

跋閒樂居士陳師錫與了翁陳瓘論王氏日録書 益國文忠集 17/4b 益公集 17/4b

跋楊廷秀飲酒對月辭 益國文忠集 51/5a 益公集 51/75b

書葉西亭鈍漢傳後 魯齋集 13/3b

跋竺氏藏舒沈二先生書袁楠撰 定川遺書/附錄 2/ 22a

書内兄舒通叟饋八十書 本堂集 46/8a

又書所跋朱德莊策問 石堂集 13/24b

跋無垢先生言行 沅川集 9/2b

題無準痴絕北礀送演上人法語 無文印集/語錄 /題 5b

讀劉章梯誌跋 桐江集 3/17b

書李仲孫程文 盧溪集 49/5b

跋朱伯純程文 梅巖集 7/1a

文靖公程文跋代吳侍郎 性善稿 15/7b

書程夫人墓誌後 山谷題跋 9/21a

書外曾祖程公逸事 東坡題跋 1/10a

跋東坡所記程公逸事 止齋集 41/6a

跋故刑部侍郎贈端明殿學士諡忠愍程公誌銘後 洛水集 13/1a

程少章文稿跋 秋崖稿 43/3a 新安文獻 23/1b

跋程宗正之子鑄墓銘 益國文忠集 17/2a 益公集 17/2a

書先公(程珌)自撰誌後 二程集/伊川 48/1b

跋程樞密答周侍郎書 文定集 12/6a

題章公權進論稿 文溪稿 4/1b

讀進學解 梅溪集/前 19/6b

題傅自得文卷 後村集 100/1a 後村題跋 1/1a

建昌三傅君行狀 西山集 35/7a

跋進賢傅君行實 朱文公集 84/24b

跋孫鴻慶作傅和州墓銘 宋本攻媿集 70/11b 攻媿集 72/9b

跋三傅祠記行狀 鶴山集 62/8a

跋傅耆同人卦說 蜀文輯存 76/7a

跋傅給事謀吳應誠使三韓書 楊洲集 10/13a

跋順濟王記 石門櫃 27/24b

跋曼容中復齋記 文定集 12/9a

復齋銘跋 雪山集 5/15a

跋謝翱登西臺慟哭記 存雅稿 3/4a

跋程辛登瀛閣記 朱文公集 82/18a

書周仲嘉發菩提心語後 丹陽集 10/4a

任漢州發策本末 真西山集 34/24a

跋發微論後謝昌撰 牧堂集/附錄 1/47b

跋山谷發願文 益國文忠集 16/7b 益公集 16/141a

書發願文後 山谷題跋 9/8a

書葵買處士墓誌碑陰名塚字中美 本堂集 47/5a

跋費校書齋被召省劄 宋本攻媿集 74/12a 攻媿集 76/11b

跋蘇文忠屬黃州教授作賀鄧樞密啓 鶴山集 63/16a

書鄉人公劄後 漫塘集 24/13b

十 三 畫

盧帥靖康勤王跋語 益國文忠集 50/3a 益公集 50/ 39a

跋洪翎所作靖節祠記 朱文公集 61/25b

跋誠應廟記 真西山集 35/26b

題楊廷秀新淦胡氏義方堂記後 益國文忠集 48/ 14a 益公集 48/37a

跋安溪縣義役規約 後村集 100/3a 東坡題跋 1/3b

跋劉文老使君義居遺戒 渭南集 28/5b

跋義約規式 杜清獻集 17/2b

松山趙氏義莊規約跋 後村集 109/18a

慈湖先生行述 真西山集 25/4a

書慈溪張孝子祠記後 本堂集 44/6b

跋慈濟籤 後村集 110/12a

書程子裯說後 朱文公集 83/17a

以佛牙付福巖奉安公安二聖寺跋 可齋稿/續 後 12/33b

跋楊浩罡杞賦 後村集 106/10a

跋雷梧州集字說記 癡庵集 32/7a

跋李運使瑞芝頌 盤洲集 63/4a

跋習子善達齋記 冥齋集 20/1a

臨川李君達齋說 黃氏日鈔 91/16a

跋殿撰周公勤王檄 洪文敏集 8/10a

讀楚甘公記 宛丘題跋 1/5a

題楊少師書後 河南集 4/10b

跋牛寶章大年記楊少卿事 鶴山集 64/2a

跋老泉所作楊少卿墓文 益國文忠集 47/11a 益公集 47/12b

書龜山楊先生家書 勉齋集 22/8b

跋楊參議奐家書後 鶴山集 61/4a

跋同年楊武卿其先寺丞誌銘後 洛水集 13/1a

跋楊遵道遺文 朱文公集 82/15b

跋了翁楊嚴庵頌 樂溪集 162/10a

跋王太鑒塔銘 橘洲集 7/12b

題吳和中感秋賦後 朱文公集 84/22a

書北山感雪竹賦後跋 存雅稿 3/9a

感雪竹賦題跋王城撰 北山集/卷末 35b

感雪竹賦題跋方景山撰 北山集/卷末 36b

感雪竹賦題跋謝翱撰 北山集/卷末 37a

跋李肩吾從周所書損益二卦 鶴山集 62/12a

跋祖姑歲月記 絜齋集 8/13a

跋樂安曾一菴歲月記 勉齋集 22/3a

跋方持曼歲寒三友制誥 廬齋集 13/6b

跋虞公墓誌後 滄軒集 8/13a

跋虞丞相尺牘 益國文忠集 16/15a 益公集 16/150a

題葉介文卷 後村集 101/13a 後村題跋 3/17a

跋葉氏夫人墓誌 宋本攻媿集 72/14a 攻媿集 74/12a

跋葉氏家世墓銘後 魯齋集 12/15a

跋邵木居葉世英序後 杜清獻集 17/18a

書建安葉洪封事後 洺水集 13/11b

跋繆上舍萬年論丁相大全詞案 文山集 10/2b

跋夏均父萬言書後 萬山集 18/22b

跋曾子美萬言書稿 文山集 10/1a

書萬君行事後 朱文公集 84/4a

跋董哲卿名應麟自述 本堂集 46/1b

跋董樓發幹文稿 後村集 109/9b

敬齋銘箋跋 勿軒集 1/29a

跋睡賦 抽軒集 5/15b

跋李君蜀議 秋崖稿 43/11a

書濂溪先生愛蓮說後 朱文公集 81/21a

跋會景堂記 緯雲集 4/27b

書筠州學記後 豫章集 26/7b

題節孝先生行狀 文定集 12/2b

跋節愍王公行實 文溪集 4/5a

跋杜忠可孝嚴曾祖節範處士告 鶴山集 62/2b

跋張敬夫爲石子重作傳心閣銘 朱文公集 81/5b

跋曾裘父艇齋師友尺牘 朱文公集 83/17a

跋倪求己所作鄒時飛行狀 益國文忠集 18/14a 益公集 18/40a

跋黃帳韓汝宜殿策 復齋集 10/30b

跋李龍庚殿策 文山集 10/5a

[經鉏玉音問答]後跋 滄庵集 8/19a

[經鉏玉音問答]又跋 滄庵集 8/19b

十 四 畫

跋東坡所記漳守柯述異鵲事後 雞肋集 33/15a

跋漢文帝後元年三月詔 渭南集 30/16b

題司馬溫公實次告目 文定集 11/1a

題李菘曼癯軒賦後 碧梧集 14/1b

跋端明程公振孟剛愍議 鶴山集 62/7a

齊景公招虞人以旌說 東觀餘論 1 上 67b

跋張景冶銘齋記稿 抽軒集 5/17a

語孟師說跋 羅豫章集/卷末 40b

跋秘撰諸詞 陳修撰集 10/27b

海子姪文跋（1－2） 羅豫章集/卷末 42a－42b

跋慈湖先生廣居賦 蒙齋集 15/13b

跋廖中（五行）精紀 益國文忠集 47/8a 益公集 47/9b

跋墊江廖持正二記 緯雲集 4/27a

書崔德符榮辱說後 道鄉集 31/8a

書榮節婦傳後 漢濱集 15/5a

跋筆論 渭南集 31/12a

跋趙文定公君錫行實 恥堂稿 3/32a

跋趙中丞行實 朱文公集 83/5a

跋毋情趙公與兒子書 後村集 111/12a

跋毋情趙公辨執政恩數簡 後村集 111/10b

跋趙公綱摘稿 後村集 100/13b 後村題跋 1/18a

書趙永豐訓之行錄後 龍川集 16/17a

書趙令時宇說後 張右史集 48/9b

題趙先生傳後傅崧卿撰 雲溪集 29/12b

跋趙武德墓誌銘後 異齋集 20/10a

跋趙叔近遺事 爛湖集 10/13b

跋趙忠定公家書 宋本攻媿集 74/1b 攻媿集 76/1b

跋趙志敏稿後 昌谷集 17/9a

跋劉漫塘所遺趙居父箴後 杜清獻集 17/14a

跋葛魯卿爲趙彥忠墓銘後 孫尚書集 54/1a

跋趙侯彥遠行實 朱文公集 81/19a

趙浦城祖殿撰叔近遺事 真西山集 34/29b

跋趙宰母夫人錫誥 朱文公集 81/19a

跋趙伴與瀕條具辨腹事宜狀 後村集 108/6a

跋趙清獻公家書 朱文公集 84/12b

跋趙清憲公遺事 宋本攻媿集 68/7a 攻媿集 70/7a

跋趙湖州祠堂記 益國文忠集 17/18b 益公集 17/21b

跋趙善應行實 益國文忠集 17/5b 益集 17/6b

跋趙朝奉行實 朱文公集 83/2b

書趙華文行狀 勉齋集 22/10b

書趙景文餞八十書 本堂集 46/8a

跋呂東萊舍人所作趙鈴轄墓表 宋本攻媿集 70/12a 攻媿集 78/12b

跋趙鈴轄墓誌 朱文公集 84/1a

書趙路分行實後 東萊集 7/1b

跋趙經暑行狀 復齋集 10/24b

題趙遯可文卷 益國文忠集 51/4a 益公集 51/74b

跋趙霈張致遠魏紅奏劄 益國文忠集 17/14a 益公集 17/16b

書趙清獻公手記嘉祐六年廷試事後 獨湖集 10/21b

題嘉祐賀老人星見表批答 益國文忠集 49/10a 益公集 49/48b

題陳誠之遠明樓記 益國文忠集 46/12a 益公集 46/122b

跋李光祖所藏遠祖遷定海縣丞告 宋本攻媿集 69/17a 攻媿集 71/17a

書壽王議周鼎羅願撰 新安文獻 22/8a

跋趙不避壽昌堂記 南軒集 34/6a

跋壽峰叢桂堂記 鄭樵遺文/37

侯子立壽康説 黃氏日鈔 91/17a

跋舒舜侯名岳祥號閒風壽康精舍記 本堂集 46/4b

跋樂子仁新爲洪雅王甲作壽樂堂記 鶴山集 60/4b

跋與周監丞書 渭南集 30/15b

自題與黃誄書尺 益國文忠集 48/10a 益公集 48/33a

跋予與馮濟川侍郎書後 筠溪集 21/22a

書與買明升書後呈崔德符田畫撰 宋文鑑 131/20a

跋吳禪師蒙泉銘 渭南集 26/6a

跋修全趙公所作蒙箴 鶴山集 65/2b

跋再刊裴公紀德碑 宋本攻媿集 72/11a 攻媿集 74/9a

裴秀才跋尾 淮海集 34/4b

跋游景仁伯所藏裴紹業告 鶴山集 62/4b

書菊坡先生蒲澗生祠記後 文溪集 5/2b

跋族子惟孝蒲巖記 復齋集 10/31b

跋蔣元肅夢仙賦 梅溪集/後 27/8a

跋環溪吳先生沈夢記 鶴山集 62/16a

書夢祭勾芒文 東坡題跋 1/31b

記夢詩文 東坡題跋 3/45b

書鳴鶴方孝子贊後 黃氏日鈔 91/13b

書曹氏作鳴鶴錢氏還珠頌後 黃氏日鈔 91/13b

管生字說後 後村集 107/2a

題稱老開堂疏 栟櫚集 20/5a

書種德堂因記陳仲孚問詩語 止齋集 41/7b

題珣上人僧寶傳 石門禪 26/6a

題宗上人僧寶傳 石門禪 26/6b

題圓上人僧寶傳 石門禪 26/7a

題淳上人僧寶傳 石門禪 26/7b

題其上人僧寶傳 石門禪 26/8b

題範上人僧寶傳 石門禪 26/8b

題端上人僧寶傳 石門禪 26/9a

題隆道人僧寶傳 石門禪 26/9b

題休上人僧寶傳 石門禪 26/11a

題英大師僧寶傳 石門禪 26/11b

題誼曼僧寶傳後 石門禪 26/5b

題魁星醮疏 樸墨集 10/10b

書淳熙二年十二月獄空獎論後張均撰 蜀文輯存 64/20b

翟侯行狀跋 應齋雜著 4/7b

跋錢文季少卿維摩庵記 真西山集 34/1a

十 五 畫

書潼川府學鄉賢堂記後馮瀛撰 蜀文輯存 31/7a

讀潛虛疑跋 桐江集 3/1a

跋劉正仲作潘君石林記 閩風集 12/4b

跋潘顯甫字序 朱文公集 82/10b

請刻石跋江公望撰 嚴陵集 8/23a

書課曆序後 碧梧集 15/4b

題任防論王儉後 山谷題跋 7/16a

題某人論史 江湖集 31/6a

跋魯公與郭僕射論位書 石門禪 27/4a

題論性答稿後 朱文公集 75/25b

記袁宏論佛 東坡題跋 1/45a

跋李丞相論和議稿 緊齋集 8/9a

跋獨孤及論季札潔己之禍 范成大佚著/143

跋蘇黃門論章子厚疏 止齋集 42/1a

論鹿性 山谷題跋 7/19a

記王彭論曹劉之澤 東坡題跋 1/38b

跋謝正夫論語言仁 秋崖稿 43/8b

跋胡澹庵所作李丞之論語說序 朱文公集 82/8b

跋陸史君廟籤 渭南集 28/8b

書葉監酒慶元封事 巽齋集 19/10b

跋養正堂記 益國文忠集 49/13b 益公集 49/52b

書養魚記後 二程集/伊川 48/6b

養濟院創置修復本末序趙必愿撰 赤城集 18/3a

跋鄭大年文卷 後村集 109/4b

僂遊鄭氏家墊記跋 崔清獻集 5/3a

書先君跋先著作(鄭)叔翁行述後 心史/下/27a

題鄭忠愍公贈遺事 益國文忠集 16/18a 益公集 16/154a

跋鄭威愍事 南軒集 34/9a

跋鄭威愍遺事 朱文公集 82/6b

跋鄭景元簡 朱文公集 81/28a

跋鄭資政廟中遺事　鶴山集 62/10a

書鄭當時傳後　幼槃集 9/3b

題鄭寧行卷　文溪集 5/9b

跋鄭櫃行狀後　松隱集 33/2b

跋鄭藥齋墓誌　杜清獻集 17/16b

敍封慧應大師後記　真西山集 35/22a

題賣記卷引（1－2）　蛟峰集 6/17a

跋歐良司户文卷　後村集 109/14b

書歐陽子傳後　豫章集 26/9b

書六一居士傳後　蘇東坡全集 23/9a　東坡題跋 1/5a

跋歐陽文忠公跋賽陽山文　益國文忠集 47/10a　益公集 47/11b

跋歐陽文忠公與張祠書　益國文忠集 49/3a　益公集 49/40a

記歐陽公論文　東坡題跋 1/13a

記歐陽論退之文　東坡題跋 1/13b

跋歐陽伯禹行實　蒙齋集 15/12b

跋歐陽國瑞母氏錫誥　朱文公集 81/18b

書歐陽修撰諡後　洛水集 13/7a

跋歐陽徵遺事　益國文忠集 51/1a　益公集 51/71a　陳修撰集 10/2a

跋永和歐陽楙曼銘　益國文忠集 18/14b　益公集 18/41a

題醉吟先生傳　學易集 6/23b

跋屬氏李氏墓碣　慈湖遺書 5/28a

跋屬李二夫人行實　蒙齋集 15/11b

跋魯直願庵記後　姑溪集 39/5b

跋撫州崇仁縣義約　宋本攻媿集 68/18b　攻媿集 70/18b

跋蓮城掉寇始末　碧梧集 13/5b

跋蔡夫人墓銘　杜清獻集 17/7a

書蔡西山家書　勉齋集 22/1a

題黃巖蔡沖之墓誌後　水心集 29/23a

題蔡君進書後　水心集 29/10b

跋蔡京乞罷元祐時政記奏稿　文定集 10/16a

贈蔡澐然跋　庸齋集 5/16b

跋蔣邕州墓誌銘　朱文公集 82/6a

題蔣邕州墓誌後　南軒集 24/8a

題故鏡州伴西溪居士蔣漬傳後　益國文忠集 16/17b　益公集 16/153a

跋賜潘京帥刑部詔書　鶴山集 62/5a

書徐醫餘慶堂記後　本堂集 46/3b

題程敏政鍾夫人誌文後　碧梧集 14/10a

題馮深居愈庵說　無文印集 10/6b

跋樂氏僑來堂記　柟欄集 20/4a

讀盤庚　悅齋文鈔 9/4a

曾三異所藏盤松贊跋　益國文忠集 50/8b　益公集 50/65b

書劉子和行狀後　鄂州集 4/14b

跋劉子勉行狀　朱文公集 84/22b

著作正字二劉公誌銘　真西山集 35/7b

録壯愍劉公遺事　淮海集 34/5b

跋忠烈劉公遺事　秋崖稿 43/6b

跋天章閣待制劉公隨墓誌　鄱陽集 4/13a

跋劉氏學易堂記　復齋集 10/21a

跋丹稜劉氏黨籍　鶴山集 65/1a

跋劉少府與諸將書　默齋稿/下 27a

跋劉司理行實　朱文公集 84/18a

題劉丞相沅拜相制　益國文忠集 18/5b　益公集 18/30b

題劉丞相沅追封究公制　益國文忠集 18/5b　益公集 18/30b

跋永嘉劉君誌銘　真西山集 36/29b

題劉君墓誌銘後　山谷題跋 7/12b

題劉昌詩母墓誌　益國文忠集 46/12b　益公集 46/123a

劉忠肅尚書右丞告跋　平齋集 10/16a

跋劉咸臨墓誌　東坡題跋 1/32a

劉侯官文跋　盧齋集 13/15b

跋劉原父文　九華集 20/8b

跋劉原父貢父家書　益國文忠集 16/5a　益公集 16/139a

跋劉提舉事迹　漢濱集 15/4a

跋劉楚公沅拜相告　益國文忠集 16/18b　益公集 16/154b

書劉蛻文塚銘後　北磵集 7/13b

跋劉漫塘墓銘　杜清獻集 17/14b

題劉器之與陳止之書　嵩山集 18/29b

跋先君（劉彊正）與貴溪耿氏書後　後村集 101/7a　後村題跋 3/8b

跋二大父遺文　後村集 107/16a

跋溫公題劉雜端孝叔奏稿　宋本攻媿集 69/16a　攻媿集 71/16a

跋如山東坡紈冠頌　魯齋集 12/14b

魯肅簡公尺牘題後　丹淵集 21/3b

書鄧南夫祭文後　梁溪集 162/5b

先櫃密（鄧雍）傅跋鄧椿撰　蜀文帙存 67/5b

跋鄧運判作行實　文溪集 4/5b

十六畫

書方右史請田知白作濂泉堂寶書後　文溪集 5/10a

書僧中傑辨老氏論　益國文忠集 80/2a　益公集 80/ 126b

跋張德深辨虛　宋本攻媿集 70/16b　攻媿集 72/14a

跋鄒文簡公諫伐燕雲奏　東塘集 19/9b

跋王恭簡諫草　止齋集 42/3a

跋岸老所藏陳司諫諫疏後　松隱集 32/5b

跋羅文恭公點諫稿　鶴山集 63/13b

題諫稿後　樵堂集 10/11a

記朱炎禪頌　東坡題跋 1/43b

跋王荊公禪簡　豫章集 30/9a

跋霍懷州傳　梅溪集/後 27/7b

跋謝良齋所作靜齋銘　朱文公集 82/11a

題燕華仙傳　臨川集 71/13b

書機汲記贈姜子陽題其後　宋本攻媿集 71/23a　攻媿集 73/22a

書顏齋記　真西山集 35/16b

跋周子德顏齋記　真西山集 35/28a

題盧計謀先父孝行傳　黃氏日鈔 91/11a

跋鄭侯遺事奏稿　益國文忠集 46/7a　益公集 46/117a

跋思濬史氏遺安堂記　鶴山集 59/6b

跋向伯元遺戒　朱文公集 83/30b

跋錢穆父與張文潛書　益國文忠集 17/20b　益公集 17/24a

跋上蔡先生所述衛州秦府君誌銘　南軒集 34/ 4b

書鮑靜傳　東坡題跋 1/2a

跋獨孤及答楊真處士書　朱文公集 81/25a

十七畫

書莫守思濟齋記後　鴻慶集 32/1b

跋趙清臣所藏濃議　宋本攻媿集 70/15a　攻媿集 72/ 12b

題謝昌國與朱陸(張本作陸文内同)書　益國文忠集 46/12b　益公集 46/123b

題伯父謝啓後　東坡題跋 1/24a

讀謝夢得文　于湖集 28/4b

跋范丞相覺民謝罷政表稿　益國文忠集 46/15b　益公集 46/126b

跋謝簿與張子復議荒政　巽齋集 20/13b

跋應良齋祠堂文　杜清獻集 17/5b

代禮部御札跋　浣川集 9/1a

跋環山皆山蔚秀寺記　竹坡稿 3/11a

跋戴彦成挽辭　楳溪集 10/15a

跋戴神童顏老文稿　杜清獻集 17/15b

題鞠城銘　益國文忠集 49/12b　益公集 49/51a

跋鞠城諸銘　鉛刀編 30/3b

跋方季申所校韓文　朱文公集 82/4a

[跋]韓公並記(諡朝宗)　元豐稿 50/3a

跋韓仲和尊人墓銘　杜清獻集 17/11b

跋韓康公與潞公書　山谷題跋 7/17b

跋韓魏公與潞公書　山谷題跋 7/17a

跋陳簡齋戰學　宋本攻媿集 68/17a　攻媿集 70/16b

跋林通薦士書後　鶴助集 33/13a

跋羅文恭薦士疏　杜清獻集 17/1a

跋羅文恭薦士稿　鶴山集 63/14a

跋司馬文正公薦士編　南軒集 34/3b

跋劉忠肅蕭陸公奏稿　文定集 10/14a

題徐容齋薦稿　牟陵陽集 15/5a

跋孫德輝作薛持國所居記　宋本攻媿集 69/17a　攻媿集 71/16b

跋薛伴謾筆　杜清獻集 17/6b

書浮屠可立蕃葡齋記後　仁山集 3/16a

儲襄陽申請　真西山集 34/18a

跋徐子蒼徽池行程歷　本堂集 44/1a

跋先大父徽獻閣直學士告　宋本攻媿集 71/21a　攻媿集 73/20b

書鮮于子駿父母贈告後　樂城集/後 21/12b

跋東坡獲鬼章告裕陵祝文　宋本攻媿集 69/11a　攻媿集 71/11a

十八畫

書顏含傳後　方舟集 18/23a

書顏段傳後　錢塘集 18/9a

跋張侍御戒顏魯公祠堂記　黃氏日鈔 91/20b

跋李丞相所作顏魯公真贊　莊簡集 17/1a

跋沙隨易雜記贈師文　魯齋集 11/11b

題王勉夫雜說　江湖集 31/7a

題禱雨文後　曾南豐集 33/2b　元豐稿 40/7a

跋張景賢醫義　牧萊脞語/二稿 8/1a

跋舊答李希岳啓　宋本攻媿集 73/20a　攻媿集 75/ 19b

題蕭氏順安堂銘說後　巽齋集 21/13a

跋蕭御史薦宗室世態奏狀稿　益國文忠集 16/7a　益公集 16/140b

書馬侑蟾舟賦後　瀛齋集 18/5a
書簡修行狀後　益國文忠集 17/5a　益公集 17/6a
書平原公簡記後　山谷題跋 9/10a
書魏子開行實　蒙齋集 15/13a
跋魏元履墓表　朱文公集 83/25b
題魏公祭式後　省齋集 9/16a
朱子跋魏丞相使金帖　魏文節遺書/遺事 40b
書魏丞相奉使事實　宋本攻媿集 68/19a　攻媿集 70/19a　魏文節遺書/遺事 41a
跋魏忠壯侯膝行實　宋本攻媿集 69/20b　攻媿集 71/20a
魏鶴山遺陳深父子書跋　蜀文輯存 94/2a
跋雙林心王銘　豫章集 25/14b
跋張君雙瑞堂記　棠陰集 10/13a
跋南軒先生永州雙鳳亭記　真西山集 36/17a
跋淵明歸去來　橘洲集 7/4a
跋東坡諸公追和淵明歸去來引後　姑溪集/後 15/4a
書淵明歸去來序　東坡題跋 1/39b
跋青神杜才和歸去來詞　鶴山集 62/6b
跋張如瑩歸去來辭　益國文忠集 48/12a　益公集 48/35a
跋葛朴翁所和淵明歸去來辭　滄川集 9/3a
跋歸去來辭　牟陵陽集 16/3a

十九畫

書讓閔王事迹後　真西山集 34/3a
跋類省試策卷後　鶴山集 63/13b
跋麗曉樓記　雪坡集 41/6a
書羅漢頌後　東坡題跋 1/35a
題所書羅端良文三篇　宋本攻媿集 70/7b　攻媿集 72/5b

二十畫

跋寶王論後　東觀餘論/下 68b
跋山谷萍鄉縣寶積禪寺記　益國文忠集 17/10b　益公集 17/12b
跋蔡端明獻壽儀　朱文公集 82/26b
蘇子瞻爲元紹京命字日齊老其叔父台壽屬余　跋尾　宗伯集 15/19b
蘇文忠集御叙跋　方舟集 13/8a
跋東坡代張文定公上書　益國文忠集 18/4a　益公集 18/29a

自評文　東坡題跋 1/30a
讀蘇文　梅溪集/前 19/3a
跋饒司理文稿　復齋集 10/28a
跋宇文虛中攀書　益國文忠集 17/3b　益公集 17/4a
書釋奠申明指揮後　朱文公集 83/21a
跋申請釋奠禮　性善稿 15/2a

二十一畫

跋唐明皇鶺鴒頌　後村集 105/16a
跋灌園蘇翁事蹟　後村集 99/6b　後村題跋 2/8b
跋眉人王慶長辯蜀都賦　鶴山集 59/7a
跋陳履道辯評卷　勉齋集 22/7b
跋顏夫人墓誌後　鶴山集 63/10b
跋蔡肩吾所作蓬府君墓誌銘　渭南集 28/3b
鶉雀賦辨　東觀餘論/上 50a

二十二畫

題灘院記　蘇魏公集 72/9b
書龔史傳後　益國文忠集 18/18a　益公集 18/44b
書瀧土周挺讀歷代書　鶴山集 64/6a
跋贈屍記　陳修撰集 10/27a
書黃葵籬艇記後　漫塘集 24/9b
題曬軒薦貴州李推官書後　鐵菴集 37/20b

二十三畫

題金溪吳顧顯道文　文定集 11/7b

二十四畫

題讓和尚傳　石門禪 25/11a
題靈源門榜　石門禪 26/1b
跋靈源與龍門粹和尚書　橘洲集 7/1a
鷺州書院記跋　疊山集 9/2b

二十五畫

跋邵康節觀物篇　宋本攻媿集 74/7b　攻媿集 76/7b
跋東坡觀音贊　姑溪集 38/4a
題觀音贊寄嶽麓禪師　石門禪 25/27b
題姚氏觀敬亭記後　恥堂稿 3/26b

二十七畫

高齋題灩澦水則岑成纂撰　蜀藝文志 64/7a

三、詩　詞

一　畫

跋楊少卿談所題趙子安一經閣詩　鶴山集 62/1a

一默齋詩卷後至大辛亥　林屋稿 29a

二　畫

題淵明詠二疏詩　東坡題跋 2/4b

跋石曼卿二疏墓詩　姑溪集 40/3a

題四明二僧詩卷　牟陵陽集 16/5b

跋二戴詩卷　後村集 109/9a

書李白十詠　東坡題跋 2/8a

跋豐城府君劉溢十詠　誠齋集 100/2a

跋丁氏子詩後　本堂集 45/8a

跋丁晉公詩　毘陵集 11/6a

跋東坡七夕詞後　渭南集 28/7b

評七言麗句　東坡題跋 3/21a

跋七佛偈　豫章集 25/7a

跋胡嘉七思詩　恥堂稿 3/24b

跋胡計院七思詩卷　後村集 106/16a

張隨齋先生七詠跋滑懋撰　粵西金石略 10/10a

跋御製入謝送行詩　鄮峰錄 36/7b

記子美八陣圖詩　東坡題跋 2/13b

題鮮于子駿八詠後　東坡題跋 3/1b

跋杜牧之九日登齊山詩　四庫拾遺 243/東塘集

跋九詠後　東觀餘論/下 21b

跋洛陽九詠瞻上清後　東觀餘論/下 24a

跋王無邪九華雜詠詩　相山集 27/2a

跋呂舍人九經堂詩　渭南集 29/15a

跋晁深甫所藏東萊呂舍人九經堂詩　宋本攻媿集 72/14a　攻媿集 74/11b

刁通判詩卷跋　後村集 110/5a

三　畫

跋三王酬唱　松隱集 32/5a

跋李參政三峰樓詩　黃氏日鈔 91/7b

跋三游詩　益國文忠集 19/15b　益公集 19/67a

書三絕句詩後　歐陽文忠集 73/8a

跋錢希白三經堂歌　宋本攻媿集 72/4a　攻媿集 74/2a

又跋（于湖書凱歌）　復齋集 10/17a

大安迷道詩跋　魯齋集 12/14a

跋李商老大書雲庵偈二首　石門禪 27/21b

跋東坡大庾嶺所寄詩　姑溪集 38/1b

大卿宋京題詩並跋宋芙撰　八瓊金石補 89/6a

題徐君大學詩後　北溪集/第四門 9/6b

唐李文饒平泉山居詩跋　歐陽文忠集 142/4a

跋王仲言乞米詩　渭南集 27/13b

題胡氏乞米詩　秋崖稿 43/4a

書淵明乞食詩後　東坡題跋 2/25a

再跋小重山後　姑溪集 40/6a

跋小重山詞　姑溪集 40/5b

題小飛來詩後　雞肋集 33/3a

題曾伯震所得子中兄二絕　益國文忠集 46/11a　益公集 46/121b

雜書琴曲贈陳季常子夜歌　東坡題跋 6/4b

題子明詩後　東坡題跋 3/7b

跋高臺仁禪師所薦子宣詩　石門禪 27/17b

四　畫

讀文宗詩句　東坡題跋 3/21b

題文潞公詩　東坡題跋 3/3b

跋方元吉詩　後村集 108/16a

書方秋崖先生和百韻詩後　古梅稿/方和 1a

題方秋崖開先詩卷　無文印集 10/3a

跋方梅卿和御製聞喜燕詩　後村集 103/10b

跋方湖詩　橫塘集 20/9a

跋方壼孫樂府　後村集 100/14a　後村題跋 1/18b

跋方景絢詩　後村集 106/13b

跋表弟方遇詩　後村集 100/4a　後村題跋 1/5a

跋方蒙仲詩 後村題跋 2/24b
跋方機宜詩 復齋集 10/29b
題張湯卿心醉詩軸 冥齋集 20/14a
跋王才元少師詩後 筠溪集 21/18b
跋楊子直所賦王才臣絕句 朱文公集 84/26a
書王文惠公詩後 陶山集 11/7b
跋王元度詩 後村集 98/17a 後村題跋 2/22b
跋王元遂詩 後村集 101/17b 後村題跋 3/23a
書王公峽中詩刻後 東坡題跋 3/40b
題王生學詩 須溪集 6/42b
跋王民瞻送胡邦衡南遷詩 益國文忠集 47/3a
益公集 47/3a
跋王民瞻詩 益國文忠集 16/11b 益公集 16/146a
跋王民瞻楊廷秀與安福彭雄飛詩 益國文忠集
18/14a 益公集 18/40b
書王汝善所藏詩卷後 區九峰集 2/5a
跋王夷仲送行詩軸 梅溪集/後 27/7b
跋王仲至詩 忠穆集 7/4a
示王孝子孫寒山詩後 山谷題跋 7/10b
跋王君玉定風波 山谷題跋 9/15b
跋王君昭詩 翰山集 61/16a
書贈王長源詩後 豫章集 30/12b
題王晉卿詩後 東坡題跋 3/13b
書王荊公贈俞秀老詩後 豫章集 26/17b
跋元章所收荊公詩 姑溪集 39/7a
跋荊公詩 渭南集 27/2b
跋王順伯所藏荊公詩卷 盤洲集 63/11a
題荊公詩後 水心集 29/6a
書王梵志詩 東坡題跋 2/34a
恭跋御賜王堂學士詩後年才才撰 蜀文輯存 91/
24b
跋王堯臣君謹詩 桐江集 4/29b
跋王僉判植詩 梅溪集/後 27/6b
跋王架孫詩 閒風集 12/3a
跋王樞密贈祁居之詩 朱文公集 81/22b
跋王融林鑄詩 盧齋集 13/9b
跋王魏公送中含詩 後村集 108/8a
唐王藥詩跋 歐陽文忠集 142/16b
書王觀復樂府 山谷題跋 7/7b
跋子瞻木山詩 豫章集 26/6b
題樂府木蘭詩後 豫章集 25/8a
跋方子斯贈奉祠楊君不食筧肉詩 滄川集 9/2a
讀友于堂詩書其後(1-2) 吳文庫集 14/3b-4b

跋尤冰僚詩 桐江集 3/29a
跋遂初尤先生尚書詩 桐江集 3/28b
書羅浮五色雀詩 東坡題跋 3/38b
書日月蝕詩 東坡題跋 2/27b
跋僧日損詩 閒風集 12/2a
跋二蘇公中秋月詩 後村集 110/11a
中興頌詩引並行記 山谷題跋 8/25b
公莫渡河 東坡題跋 6/6a
公莫舞 東坡題跋 6/6a
跋公復來詞 橫塘集 20/8b
毛震龍詩稿跋 後村集 109/15b
題月池詩卷 無文印集 10/4a
跋月潭净照詩 秋崖稿 43/8a
題月溪辭後 江湖集 31/2a
題勿齋曾魯詩稿 文山集 10/12a
跋清真亮老所得勾獻可孟藏春詩 北磵集 7/7a
書弔丞相立齋先生墓詩後李森撰 杜清獻集/卷
末 6a
題菊坡水調歌頭後 文溪稿 4/3b

五 畫

寇萊公題永興驛詩跋 徐文惠稿 3/8a
跋蔡敏肅公平戎慶捷詩卷 益國文忠集 16/19a
益公集 16/155a
平亭詩跋唐人傑撰 粵西金石畧 11/6a
跋丘軍判上周益公平園二十四詠 緣督集 10/
2b
跋李彦良兄弟玉山母墳瑞木詩 楊溪集 10/14b
跋玉筍山名賢題詠 冥齋集 22/6a
跋東坡玉盤盂詩後 姑溪集 38/3b
書可正平詩卷後 太倉集 66/13a
跋石曼卿古松詩 宋本攻媿集 70/1a 攻媿集 72/1b
跋陳剛中石材廟詩 益國文忠集 47/12b 益公集 47/
14a
書石芝詩後 東坡題跋 3/28a
跋戴伯與石屋詩卷 宋本攻媿集 68/7b 攻媿集 70/
7b
跋石曼卿詩後 樂靜集 9/9b
石曼卿詩筆後 東坡題跋 3/41a
書石湖詩卷後 漫塘集 24/7a
書石鼎聯句後 太倉集 67/4a
題再書戊子歲所與汪景淵諸詩後 本堂集 46/
8b
跋林景復北地詩 後村集 106/8b

題北遊吟記　在軒集/6a

題申温蜀三公倡和詞　文定集 11/2a

跋田園雜興詩　范成大佚著/137－138

跋史芝匪詩　本堂集 45/7b

跋史景正南有嘉魚樂與賢賦並書事詩　本堂集 47/4a

書出局詩　東坡題跋 3/19b

跋潘竹真四尖祠　魯齋集 13/5a

跋王道州仙麓詩卷　文山集 10/11b

白石道人歌曲跋趙與誉撰　白石集/歌曲跋 1a

題白兆山詩後　豫章集 25/6a

跋白廷玉詩　須溪集 6/43a

題白延詩　本堂集 44/2b

題白崖詩後　豫章集 25/8b

白紵歌　東坡題跋 6/6a

跋白樂天詩（1－2）　容齋題跋 2/8b－9a

書樂天詩　東坡題跋 2/26b

記白鶴觀詩　東坡題跋 3/19a

跋冬日陪晏公泛舟詩　金石錄 30/8b

跋杜牧之冬盈日寄阿宜詩　山谷題跋 7/15b

跋包宏齋贈周載仲詩　畏齋集 19/13b

跋所刻包孝肅詩　朱文公集/別 7/11a

書司空圖詩　東坡題跋 2/33a

題司空圖詩卷末　景文集/拾遺 15/14a

跋司空表聖詩　容齋題跋 2/16a

跋司馬温公遺玉蟲聘君詩　止齋集 42/2b

六　畫

跋范丞相江西唱和詩卷　宋本攻媿集 75/14a　攻媿集 77/13b

再跋宇文蕭愨公詩　後村集 109/11a

書安定郡王長短句後　太倉集 66/4a

書明秀軒米元暉詩後　漫塘集 24/10a

跋再送蔣穎叔詩後　東坡題跋 3/27a

跋文公再游九日山詩卷　勿軒集 1/26b

記西邸詩　東坡題跋 3/19b

記樂天詩西披通東省詩　東坡題跋 3/29b

跋西湖唱和詩　方舟集 13/11a

題宋牲西園詩稿　益國文忠集 51/9b　益公集 51/81a

書韋應物西澗詩後　歐陽文忠集 73/4b

跋山谷西禪聽琴詩　宋本攻媿集 72/15b　攻媿集 74/11a

書山吾王必成百和梅詩　牧萊腓語 13/1a

跋徐貢士用虎百梅詩註　後村集 111/18b

跋劉光遠百將詩　北山集 16/2b

跋蘇魏公百詠詩稿後　止齋集 42/4a

跋百醉老人詩　宋本攻媿集 68/6b　攻媿集 70/6b

趙志仁百韻枯木詩跋　後村集 111/5b

跋蘇魏公百韻詩　渭南集 27/4b

跋此君軒詩　山谷題跋 8/10b

跋蔡端明吐谷渾曲　宋本攻媿集 76/3b　攻媿集 78/4a

跋御製曲宴澄碧殿詩　鄂峰錄 36/4a

跋杜工部同谷七謌　朱文公集 84/8b

跋先吏部（朱松）留題延福院詩　朱文公集 82/18b

跋晦翁和玉澗詩　四庫拾遺 237/漁軒集

題嗣子詩卷　朱文公集 83/24b

跋朱祐之詩　秋崖稿 43/2b

朱默軒灝與其兄約山請跋詩編　潛齋集 10/8b

題竹所主人所藏余詩　秋崖稿 43/2b

跋劉夢得竹枝歌　豫章集 26/4b

跋竹枝歌　山谷題跋 9/13a

陳慧父竹坡詩稿　真西山集 34/22b

跋張公子竹溪詩　朱文公集 81/8b

跋裘元量竹齋漫存詩　漁墅稿 5/16a

跋魏鶴山題尹商卿自信齋詩　文溪集 4/9a

記行色詩　張右史集 48/10a

跋東坡行香子詞　宋本攻媿集 71/10a　攻媿集 73/10a

書向豐之詩軸後　盧溪集 50/4a

題陸務觀多景樓長短句　于湖集 28/6b

跋僧如川詩　桐江集 4/13a

戲草秦少游好事近因跋之　山谷題跋 8/18a

七　畫

書沈少白詩稿後　漫塘集 24/7b

題〔汪水雲詩〕　四庫拾遺 491/青山集

題〔汪水雲詩〕　四庫拾遺 741/碧梧玩芳集

跋汪崇亮詩　桐江集 3/35b

記沿流館詩　東坡題跋 3/38b

題宋士達詩　後村集 101/12a　後村題跋 3/15a

跋宋氏絕句詩　後村集 101/1a　後村題跋 3/1a

跋宋吉甫和陶詩　後村集 101/4b　後村題跋 3/5b

跋宋自適詩　後村集 93/6b　後村題跋 2/8a

題彭山宋彥祥詩卷　鶴山集 65/1b

題宋教授詩册後　聚齋集 8/15a

跋宋常父詩後　漁墅稿 5/18a

跋宋常丞德之送行詩後序　鶴山集 59/5a
跋洪州宋願父詩　復齋集 10/29a
跋宋樞密王內翰詩　後村集 103/13b
題言上人所蓄詩　石門禪 26/13b
跋折彥質仙（張本作社）亭詩　益國文忠集 19/21a
　益公集 19/73b
跋初條王左丞贈曾祖詩及竹林泉賦　益國文
　忠集 15/10a　益公集 15/126a
跋邢惇夫詩及諸公題　止齋集 41/9b
題邢榮叔詩卷　巽齋集 18/4b
跋杜祁公詩　益國文忠集 19/5b　益公集 19/55b
跋陳進道所藏杜祁公詩　宋本攻媿集 71/14b　攻
　媿集 73/14a
題杜工部詩後　四庫拾遺 166/雲溪集
書子美自平詩　東坡題跋 2/14a
記子美顧句　東坡題跋 2/16a
記子美逸詩　東坡題跋 2/16b
評子美詩　東坡題跋 2/17a
雜書子美詩　東坡題跋 2/17b
書杜子美詩　東坡題跋 2/31b
書杜子美詩後　東坡題跋 2/32b
杜子美詩筆次序辨　東觀餘論/上 57a
跋杜甫詩　容齋題跋 2/12a
跋老杜病後遇王倚飲贈歌　山谷題跋 9/16a
書參寥論杜詩　東坡題跋 3/12b
跋陸處善集杜詩　漁庵集 32/18a
跋餘干陳君集杜詩　真西山集 36/6a
題薛元亮老杜醉歸圖詩後　益國文忠集 46/4a
　益公集 46/113b
評杜默詩　東坡題跋 3/6b
跋杜濠州詩稿　北礀集 7/9a
跋楊處士村居感興　渭南集 29/6b
題所和丁希韓詩後　姑溪集 42/4b
跋李耘子所藏其兄公嶼詩評　後村集 99/6b　後
　村題跋 2/8b
記外祖李公詩卷後　張右史集 47/6b
書李主簿　東坡題跋 3/30a
書李主詩　東坡題跋 2/21a
跋李太白於五松山贈南陵常贊府　山谷題跋 9/
　16a
記太白詩（1－2）　東坡題跋 2/8b－9a
書學太白詩　東坡題跋 2/10a
跋高麗李司業送彭顯道詩後　鉛刀編 30/3a
題李西臺和馬侯詩　益國文忠集 15/13b　益公集

15/130a
跋李成德官詞　石門禪 27/25a
跋李丞相贈鄧成材判官詩　栟櫚集 20/1b
題李希聖詩卷　巽齋集 21/1a
跋李伯珍詩卷　誠齋集 100/4b
題李伯祥詩　東坡題跋 3/13a
李炎子詩卷跋　後村集 109/19b
跋李尚書贈政上人三詩　苕溪集 27/3b
評李長吉詩　須溪集 6/43b
跋李孟達含章六世祖少卿詩卷　宋本攻媿集 70/
　20b　攻媿集 72/17b
跋李勉仲詩卷　朱文公集 83/22b
跋李益盧綸詩　容齋題跋 2/13b
跋李泰發參政與寧遠令劉文舉詩　漁庵集 32/
　14a
跋左達功所示李泰發詩卷　北山集 16/2b
跋李耘子詩卷　後村集 99/7b　後村題跋 2/10a
跋李商老詩　石門禪 27/16a
跋李教饒行詩後　竹坡稿 3/13a
跋辛企李得孫詩　南澗稿 16/26b
跋李陵詩　容齋題跋 2/20a
題宜春李椿詩卷　益國文忠集 46/10b　益公集 46/
　121a
跋李買縣尉詩卷　後村集 99/13a　後村題跋 2/17b
跋李顧詩　容齋題跋 2/11b
跋先翁（李璜）贈余仲勉詩後　筠溪集 21/16a
書李嶠詩　東坡題跋 2/30a
跋李嚴孫詩卷　後村集 110/4b
題克符道者偈　石門禪 25/16a
記退之拋青春句　東坡題跋 2/12a
題楊謹仲芍藥詩後　益國文忠集 47/1b　益公集 47/
　1b
記里舍聯句　東坡題跋 3/24b
跋貝菊所詩　本堂集 45/8a
跋呂成未和東坡尖義韻雪詩　渭南集 30/8a
跋呂自牧詞卷　牟陵陽集 17/9b
跋呂炎樂府　後村集 100/2b　後村題跋 1/3a
跋呂東萊與許吏部詩　南軒集 34/6a
題呂居仁詩　江湖集 31/9b
書呂居仁與范秀才詩簡　橫浦集 19/9b
跋呂居仁與魏邦達昆仲詩　四庫拾遺 138/南澗甲
　乙稿
跋呂居仁韓子蒼曾吉甫詩　四庫拾遺 139/南澗甲
　乙稿

題呂紫薇與晁仲石詩 益國文忠集 47/13b 益公集 47/15b

書伯祖紫微翁外祖曾文清公所寄許子禮吏部詩後 東萊集 7/3b

書伯祖紫微翁贈青溪先生子詩後 東萊集 7/3b

跋呂鎭公詩 石門櫝 27/18a

跋吳士剛詩 漁墅稿 5/16b

跋吳友梅詩賓深 桐江集 3/35a

跋吳古梅詩龍輔 桐江集 3/34a

跋吳思道小詞 姑溪集 40/2a

跋吳思道詩(1-2) 姑溪集 40/1b-2a

題吳建翁詩卷 哭齋集 21/9a

跋吳斯道詩後 松隱集 32/7a

題吳德仁詩卷 張右史集 47/3a

跋吳激小詞 容齋題跋 2/18b

自記吳興詩 東坡題跋 3/5a

跋吳蘭皋詩 桐江集 3/36b

題邑人詩卷 本堂集 45/8b

跋余好問丙申丁西詩稿 桐江集 4/30b

余玠詩跋程逢時撰 蜀文輯存 98/12b

書邛州天慶觀希夷先生詩後 丹淵集/遺拾下 2a

何秀才詩禪方文跋 後村集 99/1b 後村題跋 2/1b

題何仲詩 後村集 100/13a 後村題跋 1/17a

題何郎中(名處恬自號雲帥)和陶韓詩後 杜清獻集 17/12b

跋何謙近詩 後村集 106/14b

跋何謙詩 後村集 106/3b

跋何總制詩 後村集 107/2b

跋唐題阮客舊居詩 金石録 30/8b

跋阮梅峯詩 桐江集 4/3b

八 畫

書贈法通師詩 東坡題跋 3/1b

唐法華寺詩跋 歐陽文忠集 142/5b

書梅聖俞河豚魚詩後 歐陽文忠集 73/8a

跋范天碧定史詩 牟陵陽集 17/11b

書夜雨不少住枕上作詩後見公寓撰 嵩山集/雜文 37b

題六一先生夜宿中書東閣詩 益國文忠集 15/6b 益公集 15/122b

跋方君至庚辰詩 桐江集 4/23a

跋李侍郎武夷詩 朱文公集 83/22a

東坡武昌西山詩跋岑象求撰 蜀文輯存 28/20a

武溪深詩跋蔣之奇撰 春卿稿/附 10a

跋李伯紀青原詩 益國文忠集 49/16a 益公集 49/55a

跋李侍郎青龍詩後 海陵集 22/5a

跋林子彬詩 後村集 110/6a

跋林去華省題詩 後村集 100/1b 後村題跋 2/2a

再題林合詩 後村集 107/10b

跋林合詩卷 後村集 106/12a

林君合詩四六跋 盧齋集 13/7b

題林君詩卷 秋崖稿 43/6b

跋林桂高詩 庸齋集 5/17a

書林通處士詩後 姑溪集 42/6a

書林和靖詩 豫章集 26/12a

跋林瀨翁詩 後村集 106/6a

題陳文惠公松江詩 張右史集 47/4a

書淵明東方有一士詩後 東坡題跋 2/28a

跋東郡山谷詩軸 魯齋集 13/4a

光宗皇帝東宮秋雨詩跋 益國文忠集 14/10a 益公集 14/109a

跋東堂先生詩卷 松隱集 83/4a

跋御製東歸送行詩 鄮峰録 36/6b

跋劉戒之東歸詩 渭南集 31/4a

題東麓詩卷 潛齋集 10/7a

跋徐總管雨山堂詩 後村集 111/7a

跋招清公詩 豫章集 26/10b

書李正臣怪石詩後 鶴助集 33/12b

江山王明府尚友堂詩跋 後村集 109/17a

長史變 東坡題跋 6/5b

書鮮洪範長江詩後 豫章集 26/20b

跋御製長春花詩 鄮峰録 36/5a

虎丘唱和題辭 樂圃稿 7/9a

書花卿歌後 山谷題跋 7/8b

讀明道先生詩跋 桐江集 3/3a

跋采石三亭詩 姑溪集 40/1a

跋高象先金丹歌 渭南集 23/8a

書蘇子美金魚詩 東坡題跋 3/23a

書子由金陵天慶觀詩 東坡題跋 3/10a

書悟上人金陵詩卷 無文印集 10/1b

跋知安人詩 江湖集 31/5b

跋季仲默詩 梅溪集/後 27/5b

題牧護歌後 豫章集 25/14a

書所作官題詩後 豫章集 26/10b

題所録詩 石門櫝 26/12b

跋周天益詩 後村集 108/13b

跋周廷秀酬唱詩 石門櫝 27/24a

跋周君日起詩册　桐江集 4/28a

跋周尚書武仲詩軸　宋本攻媿集 70/8b　攻媿集 72/6b

跋周益公詩卷　渭南集 30/13a

跋周益公楊誠齋送甘叔懷詩文卷後　朱文公集 84/31b

書自作小詞後　太倉集 67/5a

書自作長短句後　太倉集 66/4b

書安福劉德禮家紫芝詩卷　益國文忠集 19/3b　益公集 19/53a

大父秦公(周淡)考試耀州倡酬詩卷　益國文忠集 15/8a　益公集 15/124a

跋邵公濟詩　渭南集 26/7a

跋康節詩　鶴山集 62/6a

跋康節與韓康公唱和詩　鶴山集 62/5b

跋邵緊矩詩　魯齋集 11/12a

跋邵暘叔詩後　筠溪集 21/12b

書孟東野詩　東坡題跋 1/2b

書孟東野詩　東坡題跋 2/2b

題孟郊詩　東坡題跋 2/3a

記永叔評孟郊詩　東坡題跋 2/35a

跋孟侍郎詩　漫塘集 24/4b

阿子歌　東坡題跋 6/5a

題阿蘭若偈　程北山集 16/14a

九　畫

書杜子美哀江頭後　宗伯集 16/10a

度郎中鄉會詩跋　鶴林集 38/6b

前溪歌　東坡題跋 6/5a

題首山傳法偈　石門禪 25/20b

跋安光遠所藏祖庵訪詩跋　宋本攻媿集 68/18a　攻媿集 70/17b

跋趙正之所藏東坡春宴教坊詞　梁溪集 163/16b

跋柯亶文近詩　後村集 110/18b

跋柯亶文詩　後村集 101/4a　後村題跋 3/5a

杯桮舞　東坡題跋 6/5b

書柏學士山居詩題其後　山谷題跋 8/17b

書柳子厚詩　東坡題跋 2/21a

書柳子厚詩(1-2)　東坡題跋 2/21b

書子厚詩　東坡題跋 2/22b

書柳子厚詩　東坡題跋 2/34a

書柳子厚詩後　東坡題跋 2/34b

跋書柳子厚詩　豫章集 26/4a

書柳公權聯句　東坡題跋 2/19b

跋周越書王龍圖柳枝辭後　筠溪集 21/14b

跋韓君美居仁城西十絶　本堂集 47/8a

跋南上人詩　朱文公集 81/26b

再紙書南山一盃亭壁六詩並跋　雪坡集 41/10a

跋南宮唱和詩　苕溪集 27/4b

跋南軒永州諸詩　恥堂稿 3/23b

跋南軒先生周氏寓齋詩　真西山集 38/18a

跋南軒先生送定叟弟赴廣西任詩十三章　真西山集 36/3b

南軒送方耕道詩　後村集 102/3b　後村題跋 4/4a

書南徑漁父詞後　濂庵集 32/19a

跋南溪始泛詩　文定集 10/4b

跋南溪詩　後村集 100/15a　後村題跋 1/20a

書柳子厚南澗詩　東坡題跋 2/29a

跋胡文定公詩　朱文公集 81/2a

跋胡元邁集句　揭湖集 10/15b

跋胡五峰詩　朱文公集 81/2b

跋胡少汲與劉邦直詩　豫章集 26/16b

跋胡直内詩　桐江集 4/15b

跋胡忠簡公和王行簡詩　益國文忠集 47/2b　益公集 47/2b

跋王慎中胡筠集句　豫章集 26/15a

跋胡濟庵和李承之詩　朱文公集 82/9a

跋胡濟庵和學官八詩　宋本攻媿集 74/12a　攻媿集 76/12a

書長公指要詩後　演山集 35/9a

跋范文正公送寶君詩　朱文公集 82/10a

跋范文正公詩　豫章集 30/4a

富樂山范公詩跋王夷簡撰　蜀文輯存 97/21b

題丞相范純仁詩後　樂圃稿 9/5b

又題范覺民與諸人唱和詩　益國文忠集 46/15b　益公集 46/127a

跋思成字詞　魯齋集 13/13a

又題思濟兄詩軸　寶晉集 7/10a

題毗陵所吟　牟陵陽集 17/4a

跋鄭虔任昭君曲　渭南集 27/6a

跋幽詠　橘洲集 6/13b

跋俞西秀詩　本堂集 44/3a

跋俞仲矇詩　桐江集 4/21b

跋俞秀老清老詩頌　豫章集 26/19a

跋俞似詩　容齋題跋 2/18a

跋俞伯初詩　桐江集 4/19a

跋俞則大詩　桐江集 4/23a

跋贈俞清老詩　豫章集 26/18b

跋俞梅墅詩　本堂集 44/5a

書山谷秋懷八詩後　蜀文輯存 75/10a
書和秋懷五詩後　豫章集 25/9b
書樂天香山寺詩　東坡題跋 2/23a
書俊瘦翁送清別潤詩後　無文印集 10/2a
跋皇祐朝賢送張庸提刑詩卷　益國文忠集 17/1a
　益公集 17/1b
書徐會稽禹廟詩後　豫章集 26/5a
題侯齊彥樂府後　曾雲莊集 4/25b
跋後山居士長短句　渭南集 28/1a
跋蘇養直後湖二詩　鶴山集 62/15a
跋劉氏後隆堂詩　益國文忠集 49/15a　益公集 49/54a
文與可學士題後巖詩跋程鎮撰　蜀文輯存 64/12a
書省愿二齋詩銘後　道鄉集 32/1a
書子美屏跡詩　東坡題跋 2/15b
書韋蘇州詩　東坡題跋 2/32a
跋歐陽公紅梨花詩　豫章集 30/6a

十　畫

唐流杯亭侍宴詩跋（1－2）　歐陽文忠集 139/4a－
　4b
書劉禹錫浪淘沙竹枝歌楊柳枝詞各九首因跋
　其後　山谷題跋 8/19b
跋浮溪歌　牟陵陽集 15/7b
浮桂寺八記詩跋　歐陽文忠集 143/6b
跋東坡海市詩　山谷題跋 8/17a
題旁詩仲子正字　臨川集 71/14a
書薛昱翁訓飭孫詩後　東萊集 7/1b
黃季清註朱文公訓蒙詩跋　徐文惠稿 3/9a
跋高子勉詩　豫章集 26/16a
書魯直題高求父揚清亭詩後　鶴肋集 33/12a
跋何東海集唐人絕句　復齋集 10/26b
跋唐子方林夫送行詩卷　毘陵集 11/5a
唐子方林夫送行詩章表跋尾　梁谿集 163/13a
書唐太宗詩　東坡題跋 2/32a
唐玄宗謁玄元廟詩跋　歐陽文忠集 139/14b
跋章達之所藏唐石淙詩序　宋本攻媿集 73/22a
　攻媿集 75/21b
跋唐致政詩卷　魯齋集 11/5a
跋唐御覽詩　渭南集 26/5a
跋唐賀蕭公詩卷　斐然集 28/2b
跋送朱景仁詩　忠穆集 7/4b
書王太尉送行詩後　東坡題跋 3/36a
書送客詩後　太倉集 66/12a

題送陸先生赴省詩卷　益國文忠集 19/4b　益公集
　19/54a
又跋送顧子敦使河朔詩　蜀文輯存 63/12a
跋淩歎引後　姑溪集 40/6b
書秦氏名孫詩軸後　澹塘集 24/11a
跋秦少章詩卷　益國文忠集 50/1a　益公集 50/57a
書秦少游挽詞後　東坡題跋 3/39a
書秦少游詞後　東坡題跋 3/42b
少游留題龍井跋　安晚集/3b
跋秦系詩　樂靜集 5/4a
跋秦法信道人詩軸　滄庫集 32/21a
題珠上人所蓄詩卷　石門禪 26/15b
跋起余詩草堂詩　後村集 108/4b
跋先倉部（袁文）戲賀何端明得子詩　絜齋集 8/
　16b
跋袁中丞與韓魏公唱酬芍藥詩　應齋雜著 4/6a
跋顏魯公栗里詩　朱文公集 81/27b
跋真仁夫詩卷　後村集 99/4b　後村題跋 2/6a
跋真宗皇帝御製詩丁謂撰　吳郡文粹 3/10a
書真清堂詩後　南澗稿 16/34a
真廟賜馮侍中詩　渭南集 26/1a
書破地獄偈　東坡題跋 1/30b
題破琴詩後　嵩山集 18/24b
跋范令君晉陵時詩十九首　牟陵陽集 16/2b
跋唐茶山詩並詩述　金石録 28/12a
書薛能茶詩　東坡題跋 2/26a
跋恩上人詩　牟陵陽集 17/12b
題奚朝瑞詩　秋崖稿 43/3b
跋翁處靜詞　杜清獻集 17/12b
跋東坡秋馬歌　益國文忠集 50/4a　益公集 50/60b
題秋馬歌後（1－4）　東坡題跋 3/30b－32a
書僧殘軒詩後洪玉父軒名　豫章集 20/27a
跋倪龍輔詩　庸齋集 5/18a
書鬼仙詩　東坡題跋 3/17b
記鬼詩　東坡題跋 3/48b
跋師厚卿遇致士十詩　鶴山集 65/3a
跋子蒼丙寅秋鎮巢清野歸途詩卷　本堂集
　44/1b
題徐少章和注後村百梅詩　盧齋集 13/12a
跋徐洪李三士詩　石門禪 27/16b
書徐師川詩後　太倉集 66/12b
跋徐誠夏贈楊伯起詩　朱文公集 81/23a
跋徐凝詩　容齋題跋 2/14b

跋徐衡伯詩　秋崖稿 43/10a
跋徐總管攸乙詩卷　後村集 110/17b
跋徐寶之貢士詩　後村集 99/13b　後村題跋 2/18a
跋桑澤卿和林和靖詩　宋本攻媿集 70/7a　攻媿集 72/5a
跋怨齋詩存稿　後村集 111/1b
怨齋讀易詩跋　後村集 111/2b
跋東坡紙帳詩　宋本攻媿集 71/14a　攻媿集 73/13b
孫後近詩跋　桐江集 4/18b

十一畫

恭跋淳祐紀夢詩　蜀文輯存 79/16b
題先忠獻公清音堂詩後　南軒集 34/5b
書清泉寺詞　東坡題跋 3/46b
跋劉夢得准陰行　豫章集 23/4b
跋濂溪序彭推官宿崇勝院詩後　性善稿 15/6a
跋章少機詩　漁墅稿 5/16a
跋章仲山詩　後村集 109/4a
書章督詩　東坡題跋 3/43b
題許介之詩卷　後村集 100/8b　後村題跋 1/10b
許介之詩卷　真西山集 34/25a
跋許右丞詩　北山集 16/1a
跋許侍郎詩卷　朱文公集 84/3b
跋許萬松詩　桐江集 4/16b
跋郭子固廉使詩後　跨鼇集 17/10b
記郭震詩　東坡題跋 3/5b
題雪花達摩布衣偈　則堂集 4/18a
跋雪浪閣詩　雪坡集 41/5b
又題雪巢贈林達吉詩　貫窗集 7/12a
跋雪寶偈後　松隱集 33/5a
書陶淵明責子詩後　豫章集 26/3b
跋劉景山教學詩　後村集 109/3a
題山谷和郭內翰長篇　益國文忠集 46/3a　益公集 46/112b
跋山谷送徐隱父二詩草　四庫拾遺 138/南澗甲乙稿
跋黃山谷詩　朱文公集 82/20a
跋山谷詩　石門禪 27/13a
書山谷詩後　太倉集 66/9a
跋山谷詩稿　盧川集 9/14a
跋黃魯直詩　容齋題跋 2/7b
跋黃魯直詩　容齋題跋 2/17a
跋魯直詩　雲巢編附錄（三沈集 8/77a）

書黃魯直詩後（1－2）　東坡題跋 2/36a
書黃魯直詩後（1－2）　東坡題跋 3/10b－11a
書和晁無咎詩後與斌老　山谷題跋 8/21a
刻先大夫（黃庶）詩跋　山谷題跋 8/3a
書歐陽公黃牛廟詩後　蘇東坡全集 23/11b　東坡題跋 3/44b
書子美黃四娘詩　東坡題跋 2/15a
書韓魏公黃州詩後　蘇東坡全集 23/13b　東坡題跋 3/34b
書黃州詩記劉原父語　東坡題跋 3/49b
記黃州對月詩　東坡題跋 3/49a
跋黃同叔詩　桐江集 4/14b
跋黃孝邁長短句　後村集 106/10b
再題黃孝邁短長句　後村集 108/9b
書黃泥坂詞後　東坡題跋 3/14a
跋黃侍郎畸若送虞永康剛簡赴召詩　鶴山集 60/2b
跋黃珩和梅絕句　後村集 108/14a
跋黃貢士詩卷　後村集 110/22a
黃挺之詩卷跋　後村集 109/16a
跋豫章黃量詩卷　真西山集 34/2a
跋黃愷詩　後村集 99/15b　後村題跋 2/20b
題黃龍山僧送善澄上人詩卷　萬山集 18/26a
題黃龍南和尚手抄後三首　石門禪 25/25a
跋黎晉甫黃巖縣樓記士人送行詩　恥堂稿 3/35a
跋江窓龍註梅百詠　後村集 110/15a
魏司理定清梅百詠跋　後村集 109/17a
跋鄭北山梅花三絕句　魯齋集 13/3a
王可久梅花百和詩跋　四庫拾遺 761/閩風集
跋吳王壺梅花百詠　雪坡集 41/7b
題梅花百韻　牧萊脞語/二稿 8/4a
跋梅花詩　容齋題跋 2/15b
跋王周卿注魏鶴山先生梅花詩李心傳撰　蜀文輯存 77/11a
李洞齋梅供詩卷　後村集 107/10a
題郭景舒梅塢百詠　文溪集 5/7b
跋郭適之集句梅雪詩　宋本攻媿集 73/14a　攻媿集 75/13b
跋陳從古梅詩　益國文忠集 17/16a　益公集 17/18b
跋黃户曹梅詩　後村集 108/10b
跋陳邁高梅詩　後村集 109/2b
讀梅聖俞詩　紫微集 33/2b
題梅聖俞詩後　東坡題跋 3/27a

書梅師贊家梅聖俞詩後　太倉集 66/6b
跋梅聖俞與郭功父詩　姑溪集 42/3b
又跋梅聖俞與郭功父詩　姑溪集 42/3b
跋梅聖俞贈歐陽晦夫詩　山谷題跋 9/21b
書聖俞贈歐陽閣詩後　東坡題跋 3/39b
書曹希蘊詩　東坡題跋 3/5b
跋曹職方詩卷　丹陽集 10/1a
跋戚子雲詩　桐江集 4/25a
跋乾道學官詩卷　後村集 105/17a
跋盧贊元題惜春亭詩後　盧溪集 50/1a
題米元章悼東坡詩　横浦集 19/8b
書常建詩　東坡題跋 2/23a
莫公堂詩後跋賈直彥撰　蜀文輯存 65/2a
趙崇安詩卷　後村集 107/9a
跋唐崔潭龜詩　金石録 27/5a
唐崔潭龜詩跋　歐陽文忠集 139/17b
跋張魏公釣臺詩　文定集 12/4a
跋趙逢原得母詩卷　益國文忠集 51/9a　益公集 51/80a
跋趙伯山從駕詩　鄮峰録 36/12b
書船子和尚歌後　山谷題跋 9/22b
跋邵康節逢春詩　鶴山集 61/6a
跋通上人詩卷　後村集 108/19a
書辨才次韻參寥詩　東坡題跋 3/21b
書參寥詩　東坡題跋 3/22a
記參寥詩　東坡題跋 3/25b
跋參寥詩　宋本攻媿集 70/6a　攻媿集 72/4a
跋黄魯直畫寃呈李公擇等四詩　益國文忠集 17/9a　益公集 17/11a
跋張七詩　石門禪 27/17a
跋張大夫景修詩卷　北山集 16/3b
跋張子善詩　杜清獻集 17/7b
跋張文潛詩　容齋題跋 2/20a
跋張文學詩卷　後村集 111/14a
書待制張公詩刻後　道鄉集 32/5b
張仁溥詩稿跋　鶴林集 38/8b
跋張功父詩　鄮峰録 36/13b
跋張右史送翟中書赴闕詩　文定集 12/3a
張史院詩跋　黄氏日鈔 91/5b
題張白雲詩後　東坡題跋 3/48b
題張安道詩後　東坡題跋 3/15b
跋張仲宗送胡邦衡詞　益國文忠集 47/4b　益公集 47/5b

跋張仲實詩　桐江集 4/26a
跋嚴汝翼所藏張丞相詩　益國文忠集 18/4a　益公集 18/28b
書張伯和詩詞後　朱文公集 84/29b
題張表臣詩卷後　毘陵集 11/10b
書張芸叟詩　東坡題跋 3/16a
跋張芸叟題劉鼇墳廟詩　益國文忠集 48/7b　益公集 48/30a
跋張祐詩　容齋題跋 2/13a
爲長兄跋張帥益陽夾道松杉詩　省齋集 9/15a
書張剛中詩卷後　鉛刀編 30/2b
跋張雪窗詩　無文印集 14/5b
題張都官送行詩後　水心集 29/10a
跋張參政兄弟唱和詩　海陵集 22/5a
跋張魏公詩　文定集 12/4b
跋張魏公詩　朱文公集 83/30a
跋所抄陸放翁詩後　桐江集 4/1b
跋陸務觀送其子龍赴吉州司理詩　益國文忠集 51/5a　益公集 51/75b
跋陸務觀詩　朱文公集/續 8/11b
跋世父大夫詩稿　渭南集 30/17a
書陸道士詩　東坡題跋 2/36b
書陸道士詩　東坡題跋 3/32b
題了翁送幾叟詩　龜山集 26/15a
跋了翁詩　石門禪 27/14a
題陳工部謝寺丞送魯君遠遊詩後　寳晉集 7/9b
跋陳大夫詩　朱文公集 84/24a
題三衢陳大經詩卷　文溪集 5/6a
跋陳户曹詩卷　後村集 99/7b　後村題跋 2/9b
陳公儲作山龍自跋詩皆精妙戲題其後　後村集 108/17b
跋陳平仲詩　秋崖稿 43/12a
題陳史部詩後　節孝集 28/17b
題陳史部詩後　東坡題跋 3/8b
跋陳宜州詩　緊齋集 8/15b
跋陳宜州詩後　昌谷集 17/1a
書陳亞之詩後　豫章集 26/20b
書贈陳季常詩　東坡題跋 3/9a
跋陳侯贈曹貢元士圭詩(1-2)　文溪稿 4/8a-8b
跋陳秘書集句詩　後村集 109/8a
題陳紹曾詩後　孫尚書集 54/1a
跋道士陳景元詩　朱文公集 83/26a
跋陳復齋詩卷　真西山集 36/25b
書陳瑩中贈韋處士詩後　筠溪集 21/15a

跋陳义顏從古和簡齋陳去非詩　益國文忠集 17/5a　益公集 17/5b

書鄰氏志欽宗歸同曾祖陰德詩後　建康集 3/2a

題陰聲詩　蜀文輯存 37/15a

陶同年崇詩卷跋　平齋集 10/11b

題註陶詩後　四庫拾遺 740/碧梧玩芳集

書陶靖節及二蘇先生和勸農詩示鄭元制　文定集 12/7b

録陶淵明詩　東坡題跋 2/21a

書淵明詩　東坡題跋 2/24b

題淵明詩（1－2）　東坡題跋 2/3b－4a

書淵明詩（1－2）　東坡題跋 2/25b

書陶淵明詩後寄王吉老　山谷題跋 7/9a

書淵明酬劉柴桑詩　東坡題跋 2/28b

十　二　畫

跋范石湖遊大峨詩卷　宋本攻媿集 70/9b　攻媿集 72/7b

跋晞翁遊大隱屏詩　四庫拾遺 237/瀟軒集

書吳伯成遊山詩後　嚴帶稿 5/10b

書次韻周元翁遊青原山寺後　山谷題跋 9/20a

跋佛陀恩遊洞山詩　桐江集 4/30a

書遊湯泉詩後　蘇東坡全集 23/11a　東坡題跋 2/37b

唐沈傳師遊道林嶽麓寺詩跋　歐陽文忠集 142/2a

遊瀑山識外舅餞送淮東詩後　後樂集 17/9a

跋渠陽詩註　竹坡稿 3/15a

題温庭筠陰曲後　東坡題跋 2/7b

跋湯堅孫長短句x四六　後村集 111/12b

跋温陵吳教詩　復齋集 10/29a

書寒山詩後　太倉集 67/1a

跋寒山詩贈王正仲　山谷題跋 9/17b

富樂山師公詩跋程教臨摹　蜀文輯存 51/1a

跋舒碧雲寓稿詩　桐江集 4/19b

跋天台童氏子飯牛稿　本堂集 45/2a

跋胡待制詠古詩　斐然集 28/5a

跋黄秀才詠史詩　盧溪集 49/3b

跋方寔孫詠史詩　後村集 100/14b　東坡題跋 1/19a

題柯提舉詠史詩　四庫拾遺 475/秋聲集

跋胡待制(舜陟)詠史詩　四庫拾遺 622/丹陽集

跋謝安國詠史詩三百篇　誠齋集 100/1b

跋蕭氏敎節堂詩　益國文忠集 49/11a　益公集 49/49b

跋馮抱龔詩　桐江集 4/4b

書馮祖仁父詩後　東坡題跋 3/41b

跋馮深居詩　桐江集 4/11a

跋馮庸居格詩（1－2）　桐江集 4/27a－27b

跋曾文清詩詞後　止齋集 42/3b

跋曾呂二公寄許吏部詩　朱文公集 81/22a

曾雪笠詩跋　石堂集 13/26a

跋曾逢堯詩　牧萊臞語/二稿 8/1b

跋曾裘父贈屈待舉詩　朱文公集 83/12b

書子美雲安詩　東坡題跋 2/14b

跋唐雲門山投龍詩　金石録 27/8a

題越山詩卷　無文印集 10/3a

書彭城觀月詩　東坡題跋 3/29a

跋彭道原詩　誠齋集 100/5b

跋惠上人詩卷　文山集 10/12a

題惠洪詩後　孫尙書集 54/1b

題自詩　石門禪 26/14b

題自詩寄幻住庵　石門禪 26/14a

題自詩與隆上人　石門禪 26/15a

跋惠雲詩　横塘集 20/9a

跋朝士送王校書道歸台州詩卷　益國文忠集 18/1b　益公集 18/25b

跋揀詞　抽軒集 5/18b

書曾虔州雅詞後二首　太倉集 67/3a

書惲敬仲詩卷後　漫塘集 24/8b

趙司理菊梅百詠跋　潛齋集 10/9a

書景文詩後　東坡題跋 3/33a

跋景呂堂詩　朱文公集 82/29a

書景獻府講詩終篇　秋崖稿 43/8a

題蛟峰按部詩卷　無文印集 10/14b

跋喻景山例冒賦集句詩卷　後村集 108/17b

書龔季顯所藏康節先生買園詩　無文印集 10/12b

題淵明飲酒詩後　東坡題跋 1/4b

書淵明飲酒詩後　東坡題跋 2/3a

書淵明飲酒詩後　東坡題跋 2/25a

跋無名子詩　桐江集 4/12a

跋徐釋山所作智道者偈　筠溪集 21/21b

跋程子山詩後　盧溪集 48/6a

跋梅窗程公坦詩卷　後村集 109/20b

跋蜀倅程公詩後　跨鰲集 17/11b

書程全父詩後　東坡題跋 3/42a

跋程制幹九萬詩軸　可齋稿/續前 5/18b

題程垣詩卷　後村集 101/12a　後村題跋 3/15b

跋傅淯詩卷　後村集 110/23a

跋程舜俞詩 桐江集 4/12a

跋登江州百花亭懷荊楚詩 山谷題跋 8/16a

題弱上人所蓄詩 石門禪 26/13b

題賀方回詞 姑溪集 40/6a

書賀遂亮詩 東坡題跋 2/30a

跋李似之諸公題陽炳文園亭詩後 楊溪集 10/ 14a

陽華嚴孟坦中詩跋戴嗣世撰 八瓊金石補 106/27b

記陽關第四聲 東坡題跋 2/2a

書子由絕勝亭詩 東坡題跋 3/10a

十 三 畫

題趙公玉新昌紀詠 文溪集 5/8b

書洞山价禪師新豐吟後 豫章集 26/17a

題意可詩後 豫章集 28/11b

書試院中詩 東坡題跋 3/16b

評詩人寫物 東坡題跋 3/20b

跋曹之才詩詞三摘 桐江集 4/22a

詩跋羅裒撰 羅豫章集/卷末 45b

跋詩稿 渭南集 27/15b

跋鄭康道棄官詩卷 松隱集 32/6a

題周氏詩義倉規約後 杜清獻集 17/13a

跋道士婁君復詩卷 文山集 10/12a

跋道鄉居士詩 石門禪 27/17b

跋道場何山詩後 竹坡稿 3/12b

跋雷太簡梅聖兪詩 豫章集 26/9a

書趙介叔雷莊詩後 太倉集 66/5a

跋雷道士詩 黃氏日鈔 91/17b

題楊文卿帶詩卷 益國文忠集 19/13b 益公集 19/64b

跋楊少師詩後 東觀餘論/下 34a

題楊朴妻詩 東坡題跋 3/43a

跋楊李二公詩 後山集 19/5a

跋楊廷秀贈族人復宇道卿詩 益國文忠集 48/9a 益公集 48/31b

跋楊伯子詩卷 宋本攻媿集 68/8b 攻媿集 70/8b

跋楊伯傳詩後 漁墅稿 5/17a

跋楊君恢詩 庸齋集 5/18b

跋楊愿與王伯翁詩 益國文忠集 19/1a 益公集 19/50a

跋楊龜山李丞相送鄧成材詩卷 斐然集 28/4b

跋劉叔安感秋八詞 後村集 99/17b 後村題跋 2/23a

跋茅山梁中砥柱所藏東坡和太白感秋詩 桐江集 4/20b

跋暐翁感興詩 真西山集 34/5b

書文公感興詩後 梅巖集 7/7a

跋裒元量司直詩 後村集 101/11a 後村題跋 3/14a 竹齋集/補錄 1a

記廬使誦詩 東坡題跋 3/34a

又題葉子春詩 寶晉集 7/11a

書葉元老渠陽送行詩卷後 澹塘集 24/10b

跋葉氏慕堂詩 朱文公集 82/27b

跋朴翁（葛天民）詩 北磵集 7/16a

書葛道純詩後 東坡題跋 3/9b

跋葛聖功詩 楊溪集 10/13b

跋嵊山葛魏二詩 北磵集 7/4b

書董京詩 東坡題跋 2/30b

記董傳論詩 東坡題跋 3/12a

書曾搏齋過六一祠堂詩 冥齋集 21/2b

書過曼壽詩後 東坡題跋 3/44a

跋黃魯直蜀中詩詞 益國文忠集 17/7b 益公集 17/ 8b

跋黃魯直蜀中詩詞 抛軒集 5/18a

書蜀僧詩 東坡題跋 3/28a

跋人會稽詩卷 秋崖稿 43/7b

跋節物詩 横塘集 20/9b

跋撫州歸廬詩 益國文忠集 48/10b 益公集 48/33b

跋詹仲信所藏詩稿 渭南集 31/8a

跋安溪詹清隱詩 復齋集 10/25a

跋鄒公送子詩 龜山集 26/11a

跋鄒公詩 梁溪集 163/10b

跋鄒志完曾祖詩 益國文忠集 17/4a 益公集 17/4b

跋鄒志完詩乃其子德久書 石門禪 27/17b

跋鄒舍人詩 昆陵集 11/5b

十 四 畫

跋黔安居士漁父詞 東坡題跋 3/38a

跋宋侍制寧軒自適詩 益國文忠集 47/11b 益公集 47/13a

恭跋端平紀夢詩游似撰 蜀文輯存 79/16a

跋僧齊己詩 豫章集 30/12a

跋雷侍郎廣州上巳泛海詩 黃氏日鈔 91/4b

書太白廣武戰場詩 東坡題跋 2/35a

跋蕭定夫所藏胡文定碧泉詩卷 真西山集 34/6b

題秦少游瑤池宴 益國文忠集 15/1b 益公集 15/ 117a

瑤池燕 東坡題跋 6/6b

跋趙一溪詩 桐江集 3/30a

跋百醉老人趙士曬詩卷 益國文忠集 46/12a 益

公集 46/123a

跋趙子野詩卷　江湖集 31/7b

跋趙主簿所藏詩後　止齋集 41/6a

跋趙兄詩卷　秋崖稿 43/12b

跋趙司令楙詩卷　後村集 100/5a　後村題跋 1/6b

跋趙安慶先世詩　鶴山集 64/8a

跋趙寺丞公茂詩　漁墅稿 5/17b

跋趙見獨詩後　筠溪集 21/17a

跋趙延康詩　止齋集 41/9b

跋趙宗正詩　鄮峰録 36/10b

跋趙宗高嵩詩　本堂集 46/2b

跋所藏趙忠定詩　昌谷集 17/2b

跋趙明翁詩稿　後村集 100/9b　後村題跋 1/12b

跋趙周翰詩卷　萬山集 18/20b

跋趙孟佚詩　後村集 106/15a

跋趙南安餞行卷　後村集 106/3a

跋林氏所藏趙清獻公父子詩　攻媿集 77/4b

題趙清獻與周彭澤詩　萬山集 18/33a

跋趙章泉詩　桐江集 4/2b

跋趙崇彪詩　後村集 106/16b

跋趙超然詩後　松隱集 33/2a

題趙景壽詩後　澹塘集 24/18b

跋趙靖齋詩卷　文山集 10/11a

題趙殘詩卷　後村集 101/13a　後村題跋 3/16b

趙靜齋詩稿後叙　後村集 111/19b

題碧霞譚道士榴書丹詩　牧萊脞語/二稿 8/5a

跋珠上人山谷醴池詩　石門禪 27/11a

書李太白對月詩後　演山集 35/11a

跋蒲領衛心泉詩　後村集 111/7b

記夢中句　東坡題跋 3/46a

書子由夢中詩　東坡題跋 3/48a

跋蒼玉詩卷　朱文公集 83/25a

團扇歌　東坡題跋 6/5a

題銓上人詩卷　牧萊脞語 13/2b

跋鳳山詩後　東坡題跋 3/25a

跋王元勃鳳林橋詩　盧溪集 50/2a

鳳將雛　東坡題跋 6/4b

跋石晉熊歐詩後　東觀餘論/下 18b

書猩遷度詩　東坡題跋 3/7a

跋綱山樂軒寒齋三處士贈答　後村集 110/2a

書緑筠亭詩　東坡題跋 3/13b

十 五 畫

書潤州道上詩　東坡題跋 3/30a

跋潘刑部致堯詩卷　宋本攻媿集 73/12b　攻媿集 75/12b

跋雷公達所示潘仲嚴詩卷　北山集 16/4a

題潘君詩卷　秋崖稿 43/7a

跋諸人贈路君詩後　朱文公集 82/5a

諸公送子敦詩後　竹軒雜著 6/11b

書諸公送周梓州詩後　蘇東坡全集/後 9/11a　東坡題跋 2/36b

書諸公送臯繹先生詩後　東坡題跋 3/3a

蒲章諸公倡和詩題辭　吳都文粹 4/46b

跋諸公與徐仲車詩册　龜山集 26/10b　節孝集/附載 6b

題諸公與徐仲車詩簡　盤洲集 63/8a

論詩　山谷題跋 7/2b

跋瑩中詩卷　石門禪 27/15b

跋鄭子封詩　桐江集 4/28b

題鄭石二詩後　雲溪集 29/5b

跋應仁仲所刊鄭司業詩　朱文公集 82/5b

題鄭宅仁詩稿　文溪集 5/8a

書鄭谷詩　東坡題跋 2/33b

跋李果齋所書鄭伯元詩後　真西山集 34/30b

題鄭忠愍公送塡邢得昭歸姜女詩後　北山集卷末 54b

跋鄭忠愍公送塡邢得昭歸姜女詩後　北山集卷末 55b

跋鄭忠愍公送婦邢得昭歸姜女詩後　北山集/卷末/叢書集成本 406 頁

跋鄭湘鄉孫出示諸公詩後　復齋集 10/26a

跋鄭景望詩卷　益國文忠集 18/6b　益公集 18/31b

跋鄭楙密與族子仲度詩　後村集 100/11a　後村題跋 1/14b

贈鄭潛詩跋　後村集 109/16b

書蓮上人詩卷後　太倉集 66/4b

跋徐鷹伯横架醉稿　宋本攻媿集 68/3a　攻媿集 70/3a

跋横翠詩後　復齋集 10/28b

跋樓雲臥詩　北磵集 7/16a

跋樓楚材詩　桐江集 3/32b

跋歐陽元老詩　豫章集 26/15b

跋歐公詩卷　四庫拾遺 623/丹陽集

題歐陽公送張著作詩後　東坡題跋 3/25a

書歐陽公贈王介甫詩　梅溪集/前 19/7b

跋永叔與挺之郎中及憶滁州幽谷詩　容齋題跋 9/16b

跋歐陽伯威句選　誠齋集 98/3b

跋歐陽寄王太尉詩後 東坡題跋 3/11a

跋醉翁吟 歐陽文忠集 73/17a

書醉翁操後 東坡題跋 6/7b

跋子瞻醉翁操 豫章集 26/6a

跋廬白雲詩 牟陵陽集 16/3b

輝上人攜其父所作傷求跋 後村集 99/7a 後村題跋 2/9a

跋蔡天啓詩 忠穆集 7/5a

題蔡君謨弔石曼卿詩後 嵩山集 18/24a

書蔡耕道學士詩後 筠谿集 21/15b

跋鄭屯田寫蓬萊山詩 宋本攻媿集 68/9a 攻媿集 70/9a

蔣廣詩卷跋 後村集 109/15a

跋蔣穎叔兄弟與其姪宜卿詩 浮山集 4/7a

跋秦少游踏莎行 山谷題跋 9/15a

跋閱古堂詩刻 後村集 110/10a

跋樊允南詩 性善稿 15/4b

題懇寂圓詩 東坡題跋 3/14b

跋太和樂南金所藏樂史慈竹詩 益國文忠集 18/20b 益公集 18/48a

書樂府長短句後 姑溪集/後 15/7b

跋病翁(劉子翠)先生詩 朱文公集 84/19b

跋劉光詩 桐江集 4/31a

跋劉丞相送子詩 文定集 10/13a

跋劉克遜詩 水心集 29/20b

跋仲弟(劉克遜)詩 後村集 99/14a 後村題跋 2/18b

跋居厚(劉喬仁)弟詩 後村集 108/8a

跋劉伯山詩 盧溪集 48/5a

書修江劉君詩後 漫塘集 24/9b

書劉拙逸詩後漫塘烻 黃氏日鈔 91/1b

跋劉叔通詩卷 朱文公集 83/7b

跋劉後村晚年詩 桐江集 4/11b

讀劉屏山詩跋 桐江集 3/6a

讀朱文公書劉屏山詩跋 桐江集 3/7a

跋與劉書記岳麓和詩後 巽齋集 19/6a

跋劉紹先詩卷 昆陵集 11/5b

記劉景文詩 東坡題跋 3/33a

書劉景文詩後 豫章集 23/9a

題劉景信詩 須溪集 6/43a

題俞洪所藏滕元發與俞退翁詩 益國文忠集 47/17a 益公集 47/29b

跋鄧元觀詩 庸齋集 5/17a

跋鄧延所藏其祖溫伯與東坡倡和武昌長篇 益國文忠集 17/17b 益公集 17/14b

十 六 畫

跋濬山巖尚用之時善琦(釋)撰 八瓊金石補 95/29a

濬山巖留筠詩後跋呂昭亮撰 八瓊金石補 96/20a

跋曾宏正濬巖詩 八瓊金石補 96/27b

書李文溪吳城山龍山廟詩後 雪坡集 41/1b

書淵明義農去我久詩 東坡題跋 2/3b

書遵師詩 東坡題跋 3/9a

題樵歌後 碧梧集 13/11a

書子美憶昔詩 東坡題跋 2/17b

慨慷歌 東坡題跋 6/5b

書盧全詩 東坡題跋 2/28a

跋盧袞父絕句 渭南集 29/3b

跋盧致遠雲能詩 本堂集 44/6a

跋龍林贈陳丹林詩 益國文忠集 40/1b 益公集 40/130a

跋默成詩卷 魯齋集 11/16a

書曇秀詩 東坡題跋 3/33b

題閻靜齋與張仲實詩後 牟陵陽集 16/7b

又跋錢仲甄舊詩 東塘集 49/25a

跋翰林錢公詩後 東坡題跋 3/10b

跋錢史部燕譽人詩 盧溪集 50/5b

跋錢仲仲東坡詩卷 丹陽集 10/1a

跋錢鎮州回文後 東觀餘論/下 65b

書俞侍郎錦野亭詩後 洛水集 13/8a

跋蘇子美錦鷄詩 宋本攻媿集 69/4b 攻媿集 71/4b

跋學士院御詩 歐陽文忠集 73/15b

題鮑明遠詩 東坡題跋 2/5b

跋僧獨庵拾古 流川集 9/3b

十 七 畫

跋濟川侍郎贈平老詩後 筠谿集 21/22b

題曙庵齋居感興詩卷首 本堂集 47/2a

題胡邦衡講筵詩卷 益國文忠集 19/6a 益公集 19/56a

記謝中舍詩 東坡題跋 3/22b

跋謝良齋與黃生詩 朱文公集 83/16a

題癸丑謝何同叔送羊羔酒詩贈尹德鄰 益國文忠集 49/10b 益公集 49/49a

跋謝無逸詩 石門禪 27/19b

書謝瞻詩 東坡題跋 2/5b

題應之詩 蘇魏公集 72/10a

跋王楓密環秀亭詩 盧溪集 50/1a

跋戴石屏詩　桐江集 4/4a

題戴石屏詩卷後　雪蓬稿/13b

跋戴式之詩卷　宋本攻媿集 74/4a　攻媿集 76/4a

跋戴君玉詩稿後　杜清獻集 17/16b

跋戴樂潛詩　本堂集 46/1a

臨化偈　寶晉英光集 6/9a　寶晉山林集 4/5a

記臨江驛詩　東坡題跋 3/38a

跋韓子蒼詩送劉童子歸廬陵　益國文忠集 18/7b　益公集 18/32b

跋韓子蒼詩草　益國文忠集 19/5b　益公集 19/55a

跋韓子蒼與曾公袞錢遜叔諸人唱和詩　益國文忠集 48/3b　益公集 48/25a

跋韓忠武王詞　宋本攻媿集 78/15a　攻媿集 75/14b

書韓李詩　東坡題跋 2/23b

評韓柳詩　東坡題跋 2/22a

對韓柳詩　東坡題跋 2/29b

書韓退之符讀書城南詩後　山谷題跋 7/8a

書退之詩　東坡題跋 2/11b

書退之詩　東坡題跋 2/35b

跋韓退之聯句　山谷題跋 7/16a

跋唐韓翃詩後　蜀文輯存 75/10a

唐韓覃幽林思　歐陽文忠集 139/5b

跋韓載叔省題詩　復齋集 10/31a

跋黃瀛甫擬陶詩　真西山集 36/1b

跋江文通擬淵明詩後　山谷題跋 8/11b

書舉季若詩後　孫尚書集 54/10b

舉潭詩卷跋尾　粲溪集 162/4b

跋薄薄酒二篇　宋本攻媿集 68/17b　攻媿集 70/17a

唐薛苹唱和詩跋　歐陽文忠集 142/5b

跋薛畏翁詩　朱文公集 83/11b

跋東坡嘯軒詩　宋本攻媿集 4/6a　攻媿集 76/6a

跋先表叔留題鍾山西湖二詩後　鶴山集 65/5b

恭題徵宗賜沈暉御詩　宋本攻媿集 67/11b　攻媿集 69/10b

恭題徵宗賜張鑒先御詩　宋本攻媿集 67/13a　攻媿集 69/12b

跋王介甫彌勒偈　益國文忠集 17/9a　益公集 17/10b

十八畫

跋顏持約詩　盧溪集 50/1b

跋顏權縣福清詩卷　後村集 110/13a

書穎州禱雨詩　東坡題跋 3/25b

豐城府君便山處士唱酬詩卷　益國文忠集 19/4a　益公集 19/53b

書舊詞後　後山集 19/5a

蕭冰崖詩卷跋　豐山集 9/4a

跋蕭服劉逵唱和詩卷　益國文忠集 50/2b　益公集 50/59a

跋蕭敬夫詩稿　文山集 10/9a

題唐丞相蕭遇詩後　滿水集 7/15b

跋蕭墓詩　益國文忠集 49/16b　益公集 49/56a

跋盧溪先生題宣和御畫詩韓駒撰　盧溪集/序 17b

書鷄鳴歌　東坡題跋 2/1a

書梵志翻著襪詩　豫章集 30/15b

題魏丞相詩　緊齋集 8/13b

跋魏鶴山贈醫者曾貫詩　文溪集 4/9a

題文氏雙秀亭詩　益國文忠集 51/7b　益公集 51/78b

跋東坡雙泉詩　四庫拾遺 197/莊簡集

書陶淵明歸田園詩後　太倉集 66/10a

跋徐來叔歸師堂詩　朱文公集 83/5a

跋樂全先生歸雁詩　黃氏日鈔 91/18a

書壁書記詩卷　北磵集 7/8a

十九畫

跋敬自翁廬山行卷　無文印集 10/1b

跋歐陽文忠公廬山高詩　豫章集 30/9b

自記廬山詩　東坡題跋 3/47a

記李太白廬山詩　益國文忠集 18/19a　益公集 18/46b

題懷芳小草後　冥齋集 21/11b

記關右壁間詩　東坡題跋 3/19a

羅氏六有齋詩　真西山集 35/13a

書劉夢得詩記羅浮半夜見日事　東坡題跋 6/14b

題羅燁詩稿　益國文忠集 47/7a　益公集 47/8a

書韓定辭郁詩　東坡題跋 2/19b

二十畫

瀹有追贈傅弈孔道輔詩因以數語書其後　本堂集 44/8b

記寶山題詩　東坡題跋 3/27b

書寶少府詩　後山集 19/4b

跋蘇子美詩　宋本攻媿集 69/1b　攻媿集 71/1b

跋蘇子美詩　四庫拾遺 614/橫塘集

跋蘇子美與弟聯句詩　四庫拾遺 623/丹陽集

跋蘇子送宋使君書詩王均撰　蜀文輯存 63/11b

跋蘇氏回文錦詩圖　宋本攻媿集 71/9b　攻媿集 73/9b

書蘇李詩後　東坡題跋 2/1a

跋子瞻送二姪歸眉詩　豫章集 26/6b
跋文忠公送惠勤詩後　東坡題跋 3/1a
跋東坡四詩　姑溪集 38/1a
跋東坡長短句　山谷題跋 9/17a
跋東坡送劉道原歸南康詩　宋本攻媿集 69/11b
　攻媿集 71/11a
跋東坡詞　緊齋集 8/16a
跋東坡詩　豫章集 30/10a
題東坡詩　嵩山集 18/24a
跋東坡詩　容齋題跋 2/19a
跋東坡詩　范成大佚著/142
跋東坡蔡州道中和子由雪詩　山谷題跋 8/18a
題別子由詩後　東坡題跋 3/10b
記所作詩　東坡題跋 3/5a
書所和回先生詩　東坡題跋 3/24a
題和王鞏六詩後　東坡題跋 3/8a
跋蘇子由和劉貢父省上示座客詩　益國文忠集
　16/6a　益公集 16/139b
記子由詩　東坡題跋 3/2b
跋二蘇送宋彭州近視二親詩　鶴山集 59/2a
跋二蘇送梁子熙聯句　豫章集 26/19b
書邁詩　東坡題跋 3/34a
跋蘇韶君贈王道士詩後　蘆川集 9/19b
蘇韶君贈王道士詩後　竹軒雜著 6/12a
跋〔蘇愚翁〕垂死兩日前分韻詩　魯齋集 13/2b
跋蘇愚翁詩　魯齋集 13/2b
跋蘇養直絕句後　蘆川集 9/11a
書蘇養直詩　東坡題跋 3/42a
跋蘇養直贈李東老詩　盧溪集 50/3b

跋養直可師唱和真隱詩　石門禪 27/19a
跋養直詩　石門禪 27/19a
題蘇翰林詩後　于湖集 28/6b
題嚴先生釣臺棗東恭撰　嚴陵集 8/14a
題嚴居厚與馬莊甫唱和詩軸　朱文公集 83/28b
跋嚴某和坡詩　後村集 100/11b　後村題跋 1/15a
跋嚴懋上舍詩卷　後村集 109/5a

二 十 一 畫

跋沈子宿瀟湘連璧詩　江湖集 31/8a
跋六安縣尉顧士龍詩卷　鶴山集 59/1a
跋鶴山送魏顯道西歸詩　恥堂稿 3/25a
跋朱崖墜鶴賦及送閔丘使君詩　宋本攻媿集 69/
　9a　攻媿集 71/9a
書子美聽馬行　東坡題跋 2/15a
跋羅長卿所藏蘭亭詩　濟庵集 32/2a
跋山谷蠟梅詩　無文印集 14/4a
跋東坡鐵桂杖詩　山谷題跋 8/18a

二 十 二 畫

題權巽中詩　石門禪 26/14b

二 十 四 畫

書靈草堂天目行卷　無文印集 10/1b
唐僧靈澈詩跋　歐陽文忠集 142/6a

二 十 五 畫

跋梅齊禮觀德堂連理詩　相山集 27/1b

四、法書碑帖

一 畫

朱文公書一軒二字跋 後村集 110/13b

黃魯直一笑帖 寶真齋 15/6b

二 畫

唐顏魯公二十二字帖跋 歐陽文忠集 140/11a

跋郭鑑所藏二父帖 耻堂稿 3/25a

薛道祖二花詩帖 寶真齋 13/14b

蘇文忠二詩帖 寶真齋 12/15b

仁宗皇帝二詩御漢體書 寶真齋 1/10a

通首座手書二經跋 後村集 110/14a

宗忠簡留守司二割家書吾友三帖 寶真齋 22/6b

高宗皇帝御筆臨陳達十二月帖 寶真齋 3/9a

逸少十七帖 廣川書跋 6/15a

跋逸少十七帖 松隱集 32/7b

跋十七帖 朱文公集 84/8a

題右軍十七帖後 山谷題跋 9/4a

跋十七帖後 東觀餘論/下 28a

跋所書十七帖後 東觀餘論/下 56a

跋唐人所摹十七帖後 東觀餘論/下 68a

唐東宮長史陸東之書十八學士贊 海岳題跋 1/22b

書十悵心扇因自評之 山谷題跋 7/4a

跋十賢相帖 益國文忠集 15/8a 益公集 15/124a

唐玄度十體書跋 歐陽文忠集 142/6b

跋洪慶善先夫人丁氏詩文手墨 張華陽集 33/6b

跋丁未御書 緊齋集 8/6a

丁酉歲恭和內宴御詩草跋 益國文忠集 51/6b 益公集 51/77b

跋丁晉公諸帖 後村集 105/14a

丁章呂蔡帖 後村集 104/13a

題六一先生丁晏居顏帖(1-2) 益國文忠集 15/4b 益公集 15/120a-120b

題七月二十日帖 東坡題跋 4/17a

跋家藏七君子帖 碧梧集 15/6b

跋先龍圖交游七君子帖後 碧梧集 15/6a

懷素七帖 廣川書跋 8/8b

七賢帖 廣川書跋 6/2b

別本七賢帖 廣川書跋 6/3b

晉七賢帖跋 歐陽文忠集 137/11b

跋山谷所書香山七德舞 鶴山集 61/3b

跋魯直書東坡卜算子詞 漢濱集 15/2a

米元章臨謝安八月帖 寶真齋 20/17b

逸少八帖 廣川書跋 6/15b

跋唐八馬坊碑 金石録 27/2b

唐八都壇實録跋 歐陽文忠集 139/1a

九月九日書贈初和甫 山谷題跋 8/2b

跋唐文皇九仙帖 松隱集 33/7b

唐九成宮醴泉銘跋 歐陽文忠集 138/11a

[跋]九成宮醴泉銘 元豐稿 50/1b

跋歐陽率更九成宮醴泉銘 北礀集 7/11b

醴泉銘 廣川書跋 7/1b

魏九級塔像銘跋 歐陽文忠集 137/19a

張文潛九華帖 寶真齋 17/1a

跋樽俊書九歌 無文印集 10/7b

題力命帖 朱文公集 82/3b

三 畫

跋秦之罘山刻石 金石録 13/6a

之罘山秦篆遺文跋 歐陽文忠集 134/16b

御書三十二字跋 高峰集 11/19a

御書三十二字跋尾 高峰集 11/19a

跋銅官三公帖 魯齋集 12/5a

跋漢三公碑 金石録 17/7a

錢塘子直閣公三札跋文郎(釋)撰 台州金石録 9/13b

跋三代款識 樂靜集 9/7a

李莊簡三字帖 寶真齋 24/3a

跋段季承所藏三先生墨迹 誠齋集 100/1b

跋三舍人帖　性善稿 15/10a

跋褚倪書三省示衆手軸　無文印集 14/5a

跋東坡三笑圖贊　宋本攻媿集 75/16b　攻媿集 77/16a

陸復齋三捷進學二帖　寶真齋 27/1a

跋自書樂天三遊洞序　山谷題跋 9/14a

跋三絶帖　歐陽文忠集 73/17b

張安國東坡三養帖　寶真齋 26/8a

跋江民表三賢帖　後村集 105/11b

跋馬子恢家藏三賢帖　潛齋集 10/10a

跋臨江守潘森所收蔡君謨寫韓文三篇　益國文忠集 18/11a　益公集 18/36b

跋三學士帖　石門禪 27/23a

唐岑文本三龕記跋　歐陽文忠集 138/11b

題千祿字書　益國文忠集 15/8b　益公集 15/124b

跋千祿字碑後　東觀餘論/下 2b

唐千祿字樣跋　歐陽文忠集 140/4b

唐千祿字樣模本跋（1－2）　歐陽文忠集 140/4b－5a

跋唐于志寧碑　金石録 24/5b

跋後魏太尉丁烈碑　金石録 21/4b

跋于湖真迹　竹坡稿 3/4a

于範書　廣川書跋 8/19b

唐于復神道碑跋　歐陽文忠集 141/17a

跋唐贈司空于復碑　金石録 29/7a

米元章臨晉武帝大水帖　寶真齋 20/16b

跋大代華嶽碑　金石録 21/2a

跋北齊大安樂寺碑　金石録 22/8b

蘇文忠大字詩帖　寶真齋 12/16b

唐李德裕大孤山賦跋　歐陽文忠集 142/4b

唐大孤山賦跋　歐陽文忠集 142/4b

跋大參樓攻媿論征僞帖　北磵集 7/4a

跋周大雲寺碑　金石録 25/5a

跋唐大雲寺禪院碑　金石録 26/5b

米元章書山谷大悲懺贊帖　寶真齋 20/15a

跋大愚四帖　魯齋集 13/3a

跋朱子大愚帖　魯齋集 11/14a

跋大卑渡水與觀舊碑　益國文忠集 16/13a　益公集 16/147b

唐大照禪師碑跋　歐陽文忠集 139/17a

大寧夫人二書　寶真齋 28/11a

後周大象碑跋　歐陽文忠集 137/21b

呂紫微大慧帖　後村集 107/7a

跋大慧墨迹　無文印集/語録/題 3a

跋魯直書大戴踐阼篇　渭南集 31/1a

題山谷書大戴禮踐阼篇　益國文忠集 49/12a　益公集 49/50b

跋廖仲謙所藏山谷先生爲石周卿書大戴禮踐阼篇大公丹書　誠齋集 100/1a

跋魯直書踐阼篇　朱文公集 83/18b

跋山谷踐阼篇法帖　誠齋集 100/8a

跋東魏大覺寺碑　金石録 21/8a

跋東魏大覺寺碑陰　金石録 21/8b

書柳子厚大鑒禪師碑後　蘇東坡全集 19/14b　東坡題跋 1/46b

暗庵書上方字跋　黃氏日鈔 91/1a

跋上官叔權篆隸　雪坡集 41/7b

陳文僖上虞帖　寶真齋 9/11b

滕資政山中帖　寶真齋 22/3a

題山公啓事帖　東坡題跋 4/6a

唐山南西道驛路記跋　歐陽文忠集 142/7a

跋唐宇文顯山陰述　金石録 27/7b

跋葉致遠所藏水禪師千文　東坡題跋 4/8a

陳僧智永千文　海岳題跋 1/7a

唐辯才弟子草書千文　海岳題跋 1/9b

唐僧高閑草書千文　海岳題跋 1/10b

羲之千文　海岳題跋 1/11b

孫過庭草書千文　海岳題跋 1/12a

懷素千文　海岳題跋 1/15a

張長史全本千文　海岳題跋 1/23b

論虞書千文　東觀餘論/上 66a

跋夏御帶所書千文　松隱集 33/7a

跋陸東之千文　松隱集 33/8b

跋斛繼善（一本作解絶然）所藏柳書千文　益國文忠集 16/12a　益公集 16/146b

跋山谷草書千文　朱文公集 84/23b

跋李陽冰千文　復齋集 10/12b

跋蔡端明臨真草千文　後村集 101/15b　後村題跋 3/20a

跋率更千文　後村集 111/5b

張長史千文三帖　海岳題跋 1/21a

智永千文半卷　海岳題跋 1/7b

跋唐千文帖　毘陵集 11/6b

懷素千文帖　寶真齋 5/11b

唐史惟則篆千文帖　寶真齋 5/16a

徐鉉小篆千文帖　寶真齋 9/1a

千文後虞世南書跋　歐陽文忠集 138/7b

智永千文真草帖　寶真齋 8/1a

米元章臨智永千文真草帖　寶真齋 20/19a

徽廟草書千文跋　平齋集 10/12b

高廟千文跋　平齋集 10/13a

劉紹祐千文跋　異齋集 20/2b

智永千字　廣川書跋 6/33a

張旭千字　廣川書跋 7/16b

李陽冰篆千字　廣川書跋 8/4b

高閑千字　廣川書跋 8/10b

跋張長史千字文　豫章集 28/16b

跋章草千字文　山谷題跋 3/9b

跋謝良佐所收李唐卿篆字千文　鶴助集 33/22b

跋吳說千字文　益國文忠集 16/14b　益公集 16/149b

跋惠齋草書千字文　東塘集 19/25b

跋率更千字文　後村集 110/9b

陳浮屠智永書千字文跋　歐陽文忠集 137/14b

王文秉小篆千字文跋　歐陽文忠集 143/11b

御筆千字文跋　益國文忠集 14/2b　益公集 14/100a

唐太師顏真卿乞米帖　海岳題跋 1/8a

跋魯公乞米諸帖　牟陵陽集 16/6b

朱君脫乞舟柬翰寢陳三帖　寶真齋 18/4a

跋東坡次韻王晉卿乞花詩真迹　鶴山集 60/11b

李致堯乞書書卷後　山谷題跋 7/12a

跋了翁乞銘帖　毘陵集 11/8b

跋竹軒乞藥帖　梅屋雜著/8a

跋小呂申公帖　後村集 103/12b

跋本上人所蓄小坡字後　石門櫃 27/14a

高宗皇帝御筆臨王羲之小差帖　寶真齋 3/6b

小黃門護敏碑　廣川書跋 5/22a

己西奉御筆宣諭之平江府任恭跋　清正稿 5/23a

晉中書令王獻之已復此節帖　海岳題跋 1/20a

跋鄰道鄉所書女誡　嶽山集 26/5b

爲姚氏書女戒後跋　道鄉集 32/4a

折檻密子友帖　寶真齋 24/6a

題東坡子高無雪二帖　益國文忠集 15/11a　益公集 15/127a

四　畫

跋所書下公祠堂記　宋本攻媿集 76/8a　攻媿集 78/8a

跋魏南郡太守卞統碑　金石錄 20/3b

六公詠　廣川書跋 7/12a

跋唐六公詠　金石錄 26/5b

跋劉提刑家六帖　益國文忠集 19/19b　益公集 19/72a

跋唐昭陵六馬贊　金石錄 23/6a

跋葉一山所藏文山相國書後　牟陵陽集 16/5a

跋汪季路所藏其外祖滿石喻公所書文中子言行卷後　朱文公集 84/30a

跋文安國篆　姑溪集 41/4a

跋文忠烈公真迹　鶴山集 59/9b

二蘇文登趣闈二帖　寶真齋 12/21b

跋智果文福帖　松隱集 33/8a

跋山谷書文賦　益國文忠集 49/8a　益公集 49/46a

跋山谷小楷書陸機文賦帖　誠齋集 99/1a

書石軍文賦後　豫章集 28/4b

跋文潞公帖　益國文忠集 17/19a　益公集 17/22a

跋文潞公帖　後村集 103/9a

跋文潞公諸賢墨迹　南澗稿 16/22b

跋潞公清獻公帖　方舟集 13/9b

米敷文瀟湘跋　尤梁溪稿 2/11b

方一軒閣帖跋　後村集 105/1a

跋聽蛙方氏墨迹七軸　後村集 110/1a

跋竹溪所藏方次雲與夾漈帖　後村集 110/19b

方圓菴記跋　兩浙金石志 6/24a

跋火井碑　渭南集 29/10a

跋東坡小楷心經　誠齋集 99/4a

恭題孝宗御書心經　宋本攻媿集 67/18b　攻媿集 69/18a

跋虞書心經　宋本攻媿集 73/12b　攻媿集 75/12a

跋心禪師與承天監院守璵手謁　山谷題跋 9/18b

跋王大令帖後　東觀餘論/下 40b

王大令書上　東觀餘論/上 23b

王大令書下　東觀餘論/上 28b

跋王才叔書　豫章集 29/20b

書太原王子命書後　演山集 35/9b

王子敬帖　海岳題跋 1/24a

跋王子敬帖後　東觀餘論/下 62b

子敬別帖　廣川書跋 6/19b

又子敬別帖　廣川書跋 6/20a

題子敬書　東坡題跋 4/5b

跋絳帖子敬書後　東觀餘論/下 47a

子敬雜帖　廣川書跋 6/19a

跋王方慶押尾後　東觀餘論/下 45b

跋唐王方翼碑　金石錄 26/7a

跋唐魏叔瑜妻王夫人墓誌　金石錄 25/8b

跋漢封丘令王元賞碑　金石録 15/6b
後漢王元賞碑跋　歐陽文忠集 136/5a
跋漢王元賞碑陰　金石録 15/7a
王中令帖　廣川書跋 6/21a
跋安福令王棟所藏王介及其子淡之漢之流之等帖　益國文忠集 16/12b　益公集 16/147a
跋王介甫帖　豫章集 26/17b
跋王介甫帖（1－3）　南軒集 35/1b－2a
跋王荊公字帖　九華集 20/9b
跋王荊公帖後　緣督集 10/3b
王荊公真翰　鶴山集 64/7b
跋王荊公書　東坡題跋 4/11b
題王荊公書後　豫章集 29/19b
跋王荊公惠李伯賜錢帖　豫章集 25/14a
跋荊公元長元度三帖　石門碑 27/23b
題荊公帖（1－2）　朱文公集 82/3a
跋荊公帖　後村集 103/10a
跋荊國公書　姑溪集 41/1a
跋半山老人帖　誠齋集 98/8a
代無爲守王正仲奉直跋所賜御割　相山集 27/3a
書王石草書　東坡題跋 4/13a
王石潭帖跋　魯齋集 12/13a
跋王右軍帖　寶晉英光集 7/9a　寶晉山林集 4/18b
跋王右軍帖　鄱陽集 4/14b
洪元春行業讃集王右軍書帖　寶真齋 7/20b
王右軍書家譜　海岳題跋 1/20a
題王右軍書迹後　山谷題跋 7/15a
右軍河南帖　寶真贊 7/10a
題右軍帖　蘇魏公集 72/7b
題右軍帖　朱文公集 82/4b
書右軍帖後　豫章集 28/4a
題右軍帖後　山谷題跋 9/4b
跋臨右軍書　歸愚集/補遺 6b
洪元春集右軍越州兩碑　海岳題跋 1/19b
跋右軍畫讃　後村集 111/5a
跋右軍論諸葛昌書後摹本　東觀餘論/下 15a
跋摹本王逸少尚書帖後　東觀餘論/下 11a
題王逸少帖　絜齋集 8/19a
題逸少帖　東坡題跋 4/1b
跋摹逸少帖後　東觀餘論/下 26b
題逸少書（1－3）　東坡題跋 4/5a－5b
跋法帖逸少書後　東觀餘論/下 24b

跋羲獻帖　寶晉英光集 7/10a
跋二王帖　絜齋集 8/18b
題二王書　東坡題跋 4/2b
疑二王書　東坡題跋 4/5a
法帖刊誤下王會稽書上　東觀餘論/上 16a
王會稽書中　東觀餘論/上 18a
王會稽書下　東觀餘論/上 20b
晉王獻之法帖跋　歐陽文忠集 137/10b－11a
題唐人硬黃臨王獻之帖　益國文忠集 17/17b　益公集 17/20b
唐嘫門王田氏神道碑跋　歐陽文忠集 141/4a
跋王安簡公帖　嵩山集 18/25a
跋唐琅琊王冲墓誌　金石録 26/3b
跋尚帳幹所藏王初條帖　誠齋集 99/2b
跋趙阜示王李徐三賢書　後村集 106/4b
跋漢廣漢縣令王君神道　金石録 16/3b
跋漢蜀郡屬國都尉王君神道　金石録 19/5a
後漢郎中王君碑跋　歐陽文忠集 136/13b
書王定國贈吳說帖　東坡題跋 5/33b
王炎除樞密使御筆跋　益國文忠集 14/6a　益公集 14/104a
書王周彥東坡帖　山谷題跋 9/9b
跋唐贈右僕射王泊碑　金石録 26/2b
唐王重榮德政碑跋　歐陽文忠集 142/14a
跋王晉卿書　豫章集 29/21a
跋王晉卿墨迹　山谷題跋 9/13b
跋唐昭義軍節度王虔休碑　金石録 29/3a
唐王師乾神道碑跋　歐陽文忠集 140/19a
跋漢冀州刺史王純碑　金石録 15/7a
跋漢冀州刺史王純碑後　東觀餘論/下 30a
跋漢王純碑陰　金石録 15/7b
王密碑　廣川書跋 8/2b
晉丞相王敦書　山谷題跋 9/4b
晉王惇真草帖晉張翼帖宋阮研帖宋蕭惠話表文帝批答　海岳題跋 1/21b
跋唐忠武將軍王陳墓誌　金石録 27/2b
跋王嵩帖　鉛刀編 30/1b
跋唐中書舍人王無競碑　金石録 30/9b
跋唐贈太尉王智興碑　金石録 30/2b
王敬武書辨　東觀餘論/上 51b
王敬和帖　廣川書跋 6/21b
跋漢王稚子闕銘　金石録 14/3b
跋王樞密答司馬忠潔公帖　朱文公集 83/19b

題王樂道帖 益國文忠集 18/9b 益公集 18/35a

唐王質神道碑跋 歐陽文忠集 142/9a

跋王盧溪民瞻先生帖 誠齋集 100/6b

跋盧溪先生手簡謝鴻撰 盧溪集/序 18b

跋盧溪先生手簡李子賢撰 盧溪集/序 19a

跋盧溪先生手簡楊長孺撰 盧溪集/序 19b

王謝書跋 寶晉英光集/補遺 2b

跋韶州李倅所藏山谷書劉夢得王謝堂前燕詩帖 誠齋集 99/3b

書先君(王瀚)遺獨善汪公帖後 魯齋集 12/3b

書秦少游書王蟠事後 悅齋文鈔 9/10a

題王觀復書後 山谷題跋 7/5a

跋王觀復歐陽元老高子勉簡 山谷題跋 9/18a

跋北齊天柱山銘 金石錄 22/5a

書天姥吟遺馮才叔 豫章集 30/7b

天祿辟邪字 廣川書跋 5/27a

後漢天祿辟邪字跋 歐陽文忠集 136/20a

書天蓬呪 東坡題跋 4/37a

跋吳天璽元年斷碑 金石錄 20/6a

跋朱文公詩元亨播墨品篇親書示鄭邵老 真西山集 36/18b

元祐八詩帖 寶真齋 17/5b

林文節元祐日記帖 寶真齋 17/15a

題東坡元祐手錄 益國文忠集 15/12a 益公集 15/128b

自評元祐間字 豫章集 89/13a

跋元祐間與三妗太君帖李布公達之妻 豫章集 30/15a

元祐黨籍碑跋鍼祖堯撰 粵西金石略 5/7a

元祐黨籍碑跋沈暐撰 粵西金石略 5/12a

書元章簡公神道碑後 宋本攻媿集 68/3b 攻媿集 70/3b

畜慶元規帖 廣川書跋 6/16a

唐元次山銘跋 歐陽文忠集 140/12a

跋唐元結碑 金石錄 28/10a

跋後魏贈司空元暉碑 金石錄 21/7a

後漢元節碑跋 歐陽文忠集 136/19b

書元寧川帖後 太倉集 66/2b

跋隋尚書左僕射元壽碑 金石錄 22/12b

跋漢議郎元賓碑 金石錄 15/5b

跋山谷書木假山記 綠雲集 4/23a

林和靖木屏帖 寶真齋 9/9b

題鄭侍郎所得太上皇帝御書後 南澗稿 16/33b

題太上皇帝賜陳規手敕 南軒集 33/4a

太公碑 廣川書跋 6/5a

跋晉太公碑 金石錄 20/6b

隋太平寺碑跋 歐陽文忠集 138/2a

題太宗皇帝御書 豫章集 28/3a

書王奐所藏太宗御書後 蘇東坡全集/後集 9/9b 東坡題跋 4/35a

跋蘇氏藏太宗御筆及謝表 益國文忠集 18/3b 益公集 18/28a

家藏太宗寶字 二程集/伊川 48/1a

跋太祖皇帝賜王岳帖 稼軒集 1/46b

跋太師試筆帖二首 石門禪 27/22b

太清石闕銘跋 歐陽文忠集 143/13a

太清東闕題名跋 歐陽文忠集 143/13a

跋唐三藏和尚不空碑 金石錄 28/11a

不倦帖 寶真齋 8/13a

適莊友于帖跋 魯齋集 12/7b

御翰友順二字跋文 後樂集 17/7a

周美成友議帖 寶真齋 21/14b

跋李侍卿五公帖 魯齋集 12/5a

五代時人署字跋 歐陽文忠集 143/10b

跋范文正公五帖 益國文忠集 18/1b 益公集 18/26a

跋馮暢所藏五帖 益國文忠集 51/2b-4b

東坡書富文忠公神道碑

東坡書陶靖節詩

東坡潁州詩

米元章上呂汲公書

山谷書六一先生古賦

跋五季遺墨 後村集 110/10a

徐鉉篆五柳傳帖 寶真齋 9/2a

跋五宰相書 豫章集 29/17a

劉武忠五詩帖 寶真齋 23/8b

跋張魏公五遂堂墨帖 真西山集 36/8a

跋方友民家藏五遂堂遺墨 蒙齋集 15/17b

題劉炳先家五賢帖 益國文忠集 19/20b 益公集 19/73a

米元暉韓退之五箴帖 寶真齋 24/15a

跋山谷五觀 石門禪 27/9b

跋後魏孝文弔比干記 金石錄 21/3a

跋後魏比干碑陰 金石錄 21/3a

跋日本國諸 金石錄 30/11a

書贈日者柳彥輔 山谷題跋 8/1b

范元卿中秋詞帖 寶真齋 27/9a

跋東坡書中秋詩後 筠溪集 21/19a

跋朱晦庵書中庸 宋本攻媿集 74/11b 攻媿集 76/ 11a

御書中庸篇 宋本攻媿集 67/17b 攻媿集 69/16b

跋中興三相帖 後村集 105/12b

唐中興頌跋（1－2） 歐陽文忠集 140/3b－4a

跋唐中興聖教序 金石錄 25/9a

跋中興諸相帖 後村集 105/12b

欽宗皇帝御押内藏御筆 寶真齋 2/10a

跋黃魯直書父亞夫詩 松隱集 32/6b

後漢公昉碑跋 歐陽文忠集 135/7a

魏公卿上尊號表跋 歐陽文忠集 137/2a

跋公袞帖 石門碑 27/22b

跋唐牛僧孺碑 金石錄 30/4b

跋逸少升平帖後 東觀餘論/下 75a

跋仁宗皇帝御書 愛齋集 15/7b

跋仁宗皇帝賜王太尉手書 豫章集 25/3a

恭題向公起所藏仁宗宸翰 宋本攻媿集 67/9b 攻媿集 69/9a

跋仁宗宸翰 後村集 103/1a

恭題董氏所藏仁宗御書刑政二字下方 碧梧 集 13/1b

恭題仁宗賜董淵宸翰 宋本攻媿集 67/6a 攻媿集 69/6a

恭題仁宗賜懷琮御頌 宋本攻媿集 67/6b 攻媿集 69/6b

題仁皇所賜魏家刑政二字後 止齋集 42/1a

跋晉王治仁愛帖 松隱集 33/8b

跋後魏化改寺中窟銘 金石錄 21/10a

跋化度寺碑後 雞肋集 33/21b

跋隋化善寺碑 金石錄 22/10b

跋歐書丹州刺史碑 盤洲集 62/3b

跋自書丹青引 寶晉英光集/補編 2/13b

月儀 廣川書跋 8/6b

御書屯田三事跋 岳飛撰 金佗粹編 10/4b

孫威敏及物帖 寶真齋 10/15b

跋唐少姨廟碑 金石錄 24/8b

唐尹氏闕文跋 歐陽文忠集 139/3a

唐尹孝子旌表文跋 歐陽文忠集 139/3a

跋尹焯帖 益國文忠集 50/4b 益公集 50/61a

跋尹和靖帖 朱文公集 83/5b

跋尹和靖遺墨 南軒集 35/6a

書和靖先生手書石刻後 南澗稿 16/31b

跋和靖先生手筆後 南澗稿 16/30b

跋唐玄元觀尹尊師碑 金石錄 26/4a

跋東坡水陸贊 豫章集 29/4a

後漢魯相置孔子廟卒史碑跋 歐陽文忠集 135/2b

唐經雲孔子廟記跋 歐陽文忠集 140/14b

懷州孔子廟記跋 歐陽文忠集 143/6b

跋章達之所藏虞書孔子廟堂碑 宋本攻媿集 73/ 12a 攻媿集 75/12a

跋平江寧上人孔子廟堂碑 北磵集 7/6b

跋唐孔子廟堂碑 金石錄 23/3a

跋唐襄州孔子廟堂碑 金石錄 25/3b

唐孔子廟堂碑跋 歐陽文忠集 138/7a

處州孔子廟碑 廣川書跋 9/13b

跋漢韓明府孔子廟碑 金石錄 15/3a

跋魏孔子廟碑 金石錄 20/3a

後漢魯相晨孔子廟碑跋 歐陽文忠集 135/4a

魯孔子廟碑跋 歐陽文忠集 137/21a

跋漢孔子廟置卒史碑 金石錄 15/2a

後漢修孔子廟器碑跋 歐陽文忠集 135/3b

題至聖文宣王三十八代孫孔仲良唐貞元以後

告身石刻 益國文忠集 47/16a 益公集 47/18b

跋後魏孔宣尼廟記 金石錄 21/2b

唐美原夫子廟碑跋 歐陽文忠集 139/18b

仲尼書 淮海集 35/3a

跋唐贈司空孔岑父碑 金石錄 30/7b

後漢泰山都尉孔君碑跋 歐陽文忠集 135/10a

後漢孔君碑跋 歐陽文忠集 135/11a

跋漢孔君碣 金石錄 15/3a

泰山都尉孔宙碑 廣川書跋 5/10a

跋漢泰山都尉孔宙碑 金石錄 15/9a

跋漢孔宙碑陰 金石錄 15/9b

後漢孔宙碑陰題名跋 歐陽文忠集 135/10b

唐孔府君神道碑跋 歐陽文忠集 142/12b

跋周孔昌寓碑 金石錄 25/6a

跋孔耽碑後 東觀餘論/下 36b

跋漢博陵太守孔彪碑 金石錄 16/6b

孔殘志 廣川書跋 9/12b

後漢孔德讓碑跋 歐陽文忠集 135/11b

跋唐孔穎達碑 金石錄 23/9b

跋孔穎達碑後 東觀餘論/下 72a

唐孔穎達碑跋 歐陽文忠集 138/13a

五 畫

唐玄靜先生碑跋 歐陽文忠集 140/18a

宋蘇軾半月泉題名碑跋 兩浙金石志 6/37b

王洽永嘉帖　寶真齋 4/6a

永樂十六角題　歐陽文忠集 137/20b

跋東坡平山堂詞　石門碑 27/6a

書蔡清逸平山鄔氏卷後　石堂集 13/26b

平首座索書竹記復題其後　無文印集 14/4b

唐李德裕平泉草木記跋　歐陽文忠集 142/3b

平淮西碑　廣川書跋 9/6a

跋米元章摹平章帖後　東觀餘論/F 70b

跋余襄公平鑑帖　東塘集 19/20a

跋唐玉真公主墓誌　金石錄 27/9b

御書玉堂跋尾　海陵集 22/3a

跋玉筯山清虛館碑後　東觀餘論/F 53a

楊文公書玉溪生詩　真西山集 34/24b

跋汪道士玉臺荈額後　止齋集 42/2a

王右軍玉潤帖　海岳題跋 1/22a

米元章臨右軍玉潤帖　寶真齋 20/22b

跋宇文廷臣所藏吳彩鸞玉篇鈔　宋本攻媿集 76/7a　攻媿集 78/7a

跋玉璽文　金石錄 13/5a

跋青羅山翁示子帖　北磵集 7/6b

呂參政示諭帖　寶真齋 11/2b

跋徐明叔爲張達權篆正心誠意樂天知命八字

鄮峰錄 36/10a

正旦北使朝見御筆後記　益國文忠集 150/18a　益公集 150/20b

梁仲謀去月帖　寶真齋 25/4a

唐甘棠館題名跋　歐陽文忠集 141/5b

跋右軍甘蔗帖後摹本　東觀餘論/F 14b

米元章甘露詩帖　寶真齋 20/1b

跋功德寺賜額石刻　松隱集 33/4b

跋丙戌御書　蒙齋集 15/7a

跋漢尹彭長斷碑　金石錄 16/12a

跋汪尚書逵古字碑刻　慈湖遺書 5/27a

高宗皇帝御筆臨古法帖四皓帖　寶真齋 3/10a

高宗皇帝御筆臨古法帖鵝等帖　寶真齋 3/9b

韓獻肅古法書詩帖　寶真齋 11/4a

古帖　姑溪集 42/2b

題所書古柏行　朱文公集 7/11b

跋古柏行後　姑溪集 41/8a

古貴人押字跋　魯齋集 11/9b

太宗皇帝古詩御書　寶真齋 1/4a

小草古詩賦　益國文忠集 15/3a　益公集 15/118b

孝宗皇帝古詩聯御書　寶真齋 3/17b

與楊景山書古樂府因跋其後　山谷題跋 8/14a

孝宗皇帝古體詩二篇御書　寶真齋 3/15a

古靈帖　後村集 107/5b

石門寺題名　山谷題跋 8/25b

跋漢司隸楊厥開石門頌　金石錄 14/8b

後魏石門銘跋　歐陽文忠集 137/17a

郎官石柱記　廣川書跋 7/18b

後漢文翁石柱記跋　歐陽文忠集 135/9b　蜀藝文志 59/6b

跋閩中蒲氏所藏石范文三家墨迹　鶴山集 60/4a

洪邁石屏記跋朱希顏撰　粵西金石畧 10/7b

北齊石浮圖記跋　歐陽文忠集 137/21b

跋曼卿帖　姑溪集 40/4a

跋石曼卿書　梁溪集 163/6b

石曼卿書　廣川書跋 10/7a

石曼卿張都官　宋本攻媿集 72/9a　攻媿集 74/7a

御書石湖二大字跋　范成大佚著/136－137

御書石湖二大字跋（二）范成大撰　吳都鎭文粹 17/15b 又見 23/30a

石鼓文　廣川書跋 2/18b

跋岐陽石鼓文　盤洲集 63/10a

跋石鼓文　金石錄 13/4a

書李異伯所藏石鼓文後　朱文公集/別 7/8a

石鼓文跋　歐陽文忠集 134/13b

石鼓文辨　廣川書跋 2/1a

蔡邕石經　廣川書跋 5/16a

石經尚書　廣川書跋 5/17b

石經跋張綱撰　蜀藝文志 59/1b

石經論語　廣川書跋 5/19b

跋漢石經遺字　金石錄 16/10a

唐興唐寺石經藏讚跋　歐陽文忠集 139/18a

跋石鏡頌軸　無文印集/語錄/題 4b

題王龜齡石鏡溪詩碑後　益國文忠集 16/10a　益公集 16/144b

跋東坡書石鐘山記後　筠溪集 21/19b

唐辨石鐘山記跋　歐陽文忠集 142/4b

跋溫公書布衾銘陸游撰　司馬氏源流 5/2b

跋明道先生和康節打乖吟真迹　鶴山集 59/8b

北亭草筆　廣川書跋 8/10a

韓忠獻北道京邑二帖　寶真齋 10/7a

後漢北嶽碑跋　歐陽文忠集 134/23b

跋唐檢校太子少保田公碑　金石錄 29/7b

唐田布碑跋　歐陽文忠集 142/1b

田弘正家廟碑　廣川書跋 9/4a

唐田弘正家廟碑跋　歐陽文忠集 141/10b

後漢田君碑跋　歐陽文忠集 136/4a

豆盧革田園帖　寶真齋 8/17b

書田諫議碑陰　傅家集 73/3a　司馬温公集 79/12b

跋可壽上人所藏史文惠公帖　宋本攻媿集 70/12a　攻媿集 72/10a

跋史文惠公帖　宋本攻媿集 75/13b　攻媿集 72/13a

史太師與通奉帖　真西山集 35/15b

跋歐率更史事帖後　海岳題跋 1/4a

恭題太上皇帝賜御書史實　松隱集 32/1b

跋史魏公與心聞禪師帖　宋本攻媿集 68/6b　攻媿集 70/6b

史籀李斯　淮海集 35/3b

跋唐右神武將軍史繼先墓誌　金石録 28/10b

跋後魏叱閭神寶修關城銘　金石録 21/6a

跋敬簡翁出世頌軸　無文印集/語録/題 6a

富文忠出身帖　寶真齋 10/10a

跋杜仲微隸書出師表　東牟集 13/14a

跋朱子所書出師表　魯齋集 13/7b

鄂忠武王出師疏帖　寶真齋 28/1a

米元章四大字帖　寶真齋 19/19b

米元章四大字詩帖　寶真齋 19/25a

跋四君子帖　石門禪 27/18a

題池氏所藏四君子帖　恥堂稿 3/25b

跋陳復齋爲王實之書四事箴　真西山集 34/7b

跋尤延之家藏蘇子美四時歌真迹　益國文忠集 18/3a　益公集 18/27b

跋四皓神位刻石　金石録 19/8b

跋四皓碑後　東觀餘論/下 41b

跋四皓碑後　東觀餘論/下 81b

蘇舜欽草書四詩帖　寶真齋 10/1a

書四適贈張鵬　東坡題跋 1/41b

跋四諫帖　後村集 105/7a

吳傅朋四體書帖　寶真齋 23/13b

跋唐令孤公先廟碑　金石録 29/11b

唐高閒書令孤楚詩　海岳題跋 1/23a

魏劉熹學生家碑跋　歐陽文忠集 137/3b

跋丘道源與曹輔之帖後　孫尙書集 54/10a

跋唐代國公主碑　金石録 23/10b

仙迹跋（董賓卿撰）　八瓊金石補 111/14b

跋漢白石神君碑　金石録 18/2b

薛道祖白石潭詩帖　寶真齋 13/17b

跋北齊白長命碑　金石録 22/8a

御書白居易詩跋　益國文忠集 14/8b　益公集 14/107a

唐白敏中碑跋　歐陽文忠集 142/13a

跋白傅書後　東觀餘論/下 4b

跋蔡君謨白蓮帖後　筠溪集 21/17a

題伯祖宣教書白鐵蓋咒後　濟軒集 8/13a

跋陳正獻公所藏孝廟御書用人論　鶴山集 63/1a

跋包孝肅公帖　益國文忠集 50/8a　益公集 50/65a

魯肅簡包孝肅帖　後村集 103/13a

跋克堂（包揚）先生墨迹後　歐寄稿 5/7b

唐司刑寺大脚迹歎跋　歐陽文忠集 139/5a

跋漢司空殘碑　金石録 19/5a

跋司馬文正帖　鶴山集 61/11b

司馬文正集序帖　寶真齋 11/14a

跋司馬温公帖　龜山集 26/1a

跋司馬温公帖　梁溪集 163/9b

跋司馬温公帖　范成大佚著/138－139

跋司馬温公帖　東塘集 19/17a

跋温公帖　襄陵集 10/10b

跋温公帖　梁溪集 163/17a

跋温公帖　梅溪集/後 27/6a－6b

跋温公帖　後村集 103/10a

題温公帖石刻　程北山集 15/9b

題司馬温公書臨本　益國文忠集 15/14b　益公集 15/131b

跋司馬温公趙清獻公帖　梁溪集 163/10b

跋司馬温公趙清獻公帖　毘陵集 11/8b

跋司馬温公與明道先生帖

附司馬温公與明道先生帖

（温公集不載）　龜山集 26/11b

跋温公與邢和叔帖　止齋集 41/9b

跋温公與傅獻簡公帖　文定集 11/1b

跋温公與劉侍郎帖　龜山集 26/15b

題司馬傅公帖　五峰集 3/49b

跋司馬忠潔公帖　朱文公集 83/19a

跋司馬忠潔公帖　南軒集 35/3a

司馬整碑　廣川書跋 6/4a

跋晉南鄉太守司馬整頌　金石録 20/4a

論弓字　東觀餘論/上 60a

跋唐弘濟寺碑　金石録 23/7b

趙德麟召還詩帖　寶真齋 24/8b

六 畫

書衢州江氏小山祖墓記碑陰　漫塘集 24/11b

跋趙表之所藏江氏民表帖　毗陵集 11/6b

江民表帖（1－2）　後村集 107/6a

跋江民表與趙表之帖・　盦山集 26/14b

跋趙士㠁江州死節墓碑　誠齋集 100/2b

劉彥修江岸帖　寳真齋 25/3a

跋江記注墨迹　豫章集 30/5b

跋江謙議民望與超然居士帖　聚齋集 8/21b

跋御賜江濱廟碑　東塘集 19/3b

跋江權卿所藏諸家帖　益國文忠集 17/14b　益公集 17/17b

隋汎愛寺碑跋　歐陽文忠集 138/17a

跋後魏汝南王碑　金石録 22/2b

虞世南書汝南公主銘起草　海岳題跋 1/20b

跋唐汝陽王長女墓誌　金石録 26/9a

跋鄒柄欄宇文樞密詩帖　後村集 105/11a

跋後周宇文舉碑　金石録 25/8a

唐安公美政頌跋　歐陽文忠集 139/15b

跋安吳二宣撫所稱安居士帖　眞西山集 34/1a

右軍安問帖　寳真齋 7/13b

跋仲兄嶽州所書安遇山房題扁　宋本攻媿集 71/ 20a　攻媿集 73/19b

跋漢吉成侯州輔碑　金石録 15/3b

跋漢州輔碑陰　金石録 15/4a

跋漢州輔墓石獸膊字　金石録 15/4b

題羊欣帖　東坡題跋 4/7b

羊欣薄紹之帖　廣川書跋 6/22a

擬跋御書羊祜傳　北山集 16/1b

跋梁重立羊祜碑　金石録 21/10a

跋米元章三帖　宋本攻媿集 69/5b　攻媿集 71/5b

米元章上呂汲公書　益國文忠集 51/3b　益公集 51/ 73a

跋米元章帖　鄮峰録 36/12b

跋曾無疑所藏米元章帖　益國文忠集 16/17b　益公集 16/153b

跋曾無逮所藏米元章帖　誠齋集 98/4a

跋米元章帖　朱文公集 82/7a

跋米元章帖　東塘集 19/16b

跋米元章帖　龍川集 16/21a

跋米元章帖　後村集 104/10b

跋米元章帖　無文印集 10/10a

跋米元章書　豫章集 29/21a

跋米元章書　梁溪集 163/6a

跋元章書（1－2）　姑溪集 39/7b

跋米元章與趙景升帖　嵩山集 18/20a

跋元章與術人劉思道帖　姑溪集 39/8a

米元章臨右軍四帖　寳真齋 20/20a

跋米公法帖　東塘集 19/16a

米老山水銘跋　北澗集 5/7b

題吳興沈師所藏米老帖　浮山集 4/7b

跋米帖（1－2）　松隱集 32/7a

題米南宮帖　鶴山集 61/10b

跋米南宮帖　後村集 102/14a　後村題跋 4/18a

論米書　范成大佚著/146

跋米友仁帖　鶴山集 62/14b

跋小米二徐吳傅朋書　後村集 105/12a

董同年先世所得仁皇御書刑政二字跋　秋崖稿 43/2a

唐圭峰禪師碑跋　歐陽文忠集 142/11a

跋吉日癸巳字　金石録 13/4a

淵聖御書老子道德經唐十八學士畫讚等跋尾　襄陵集 10/9a

跋漢老子銘　金石録 15/10a

後漢老子銘跋　歐陽文忠集 135/2b

隋老子廟碑跋　歐陽文忠集 138/1a

書考亭三帖後　雪坡集 41/2a

吏部二詞帖　寳真齋 23/14a

跋汪季路所藏東坡西山詩　宋本攻媿集 76/3a　攻媿集 78/3a

隋廬山西林道場碑（1－2）　歐陽文忠集 138/6b

題廬山西林道場碑　益國文忠集 47/9a　益公集 47/ 10b

跋隋西林道場碑　金石録 22/12b

跋趙西門豹祠殿基記　金石録 20/13a

唐九門縣西浮圖碑跋　歐陽文忠集 138/16b

書西耕頌軸後　無文印集/語録/題 6a

蘇文忠西湖聽琴觀月詩帖　寳真齋 12/14a

跋西園草書　豫章集 29/22b

題西臺書　朱文公集 82/3a

唐徐方回西塘記跋　歐陽文忠集 141/1a

跋西樓姪孫三帖　魯齋集 13/2a

唐西嶽大洞張尊師碑跋　歐陽文忠集 139/11a

跋漢西嶽石闕銘　金石録 14/6a

西嶽華山碑　廣川書跋 5/12b

後漢西嶽華山廟碑跋　歐陽文忠集 134/21a

跋漢西嶽華山廟碑　金石録 15/9b
跋西嶽華山廟碑後　東觀餘論/下 1a
跋漢樊毅西嶽碑　金石録 17/5b
後漢修西嶽廟復民賦碑跋　歐陽文忠集 134/22b
唐百歲大師懷暉碑跋　歐陽文忠集 142/12a
跋了齋有門頌帖　宋本攻媿集 69/13a　攻媿集 71/12b
跋晉鴻臚成公重墓刻　金石録 20/10b
跋荊公補成良臣充太醫生奏草後　姑溪集 41/3a
張文忠至都帖　寶真齋 21/2b
幸臣以下跋御製至尊壽皇聖帝聖政序記　止齋集 41/1a
李邕光八郎帖　寶真齋 8/7b
題光孝獨賦賜田碑陰　橘洲集 7/10b
光宗御書跋　益國文忠集 46/1b　益公集 46/111a
光堯御筆賜陳正彙白金三百兩跋　益國文忠集 17/1a　益公集 17/1a
光福寺帖跋　江蘇金石志 16/3b
晉司徒王珉書此月亞盡帖、豫報先公　山谷題跋 9/5a
跋夾漈艾軒帖　後村集 105/12a
跋益公親書艾軒神道碑後　後村集 100/13b　後村題跋 1/15b　艾軒集 10/附録 9a
韓忠獻早夏晏春二詩帖　寶真齋 10/9a
楊文靖早問帖　寶真齋 23/10a
范資政早饋帖　寶真齋 17/5a
題蔡君謨書柳子厚吐谷渾詞　益國文忠集 17/18a　益公集 17/21b
葉左丞同升遂意二帖　寶真齋 22/5a
鄒忠公同安帖　寶真齋 13/2a
同光四年宣　廣川書跋 10/1a
同郡五公帖　魯齋集 9/2b
跋唐榮陽王姚朱氏墓誌　金石録 27/7a
跋汪季路所藏朱希真帖　益國文忠集 17/19b　益公集 17/23a
跋朱希真所書雜鈔　渭南集 31/5b
真宗皇帝御製朱表御書　寶真齋 1/6b
跋東郵得朱子帖　魯齋集 12/1b
跋朱子帖　魯齋集 13/4b
朱子帖第七卷　魯齋集 9/1a
跋朱子帖第八卷　魯齋集 11/4a
跋朱子與汪獨善手帖　魯齋集 13/7a
跋朱子與時遜齋帖　魯齋集 11/2a

跋朱子與訒齋帖　魯齋集 12/2a
跋朱文公二帖　鐵莊集 37/16a
跋徐德夫所藏朱文公五帖　真西山集 36/17b　清正稿/附録 20a
跋朱文公帖　真西山集 36/16a
跋輔漢卿家藏朱文公帖　真西山集 36/48a
跋朱文公帖　鶴山集 64/4a
題朱文公帖　鶴山集 64/6a
跋朱文公帖　後村集 110/4a
跋朱文公所與輔漢卿帖　鶴山集 62/12a
跋朱文公帖　鶴山集 62/12a
跋萬壽主僧圓鑑藏朱文公答潘端叔書　本堂集 46/4b
朱文公與方耕道帖　後村集 102/2a　後村題跋 4/2a
書朱文公與沙隨先生書後　洛水集 13/13b
任漢州所藏朱文公與南軒先生書帖　真西山集 34/23a
書朱文公與趙忠定公帖　異齋集 21/4a
跋朱文公與劉靜春帖　恥堂稿 3/22b
跋文公與潘月林帖　魯齋集 13/13a
跋楊贈軍家藏朱先生帖　蒙齋集 15/21a
跋晦翁先生二帖　歙帝稿 5/8a
跋晦翁先生帖　歙帝稿 5/9a
題晦翁帖　絜齋集 8/20b
跋晦翁與趙□□書　杜清獻集 17/16b
題茅山道士所藏朱晦庵以佛語調楊誠齋周益公帖　鶴山集 65/7b
題朱晦庵帖　水心集 29/9b
跋晦庵帖　竹坡稿 3/12a
題晦菴真迹後廖瑩撰　新安文獻 22/8b
題董仲鉤所藏晦庵殘帖　秋崖稿 43/2a
跋晦庵與程停帖　竹坡稿 3/11a
書先吏部（朱松）手澤後　朱文公集 83/9a
書先吏部（朱松）韋齋記銘並劉范二公帖後　朱文公集 84/20b
書先吏部（朱松）與淨悟書後　朱文公集 84/21a
朱永喬等題名（觀石魚）　八瓊金石補 83/31b
跋朱喻二公法帖　朱文公集 82/5b
跋朱張書　後村集 105/11b
隋朱朱敞碑跋　歐陽文忠集 138/1a
跋朱喬年所跋王安石宇　栟櫚集 19/5a
朱龜孫題名　粵西金石畧 13/10b
朱龜碑　廣川書跋 5/20b
跋漢幽州刺史朱龜碑　金石録 18/3a
後漢朱龜碑跋　歐陽文忠集 136/16b

題跋四　法書碑帖　六畫　1775

跋漢朱龜碑陰　金石録 18/3b
跋朱應仲卷　山谷題跋 7/11b
跋朱藏一丞相帖　鴻慶集 32/6b
黃魯直先王賜帖　寶真齋 15/1a
跋朱德固所藏先世往來帖　鴻慶集 32/5a　孫尙書集 54/16a
跋計次魏所藏先世帖　性善稿 15/11a
跋陳履道先墳庵額大字　勉齋集 22/7a
又書自草竹枝歌後　山谷題跋 9/13b
跋山谷書劉夢得竹枝歌後　碧梧集 15/7a
書逸少竹葉帖　東坡題跋 4/8a
跋竹齋手帖　竹齋集 4/7a
跋竹齋墓碑林惟孝撰　竹齋集 4/7b
跋漢臨胸長仲君碑　金石録 19/4b
跋漢廷尉仲定碑　金石録 16/8a
書僧仲殊詩詞真迹後　山房集 5/11b
跋漢成皐令任伯嗣碑　金石録 15/8b
跋漢任伯嗣碑陰　金石録 15/9a
跋漢蜀郡太守任君神道　金石録 19/4b
跋任東野諸賢墨寶　本堂集 45/2b
象耳山任居實等題名　八瓊金石補 108/1b
東魏任城王造浮圖記跋　歐陽文忠集 137/18a
懷素書任華草書歌　海岳題跋 1/15a
跋任謙議伯雨帖　鶴山集 60/5a
書自然子書後　演山集 35/10b
跋吳晦叔所藏伊川先生上蔡龜山帖　南軒集 35/1a
書伊川先生帖後　朱文公集 82/14a
跋度正家藏伊川先生帖後　朱文公集 84/5a
跋伊川先生帖後　性善稿 15/13b
書伊川先生與方道輔帖後　朱文公集 82/20a
跋金堂謝氏所藏伊川程氏真迹　鶴山集 60/3a
跋伊川與方道輔帖　朱文公集 81/23b
跋晉光祿勳向凱碑　金石録 20/10a
徐明叔向熱傳達二帖　寶真齋 21/13b
行書　粲溪集 103/17a
范參政行臺兩司常州成都四帖　寶真齋 26/11a
跋心老所藏名臣帖　松隱集 33/6b
跋陳承休所藏名賢帖　盤洲集 63/3a
跋東坡書多心經　姑溪集 38/2a
跋米元章大字多景樓帖　東塘集 19/15b
李巘多熱要葛粉帖　海岳題跋 1/15b
跋唐多寶塔感應碑　金石録 27/6b

跋後溪劉西清贈良傳二帖　北礀集 7/5a
高宗皇帝御筆臨晉劉超如命帖　寶真齋 3/3b

七　畫

跋沈雲集帖　宋本攻媿集 70/20b　攻媿集 72/18a
題沈傳師碑　益國文忠集 19/16b　益公集 19/68b
跋沈睿達帖　姑溪集 41/7b
論沈遼米芾書　東坡題跋 4/39a
跋任氏所藏外祖汪少師帖　宋本攻媿集 70/5b
攻媿集 72/3b
題汪季路所藏墨迹三軸　益國文忠集 18/8b　益公集 18/33b
跋汪聖錫與武義辛趙扇手書　益國文忠集 46/7b
益公集 46/118a
唐汾陽王廟碑跋　歐陽文忠集 141/6a
宋文帝神道碑跋　歐陽文忠集 137/12a
跋宋元憲公表稿　止齋集 41/9a
跋宋元憲帖　後村集 103/9a
宋羊欣宋翼二帖並令攀蘭亭　海岳題跋 1/23a
跋朱宰元成所藏宋宣獻公王荊公帖　止齋集 42/6a
題宋宣獻公帖　文定集 10/7b
題宋宣獻帖　嵩山集 18/29b
題宋宣獻書帖後　文瀾公集 13/5a
宋特進王墨書　山谷題跋 9/6a
跋宋景文公帖　止齋集 41/8b
跋宋景文公墨迹　益國文忠集 16/1b　益公集 16/135a
宋景文言誌帖　寶真齋 10/5a
跋唐宋廣平碑側記　金石録 28/6a
跋宋龍學帖　鶴山集 61/12b
宋龍學帖　後村集 104/2a
跋唐宋璟碑　金石録 28/5b
跋辛企宗所收名公帖　毘陵集 11/7a
跋唐工部尚書辛京昊碑　金石録 28/12a
跋唐昭義軍節度使辛秘碑　金石録 29/8a
題辛參政手澤　應齋雜著 4/7b
跋辛簡穆公書　止齋集 42/1b
跋唐忘歸臺銘　金石録 27/8b
唐李陽冰志歸臺銘跋　歐陽文忠集 140/14b
題所贈王臣弟字軸後　于湖集 28/7b
秦祀巫咸神文跋　歐陽文忠集 134/16a
右軍初月帖　寶真齋 7/7b
跋初僚先生帖　益國文忠集 17/3b　益公集 17/4a

戒石銘韶諭題記　金石續編 17/37b

戒石銘跋　鄭忠肅集/下 14a

跋戒酒帖　鴻慶集 32/4b　孫尙書集 54/15b

跋秦淮海戒殺帖　宋本攻媿集 68/9a　攻媿集 70/9a

跋邢氏慶國夫人手書　止齋集 41/10a

跋唐屯留令邢義碑　金石錄 26/12a

跋後魏車騎大將軍邢巒碑　金石錄 21/6a

跋志僞字　襄陵集 10/10b

題僧志淮刺血書經　益國文忠集 40/2b　益公集 40/

131a

跋柳公權赤箭帖　益國文忠集 49/8b　益公集 49/46b

跋聶侍郎子述所藏徐明叔篆赤壁賦　鶴山集 62/

16b

跋孝宗光宗寧宗三朝賜齊齋倪尙書宸翰　漫

塘集 24/1b－2b

跋黃給事鈞所藏孝宗皇帝御製　畏堂稿 3/22a

孝宗皇帝撰國書御筆跋　益國文忠集 14/4a　益公

集 14/101b

跋孝宗宸翰（十五）　後村集 103/5a

跋陳孝義寺碑後　東觀餘論/下 4b

跋唐孝義寺碑陰記　金石錄 28/9b

跋蔡武伯家藏尹和靖所書孝經　江湖集 31/5a

跋高公所書孝經　絜齋集 8/7b

跋高金紫所書孝經　昌谷集 17/12a

鄭居士手寫古文孝經　真西山集 35/1a

跋高特進手書孝經　模堂集 10/12b

楊慈湖手書孔壁孝經跋　真西山集 25/26a　慈湖

遺書/補 14b

跋杜正獻公帖　絜齋集 8/19b

跋杜正獻公草書後　東觀餘論/下 7b

跋陳中含貴宦所藏杜正獻草書　鶴山集 62/17a

跋唐杜如晦碑　金石錄 23/3b

跋杜祁公帖　梅溪集/後 27/8a

跋杜祁公帖　後村集 103/9b

跋杜祁公帖　後村集 105/6a

書杜祁公帖後　筠溪集 21/14a

跋杜祁公書　歐陽文忠集 73/11b

跋杜祁公書　東坡題跋 4/17b

跋杜祁公與歐陽文忠公帖　朱文公集 84/9a

光宗皇帝杜甫詩聯御書　寶真齋 3/20a

題所書杜子美小詩後　豫章集 30/7b

跋所書子美長韻後　山谷題跋 9/20a

跋草書子美詩後　山谷題跋 9/20a

跋程正伯家所藏山谷書杜少陵詩帖　鶴山集

61/16a

跋杵山書少陵歌行帖　南軒集 33/11a

跋洪慶善所藏東坡書杜詩並判訟牘　丹陽集

10/1b

書草老杜詩後與黃斌老　山谷題跋 7/11a

題杜范歐公帖　程北山集 15/9a

題顏魯公撰杜濟神道碑　益國文忠集 46/13b

益公集 46/124b

跋六一先生跋杜濟神道碑　益國文忠集 46/16b

益公集 46/128a

唐杜濟神道碑跋　歐陽文忠集 140/6b

跋杜濟墓誌　金石錄 28/8a

唐杜濟墓誌銘跋　歐陽文忠集 140/7a

李于墓誌　廣川書跋 9/11b

跋李文山房與山谷帖　宋本攻媿集 73/13b　攻媿集

75/13a

跋李文叔歐公帖　浮沚集 6/8b

跋李文叔蔡君謨帖　浮沚集 6/9b

跋李元之墨迹　梁溪集 163/3a

跋李太白草書　嵩山集 18/27b

跋山谷書太白詩　益國文忠集 48/11a　益公集 48/

34a

題山谷書太白詩　益國文忠集 15/9b　益公集 15/

125b

李太白稿　廣川書跋 7/16a

題李白詩草後　豫章集 26/3b

跋東坡書李杜諸公詩　朱文公集 84/8b

跋唐慶城令李公去思頌　金石錄 29/5a

跋信州史君李公帖　魯齋集 12/4a

跋宋宣獻公書李公垂詩編　宋本攻媿集 75/3a

攻媿集 77/3a

跋昜氏李公達所寶二帖　豫章集 29/18b

題呂城李氏世藏名帖　鶴山集 65/7a

跋唐涼國夫人李氏碑　金石錄 28/5a

跋李及甫帖　盧溪集 48/3b

跋李少卿帖　渭南集 29/1b

唐李石神道碑跋　歐陽文忠集 142/8a

唐慶城李令去思頌跋　歐陽文忠集 141/16b

題裴晉公撰李西平神道碑　益國文忠集 47/9b

益公集 47/11a

李西臺　宋本攻媿集 72/7a　攻媿集 74/5a

跋李西臺書（1－2）　歐陽文忠集 73/8b－9a

跋李西臺書後　東觀餘論/下 70b

李西臺書跋　蜀文輯存 94/25b

唐李光進碑跋　歐陽文忠集 141/18a

題李光論馮瀹劉子御批　南軒集 33/2b
跋唐贈太保李良臣碑　金石錄 29/8b
跋李孝穆帖　盧溪集 49/1b
跋唐雲麾將軍李秀碑　金石錄 27/4a
跋趙橫山李君神碑　金石錄 20/12b
唐渭南令李君碑跋（1～2）　歐陽文忠集 139/3b－4a
跋李抱玉神道碑　文定集 10/5a
跋李忠州家諸帖　朱文公集 82/27a
跋李忠定手抄詩　後村集 105/9b
跋唐贈太尉李固言碑　金石錄 30/5b
李舍人帖　後村集 104/7a
跋紫陽先生李舍光碑後　東觀餘論/下 48b
跋李和文帖　南澗稿 16/23b
跋李承之諸帖　後村集 105/8b
跋唐李祐墓誌　金石錄 29/10b
跋李後主書　豫章集 28/24a
題江南後主詞翰　嵩山集 18/24b
李建中書跋尾　宗伯集 15/19a
李邕四帖　海岳題跋 1/18a
跋李邕帖　寶晉英光集 7/8b　寶晉山林集 4/18b
跋李北海帖　東塘集 10/18a
跋李泰發帖　南軒集 35/4a
跋唐西平王李晟碑　金石錄 29/9b
跋唐高陵李峴遺愛頌　金石錄 28/5b
跋唐相國李涼公碑　金石錄 30/4a
跋李康年篆　豫章集 29/21b
隋李康清德頌跋　歐陽文忠集 138/2b
跋李莊簡公與其婿曹純老帖　宋本攻媿集 71/5b　攻媿集 73/5a
跋李莊簡公與傅椹風帖　宋本攻媿集 76/11a　攻媿集 78/11a
跋李莊簡帖　黃氏日鈔 91/3a
又題李雲卿詩卷　覃齋集 11/10b
跋李朝議帖　渭南集 29/2a
跋漢武都太守李翕碑　金石錄 16/6a
跋楊文公手抄李義山詩　蒙齋集 15/9a
跋楊文公書李義山詩刻後　漫塘集 24/5a
跋唐李靖碑　金石錄 24/3b
唐衛國公李靖碑跋　歐陽文忠集 138/8b
跋李衛公書　姑溪集 40/8b
李衛公書　廣川書跋 7/4a
跋郭太尉書李衛公問對　江湖集 31/4b

跋唐李勣碑　金石錄 24/8a
書楊子耕所藏李端叔帖　竹隱集 20/1a
跋李端叔帖　初傐集 7/44a
孝宗皇帝李廣事御書　寶真齋 3/16a
李趙二相帖　後村集 107/6b
跋李壽翁侍郎家所藏名公帖　昌谷集 17/8a
跋李壽翁遺墨　朱文公集 82/11b
書自草李潮八分歌後　山谷題跋 8/8b
跋唐贈太尉李愷碑　金石錄 28/4a
唐李愷碑跋　歐陽文忠集 141/4b
跋李翰林昌武書　歐陽文忠集 73/9a
唐李藏用碑跋　歐陽文忠集 142/6a
李翱題名　廣川書跋 8/13b
唐李聽神道碑跋　歐陽文忠集 142/7b
跋唐李聽碑　金石錄 30/3b
跋唐太府卿李變馨墓誌　金石錄 23/9b
跋陳尚書石均贈宗族真迹　鶴山集 62/15b
跋陳少師宗名均贈帖　昌谷集 17/4a
跋折太尉碑陰　斜川集 6/34a
跋僧耳陳守所藏折仲古帖　滄庵集 32/20b
跋快雪時帖　寶晉英光集 7/7a
題趙鑑堂快閣帖　益國文忠集 19/7a　益公集 19/57a
跋先君（呂大用）道場詩軸　竹坡稿 3/12b
呂子約　宋本攻媿集 72/9a　攻媿集 74/7b
題呂子約帖　絜齋集 8/26a
呂子約與彭仲誠帖　真西山集 34/26b
跋呂文靖公試卷真迹　鶴山集 62/6a
跋唐呂元膺碑　金石錄 29/7b
跋唐呂公表　金石錄 27/9a
跋呂仁甫諸公帖　朱文公集 83/27b
跋呂仁甫諸公帖　新安文獻 22/5a
跋鄭景望書呂正獻公四事　朱文公集 81/28b
跋閩州呂守文靖公手軸　漢濱集 15/4b
唐呂州普濟寺碑跋　歐陽文忠集 138/8b
題呂吉甫帖　益國文忠集 15/7b　益公集 15/123b
跋呂吉甫與外曾孫李簡帖　鴻慶集 32/2b
跋呂汲公帖　後村集 103/11b
跋呂伯共書後　渭南集 31/3b
跋唐呂府書救葬碑　金石錄 28/5a
跋呂尚書帖　渭南集 31/9b
跋呂舍人帖　朱文公集 82/28b
題呂舍人帖　朱文公集 83/14a
書呂舍人帖後　太倉集 67/2a

跋吕舍人與薛元亮帖 朱文公集 83/11b
書東萊吕先生寄李文簡手帖 勉齋集 22/5b
跋吕居仁帖 益國文忠集 13/11b 益公集 18/37a
跋吕紫微帖後 復齋集 10/32a
題伯祖紫微翁與曾信道手簡後 東萊集 7/5a
東萊與劉公帖 真西山集 35/10b
跋吕范二公帖 朱文公集 84/4b
跋唐吕裡祠廟碑 金石錄 27/9a
跋顧戒奢書吕肅公碑後 東觀餘論/下 33b
唐吕諲表跋(1-2) 歐陽文忠集 140/12a-12b
跋吴子華帖 丹陽集 10/1b
吴王造見應命二帖 寶真齋 21/16a
題吴太郎書軸 可齋稿 23/8a
二吴公帖 真西山集 34/21b
跋漢故民吴公碑 金石錄 16/9a
跋吴正肅公告帖(1-2) 鶴山集 62/9a
跋吴正憲公充帖 鶴山集 62/8b
跋吴正憲帖 後村集 103/11a
跋吴司諫命子名字所書 毘陵集 11/9b
題吴司諫遺墨 盤洲集 63/8a
跋吴仲鹿書 姑溪集 42/2b
吴宗旦朱希顏題名 粵西金石畧 10/2b
題改修吴季子廟碑 文定集 10/6a
吴革等題名(觀石魚) 八瓊金石補 83/21b
高宗皇帝御筆臨吴皇象如鷹帖 寶真齋 3/3a
吴國山碑跋 歐陽文忠集 137/5b
書吴滋墨卷 盤洲集 63/7b
吴越三王判牘帖 寶真齋 8/14a
跋吴傅朋帖 本堂集 44/4b
題吴說書 益國文忠集 46/4b 益公集 46/114b
唐吴廣碑跋 歐陽文忠集 138/16a
跋唐奉禮郎岑子興墓誌 金石錄 25/3b
跋余安道題名後 益國文忠集 16/11a 益公集 16/145b
跋余襄公帖 梅溪集/後 27/7b
跋余襄公帖 後村集 102/6b 後村題跋 4/7a
跋希白書 東坡題跋 4/37b
題僧希白摹法帖 嵩山集 18/31b
顏魯公與郭定襄論坐次帖 真西山集 34/21a
顏魯公郭定襄坐位第一帖 海岳題跋 1/14a
跋顏魯公爭坐帖 鶴山集 62/12b
吴九真太守谷府君碑跋 歐陽文忠集 137/5a
告晉文 廣川書跋 6/7b

跋蕭侍御廷試真書 誠齋集 100/2b
跋謝仲振所藏秀王帖 盧溪集 49/4b
米元暉秀軒詩帖 寶真齋 24/18b
跋秀紫芝帖 北磵集 7/12a
趙汝郭題秀巖無盡藏羅富世撰 八瓊金石補 118/2a
跋後周延壽公碑頌 金石錄 22/5b
何山人求詩因書於詩卷 鉛刀編 30/2a
跋[何]北山遺迹 魯齋集 13/12a
題沈朝議得何清源帖 水心集 29/22b
跋何無適帖 魯齋集 12/8b
唐何進滔德政碑跋 歐陽文忠集 142/7b
跋唐何進滔德政碑 金石錄 30/3b
書贈何聖可 東坡題跋 6/17a
何震午等題名(觀石魚) 八瓊金石補 83/37a
跋何璧書後 東觀餘論/下 30b
跋范文正公書伯夷頌 豫章集 30/3b
跋范文正公書伯夷頌 牟陵陽集 16/12b
題范文正公書伯夷贊 無爲集 9/10b
跋王荊公所書佛偈 文定集 11/6b
跋宋景晉喚手書佛經 益國文忠集 48/13a 益公集 48/36b
題金華喻葆光良能之父書佛經卷 益國文忠集 17/3a 益公集 17/3b
書楊補之所藏了齋書佛語(原闕文) 默堂集 22/10a
跋王荊公書佛語 宋本攻媿 69/5a 攻媿集 71/5a
題了齋所書佛語卷後 默堂集 22/8b
題潘默成君子三戒文磨鏡帖後 仁山集 3/18b
君子公防碑 廣川書跋 5/25b
吴青州刺史皇象書即戎帖、頑闇空簿帖、隸哀帖 山谷題跋 9/2a-2b
米元章即事詩帖 寶真齋 20/4b
潘子賤改月帖 寶真齋 25/1a
改左右丞相御筆並御批詔草錄跋 益國文忠集 114/6b 益公集 14/105a
米元章壯觀前詩帖 寶真齋 20/7a
米元章壯觀後詩帖 寶真齋 20/8a
跋妙善帖 後村集 105/14a
跋妙喜遺筆 益國文忠集 40/3a 益公集 40/131b
欽宗皇帝御押防河御筆 寶真齋 2/11b
書漳南李安正防禦碑陰 斜川集 6/33a
唐李陽冰阮客舊居詩跋 歐陽文忠集 140/16a
梁阮研宰相帖 寶真齋 4/7b

八 畫

辨法帖 東坡題跋 4/4a
辨官本法帖並以下十篇皆官本法帖 東坡題跋 4/4b
題法帖二 東坡題跋 47a
跋秦氏所置法帖 豫章集 25/16a
跋法帖 豫章集 28/5b
題絳本法帖 豫章集 28/9b
跋續法帖 豫章集 28/13b
跋許觀所藏法帖 莊簡集 17/5a
書法帖 栟櫚集 19/3b
跋法帖（1－2） 渭南集 28/1b－2a
小字法帖跋 歐陽文忠集 143/4a－4b
十八家法帖跋 歐陽文忠集 143/4b
雜法帖跋（1－6） 歐陽文忠集 143/5a－6a
跋法帖第九卷 後村集 110/8a
題法書 朱文公集 82/4a
跋法書五帖後 東觀餘論/下 47b
跋法書後 渭南集 31/16a
題光上人書法華經 石門禪 25/4b
跋涵山法清師書法華經 丹陽集 10/4a
跋寫法華經 橘洲集 7/2a
題所書法華經普門品 梁溪集 162/12a
跋法照閣黎君謨帖 丹陽集 10/2a
跋唐河侯新祠頌 金石錄 26/4a
跋唐河間元王碑 金石錄 23/7a
跋歐陽文忠公書梅聖俞河豚詩帖 南軒集 35/1a
題歐公書梅聖俞河豚詩後 水心集 29/6a
跋後周河濱碑 金石錄 22/5b
題文正公像畫沿邊弓箭手稿後 南軒集 34/4a
文忠烈治裝帖 寶真齋 10/10b
跋漢司空宗俱碑 金石錄 18/9a
跋漢宗資墓天祿辟邪字 金石錄 18/8a
宋宗慤母夫人墓誌跋 歐陽文忠集 137/12b
題法惠寫宗鏡録 石門禪 25/9b
林文節定力帖 寶真齋 17/12a
定鼎碑 廣川書跋 6/24b
後魏定鼎碑跋 歐陽文忠集 137/17a
跋久軒定齋帖 魯齋集 11/15b
跋山谷宜州帖 朱文公集 84/16b
晉王羲之官奴帖 海岳題跋 1/15a
爲張潛夫書官法跋 廣川書跋 10/5b

爲方子正書官帖 廣川書跋 10/6b
右軍官舍尚書二帖跋 寶晉英光集/補編 2/13a
題京仲遠與周孟覺帖 益國文忠集 47/3a 益公集 47/3b
韓昌黎享神詞跋 粵西金石略 11/25b
跋東坡與王元直夜坐帖 山谷題跋 8/17a
孝宗皇帝杜甫夜宴左氏莊詩御書 寶真齋 3/12a
書犁春謝耕道所藏朱晦庵夜嘆長篇後 洛水集 13/14a
米元章臨顏真卿放生池帖 寶真齋 20/27a
題魯公放生池碑 東坡題跋 4/10a
放生池碑 廣川書跋 8/2a
跋唐金城寺放生池碑 金石錄 27/6b
唐放生池碑跋 歐陽文忠集 142/17b
跋唐放生池碑陰記 金石錄 28/7a
跋御書放生碑項公澤撰 吳都續文粹 28/17a
跋蘇給事放白鷗帖 雪山集 5/12b
跋沈正言放蝴蜂帖 東塘集 19/20a
吳參政炎溥帖 寶真齋 11/4b
跋唐房玄齡碑 金石錄 24/9b
跋唐房彥謙碑 金石錄 23/4a
跋唐房彥謙碑陰 金石錄 23/4a
張文忠奉告晴快二帖 寶真齋 24/10a
奉禮帖 寶真齋 8/3a
跋周武士護碑 金石錄 25/5b
跋漢武氏石闕銘 金石錄 14/8a
跋周武后昇中述志碑 金石錄 25/4b
跋周武后封中嶽碑 金石錄 25/4b
武昌詩 廣川書跋 8/17b
跋唐國祭酒武承規墓誌 金石錄 25/10a
唐武侯碑陰記跋 歐陽文忠集 141/14a
跋漢敦煌長史武班碑 金石錄 14/7b
後漢武班碑跋 歐陽文忠集 136/1b
跋漢從事武梁碑 金石錄 14/10b
［跋］漢武都太守漢陽阿陽李翕西狹頌 元豐稿 50/6b
跋唐贈史部尚書武就碑 金石錄 29/5a
後漢武榮碑跋 歐陽文忠集 136/18b
跋漢吳郡丞式開明碑 金石錄 14/9a
跋武德帖 豫章集 28/25a
青峰詩帖 寶真齋 8/13b
跋東坡表忠觀碑字 濟軒集 8/13b
幸學詔御筆跋 益國文忠集 14/8b 益公集 14/107a

跋亞棲書　後村集 105/3b

杭州題名　東坡題跋 6/23a

唐虞世南枕卧帖　海岳題跋 1/10a

跋林户曹帖　聚齋集 8/23b

跋林宗山帖　魯齋集 12/12b

跋林和靖帖　渭南集 30/4b

跋林和靖帖　後村集 111/8b

跋所刻和靖帖　朱文公集/别 7/11a

題林和靖書　山谷題跋 8/16b

跋林和靖與通判帖　宋本攻媿集 69/5b　攻媿集 71/ 5a

林和靖蔡端明范太史　宋本攻媿集 72/5b　攻媿集 74/3b

跋林和靖遺墨(附遺墨原文)　後村集 111/6b

書和靖先生遺墨後　朱文公集 81/8a

林省吾帖跋　魯齋集 12/13b

跋林逢吉晦翁二帖　杜清獻集 17/3b

跋林通議遺墨　後村集 108/11b

唐太宗枇杷子帖　寶真齋 1/1a

跋東方朔畫贊　渭南集 29/2a

跋東方朔畫贊　朱文公集 84/9a

唐顔真卿書東方朔畫贊跋　歐陽文忠集 140/2a

題東方朔畫贊後　豫章集 28/5a

右軍東方朔贊帖　寶真齋 7/16a

跋王右軍東方畫贊　宋本攻媿集 69/14a　攻媿集 71/ 14a

跋顔魯公東西二林題名　豫章集 28/18a

跋東郵所藏帖　魯齋集 13/6a

題所書東海若後　東坡題跋 4/32b

書牟存齋草東宫二制後　雪坡集 41/4b

跋東峴帖　魯齋集 12/7b

米元章臨王獻之東問帖　寶真齋 20/26b

跋所書東皐子傳　東坡題跋 1/33b

書尹和靖所書東銘後　南澗集 16/31a

東魏造石像記跋　歐陽文忠集 137/18b

賀知章事宜帖　寶真齋 5/5b

跋王義之雨晴帖　松隱集 33/8a

讀兩陳諫議遺墨　朱文公集 70/7a

恭題趙時穆家藏兩朝賜碑　宋本攻媿集 67/10a　攻媿集 69/9b

宇文肅愍兩漢帖三册　寶真齋 21/17b

跋山谷奇嶂帖　宋本攻媿集 75/6b　攻媿集 77/6b

跋君謨與唐彦獻論其弟直諫帖　丹陽集 10/2a

王右軍來戲帖　海岳題跋 1/9a

蘇魏公到鎮出京二帖　寶真齋 16/2b

跋後周太學生拓拔府君墓誌　金石錄 22/4b

跋東坡拔茅帖　雙溪集 11/6a

唐裴虬怡亭銘跋　歐陽文忠集 140/15a

跋尚公帖　文定集 11/5a

跋王才元少師所收尚書兄墨迹　筠溪集 21/18b

書尚書兄墨迹後　筠溪集 21/22b

右軍尚書帖　寶真齋 7/13a

擬御書尚書跋尾　唯室集 2/14b

跋尚憲帖　南軒集 35/5b

跋長沙四先生祠堂碑陰　復齋集 10/14a

評釋長沙法帖梁武帝書脚氣帖　山谷題跋 9/1a

題山谷書長楊賦　益國文忠集 15/10a　益公集 15/ 126a

唐德州長壽寺舍利碑跋　歐陽文忠集 138/7b

跋北齊長樂王尉景碑　金石錄 22/7a

跋叔黨字　石門禪 27/13b

題蔣宣卿所臨東坡虎丘詩　孫尚書集 54/12b

張長史虎兒等三帖　海岳題跋 1/12a

代跋御書芙蓉詩後　客亭稿 7/18b

書贈花光仁老　山谷題跋 8/2a

唐花林宴別記跋　歐陽文忠集 142/15b

跋韋齋書昆陽賦　朱文公集 8/11a

跋周昇仙太子碑　金石錄 25/5a

王文恭易潛帖　寶真齋 11/12b

書樂天忠州詩遺王聖徒　山谷題跋 8/6a

跋志定暸庵與井伯林劔判諸帖　盧齋集 13/16b

余忠肅典瞻益辨二帖　寶真齋 27/21b

書咒語贈王君　東坡題跋 1/27b

裴素明日帖　寶真齋 5/15b

跋御書明良慶會之閣　鄮峰錄 36/8a

題明教禪師手帖後二首靈源受擢　鉗津集 22/13b– 15a

跋唐明徵君碑　金石錄 24/7b

唐明禪師碑跋　歐陽文忠集 140/1b

跋譚浚明所藏山谷岩下放言真迹　北磵集 7/9b

魏受禪碑跋　歐陽文忠集 137/1a

蘇端明書天慶觀乳泉賦跋　蜀文粹存 77/15a

跋張于湖念奴嬌詞真迹　鶴山集 60/1b

金人銘　廣川書跋 4/19a

晁無咎金山詩帖　寶真齋 18/5a

蘇文忠金丹帖　寶真齋 12/6a

題歐公金石錄序真迹　朱文公集 82/2b

跋唐金仙長公主碑　金石録 21/3b
跋勾信道郎中集朝覽書夾頌金剛經　東坡題跋 4/33b
跋黄魯直所書金剛經　益國文忠集 16/10b　益公集 16/144b
跋張謙中篆金剛經·　宋本攻媿集 76/5b　攻媿集 78/6a
觀劉忠肅所書金剛經　平齋集 10/17a
爲趙晤之書金剛經口訣題其後　宋本攻媿集 72/12b　攻媿集 74/10a
題親書金剛經後　松隱集 33/8b
書從兄少虛教授金書金剛經後　宋本攻媿集 71/16a　攻媿集 73/15b
跋荊公金剛經書　姑溪集 40/8b
跋宋景晉金剛經偈　毘陵集 11/6b
跋文與可草書李賀金銅仙人辭漢歌　益國文忠集 50/1a　益公集 50/57a
書金壇湯亭書　本堂集 46/2a
唐開元金篆齋頌跋　歐陽文忠集 140/1a
李端叔命駕神仙二帖　寶真齋 17/3b
孫參政知命帖　寶真齋 24/6a
恭題知貢舉所賜御札　宋本攻媿集 67/3a　攻媿集 69/2b
題桂山君所書和氣敬愛忍耐輪機八字後　澹塘集 24/17b
孫仲益和議帖　寶真齋 22/13b
後漢俞鄕侯季子碑跋　歐陽文忠集 136/17b
跋唐重摹延陵季子墓刻　金石録 28/8b
唐重摹吳季子墓銘（1－2）　歐陽文忠集 141/2a－2b
延陵墓字　廣川書跋 3/24a
跋鶴山書季制置及實齋銘後　杜清獻集 17/17b
佳城銘　廣川書跋 3/24b
跋岳武穆帖　秋崖稿 43/8b
襄陽石刻岳鄂王事迹跋劉光祖撰　蜀文輯存 70/17b
鄂忠武王書簡帖　寶真齋 28/4b
跋司馬文正公手鈔富文忠公使北録　益國文忠集 48/8a　益公集 48/30b
使至帖　寶真齋 8/2b
跋魏丞相使廣帖　朱文忠集/續 8/11b
趙清憲近郡帖　寶真齋 21/4b
高宗皇帝御筆臨晉衞恒往來帖　寶真齋 3/5a
跋周子發帖　豫章集 29/19a
跋周元翁帖　朱文公集 82/8a
跋濂溪先生帖　南軒集 34/4a

跋遂寧傅氏所藏濂溪伊川真迹　鶴山集 61/2a
周公禮殿記　廣川書跋 5/23b
跋漢周公禮殿記　金石録 18/7a
跋周吳蔣三君帖　魯齋集 11/14b
跋伯父（周利見）與鄭虐手書　益國文忠集 17/16b　益公集 17/19b
周伯著碑跋　歐陽文忠集 148/9b
後漢桂陽太守周府君紀功銘跋　歐陽文忠集 136/12a
跋漢桂陽太守周府君碑　金石録 16/9b
後漢桂陽周府君碑後本跋　歐陽文忠集 136/12b
跋漢桂陽周府君碑跋　歐陽文忠集 136/12a
後漢桂陽周府君碑跋　歐陽文忠集 136/12a
跋漢周府君碑陰　金石録 16/10a
跋湯士恭手書周易諸經　真西山集 35/27b
跋周侍郎牟三帖　宋本攻媿集 73/22b　攻媿集 75/21a
跋周宣王廟記　金石録 30/10b
跋曾祖（周衍）題名代吳司户寫　益國文忠集 81/4a　益公集 81/11a
周越帖　後村集 104/10a
跋周越書後　山谷題跋 9/19a
周越書跋尾　宗伯集 15/18b
周蓮蜂朱瀧山王侍御台序　宋本攻媿集 72/10a　攻媿集 74/8a
周穆王刻石跋　歐陽文忠集 134/9b
跋隋周羅睺墓誌　金石録 22/11a
王獻之書忽動小行帖鵝羣帖　山谷題跋 9/7a
跋漢居攝壇壇刻石二　金石録 14/2a
邵安簡帖　後村集 103/13a
跋邵仲恭帖後　孫尚書集 54/8b
跋邵仲恭書　姑溪集 42/1b
書邵堯夫真迹後　雪坡集 41/3b
書贈邵道士　東坡題跋 1/45b
米元章姑執詩帖　寶真齋 20/8b
書姑溪老人書卷後　太倉集 66/3a
跋克齋游史部所書孟子一章　鶴山集 64/7b
唐孟法師碑跋　歐陽文忠集 138/12a
跋孟蜀王書後　止齋集 42/7b
跋唐阿史那忠碑　金石録 24/7a
跋唐興昔亡單于阿史那彌射碑　金石録 24/7a
恭題今上皇帝賜御書阿房宮賦　松隱集 32/2a
阿房宮賦後序　金石續編 16/23b
唐潤州陁羅尼經幢跋　歐陽文忠集 142/16a

九 畫

懷素洪州詩　廣川書跋 8/9b

跋洪慶善帖　渭南集 29/8b

跋洪駒父諸家書　豫章集 28/24b

敬書先人題洞巖觀遺墨後　文山集 10/1a

跋畫贊洛神賦　姑溪集 42/1a

洛神賦　廣川書跋 6/18a

跋九行洛神賦　松隱集 33/6a

家藏小草洛神賦　益國文忠集 15/3a　益公集 15/ 118b

臨小草洛神賦　益文忠集 15/3a　益公集 15/118b

跋王大令洛神賦　宋本攻媿集 69/14b　攻媿集 71/ 14b

題柳公權所跋洛神賦　宋本攻媿 73/10a　攻媿集 75/10a

洛神賦別本　廣川書跋 6/18b

王獻之洛神賦帖　寶真齋 4/1a

孫過庭摹洛神賦帖　寶真齋 7/19a

題洛神賦後　豫章集 28/5b

跋草書洛神賦後　東觀餘論/下 61a

跋洛神賦摹本　張華陽集 33/6a

津陽亭詩　廣川書跋 8/21b

跋宣和六年御製賜沈暐　聚齋集 8/6b

跋黃嗣深所藏宣和御書　盧溪集 48/1a

室石銘　廣川書跋 5/5a

第一帝王書　東觀餘論/上 1a

跋漢帝堯碑　金石錄 16/11b

呂文靖亭侯帖　寶真齋 9/13a

跋了翁書杜子美哀江頭詩　梁溪集 162/10b

跋陳諫議書杜少陵哀江頭詩　斐然集 28/3a

跋漢荊州刺史度尚碑　金石錄 15/10b

跋四大夫手書劍貽慶庵疏語　後樂集 17/5b

吳開府前日帖　寶真齋 21/6a

劉行簡前日帖　寶真齋 23/4b

跋蔡端明寫老杜前出塞詩　朱文公集 84/9b

隋郎茂碑跋（1－2）　歐陽文忠集 138/9b－10a

跋唐大理卿郎顗碑　金石錄 23/4b

唐郎顗碑跋　歐陽文忠集 138/10a

唐郎顗碑陰題名跋　歐陽文忠集 138/10b

跋秘閣法帖　東觀餘論/上 34a－38a

跋米元章跋秘閣法帖（黃昉撰）　東觀餘論/上 38a

跋秘閣第三卷法帖後　東觀餘論/下 22a

薛道祖秘閣詩帖　寶真齋 13/9b

跋秘閣續法帖後　東觀餘論/下 7a

題祖姑秦國潘夫人書　益國文忠集 46/6a　益公集 46/116a

跋東魏膠刺史祖淮碑　金石錄 21/8a

唐神女廟詩跋　歐陽文忠集 141/7b

題錄神宗出閣指揮　益國文忠集 15/6b

恭題神宗賜沈括御札　宋本攻媿集 67/11a　攻媿集 69/10b

唐乙速孤神慶碑跋　歐陽文忠集 139/2a

後魏神龜造碑像記跋　歐陽文忠集 137/17b

跋唐祝府君碑　金石錄 25/7a

跋漢祝長嚴訢碑　金石錄 14/10a

後漢祝睦碑跋　歐陽文忠集 136/5b

後漢祝慶後碑跋　歐陽文忠集 136/6a

懷素草書祝融高座帖　海岳題跋 1/16a

范正獻奏議帖　寶真齋 16/8b

張長史春草三帖　寶真齋 5/8b

孝宗皇帝御製春詞御書　寶真齋 3/14b

李西臺春盡詩帖　寶真齋 9/8a

張文懿珍果帖　寶真齋 9/12a

跋唐襄川刺史封公碑　金石錄 25/3a

王文公赴官修學二帖　寶真齋 11/1a

錢穆父赴越詩帖　寶真齋 17/11a

跋述古尚書復期上人手帖　存雅堂 3/3b

唐中書令褚遂良枯木賦　海岳題跋 1/6b

褚遂良枯樹賦帖　寶真齋 8/2a

書相公親翁　南軒集 35/5a

孝宗皇帝相橘詩扇面御書　寶真齋 3/17b

跋喻湍石所書相鶴經　朱文公集 82/5a

跋陳碧虛所書相鶴經後　東觀餘論/下 66a

跋查元章書　渭南集 26/7b

跋蔡君謨書柳子厚詩大字　東塘集 19/16b

跋隋黃門侍郎柳旦墓誌　金石錄 22/12a

跋唐柳州井銘　金石錄 22/9a

書贈柳仲矩　東坡題跋 6/22b

跋漢柳孝廉碑　金石錄 16/4b

跋柳枝詞書紙扇　山谷題跋 9/13a

柳公權書柳尊師墓誌　海岳題跋 1/21a

跋張敬夫所書城南書院詩　朱文公集 81/2b

唐李陽冰城隍神記跋　歐陽文忠集 140/14a

跋敦額　魯齋集 11/7a

跋薛簡肅公奏書　歐陽文忠集 73/16b

跋南山倪三愧帖 魯齋集 12/8a

真宗皇帝南牙謝訪狀 寶真贊 1/9a

太宗皇帝南牙謝熊白狀 寶真贊 1/5a

跋魏鶴山南平江使君墓碑 後村集 111/24a

梁文靖南安漳巖泉福三帖 寶真贊 26/9b

跋漢南武陽歷曹闕銘 金石錄 14/3a

唐韓愈南海神廟碑跋 歐陽文忠集 141/11b

龔深父南康帖 寶真贊 21/1b

范忠宣南都帖 寶真贊 16/3b

晉南鄉太守碑跋 歐陽文忠集 137/6b

南鄉太守碑陰集本跋 歐陽文忠集 137/7b

晉南鄉太守頌跋 歐陽文忠集 137/6a

跋唐南嶽真君碑 金石錄 26/9a

跋僧知雲草書南嶽草菴歌 洛水集 13/6a

跋北齊郁久閭業碑 金石錄 22/3a

跋方伯謨家藏胡文定公帖 朱文公集 81/3b

跋劉平甫家藏胡文定公帖 朱文公集 81/4b

跋胡文定公帖 止齋集 41/10a

跋林黃中書忠簡胡公遺事 誠齋集 100/7a

唐胡良公碑跋 歐陽文忠集 141/13a

跋胡邦衡辭工侍并御批降詔真本 益國文忠集 16/15a 益公集 16/150a

跋胡怡堂帖 魯齋集 12/14a

跋胡明仲侍郎帖 滄庵集 32/17a

跋胡帖 北山集 16/4a

跋胡知院與季溥往來書帖 鶴山集 61/4a

胡彥溫題名 粵西金石畧 9/16a

跋胡需然書匣後 東坡題跋 4/12a

題胡需然書後 筠溪集 21/13b

朱忠靖按巡郡寄邸報三帖 寶真贊 22/1b

書刁倪老挂劍帖後 張華陽集 33/2b

霍仲指教帖 寶真贊 21/8b

恭題仁宗賜張中庸恤刑教書 宋本攻媿集 67/7b 攻媿集 69/7a

跋孝宗皇帝賜洪丞相恤刑御書 蒙齋集 15/8b

跋孝宗皇帝恤刑御筆 真西山集 36/24a

跋唐貞一先生廟碑 金石錄 27/5b

跋坡公題背面美人行 後村集 111/6b

跋范文正公二帖 洪文敏集 8/9a

跋范文正公帖 東坡題跋 4/27b

跋范文正公帖 豫章集 30/3a

跋范文正公帖 盧溪集 49/2b

跋范文正公帖 益國文忠集 51/8b 益公集 51/79b

跋范文正公帖（1－3） 南軒集 34/9b－10a

跋范文正公帖 恥堂稿 3/22b

跋范文正公書 渭南集 29/3a

跋文正公與尹師魯手啓墨迹 范文正集/補編 3/30a

跋范文正公與尹師魯帖 宋本攻媿集 69/5a 攻媿集 71/4b

跋范文正公墨迹 襄陵集 10/10a

題范太史家所藏帖二則 益國文忠集 18/10a 益公集 18/35b

跋范石湖草書詩帖 東塘集 19/19a

書范石湖遺墨 牟陵陽集 16/11a

跋范式碑 金石錄 20/3a

跋范伯文所藏帖 方舟集 13/10b

跋安道人世通所藏范忠宣帖 昌谷集 17/5b

跋范忠宣帖 後村集 103/11b

跋范季海尋范侍讀留題趙州諸石刻帖 東塘集 19/21a

跋山谷書范孟博傳 嶽帝稿 5/4a

跋山谷書范滂傳 後村集 101/16b 後村題跋 3/21a

跋范堯夫葬曼范德璡墨迹 忠穆集 7/2a

跋後魏范陽王碑 金石錄 21/7b

孫莊蕭苦熟帖 寶真贊 10/6a

書若遠所書經後 蘇東坡全集/後集 19/2b 東坡題跋 4/43a

跋吳僧若遠所書觀經 宋本攻媿集 70/20b 攻媿集 72/18a

跋東坡叙英皇事帖 豫章集 29/5a

跋漢荊州從事苑鎮碑 金石錄 19/2b

唐李德裕茅山三像記跋 歐陽文忠集 142/3a

［跋］茅君碑（金石錄跋尾） 元豐稿 50/1a

題所書思政堂記後 四庫拾遺 243/東塘集

高宗皇帝御筆臨晉劉悅思慕帖 寶真贊 3/4a

沈叡達昭君詩帖 寶真贊 11/8b

跋唐昭陵刻石文 金石錄 23/5b

跋昭陵諸朝相與袁中丞帖 應齋雜著 4/6a

跋昭陵親札趙彦端撰 播芳文粹 150/16b

林文節昭静祭文帖 寶真贊 17/14a

題昭默自筆小參 石門禪 26/2b

題才上人所藏昭默帖 石門禪 26/1a

題昭默與清老偈 石門禪 26/3a

題昭默墨迹 石門禪 26/2a

題昭默遺墨 石門禪 26/3a

唐昭懿公主碑跋 歐陽文忠集 141/17b

唐幽州昭仁寺碑跋　歐陽文忠集 138/8a

黄魯直食麵帖　寶真齋 15/4b

題外祖看青堂賦手稿後　碧梧集 14/1b

代宇臣史浩等恭書御製秋日幸秘書省近體詩下方　東萊集 7/4a

王義之書秋月帖、初月二日以下四帖、大熱帖、昨見君歡帖、謹此代申帖　山谷題跋 9/3a－4a

翟忠惠秋抄帖　寶真齋 24/5b

懷素秋風帖　寶真齋 5/13a

書自草秋浦歌後　山谷題跋 9/8a

段文昌秋氣帖　寶真齋 5/14b

張長史秋深帖　寶真齋 5/10a

跋歐陽文忠公秋聲賦及試筆帖　誠齋集 98/6a

跋自書所爲香詩後　豫章集 25/8b

跋种大謀墨迹　豫章集 30/4b

跋唐段志玄碑　金石錄 23/8a

題山谷書修山主頌後　無文印集/語錄/題 5a

跋修封禪壇記　金石錄 25/10b

跋姚愈次韓所藏修禮書堂帖後　止齋集 42/6b

跋王獻之保母帖　攻媿集 10/12a

跋王獻之保母墓碑　益國文忠集 51/5b　益公集 51/76b

晃之道促裝帖　寶真齋 21/7b

皇太子領臨安尹御筆並御批詔草跋　益國文忠集 14/5b　益公集 14/103b

跋歐書皇甫君碑　盤洲集 62/2b

唐皇甫忠碑跋　歐陽文忠集 138/12a

跋隋皇甫誕碑　金石錄 23/11a

皇帝御書跋尾　梁溪集 161/3a

薛道祖皇華詩帖　寶真齋 13/19b

皇象急就唐檜奇絶　海岳題跋 1/17b

皇象隸字　廣川書跋 6/1b

跋唐衞尉正卿泉君碑　金石錄 26/6a

跋隋禹廟殘碑　金石錄 22/11b

跋漢禹廟碑　金石錄 17/6a

跋漢禹廟碑　金石錄 19/7a

唐禹廟碑跋　歐陽文忠集 141/1a

書禹廟碑陰　河南集 4/10a

跋禹廟碑陰　金石錄 19/7a

跋漢金卿守長侯君碑　金石錄 16/4a

後漢金卿守長侯君碑跋　歐陽文忠集 136/7b

跋唐相州刺史侯莫陳庸碑　金石錄 23/9a

跋隋桂州總管侯莫陳穎墓誌　金石錄 23/2b

光宗皇帝待月詩御書　寶真齋 3/21a

懷素律公帖　寶真齋 5/13b

題皎如晦行書後山五詩　北磵集 7/7b

跋德友兄所藏後湖帖　海陵集 22/4b

跋周德友所藏後湖帖　于湖集 28/5a

書後湖帖後　太倉集 67/3b

後漢人關銘跋　歐陽文忠集 135/9a

後漢殘碑陰跋　歐陽文忠集 135/18a

後漢殘碑跋　歐陽文忠集 136/19b

後漢碑陰題跋　歐陽文忠集 135/5a－6a

後漢碑陰題名跋　歐陽文忠集 135/17a

皇太子寶翰後樂二字跋文　後樂集 17/8a

後魏孝文北巡碑跋　歐陽文忠集 137/16b

題郁公詩帖　宋文鑑 131/15a

皇帝御筆勉行詔書跋尾　梁溪集 161/7a

書太宗皇帝急就章　東坡題跋 4/12a

跋東府所書急就章後　東觀餘論/下 10a

書急救篇後　鄂州集 4/16a

王文定省中要津二帖　寶真齋 26/14a

建炎御筆跋　益國文忠集 16/17b　益公集 16/153b

跋晉南鄉郡建國碑　金石錄 20/4b

章申公屏居帖　寶真齋 21/6b

王羲之書屏風帖、餞行帖、關別帖、服散帖山谷題跋 9/6a－6b

跋君謨飛白　東坡題跋 4/14b

晉葛玄飛白天台字　海岳題跋 1/22b

跋仁宗皇帝飛帛書　濂庵集 32/1a

恭跋昭陵飛帛書　後村集 110/21b

題蔡君謨飛草帖　益國文忠集 46/4b　益公集 46/114a

高宗皇帝韋杜三詩御書　寶真齋 2/14b

恭跋阜陵御書韋詩　後村集 108/10a

跋唐殿中侍御史韋桐墓誌　金石錄 29/12a

書韋深道諸帖　山谷題跋 7/20a

韋齋與祝公書跋　朱文公集/續 8/9a

跋唐永陽郡太守姚奕碑　金石錄 27/7b

唐工部尚書姚璹碑　金石錄 25/8a

跋唐嶲州都督姚懿碑　金石錄 26/3a

十　畫

跋吳仁傑所藏張旭草書酒德頌　益國文忠集 16/19b　益公集 16/155b

書魯直浴室題名後　東坡題跋 6/21b
跋米元暉書先左丞海岱樓詩　渭南集 30/3a
海昌題名　山谷題跋 8/23a
跋黃太史書少游海康詩　宋本攻媿集 69/2b　攻媿集 71/2b
南齊海陵王墓銘跋　歐陽文忠集 137/13b
跋海棠夢大字　雙溪集 11/5a
跋蔡君謨書海會寺記　東坡題跋 4/13b
唐寶叔蒙海濤誌跋　歐陽文忠集 141/3a
米元章海獄詩帖　寶真齋 19/26b
爲徑山聞老跋宸翰　後村集 109/10a
錢文肅家書三帖　寶真齋 17/9b
蔡忠惠家書帖　寶真齋 9/23a
向伯恭午帖　寶真齋 25/11b
跋唐史部尚書高元裕碑　金石錄 30/6a
跋唐澶州刺史高公德政碑　金石錄 29/9a
題高氏金五帖後　清齋集 10/6b
題吳式安所得高孝兩朝宸翰　鶴山集 65/11b
跋高宗付吳玠凡事密奏宸翰　鶴山集 61/1b
跋高宗皇帝御筆賜香茶送行　鄮峰錄 36/5b
跋高宗皇帝賜世交手劃　鄭忠肅集/下 14b
跋高宗皇帝賜洪忠宣公冬服手詔　真西山集 36/23a
跋高宗皇帝賜洪忠宣御書　蒙齋集 15/8a
恭跋高宗皇帝親征詔　後村集 99/13a
恭題汪逵所藏高宗宸翰紹興五年御書廷試策問　宋本攻媿集 67/16a　攻媿集 69/15a
跋高宗宸翰四　後村集 103/3a
高宗宸翰跋　金佗粹編 3/11b
跋高宗御札　後村集 105/4a
書岳王家所藏高宗御札錄後　洛水集 13/11b
跋高宗御筆　斐然集 28/1a
跋高宗賜吳玠招納關陝流亡御札　鶴山集 61/9b
恭題高宗賜胡直孺御札　宋本攻媿集 67/14b　攻媿集 69/14a
恭題高宗賜陳正彙御札　宋本攻媿集 67/15b　攻媿集 69/14b
高宗賜趙延康御書　渭南集 26/1b
跋高彦先家諸帖　東溪集/附錄/再 5a
跋高彦先家諸帖　朱文公集 82/27b
跋漢重修高祖廟碑　金石錄 30/10a
唐高重碑跋　歐陽文忠集 142/8a
高皇御書（1－2）　渭南集 26/2b－3a

唐高閑草書跋　歐陽文忠集 141/13b
跋范坦所藏閑帖　張右史集 48/13b
跋唐贈高潁禮部尚書詔　金石錄 23/7a
跋東魏高翻碑　金石錄 21/9a
書米老書高麗稱孔子佛　北磵集 7/14a
書座右銘遺嚴君可跋其後　山谷題跋 8/15a
跋唐人書後　東觀餘論/下 49b
跋黃山谷書唐人詩　益國文忠集 48/7b　益公集 48/29b
跋蔡端明書唐人詩帖　後村集 102/5b　後村題跋 4/11a
跋唐人墨迹（1－2）　松隱集 32/8b
題唐人臨王子敬帖　益國文忠集 46/4b　益公集 46/114a
唐人臨帖跋　歐陽文忠集 143/3b
跋唐人臨晉人帖　東塘集 19/13b
跋唐子西帖　益國文忠集 48/2a　益公集 48/23a
題唐子西與游公帖　緊齋集 8/23a
跋唐子西與游氏帖　宋本攻媿集 69/4a　攻媿集 71/4a
跋唐文皇手敕　松隱集 33/7b
題唐太宗帖　東坡題跋 4/6b
跋蔡端明臨唐太宗哀册　後村集 101/15b　後村題跋 3/20a
唐內翰唐謙院帖　後村集 104/7b
書唐氏六家書後　蘇東坡全集 23/15a　東坡題跋 4/41b
唐令長新戒跋　歐陽文忠集 139/7a
後漢唐君碑跋　歐陽文忠集 136/16a
跋漢唐君碑陰　金石錄 18/2a
跋漢成陽令唐君頌　金石錄 18/2a
跋唐秦州都督唐宗碑　金石錄 25/7b
跋唐林夫父帖　宋本攻媿集 75/12a　攻媿集 77/11b
跋唐林夫帖　豫章集 29/19b
唐郎官石記跋　歐陽文忠集 139/16b
跋唐修撰手簡　渭南集 26/13b
跋唐恭悉公遺墨　鶴山集 60/2a
唐御史臺精舍記跋　歐陽文忠集 139/10b
唐羣臣請立道德經臺奏答跋　歐陽文忠集 139/13a
唐經生字　廣川書跋 8/20a
題唐誌書　水心集 29/15b
跋歐書唐瑾碑　盤洲集 62/5a

跋後周大宗伯唐瑾碑　金石録 23/10a
跋唐模帖　寳晉英光集 7/10b　寳晉山林集 4/20b
跋唐唐儉碑　金石録 27/3b
跋張抽頌題唐履枕屏　山谷題跋 9/13b
唐贊草　益國文忠集 15/2b　益公集 15/117b
跋羅良弼家歐陽公唐贊草　益國文忠集 16/4a　益公集 16/137a
題唐饒州遺墨後　牟陵集 15/7a
唐太師顏真卿書送辛子序　海岳題跋 1/6b
書送李願歸盤谷序遺吳周才　山谷題跋 8/3b
李監稅子以其祖肖堂所書盤谷序求跋爲書其後　清正稿 5/25b
唐韓愈盤谷詩序跋　歐陽文忠集 141/9b
趙忠簡送春詩帖　寳真賞 23/16a
王獻之送梨帖　海岳題跋 1/18a
何恭敏料理帖　寳真賞 24/7a
跋唐益州學館廟堂記　金石録 24/2a
唐益州學館廟堂記跋　歐陽文忠集 138/14a
後漢朔方太守碑陰跋　歐陽文忠集 135/18b
楊凝式烟柳詩帖　寳真賞 8/18b
跋呂居仁所藏秦少游投卷　張右史集 48/13a
跋秦少游帖　益國文忠集 17/10a　益公集 17/11b
秦少游帖　後村集 104/12b
跋少游帖　蘆川集 9/8b
秦少游所書詩詞跋尾　翠渓集 162/3b
跋秦少游書　東坡題跋 4/28b
跋米元章書秦少游詞　益國文忠集 16/14a　益公集 16/149a
跋秦淮海帖　宋本攻媿集 68/1b　攻媿集 70/1b
跋秦淮海書　渭南集 31/4b
後漢秦君碑首跋　歐陽文忠集 136/19a
跋漢南陽太守秦君碑額　金石録 19/6b
秦銘　廣川書跋 1/14b
跋薛居卿秦璽文　浮沚集 6/8a　宋文鑑 131/19b
跋秦泰山刻石　金石録 13/5a
秦泰山刻石跋　歐陽文忠集 134/17a
跋秦泰山秦篆譜　朱文公集 84/30a
泰山篆　廣川書跋 4/17a
跋袁仙夫帖後　東觀餘論/下 36b
後漢袁良碑跋　歐陽文忠集 135/20b
跋漢國三老袁君碑　金石録 14/5a
跋趙黄跋所藏紫齋（袁燮）先生遺墨　蒙齋集 15/18a

跋先正獻公（袁燮）與傅君帖　蒙齋集 15/20b
洪文惠孟嘗帖　寳真賞 25/19a
題桂山君與周西麓帖後　澹塘集 24/17a
跋東坡桂酒頌　益國文忠集 46/8a　益公集 46/118a
跋東坡桂酒頌　止齋集 42/1b
〔跋〕桂陽周府君碑並碑陰　元豐稿 50/4a
跋桓元子書　東坡題跋 4/8a
跋漢東海相桓君海廟碑　金石録 15/2b
唐元積修桐柏宮碑跋　歐陽文忠集 141/16a
桐柏廟碑　廣川書跋 8/14a
後漢桐柏廟碑跋　歐陽文忠集 134/24b
題徐常侍篆桐廬縣額張伯玉撰　嚴陵集 8/7b
張文忠草書韓退之桃源詩帖　寳真賞 21/12a
鼎州桃源觀題名　龍學集 10/8b
郡閣頌　廣川書跋 5/13b
後漢析里橋郡閣頌跋　歐陽文忠集 135/8a
汪忠定栗洌帖　寳真賞 22/1a
歐陽文忠索碑遷居二帖　寳真賞 10/17a
高宗皇帝索箏手札御書　寳真賞 3/2b
黄魯直真一酒詩帖　寳真賞 15/10b
爲徐國録跋西山先生帖　後村集 107/1a
跋柱正甫藏西山帖　鐵菴集 37/16a
跋西山帖　後村集 107/1a
書杜去非所藏西山帖　文溪集 4/9b
跋馮侍中採所得真宗皇帝御製　眕堂稿 3/21a
恭跋真宗皇帝御製正說　異齋集 18/1a
題清虚居士真草四詩　益國文忠集 15/15b　益公集 15/132b
恭題太上皇帝賜真草宸翰　松隱集 32/2a
跋崇寧所書真諸册後　東觀餘論/下 6a
跋真諸書秦漢間事後　東觀餘論/下 6b
跋所書真諸數紙後　東觀餘論/下 11a
跋相府小史夏堪碑　金石録 19/9a
薛稷夏熱帖　寳真賞 8/5a
夏戴二公帖　魯齋集 9/4a
砥柱銘　廣川書跋 7/1a
王右軍相温破羌帖　海岳題跋 1/17b
跋逸少破羌帖後　東觀餘論/3b
跋舊題破羌帖後　東觀餘論/下 23b
跋破羌跋尾卷後　東觀餘論/下 10b
跋原隸　渭南集 28/4a
跋江宗博致仕帖　鶴山集 62/2a
晉丞相王導書致身帖、改朔帖　山谷題跋 9/2b–

3a

題晉人帖　東坡題跋 4/3a

跋晉人帖後　東觀餘論/F 10b

跋山谷晉州學銘　姑溪集 39/2a

晉宋齊人書　東觀餘論/上 6b

晉武帝、王渾、王戎、王衍、郗愔、陸統、桓温、陸雲、謝安、謝萬等十四帖　海岳題跋 1/12b

題晉武書　東坡題跋 4/7b

跋晉帖　寶晉山林集 4/19b

跋唐晉祠銘　金石錄 23/8b

跋唐晉帖　寶晉山林 4/20a

題王深道家晉博誌之後　漫塘集 24/18b

跋晉賢十三帖　寶晉英光集 7/9b

晉賢法帖跋　歐陽文忠集 137/11a

趙清憲挽辭帖　寶真齋 21/5a

題桂山君王伯奇所書馬少游後　漫塘集 24/17a

薛道祖馬伏波事詩　寶真齋 13/17a

跋漢郎中馬君碑　金石錄 16/5b

跋東坡所作馬券　豫章集 25/10b

高宗皇帝馬孟手札御書　寶真齋 2/17b

高宗皇帝馬政兵事手札御書　寶真齋 2/19b

跋馬忠玉詩曲字　山谷題跋 9/16b

跋馬御史消帖　鶴山集 61/13a

唐馬寔墓誌銘（1－2）　歐陽文忠集 141/7b－8a

題米芾馬賦　益國文忠集 17/18a　益公集 17/21a

跋東坡草鳥頭方帖　益國文忠集 17/11b　益公集 17/13b

書柴張父庄草帖　本堂集 45/4a

書張長史草書　東坡題跋 4/11a

跋文與可草書　東坡題跋 4/16a　丹淵集/附錄 14a

評草書　東坡題跋 4/16b

跋草書後　東坡題跋 4/25b

跋杜祁公草書詩　宋本攻媿集 68/9b　攻媿集 70/9b

跋忠懿王草聖　嵩山集 18/23a

跋石墨肘禪師所薹草聖　石門禪 27/11b

草聖　粟溪集 163/17a

跋山谷草聖　宋本攻媿集 69/4a　攻媿集 71/4a

跋唐義興縣重修茶舍記　金石錄 29/2b

跋山谷先生茶詞帖　東塘集 19/18b

唐太子率更令歐陽詢書荀氏漢書節　海岳題跋 1/11a

跋魏太僕荀君碑　金石錄 20/3b

跋君謨荔枝帖　姑溪集 41/3b

跋晏元獻公手帖　昌谷集 17/3b

跋晏元獻公帖　鶴山集 60/10a

跋晏元獻公帖　鶴山集 62/11b

跋晏元獻公書　歐陽文忠集 73/8b

跋晏元獻公與呂申公帖　昌谷集 17/3a

跋畢文簡與寇忠愍帖　斐然集 28/3b

跋諸晁書帖　渭南集 30/1a

書晁無咎帖後　太倉集 66/9a

李後主蛙帖　廣川書跋 10/4b

跋果齋時公帖　魯齋集 12/4a

曾文昭時寒帖　寶真齋 18/3a

張忠獻時義誠力二帖　寶真齋 24/1a

倉頡書　准海集 35/2a

跋唐乘廣釋師碑　金石錄 29/3b

跋無垢借米帖　清正稿 5/24a

跋司馬公倚几帖　南澗稿 16/24b

跋楊慈湖爲陳孔碩作修永室記且自爲之書

杜清獻集 17/5a

唐顏真卿射堂記跋　歐陽文忠集 140/7a

烏丸僧修志　廣川書跋 6/31a

跋後周温州刺史烏丸僧修墓誌　金石錄 22/7a

跋唐烏重胤碑　金石錄 29/10a

唐許渾烏絲欄詩真迹　寶真齋 6/1a

跋持宗主書烏欄角行　無文印集 10/8a

跋師春書後　東觀餘論/F 37a

書贈徐大正　東坡題跋 4/23b

唐徐王元禮碑跋　歐陽文忠集 138/14a

跋徐夫人手寫佛經　止齋集 42/2b

跋唐歐陽詢妻徐夫人墓誌　金石錄 25/3a

跋西山徐介甫手澤　勉齋集 22/3b

寺簿徐公帖一卷　魯齋集 9/1b

跋唐徐有功碑　金石錄 25/10a

徐東湖　宋本攻媿集 72/8a　攻媿集 74/6a

跋唐萬年縣令徐昕碑　金石錄 28/3b

跋朱叔止所藏書書・徐季海題經　宋本攻媿集 70/19a　攻媿集 72/16b

跋徐神翁真蹟　宋本攻媿集 70/10a　攻媿集 72/8a

題徐浩碑　豫章集 28/16a

書徐浩題經後　豫章集 28/18b

題徐徑販贈詩帖後　碧梧集 15/9b

徐偃王碑　廣川書跋 9/5a

題徐武卿與彭監帖　秋崖稿 43/7b

跋徐逸平詩帖　蒙齋集 15/9a

跋徐毅齋帖　魯齋集 12/2a

録徐嶠書　益國文忠集 15/2b　益公集 15/118a

跋唐殷舟和尚碑　金石録 29/4a

唐柳宗元殷舟和尚碑跋　歐陽文忠集 141/15a

跋殷令名帖　寶晉英光集/補編 2/11a

跋漢逢府君墓石柱篆文　金石録 19/3a

跋漢逢童碑　金石録 17/6h

跋漢逢童碑陰　金石録 17/7a

右軍留女帖　寶真贊 7/8a

恭題留正少師判建康府趙汝愚石丞相御筆

宋本攻媿集 67/1a　攻媿集 69/1a

周少隱留春詞帖　寶真贊 24/9b

蘇養直留客詩帖　寶真贊 22/19a

跋卿師帖　渭南集 30/6b

史忠定盞作帖　寶真贊 25/17b

跋崔正言所書書法要訣　渭南集 26/16a

范正獻書畢帖　寶真贊 16/7b

跋道雲刺血書經　丹陽集 10/3b

陸文安書稿泛舟二帖　寶真贊 27/2a

蔡忠惠書簡帖　寶真贊 9/15b

杜正獻與歐公書簡帖　寶真贊 10/11b

沈叔達書簡帖　寶真贊 11/5b

蘇文忠公書簡帖　寶真贊 12/1a

薛道祖書簡帖　寶真贊 13/1a

黃魯直書簡帖（1－2）　寶真贊 14/1a－9b

劉忠定書簡帖　寶真贊 16/4b

秦少游書簡帖　寶真贊 17/1b

忠肅書簡帖　寶真贊 18/6b

米元章書簡帖　寶真贊 19/1a－8a

葛文康書簡帖　寶真贊 21/9a

蘇養直書簡帖　寶真贊 22/14a

蘇養直與四僧書簡帖　寶真贊 22/16b

朱希真書簡帖　寶真贊 22/19b

蔣宣卿書簡帖　寶真贊 22/21a

劉季高書簡帖　寶真贊 23/1a

劉武忠書簡帖　寶真贊 23/5a

吳傅朋書簡帖　寶真贊 23/10b

米元暉書簡帖　寶真贊 24/11b

張安國書簡帖　寶真贊 26/4a

蘇文忠與錢穆父書簡重本二帖　寶真贊 12/9b

薛道祖書簡重本三帖　寶真贊 13/8a

書贈張臨溪　東坡題跋 6/25a

李西臺退居詩帖　寶真贊 9/7b

邵仲恭展晤省見二帖　寶真贊 21/1a

王右軍紙妙筆精帖王大令日寒帖　海岳題跋 1/18b

題六一先生家書紙背猪肉帖　益國文忠集 15/7a　益公集 15/122b

高宗皇帝除目手札御書　寶真贊 2/18a

跋鄒聖求除拜帖　南澗稿 16/23b

跋後魏安東將軍孫公墓誌　金石録 21/6b

孫仁宅等題名（觀石魚）　八瓊金石補 83/25b

跋孫求仁運屬夢記石刻後　苕溪集 27/4a

孫叔敖碑　廣川書跋 5/8a

後漢孫叔敖碑跋　歐陽文忠集 136/4b

跋漢孫叔敖碑陰　金石録 15/6a

書贈孫叔靜　東坡題跋 5/33a

跋孫忠愍帖　南軒集 35/5b

跋漢安平相孫根碑　金石録 17/10a

十一畫

跋洛翁帖　緊齋集 8/20b

跋洛翁帖後　緊齋集 8/21a

跋唐涼國長公主碑　金石録 26/5b

跋漢淳于長夏承碑　金石録 16/5a

跋淳化帖　鄭忠肅集下 13a

跋淳化帖　後村集 110/8a

跋卓君景福臨淳化集帖　後村集 101/5a　跋後村題 3/6b

龍川淳祐磨崖劉大任撰　蜀文輯存 94/5a

淳熙癸卯生日御筆跋　益國文忠集 14/14b　益公集 14/114b

恭跋淳熙飭清臣裕民力手詔趙雄撰　蜀文輯存 66/3a

跋唐清河公主碑　金石録 24/4b

題録清和尚書後與王周彥　山谷題跋 7/9b

跋所書清虛堂記　東坡題跋 4/20b

佛印清勝帖　寶真贊 18/20b

跋清溪帖　東塘集 19/14b

題曾逮侍郎戒其子棄清廉帖　益國文忠集 48/1a　益公集 48/22a

李玄胄清慎帖　寶真贊 8/8b

薛道祖清閟閣詩帖　寶真贊 13/3b

仁宗皇帝淨字御漢體書　寶真贊 1/12a

題李十八淨因雜書　東坡題跋 4/15b

跋淨照禪師真讚　山谷題跋 9/17b

題佛日淨慧寺東坡題名　范成大佚著/139

跋浄慧寺東坡題名　益國文忠集 17/4b　益公集 17/5b

李西臺淮顈帖　寳真賛 9/4b

跋東坡漁父詞　宋本攻媿集 75/6b　攻媿集 78/6b

跋山谷草書漁父詞十五章後　姑溪集 39/4a

跋東坡書張志和漁父詞大字　鶴山集 60/11b

跋史君梁公帖　魯齋集 12/4b

唐梁公儒碑跋　歐陽文忠集 142/15a

隋梁洋德政碑跋　歐陽文忠集 138/3a

跋唐立梁宣帝明帝二陵碑　金石録 26/9b

衛秀書梁思楚碑跋　歐陽文忠集 143/10a

梁陳唐人書　東觀餘論/上 9b

跋梁衡山德政碑　治水集 13/5a

恭書潛邸賜所題梁奏奏語後跋　止堂集 10/8a

跋蔣希魯密學帖　鶴山集 59/10b

跋河中守章公授刺史上表乞父內徙帖　丹陽集 10/2b

跋右軍章草　宋本攻媿集 69/5b　攻媿集 71/5b

跋章草仙真詩後　東觀餘論/下 18a

跋蘇顯道求章草卷後　東觀餘論/下 17a

跋索靖章草後　東觀餘論/下 45a

跋章草急就補亡後　東觀餘論/下 13b

觀文節史葉公題跋索靖章草急就篇　東觀餘論/附録 3a

跋章草彌陀經後　東觀餘論/下 55b

跋章草雞林紙卷後　東觀餘論/下 60b

題魯直章草顈草　嵩山集 18/23b

跋馮子容家藏章聖御書　東牟集 13/13b

跋商宜教攜示先開國遺墨　可齋稿 23/7b

跋司業許公墨帖後　苕溪集 27/4a

跋唐禮部尚書許康佐碑　金石録 30/6b

跋許將狀元與蔣穎叔櫃密帖　洪文敏集 8/13a

跋許將狀元與蔣穎叔櫃密帖　誠齋集 98/3a

書先祖(許)監丞手澤後　梅屋雜著 8a

跋郭功父帖　誠齋集 99/1a

跋郭先生碑　金石録 19/9a

後漢郭先生碑跋　歐陽文忠集 136/11a

後漢郭先生碑跋　歐陽文忠集 136/11a

跋漢冀州從事郭君碑　金石録 17/6a

後漢北軍中侯郭君碑跋　歐陽文忠集 136/9a

後漢司隷從事郭君碑跋　歐陽文忠集 136/9b

跋漢丹陽太守郭旻碑　金石録 15/5a

跋唐郭知運碑　金石録 26/4b

唐郭知運碑銘跋　歐陽文忠集 139/10a

跋唐郭英义碑　金石録 23/2b

書五代郭崇韜卷後　張石史集 47/1a

跋郭濱諸帖　樂靜集 9/8b

跋郭德誼書　渭南集 27/17a

跋漢太尉郭禧碑　金石録 17/4a

跋漢郭禧碑陰　金石録 17/4b

跋漢郭禧後碑　金石録 17/5a

唐李陽冰庶子泉銘跋　歐陽文忠集 140/15b

跋唐麻姑仙壇記　金石録 28/4b

跋麻姑壇記　姑溪集 41/5b

題顔魯公麻姑壇記　豫章集 28/18a

唐顔真卿麻姑壇記跋　歐陽文忠集 140/3a

唐顔真卿小字麻姑壇記跋　歐陽文忠集 140/3b

跋庾征西帖　東坡題跋 4/7a

大元帥康王與向子諲咨目及御筆等跋　益國文忠集 49/1a　益公集 49/38a

跋唐康日知墓誌　金石録 28/11b

唐康約言碑跋　歐陽文忠集 142/8b

張章簡康寧帖　寳真賛 24/7b

書鹿鳴之五送謝光中題其後　東萊集 7/4b

題陳瑩中寫旌檀觀音賛華嚴經李伯紀跋　益國文忠集 80/2b　益公集 80/127a

漢張芝書望遠懸想帖　山谷題跋 9/1b

跋秘閣續帖張長史率意帖　渭南集 27/16a

薛黃門春粲帖　寳真賛 21/7a

跋唐啓母廟碑　金石録 24/9a

隋丁道護啓法寺碑跋　歐陽文忠集 138/5a

李西臺啓詩帖　寳真賛 9/5b

晉右軍王羲之書雪晴帖　海岳題跋 1/5b

題春陵法帖　文定集 11/4a

跋秦琅邪臺刻石　金石録 13/6a

跋漢都鄕正街彈碑　金石録 18/4a

題道録黃大中書軸　攖文集 13/13a

跋山谷二詞　姑溪集 39/4b

跋山谷大字　張華陽集 33/7b

書山谷手帖後　性善稿 15/13a

題山谷安樂山留題後　鶴山集 61/10a

跋山谷字　石門禪 27/13a

跋山谷字二首　石門禪 27/10a

跋黃山谷帖　朱文公集 82/25a

跋山谷帖（1－2）　姑溪集 39/1a－1b

跋山谷帖　石門禪 27/9a

跋周君舉所藏山谷帖　毗陵集 11/7b
跋山谷帖　文定集 11/5a
跋成氏所藏山谷帖　文定集 11/6a
跋程正伯所藏山谷帖　渭南集 31/11a
題山谷帖　范成大佚著/138
題吉州司户趙彥法所藏山谷帖　益國文忠集 46/8b　益公集 46/119a
跋山谷帖　于湖集 28/3a
跋山谷帖　緣督集 10/4a
書山谷帖後　洛水集 13/16b
跋山谷所書藥方後　姑溪集 39/6b
跋山谷所與黃令帖後　昌谷集 17/2b
跋山谷草字　姑溪集 39/2b
跋山谷草書　東坡題跋 4/37b
跋山谷草書　棠溪集 163/5b
跋山谷書　姑溪集 39/4b
跋山谷書　棠溪集 163/5b
跋山谷書　松隱集 32/7b
跋山谷書陰真君詩　渭南集 31/9a
跋山谷筆迹　石門禪 27/8b
跋山谷與李忱諸帖　益國文忠集 16/16a
跋汪季路所藏山谷與柳仲遠帖　益國文忠集 17/19b　益公集 17/22b
跋山谷與孫瑞帖　益國文忠集 50/6b　益公集 50/63b
跋山谷與楊君全詩帖真迹　鶴山集 60/11b
題山谷與韓子蒼帖　益國文忠集 19/5a　益公集 19/55a
跋山谷與魏彭澤四帖　盧齋集 13/9a
跋靈源清禪師題山谷墨跡　無文印集 10/8b
跋黃元章所藏山谷墨迹後　止齋集 42/7a
跋黃太史帖　鶴山集 61/13a
跋黃太史帖　鶴山集 63/12a
跋李氏所藏黃太史張石史帖　誠齋集 100/3b
跋黃魯直帖　盧溪集 49/2b
跋黃魯直帖　益國文忠集 49/4a　益公集 49/41b
黃魯直帖　後村集 104/12a
題聶伴周臣所藏黃魯直送徐隱父宰餘干詩稿　益國文忠集 48/7a　益公集 48/29a
跋黃魯直草書　東坡題跋 4/29a
跋蕭岳英家黃魯直書　盧溪集 48/1a
跋黃魯直書　渭南集 28/17b
跋曾無疑所藏黃魯直晚年帖　益國文忠集 51/1b　益公集 51/71b
黃魯直湯方蔬法帖　寶真齋 15/7a

薛道祖寄黃魯直詩帖　寶真齋 13/15a
跋黃魯直與全父醉帖　益國文忠集 17/8b　益公集 17/10a
魯直烏絲欄書　廣川書跋 10/13a
書自作草後　豫章集 29/13a
跋自所書與宗室景道　豫章集 29/11b
跋自草東坡詩　山谷題跋 9/19a
跋自草與劉邦直　山谷題跋 9/19b
題自書卷後　豫章集 25/10a
跋自臨東坡和陶淵明詩　豫章集 29/11a
題所書詩卷後與徐師川　豫章集 26/13b
跋所寫近詩與徐師川　山谷題跋 8/12a
跋爲王聖子作字　豫章集 29/10a
書生以扇乞書　山谷題跋 7/6b
跋與徐德修草書後　豫章集 29/12a
跋與張載熙書卷尾　豫章集 29/14b
跋黃米書　姑溪集 39/8b
跋黃正叔帖（1－2）　姑溪集 40/4b－5a
書家弟（黃）幼安作草後　豫章集 29/22a
跋伯予所藏黃州兄帖　渭南集 31/7b
跋黃丞相書　益國文忠集 10/14a　益公集 16/149a
跋任氏東坡詩及所書黃門記　雙溪集 11/7a
跋黃知命帖　宋本攻媿集 73/16b　攻媿集 75/16a
題知命弟書後　豫章集 30/7a
跋知命弟與鄭幾道駐泊簡　山谷題跋 9/14b
跋黃勉齋書卷後　後村集 99/5a　後村題跋 2/6b
題彭仲衡家東坡書黃庭内景經石刻　益國文忠集 18/5a　益公集 18/30a
陳文正黃庭帖　寶真齋 25/16a
黃庭經　廣川書跋 6/9b
別本黃庭經　廣川書跋 6/10b
黃素黃庭經　海岳題跋 1/13a
褚遂良書黃庭經　海岳題跋 1/19b
跋黃庭經　宋本攻媿集 69/14a　攻媿集 71/14a
跋黃庭經　後村集 110/9a
又黃庭經別本　廣川書跋 6/11a
跋黃庭經後　東觀餘論/下 1a
跋黃庭經後　東觀餘論/下 34b
黃庭經跋（1－4）　歐陽文忠集 143/1b－2b
黃師是家所藏書跋尾　宗伯集 15/18b
黃陵廟碑　廣川書跋 9/9a
又黃陵廟碑　廣川書跋 9/10a
跋韓文公黃陵廟碑　益國文忠集 18/21a　益公集 18/

題跋四　法書碑帖　十一畫　1791

48b

跋唐黄陵廟碑 金石録29/8b
唐韓愈黄陵廟碑跋 歐陽文忠集141/12b
跋黄龍書 後村集109/11b
米元章黄龍讃帖 寳真齋19/23b
跋後周黄羅刹碑 金石録23/2b
跋三伯祖(黄)寳之書 豫章集29/20a
題梅花莊三大字送趙梅石 無文印集10/11a
題曹公顯所書陳體仁梅清傳後 盤洲集62/10b
跋御書御製梅雪詩 誠齋集98/2a
跋梅都官帖 後村集104/1a
跋梅都官真迹後 杜清獻集17/11b
跋文公梅詞真迹 魯齋集11/11a
塔田仰山新廟題名 龍學集10/8b
跋摹連昌宮辭 雙溪集11/5a
曹子方 宋本攻媿集72/8b 攻媿集74/6b
跋謝大成所藏曹公顯墨迹 止齋集42/6b
跋曹馬摹本 梁溪集163/6a
跋陳思王(曹植)帖 鶴山集60/6a
題曹操帖 朱文公集82/4b
跋漢費亭侯曹騰碑 金石録14/8b
後漢中常侍費亭侯曹騰碑跋 歐陽文忠集136/2a
書先君(曹興宗)帖後 昌谷集17/5a
跋威伯著碑 金石録19/8a
書張長史乾元帖後 豫章集28/17a
文周翰盛暑帖 寳真齋18/1b
郁恢授衣帖 寳真齋7/3a
跋王大令授衣帖後 東觀餘論/下25b
採藥帖 山谷題跋9/4b
宋素臣惜别詩帖 寳真齋9/9a
跋漢堂邑令費君碑 金石録17/3a
跋漢堂溪典嵩高山石闕銘 金石録16/11b
跋常山公書 豫章集29/17b
北齊常山義七級碑跋(1-2) 歐陽文忠集137/19b-20a
[跋]常樂寺浮圖碑 元豐稿59/1a
太祖皇帝處分手札御書 寳真齋1/2a
薛道祖茶蘑詩帖 寳真齋13/18a
崔融荷華帖 寳真齋5/4b
題温公莊子節帖 尹和靖集4/7a
跋東坡莊引 洛水集13/2b
莊居阻雨鄰人以紙求書因而信筆 姑溪集17/1a

後漢玄儒隻先生碑跋 歐陽文忠集136/10b
跋蔡忠惠公國論要目真迹 後村集107/12b
跋喻子材鳶帖 益國文忠集18/2a 益公集18/26a
王廣問安王秋二帖 寳真齋7/2b
高宗皇帝問命手札御書 寳真齋3/2a
跋東坡問疾帖 渭南集27/3b 蜀藝文志59/11b
范文正問醫帖 寳真齋9/14b
題晦堂墨迹 石門禪25/26a
今上皇帝賜包道成御書崇道菴額 渭南集23/3b
唐崇徽公主手痕詩跋 歐陽文忠集141/1a
崇徽公主手痕碑 廣川書跋7/20a
跋余襲公題崔碑 宋本攻媿集71/5a 攻媿集73/4b
後漢崔子玉書 山谷題跋9/2a
跋魯直所書崔白竹後贈漢舉 鶴肋集33/20a
跋崔丞相二帖 文山集10/4a
跋後魏定州刺史崔亮頌 金石録21/6b
跋唐贈太師崔倬碑 金石録30/4a
唐崔能神道碑跋 歐陽文忠集142/2b
跋唐崔敦禮碑 金石録24/3a
跋清獻崔公手墨 文溪稿4/3a
跋崔清獻公帖 牟陵陽集15/9b
跋崔菊坡洪平齋與高守帖 秋崖稿43/9a
跋菊坡太學生時書稿 文溪稿4/4a
跋吴都統所藏菊坡先生帖 文溪稿4/11a
代宰臣庾允文恭書御書崔寔政論下方 東萊集7/2a
跋唐并州長史崔敬嗣碑 金石録26/2a
唐崔敬嗣碑跋 歐陽文忠集142/16a
崔敬嗣墓誌 廣川書跋7/10a
跋周崔敬嗣墓誌 金石録25/6b
跋唐丞相崔琳碑 金石録30/3a
崔遠送廣利詩帖 寳真齋6/37a
跋唐兵部侍郎崔琳墓誌 金石録25/9a
跋唐義陽郡王符璘碑 金石録30/2b
劉資政符寳帖 寳真齋22/4b
晉侍中郗愔書第三帖 山谷題跋9/5b
跋北齊造像碑 金石録22/3a
趙清獻動潔帖 寳真齋10/20b
跋殿丞焦公墨帖 復齋集10/19a
跋焦伯强帖 龍川集16/21a
書焦伯强殿丞帖後 東萊集7/3b
題方季申所刻歐陽文忠公集古跋真迹 益國

文忠集 19/7a 益公集 19/57a

跋偽作東坡書簡 豫章集 29/9b

跋皎如晦墨迹 無文印集 10/8b

右軍得示帖 寶真齋 7/15a

蔣丞相得男帖 寶真齋 25/19b

題得軒扁 漫塘集 24/15b

恭題從官宅進思堂宸翰 碧梧集 13/2b

御史臺精舍碑 廣川書跋 7/13a

跋陳正獻家御札二軸 後村集 108/2b

跋後魏御射碑 金石錄 21/4a

代李節使跋御書 松隱集 32/4a

代林門司跋御書 松隱集 32/4b

代人跋御書 定齋稿 4/18b

跋御書 范成大佚著/145

跋御書 益國文忠集 110/10a 益公集 104/112a

陳丞相家所藏御書二 後村集 104/16a

恭題今上皇帝賜御書和韻 松隱集 32/3a

恭題太上皇帝賜御製御書翰墨志 松隱集 32/1a

代劉節使跋御筆手詔 鴻慶集 32/5b 孫尚書集 54/9b

代跋御筆手詔 客亭稿 7/17b

御筆跋 應齋雜著 4/5a

跋御筆賜母咸安太夫人酒果 鄮峰錄 36/1a

代平江守題劉獎諭碑 官教集 12/1a

代史少保恭題御製和詩 宋本攻媿集 76/15b 攻媿集 78/15a

家藏御製詩恭跋 碧梧集 13/3b

顏魯公祭文帖 寶真齋 8/7b

跋唐趙冬曦祭仲山甫文 金石錄 26/10b

跋杜子美祭房太尉文稿 石門禪 27/4b

顏真卿祭叔濠州使君文 海岳題跋 1/16a

魯公祭姪文 廣川書跋 8/1a

跋唐内侍監魚朝恩碑 金石錄 28/11b

陳忠肅通鑑帖十五冊之一 寶真齋 18/3b

跋司馬文正公通鑑綱要真迹 朱文公集 83/19b

跋張季長同年所藏司馬温公通鑑漢元年稿 東塘集 9/10a

題米禮部參星賦真迹 益國文忠集 46/5b 益公集 46/115a

林文節參候帖 寶真齋 17/3b

畫錦堂記 廣川書跋 10/8a

尉遲迴碑 廣川書跋 7/14b

唐彭王傅徐浩書張九齡司徒告 海岳題跋 1/6b

跋唐張九齡碑 金石錄 28/10a

唐張九齡碑跋 歐陽文忠集 142/1a

張子野詩稿帖 寶真齋 11/11a

跋張文潛帖 益國文忠集 16/16b 益公集 16/152b

跋曾仲躬所藏張文潛草書 盤洲集 63/8a

跋汪季路藏張文潛與彥素帖 益國文忠集 18/1a 益公集 18/25a

跋張文懿帖 後村集 103/12b

跋張天覺書後 東觀餘論/下 23b

張友正草字 廣川書跋 7/19b

唐張中丞傳跋 歐陽文忠集 140/13b

後漢張公廟碑跋 歐陽文忠集 135/6b

跋唐醴泉縣令張仁蘊德政碑 金石錄 25/4a

書張少公判狀 東坡題跋 4/10b

跋漢張平子殘碑 金石錄 14/6b

跋漢張平子碑 金石錄 14/6b

跋張平子碑 金石錄 20/12a

後漢張平子墓銘跋 歐陽文忠集 135/21b

跋張正素帖後 孫尚書集 54/5a

跋張巨山帖 朱文公集 81/26a

跋張北海手澤 黃氏日鈔 91/18a

唐率府長史張旭四帖 海岳題跋 1/8a

張旭書跋 寶晉英光集/補遺 2b

跋張安國帖 誠齋集 98/8a

跋張安國帖 朱文公集 84/16a

跋張安國草書 松隱集 32/6b

跋張安國題字 松隱集 32/6b

跋張仲宗刻其相手澤後 筠溪集 21/20b

跋上藍長老了賢所收張丞相帖 益國文忠集 16/11a 益公集 16/145a

書張芝曼書後 山谷題跋 7/14a

跋漢巴郡太守張君碑 金石錄 19/6a

後漢冀州從事張表碑跋 歐陽文忠集 136/7a

張長史別本 廣川書跋 7/18a

跋張長史帖後 東觀餘論/下 26a

張長史草書 廣川書跋 7/17a

跋張長史草書 豫章集 28/17a

跋張長史書 山谷題跋 8/15a

論張長史書 東觀餘論/上 66b

書張長史書法 東坡題跋 4/35a

題忠定張公書後 古靈集 18/10a

題張忠定書 臨川集 71/13a

題張乖崖書後 東坡題跋 4/33a

跋張忠獻公所與張忠簡閫三帖　鶴山集 62/7b
跋張忠獻公答宋待制手書　益國文忠集 46/16a
　益公集 46/127b
跋張忠獻公與外舅帖　益國文忠集 48/6a　益公集
　48/28b
跋張忠簡公闈詩帖　宋本攻媿集 72/17b　攻媿集 74/
　15b
跋張侍郎帖　梅溪集/後 27/8b
跋張侍郎帖　南軒集 35/3a
跋張宣公帖（1－2）　鶴山集 64/3b－4a
張宣公書簡帖　寶真齋 26/16a
題張宣公題名帖　碧梧集 15/7b
南軒東萊帖跋　真西山集 35/10a
南軒帖　碧梧集 15/8a
跋南軒帖　鶴山集 61/16b
跋南軒所與李季允墓帖　鶴山集 61/1a
南軒與方耕道帖　後村集 102/3a　後村題跋 4/3b
跋南軒與坐忘居士房公帖　鶴山集 59/4b
跋漢張侯殘碑　金石錄 19/2a
張浮休帖　後村集 104/8a
跋東魏張烈碑　金石錄 21/9a
唐孝子張常淸旌表碣跋　歐陽文忠集 159/3b
黃魯直張處士帖　寶真齋 15/6a
跋唐丹州刺史張崇碑　金石錄 23/5a
跋門弟所藏張從申慎律師碑後　東觀餘論/下
　49b
跋張參政墨迹　海陵集 22/5a
唐張將軍新廟記跋　歐陽文忠集 142/14a
跋孫尚書張紫微帖　梅溪集/後 27/9a
跋趙君靖所藏張紫微帖　宋本攻媿集 68/16b　攻
　媿集 70/16a
張景儒先公手澤題後　丹淵集 21/2b
跋張閣道草書後　東觀餘論/下 41a
題張無垢手書　益國文忠集 19/11b　益公集 19/62b
跋陳永仁所藏張無垢帖　止齋集 42/4a
跋橫浦帖　北磵集 7/3a
張無盡帖　後村集 104/10b
跋張無盡與邢和叔帖　止齋集 41/9b
跋張稀仲樞密遺墨（1－2）　筠溪集 21/17b－18a
跋張稀仲樞密遺稿（1－2）　梁溪集 163/15a－15b
張義祖帖　後村集 104/9b
跋張敬夫書後　渭南集 31/3b
張敬夫與馮公帖　朱文公集 84/6b
唐張敬因碑跋（1－2）　歐陽文忠集 140/7b－8a

跋張廣州書　東坡題跋 1/34a
後漢竹邑侯相張壽碑跋　歐陽文忠集 136/7a
唐張嘉正碑跋　歐陽文忠集 139/10a
陳張慧湛墓誌銘跋　歐陽文忠集 137/14a
跋張樗寮遺墨　雪坡集 41/9a
跋橫渠先生書及康節先生人貴有精神詩　巽
　山集 26/2a
書橫渠康節帖後　朱文公集 83/8b
跋張德遠與胡邦衡帖　益國文忠集 50/7b　益公集
　50/64b
張龍公碑（1－2）　歐陽文忠集 143/9a－9b
張龍公碑　廣川書跋 6/34a
張魏公　宋本攻媿集 72/9a　攻媿集 74/7a
跋魏公批劉和州事目　益國文忠集 16/15a　益
　公集 16/149b
題張魏公折檻密與劉御史帖　文定集 12/4a
跋揚州伯父所藏張魏公帖　宋本攻媿集 72/3b
　攻媿集 74/1b
跋張魏公帖　鶴山集 61/17a
跋張魏公帖　鶴山集 62/1b
跋張魏公帖　鶴山集 63/4a
跋張魏公爲了賢書佛號　朱文公集 81/3a
書張魏公答大慧禪師帖　無文印集 10/13b
跋張魏公答忠簡胡公書十二紙　誠齋集 100/7b
跋張魏公與連壁帖　益國文忠集 17/20a　益公集 17/
　23a
跋張魏公與劉氏帖　朱文公集 81/27b
跋張魏公與劉察院帖　渭南集 30/16b
書張魏公與謝參政帖　朱文公集 83/30a
跋張總得與安子仲帖　宋本攻媿集 68/18b　攻媿集
　70/18a
題張籍墨迹　蘇魏公集 72/10a
張霖等題名（觀石魚）　八瓊金石補 83/34a
唐郭忠武公將佐冀跋　歐陽文忠集 141/6b
林文節紹聖日記前後帖　寶真齋 17/23b
跋樓參政紹熙五年內禪詔草　鶴山集 63/11b
恭書紹熙甲寅賜講筵詔後跋　止堂集 10/6b
高宗皇帝紹興乙丑御筆跋　益國文忠集 14/2b
　益公集 14/99b
紹興五帖　魯齋集 9/3a
跋紹興辛巳親征詔草　稼軒集 1/59a
題方氏家藏紹興諸賢帖後　朱文公集 82/18a
二蔡陪輔展晤二帖　寶真齋 21/12b
陸九淵書二則　慈湖遺書/補 13a

跋陸象山包克堂遺墨　巽齋集 19/11b
題楊慈湖所書陸象山語戴良撰　慈湖遺書/補 15a
跋象山先生二帖　嚴帶稿 5/6b
題陸子履帖　嵩山集 18/30a
唐陸文學傳跋　歐陽文忠集 141/9a
玉局論陸公奏議帖跋尾　梁溪集 162/4a
跋唐陽翟侯夫人陸氏墓誌　金石錄 24/8b
跋陸放翁帖　北礀集 7/8a
跋陸放翁帖　北礀集 7/16b
跋陸君出示放翁帖　蒙齋集 15/21a
跋放翁與曹元伯帖　後村集 102/14a　後村題跋 4/18a
跋爲子適書詩卷後　渭南集 31/5b
書陸柯部帖後　太倉集 66/1a
晉陸喈碑跋　歐陽文忠集 137/7b
晉陸禪碑　元豐稿 50/3a
跋餘姚縣陳山寺碑　宋本攻媿集 73/19b　攻媿集 75/19a
題陳止齋帖　水心集 29/10a
跋陳中書帖　魯齋集 12/4b
跋范元卿舍人書陳公實長短句後　渭南集 29/13b
跋德化縣陳氏義門碑　益國文忠集 46/8a　益公集 46/118b
跋陳去非帖　益國文忠集 18/4b　益公集 18/29b
跋陳去非謝御書等帖　益國文忠集 18/5a　益公集 18/29b
跋陳北山帖　真西山集 36/15a
跋漢陳仲弓碑　金石錄 18/5b
跋漢陳仲弓碑陰　金石錄 18/6a
跋漢陳仲弓壇碑　金石錄 18/6a
庚辰跋陳丞相手書　益國文忠集 81/4b　益公集 81/11b
題陳秀伯碑陰　水心集 29/7b
跋陳伯修帖　姑溪集 41/5b
跋陳君章所藏諸公帖　橫塘集 20/8a
跋漢陳君碑　金石錄 18/5b
跋漢司空掾陳君碑額　金石錄 19/7b
陳亞之書跋　蜀文輯存 74/19b
書〔陳東〕遺墨後　陳修撰集 8/6a
跋陳忠肅公手帖　梅溪集/後 27/5b
跋陳忠肅公帖　鶴山集 63/4b
跋陳忠肅公遺墨　阜陵陽集 17/6a
跋陳忠肅公謝表稿　郎峰錄 36/12b

隋陳茂碑跋　歐陽文忠集 138/4a
高宗御批陳思恭奏劄跋　益國文忠集 46/1a　益公集 46/110a
跋陳剛中帖　朱文公集 84/31b
陳昭題名　廣川書跋 7/10b
書陳格石刻　姑溪集 17/6a
跋漢太尉陳球碑　金石錄 17/3b
後漢太尉陳球跋　歐陽文忠集 136/14a
題陳都官墓芝亭石刻後　苕溪集 52/1a
跋鄭簡子求書陳情表後　杜清獻集 17/6a
題劉左史光祖所書潼川陳荷之母任氏墓銘
　鶴山集 61/2b
跋趙路分書子虛病說後　江湖集 31/9a
跋趙路分書子詩文卷後　江湖集 31/9a
跋歸南恩家陳復齋遺墨　後村集 110/23b
先友葉二公帖　魯齋集 9/2a
陳殿院帖　後村集 104/8b
陳賢草書帖　海岳題跋 1/16a
題陳履常書　東坡題跋 4/28a
跋唐陳隱王祠堂記　金石錄 27/4b
跋陳隱居書　東坡題跋 4/18a
跋陳簡齋法帖奏稿　益國文忠集 17/12a　益公集 17/14a
跋陳簡齋帖　朱文公集 81/26a
跋陳懶散王晉卿帖　後村集 102/7a　後村題跋 4/7b
陳懶散帖　後村集 104/9b
跋陳懶散帖　後村集 105/13b
陳懶散帖　後村集 107/7b
陳曙題名　粵西金石略　12/3b
跋陳羅書　益國文忠集 49/11b　益公集 49/50a
跋陳了翁帖　瀕庫集 32/8a
跋陳了翁帖　南軒集 35/3b
陳了翁帖　後村集 104/8a
跋了翁帖　北山集 16/3a
了翁帖　真西山集 34/5a
跋了翁真迹　栟櫚集 20/1a
跋了翁書　石門碑 27/14b
題王主管所藏了翁與洪覺範書後　拙齋集 20/10a
跋陳了翁鄭介夫帖　後村集 102/6b　後村題跋 4/6b
題了翁墨迹　栟櫚集 19/1a
跋了翁墨迹　梁溪集 162/82
跋了翁墨迹　梁溪集 162/11b
跋陳了翁謀議書邵堯夫誡子文　栟櫚集 19/4b

書楊補之所藏了齋及道鄉帖　默堂集 22/5a
陳讓題名　粵西金石畧 10/9a
陳參政陰雨詩帖　寶真齋 28/20b
陰真人詩　廣川書跋 8/12b
跋褚河南陰符經　宋本攻媿集 70/12b　攻媿集 72/10b
歐陽詢陰符經帖　寶真齋 5/1a
郭忠恕書陰符經跋　歐陽文忠集 143/12b
書陰德字遺陳氏　山谷題跋 8/15b
跋陶山帖　北磵集 7/17a
跋暗庵書陶窗二大字　漫塘集 24/4b
唐陶雲德政碑跋　歐陽文忠集 138/16b
跋陶華陽書後　東觀餘論/下 42a
跋向氏邵康節手寫陶靖節詩　益國文忠集 18/10b
　益公集 18/36a
東坡書陶靖節詩　益國文忠集 51/2b　益公集 51/72b
跋淵明詞卓契順蘇軾撰　赤城集 18/14a
元祐間大書淵明詩贈周元章（1－2）　山谷題跋 9/11b
跋陶隱居書　松隱集 32/8a
跋王荊公書陶隱居墓中文　豫章集 25/12a
跋孫晉陵帖　北磵集 7/13a
跋巢經唱和帖　宋本攻媿集 73/4b　攻媿集 75/4b

十 二 畫

跋大長秋遊君碑　金石錄 20/5a
跋遊君碑陰　金石錄 20/5a
遊御史帖　宋本攻媿集 72/7b　攻媿集 74/5b
跋從子深所藏吴紫溪遊絲書　宋本攻媿集 70/7b
　攻媿集 75/5a
遊龍水城南帖　山谷題跋 8/22a
跋湘帖墓公書　豫章集 29/16b
唐湖州石記跋　歐陽文忠集 140/10b
書東坡寫温飛卿湖陰曲後　山谷題跋 7/22a
跋歐書温彥博碑　盤洲集 62/1a
跋唐温彥博碑　金石錄 23/6b
唐滑州新驛記跋　歐陽文忠集 140/18b
跋唐滑臺新驛記　金石錄 28/7b
淵聖皇帝東宮賜詹事李詩御書跋尾　梁溪集 161/8b
淵聖皇帝御書跋尾　梁溪集 161/2b
顏真卿寒食帖　海岳題跋 1/22a
跋東坡書寒食詩　山谷題跋 8/14b
寒食詩帖跋　蜀文輯存 65/11a

跋富文二公帖　龜山集 26/1b
東坡書富文忠公神道碑　益國文忠集 51/2b　益公集 51/72b
跋富文忠公與洛尹帖　朱文公集 84/11a
跋富公帖　方舟集 13/10a
跋富鄭公帖　宋本攻媿集 76/4a　攻媿集 78/4a
跋富鄭公帖　後村集 103/9b
跋富鄭公與李中師帖　益國文忠集 49/5b　益公集 49/43b
書富韓公與王龍圖帖後　筠溪集 21/14b
評書　山谷題跋 7/5a
詒楚文　廣川書跋 4/6b
跋詒楚文　范成大佚著/141
跋秦詒楚文　金石錄 13/4b
韓獻肅詞壇陛對二帖　寶真齋 11/3a
跋後周同州刺史普六如忠墓誌　金石錄 22/6a
跋漢馮使君墓闕銘　金石錄 18/9b
跋馮員仲帖　梅溪集/後 27/7a
跋北齊馮翊王平等寺碑　金石錄 22/7b
馮櫃使帖　後村集 103/13b
跋漢車騎將軍馮緄碑　金石錄 16/2a
跋曾南豐帖　朱文公集 83/13b
跋曾南豐帖　朱文公集 84/17b
跋吴仲所藏曾子固帖　益國文忠集 50/4b　益公集 50/61a
跋曾子宣帖　誠齋集 98/8b
曾子宣與宋親帖跋　蜀文輯存 75/10b
跋曾文昭公與朱給事帖　朱文公集 82/25a
曾文昭帖　後村集 107/6a
跋曾氏兄弟帖　曾國文忠集 48/9a　益公集 48/32a
跋曾吉甫帖後　南澗稿 16/23a
跋曾無疑所藏二帖　益國文忠集 49/14a　益公集 49/53b
曾雲巢與曾智甫往來書翰跋　巽齋集 20/14a
跋曾裘父劉子澄帖　朱文公集 83/12a
跋朱魯叔所藏曾鄒陸三公帖　尊德集 2/4a
跋曾樂道帖　魯齋集 12/6a
跋曾魯公帖後　孫尙書集 54/8a
跋曾魯公韓康公帖　後村集 103/10a
沈忠敏勞軍帖　寶真齋 22/6a
晉太守山濤書補史部郎帖　山谷題跋 9/5b
跋雲山壽昌院石帖公璹後　止齋集 42/5a
題雲臥書　無文印集 10/7a
晉雲南太碑　金石錄 20/8a

題雲庵手帖三首　石門禪 25/26b
跋山谷雲庵贊　石門禪 27/12b
書雲萍錄趙德淵親書後　慈湖遺書 5/28a
孫莘老報狀帖　寶真齋 16/6b
朱文靖報稱帖　寶真齋 25/7b
後漢堯母碑跋　歐陽文忠集 135/1a
後漢堯祠祈雨碑跋　歐陽文忠集 135/2a
後漢堯祠碑跋　歐陽文忠集 135/4b
跋歐陽公堯祠碑跋　益國文忠集 47/1a　益公集 47/1a
跋了翁自跋敢疑論後　梁溪集 162/11a
跋晉護羌校尉彭祈碑　金石錄 20/8a
跋晉彭祈碑陰　金石錄 20/9a
跋彭忠肅公真蹟後　鶴山集 63/7b
梁羊諮期聚帖　寶真齋 4/8b
跋歐公與薛公期鴛部帖　宋本攻媿集 69/4a　攻媿集 71/4a
唐植柏頌跋　歐陽文忠集 139/18b
跋唐棣王墓誌　金石錄 27/6a
跋徐鉉篆李衛公項王亭賦　益國文忠集 17/7a　益公集 17/8a
跋徐騎省篆項王亭賦　宋本攻媿集 68/12b　攻媿集 70/12a
跋徐騎省所篆項王亭賦後　朱文公集 84/29b
跋惠州芳華洲刻石　雙溪集 11/6a
顏真卿朝迴帖　寶真齋 5/6a
跋蔡公書朝覲送行詩序（1－2）　後村集 105/14b－15a
硬黃　廣川書跋 6/17a
米元章硯山詩帖　寶真齋 20/1a
跋南軒所書愉色堂　恥堂稿 3/23a
御筆掌記跋　益國文忠集 14/9b　益公集 14/108b
柳公權紫絲靸蘭亭詩二帖　海岳題跋 1/23b
爲敖國輔書南軒虛舟銘跋　止堂集 15/5a
高宗黃帝虛堂詩御書　寶真齋 2/16b
跋北齊華陽公主碑　金石錄 22/4b
唐華陽頌跋　歐陽文忠集 139/7b
跋漢華嶽碑　金石錄 17/4a
後漢樊毅華嶽碑跋　歐陽文忠集 134/21b
後漢樊毅華嶽碑跋　歐陽文忠集 134/22b
跋後周華嶽廟碑　金石錄 22/5a
大代修華嶽廟碑跋（1－2）　歐陽文忠集 137/15b－16a
唐華嶽題名跋　歐陽文忠集 139/12a

跋四明何道友寫華嚴　北礀集 7/17a
跋龍門元侍者血書華嚴八十一卷作八卷　北礀集 7/5b
跋了翁所書華嚴偈　梁溪集 162/12a
題胡考甫書華嚴經　蘇魏公集 72/8b
書孫朴學士手寫華嚴經　樂城集 21/8a
題疾老寫華嚴經　石門禪 25/1b
題光上人所書華嚴經　石門禪 25/2a
跋劉知言獻所書華嚴經　丹陽集 10/3b
跋血書華嚴經　無文印集/語錄/題 2a
四明至淳上座寫華嚴經施開元寺跋　北礀集 7/10b
書孫元忠所書華嚴經後　蘇東坡全集/後集東坡題跋 4/44a
跋細字華嚴經後　東觀餘論/下 41b
跋徐夫人所書華嚴經梁武懺　益國文忠集 47/6b　益公集 47/7a
跋所書華嚴經第一卷　莊簡集 17/6a
書萊公事後　廣川書跋 10/8b
後漢景君石郭銘跋　歐陽文忠集 135/20a
跋漢褐者景君表　金石錄 14/8b
跋漢北海相景君碑　金石錄 14/7a
跋漢褐者景君碑陰　金石錄 14/4a
跋漢北海相景君碑陰　金石錄 14/7a
後漢北海相景君銘跋　歐陽文忠集 135/19b
後漢褐者景君銘跋　歐陽文忠集 135/20a
跋漢劇令景君關銘　金石錄 14/4a
跋唐景陽井銘　金石錄 26/10a
跋景福草書卷後　東觀餘論/下 16b
景福遺文跋　歐陽文忠集 143/6b
李忠定單騎帖　寶真齋 21/19b
跋唐淄州開元寺碑　金石錄 27/2b
跋唐開元寺僧殘碑　金石錄 28/9b
唐開元聖像碑跋　歐陽文忠集 139/16b
〔跋〕唐安鄉開化寺臥禪師淨土堂碑銘　元豐稿 50/5a
徐浩開河碑　廣川書跋 8/7a
題令狐彰開河碑　文定集 10/5b
跋于湖書凱歌　復齋集 10/16a
跋王逸老飲中八仙歌　宋本攻媿集 76/5a　攻媿集 78/5a
吳傅朋游絲書飲中八仙歌帖　寶真齋 23/12a
恭跋欽宗皇帝宸翰　後村集 99/12b　後村題跋 2/17a
跋欽宗宸翰四　後村集 103/2a

跋何丞相栗家所藏欽宗御書　鶴山集 61/7b－8a
題鄭侍郎所得欽宗御書後　南澗稿 16/32b
跋漢殷阮君神祠碑　金石錄 17/7b
後漢殷阮君神祠碑跋　歐陽文忠集 134/25b
跋漢殷阮君神祠碑陰　金石錄 17/8a
跋所寫答小邢止字韻詩並和晃張八詩與徐師川　豫章集 23/15a
題筆工俞生所藏書法　江湖集 31/6a
跋山谷筆古德二偈　石門禪 27/12a
書了齋筆供養發願文　默堂集 22/11b
題筆陣圖　東坡題跋 4/2b
王右軍筆陣圖　海岳題跋 1/16b
米元章臨筆精日寒二帖　寶真齋 20/24a
後漢無名碑跋　歐陽文忠集 136/15a
後漢無極山神廟碑跋　歐陽文忠集 134/23b
跋漢無極山碑　金石錄 17/8b
陳子昂無端帖　寶真齋 5/3a
跋無盡居士帖　石門禪 27/20b
題晉上人智果帖　嵩山集 18/32a
唐智乘寺碑跋　歐陽文忠集 38/15b
智乘院碑　廣川書跋 7/9a
書沈遼智靜大師影堂銘　東坡題跋 4/38b
梁智藏法師碑跋　歐陽文忠集 137/14a
跋程元鑒手帖　相山集 27/3a
跋程沙隨帖　朱文公集 84/14a
程遜蒙書　廣川書跋 4/20a
跋米元章焦山銘　後村題跋 99/10b 後村題跋 2/14a
跋焦千之帖後　東坡題跋 4/31a
跋趙恭夫所藏焦公路帖　鄮峯錄 36/10b
跋焦伯强與潘簡夫帖　益國文忠集 47/7b　益公集 47/8b
坡公進紫薇花詩真迹　後村集 104/13b
跋胡元邁集句詩帖　東塘集 19/24a
李國主集賢院書　廣川書跋 10/5a
跋東坡借水帖　宋本攻媿集 76/10b　攻媿集 78/10b
跋北齊宜陽國太妃傳氏碑　金石錄 22/9b
跋傅欽之手帖並温公東坡往還簡　漫濱集 15/3b
跋傅給事帖　渭南集 31/9b
跋傅給事帖　絜齋集 8/24a
跋傅諫議帖　鶴山集 60/6b
晉司徒王珣書衆感帖　山谷題跋 9/5b
〔跋〕襄州偏學寺禪院碑　元豐稿 50/2a

唐復東林寺碑跋　歐陽文忠集 142/9a
石軍復赴二書帖　寶真齋 7/12b
唐侯喜復黄跋記跋（1－2）　歐陽文忠集 141/14b－15a
給復學田省割跋迋泰亨撰　江蘇金石志 15/50a
唐令狐楚登白樓賦跋　歐陽文忠集 142/12a
跋唐登封紀號文　金石錄 24/5a
跋米元章登峴大字帖　誠齋集 99/3a
跋御書發願文後　無文印集 14/4a
畫師帖　真西山集 35/12a
畫贊　廣川書跋 6/11b
題顔公書畫讀　東坡題跋 4/9b
唐畫贊碑陰跋　歐陽文忠集 140/2a
跋周侍郎尋姊妹帖　渭南集 30/14b
葛常之屏表帖　寶真齋 22/20b
跋宗室士奎所書周以宗强賦　益國文忠集 16/3a
益公集 16/136a
跋漢梁相費汎碑　金石錄 17/2a
跋漢費君碑陰　金石錄 17/3b
後漢費府君碑跋　歐陽文忠集 136/13a
題費校書被召書命軸後　苕溪集 27/5a
後漢費鳳碑跋　歐陽文忠集 136/1a
顔真卿琅琊拙帖　海岳題跋 1/16b
唐張右史季明賀八清鑑等帖　海岳題跋 1/15a
跋賀仙翁親筆詩　盤山集 26/4b
鍾蘇賀表　廣川書跋 6/1a
跋後魏賀拔岳碑　金石錄 21/7b
跋鍾蘇賀捷表後　東觀餘論/下 58a
題寄賀翬雲鑑老頌軸　無文印集/語錄/題 6a
唐賀蘭夫人墓誌跋　歐陽文忠集 141/8b
唐樊宗師絳守居園池記跋　歐陽文忠集 142/1a
絳守居園池記　廣川書跋 8/15a
跋唐絳守居園池記　金石錄 29/8b
絳帖　後村集 105/3a
跋鄭子善絳帖　後村集 110/12b
唐陽公脊隱殤跋　歐陽文忠集 141/17a
唐陽武復縣記跋　歐陽文忠集 142/15b
米元暉陽春詞帖　寶真齋 24/19a
唐元結陽華嚴銘跋　歐陽文忠集 140/13a
隆聖道場碑　廣川書跋 6/34b
高宗皇帝御筆臨王羲之鄉里帖　寶真齋 3/5b
題李肩吾所書鄉黨　鶴山集 63/9b
題李肩吾爲尹商卿書鄉黨　鶴山集 63/16b

題李肩吾爲許成大書鄉黨内則　鶴山集 63/9a

十 三 畫

參寥新秋帖　寶真齋 18/21a

跋温公新壺格七國戲二書後　東觀餘論/下 21b

新驛記　廣川書跋 8/3b

跋段柯古清居寺碑後　東觀餘論/下 55a

靖康皇太子學書跋尾　梁溪集 161/9a

薛道祖試劍石詩帖　寶真齋 13/15b

寧宗皇帝詩卷耳篇御書　寶真齋 3/21b

跋所書詩軸後　東觀餘論/下 71a

林和靖詩賦登科二帖　寶氏齋 9/10b

黃魯直詩稿帖　寶真齋 15/11a

書姚君玉誠軒記後　山谷題跋 8/1a

跋御書誠齋二大字　誠齋集 98/1a

李子至稟議帖　寶真齋 26/1a

跋痴絶和尚墨迹　無文印集/語録/題 61a

跋義靈廟碑　益國文忠集 48/6b　益公集 48/28b

黃魯直煎茶賦帖　寶真齋 15/8b

道君太上皇帝御書跋尾　梁溪集 161/2a

道君太上皇帝賜宋曉御書跋尾　梁溪集 161/5b

唐歐陽詢書道林之寺碑　海岳題跋 1/11a

唐禮部尚書沈傳師書道林詩　海岳題跋 1/10b

米元章道林詩帖　寶真齋 20/9a

跋文正公手書道服贊墨迹戴蒙撰　范文正集/補編 3/27a

跋文正公手書道服贊墨迹黃庭堅撰　范文正集/補編 3/27a

跋文正公手書道服贊墨迹吳立禮撰　范文正集/補編 3/27a

跋道卿墨迹　梁溪集 162/3a

題東坡書道術後　豫章集 25/10b

題虞永興道場碑　豫章集 28/15b

跋道鄉先生帖　北海集 36/7b

跋朱希真所書道德經　朱文公集 84/12a

小字道德經跋　歐陽文忠集 148/3b

跋道德經碑　于湖集 28/3b

唐顏師古等慈寺碑跋　歐陽文忠集 138/9a

跋陳貢士國所藏慈湖帖　復齋集 10/22a

題汪氏所藏慈湖遺墨後　碧梧集 15/8b

資政與端明帖後　竹軒雜著 6/12b

跋資國寺雄石鎭帖　象山集 20/14a

跋唐高士廉瑩兆記　金石録 24/9b

跋唐褚亮碑　金石録 25/2a

褚遂良臨王右軍二帖　海岳題跋 1/21b

遂良帖　廣川書跋 7/5a

跋褚薛臨帖　東坡題跋 4/4a

福州永泰縣無名篆跋（1－2）　歐陽文忠集 143/7a

書贈福州陳繼月　豫章集 29/14a

跋雷梧州墓刻　齋庵集 32/20a

書琅邪篆後　蘇東坡全集 23/9b

王文甫達軒評書　東坡題跋 4/22b

跋御書聖主得賢臣頌　鄱峰録 36/9a

魏邦達聖訓帖　寶真齋 25/5a

褚河南聖教序　廣川書跋 7/5a

題集逸少書聖教序後　東觀餘論/下 39a

跋唐聖教序碑側　金石録 25/9b

跋山谷書東坡聖散子傳　益國文忠集 17/11b　益公集 17/14a

跋楚老帖　盧溪集 49/3a

楞伽經注帖　寶真齋 8/9b

書贈楊子微　東坡題跋 6/25b

楊文公帖　後村集 103/14a

跋楊文公真墨　洛水集 13/3b

跋楊文公真墨後　昌谷集 17/13a

跋楊文公真迹　鶴山集 63/2b

跋楊文公書後　東坡題跋 4/17b

跋楊文公墨帖　後樂集 17/5a

跋宗上人所藏楊文公劉寶學朱文公三帖　後村集 109/11b

跋宗上人所藏楊文公劉寶學朱文公真迹　真西山集 36/12b

唐人書楊公史侍記跋　歐陽文忠集 142/17a

跋漢逸楊父帖　孫尚書集 54/5b

跋正言楊公帖　絜齋集 8/24b

跋寺丞楊公帖　絜齋集 8/25b

後漢楊公碑陰題名跋　歐陽文忠集 135/17b

跋隋齊國太夫人楊氏墓誌　金石録 22/10b

跋張伯子所藏兒（楊）安國五帖　誠齋集 100/5a

跋楊夷甫提刑等帖後　東觀餘論/下 76b

書龜山楊先生帖　勉齋集 22/10a

跋唐吏部当書楊仲昌碑　金石録 27/3a

跋漢沛相楊君碑　金石録 16/5a

跋漢高陽令楊君碑陰　金石録 18/9b

後漢楊君碑陰題名跋　歐陽文忠集 135/16a

後漢楊君碑陰題名跋　歐陽文忠集 135/16a

後漢沛相楊君碑跋　歐陽文忠集 135/14b
後漢繁陽令楊君碑跋　歐陽文忠集 135/15a
後漢高陽令楊君碑跋　歐陽文忠集 135/15b
後漢司隸楊君碑跋　歐陽文忠集 136/2a
跋漢益州太守楊宗墓闕銘　金石錄 19/5b
題楊東洲帖後　碧梧集 15/9b
跋楊忠襄與鄕人羅翁詩帖　益國文忠集 18/17b
　益公集 18/44b
跋唐武部尙書楊珣碑　金石錄 27/7a
題楊誠齋帖（1－2）　聚齋集 8/24a
書楊慈湖帖　北礀集 6/22a
跋唐贈左僕射楊達碑　金石錄 24/3b
太尉楊震碑並陰　廣川書跋 5/28a
後漢楊震碑陰題名跋　歐陽文忠集 135/14a
後漢楊震碑跋　歐陽文忠集 135/14a
題楊凝式書　豫章集 28/16b
題楊凝式詩碑　豫章集 28/16a
楊凝式題名跋　歐陽文忠集 143/10b
跋唐楊曆碑　金石錄 26/8b
書楊龜山帖後　朱文公集 82/15b
題晦翁書楊龜山贈胡文定詩後　杜清獻集 17/9b
買內翰帖　後村集 104/1a
跋唐洛州刺史買公清德頌　金石錄 25/2b
跋漢永樂少府賈君闕銘　金石錄 19/3b
跋賈忠肅書後　覃齋集 19/1a
跋宋魏賈思同碑　金石錄 21/9b
魏賈遠碑跋　歐陽文忠集 137/4a
李商老酬答詩帖　寶真齋 25/15b
書晦庵先生所書損益大象　勉齋集 22/2b
跋慎伯筠書　姑溪集 41/6b
吳正憲歲端帖　寶真齋 11/13b
虞允文梁克家拜相御筆跋　益國文忠集 14/7b
　益公集 14/105b
虞世南別帖　廣川書跋 7/3a
虞世南書經　海岳題跋 1/20a
跋虞仲房隸字　北礀集 7/2b
跋虞丞相帖　鶴山集 59/7b
題落星寺張于湖題字後　朱文公集/別 7/10a
唐有道先生葉公碑跋　歐陽文忠集 139/8a
跋葉雲曼示朱文公書軸　復齋集 10/21a
孝宗皇帝杜甫萬丈潭詩御書　寶真齋 3/13b
唐萬回神迹記碑跋　歐陽文忠集 139/15a
跋唐萬年宮碑陰題名　金石錄 24/2b

許文定萬里帖　寶真齋 18/13b
虞忠肅萬里帖　寶真齋 25/20b
代張太尉跋御書萬卷堂　松隱集 32/3b
萬歲通天帖　寶真齋 7/23a
米元章萬籟詩帖　寶真齋 20/6b
跋董安期帖　姑溪集 42/6b
跋董儲書（1－2）　東坡題跋 4/15b－16a
後漢敬仲碑跋　歐陽文忠集 136/15a
跋東魏敬君像頌　金石錄 21/10a
跋漢揚州刺史敬使君碑　金石錄 17/9a
遇仙記跋趙孟撰　八瓊金石補 107/22b
跋唐渭南令路公遺愛表　金石錄 27/8b
跋漢會稽東部都尉路君闕銘　金石錄 14/3a
園池記別本　廣川書跋 8/15b
嗣秀王伯圭免奉朝請并聖節批答　宋本攻媿集
　67/2a　攻媿集 69/2a
跋唐嵩陽觀紀聖德頌　金石錄 27/4a
唐李邕嵩嶽寺碑跋　歐陽文忠集 139/8b
跋蜀帖　魯齋集 12/10b
跋洛州圓上人母氏遺書　北礀集 7/11b
跋圓悟真迹　北礀集 7/8b
跋圓悟書　北礀集 7/8b
跋圓悟諸老墨迹　無文印集/語錄/圓 4a
跋東坡先生書圓覺經十一偈後　姑溪集 38/5b
跋趙清獻公愛直碑　龜山集 26/2a
隋鉗耳君清德頌跋　歐陽文忠集 138/6a
唐會昌投龍文跋　歐陽文忠集 142/9a
會食帖　益國文忠集 15/2b　益公集 15/118a
跋東坡所書雜帶箭大字帖　誠齋集 99/2b
晉王右軍稚恭進鎮帖　海岳題跋 1/14b
跋徑山鑒老寫傳燈錄後　九華集 20/11a
米元章催租詩帖　寶真齋 20/5b
黃魯直催綿詞帖　寶真齋 15/14b
蘇文定衢前至京湖口三帖　寶真齋 12/20a
顏魯公頊首夫人　海岳題跋 1/11b
跋唐解琬碑　金石錄 28/11b
跋了翁書溫公解禪偈　龜山集 26/10a
題了齋所書解禪偈後　默堂集 22/8a
跋鄰志新三帖　孫尙書集 54/11b
跋錄曹吳雍所藏鄰南谷書墨　文溪集 4/9b
鄰道鄰帖　後村集 104/8b
跋曾子開鄰道鄰帖　後村集 105/9a
跋鄰道鄰陳瑩中江明表帖　孫尙書集 54/12a

跋道鄉帖 龜山集 26/14a

跋鄭寧化府君帖 復齋集 10/30b

唐林夫經由還家二帖 寶真齋 11/10a

薛道祖經行詩帖 寶真齋 13/18b

跋趙振文經幢碑 宋本攻媿集 71/3b 攻媿集 73/3b

十 四 畫

論漢晉碑 東觀餘論/下 78b

漢章帝書 淮海集 35/1b

章帝書 廣川書跋 5/4a

跋漢隸 渭南集 27/1a

漢簡辨 東觀餘論/上 45a

漢魏吳晉人書 東觀餘論/上 3b

跋李仲覽所藏東坡滿庭芳法帖 相山集 27/6b

李西臺漕運帖 寶真齋 9/3b

跋傅夢良所藏山谷書漁父詩 宋本攻媿集 76/11b

攻媿集 72/9a

書玄真子漁父贈俞秀老 豫章集 26/18b

英宗皇帝寧字御漢體書 寶真齋 1/14b

褚遂良奉書寧帖 海岳題跋 1/22b

呂成公寬平通鑑伏老三帖 寶真齋 27/4a

跋寬居帖 魯齋集 12/9b

跋王岐公端午帖子 宋本攻媿集 73/21a 攻媿集 75/

20b

唐李邕端州石室記跋 歐陽文忠集 139/8b

題端信師帖 水心集 29/10b

齊月宇手卷跋至正辛卯 林屋稿/32a

書邵康節識子孫真迹後 朱文公集 83/16a

誨學帖 益國文忠集 15/2b 益公集 15/118a

跋歐陽文忠公誨學帖 益國文忠集 47/6a 益公集

47/6b

跋臨江軍廖節婦碑 益國文忠集 18/6b 益公集 18/

31a

碧落碑 廣川書跋 7/6b

別本碧落碑 廣川書跋 7/7a

跋唐碧落碑 金石錄 24/6b

跋唐左驍衛大將軍趙元禮碑 金石錄 26/6b

蔡忠惠趙氏神妙帖 寶真齋 9/21a

蔡忠惠趙氏風度帖 寶真齋 9/19a

跋趙正字士糅帖 北磵集 7/11b

跋宗室世態與教授周邵仲和帖 益國文忠集 16/

4a 益公集 16/137b

跋唐趙弘智碑 金石錄 24/5a

跋趙汝森帖 姑溪集 41/6b

跋漢圉令趙君碑 金石錄 18/6b

跋北齊贈司空趙奉碑 金石錄 22/9a

跋趙忠定公朱文公與林井伯帖 後村集 101/1b

後村題跋 3/1b

跋趙大資政所藏趙忠定公帖 宋本攻媿集 72/19b

攻媿集 74/17b

跋王顏之所藏趙忠定公帖 宋本攻媿集 73/20b

攻媿集 75/20a

跋陳君保作喆藏趙忠定公帖 曝軒集 10/10a

跋趙忠定公與游忠公仲鴻帖 鶴山集 61/14a

跋趙忠簡公帖 朱文公集 83/29a

再跋趙忠簡公帖 朱文公集 83/29b

跋趙忠簡公答魏侍郎手書 益國文忠集 17/12b

益公集 17/15a

跋趙忠簡公詩帖 耻堂稿 3/24a

跋趙忠獻王帖 後村集 103/7b

題趙侍郎公硯帖後 鶴山集 61/1a

跋趙侍郎粹中遺墨帖後 復齋集 10/24b

跋准寧趙使君橄張邦昌書稿 鄂峰錄 36/12a

趙彦球等題名(觳石魚) 八瓊金石補 83/30a

跋漢趙相劉衡碑 金石錄 18/5a

跋漢趙相雝府君碑 金石錄 19/3a

跋趙南塘洪平齋湯陶靜遺墨 後村集 108/3a

跋趙星渚帖 魯齋集 12/11a

跋北齊司空趙起碑 金石錄 22/8b

跋趙草巢帖 魯齋集 12/12b

趙時候題名(觳石魚) 八瓊金石補 83/38a

跋趙郡王墨迹 南澗稿 16/23a

跋趙清敏公墨迹 鶴山集 62/14a

趙清獻 宋本攻媿集 72/8a 攻媿集 74/5b

題趙清獻公三帖 益國文忠集 48/13b 益公集 48/

36b

題趙清獻公帖 益國文忠集 49/10b 益公集 49/49a

題趙清獻公帖 後村集 102/6a 後村題跋 4/6a

跋趙清獻公家問及文富帖跋語後 朱文公集

83/14b

跋趙清獻公遺帖 朱文公集 83/19a

趙清獻帖 後村集 103/13a

趙清獻帖跋 應齋雜著 4/6b

跋趙清獻帖與故人周尉之子六秀才帖 嵩山

集 18/33a

題趙康子父判院公遺帖後 客亭稿 7/20b

跋中書舍人趙莊叔字 益國文忠集 16/3a 益公集

16/136a

題跋四 法書碑帖 十三至十四畫 1801

趙善政題名　粤西金石畧 8/18b

題趙華閣帖　聚齋集 8/22b

書贈宗室景道　豫章集 25/18b

跋趙倧軒帖　魯齋集 12/12a

題趙鼎家光堯御筆　南軒集 33/3a

跋趙遠庵帖　魯齋集 11/6b

跋趙監簿帖　東塘集 19/23a

跋宗子從藏前輩帖　益國文忠集 16/8a　益公集 16/143a

跋趙德甫帖　宋本攻媿集 76/4a　攻媿集 78/4b

跋東坡趙德麟字說真迹　鶴山集 64/3a

跋趙德麟書　益國文忠集 16/14a　益公集 16/148b

跋趙韓王書後　東觀餘論/下 43b

米元章臨王獻之墓符帖　寶真齋 20/26a

跋御書所進嘉邵生辰詩　止齋集 41/2b

李公擇嘉裕帖　寶真齋 16/6a

高宗皇帝御筆臨王義之嘉興帖　寶真齋 3/7a

跋東坡書遠景樓賦後　豫章集 29/9a

題東坡遊遊庵銘二首　益國文忠集 15/11a　益公集 15/127b－128a

跋北齊赫連子悅清德頌　金石錄 22/9b

戲書赫蹏紙　東坡題跋 4/30b

書壽皇批答魏丞相奉使劄子　朱文公集 83/14a

魏文節遺書/附錄 40b

米元章壽時宰詞帖　寶真齋 20/11a

跋天童淨和尚壽無量墨迹　無文印集/語錄/題 2b

跋陳忠肅公岳山壽寧觀留題　鶴山集 63/1b

書熙寧六房分書後　洛水集 13/18a

米元章槐前竹後詩帖　寶真齋 20/6a

跋漢陽朔塥字　金石錄 14/2a

翁端朝輕利帖　寶真齋 21/15a

代跋御書醉醲詩團扇後　客亭稿 7/20a

跋魯直爲王晉卿小書爾雅　東坡題跋 4/29a

跋唐冠軍大將軍威懷亮碑　金石錄 26/8a

跋漢碣孔君神祠碑　金石錄 17/11a

題魯直營新柑帖　嵩山集 18/23a

題與王洋手書　益國文忠集 18/17a　益公集 18/44a

與吳世範帖　鴻慶集 32/7a

跋與法鏡帖　石門禪 27/11b

跋與徐林書　益國文忠集 17/17a　益公集 17/20a

跋真舍人所書與鄭景仁令尹　復齋集 10/24a

記與劉無言論書　東觀餘論/上 38

隋蒙州普光寺碑跋　歐陽文忠集 138/4b

題東坡醉中書對客醉眠詩　宋本攻媿集 69/15a　攻媿集 71/15a

唐裴大智碑跋　歐陽文忠集 139/9b

裴夫人誌跋　歐陽文忠集 143/10a

唐裴公紀德碣銘跋（1－2）　歐陽文忠集 140/10b－17b

跋唐贈兗州都督裴守真碑　金石錄 26/11b

唐裴光庭碑跋　歐陽文忠集 133/14b

裴如晦帖跋　歐陽文忠集 134/20a

跋唐興元節度裴玢碑　金石錄 29/6b

跋顏魯公書裴將軍詩　宋本攻媿集 76/3a　攻媿集 78/3a

跋唐右僕射裴遵慶碑　金石錄 28/8a

跋唐益州長史裴鏡民碑　金石錄 23/6a

跋唐右僕射裴耀卿碑　金石錄 29/5b

跋鍾蘇墓田丙舍帖　宋本攻媿集 69/14a　攻媿集 71/13b

米元章墓誌帖　寶真齋 20/11b

跋漢蒼頡廟人名　金石錄 15/8a

跋漢蒼頡廟碑　金石錄 16/12a

皇帝御筆賑濟詔書跋尾　梁溪集 161/7b

跋踰山砂路頌軸　無文印集 10/14a

右軍遠信帖　寶真齋 7/8a

代跋御書團扇後　客亭稿 7/19a

跋閩王帖　後村集 99/11a　後村題跋 2/14b

唐閩遷新社記跋（1－2）　歐陽文忠集 142/11a－11b

跋閣本法帖　樂靜集 9/6b

何君閣道碑跋　蜀藝文志 59/6a

猩骨帖　廣川書跋 6/14b

劉無言銅茶帖　寶真齋 25/8a

銀青制劄帖　寶真齋 28/7b

銀青潔白頌語　寶真齋 28/10a

唐舞陽侯祠堂碑跋　歐陽文忠集 139/17b

高宗皇帝舞劍賦御筆　寶真齋 2/12b

題權邦彥草書舞劍器行　益國文忠集 19/11b　益公集 19/62b

跋僧帖　渭南集 30/6b

龐莊敏魁柄帖　寶真齋 10/5b

米元章獄空行帖　寶真齋 19/24a

跋漢綏民校尉熊君碑　金石錄 18/8a

後漢熊君碑或　歐陽文忠集 136/17a

跋翟公異所藏石刻　豫章集 28/19a

跋御筆獎諭詔　鄂峰錄 36/1b

跋唐魏博田緒遺愛碑　金石錄 29/5b

跋爲琛師書維摩經　渭南集 29/5b

跋歐陽公與子綿衣帖　文山集 10/2b

跋山谷緑如贊真迹　北礀集 7/6a

十 五 畫

書潼川柳彦養墓碑陰　鶴山集 62/3a

跋樸庵潘公帖　魯齋集 12/4a

跋介嚴潘公帖　魯齋集 12/9b

題潘刑郎帖　水心集 29/22a

跋唐潘孝子頌　金石錄 28/3a

蘇文忠潘墨詩帖　寶真齋 12/13a

跋潘廎老帖　渭南集 29/11b

唐高宗書審行弘福帖　山谷題跋 9/1b

唐彦獻談奉得達二帖　寶真齋 10/18b

跋唐潛溪記　金石錄 30/7a

跋唐彦獻諸公帖　後村集 105/6b

跋諸名公翰墨　宋本攻媿集 68/11b 攻媿集 70/11b

高宗皇帝諸門手札御書　寶真齋 3/1a

汝州新刻諸帖辨　東觀餘論/上 52b

跋諸尊宿帖　北礀集 7/8a

跋諸賢帖王拱辰　楊安國　錢明逸　錢象先　刁約　李清臣　林希　鶴山集 61/13b

跋許右丞諸賢書　後村集 105/10a

題呂中岳所藏諸賢辨密賓帖後　杜清獻集 17/15b

論飛白法　東觀餘論/上 58b

跋文與可論草書後　東坡題跋 4/25a 丹淵集/附錄 15a

論書　東坡題跋 4/17a

論書　山谷題跋 7/1b

論書　栟櫚集 25/1b

論書(二則)　范成大佚著/14b

論書八篇示蘇顯道　東觀餘論/上 61a

論書六條　東觀餘論/上 64b

跋大滌翁論書帖後　東觀餘論/下 16b

跋東坡與林子中論賑濟帖　宋本攻媿集 69/2a　攻媿集 71/2a

論寫字法　山谷題跋 7/18a

論學書須視真迹(二則)　范成大佚著/145

論臨摹二法　東觀餘論/下 69b

跋瘞鶴銘　姑溪集 40/8a

瘞鶴銘　廣川書跋 6/25b

跋瘞鶴銘　渭南集 26/14b

跋瘞鶴銘　金石錄 30/8a

題瘞鶴銘後　豫章集 28/4b

跋瘞鶴銘後(1－2)　東觀餘論/下 72b

書黃學士瘞鶴銘後　廣川書跋 6/29a

瘞鶴銘跋(1－2)　歐陽文忠集 143/1a－1b

跋所書摩利支經後　東坡題跋 4/21a

跋山谷書摩詰詩　姑溪集 39/2b

題羅起宗廟食碑　益國文忠集 47/2b　益公集 47/3a

題榮容道家廟堂碑　豫章集 28/14a

題張福美家廟堂碑　豫章集 28/14b

題蔡致君家廟堂碑　豫章集 28/15a

慶都碑　廣川書跋 5/14b

題養正堂記並魯侯帖　益國文忠集 18/13b　益公集 18/39b

跋漕司㕔壁書白樂天養竹記　竹坡稿 3/7b

跋鄭大卿帖　魯齋集 12/5a

總跋鄭子善守諸帖　後村集 110/11b

鄭文振帖跋　魯齋集 12/14b

鄭介夫帖　後村集 104/12a

書鄭北山帖後　仁山集 3/19b

高宗皇帝御批鄭仲熊劄帖　寶真齋 3/11a

跋漢郎中鄭君碑　金石錄 15/4b

跋漢尉氏令鄭君碑　金石錄 18/4b

後漢郎中鄭固碑跋　歐陽文忠集 136/3b

跋鄭宣撫帖　朱文公集 83/13a

跋晉石將軍鄭烈碑　金石錄 20/6b

跋後魏大鴻臚卿鄭胤伯碑　金石錄 21/3b

跋後魏鄭羲上碑　金石錄 21/6b

跋後魏鄭羲碑　金石錄 21/5a

唐鄭權碑跋　歐陽文忠集 142/16b

跋瑩中帖　石門禪 27/15a

跋樗翁帖　無文印集 10/6a

高宗皇帝御批樞密院綱馬奏劄　寶真齋 3/10b

跋樓攻媿與王粹中諸詩墨迹　本堂集 46/7b

跋先太師(樓璹)與張檢詳帖　宋本攻媿集 73/17b　攻媿集 75/17a

劉無言暢川詩帖　寶真齋 25/9a

題六一先生九帖　益國文忠集 15/5b　益公集 15/121b

題六一先生手書後　益國文忠集 46/4a　益公集 46/113b

山谷書六一先生古賦　益國文忠集 51/4a　益公集 51/74a

題六一先生與王深甫帖　益國文忠集 15/5b　益公集 15/121b

家塾所刻六一先生墨迹跋十首　益國文忠集 15/ 跋歐陽率更帖　容齋題跋 2/1a
　2a　益公集 15/117b
題六一先生慰富文忠公書稿　益國文忠集 15/7b 跋歐陽率更書　姑溪集 42/2a
　益公集 15/123a 跋歐陽率更書　山谷題跋 8/9a
總跋自刻六一帖　益國文忠集 15/4a　益公集 15/119a 唐歐陽率更臨帖跋　歐陽文忠集 138/11b
跋劉景文歐公帖　東坡題跋 4/32a 唐歐陽琮碑跋　歐陽文忠集 140/5b
跋陳瑩中題朱表臣歐公帖　東坡題跋 4/34b 書歐陽彝世碑　益國文忠集 49/5a　益公集 49/42b
書歐公帖　巽齋集 19/6b 跋醉吟先生書　姑溪集 42/2a
題劉景文所收歐公書　東坡題跋 4/31b 跋唐醉吟先生傳并墓誌　金石錄 30/5a
跋歐陽文公帖　東塘集 19/13b 李伯時醉卧圖詩帖　寶真齋 18/1a
跋陳氏歐帖　東坡題跋 4/19b 跋山谷醉帖　南澗稿 16/25a
跋歐陽文忠公帖　毘陵集 11/7b 題醉草　東坡題跋 4/17a
跋歐陽文忠公帖　朱文公集 81/24a 跋范元卿所藏醉翁帖　益國文忠集 17/2a　益公集
跋歐陽文忠公帖　朱文公集 84/17a 　17/2b
歐陽文忠公帖　後村集 103/14a 醉筆　梁溪集 163/17a
跋歐陽文忠公書　東坡題跋 4/18b 撫州六詠　廣川書跋 8/14b
跋歐陽文忠公書　東坡題跋 4/39b 米元章賞心詩帖　寶真齋 20/10b
跋歐陽文忠公與裴如晦帖　益國文忠集 47/10a 跋唐駙馬都尉豆盧建碑　金石錄 27/4b
　益公集 47/11b 跋王晉卿所藏蓮華經　東坡題跋 4/29b
跋歐陽文忠公與劉侍讀帖　朱文公集 84/10a 題超道人蓮經　石門禪 25/6a
跋范元卿所藏歐陽公帖　南澗稿 16/24a 跋頂山阿兒刺血寫蓮經　北磵集 6/21b
跋歐陽公書　梁溪集 163/6a 摹畫贊　廣川書跋 8/3a
跋歐陽公與通判屯田等三帖　益國文忠集 17/8b 跋董體仁帖　益國文忠集 49/16b　益公集 49/55b
　益公集 17/10a 跋蔡子因詩書三首　石門禪 27/21a
跋歐陽公與張直講帖　宋本攻媿集 72/3b　攻媿集 書遺蔡充元　東坡題跋 6/21a
　75/3b 後漢稀長蔡君頌碑跋　歐陽文忠集 136/15b
跋歐公與劉原甫帖　宋本攻媿集 74/10a　攻媿集 76/ 蔡公十帖　後村集 107/4b
　9b 跋蔡公帖十二　後村集 105/4b
題歐陽帖　東坡題跋 4/32a 又蔡公書四軸　後村集 105/15a
跋歐陽家書　東坡題跋 4/18b 題蘇子美草章蔡君謨大書跋帖　益國文忠集 17/
跋歐王帖後　止齋集 41/4b 　17b　益公集 17/20b
跋歐蔡二公帖　後村集 107/4a 題蔡君謨帖　東坡題跋 4/13b
評楊氏所藏歐蔡書　東坡題跋 4/21a 跋蔡君謨帖　豫章集 29/18b
又跋歐蘇及諸貴公帖　益國文忠集 16/13a　益公集 跋蔡君謨帖　丹陽集 10/2a
　16/147b 跋蔡君謨帖　南澗稿 16/25a
歐陽通別帖　廣川書跋 7/9a 跋蔡君謨帖　容齋題跋 2/1b
歐陽通碑　廣川書跋 7/8a 跋蔡君謨帖　渭南集 26/14a
跋歐陽元老王觀復楊明叔簡後　豫章集 30/10b 跋君謨帖　姑溪集 41/3b
歐陽詢二帖　海岳題跋 1/23a 書蔡君謨帖後　筠溪集 21/14a
歐陽詢四帖　海岳題跋 1/20b 跋蔡君謨帖語　容齋題跋 2/2a
歐陽詢帖　廣川書跋 7/2a 題君謨草書(1-2)　蘇魏公集 72/10b-11a
歐陽詢郡陽帖　海岳題跋 1/21a 跋蔡君謨書　東坡題跋 4/27a
題歐率更書　山谷題跋 8/11b 論君謨書　東坡題跋 4/14a
跋歐率更臨帖　盤洲集 63/3b 跋君謨書　東坡題跋 4/15a

跋蔡君謨書　栟櫚集 20/1a

跋心老所藏蔡君謨書判　松隱集 32/8a

蔡君謨書跋尾　宗伯集 15/18b

跋蔡君謨書碑　容齋題跋 2/3b

跋君謨書賦　東坡題跋 4/15a

跋蔡君謨與唐詔帖　益國文忠集 49/4b　益公集 49/42a

題韓次玉家君謨真行草書　姑溪集 41/4a

題蔡忠惠公帖　益國文忠集 47/5a　益公集 47/5b

跋蔡忠惠公帖　誠齋集 100/3a

跋蔡忠惠帖　真西山集 36/6b

蔡忠惠帖　後村集 103/15a

跋郡中正己齋蔡忠惠帖後　復齋集 10/15a

蔡真人誌碑　真西山集 34/14a

跋蔡端明帖　朱文公集 82/25a

跋蔡端明帖　朱文公集 84/17a

跋蔡端明帖　南軒集 35/3a

蔡端明帖（1－2）　後村集 102/1b　後村題跋 4/1b－2a

蔡端明草書卷子跋　龜城集/9a

跋蔡端明遺建康杜君懿行草四帖　廣齋集 13/8b

跋蔡京庇寃元符末上書人詔草及考定邪正等　止齋集 42/3b

寫蔡明遠帖與李珍跋尾　豫章集 30/14b

跋蔡季通與子帖　雲莊集 7/10a

跋蔡神與絕筆　朱文公集 83/6b　牧堂集/附錄 1/44a

跋漢蔡湛碑陰　金石錄 17/9b

跋漢稿長蔡湛頌　金石錄 17/9b

跋蔡潮州予大父草書帖　丹陽集 10/2a

跋蔡確帖　宮教集 12/8a

跋平江蔣守帖代程覃山所　益國文忠集 81/3a　益公集 81/10a

跋漢平都侯相蔣君碑　金石錄 14/10b

跋陳光庭所藏蔣寶齋遺墨　文溪集 4/10b

跋丹淵墨竹詩帖　鶴山集 60/12a

跋米元章書儲子椿墨梅詩　姑溪集 39/7a

恭題賜帶御書　張華陽集 33/3b

恭題賜傅良宸翰　宋本攻媿集 67/4b　攻媿集 69/4b

跋東坡嘲巢三　山谷題跋 8/14b

閣中台星巖題名司馬池撰　蜀藝文志 64/2b

跋冀判院罷邑賀錢二帖　江湖集 31/2b

鍾蘇　淮海集 35/4a

魏鍾蘇書　山谷題跋 9/2a

跋漢巴郡太守樊君碑　金石錄 18/7a

樊常侍碑　廣川書跋 5/6b

跋後漢樊常侍碑　益國文忠集 47/1a　益公集 47/1a

後漢樊常侍碑跋　歐陽文忠集 136/3a

樊敏碑跋邱常撰　蜀藝文志 59/4b　蜀文輯存 31/8b

樊敏碑跋程勤撰　蜀藝文志 59/4b

跋李康年篆心經後　東坡題跋 4/24b

跋李伯時所藏篆戰文　豫章集 28/24a

書篆髓後　蘇東坡全集 23/16b　東坡題跋 4/40a

跋唐黎尊師碑　金石錄 24/8a

題樂平老人寓言手卷　牧萊睡語/二稿 8/5b

跋朱希真所書樂毅報燕王書　朱文公集 82/5a

跋樂毅論　姑溪集 40/8a

樂毅論　廣川書跋 6/12a

全文樂毅論　廣川書跋 6/12b

別本樂毅論　廣川書跋 6/13a

高紳樂毅論　廣川書跋 6/13b

跋樂毅論　渭南集 29/1b

跋陳伯子所藏樂毅論　渭南集 31/7a

題樂毅論　益國文忠集 46/6b　益公集 46/116b

題樂毅論　朱文公集 82/3b

跋舊石本樂毅論　朱文公集 84/10b

跋李公垂書樂毅論　宋本攻媿集 70/19b　攻媿集 72/17a

跋付官奴樂毅論　宋本攻媿集 74/7a　攻媿集 76/7a

跋樂毅論　後村集 110/9a

書文安余氏家集跋高宗臨樂毅論　石堂集 13/24b

晉樂毅論　金石錄 20/13b

書樂毅論後　蘇東坡全集 23/13a

題樂毅論後　豫章集 28/5a

晉樂毅論跋　歐陽文忠集 137/10a

御書樂毅論跋　益國文忠集 47/3b　益公集 47/4a

題徹公石刻　石門禪 25/27a

跋德仁書　張右史集 47/3a

跋衞夫人書　東坡題跋 4/6a

跋衞夫人書　東坡題跋 4/8a

裴行儉衞公帖　寶真贊 5/3b

題衞恒帖　東坡題跋 4/6a

衞恒往來帖　寶真贊 7/1a

唐率更令歐陽詢書衞靈公天寒鑿池帖　海岳題跋 1/6a

跋靜春先生劉子澄帖　鶴山集 64/1a

跋劉子澄曾祖帖 益國文忠集 16/2a 益公集 16/ 135b

跋劉子澄與朱魯叔帖 朱文公集 82/24b

跋漢太尉劉文饒碑後 東觀餘論/下 30a

跋唐劉元方勒 嵩山集 18/25a

跋劉元城帖 止齋集 41/10a

劉元城帖 後村集 104/8a

跋劉共甫與胡邦衡帖 益國文忠集 51/5a 益公集 51/76a

跋王子予外祖劉仲更墨述 山谷題跋 9/12b

跋劉仲馮與斯立宣德帖 益國文忠集 16/6b 益公集 16/140a

跋唐太子太傅劉河碑 金石錄 30/4b

跋劉孝述司馬温公帖 毗陵集 11/7b

跋所書劉辰告墓碑横石 益國文忠集 49/6a 益公集 49/44a

跋唐陝州刺史劉延景碑 金石錄 25/10b

跋唐起居郎劉君碑 金石錄 30/6b

後漢慎令劉君墓碑跋 歐陽文忠集 136/8b

刻劉宜翁五詩碑跋 龍雲集 29/10a

劉杉山 宋本攻媿集 72/6a 攻媿集 74/4a

跋劉杉山帖 宋本攻媿集 68/8a 攻媿集 70/7b

劉忠肅元費官制擬草跋 平齋集 10/16b

題劉忠肅公帖 五峰集 3/50b

觀劉忠肅手簡 平齋集 10/17a

跋劉忠肅丞相帖 益國文忠集 19/15a 益公集 19/ 66b

跋劉忠肅帖 後村集 103/12a

題劉忠肅和洗竹詩帖 平齋集 10/17a

劉忠肅遺龔輔之手啓跋 平齋集 10/16b

跋二劉帖 梅溪集/後 27/6b

跋劉季高與漂陽筆工顧綱帖 益國文忠集 16/10a 益公集 16/144b

跋東坡書劉禹錫詩 復齋集 10/33a

跋唐陳留尉劉飛造像記 金石錄 27/5b

書贈劉漸僧 東坡題跋 6/36a

跋朱丞相書劉高尚事跡 松隱集 33/3b

跋家藏劉病翁遺帖 朱文公集 84/18b 屏山集/遺帖 1a

劉原父帖跋 歐陽文忠集 134/19a

劉原父陳述古帖 後村集 102/4b 後村題跋 4/6a

又跋原父貢父仲馮帖 益國文忠集 16/5b 益公集 16/139a

跋劉敞侍讀帖 山谷題跋 8/9b

跋後魏鎮東將軍劉乾碑 金石錄 22/2b

跋劉御史述帖 鶴山集 61/12b

題劉陳二公與唐充之帖 文定集 11/5b

跋僞漢司徒劉雄碑 金石錄 20/10b

又劉統軍別本 廣川書跋 9/1b

劉統軍碑 廣川書跋 9/1a

跋唐劉統軍碑 金石錄 29/6a

劉意等題名（觀石魚） 八瓊金石補 83/23b

跋劉楊二先生帖 魯齋集 12/9a

跋劉殿院帖 斐然集 28/2a

跋漢太尉劉寬碑 金石錄 18/4a

跋漢劉寬碑陰 金石錄 18/4b

後漢太尉劉寬碑陰題名跋 歐陽文忠集 135/13a

後漢太尉劉寬碑跋 歐陽文忠集 135/12a

跋漢劉寬碑跋 歐陽文忠集 135/12a

跋漢酸棗令劉熊碑 金石錄 19/4a

跋劉靜春與南軒帖 真西山集 36/25b

題劉靜春與彭止堂帖併彭仲誠墨莊五詩後 真西山集 34/7b

跋劉器之帖 益國文忠集 18/2a 益公集 18/26b

跋尹耘師書劉隨州集 渭南集 26/4b

跋劉雜端奏議及司馬文正公帖 朱文公集 84/1b

光錄劉曜碑 廣川書跋 5/28b

跋漢光祿勳劉曜碑 金石錄 18/10b

後漢劉曜碑跋 歐陽文忠集 135/19a

跋漢司隸校尉魯峻碑 金石錄 16/9a

後漢魯峻碑跋 歐陽文忠集 136/10a

魯簡肅吳文肅宋次道帖 後村集 102/4a 後村題跋 4/5a

題了齋所書鄧功曹事 默堂集 22/9a

鄧艾碑 廣川書跋 6/22b

跋鄧艾碑 金石錄 20/11a

魏鄧艾碑跋 歐陽文忠集 137/4b

跋鄧慎思石刻 東坡題跋 1/28a

十 六 畫

仁宗皇帝濃風二字御書 寶真齋 1/11b

跋陳魯公所草新征詔 渭南集 29/12a

高宗皇帝親隨手札御書 寶真齋 2/22a

神宗皇帝龍宇御漢體書 寶真齋 1/15b

龍州免運糧夫碑跋 平齋集 10/10a

跋唐龍角山紀聖銘 金石錄 26/7a

跋唐龍門西龕石像銘 金石錄 27/3b

唐龍興七祖堂頌跋 歐陽文忠集 140/1a

唐龍興寺四絕碑首跋 歐陽文忠集 140/18b

唐龍興宮碧落碑跋 歐陽文忠集 138/15a

跋祖擇之龍學帖 鶴山集 59/10a

隋龍藏寺碑跋（1－2） 歐陽文忠集 138/1b－2a

唐辨正禪師塔院記跋 歐陽文忠集 141/9b

跋唐辨法師碑 金石錄 24/4a

唐辨法師碑跋 歐陽文忠集 138/12b

跋忠簡胡公先生諫草 誠齋集 100/7b

跋東坡諫疏草 渭南集 29/5b

跋張芸叟諫議字題 嵩山集 18/20a

跋朱文公所書諫議馬公詩 真西山集 38/14b

跋漢魯相晨謁孔子家文 金石錄 16/3a

劉忠肅侯謁帖 寶真齋 16/1a

磨崖碑 廣川書跋 8/1b

題祭吳忠烈公磨崖碑 北山集/叢書集成本 408

跋潘良貴侍郎磨鏡帖 歙帚稿 5/10a

跋吳禪國山碑 金石錄 20/5b

跋胡文靖公曾匡橄欖詩真迹 鶴山集 61/3a

橋太尉碑 廣川書跋 5/29b

跋頭陀寺碑 寶晉英光集/補遺 3a

跋張魏公愛居帖 魯齋集 11/3a

跋太宗皇帝御書曆子 東坡題跋 4/30b

跋東坡顏師聽琴水調及山谷帖 後村集 102/1a

後村題跋 4/1a

沈内翰敘達帖 後村集 104/1b

唐蔡有鄰盧舍那琅像碑跋 歐陽文忠集 139/18a

盧舍那碑 廣川書跋 7/14a

唐陝州盧奐廳事讚跋 歐陽文忠集 139/14a

跋唐盧懷慎碑 金石錄 26/3a

跋薛林帖 渭南集 29/11b

跋東坡默化堂三大字帖 盧齋集 13/9a

默成十一帖 魯齋集 9/3b

默成十八帖 魯齋集 9/3b

俞默翁察院浙求書俞梅軒遺老傳後 本堂集 14/7b

跋默堂先生帖 東塘集 19/22a

跋黔安書 石門禪 27/10a

論黔州時字 豫章集 29/16a

跋遺直碑 橫塘集 20/8b

題遺教經 東坡題跋 4/2a

跋錢君倚書遺教經 東坡題跋 4/20a

書章郇公寫遺教經 東坡題跋 4/20b

跋遺教經 姑溪集 41/5a

遺教經 廣川書跋 8/11a

跋楊文公書遺教經 漫塘集 24/5a

楊文公真筆遺教經 真西山集 35/18b

跋楊文公書遺教經 鶴山集 63/2a

跋楊文公手書遺教經 豪齋集 15/10a

遺教經跋 歐陽文忠集 143/3a

唐房太尉遺愛碑陰記跋 歐陽文忠集 141/8b

〔跋〕襄州興國寺碑 元豐稿 50/2b

跋隋興國寺碑陰 金石錄 22/10a

閻才元題名 八瓊金石補 108/20a

跋秦嶧山刻石 金石錄 13/6b

秦嶧山刻石跋 歐陽文忠集 134/18a

秦嶧山刻石跋作秦二世詔 歐陽文忠集 134/18b

嶧山銘 廣川書跋 4/16a

跋所書圓通偈 東坡題跋 4/39a

題錢夫人碑陰 水心集 29/18b

錢内翰帖 後村集 104/7b

跋錢氏書後 東觀餘論/下 27a

錢曲臺昆呈芸閣大臨蘇後湖岸 宋本攻媿集 72/7b

攻媿集 74/5a

高宗御批錢伯言奏跋 益國文忠集 19/17b 益公集 19/69b

跋蔣元宗所藏錢松窗詩帖 宋本攻媿集 73/17a

攻媿集 75/16b

跋錢忠懿王帖 後村集 103/6b

錢忠懿王書 宗伯集 15/19a

錢明逸張文潛 宋本攻媿集 72/5b 攻媿集 74/3b

蔣觀文錢唐天府二帖 寶真齋 18/19b

跋錢穆父帖 益國文忠集 19/20b 益公集 19/73b

書張子華所藏錢穆父孫莘老二帖 本堂集 46/6a

跋學生題名 金石錄 20/13b

後漢文翁學生題名跋 歐陽文忠集 135/10a 蜀藝文志 59/7a

書學記碑陰 道鄉集 31/9a

唐秘書少監慶世南積時帖 海岳題跋 1/10b

恭跋穆陵宸翰 後村集 110/20a

跋漢衛尉卿衡方碑 金石錄 16/5a

後漢衡方碑跋 歐陽文忠集 136/6b

跋漢浚儀令衡立碑 金石錄 18/10a

衡州門記 廣川書跋 8/18a

跋陳聞遠所藏了翁龜山元城帖 宋本攻媿集 69/6a 攻媿集 71/6a

跋龜山元城與黄御史鍰帖　竹坡稿 3/7a
跋獨孤延壽碑　益國文忠集 46/17a　益公集 46/128b
唐獨孤府君碑(1－2)　歐陽文忠集 139/9a
跋唐獨孤使君碑　金石録 23/8b
跋顔魯公壁間題　豫章集 30/4b
題費茂卿隨分二字　牟陵陽集 17/6b

十　七　畫

趙忠定濠梁帖　寶真贊 27/19b
賽陽山文跋　歐陽文忠集 143/13b
黄魯直蹇驟帖　寶真贊 15/8a
謝仙火跋　歐陽文忠集 143/8a
跋謝安石帖　寶晉英光集 7/8a　寶晉山林集 4/16b
跋謝君所收帖　方舟集 13/10a
晉謝奕謝安桓温三帖　海岳題跋 1/13a
跋謝師厚書　渭南集 29/14a
跋唐崔淙謝廣利方表　金石録 28/13a
徐浩謝賜書帖　寶真贊 5/7a
謝興甫等題名(觀石魚)　八瓊金石補 83/33a
題五代應順年堂檢臨本　益國文忠集 15/12a　益公集 15/129a
米元章曹子建應詔詩帖　寶真贊 19/20a
御書禮記經解石刻跋　益國文忠集 14/3b　益公集 14/101a
禮悤大禪師題名　山谷題跋 8/23b
跋范文正公環慶帖　絜齋集 8/19b
盩厔尉題名　廣川題跋 8/21a
唐盧頊禱聰明山記跋　歐陽文忠集 141/14b
隸分跋語　洪文敏集 8/11a
跋邵康節檢束二大字　朱文公集 83/24b
跋邵康節檢束二大字　鶴山集 63/11a
跋宋武帝檄譙縱文　金石録 20/14a
曾丞相臨平帖　寶真贊 25/22a
跋臨安府獄空獎諭詔碑　東塘集 19/5a
跋臨帖　渭南集 29/11a
跋北齊臨淮王像碑　金石録 22/7b
唐太宗書臨朝帖廢游甘泉帖　山谷題跋 9/1b
題韓子蒼帖　宫教集 12/7b
跋韓子蒼帖　牟陵陽集 16/1a
跋韓子蒼帖後　石門禪 27/22a
唐韓文公與顛師書跋　歐陽文忠集 141/13a
跋唐韓退之題名　金石録 29/4a
唐韓退之題名跋　歐陽文忠集 141/10a
跋坡公書韓詩　後村集 107/3a
跋東坡書西漢韓王信贊(闕文)　益國文忠集 19/15b
跋韓初堂帖　魯齋集 12/12a
書韓忠獻王帖　益國文忠集 19/2a　益公集 19/51a
跋韓忠獻王帖　益國文忠集 17/2b　益公集 17/3a
跋韓忠獻帖　渭南集 29/15b
跋韓忠獻范文正歐文忠與尹師魯帖　益國文忠集 51/8a　益公集 51/79a
題韓忠獻詩杜正獻草書　豫章集 26/8b
跋韓忠獻魏王帖　東塘集 19/17b
韓南陽宋宣獻文潞公　宋本攻媿集 72/8a　攻媿集 74/6a
跋韓魏王與包孝肅公帖　益國文忠集 15/9b　益公集 15/125b
跋韓魏王與歐公帖　宋本攻媿集 74/10b　攻媿集 76/10a
跋韓魏公帖　後村集 103/9a
爲陸伯思跋韓魏公范文正公書後　道鄉集 32/5a
跋韓魏公與尹師魯帖　宋本攻媿集 69/5a　攻媿集 71/5a
跋韓魏公與歐陽文忠公帖　朱文公集 84/12a
跋洪慶善所藏本朝韓范諸公帖　丹陽集 10/1b
題韓尚書帖　水心集 29/10b
韓門下帖　後村集 103/13b
韓明府碑　廣川書跋 5/6a
跋韓持國帖　鶴山集 61/6b
恭跋思陵書韓翃詩　後村集 108/10b
跋東園方氏韓致光帖　後村集 102/8b　後村題跋 4/9a
題楊慈湖所書韓貫道墓銘後　鶴山集 65/5a
韓擇木八分　海岳題跋 1/9b
隋韓擒虎碑跋　歐陽文忠集 138/3b
書贈韓瓊秀才　豫章集 25/23a　宋文鑑 131/10b
唐磻溪廟記跋　歐陽文忠集 142/14b
跋劉次莊戲魚記後摹本　東觀餘論/下 8a
跋所書戲答陳元輿詩　山谷題跋 8/18b
王獻之書薄冷沈痾帖　山谷題跋 9/6b
跋羅樞密薦士帖　漫塘集 24/3b
題陳襄薦士狀草並手詔及本傳後　程北山集 16/17b
跋史太師答范參政薦崔宫教帖　宋本攻媿集 74/1a　攻媿集 76/1a
書薦福咸淳免經界碑陰　無文印集 10/13a
跋司馬文正公薦賢帖　朱文公集 83/20a

跋荊公薦醫生德餘奏草　姑溪集 41/2a

跋唐國子助教薛公達墓誌　金石錄 29/4b

唐薛仁貴碑跋　歐陽文忠集 139/2b

跋唐司徒薛平碑　金石錄 30/6a

跋唐薛收碑　金石錄 24/3a

跋漢益州刺史薛君巴郡太守劉君碑　金石錄 19/5b

跋漢平輿薛君碑　金石錄 15/9a

跋金卿長薛君頌　金石錄 20/11b

唐左常侍薛苹碑　金石錄 29/7a

唐薛稷書跋　歐陽文忠集 138/13b

薛稷雜碑　廣川書跋 7/3b

跋薛謀議曾都官帖　誠齋集 99/1a

跋鍾虔二帖後摹本　東觀餘論/下 8b

魏鍾繇表跋（1－2）　歐陽文忠集 137/2a－3a

題鍾繇帖　朱文公集 82/4a

跋儲子椿藏書帖　姑溪集 42/3a

朱文公儲議帖　寶真齋 27/12b

徽宗皇帝御製冬祀詩御書　寶真齋 2/6a

徽宗皇帝秋賦御書　寶真齋 2/3b

跋趙通所受徽宗皇帝御筆　咸淳稿 3/21a

徽宗皇帝詩聯扇面御書　寶真齋 2/3a

徽宗皇帝傳旨御批　寶真齋 2/9b

徽宗皇帝諸閣支降御筆　寶真齋 2/7b

徽宗皇帝臨右軍蘭亭序御書　寶真齋 2/1a

跋徽宗宸翰（1－3）　後村集 103/1b

跋鮮于子駿帖　鶴山集 59/11a

跋唐京兆尹鮮于仲通碑　金石錄 27/10a

跋東坡獲鬼章告裕陵文真迹　鶴山集 60/11a

跋東坡獲鬼章告廟文　宋本攻媿集 76/7a　攻媿集 78/7a

米元章獲硯帖　寶真齋 19/17b

又跋于湖書總得與廟堂札稿　竹坡稿 3/4b

跋繆篆後　山谷題跋 8/9b

跋唐彌陀和尚碑　金石錄 29/5b

唐南嶽彌陀和尚碑跋　歐陽文忠集 141/15b

跋荊公書彌勒偈　南澗稿 16/25a

跋唐慧義寺彌勒像碑　金石錄 27/10b

唐石壁寺鐵彌勒像頌跋　歐陽文忠集 139/16a

唐徐浩玄隱塔銘跋　歐陽文忠集 140/1b

十 八 畫

跋蔡京自書寃禱元符黨人詔草　宋本攻媿集 69/

2b　攻媿集 71/2b

唐顏氏家廟碑跋　歐陽文忠集 140/9b

題顏長道書　東坡題跋 4/28b

顏頤仲鍾震題名　粵西金石畧 12/12a

跋顏平原帖　寶晉英光集/補編 2/12a

唐顏魯公法帖跋　歐陽文忠集 140/11b

題顏魯公帖　豫章集 28/17b

跋顏魯公帖　毘陵集 11/7a

跋顏魯公帖　容齋題跋 2/4a

顏魯公帖一軸五幅　海岳題跋 1/23b

唐顏魯公帖跋　歐陽文忠集 140/11a

跋顏魯公書　益國文忠集 49/6b　益公集 49/44a

唐太師顏魯公書名兩字　海岳題跋 1/9b

跋陳伯比所收顏魯公書後　鶴肋集 33/17b

唐顏魯公書殘碑跋（1－2）　歐陽文忠集 140/9b－10a

跋顏魯公與柳冕帖　梁溪集 163/10a

跋唐顏魯公與郭僕射書　金石錄 26/9b

書顏魯公遺帖後　浣山集 35/5b

書顏魯公題名跋（1－2）　歐陽文忠集 140/2a－2b

跋黃承議宗謂所藏文潞公劉莘老韓師朴諸公

題顏魯公懷素書　益國文忠集 16/4a　益公集 16/137a

題魯公帖　東坡題跋 4/9b

跋魯公帖（1－2）　姑溪集 40/7a－7b

題魯公書草　東坡題跋 4/10b

跋魯公與李冑並林文節公與其祖帖　丹陽集 10/2b

跋魯公題記後　姑溪集 40/7b

跋顏書　寶晉英光集/補遺 5b

跋唐顏呆卿碑　金石錄 29/3a

顏泉記　廣川書跋 10/9b

跋富平尉顏喬卿碣　金石錄 28/3b

唐顏勤禮神道碑跋　歐陽文忠集 140/8a

跋唐顏勤禮碑　金石錄 28/9a

跋唐顏默殘碑　金石錄 28/9a

曾宣靖類見帖　寶真齋 10/19b

雜帖　東觀餘論/上 11b

雜書　山谷題跋 7/3a

雜評　東坡題跋 4/22a

跋喻子才爲汪養源書李元中鞠城銘　誠齋集 100/6b

右軍轉勝帖　寶真齋 7/14a

薛道祖鵓鳩帖　寶真齋 13/7a

跋王罕所收藏真書　東坡題跋 4/9a
跋藏真書後　東觀餘論/下 17b
跋藏真書後　東觀餘論/下 26b
跋江南藏真書後　東觀餘論/下 44a
跋莫用之書藏經　苕溪集 27/4b
高宗皇帝霍龍手札御書　寶真齋 3/1b
書魏少申譽仲碑陰　鶴山集 64/8b
高宗皇帝御筆臨王操之舊京帖　寶真齋 3/7b
王操之舊京帖　寶真齋 4/4b
跋舊書詩卷　豫章集 29/16a
書舊詩與洪龜父跋其後　豫章集 30/15b
書楊次淵之父所藏舊遊諸公手簡後　東萊集 7/1a
跋舊與辨才書　東坡題跋 4/34a
跋舊潭帖　後村集 102/15a　後村題跋 4/19b
跋御草書舊學二字　鄱峰錄 36/8b
跋御真書舊學二字　鄱峰錄 36/9a
跋晏司法族人舊學二字　黃氏日鈔 91/11b
蕭子雲別帖　廣川書跋 6/30b
題蕭子雲帖　東坡題跋 4/3b
題蕭子雲書　東坡題跋 4/6b
蘇文忠蕭丞相模二詩帖　寶真齋 12/17b
跋蕭省元書軸　可齋稿/續前 5/19a
懷素書蕭常侍日下三帖　海岳題跋 1/23a
跋蕭御史殿試真卷　益國文忠集 48/5a　益公集 48/ 27a
題蕭楚公帖　益國文忠集 46/5a　益公集 46/114b
跋三蕭碑後　東觀餘論/下 33a
跋唐蕭瓘碑　金石錄 26/8a
徐浩題經　廣川書跋 8/8a
呂居仁瞻仰收召二帖　寶真齋 25/13b
跋楊少師書述年譜後　東觀餘論/下 57b
齊鎮國大銘像碑跋　歐陽文忠集 137/13a
陳參政簡易帖　寶真齋 23/20a
跋簡齋帖　江湖集 31/8a
跋魏人饗碑　金石錄 20/2b
跋唐重立魏大饗碑附　金石錄 20/2b
跋魏王書帖　初僚集 7/43a
再跋魏王書帖　初僚集 7/43a
跋壽皇御批魏杞講和時奉使奏劄　益國文忠集 19/14b　益公集 19/66a
跋漢涼州刺史魏君碑　金石錄 17/10b
跋李西臺臨魏晉帖　東塘集 19/18b

哲宗皇帝御書魏野詩聯帖　寶真齋 1/16b
書杜子美魏將軍歌贈王周士　梁溪集 162/9a
唐魏戴墓誌銘跋　歐陽文忠集 139/1a
跋東魏魏蘭根碑　金石錄 21/9b
跋山谷猩猩毛筆雙井茶詩(闕文)　益國文忠集 16/ 15b
徐鉉雙溪院記跋　歐陽文忠集 143/11a
光宗皇帝夏珠雙頭牡丹賦御書　寶真齋 3/18a
題所書歸去來詞後　東坡題跋 4/33a
書歸去來詞贈契順　東坡題跋 4/35b
東坡書歸去來辭　真西山集 34/20a
邵陳篆歸去來辭帖　寶真齋 10/2a
陳僧智永真草書歸田賦　海岳題跋 1/5b
陳僧智永歸田賦帖　寶真齋 4/9b
題懷素歸田賦跋　畫墁集 5/4b
蘇文忠歸額帖　寶真齋 12/9a

十九畫

顏魯公書韻海　海岳題跋 1/20b
跋漢小黃門譙君碑後　東觀餘論/下 11b
後漢小黃門譙君碑跋　歐陽文忠集 136/17a
跋證覺長懺觀堂舍田檀越名氏碑　北礀集 7/ 17b
龐恭孫等題名(觀石魚)　八瓊金石補 83/20b
題龐莊敏公帖　益國文忠集 15/15b　益公集 15/133a
朱文公離騷經　寶真齋 27/10b
跋太虛辨才廬山題名　東坡題跋 6/20a
廬陵王銘　廣川書跋 6/23b
跋麗澤諸友帖　魯齋集 12/5b
跋階願力寺舍利寶塔函銘　金石錄 22/11a
懷素　淮海集 35/4b
懷素三帖　海岳題跋 1/16b
懷素自序　海岳題跋 1/17a
唐僧懷素自序　海岳題跋 1/19b
懷素別本帖　廣川書跋 8/8b
唐僧懷素法帖跋　歐陽文忠集 141/2a
跋懷素帖　東坡題跋 4/11b
跋懷素帖　姑溪集 41/7b
跋僧懷素帖　攻文集 13/13a
跋懷素帖　昆陵集 11/7a
刻懷素帖並題跋贈歌記　八瓊金石補 107/12b
跋懷素草書　後村集 110/9b
懷素詩一首　海岳題跋 1/12a

范參政書懷詩帖 寶真齋 26/13b
王導懷感帖 寶真齋 7/2b
跋溫公輔座銘稿 南軒集 34/3a
蘇文忠藥方帖 寶真齋 12/12a
跋荊公所書藥方後(1－2) 姑溪集 41/1b
書藥說遺族弟友諒 豫章集 25/12b
書贈宗人銘 東坡題跋 4/30a
書贈俞清老 豫章集 25/20a
書贈晁師 豫章集 30/16b
宗忠簡贈陳秀才詩帖 寶真齋 22/12b
林文節贈買收詩稿二詩帖 寶真齋 17/13a
葛文定關外帖 寶真齋 27/10a
跋羅天文墨迹 誠齋集 100/6a
爲李文叔書羅池碑 廣川書跋 9/8a
爲陳中王書羅池碑 廣川書跋 9/8b
羅池廟碑 廣川書跋 9/7b
書韓退之羅池廟碑後 太倉集 66/11b
唐韓愈羅池廟碑跋 歐陽文忠集 141/11b
蘇文忠羅漢偈帖 寶真齋 12/18b
御批辭免内翰不允並詔書跋 益國文忠集 14/11a
益公集 14/110b
御批辭免吏尚兼承旨等奏跋 益國文忠集 14/13b
益公集 14/113b
内批辭免吏部尚書兼學士承旨兩奏跋 益國
文忠集 14/13a 益公集 14/112b
御批辭免兵部侍郎不允奏跋 益國文忠集 14/10a
益公集 14/109a
内批辭免辛秘書省轉官不允奏並詔書跋 益
國文忠集 14/11b 益公集 14/111a
内批辭免東宮講禮記徽章轉官奏跋 益國文
忠集 14/12b 益公集 14/112b
内批辭免侍讀不允奏跋 益國文忠集 14/10a 益
公集 14/109b
内批辭免春官兼翰苑不允奏並詔書跋 益國
文忠集 14/12a 益公集 14/111b
御批辭免兼太子詹事降詔不允奏跋 益國文
忠集 14/10b 益公集 14/109b
内批辭免經修太上日曆轉官不允奏跋 益國
文忠集 14/11a 益公集 14/110a
内批辭免經修乾道日曆轉官不允奏跋 益國
文忠集 14/12b 益公集 14/112a
東坡辭承旨乞郡奏稿跋 後村集 99/12a 後村題
跋 2/16a
跋東郡繹山碑 魯齋集 12/15a
跋北齊隴東王感孝頌 金石錄 22/6b

二 十 畫

題所書寶月塔銘 東坡題跋 4/37a
米元章寶月觀詩帖 寶真齋 20/2b
徐浩寶林寺詩 廣川書跋 8/6a
跋蘇子美寶奎頌帖 東塘集 19/17b
題蘇子美寶奎殿頌帖 益國文忠集 17/18a 益公集
17/21a
寶晉小楷跋 魯齋集 11/3b
跋寶晉帖 張華陽集 33/8a
跋司馬家薛紹彭臨寶章帖 獨醒集 10/12b
寶章集 廣川書跋 10/10b
爲邵仲參書寶章集 廣川書跋 10/11b
周文忠寶春帖 寶真齋 26/15a
跋寶篆經後 東觀餘論/下 25b
趙伯山寶練帖 寶真齋 22/4a
跋唐司空寶抗墓誌 金石錄 23/2a
跋隋衛尉卿寶慶墓誌 金石錄 23/4b
跋唐司元太常伯寶德元碑 金石錄 24/5b
書范文正公書寶謀議事迹後 太倉集 66/9b
唐濠州勸民栽桑勒碑跋 歐陽文忠集 142/11a
跋蘇太古書 魯齋集 13/11b
跋蘇才翁二帖 後村集 110/5b
蘇才翁帖 後村集 104/9a
題蘇才翁草書 東坡題跋 4/32b
跋尤氏家藏蘇子美帖 山房集 5/8a
跋蘇子美帖 後村集 99/10a 後村題跋 2/13b
蘇子美帖臨本 益國文忠集 15/14b 益公集 15/131b
蘇子美書跋尾 宗伯集 15/18b
子美帖 後村集 104/9a
跋蘇滄浪二詩真迹 魯齋集 11/7b
跋柳書蘇夫人墓誌 渭南集 31/5a
跋蘇氏書後 東觀餘論/下 19b
跋蘇氏篆後 東觀餘論/下 19a
跋蘇氏遺迹後 東觀餘論/下 19a
王獻之蘇氏寶帖 寶真齋 4/2a
跋蘇石帖 益國文忠集 17/16b 益公集 17/19b
跋蘇丞相手澤 渭南集 30/3b
書蘇相國書後 山谷題跋 7/17b
跋蘇魏公所臨閣帖 宋本攻媿集 69/21b 攻媿集
71/21a
跋蘇魏公帖 後村集 108/12a
跋漢河南尹蘇府君碑額 金石錄 19/6b

跋蘇聘君庠帖 朱文公集 81/26b

跋周德友所藏蘇養直詩帖 益國文忠集 16/1b 益公集 16/134b

蘇養直詩帖跋尾六篇 蘆川集 9/15b

書蘇養直與陳彥育帖後 太倉集 66/6b

跋老蘇書帖 螺雲集 4/28b

跋先君(蘇洵)書送吳職方引 東坡題跋 4/26b

跋先君(蘇洵)與孫叔靜帖並書 東坡題跋 4/26a

御書蘇軾和唐人惠山泉詩跋 益國文忠集 14/9a 益公集 14/108a

論子瞻書體 山谷題跋 7/13a

題子瞻與王宣義書後 山谷題跋 7/8a

書子瞻寫詩卷後 山谷題跋 7/11b

跋蘇文忠公帖(1-2) 東塘集 19/14a

蘇文忠公帖 後村集 104/2b

跋蘇文忠墨迹 鶴山集 60/4a

題蘇東坡帖 文定集 11/2b

跋蘇東坡與臣濟帖 新安文獻 11/3a

題東坡大字 山谷題跋 8/4b

題歐陽伯夫所收東坡大字卷尾 豫章集 29/6b

題東坡小字兩軸卷尾 豫章集 29/7a

跋東坡小草 梁溪集 163/7a

跋東坡代張文定上疏草 渭南集 29/6a

跋汪達所藏東坡字 益國文忠集 50/5b 益公集 50/62a

題東坡字後 豫章集 29/3b 蜀藝文志 59/10b

跋東坡先生書王履道壁 蜀藝文志 59/10a

跋東坡先生墨迹帖 定齋集 13/3a

書東坡先生贈孫君剛說後 張右史集 48/11a

跋東坡自書所賦詩 山谷題跋 9/21b

跋東坡帖 姑溪集 38/3b

題東坡帖 嵩山集 18/25b

題周景夏所藏東坡帖二 嵩山集 18/32b

跋東坡帖 襄陵集 10/10b

跋東坡帖 北山集 16/3b

跋中和院東坡帖 渭南集 27/1a 蜀藝文志 59/11a

跋東坡帖 渭南集 28/6b

跋東坡帖 渭南集 28/3a

跋東坡帖 益國文忠集 17/9a 益公集 17/11a

跋楊深父家藏東坡帖 朱文公集 83/6a

跋東坡帖 朱文公集 84/17a

跋周司令所藏東坡帖 朱文公集 84/27b

跋東坡帖(1-2) 南軒集 35/2a-2b

跋沈智甫所藏東坡帖 宋本攻媿集 72/3a 攻媿集 74/1a

跋楊叔禹所藏東坡帖 宋本攻媿集 75/15b 攻媿集 77/15a

題楊省元泓所藏東坡帖 絜齋集 8/20a

跋林叔全所藏東坡帖 絜齋集 8/20a

跋公安張氏所藏東坡帖 鶴山集 63/15a

跋趙安慶所藏東坡帖 鶴山集 64/7b

跋東坡帖 本堂集 44/5b

跋東坡帖(1-2) 牟陵陽集 17/9a

跋東坡帖六紙 南澗稿 16/25b

跋東坡帖後 豫章集 29/7b

跋東坡海外三帖 北磵集 7/7b

跋東坡真蹟 樂靜集 9/8a

跋東坡書 豫章集 29/5b

跋東坡書 梁溪集 163/5b

跋東坡書 文定集 11/3b

東坡書卷 張右史集 48/10b

跋東坡書帖後 豫章集 29/8a

書摹揭東坡書後 豫章集 29/9b

跋東坡書簡 石門禪 27/7b

跋東坡書髓 渭南集 29/13a 蜀藝文志 59/12b

題東坡晚年手帖 益國文忠集 49/2b 益公集 49/40a

東坡惠州帖跋 蜀文輯存 95/15a

題東坡試裘紹先筆借登真隱訣 嵩山集 18/23b

跋東坡詩帖 益國文忠集 19/13b 益公集 19/65a

跋東坡詩草 渭南集 27/4a 蜀藝文志 59/12a

書東坡與元明帖後 性善稿 15/8b

跋東坡與杜子師書 姑溪集 38/1b

跋東坡與李商老帖 豫章集 29/8a

題東坡與佛印元師二帖 益國文忠集 15/10b 益公集 15/127a

跋東坡與佛印帖 石門禪 27/6a

跋東坡與宗人帖 宋本攻媿集 72/21a 攻媿集 74/18b

跋東坡與林子中帖 朱文公集 82/1a

再跋東坡與林子中帖 朱文公集 82/1a

跋汪聖錫家藏東坡與林希論浙西賑濟三帖 益國文忠集 17/6b 益公集 17/7b

跋東坡與秦太虛帖 宋本攻媿集 74/10b 攻媿集 76/10b

跋東坡與荊公帖 石門禪 27/6b

跋東坡與章子厚書 止齋集 42/1b

跋東坡與張近帖 益國文忠集 48/14a 益公集 48/

37b

跋東坡與趙夢得帖 益國文忠集 16/17a 益公集 16/152b

跋東坡與趙德麟字說帖 朱文公集 82/15a

跋東坡與歐陽叔弼兄弟帖 宋本攻媿集 69/2a 攻媿集 71/2a

跋東坡與歐陽稟帖 後村集 99/10b 後村題跋 2/13b

跋東坡與蘇丞相頌五帖 盧齋集 13/8b

跋劉倅所藏東坡論兵書後 昌谷集 17/10a

東坡潁州詩 益國文忠集 51/3a 益公集 51/73a

跋東坡墨帖 蘆川集 9/14b

跋東坡墨迹 豫章集 29/6a 蜀藝文志 59/10b

題陳季陵所藏東坡墨迹 南澗稿 16/25b

跋東坡墨迹 范成大佚著/142

題蘇季真家所藏東坡墨迹三首 益國文忠集 18/8b 益公集 18/34a

跋番陽董氏所藏東坡墨迹 鶴山集 63/12a

跋東坡墨迹 後村集 99/11a 後村集跋 2/15a

跋東坡緘誨 石門禪 27/7b

跋東坡辭免中書舍人稿真迹 鶴山集 60/12a

跋東坡贊孔北海真迹 巽齋集 20/10b

坡二帖 後村集 107/5a

跋周卿所藏坡帖 牟陵陽集 17/2b

張安國書坡詩帖 寶真齋 26/7a

跋蘇氏帖 鶴山集 60/4b

跋蘇帖 方舟集 13/9a

書郭器先所藏蘇帖後 曾雲莊集 4/25b

題自作字 東坡題跋 4/38a

自評字 東坡題跋 4/30b

書所作字後 東坡題跋 4/12b

跋所贈曇秀書 東坡題跋 4/36b

書舟中作字 東坡題跋 4/38b

記與君謨論書 東坡題跋 4/27a

記潘延之評予書 東坡題跋 4/23b

書贈王文甫 東坡題跋 4/23a

書贈古氏 東坡題跋 6/38b

蘇翁二帖 後村集 102/4b 後村題跋 4/5b

書先公(蘇軾)字後 斜川集 6/28a

題瑞安宰董熄出蘇黃二帖後 水心集 29/24a

跋蘇黃小米帖 後村集 105/7b

跋蘇黃留題 拙齋集 20/8b

跋蘇黃陳書 姑溪集 38/5a

跋蘇黃棠賢帖 姑溪集 38/5a

跋黃氏所藏東坡山谷二張帖 宋本攻媿集 71/11a

攻媿集 73/10b

跋東坡山谷帖二首 石門禪 27/5a

跋東坡山谷墨迹 石門禪 27/12b

跋坡谷帖 渭南集 31/8b

跋蘇子由與順老帖 石門禪 27/17a

題蘇文定公批答二稿 益國文忠集 15/9a 益公集 15/125a

跋蘇文定公帖 鶴山集 62/14b

跋蘇黃門帖 蘆川集 9/8b

跋蘇黃門帖 宋本攻媿集 69/19a 攻媿集 71/19a

跋喻仲遷所藏蘇黃門翰林韶草答韓儀公辭免同知樞密院劄 益國文忠集 18/3a 益公集 18/27b

跋二蘇帖 盧溪集 49/2b

跋任起伯家藏二蘇遺迹 朱文公集 82/12a

跋三蘇帖 牟陵陽集 17/3a

跋蘇公父子墨迹 南澗稿 16/26a

跋斜川(蘇過)帖 鶴山集 62/14b

跋蘇庭藻隸書後二篇 蘆川集 9/21a

跋蘇愚翁帖 魯齋集 12/12b

胡巳茂鸞章帖 寶真齋 25/1b

跋嚴太常帖 北磵集 7/5a

跋朱文公書嚴光書 復齋集 10/22a

跋蘇伯成墨迹 梅溪集後 27/8b

跋御書唐人嚴武詩二十八言 鶴山集 65/4a

跋唐嚴浚碑 金石錄 28/2b

跋張叔元所藏山谷覓民帖 張華陽集 33/7a

黃魯直覓民讀書帖 寶真齋 15/3a

蘇文忠柳子厚覓裘詩帖 寶真齋 12/11a

跋趙浮圖澄造釋迦像碑 金石錄 20/12a

跋籍田邵石刻代淮西賈茂德 相山集 27/7a

二十一畫

唐鶺鴒頌跋 歐陽文忠集 139/14a

辯法師碑 廣川書跋 7/5b

唐婺州都督府記跋 歐陽文忠集 142/16b 蜀藝文志 59/6b

跋唐弘文館學士顧君墓誌 金石錄 24/6a

跋御書鶴山書院四大字 鶴山集 65/3b

汪彦章譽望求賢薦書三帖 寶真齋 25/6a

跋修禊序 益國文忠集 50/4b 益公集 50/61a

恭題宇文紹節所藏徽宗御書修禊序 宋本攻媿集 67/12a 攻媿集 69/11b

跋鍾繇力命表定武修禊序 宋本攻媿集 68/1a 攻媿集 70/1a

跋王伯長定武修褉序　宋本攻媿集 71/4b　攻媿集 73/4b

跋黃子耕定武修褉序　宋本攻媿集 73/14a　攻媿集 75/13b

跋淳化本修褉序　宋本攻媿集 74/7b　攻媿集 76/7a

書伊川先生修褉序帖　尹和靖集 4/6b

題修褉帖　益國文忠集 15/15a　益公集 15/132a

跋撫州游祖武褉帖　益國文忠集 48/1b　益公集 48/22b

跋林竹溪褉帖（1－3）　後村集 102/9b－10a　後村題跋 4/12a

跋虛齋三褉帖　後村集 104/17a

跋褉帖　後村集 110/8b

跋右軍褉帖　後村集 111/5b

跋蘭亭　豫章集 28/3a

又跋蘭亭　豫章集 28/3b

題唐本蘭亭　山谷題跋 3/5a

成都蘭亭　廣川書跋 6/9a

跋毛仲益所藏蘭亭　渭南集 28/11a

跋童壽卿所藏蘭亭　紹刀編 30/3b

題君謨臨蘭亭　復齋集 10/7b

跋徐平父所藏蘭亭二帖　盧齋集 13/18a

跋蘭亭八首　尤榮溪稿 2/9b

跋蘭亭序　鶴助集 33/23b

蘭亭序　廣川書跋 6/8b

跋蘭亭序　渭南集 29/1a

跋韓立道所藏蘭亭序　渭南集 30/10a

吳江張清甫以趙子昂所書蘭亭序洛神賦歸去來辭三手卷求余跋遂書其後　林屋稿/27a

跋錢勝夫蘭亭序後　盧溪集 48/2b

跋向文剛蘭亭序後　盧溪集 48/2b

范文度模本蘭亭序跋　歐陽文忠集 137/9a－10a

跋蘇舍人題臨蘭亭序詩　益國文忠集 17/7a　益公集 17/8a

跋劉仲威蘭亭敘　益國文忠集 16/1a　益公集 16/134a

題蘭亭敘　朱文公集 82/3b

跋蘭亭敘　朱文公集 84/30a

馮承素蘭亭敘帖　寶真齋 7/4a

吳通微臨蘭亭敘帖　寶真齋 7/6b

書蘭亭敘後　淮海集 35/6a

跋褚摹蘭亭帖　寶晉英光集 7/7b　寶晉山林集 4/17b

跋褚遂良臨蘭亭帖　丹陽集 10/1b

跋陳伯予所藏蘭亭帖　渭南集 31/8a

題蘭亭帖（二則）　范成大佚著/138

跋蘭亭帖　范成大佚著/141

跋蘭亭帖　誠齋集 98/6b

題何智夫宗簿蘭亭帖　蒙齋集 15/20b

復齋臨蘭亭帖　後村集 104/16b

跋蘭亭帖　本堂集 44/7a

跋王順伯郎中定武本蘭亭修褉序　東塘集 19/11a

跋汪季路太傅定武本蘭亭修褉序　東塘集 19/12b

晉蘭亭修褉序跋　歐陽文忠集 137/8a

書摹本蘭亭後　東坡題跋 4/1a

題蘭亭記　東坡題跋 4/1b

跋蘭亭記　姑溪集 41/4b

跋蘭亭記並詩　石門禪 27/23a

書王右軍蘭亭草後　山谷題跋 7/1a

蘭亭跋十九則　蜀文輯存 77/11a

跋唐人書蘭亭詩後　東觀餘論/下 25a

跋蘭亭傳後　東觀餘論/下 4b

跋蘭亭樂毅論並趙岐王帖　渭南集 28/2b

王右軍蘭亭燕集序　海岳題跋 1/7b

蘭亭槧本　海岳題跋 1/22a

爲楊元發跋東坡所書蘭皐亭記　姑溪集 38/2b

又跋東坡蘭皐園記　姑溪集 38/3a

跋唐蘭陵長公主碑　金石錄 24/4b

二十二畫

跋山谷讀中興頌詩　姑溪集 39/3a

耿黃門讀易帖　寶真齋 21/16b

跋胡景夫藏潘荐所書讀書堂字　文山集 10/3a

跋艾軒讀離騷遺迹　盧齋集 13/17b

恭題今上皇帝賜和韻鷗鷺天詞　松隱集 32/3a

陳正獻權攝帖　寶真齋 26/8b

王敏節歡喜帖　寶真齋 24/3b

米元章竈遠前詩帖　寶真齋 20/3a

米元章竈遠後詩帖　寶真齋 20/4a

臘軒王卿帖　後村集 107/8b

二十三畫

跋漢麟鳳贊並記　金石錄 14/4b

跋參寥蘆月墨跡　無文印集 10/9a

跋曹忠達所書顯忠廟額摹本後　鐵菴集 31/14b

二十四畫

米元章靈峰行記帖　寶真齋 19/17a

跋山谷所遺靈源書　石門禪 27/8a
論靈臺碑　東觀餘論/下 80a
跋漢成陽靈臺碑　金石錄 16/7a
跋靈潤廟賜敕額　止齋集 41/7b
跋靈濟廟加封誥碑　漫塘集 24/3a
跋仲兄書靈寶石經後　筠溪集 21/16b
唐鹽宗神詞記跋　歐陽文忠集 141/3b
米元章靈賦帖　寶真贊 19/21b

二十五畫

跋觀文王尚書舉正書　歐陽文忠集 73/15a

永嘉薛榮祖臨予觀亭記本而書袁和淑之語曰觀外不如觀内觀民不如自觀以求予一言　鶴山集 63/15b

范元長觀梅詩帖　寶真贊 23/18b

跋趙節齋題觀德二大字王景齊撰　江蘇金石志 18/11a

五、畫　　圖

一　畫

聖門一貫圖書後　則堂集 4/1a

新繪一貫圖書後　則堂集 4/2b

二　畫

二十八宿真形圖　廣川畫跋 5/3a

書二祖調心圖　廣川畫跋 4/5a

跋龍眠二馬　宋本攻媿集 71/1b　攻媿集 73/1b

跋伯時二馬圖　雙溪集 11/9a

跋趙君實知丞家李伯時二馬圖　橘洲集 6/14b

跋二疏圖　宋本攻媿集 73/9b　攻媿集 75/9a

跋曾正臣兩疎圖　誠齋集 98/4b

題元吉二猿圖　牟陵陽集 17/8b

跋二賢像　渭南集 26/12b

跋天台劉養源家藏二駿圖　黃氏日鈔 91/7a

十二溪真圖至順壬申　林屋稿/30a

題天台聲聞十八尊者像　平齋集 10/15a

跋唐十八學士畫像　斐然集 28/1b

恭題欽宗御畫十八學士圖　宋本攻媿集 67/13b　攻媿集 69/13a

題寇安雅所藏十八學士繪像　滿水集 7/14a

跋洪上人所藏十八羅漢畫　雪坡集 41/10b

跋洪州西山十六大士　昆陵集 11/9b

跋十六尊者圖　盤洲集 62/11b

跋十六羅漢　牟陵陽集 17/9b

十六羅漢像跋　方舟集 14/14a

跋韋鷗十馬圖後　東觀餘論/下 10a

李伯時畫十國圖　後村集 102/13a　後村題跋 4/16b

題七才子畫　豫章集 27/5a

書七夕圖後　廣川畫跋 1/14b

跋林伯順七世祖畫像　止齋集 42/6b

跋趙祖文七進圖　漢濱集 15/1a

題七賢圖　嵩山集 18/22b

題陸宰七賢圖　松隱集 33/7a

跋李伯時卜居圖　東坡題跋 5/10b

跋八陣圖　宋本攻媿集 75/5a　攻媿集 77/5a

題尹氏家藏八陵圖　牧萊壁語 13/1b

跋李祥收吳生人物　廣川畫跋 6/14b

人馬圖跋　蠶城集 8/b

書九主圖後　廣川畫跋 2/5b

題九老圖後　魯齋集 11/4a

題惠崇九鹿圖　豫章集 27/13a

題九歌圖　雪山集 5/14b

跋龍眠九歌圖　宋本攻媿集 68/13a　攻媿集 70/12b

跋龍眠九歌圖後　東觀餘論/下 44b

三　畫

題三仙圖　牟陵陽集 17/9a

題三界四禪天圖偈句　程北山集 16/5a

題三高圖　牟陵陽集 16/6b

朝幹三馬　後村集 102/12a　後村題跋 4/15b

跋滕行父三峽圖　魯齋集 13/8a

書虎溪三笑圖　無文印集/語録/題 2b

跋古營蕭節齋良翰所藏三畫帖（一）李伯時九歌，（二）東坡墨迹，（三）夏珪山水　本堂集 47/6b－7a

題三緘金人圖　緯雲集 4/26a

跋崔吉甫三邊表裏圖　鶴山集 60/11a

書李將軍三驄馬圖　東坡題跋 5/2a

跋米元章下蜀江山圖　廬川集 9/12b

跋米元章下蜀江山圖　朱文公集 84/16b

李澥川下蜀圖跋張淩撰　蜀文類存 45/15b

書土星畫　豫章集 27/14a

跋趙氏所藏大士　宋本攻媿集 76/8a　攻媿集 78/8a

題周昉大内圖　松隱集 33/6a

題宗室大年永年畫　豫章集 27/14b

跋大年畫　盧溪集 48/5a

跋趙德全家大年畫　盧溪集 50/5b

大悲觀音像　濟南集附德閑堂畫品/1b

上王會圖叙録 廣川畫跋 2/11b

又跋漢傑畫山（1－2） 東坡題跋 5/10a－10b

題巨然山水 蘇魏公集 72/10b

跋蒲傅正燕公山水 東坡題跋 5/5b

題燕文貴山水 豫章集 27/13a

跋郭熙畫山水 山谷題跋 8/18b

跋陳去非右丞山水 丹陽集 10/3a

跋江貫道山水 張華陽集 33/6b

跋米元暉山水 蘆川集 9/14a

題洪景盧所藏王摩詰山水 益國文忠集 18/7b 益公集 18/32b

跋李成山水 誠齋集 98/6a

江貫道山水 後村集 102/11a 後村題跋 4/14a

題彬玉礀山水 無文印集 10/7b

跋張安國所藏山水小卷 蘆川集 9/22a

跋吳生畫山水平遠 宋本攻媿集 68/3a 攻媿集 70/3a

書文湖州山水後 豫章集 27/7b

書王摩詰山水後 廣川畫跋 5/4a

書蕭仲穆山水後爲趙無作跋 廣川畫跋 1/7b

題范叔儀所藏庭智夫山水短軸 蘆川集 9/19a

跋畫山水圖 豫章集 27/12a

書李營丘山水圖 廣川畫跋 4/7b

題王晉卿侍制所藏范寬山水圖 廣川畫跋 6/5b

書時記室所藏山水圖 廣川畫跋 6/9a

書范寬山水圖 廣川畫跋 6/11b

跋黃祖勉所藏董源字叔達南唐後兗使山水圖 本堂集 46/6b

題畢良佐山水圖 午陰陽集 16/11b

題吳興俞子清侍郎山水圖 林屋稿 31b

書天台陳楡收山房圖後景參 本堂集 45/3a

題向氏山居圖 午陰陽集 16/10b

題浮渡山峰巒圖 無爲集 9/11b

題李龍眠山莊圖 益國文忠集 47/14a 益公集 47/16a

書李伯時山莊圖後 蘇東坡全集 23/14b 東坡題跋 5/3b

書東丹王千角鹿 廣川畫跋 1/5a

書李端懿收唐畫乞巧圖 廣川畫跋 3/7a

書官本乞巧圖 廣川畫跋 3/7b

屬歸真夕陽圖 後村集 102/11b 後村題跋 4/14b

題公卷小屏 山谷題跋 7/19b

題王逸民小景 嫠雲集 4/26b

跋趙大年小景 誠齋集 98/6b

跋惠崇小景 後村集 99/11b 後村題跋 2/15b

跋趙大年小景 後村集 99/12a 後村題跋 2/15b

跋韓晉公子母壊 渭南集 30/9b

題子馨弟寄容 平齋集 11/8b

四 畫

跋六代傳衣圖 北礀集 7/2a

跋浴室院畫六祖師 豫章集 27/4b

題六祖渡江圖 無文印集/語録/題 1a

書六逸四暢畫本 樂靜集 9/10b

跋六逸圖 宋本攻媿集 75/12b 攻媿集 77/12a

題六駿碑游師雄撰 金石萃編 139/10b

跋文會圖後 東觀餘論/下 5a

跋文與可竹 宋本攻媿集 76/6a 攻媿集 78/6a

跋與可竹 丹陽集 10/3a

火佛像 濟南集附德隅堂畫品/6a

跋裴季祥寫王荊公詩圖 濫觴集 32/6a

書王荊公騎驢圖 豫章集 27/9b

跋王清叔畫卷（1－3） 宋本攻媿集 68/4a－4b 攻媿集 70/4a－4b

王著作遺像跋吳原撰 王著作集 5/5a

書王勤學士畫圖 廣川畫跋 6/9b

跋王摩詰畫 毘陵集 11/8b

題李伯時畫天女 豫章集 27/10b

武宗元畫天王圖 廣川畫跋 5/10a

題天台三隱圖 無文印集/語録/題 2b

書李祥天馬圖 廣川畫跋 5/5b

天馬圖跋 龠城集 8a

跋東坡畫天籟堂壁 四庫拾遺 618/老圃集

題孫子和殿直宅夫子像 西塘集 2/14b

夫子象贊記跋毛恕撰 粵西金石畧 9/19b

題許詢支通圖元貞丙申 林屋稿/27b

跋太室中峰詩畫 朱文公集 81/24a

書犬戲圖 廣川畫跋 2/8a

題睢陽五老圖卷 范成大佚著/139

跋睢陽五老圖後 洪文敏集 8/12b

五典分屬圖 潛齋集 7/19b

句容縣五瑞圖並題記 江蘇金石志 15/39a 金石萃編 152/1a

書介葛盧圖 廣川畫跋 5/6a

又題公翼所薈 石門禪 26/17b

書戴嵩畫牛 東坡題跋 5/7a

書戴嵩畫牛 廣川畫跋 4/11b

跋韓晉公牛 渭南集 29/10b

戴崧牛 後村集 102/10b 後村題跋 4/13a

跋雪寶老融牛軸 北礀集 7/2b

跋仁智圖後 東觀餘論/下 9a

書化胡經後 廣川書跋 3/1b

題丘攀桂月圖 後村集 102/7a 後村題跋 4/8a

書月宮圖後 廣川書跋 2/4a

題雪峰如藏主水月圖 拙齋集 20/8b

書東坡水石 山谷題跋 8/6b

題澄古潭水仙 無文印集 10/7a

跋僧德思所藏鍾子固所畫山谷水仙詩圖後 本堂集 47/3a

書蒲水昇畫水後 廣川書跋 4/7a

書孫白畫水圖 廣川書跋 2/1a

古畫水圖 廣川書跋 6/4b

孫知微畫水圖 廣川書跋 6/5a

跋孔門四科圖 盤洲集 62/11b

題孔明抱膝長嘯圖 雪蓬稿 13b

五 畫

書玄奘取經圖 廣川書跋 4/3b

題平沙遠水圖五首 石門禪 26/17b

題平園圖後 益國文忠集 51/9b 益公集 51/80b

書鳳山呂首之玉京勝槩圖後 蛟峰集 6/11b

玉皇朝會圖 濟南集附德閑堂畫品/9a

正坐佛 濟南集附德閑堂畫品/8b

跋林郎中巨然畫三軸 聚齋集 8/28a

題古木老柳圖 牟陵陽集 17/8a

題炳同上人古杭風景圖 本堂集 46/4a

跋江貫道絕筆古松 盧川集 9/14b

跋古柏圖 渭南集 26/16b 蜀藝文志 59/11a

跋定本古器圖後 東觀餘論/下 49a

跋東坡畫石 豫章集 27/8b

跋石虎禮佛圖 後村集 102/18a 後村題跋 4/23b

跋武氏石室畫像 定菴稿 4/19b

跋漢武氏石室畫像 金石錄 19/7b

跋趙千里畫石勒胡跪圖 松隱集 3/6b

跋彌明石鼎聯句圖 益國文忠集 17/10b 益公集 17/12b

跋石鼎聯句圖 後村集 102/17a 後村題跋 4/22a

題石蘭圖 江湖集 31/1a

跋打毬圖後 松隱集 33/6a

北天王像後題跋 廣川書跋 6/6a

書以姜換馬圖後 廣川書跋 1/11a

題李道明畫出山佛 方舟集 13/13a

題出山相 松隱集 32/8b

中山出遊圖跋 龜城集 9a

題龍眠畫四天王 後村集 107/14b

四虎圖 牟陵陽集 7/5b

題臨丘文播四花圖 四庫拾遺 228/浮山集

題孫氏四皓圖 益國文忠集 46/5b 益公集 46/115b

跋揚州伯父四賢圖 宋本攻媿集 69/12b 攻媿集 71/12b

題四臂觀音像下方 閑堂集 4/9b

題仙人樓居圖 牟陵陽集 15/3a

仙遊圖 濟南集附德閑堂畫品/3b

題白蓮社圖後 雞肋集 33/2b

六 畫

題洪駒父家江千秋老圖 豫章集 27/7a

跋王晉卿江山秋晚圖 宋本攻媿集 68/13a 攻媿集 70/13a

跋江山萬里圖 林屋稿 28a

跋江天暮雨圖 盧川集 9/13a

跋米元暉畫二 盤洲集 62/11a

跋米老畫 渭南集 29/11a

跋白畫 寶晉英光集/補編 2/13b

跋小米畫 北礀集 7/2a

題小米畫 後村集 105/13b

跋冰解圖 朱文公集 81/24a

跋吉圖 宋本攻媿集 75/13a 攻媿集 77/12b

跋吉日圖後 東觀餘論/下 17b

老子西昇經褚遂良書閒立本畫 海岳題跋 1/21b

跋東坡老木 石門禪 27/6b

跋與可老木 宋本攻媿集 76/6b 攻媿集 78/6b

跋吳道子地獄變相 東坡題跋 5/6a

書摹本地獄變相 廣川書跋 1/15a

跋吳道玄地獄變相爲晁無咎書 廣川書跋 5/14b

書吳生畫地獄變相後 廣川書跋 1/12a

爲陳伯玉書別本地獄變相後 廣川書跋 3/14b

書楊傑摹地獄變相後爲王道輔跋 廣川書跋 1/5b

跋吳道玄地獄變相圖後 東觀餘論/下 67a

題西岳降獫圖 平齋集 10/14b

書西昇經後 廣川書跋 2/17a

書別本西昇經後 廣川書跋 3/1a

書周昉西施圖 廣川書跋 6/7a

題西湖圖　無文印集 10/11a

西園雅集圖　後村集 104/14a

跋百牛圖　石門禪 27/23b

跋百牛圖　無文印集 10/8a

題百牛圖　牟陵陽集 17/8a

書百牛圖後　廣川畫跋 1/8a

題曾無逸百帆圖　誠齋集 98/4a

龍袞百馬圖　廣川畫跋 6/13a

題百禽圖牧溪作　無文印集 10/10a

有翅天馬圖　牟陵陽集 7/4b

列子御風圖　廣川畫跋 1/12b

書列仙圖後　廣川畫跋 1/14a

跋閣立本列帝圖　莊簡集 17/1b

題閣立本列帝圖　益國文忠集 15/14a　益公集 15/130b

跋艾宣畫　東坡題跋 5/8a

跋曳尾圖贊　蘆川集 9/6b

跋北山畫朱子詩送韋軒　魯齋集 13/5a

題朱文公畫像　節齋集 3/26a

跋蔡節齋題張生所畫文公像　真西山集 36/5a

跋朱晦庵送寫照郭秀才序後　龍川集 16/21b

書朱象先畫後　蘇東坡全集 23/18a　東坡題跋 5/4b

跋趙宰先天圖　魯齋集 11/10b

跋司馬子已先後天諸圖　鶴山集 63/5b

跋黃舜揚所刻先聖像　滄庵集 32/20b

書先聖像後　滄庵集 32/21a

畫竹　牟陵陽集 7/5b

題文湖州竹上鷓鴣　豫章集 27/11a

跋朱宰所藏竹石　止齋集 42/6a

題竹林七賢圖　浮溪集 17/11b

竹林七賢圖　廣川畫跋 5/4a

跋宗室爵竹畫軸後　東觀餘論/下 51b

題濟南伏勝圖　豫章集 27/5b

題仲芮家藏四畫　畫塈集 5/5b

書仰觀圖後　魯齋集 12/1a

題伊川先生像　尹和靖集 4/6a

書程文簡公收鶴圖　廣川畫跋 3/8b

七　畫

畫没骨花圖　廣川畫跋 3/13a

觀宋復古畫序　東坡題跋/續/8/3a

跋宋漢傑畫　東坡題跋 5/9b

跋赤壁後賦圖　黃氏日鈔 91/7a

跋劉君擇所藏孝經十七章像　牟陵陽集 16/6a

題綠縣尹孝經古畫圖　潛齋集 10/7a

跋李伯時孝經圖　東坡題跋 5/11a

題李伯時孝經圖　橫浦集 19/8b

跋李伯時孝經圖　文定集 12/6a

邇英閣無逸孝經圖後序　攻文集 12/5a

遞英閣無逸孝經圖後序　竹隱集 13/1a

李公麟孝經圖書後范沖撰　蜀文帙存 33/3b

書杜子美騎驢圖　廣川畫跋 4/2b

跋李夫人圖爲宗子大年書　廣川畫跋 5/15b

書李太白畫像　廣川畫跋 5/12a

跋太白賞月圖　則堂集 4/14a

書李成畫後　廣川畫跋 6/10a

書王學士李成圖　廣川畫跋 6/10a

跋李伯時畫　滄庵集 32/5a

跋李長茂畫卷後　初寮集 7/43b

題李勘繪像　滿水集 7/13b

跋吳生畫李廣射虎　宋本攻媿集 68/2b　攻媿集 70/2b

跋步輦圖後　東觀餘論/下 46b

跋吳興陳錢芝草圖　止齋集 42/7a

跋呂仙黃衣玉帶像　鐵菴集 37/20a

題石時亭所藏呂真人畫像　止齋集 41/4b

跋董亨道畫吳江圖　松隱集 33/4a

自警圖跋　鶴林集 38/11a

御府吳准龍秘閣評定因書　廣川畫跋 3/6a

跋吳道子畫　朱文公集 84/9b

書吳道子畫後　蘇東坡全集 23/17a　東坡題跋 5/2b

書吳懷龍上　廣川畫跋 3/5b

書徐熙牡丹圖　廣川畫跋 3/15b

書李子西兵車圖　廣川畫跋 1/16b

跋龍眠佛祖因地　蘆川集 9/9b

題梁楷畫郜樂圖　木堂集 44/8b

八　畫

跋顏持約所畫定光古佛像　益國文忠集 80/2a　益公集 80/126a

跋韓熙載夜宴圖祖無擇撰　龍學集 16/13a

放鶴圖　牟陵陽集 7/6a

書韋偃放驢圖　廣川畫跋 6/3a

跋育王僧圖二　橘洲集 6/11a

書橘洲跋育王僧圖後　北磵集 7/3b

庚戌寫真贈徐生　後村集 106/9b

書常彥輔祅神像 廣川畫跋 4/5b
題虞堪畫武夷圖 兊齋集 18/3a
書武皇望仙圖 廣川畫跋 1/3b
跋武侯像贊 朱文公集 83/25a
題青溪圖 蘇魏公集 72/9a
書摩摩騰取經圖 廣川畫跋 2/2a
跋劉提舉所藏坡老松石 滄庵集 32/19b
跋松石圖 滄庵集 82/19b
題黃長睿松江圖古箋 本堂集 26/7a
書惠禪松林圖 廣川畫跋 1/8b
題松苗圖 牟陵陽集 15/2b
跋李孟博東山夢境圖 文山集 10/7a
書劉唐允拂林圖 廣川畫跋 3/9b
題摹燕郭尚父圖 豫章集 27/6b
長帶觀音 濟南集附德隅堂畫品/10b
題虎圖 無文印集 10/10b
題公卷花光橫卷 山谷題跋 7/19b
寧國程新恩易圖 黃氏日鈔 91/15a
題黃氏易圖後 丹淵集 21/1a
書明皇吹簫圖後 建康集 3/1b
書明皇真妃圖 豫章集 27/6b
跋明皇聽笛圖 後村集 102/18b 後村題跋 4/24a
跋明皇觀浴馬圖 則堂集 4/11b
乳虎 濟南集附德隅堂畫品/8a
題石供奉金神像 山谷題跋 7/14a
跋金滕圖 宋本攻媿集 73/10b 攻媿集 75/10a
題或侍者牧牛圖 北磵集 7/4b
題牧牛圖 牟陵陽集 17/6b
題僧房牧牛圖 牧萊腓語 13/6a
書牧羊圖 廣川畫跋 3/9a
題牧羊圖 牟陵陽集 17/8b
牧童牛渡圖 蘆川集 9/8a
跋周公禮殿圖 宋本攻媿集 70/3b 攻媿集 72/2a
自題寫真 益國文忠集 46/3b 益公集 46/113a
書伯時藏周昉畫 廣川畫跋 6/12b
恭題曹勛所藏迎請太后回鑾圖 宋本攻媿集 67/19b 攻媿集 69/18b
跋居山圖 蘆川集 9/11b
書孟浩然騎驢圖 廣川畫跋 2/9b
跋王維畫孟浩然騎驢圖 杜清獻集 17/4b
孟集虛像 牟陵陽集 7/5b
書阿房宮圖 廣川畫跋 4/9b
跋野次孤峰圖 蘆川集 9/8a

九 畫

題洪崖圖 平齋集 10/14a
跋洞庭山水樣 蘆川集 9/10a
題洛神賦圖 朱文公集 81/23b
又題宣上人所蓄 石門禪 26/18a
跋宣和浦禽圖内有蔡元長筆 可齋稿/續前 5/17b
跋宣和御畫 忠穆集 7/3b
恭題祖宗御容及從侍功臣下方 碧梧集 13/1a
巨然春溪欲雨圖 後村集 104/14b
陳歆春龍出穴圖 鶴山集 64/7a
春龍起蟄圖 濟南集附德隅堂畫品/2a
王伯儀府推站山手卷跋 林屋稿/30b
書封禪圖後 廣川畫跋 1/1a
書張邦基藏東坡枯木 鴻慶集 31/8a
跋東坡枯木 蘆川集 9/9a
跋張以道家藏東坡枯木怪石 朱文公集 84/22a
書李夫人枯木墨竹後 太倉集 66/3b
題惠崇柳塘春水 北磵集 7/7b
題向獬林家所藏山谷畫南華玉篇 益國文忠集 18/8a 益公集 18/33a
題施東皋南園圖後 牟陵陽集 17/11a
跋周蒼厓南嶽六圖 文山集 10/7a
右軍砉腊圖 東坡題跋 5/14a
吳王砉繪圖 廣川畫跋 4/15a
跋劉南畫胡笳十八拍 後村集 104/17b
跋郭忠恕所摹按樂圖後 東觀餘論/下 72a
跋苦寒竹 山谷題跋 9/22b
題俞子清侍郎畫 牟陵陽集 17/1b
跋摩詰看雲圖 盧齋集 13/9b
題秋江曉渡圖 牟陵陽集 17/1b
李慎徵秋雨圖 廣川畫跋 5/9a
跋鄭天和臨右丞樵舍秋晴圖 浮溪集 17/15a
跋楊无咎畫秋蘭 益國文忠集 50/11b 益公集 50/69a
跋樓大防重屏圖 止齋集 42/7b
書皇極經世書二百五十六位本數圖後陳直方撰 新安文獻 23/5b
跋周一愚負母圖 文山集 10/7b
題崔白畫風竹上鶉鴿 豫章集 27/11b
書東坡風雪竹後 本堂集 45/2a
跋浩然風雪圖 則堂集 4/14a
書史獻父屏石圖銘序後 本堂集 47/3a

題趙叔屏風與可竹　東坡題跋 5/5a　丹淵集/附錄 14a

飛泉圖　蘆川集 9/7b

書韋山甫畫像後　廣川畫跋 3/10b

題姚氏家藏畫　畫墁集 5/6a

書龔講書怒龍圖　無文印集 10/11a

跋與可紆竹　東坡題跋 5/6b　丹淵集/附錄 13b

十　畫

跋活溪曉月錢塘晚潮一軸　誠齋集 98/7a

跋案樂圖後　東觀餘論/下 64a

跋喬仲常高僧誦經圖　宋本攻媿集 69/3a　攻媿集 71/3a

跋滕子濟所藏唐人出遊圖　東觀餘論/下 39b

跋唐太宗畫目　張右史集 47/4b

書唐名臣像　東坡題跋 5/12b

唐制舉科目跋　蜀文輯存 53/18a

送窮圖　廣川畫跋 3/4b

題拳毛驄　宋本攻媿集 71/2b　攻媿集 73/2b

跋煙巒晚景卷　寶晉山林集 2/12b

跋文勛扇畫　東坡題跋 5/5b

被髮觀音變相　濟南集附德閑堂畫品 8/a

跋秦王獵獵圖　宋本攻媿集 72/23b　攻媿集 74/21a

書秦宮對鏡圖　廣川畫跋 1/10a

關全側作泰山圖爲王晉卿書　廣川畫跋 5/14a

索法師行化圖　廣川畫跋 5/1a

題耆英圖後　毘陵集 11/10a

北齊校書圖　東坡題跋 5/13b

題北齊校書圖　范成大佚著/13b

題校書圖後　豫章集 27/3a

跋王晉玉所藏桓宣武畫像後　東觀餘論/下 47b

書陳仲玉收桃花源圖　廣川畫跋 5/7a

跋沈睿達寫桃園圖　嵩山集 18/30b

書晉賢圖後　淮海集 35/5a

跋劉舉捕漁圖　滄庵集 32/18b

跋捕魚圖　牟陵陽集 16/7a

書邢和璞悟房次律圖　廣川畫跋 2/7a

跋李伯時馬　擴文集 13/13a

跋李伯時馬　朱文公集 84/8b

跋李伯時馬　抽軒集 5/16a

書伯時馬圖　廣川畫跋 5/8a

題買菊徑龍眠馬圖　魯齋集 11/6a

書蔡君安展子虔馬　廣川畫跋 4/6b

書曹將軍畫馬　廣川畫跋 6/3b

跋韓幹馬　渭南集 30/3b

跋韓幹馬　宋本攻媿集 68/3a　攻媿集 70/3a

跋林郎中韓幹馬　緊齋集 8/27b

伯時臨韓幹馬　後村集 102/10a　後村題跋 4/13a

跋韓幹馬圖　則堂集 4/12b

題韓幹御馬圖　山谷題跋 9/24b

再書馬圖　廣川畫跋 6/3b

題御賜滕王發畫馬圖　後村集 105/6b

跋王晉玉所藏韋偃馬圖後　東觀餘論/下 45a

跋馬和之覓句圖　後村集 102/16b　後村題跋 4/21b

跋韓幹馬後爲龍眠居士書　廣川畫跋 5/15b

書馬鬼圖　廣川畫跋 1/15b

跋盧鴻學士草堂圖　東坡題跋 5/11b

書盧鴻一草堂圖　廣川畫跋 6/1a

書別本草堂圖　廣川畫跋 6/1b

又跋章友直畫草蟲　益國文忠集 16/18a　益公集 16/153b

跋章友直草蟲　誠齋集 98/4a

題蒲萄草蟲　無文印集 10/9b

北湖草蟲圖跋　北湖集 5/7b

跋南唐剔耳圖　東坡題跋 5/11b

相士鄭西山以耕隱圖求余跋遂書其後　林屋稿/20a

跋揚州伯父耕織圖　宋本攻媿集 74/16b　攻媿集 76/16a

倚竹圖　蘆川集 9/7a

書陸探微師子畫贊後　建康集 3/3a

題徐二翁真贊　張右史集 46/3a

留瓜圖　廣川畫跋 5/1b

題汪季路所藏書畫四軸　益國文忠集 46/9a　益公集 43/119a

跋漳浦李大忠微叔所藏書畫尾　道鄉集 12/7a

爲錢濟明跋書畫卷尾　道鄉集 32/3b

題畫娘子軍胡騎後　豫章集 27/12a

跋朱宰所藏孫介畫　止齋集 42/6b

十一畫

題深衣畫像　鶴山集 65/7b

深谷戲猿圖　蘆川集 9/7b

清夜遊西園圖　廣川畫跋 5/2b

題爲韓蘄王孫亦顏作清涼居士圖　龜城集 8a

題凌波圖　牟陵陽集 16/10b

題畫婆須密女　水心集 29/5a

書冤對圖 廣川畫跋 5/13a

書許道寧畫 東坡題跋 5/12b

題許道寧畫 方舟集 13/13a

跋郭忠先畫 松隱集 33/4a

跋范伯履所收郭忠先畫本 鷄肋集 33/21a

書郭忠先畫後 廣川畫跋 6/11a

題建州郭舜與夫子十哲像 西塘集 2/14b

郭璋畫跋 橫塘集 20/7b

跋王恭叔所藏淵明雪中詩圖 宋本攻媿集 71/20b 攻媿集 73/20a

題寧皇雪月圖後 則堂集 4/6a

跋家藏顧宏所臨王摩詰雪江圖 聚齋集 8/27a

題松巖所惠雪屏 梅屋雜著/7b

跋趙弁雪圖 益國文忠集 50/6a 益公集 50/63a

跋范寬雪景 宋本攻媿集 76/4b 攻媿集 78/4b

雪鍾馗 濟南集附德隅齋畫品/5b

徐明叔劉溪雪霧圖 宋本攻媿集 72/10b 攻媿集 74/8b

跋霍氏球川圖 宋本攻媿集 68/4b 攻媿集 70/4b

勘書圖 廣川畫跋 3/11a

跋北齊勘書圖後 東觀餘論/下 63

書黃魯直畫跋後三首遠近景圖 東坡題跋 5/13a

題華光梅 石門禪 26/19a

題杜大春畫梅 止齋集 41/4b

跋林宗大家藏湯氏畫梅 止齋集 42/5a

書楊補之梅 北磵集 6/22a

題花光補之梅 後村集 105/14a

題花光梅 後村集 107/15b

題余豈潛所藏楊補之梅 樛堂集 10/10b

跋汪文卿畫梅 黃氏日鈔 91/3a

畫梅 阜陵陽集 7/6a

題梅竹圖 則堂集 6/12b

跋陳茞自書梅作詩 閑風集 12/3b

跋山谷兄弟山攀梅花圖 洛水集 13/4a

題黎曉山梅帳 牧萊脞語 13/11b

跋弟茞梅軸 本堂集 44/3b

代弟茞梅書序 本堂集 38/4a

跋汪文卿淳梅書詞 本堂集 44/2a

代跋汪文卿淳梅畫詞 本堂集 44/4a

題郭靖翁梅圖 異齋集 18/6a

題東坡救月圖贊 宋本攻媿集 69/14b 攻媿集 71/14b

又題欹塞圖 益國文忠集 18/13b 益公集 18/39b

題授經圖 蘇魏公集 72/11a

題掃心圖 水心集 29/22b

跋雪菴常思惟像 橘洲集 6/12b

書鹵簿小圖後 本堂集 46/4a

廷瑞弟所藏老馮荷花手卷跋 林屋稿/31a

跋莊道士銅將軍銅龍銅手大盧畫圖 濳齋集 84/17b

跋崇蘭圖 松隱集 33/2a

崇蘭圖卷跋（1－2） 後村集 109/18b－19a

題崧嶺圖錢 雙溪集 11/7a

跋彩選圖 新安文獻 23/4b

書御畫翎毛後 廣川畫跋 6/14a

釣雪圖跋 異齋集 20/14b

題釣遊圖 江湖集 31/1a

跋趙祖文貧士圖 蘆川集 9/10a

跋甜畫 北磵集 7/16b

題楊通老移居圖（1－2） 後村集 102/17b－18a 後村題跋 4/22a－23a

題船子扣舷圖 無文印集/語錄/題 1a

題徐巨魚 豫章集 27/13b

題畫魚 無文印集 10/9b

跋魚社圖 竹坡稿 3/5b

跋李遵易畫魚圖 鷄肋集 33/19a

書黃筌畫雀 東坡題跋 5/7a

張季宜像 阜陵陽集 7/5a

跋張僧繇畫卷 初寮集 7/42b

書鰍魚圖 廣川畫跋 1/11b

題細竹圖 阜陵陽集 17/9a

書陸羽點茶圖後 廣川畫跋 2/5b

先太傅（陸岵）遺像 渭南集 27/9b

跋陸買圖 松隱集 33/1a

題陳少陽畫像 漫塘集 24/2b

跋劉凝之陳令舉騎牛圖 渭南集 28/7a

跋陳令舉騎牛圖 昌谷集 17/9a

又贈陳汝用 後村集 106/9b

題陳自然畫 豫章集 27/13a

書陳懷立傳神 東坡題跋 5/8b

跋龍眠淵明圖 橫塘集 20/9a

題淵明圖 阜陵陽集 15/2b

題淵明圖 阜陵陽集 17/7a

十 二 畫

渡水牛出林虎 濟南集附德隅齋畫品/9b

跋龍眠渡水羅漢 毘陵集 11/9a
王摩詰渡水羅漢 後村集 102/10b 東坡題跋 4/13b
題渡水羅漢畫 豫章集 27/4a
題公翼畜華光所畫湘山樹石 石門禪 26/17a
跋王都尉湘鄉小景 宋本攻媿集 75/15a 攻媿集 77/14b

閻立本渭橋圖 廣川畫跋 4/8b
書孫知微畫涅槃圖後 廣川畫跋 2/16b
跋劉提舉寒林圖 漁庵集 32/19b
寒龜曝背圖 濟南集附德隅堂畫品/6b
題楊補之詞畫 後村集 107/15a
跋武昌解氏善居圖 魯齋集 11/10a
跋自畫雲山圖 寶晉英光集/補編 2/12b
書喜神 石堂集 13/30b
題彭景山傳神 淮海集/後 6/5b
老融散聖畫軸 北磵集 7/8b
又題惠子所蓄 石門禪 26/18a
跋林郎中惠崇畫 緊齋集 8/28a
棘鶴柘條銅猪 濟南集附德隅堂畫品/4b
雄鷄斷尾圖 廣川畫跋 4/14b
跋袁公雅集圖 九華集 20/7b
紫微朝會圖 濟南集附德隅堂畫品/7b
張梅軒同知以菩提達磨畫像求題 林屋藳/31b
跋米元暉著色春山 宋本攻媿集 75/15a 攻媿集 77/14b

邊鸞畫華 廣川畫跋 4/14a
跋平江張漢卿推官華山就隱圖 益國文忠集 16/3b 益公集 16/136b
書李元本華木圖 廣川畫跋 5/4b
題持首座華嚴指掌圖 無文印集/語錄/圖 5a
跋徐子由菊坡圖 宋本攻媿集 68/3b 攻媿集 70/3b
菌苔圖 濟南集附德隅堂畫品/10a
跋錢舜舉所畫黑馬圖皇慶癸丑 林屋集/30a
跋項師所作飲中八仙圖 北磵集 7/14b
書張戟番馬 廣川畫跋 6/4a
書胡環番馬圖 廣川畫跋 4/16b
跋猶子棄畫 竹隱集 20/4a
書易元古猩猩圖 廣川畫跋 2/16a
書王仲千收南唐猩猩圖 廣川畫跋 4/3a
再書猩猩圖後 廣川畫跋 2/16a
跋登瀛圖 盤洲集 63/1a
又跋登瀛圖 盤洲集 63/2b
題畫册後 秋聲集 6/4a

題畫卷 雪蓬稿/14a
跋畫苑 東坡題跋 5/9b
畫品書後 濟南集附德隅堂畫品/11b
題畫像 雲巢編 7(三沈集 8/69a)
跋東坡畫論 緯雲集 4/28b
書畫壁易石 東坡題跋 5/8a
跋巽嶽降靈圖 後村集 108/2b
題陽關圖後 斜川集 6/32b
書伯時陽關圖草後 山谷題跋 9/9a

十 三 畫

跋董明府叔宏溪莊圖詠 後村集 100/6a
跋意山圖 牟陵陽集 17/5a
書王荊公遊鍾山圖後 陶山集 11/7a
道統圖後跋文及翁撰 蜀文輯存 94/25a
題慧應大師運氣經暑圖 無爲集 9/10b
永福瑞芝圖跋尾 抽齋集 20/13a
題瑞花圖 跨鼇集 30/10a
跋林氏瑞雲山圖 後村集 100/17b 後村題跋 1/23a
書瑞粟圖下陳公亮撰 嚴陵集 9/11b
跋楚旬落帆 蘆川集 9/9b
跋陳君彥直楚鄉圖 宋本攻媿集 73/18b 攻媿集 75/18a
題張元禮所藏楊契丹吳道元書 滿水集 7/12b
搗衣圖卷跋牟益撰 蜀文輯存 78/5a
孚若贈翁應曼歲寒三友圖跋 後村集 99/2a 後村題跋 2/2b
題覺慧大師與權歲寒圖 漢濱集 15/5b
跋虞郎中書 栟櫚集 20/2b
跋葉擇甫李伯時書 浮溪集 17/15a
跋董元書 鶴肋集 33/20b
又跋董亭道別軸 松隱集 33/4b
跋董待制書 孫尚書集 54/5a
書曹將軍照夜白圖 廣川畫跋 4/13a
跋先大父嵩嶽圖 宋本攻媿集 74/18a 攻媿集 76/17b
跋蜀道圖後模本 東觀餘論/下/15b
跋筠溪圖後 筠溪集 21/24b
題傳神 豫章集 30/3a
跋司馬端衡畫傳燈圖 渭南集 31/3a
題鼠齧瓜圖 牟陵陽集 17/8b
題元吉猿圖 牟陵陽集 17/3b

十四畫

書劉壯輿漫浪圖　豫章集 27/10a
漁父聽琴圖　牟陵陽集 7/4a
題曾無己漁浦晚飯圖　誠齋集 98/5b
跋韶石圖　拙軒集 5/15b
跋王伯陽端溪石硯圖後　楊溪集 10/12b
廣平李氏觀畫所見序　鶴山集 54/11b
焚惑像　濟南集附德閑堂畫品/5a
跋瑤池命宴圖　跨鼇集 17/12b
書御畫瑤池馬圖後　廣川畫跋 6/13b
題趙公佑畫　豫章集 27/5b
題趙主簿遺像　牟陵陽集 15/4a
跋趙雲子畫　東坡題跋 5/7b
書聚星圖後　無文印集 14/5a
跋摘瓜圖　東坡題跋 5/12a
書馭馬圖上　廣川畫跋 1/9b
題裴晉公繪像　滹水集 7/14b
跋裴道可寫真行卷　牧萊腔語/二稿 8/4b
書蒲永昇畫後　蘇東坡全集 23/12b
跋曾達臣所作蜥蜴螳螂墨戲　誠齋集 99/2a
書舞馬圖　廣川畫跋 4/1a
又題稀上人所作　石門禪 26/18b
題鳳翔東院王畫壁　東坡題跋 5/1a
跋蘇梓之所藏王摩詰畫維摩文殊不二圖　筠溪集 21/20b
跋維摩畫　滄庵集 32/20a
題維摩像　蘇魏公集 72/6b

十五畫

跋錢服道畫潮出海門圖　筠溪集 21/21a
書張氏所刻潛虛圖後　朱文公集 81/10b
跋論坐位圖　姑溪集 41/7a
跋東坡論畫　豫章集 27/7b
跋摩利支天像下方　則堂集 4/8b
跋鄭德言書畫　後村集 104/13b
跋李次山雪溪漁社圖　益國文忠集 18/12b　益公集 18/38b
跋蘇氏璇璣圖　宋本攻媿集 68/17b　攻媿集 70/17b
樓居仙圖　濟南集附德閑堂畫品/2b
題輞川圖　豫章集 27/7a
跋李衛公藏輞川圖　洪文敏集 8/13a
跋輞川圖　則堂集 4/13a

書輞川圖後　淮海集 34/3b
跋輞川圖後　東觀餘論/下 16a
跋輞川圖後　東觀餘論/下 29b
書輞川圖後　廣川畫跋 6/1a
書輞川圖後　雙溪集 11/9b
跋董秀夫輞川圖後　碧梧集 16/1b
跋醉鄉圖　滄庵集 32/18a
跋醉道士圖（1－2）　東坡題跋 5/15a－15b
題醉道士圖　學易集 6/23a
跋醉道士圖　丹陽集 10/3a
跋醉道士圖　張華陽集 33/6a
書醉道士圖　廣川畫跋 3/4a
醉道士圖　蘆川集 9/7a
題畫醉僧圖　豫章集 27/14b
書醉僧圖　廣川畫跋 3/3a
題醉學究圖　程北山集 16/14b
跋孟仲寧畫蓮社圖　樂靜集 9/9a
跋蓮社圖　盤洲集 62/12a
跋蓮社圖　北礀集 7/13a
題蓮社圖　無文印集/語錄/題 6b
跋龍眠蓮社橫卷　宋本攻媿集 70/20a　攻媿集 72/17a
跋揚州伯父所藏魏元理書蓮荷桂花　宋攻媿集 71/1a　攻媿集 73/1a
跋唐人暮雨牧牛圖　朱文公集 83/6a
書蔡琰歸漢圖　牟陵陽集 16/11b
跋文與可墨竹　雪山集 5/15b
題李漢臯墨竹　豫章集 27/11a
題道孚墨竹　張右史集 47/5b
跋范寬曼徵獻墨竹　松隱集 32/8b
題東坡墨竹　無文印集 10/6b
跋文與可墨竹李通叔篆　東坡題跋 5/1b　丹淵集/附錄 13a
書道臻墨竹後與斌老　山谷題跋 8/20b
書墨竹畫卷後　演山集 35/6a
題墨梅　石門禪 26/16b
跋行草墨梅　石門禪 27/9a
跋湯叔雅墨梅　朱文公集 84/13a
跋楊補之墨梅　後村集 99/11b　後村題跋 2/15a
信庵墨梅　後村集 102/12b　後村題跋 4/16a
題信庵爲包君用作墨梅　後村集 109/8b
題墨梅　無文印集 10/10a
題墨梅山水圖　石門禪 26/16a
題墨梅花　絹雲集 4/27a

跋揚州伯父賦歸六逸圖 宋本攻媿集 69/12a 攻媿集 71/12a

石上道士閱經圖 牟陵陽集 7/5a

跋閒仲和註陸放翁劍南句圖 本堂集 46/5b

書樂昌公主分鏡圖後爲陳彥郭跋 廣川畫跋 1/6b

題衛夫人像 嵩山集 18/25b

跋盤谷圖 芸庵稿 6/26a

跋盤洲圖 渭南集 29/4b

跋盤線圖後 東觀餘論/下 43a

跋魏國夫人曉妝圖 宋本攻媿集 70/9a 攻媿集 72/7a

跋黃擬山所藏劉君錫太尉畫 姑溪集 42/5a

跋劉季必畫冊 梅屋雜著/7b

書滕王蛺蝶圖 廣川畫跋 3/13b

十六畫

題蕭規龍 豫章集 27/12b

書傳古畫龍後 廣川畫跋 5/2a

書龍袞文馬圖上 廣川畫跋 1/18a

書閻士良畫龍頭 廣川畫跋 5/18b

跋禪會圖 北磵集 7/9a

題遷康谷禪會圖 無文印集/語錄/題 5a

跋燕文貴畫卷 宋本攻媿集 76/5a 攻媿集 78/5a

書王氏所藏燕仲穆畫 廣川畫跋 6/12a

書燕龍圖寫蜀圖 廣川畫跋 5/17a

題宗成樹石 山谷題跋 8/20a

跋畫橙 渭南集 29/10b

跋山谷題橘州畫卷 益國文忠集 49/2a 益公集 49/39b

跋仁上座橘洲圖 豫章集 27/12b

題橘洲圖 石門禪 26/17a

跋橘州圖山谷題詩 石門禪 27/9b

盧鴻草堂圖 後村集 105/3a-3b

蕃客入朝圖 濟南集附德隅堂畫品/1a

書伯時縣箭山圖 廣川畫跋 5/7a

跋閻立本畫張南英撰 蜀文輯存 14/9a

題周㬎兄弟閻立本樂治圖 益國文忠集 18/13a 益公集 18/39a

跋周伯壽畫貓 止齋集 42/2a

畫貓 牟陵陽集 7/6a

跋錢服道畫 竹隱集 20/3a

跋折檻密錦屏山堂圖 浮溪集 17/14b

書穆宗打毬圖 廣川畫跋 3/2a

題李伯時愍寂圖 豫章集 27/10b

十七畫

書濟藥王看大藏經圖 無文印集/語錄/題 1b

題玉清昭應宮圖 山谷題跋 8/20a

應真圖 橘洲集 7/1b

書李成畫營丘圖 廣川畫跋 4/10b

題戴勝畫 程北山集 16/9a

擊甕圖 牟陵陽集 16/12b

擊壤圖 廣川畫跋 3/12b

跋淳安縣學昌黎先生像 獨醒集 10/11a

題韓子蒼贊韓魏公畫像 覃齋集 19/4

襌衣圖 廣川畫跋 6/6b

跋趙光輔駿馬圖 牟陵陽集 17/3a

書舉子圖後 廣川畫跋 5/18a

題薛公期畫 歐陽文忠集 73/11a

書張季鷹還吳江圖 廣川畫跋 4/4b

題聲寒圖 益國文忠集 15/15a 益公集 15/132a

再題劉子澄聲寒圖二絕句 益國文忠集 15/15b 益公集 15/132b

題彌勒像 寶晉英光集/補編 2/5a

跋大慧禪師送曾兩府彌勒像 無文印集/語錄/題 5b

題趙□□隱士逸圖 盤洲集 63/7a

書陳孔晨隱居圖 本堂集 47/5b

十八畫

跋米元暉瀑布横軸 蘆川集 9/11a

書顏太師畫像後 廣川畫跋 5/12a

題李伯時雜畫 牟陵陽集 17/4a

跋傳欽甫所藏職貢圖 宋本攻媿集 73/5a 攻媿集 75/4b

覆局圖 廣川畫跋 6/8a

書摩詰藍田煙雨圖 東坡題跋 5/1a

跋蕭棟所藏畫卷 後村集 109/10b

跋袁起巖所藏閻立本畫蕭翼取蘭亭圖 宋本攻媿集 69/10a 攻媿集 71/9b

書崔白鸜雀圖 廣川畫跋 6/7b

跋滕子濟所藏獏圖後 東觀餘論/下 70a

鷄竹圖 濟南集附德隅堂畫品/4a

書鎖樹謀圖 廣川畫跋 2/10a

題鎖樹謀圖後 毘陵集 11/9b

題暮鎮圖 豫章集 27/6a

書簡公畫像贊後 山谷題跋 7/11b

跋魏野草堂圖　宋本攻媿集 69/1b　攻媿集 71/1b

跋周昉雙陸圖　定齋集 13/3b

跋胡遵禮雙頭牡丹圖　濟庵集 32/3a

書陳誠甫雙龍後　廣川書跋 5/5a

書優鉢羅華圖　廣川書跋 6/2b

題鼯鼠畫　程北山集 16/9a

跋歸去來白蓮社圖　渭南集 28/10b

跋李龍眠淵明歸去來圖　楊澹集 10/12a

跋陶彭澤歸去來圖　芸庵稿 6/27b

書賀監歸越圖　廣川書跋 4/12a

歸龍入海圖　濟南集附德隅堂書品/10a

跋劉父老季文書像　文山集 10/18b

織女圖　廣川書跋 3/15a

跋狄學賓時飛所惠迴文織錦圖　可齋稿/續前 5/19b

跋織錦回文圖後　東觀餘論/下 64a

書繡卷後　豫章集 29/10b

十九畫

題廬山圖　北磵集 7/14b

書廬陵六君子畫像後　罨齋集 19/5a

跋李伯時羅漢　後村集 99/12b 後村題跋 2/16b

跋羅漢圖　橘洲集 7/2b

跋僧石藏玉羅漢圖　本堂集 48/1a

題天寧寺主僧可舉羅漢圖後　本堂集 47/8b

題羅漢像軸　無文印集/語錄/題 2a

跋陳元達鍊誅圖　莊簡集 17/3a

跋壺溪程君書簾稿後　黃氏日鈔 91/16a

二十畫

跋方別駕味道記黃木向檣舟　北磵集 7/14b

王波利獻馬圖　廣川書跋 5/12b

題蘆鵝　無文印集 10/9a

跋翰林東坡公書　雞肋集 33/18a

題盧計議先世東坡竹　黃氏日鈔 91/10b

題東坡竹石　山谷題跋 8/17a

跋陳光澤家藏東坡竹石　朱文公集 84/24a

跋從子深所藏東坡書畫　宋本攻媿集 72/5a　攻媿集 74/3a

題張志寧所藏東坡書　益國文忠集 47/10b　益公集 47/12a

題東坡像　豫章集 27/11b

跋臨上人所藏東坡像　梅屋樂著/7a

題三蘇圖後　松隱集 33/1b

書李定方繪佛後　廣川書跋 5/11a

跋永康陳宰先夫人繡羅漢　梅山續稿/3a

二十一畫

題瀟湘八景　北磵集 7/14a

米元暉瀟湘圖跋（1－2）　洪文敏集 8/12a

吳生畫護法神　廣川書跋 5/8a

題蘭　石門禪 26/17a

書蘭亭修禊圖　牟陵陽集 17/8a

蘭亭圖　廣川書跋 6/7a

二十二畫

賀方回畫簡有龔高畫二其一戴勝殆非筆墨所成其一鼯鼠尤妙形態曲盡有貪而畏人之意方回言高蜀人與趙昌同時妙於毛羽其先世所藏數十幅今唯此二畫見遺各題數語其上

程北山集 16/6b

跋讀書圖　秋聲集 6/5a

跋聽雨圖　漫塘集 24/13a

題鄺生長揖圖　程北山集 15/8a　新安文獻 22/1a

題華光鑒湖圖　石門禪 26/16a

二十四畫

靈惠應感公像　濟南集附德隅堂書品/5a

書族弟茝鷺圖　本堂集 45/6a

二十五畫

觀天馬圖　蔡忠惠集 30/2b

跋李金判觀音五藏　橘洲集 7/4b

題戴敬甫所藏李伯時畫觀音佛　罨齋集 8/27b

補陀觀音像　濟南集附德隅堂書品/7a

二十六畫

別書韋偃畫驢　廣川書跋 4/1b

書吳生畫驢　廣川書跋 5/18a

二十九畫

題命嚴隱所畫驪山姥圖　林屋稿/31a

六、山水草木

題三遊洞　山谷題跋 8/27b
題天池石間　石門禪 26/20a
題白水山　東坡題跋 6/29b
記赤壁　東坡題跋 6/14a
題活溪崖壁　山谷題跋 8/25a
題專壼　宋本攻媿集 73/14b　攻媿集 75/14a
題雲安下晶　東坡題跋 6/11b
書壺中九華山石　豫章集 25/24b
題棱賢磨崖　朱文公集/別 7/10b
與客遊廬山三峽隅題　復齋集 10/8a
記樊山　東坡題跋 6/13a
遊灊山留題　後樂集 19/29a
書嶢磯　豫章集 25/22a
題廬山　石門禪 26/20a
題羅浮　東坡題跋 6/27b
記羅浮異境　東坡題跋 6/15a
曲水留題李嘉撰　蜀藝文志 64/6a
泗岸喜題　東坡題跋 6/20b

書卓錫泉　東坡題跋 6/27a
書雪　東坡題跋 6/17b
題陳氏雪溪　吳文薦集 14/3a
龍脊灘留題　蜀藝文志 64/3b
書田　東坡題跋 6/17b
學田跋（1－2）　東澗集 13/8a－9a
書海南風土　東坡題跋 6/34a
記黃煙故吳國　東坡題跋 1/36a
跋一則（有三則）　范大成佚著/140－141
題范氏文官花　牟陵陽集 15/10b
跋玉藥杜鵑　容齋題跋 2/14a
跋劉美中書李氏先塋連理木　盧溪集 49/3a
題鄭太尉枇杷洞　松隱集 33/3a
清風樓題桂　竹坡稿 3/4b
題李尹異菌　牟陵陽集 17/1a
跋義松　渭南集 30/4a
跋李彥良瑞木　誠齋集 100/8b

七、器 物

（一）筆墨紙硯

記古人濮筆　東坡題跋 5/30a
書石晉筆仙　東坡題跋 5/28b
試張耕老羊毛筆　山谷題跋 7/6a
書吳無至筆　豫章集 25/19a
書吳說筆　東坡題跋 5/32a
試吳說筆　東坡題跋 5/32b
書侍其瑛筆　豫章集 25/19b
書柳材筆　姑溪集 17/5a
記南兔毫　東坡題跋 5/29b
試夏守真筆　盤洲集 63/3b
書魯直所藏徐偃筆　東坡題跋 5/32a
記都下熟毫　東坡題跋 5/29b
書黃魯直惠郎奇筆　東坡題跋 5/31b
筆說　山谷題跋 7/5b
書錢塘程弈筆　東坡題跋 5/29a
試筆　益國文忠集 15/2a　益公集 15/117b
又試筆　姑溪集 17/5b
書諸葛散卓筆　東坡題跋 5/30b
書諸葛筆　東坡題跋 5/29a
書杜君懿藏諸葛筆　東坡題跋 5/30b
書唐林夫惠諸葛筆　東坡題跋 5/31b
書孫叔靜諸葛筆　東坡題跋 5/33a
跋東坡論筆　豫章集 29/8b
記歐公論把筆　東坡題跋 5/30a
跋蔡藻筆　朱文公集 84/31a
書嶺南筆　東坡題跋 5/32b
題蕭詢筆　嵩山集 18/33b
書王君佐所蓄墨　東坡題跋 5/25a
記王晉卿墨　東坡題跋 5/26b
題尤貢明墨　屏山集 6/4a
書石昌言愛墨　東坡題跋 5/19b
書北廬墨　東坡題跋 5/22a
書沈存中石墨　東坡題跋 5/19b
記李方叔惠墨　東坡題跋 5/17b
記李公擇惠墨　東坡題跋 5/17a

書李公擇墨藪　東坡題跋 5/19a
書李承晏墨　東坡題跋 5/24a
書李憲臣藏墨　東坡題跋 5/19a
書求墨　東坡題跋 5/21b
書呂行甫墨顛　東坡題跋 5/18b
書黃山吳道人墨　蘆溪集 49/1b
書龐安時見遺廷珪墨　東坡題跋 5/18a
書廷珪墨　東坡題跋 5/22a
書所造油煙墨　東坡題跋 5/20a
試東暉墨　東坡題跋 5/24b
書柳氏試墨　東坡題跋 5/23b
記海南作墨　東坡題跋 5/26a
書海南墨　東坡題跋 5/26a
書別造高麗墨　東坡題跋 5/20b
記溫公諭茶墨　東坡題跋 5/23a
書茶墨相反　東坡題跋 5/22b
書清悟墨　東坡題跋 5/17b
書雪堂義墨　東坡題跋 5/21b
書孫叔靜常和墨　東坡題跋 5/26b
書張遇潘谷墨　東坡題跋 5/18a
書馮當世墨　東坡題跋 5/20b
觀曾公卷墨箋　山谷題跋 7/19a
書祖徠煤墨　東坡題跋 5/16b
記奪魯直墨　東坡題跋 5/22b
書裴言墨　東坡題跋 5/25a
書潘谷墨　東坡題跋 5/24b
書潘衡墨　東坡題跋 5/25b
書墨　東坡題跋 5/16a
試墨　東坡題跋 5/16b
書墨後　廣陵集 13/7a
書懷民所遺墨　東坡題跋 5/21a
書六合麻紙　東坡題跋 5/27b
跋匹紙　豫章集 30/12a
題傅監倉度正紙　復齋集 10/8b
書布頭牋　東坡題跋 5/28a

(胡夢昱)印紙題鄭陶孫撰 象台首末 7/8a

題段慎修紙 雞肋集 33/1a

書海苔紙 東坡題跋 5/28a

題高麗紙 牧萊脞語 13/2a

書母丘震御印曆紙後 雞肋集 33/6a

書鄭君乘絹紙 東坡題跋 5/27a

書月石硯屏 東坡題跋 5/39b

題石月硯屏後 水心集 29/6b

書青州石末硯 東坡題跋 5/39a

書瓦硯 東坡題跋 5/38b

書名僧令休硯 東坡題跋 5/35b

書汪少微硯 東坡題跋 5/38a

書呂道人硯 東坡題跋 5/35b

書唐林夫惠硯 東坡題跋 5/38a

書劉九思建茶硯屏 姑溪集 17/7b

跋淡墨研銘 豫章集 29/22b

評淄端硯 東坡題跋 5/39a

書許敬宗硯(1-2) 東坡題跋 5/36a-37a

書雲庵紅絲硯 東坡題跋 5/41a

書硯(1-2) 東坡題跋 5/34b-35a

跋硯録香法 渭南集 26/13a

題無水池新硯 嵩山集 18/26a

書鳳尾硯 東坡題跋 5/34a

書鳳咮硯 東坡題跋 5/38b

書曼秀龍尾硯 東坡題跋 5/40a

書窒道士鏡硯 東坡題跋 5/40a

(二) 金石禮樂

太平寺鐘款 八瓊金石補 113/16b

書黃州古編鐘 東坡題跋 6/9a

號州古鐘銘 廣川書跋 3/19a

跋古鐘銘 金石錄 11/1a

交阯崇慶寺鐘欵文曹良輔撰 粵西金石畧 3/15a

存志觀鐘欵李夢庚撰 八瓊金石補 120/26b

宋公鉦銘 廣川書跋 3/4b

宋鉦鐘說 東觀餘論/上 84a

延慶觀鐘欵 八瓊金石補 105/5a

跋周陽家鐘銘 金石錄 12/5a

周寶鼎鐘說 東觀餘論/上 78a

臥龍寺鐘款 八瓊金石補 87/9b

秦和鐘銘 廣川書跋 4/2b

秦昭和鐘銘跋 歐陽文忠集 134/15b

秦昭和鐘銘說 東觀餘論/上 68a

跋秦鐘銘 金石錄 11/2b

烏鐘 廣川書跋 1/17a

雲靁鐘 廣川書跋 1/18a

周雲靁鐘說 東觀餘論/上 80a

景鐘銘 廣川書跋 3/21a

跋楚鐘銘 金石錄 11/5a

跋楚鐘銘 金石錄 12/3a

唐武盡禮寧照寺鐘銘跋 歐陽文忠集 139/6b

跋齊鐘銘 金石錄 13/1b

龍興寺鐘款 八瓊金石補 103/1a

寶鼎鐘 廣川書跋 3/18b

寶鼎鐘銘 廣川書跋 2/17a

跋寶鼎鐘銘 金石錄 11/4b

倪石陵觀音院鐘刻辯跋鄭楷撰 倪石陵書 30b

倪石陵觀音院鐘刻辯跋杜桓撰 倪石陵書/31a

大夫始鼎 廣川書跋 3/3b

跋大夫始鼎銘 金石錄 11/6b

跋上林供官銅鼎銘 金石錄 12/5b

二方鼎 廣川書跋 1/9b

跋方鼎銘 金石錄 11/1b

牛鼎 廣川書跋 1/8b

孔文父獻鼎銘 廣川書跋 3/3a

書古銅鼎 東坡題跋 6/9b

跋田鼎銘 金石錄 13/3b

史伯碩父鼎銘 廣川書跋 2/13a

甘鼎 廣川書跋 3/15b

仲作辛鼎銘 廣川書跋 1/3b

跋汾陰侯鼎銘 金石錄 12/4b

跋宋公鬲鍊鼎銘 金石錄 11/4a

跋宋君夫人鼎銘 金石錄 12/1b

宋君夫人鍊軒鼎 廣川書跋 3/8b

叔鼎銘 廣川書跋 2/8a

周方鼎說 東觀餘論/上 76b

周史伯碩父鼎說 東觀餘論/上 72b

周宋公鼎說 東觀餘論/上 75b

周舉鼎說　東觀餘論/上 75a
周舉鼎銘　廣川書跋 3/10b
晉姜鼎銘　廣川書跋 3/1b
商洛鼎銘　廣川書跋 2/10b
跋商維鼎銘　金石錄 11/6a
商維鼎銘真蹟跋　歐陽文忠集 134/7b
尊鼎銘　廣川書跋 1/23a
跋鼎銘　金石錄 12/3a
跋丁端叔所藏鼎彝款識　宋本攻媿集 68/5b　攻媿集 70/5b
韓城鼎銘跋　歐陽文忠集 134/3b
薰鼎　廣川書跋 3/14b
跋薰鼎銘　金石錄 11/1b
鑄鼎原銘　廣川書跋 8/12a
郭氏鐵鐘款識　八瓊金石補 94/8a
跋井伯敦銘　金石錄 12/2b
毛伯敦銘　廣川書跋 2/4a
跋毛伯敦銘　金石錄 11/5a
毛伯敦銘跋　歐陽文忠集 134/1b
古敦銘毛伯敦龔伯彝伯庶父跋　歐陽文忠集 134/1a
終南古敦銘跋　歐陽文忠集 134/9a
跋車敦銘　金石錄 12/3b
伯庶父敦銘跋　歐陽文忠集 134/3a
伯庶父尊敦銘　廣川書跋 2/9a
周姜敦銘　廣川書跋 3/1a
跋周姜敦銘　金石錄 11/6b
跋周敦銘　金石錄 11/3b
紀城敦銘　廣川書跋 2/17b
秦公敦銘　廣川書跋 4/1a
商素敦說　東觀餘論/上 70b
敦匜銘跋周姜寶敦張伯裒匜　歐陽文忠集 134/10a
敦匜銘跋伯阿敦張仲匜　歐陽文忠集 134/11a
跋敦銘　金石錄 12/1b
跋散季敦銘　金石錄 12/2a
雌敦　廣川書跋 1/2a
銅敦銘　廣川書跋 2/21b
邛仲穎盤銘　廣川書跋 3/10a
告盤銘　廣川書跋 1/18b
跋宋穆公孫盤銘　金石錄 12/2a
跋齊侯盤銘　金石錄 12/3b
跋文王尊彝銘　金石錄 11/4a
唐元結窊罇銘跋　歐陽文忠集 140/13a
父乙尊彝　廣川書跋 1/1a

伯作父丁寶尊彝銘　廣川書跋 1/3a
商著尊說　東觀餘論/上 69b
著尊　廣川書跋 1/5a
著尊　廣川書跋 1/14b
魯公尊彝銘　廣川書跋 2/5b
犧尊　廣川書跋 1/13b
圜丘犧尊款識　翟忠惠集 10/3a
明堂犧尊款識　翟忠惠集 10/3a
豊尊　廣川書跋 1/2b
龔伯尊彝銘　廣川書跋 2/6b
跋父乙彝銘　金石錄 13/2a
跋父丙彝銘　金石錄 12/1b
虎彝　廣川書跋 1/15a
跋季嬀彝銘　金石錄 11/7a
跋兄癸彝銘　金石錄 11/2a
跋祖丁彝銘　金石錄 11/1b
雌彝　廣川書跋 1/15b
龔伯彝銘跋　歐陽文忠集 134/2b
一柱爵　廣川書跋 1/7b
周一柱爵說素爵附　東觀餘論/上 81b
跋爵銘　金石錄 13/2b
豊洗　廣川書跋 1/16b
古豆　廣川書跋 1/11b
齊豆銘　廣川書跋 3/13b
鯉首豆　廣川書跋 1/4a
周鯉首豆說　東觀餘論/上 72a
蟾足豆　廣川書跋 1/12b
周蟾足豆說　東觀餘論/上 83a
跋漢廧丘宮鑑銘　金石錄 13/3b
前漢鸎足鑑銘跋　歐陽文忠集 134/20a
跋平周金銅鉦銘　金石錄 12/5b
杜嫗鋪　廣川書跋 2/16b
書金錞形制　東坡題跋 6/9b
漢金錞說　東觀餘論/上 85b
周雲雷舉說　東觀餘論/上 82a
商山觚圜觚說　東觀餘論/上 71b
商觚　廣川書跋 1/6a
象觚　廣川書跋 1/6b
賈甲觚　廣川書跋 3/12b
崇勝寺浴鍋款　八瓊金石補 104/21b
漢小方壺說　東觀餘論/上 87b
漢象形壺說　東觀餘論/上 87a
漢漏壺說　東觀餘論/上 88a

跋谷口銅甬銘　金石録 12/6a
前漢谷口銅甬銘跋　歐陽文忠集 134/20a
跋銅釜銘　金石録 12/4b
谷口銅甬銘　廣川書跋 5/1b
銅鼓銘　廣川書跋 6/23a
王文秉紫陽石磬銘跋　歐陽文忠集 143/12a
跋南唐紫極宮石磬銘　金石録 30/10a
古翁銘　廣川書跋 5/1a
題斬蛇劍銘後　唯室集 2/15a
跋戟銘　金石録 13/2b
銅戈辯　東觀餘論/上 47a
臨淄戟銘　廣川書跋 3/22b
書士琴　東坡題跋 6/7a

書王進叔所蓄琴　東坡題跋 6/9a
書仲殊琴夢　東坡題跋 6/8b
書林道人論琴碁　東坡題跋 6/8a
琴非雅聲　東坡題跋 6/2a
雜書琴事贈陳季常家藏雷琴　東坡題跋 6/1a
李忠愍琴研銘跋　鶴林集 38/9b
琴貢桐孫　東坡題跋 6/2b
文與可琴銘　東坡題跋 6/4a
琴銘　廣川書跋 8/5a
跋唐冰清琴銘　金石録 30/9a
書李嵩老碁　東坡題跋 6/10a
跋律管銘　金石録 12/6b

（三）生活用品

旅匜銘　廣川書跋 1/21b
跋匜銘　金石録 11/6a
跋中静匜銘　金石録 12/3b
孟姜盟匜銘　金石録 13/3a
弭仲寶醫銘　廣川書跋 2/15b
周嚳周洗說　東觀餘論/上 80b
素洗雙魚洗列錢洗　廣川書跋 5/3b
書小宗香　豫章集 25/22b
題定軒堅師紙扇　嬾眞集 4/25a
書韋許扇　豫章集 25/22b
盃銘　廣川書跋 2/11b
書夢中靴銘　東坡題跋 1/42b
論漆　東坡題跋 6/11a
叔郭父簋銘　廣川書跋 1/19a
伯考父簋銘　廣川書跋 1/20a
齊簋銘　廣川書跋 1/22b
宋公寶簋銘　廣川書跋 3/9b

叔高父煮簋銘跋　歐陽文忠集 134/9a
周素盤漢小盤說　東觀餘論/上 83b
跋筥銘　金石録 11/5b
書所獲鏡銘　東坡題跋 1/23a
跋周陽侯家廟文後　東觀餘論/下 47b
跋甗銘　金石録 11/2a
方甗銘　廣川書跋 2/17a
秦度量銘跋　歐陽文忠集 134/14b
秦權銘（1－2）　廣川書跋 4/12b－13b
跋秦權銘　金石録 12/4a
權銘　廣川書跋 5/3a
跋漢巴官鐵量銘　金石録 14/2b
太公寶缶銘　廣川書跋 4/1b
古瓦甎　東觀餘論/上 51a
漢蟾文甄說　東觀餘論/上 36b
書賈祐論真玉　東坡題跋 6/10b
書璧　朱文公集 82/4b

（四）其他器物

跋趙侍郎三物　聚齋集 8/28b
跋趙明可家藏三物記　宋本攻媿集 73/23b　攻媿集 75/22b

跋安州所獻六器銘　金石録 13/1b
王子吳鼎斛　廣川書跋 3/16b
永建石章辨與滕子濟　東觀餘論/上 56b

跋石木古器物銘 金石録 13/3b

古器銘跋鐘銘二缶器銘一甗銘二寳教銘一 歐陽文忠集 134/7b

古器銘跋綏和鐘寳盃寳教 歐陽文忠集 134/8b

古器辨 東觀餘論/上 55b

書北極靈籤 東坡題跋 6/32a

四皓神坐 廣川書跋 5/24b

伯麃父銘 廣川書跋 1/20b

跋武安侯器銘 金石録 12/5a

前漢二器銘跋林華宮行鐙蓮勺宮博山爐 歐陽文忠集

134/19a

前漢五器銘(一作玉器銘) 益國文忠集 15/3b 益公集 15/119a

癸舉器 廣川書跋 3/11b

距仲寳匜銘 廣川書跋 2/14b

張仲器銘集本跋 歐陽文忠集 134/12a

唐景陽井銘跋 歐陽文忠集 139/11b

太傅右丞相府家廟祭器等款識 後村集 53/13a

唐濟瀆廟祭器銘跋 歐陽文忠集 141/7a

題跋七 器物 其他器物

八、建 築

題石乳寺　朱文公集/別 7/10b
題長沙開福寺　南軒集 35/7a
題落星寺　朱文公集/別 7/10a
題廣州清遠峽山寺　東坡題跋 6/26b
題壽聖寺　東坡題跋 6/26b
題鳳池寺　栟櫚集 19/2b
題賢沙寺　栟櫚集 19/2b
書坦禪師塔石　北磵集 17/10b
修塔題字沈文舉撰　八瓊金石補 100/28a
題作庵　山谷題跋 8/7a
題疊石菴　朱文公集/別 7/10b
題盧竹溪立洞真觀石後　本堂集 45/7a
題真山觀　千湖集 28/5b
題尋真觀　朱文公集/別 7/10a
書賈偉節廟　宋文鑑 130/13b
題潭州道林寺六絕堂　益國文忠集 19/18a　益公集 19/70b
跋仁風堂　南澗稿 16/24a
題密仲明舍人存耕堂　林屋稿 29b
跋企賢堂黃由撰　吳都文粹 9/38b
書尚古堂　石堂集 13/28a
題張德從畏心堂　文山集 10/14b
題定林寺清深堂　梁溪集 162/9b
記漢講堂　東坡題跋 6/14b
志樂平朱氏榮緑堂　先天集 8/6a
與可學士墨君堂　丹淵集/附錄 25a
吳季申儒英堂跋　可齋稿/續後 12/7b
題嚴子陵祠堂　斐然集 28/7b
跋大名縣主簿石元之東齋卷後　柯部集 33/13b
題全氏步雲齋　真西山集 36/21a
題青州山齋　歐陽文忠集 73/17a
怡怡齋跋　鶴林集 38/10b
題倪仲山納齋　樗菴集 10/9b
跋孫夢得習齋　後村集 109/1b
題周味道菊野　牟陵陽集 15/8a

題戴行可進學齋　文山集 10/14b
題賴淵甫復齋　巽齋集 20/3b
樸齋　黃氏日鈔 91/14b
書譚氏東齋　武溪集 18/1b
天華寺欲作山亭因題其壁　緝雲集 4/25a
書天慶觀壁　東坡題跋 6/27b
題太平觀壁　山谷題跋 8/8b
題石龜觀壁　石門禪 26/19a
題白鹿寺壁　石門禪 26/21b
題西林寺壁　山谷題跋 8/8a
書存獨室壁　無文印集 10/6b
書吳叔元亭壁　山谷題跋 8/24a
書沿淮巡檢廳壁傅堯命撰　宋文鑑 130/12b
題固陵寺壁　山谷題跋 8/7b
題胡氏所憇亭壁　山谷題跋 8/8a
題浮泥壁　石門禪 26/20b
題唐興寺壁　盧溪集 50/5b
題祥符縣尉廳壁　河南集 4/11b
題清修院壁　石門禪 26/21a
書連公壁　東坡題跋 6/17a
題錢唐西湖詮上人荷香亭壁　鄮津集 14/14a
海門按田書陸瓊橋壁　龍雲集 29/7b
題鄆州學壁　祖徠集 9/5b
書平鄉縣廳壁　豫章集 20/20a
題華嚴寺壁　盧溪集 48/4b
題新興寺壁　象山集 20/11a
題義恩祠壁盛木撰　羅豫章集/卷末 25a
書瑞新道人壁　臨川集 71/8b
題萬松嶺惠明院壁　東坡題跋 6/24b
題嘉佑寺壁　東坡題跋 6/30a
題遠公影堂壁　鄮津集 16/2b
題翠雲寺壁　象山集 20/12a
書鴿湖寺壁　盧溪集 48/4b
書隱居王適中壁　龍雲集 29/9b
題鎮洮舖壁　四庫拾遺 577/書曼集

題觀音院壁 石門禪 26/22a
題李振介軒 耻堂稿 3/27b
題也足軒 山谷題跋 8/24a
題山陽倪大夫北軒 節孝集 28/15b
題張端羡肯齋轉軒 澹塘集 24/12b
夢南軒 東坡題跋 6/37b
題草衣寺松碧軒 斐然集 28/8b
題復州鴻軒 鶴山集 63/3b
題廉州清樂軒 東坡題跋 6/37a
題張和伯賓軒 罪齋集 22/10a
題郭從禮雙清軒 罪齋集 20/8a
題賈端老不忘室 文山集 10/14a
題彭君築象山室 絜齋集 8/18a
跋彭道士虛碧房 文山集 10/12b
題損之故居 東坡題跋 6/23b
題山月亭 罪齋集 22/11b
江月亭留題何異撰 蜀藝文志 64/8b
書濂溪光風霽月亭 朱文公集 84/32a
書幽芳亭 豫章集 25/24a
名容安亭 東坡題跋 6/31b
福州屏山亭題識 後樂集 19/29b
題萬松亭 豫章集 29/13b
題練光亭 豫章集 25/23a
題星子縣尉廟射亭 朱文公集/別 7/9b
書臨皐亭 東坡題跋 6/37a
題西湖竹閣 雪坡集/補 1a
名西閣 東坡題跋 6/38b
留題昭平王氏來仙閣（1－2） 道鄉集 31/15b－16a
題溥浸閣 并柳集 19/3a

蓬萊閣記所見 東坡題跋 6/21b
題太學試院 山谷題跋 8/7a
題竹間吟院 須溪集 7/34b
題折桂院 朱文公集/別 7/11a
題王朝英梅溪竹院 于湖集 28/4a
題棲禪院 東坡題跋 6/31a
題開平院 并柳集 19/3a
題龍溪蔡德容道院 後村集 110/16b
題合江樓 東坡題跋 6/31a
黃樓銘跋 鶴林集 38/10a
書亡友張德明擁書樓 文溪集 5/3b
題嚴陵釣台 竹坡稿 3/10b
玉臺極堂柱識 鶴山集 41/10a
題易氏李公擇墓柱 豫章集 30/15a
題書室柱 橫浦集 19/7b
題開先鎮劍亭柱 無文印集 10/5b
過楊塘趙清獻神道題柱 誠齋集 98/3b
題觀瀑亭柱 無文印集 10/5b
題青渠驛 方舟集 18/16a
桑溪造橋跋 抽齋集 20/12a
跋吳晦夫社倉 四庫拾遺 128/絜齋集
跋新豐饒省元佐義貸倉 黃氏日鈔 91/12b
題米元章墓 程北山集 16/6a
題盧祖畬復別祖墓 鶴山集 65/8a
題薛仁静墓 水心集 29/22b
記鐵基厄臺 東坡題跋 1/36b
天華宮 東坡題跋 6/37b
題石衖 郢溪集 18/8b
書汴河斗門 東坡題跋 1/36b
州學留題畢變撰 蜀藝文志 64/8a

題跋八 建築

九、人 事

書二任分關後　碧梧集 16/2b

跋周應可爲蔡德夫千藥物目子後　文山集 10/15b

書上元夜遊　東坡題跋 6/34b

青陽方氏義聚跋　蚊峰集 6/10a

書贈王十六　東坡題跋 4/23a

贈別王文甫　東坡題跋 6/19a

再書贈王文甫　東坡題跋 6/20a

書贈王元直（1－3）　東坡題跋 6/23b－24a

王龜年跋　鴻慶集 32/6b　孫尚書集 54/7b

記公擇天柱分桃　東坡題跋 6/12a

天陰絃慢　東坡題跋 6/3b

贈五行任君　真西山集 35/30a

贈上饒日者呂丙　後村集 101/9b　後村題跋 3/12a

贈日者許澄之　後村集 101/14a　後村題跋 3/18a

書牛李事　姑溪集 17/3b

贈月初道人　牟陵陽集 7/5a

〔題〕主父之事　宋文鑑 181/15b

題古塔主兩種自己　石門禪 25/23a

題王總幹四梅　無文印集 10/12a

自識　敝帚稿 8/22a

書合浦舟行　東坡題跋 6/36b

書杜介求字　東坡題跋 4/29b

書李氏事後　浮沚集 6/7b

書余清老　道鄉集 32/2b

書狄武襄事　東坡題跋 1/8a

題易君竹所　異齋集 20/8b

記承天夜遊　東坡題跋 6/18b

書城北放魚　東坡題跋 6/35a

書种放事王回撰　宋文鑑 130/6a

跋皇甫相土　可齋稿 23/6b

書建陽宋君嗣事　石堂集 13/29a

書浮玉買田　東坡題跋 6/18b

跋家季文守富順日拒吴曦僞檄事　鶴山集 63/10b

跋唐司農遇仙事　浮溪集 17/14b

題虔州祥符宮乞籤　東坡題跋 6/26a

書徐則事　東坡題跋 1/41a

送徐德郊　山谷題跋 7/7a

桑葉措絃琴　東坡題跋 6/3b

書事一則　范成大佚著/143

書事一則　范成大佚著/144

論黃陵碑二女　東觀餘論/上 60b

跋戚氏　姑溪集 28/6a

跋處靜　杜清獻集 17/10b

偶述　姑溪集/後 15/6a

偶書（1－2）　東坡題跋 1/40a

偶書　姑溪集 17/7a

張子野戲琴妓　東坡題跋 6/2a

跋户部陳子强守節事　相山集 27/1a

書陳泊事後　雞肋集 33/8b

記遊白水嵓　東坡題跋 6/28b

記遊定惠院　東坡題跋 6/16a

記遊松風亭　東坡題跋 6/30b

書遊垂虹亭　東坡題跋 6/12b

書遊靈化洞　東坡題跋 6/11b

書馮帥功　慈湖遺書 5/28b

歐陽公論琴詩　東坡題跋 6/1b

書文忠贈李師琴詩　東坡題跋 6/7b

琴鶴之禍　東坡題跋 6/3a

記朝斗　東坡題跋 6/30b

書舒嶦二事　范成大佚著/143

程剛愍死事跋　平齋集 10/14a

題傍雲　牟陵陽集 17/7b

書新安事　范成大佚著/142

書楊絜事　姑溪集 17/4a

贈楊醫　後村集 100/12b　後村題跋 1/16a

贈萬壽信無疑至元丁丑　林屋稿/31b

歌後鄭五　黄氏日鈔 91/9b

書蜀公約鄰　東坡題跋 6/18a

書笺 東坡題跋 6/32b
書節行王夫人事 文定集 12/3a
跋榮夫人事 襄陵集 10/11a
跋趙昌父送劉清之子澄事後 鶴山集 63/13a
書趙鳳事 姑溪集 17/3a
記與安節飲 東坡題跋 6/15b
記與舟師夜坐 東坡題跋 6/29a
書與郭壽 嵩山集 18/28b
書與墨工張處厚 道鄉集 32/7b
書陳唐父綿州守遺愛事後 鷄肋集 33/10a
書請郡 東坡題跋 6/22b
慶撫省楊彥遠得子 牟陵集 17/2a
書劉元平事 姑溪集 17/4a
書劉昌事 東坡題跋 1/7b
書劉忠肅公事 文定集 10/13b
書劉庭式事 東坡題跋 1/8b
贈劉範子 鷄肋集 33/26a

跋鄂氏四世死事 鶴山集 63/10a
跋鄂某宣和使廣賜私覿茶幣 鶴山集 63/16a
濟水入于河 緣雲集 4/19a
書諺 東坡題跋 6/33a
書襄城公主事 宋文鑑 130/7b
戴安道不及阮千里 東坡題跋 6/3a
戲楊元發 姑溪集 17/6b
鍾離跋尾 山谷題跋 8/10a
雜題跋（1－2） 姑溪集/後 15/5a－5b
跋蔡瞻明雙松居士 漢濱集 15/4b
贈人 姑溪集 17/7a
書贈墨工戴國和 盧溪集 50/6b
語羅履泰 須溪集 6/43b
書東坡宜興事 益國文忠集 19/8a 益公集 19/58b
跋蘇黃門在筠州施楞嚴標指 益國文忠集 51/7a
益公集 51/78a

柒、頌贊箴銘賦

【編纂說明】

（一）本類首先按文體分頌、贊、箴、銘、賦五目，然後按其內容再分為若干項。

"頌"分爲聖德善政、禮樂、符瑞災異、人物世事、山水城邑、亭壇樓閣、堂齋軒庵、宮觀廟塔、詩文書畫、衣食器用、草木等十一項；

"贊"分爲天文、地理、人物、世事、亭堂齋軒、寺觀庵塔、金石文物、琴棋書畫、詩文經藏、衣食器用、草木鳥獸等十一項；

"箴"分爲人物世事、城邑橋堰、堂齋軒閣、金石書畫、衣食器用等五項；

"銘"分爲人物世事、山水城邑、亭臺樓閣、堂齋軒館、寺觀庵塔、金石文物、筆硯紙墨、琴棋書畫、服飾器用、草木鳥獸等十項；

"賦"分爲天文、歲時、地理、帝德、禮樂、符瑞災異、人物世事、明志抒懷、亭臺樓閣、堂齋軒館、宮觀庵廟、金石文物、筆硯紙墨、琴棋書畫、衣食器用、草木鳥獸等十六項。另外，在每項之下又分若干細目。

（二）在每一細目之下，一般按所頌、所贊、所箴、所銘、所賦的對象（人、物、事等）的筆畫、筆形爲序排列。所頌、所贊對象之前的動詞、朝代、官名、地名等一般暨去不計，僅按其對象（人、物、事）的筆畫計算。例如"擬進天應頌"，"擬進"二字不計，按"天"字計算，排於四畫；又如"故駕部郎中捫膝先生喻公贊"，按"喻"字計算，排於十二畫。

（三）僅見於總集、合集中的頌贊箴銘賦文，篇目之後加注撰者姓名。例如，"杜甫贊（狄遵度撰）宋文鑑 75/3b"。

一、頌

（一）聖德善政

1. 聖 德

天基聖德之頌 麟軒集 10/3b

天基節獻聖德一頌六箴有序 麟軒集 10/1a

大宋中興頌 太倉集 43/1a

中興頌趙不息撰 八瓊金石補 91/25b

至道朝元殿册皇太子頌 四明文獻集 7/12a

宋頌並序 南陽集 1/7b

宋頌(1-9)並序 祖俠集 1/1a-6b

宋頌並序 樂全集 5/1a

宋頌李師中撰 金石續編 15/10a 八瓊金石補 98/21b
粵西金石畧 3/5b

周成王蒐岐陽頌 盤洲集 28/11b

承天節頌並序 武夷新集 6/1a

帝統 鄂州集 1/1a

神宗皇帝聖政頌並序 摘文集 12/1a

皇帝幸玉津園省歛頌 景文集 34/12a

皇帝神武頌 景文集 34/1a

皇帝諸壽康宮上壽頌並序 性善稿 12/1a

皇儲資聖頌並序 范文正集 6/1a

唐太宗兩儀殿上壽頌 東萊集/別 4/6a

烈文即政頌 文恭集 29/5b

大宋教興頌並序馬應撰 金石萃編 130/25b

乾元節祝聖壽頌 元憲集 16/1a

乾元節頌有表 景文集 34/14b

乾道聖德頌 松隱集 28/1a

紹興秘書省觀累朝御製頌 靈巖集 5/5a

紹興淳熙兩朝內禪頌 緑暑集 9/1a

紹興聖德頌宗仕撰 蜀藝文志 45/11a

淵聖皇帝題十八學士頌 梁溪集 142/3a

寧宗皇帝明德頌冉木撰 蜀文輯存 78/8a

頌堯 劉給諫集 4/5a

景德五頌 文莊集 24/1a

慶曆聖德頌並序 祖俠集 1/7b

漢高帝未央宮上壽頌 東萊集/別 4/4b

2. 善 政

曹侯善政頌並序 豫章集 15/5b

裴度不疑蔡人頌 宗伯集 15/3b

滕侯守台頌並序李昌齡撰 赤城集 18/5b

錢鄶州不燒楮鑞頌 灌園集 16/10a 宋文鑑 74/20b

（二）禮 樂

1. 朝 會

紹聖元會頌並序 龍雲集 2/3b

2. 禡 祀

國陽大報頌 元憲集 16/7a

擬仁宗皇帝南郊慶成頌 方壺稿 1/9a

擬請西封頌 傅忠肅集/上/21a

封祀壇頌碑王旦撰 金石萃編 127/11a

皇帝封泰山頌 孫尚書集 53/8b

朝陵頌並序 文莊集 24/6a

封禪朝覲壇頌並序陳堯叟撰 金石萃編 127/36b

陽郊慶成頌 景文集 35/8b

明堂慶成頌 清正稿 6/1a

3. 耕 藉

籍田頌 景文集 35/5b

藉田頌並序 咸平集 21/2b

4. 樂

唐神功破陣樂頌 盤洲集 28/7b

唐驃國獻樂頌 益國文忠集 92/10b 益公集 92/170a
紹興祀德廟酌獻疆濟公成安樂頌 靈巖集 5/2a

（三）符瑞災異

1. 符 瑞

溫江縣二瑞頌楊天惠撰 蜀藝文志 45/10a
大中祥符頌 文莊集 24/13b
漢赤伏符頌 盤洲集 28/6a
靜惠處士祠前芝草頌 灌園集 16/8b
端誠殿芝草頌 丹陽集 9/1a
河清頌並序 咸平集 21/1a
周伯星頌並序 文莊集 24/11b
漢神魚舞河頌 毗陵集 11/11a

紫芝頌 方是閒稿/下/18a
漢華平頌 四明文獻集 7/16a
瑞木頌並序 公是集 49/5b
太廟瑞芝頌 王雙溪集 9/13b
壽芝頌 于湖集 1/4b
嘉禾頌 鶴林集 88/15a

2. 災 異

天罰有罪頌 元憲集 16/16b
擬進天應頌有序 初僚集 1/1a

（四）人物世事

1. 儒 學

州學更造釋奠祭器頌賈南金撰 赤城集 5/13a
成都府府學講堂頌張俞撰 蜀藝文志 45/7b
知樂仁壽二頌 魯齋集 7/5b
乙卯仲春丁奠畢作素王頌 庸齋集 1/1b
癸丑仲秋建安郡學丁奠退而作頌 庸齋集 1/1a
廣文頌並序 文莊集 24/3b
儒户免役頌 牧萊脞語 14/3b

2. 軍 旅

太祖皇帝閱武便殿頌 東萊集/別 4/12a
平邊頌並序 文莊集 24/1b
平狄頌 浪語集 32/6b
北狄來朝頌並序 小畜集/外 10/8b
武有七德頌並序 咸平集 21/14a
修文立武頌 緣督集 9/3b
魏相諫伐匈奴頌 宗伯集 15/3a

3. 治 道

大有年頌並序 景文集 34/3b
太平頌並序 咸平集 21/5b
五聲聽政頌 咸平集 21/18a
孝治頌 元憲集 16/11b
頌取之左右逢其原 豫章集 15/23b
抱一頌 樂城集/後 5/7b
誅大奸頌 牧萊脞語 14/1a
廣農頌並序 文莊集 24/8a
祝網頌 咸平集 21/16b
德號纘胡頌並序 文潞公集 2/23a
蕭何收秦圖籍頌 宗伯集 15/2b

4. 釋 道

贈成都六祖沙彌文信頌黃庭堅撰 豫章集 15/19b
蜀藝文志 45/10a
六祖傳付偈頌 演山集 36/8b
寄六祖範和尚頌 豫章集 15/20a
頌古（1－100） 雪竇集/頌古 1b

勸石洞道真師染架裟頌 豫章集 15/19b

辽字頌 豫章集 15/22a

示初公頌李昌齡撰 八瓊金石補 111/15b

曉賢師續佛壽頌 豫章集 15/16a

枯骨頌 豫章集 15/18a

爲黃龍心禪師燒香頌(1-3) 豫章集 15/22b

吾友張四居士爲僧敢南善頌 農山集 12/6a

相識惠菩提葉燈戲鳥頌 北山集 26/4b

道林二頌(1-2) 雪巢編(三)沈集 8/2a-2b)

還神岡圓首座戒刀頌 豫章集 15/19a

維摩經諸品頌並序 元憲集 17/1a-12a

爲慧林冲禪師燒香頌(1-3) 豫章集 15/22a

送賢師往瀘州爲兩驅鳥乞度牒錢頌 豫章集 15/21b

解臨睡頌 豫章集 15/21b

禪社首壇頌並序王欽若撰 金石萃編 127/22a

禪頌 紫微集 83/2a

解禪頌並序司馬光撰 蜀文輯存 45/7a

禪戲頌 蘇東坡全集/續 10/3a

錢伯言戲書送溈山入院頌並跋錢伯言撰 八瓊金石補 95/30a

羅漢南公升堂頌(1-2) 豫章集 15/20a

辭世頌 橘洲集 10/14a

覺範師種竹頌 豫章集 15/16b

釋迦文佛頌並引 蘇東坡全集/後 19/10b

鐵羅漢頌並序 豫章集 15/17b

觸體頌 豫章集 15/10b

5. 人 物

十八大阿羅漢頌跋尾附 蘇東坡全集/後 20/3b-8a

南嶽十八羅漢頌 北湖集 5/10a

王厚頌(1-2) 豫章集 15/8a

沙彌文信大悲頌 豫章集 15/17a

伯夷頌 雙溪集 15/3a

阿彌陀佛頌 蘇東坡全集 40/9a

清閑處士頌 豫章集 15/7a

無文頌 佩韋集 8/7b

達摩頌黃庭堅撰 八瓊金石補 110/13a

石恪畫維摩頌 蘇東坡全集 40/8a

觀世音菩薩頌並引 蘇東坡全集/後 20/16a

6. 祝 壽

擬九頌 慶仄編 2/1a-6b

述九頌 慶仄編 2/6b-13b

上文相公(文彥博)生辰頌 柯部集 33/4b

壽王倫齋(王瑜)樞密頌 本堂集 36/5b

李次仲誕辰頌 松隱集 28/2b

長生頌 方是閒稿/下/19b

以活溪磨崖頌爲友人壽 客亭稿 12/11b

壽瑩頌 清獻集 5/24a

德壽頌 秋聲集 6/6a

上蘇國博生日頌撰著人未詳姓名 播芳文粹 127/5a

7. 贈 答

答孔子君頌 蘇東坡全集/續 10/3a

和朱宏夫真妄頌 豫章集 15/20b

臨行小頌別見春清淳二老 北山集 26/4b

奉約宣叔頌 豫章集 15/9a

戲答宣頌 豫章集 15/9a

東達上座頌一首枕上補作有序 益國文忠集 40/1a 益公集 40/129a

謝張寬夫送樓桲頌 豫章集 15/8b

陳奥頌 魯齋集 7/4b

和斌老悟道頌 豫章集 15/21a

和程德裕頌(1-5) 豫章集 15/13b

答雍熙光老頌 豫章集 15/17a

答楊明叔送米頌 豫章集 15/8b

贈嗣直弟頌(1-10)並序 豫章集 15/12b

乞笋於廖宣叔頌 豫章集 15/9a

臨行又一頌別趙使君 北山集 26/4b

贈劉靜翁頌(1-12) 豫章集 15/14b

又答寄糖霜頌 豫章集 15/17a

答檀君送含笑花頌 豫章集 15/20b

戲答寶勝甫長老頌 豫章集 15/21a

答子由(蘇轍)頌 蘇東坡全集/續 10/2b

（五）山水城邑

1. 山

芝山頌　靈巖集 5/1a
具茨頌　豫章集 15/4b
後薌山頌　滄庵集/補遺 1a
盆山頌　浪語集 32/5b

2. 巖

伏山巖頌　豫章集 15/23a
雨花巖頌　豫章集 15/23a
補陀巖頌　豫章集 15/23a

3. 水

玉醴頌　豫章集 15/10b

安樂泉頌並序　豫章集 15/10a
油水頌　蘇東坡全集/續 10/2a　蜀藝文志 45/10a
尉氏縣呂明府創修洩水渠頌　景文集 35/14a
劍池頌並序　徐公集 14/5a

4. 城 邑

富樂山古蜀頌王夷簡撰　蜀文輯存 97/21a
泗洲頌　演山集 36/13b
宜州鐵城頌黃慶德撰　八瓊金石補 120/7a

（六）亭壇樓閣

1. 亭

題高節亭頌　豫章集 15/23b
澄心亭頌　豫章集 15/11a
顏樂亭頌並序　傳家集 66/15a　司馬溫公集 68/3a

2. 壇

漢紫壇頌　益國文忠集 93/4a　益公集 93/181b

3. 樓

延喜樓冠帶河隴高年頌　靈巖集 5/3a

（七）堂齋軒庵

1. 堂

張京尹中和堂頌十首　止堂集 15/3b
休堂頌　豫章集 15/12a
明堂頌　景文集 35/11b
退堂頌　豫章集 15/12a

問道堂頌盧烜撰　蜀藝文志 45/13a
敕賜瑞應堂頌　竹隱集 14/4b

2. 齋

拙齋頌　漫塘集 25/12a
夢齋頌　樂城集/後 5/7b

3. 軒

拙軒頌　豫章集 15/12a

4. 庵

了了菴頌　豫章集 15/11b
白蓮菴頌　豫章集 15/11b
西園圓通頌趙抃撰　蜀藝文志 45/8b

和西園圓通頌周直儒撰　蜀藝文志 45/9a
和西園圓通頌吳師孟撰　蜀藝文志 45/9a
和西園圓通頌侯溥撰　蜀藝文志 45/9b
寂照庵頌張浚撰　蜀藝文志 45/11a
墨庵頌宋祁撰　蜀藝文志 45/6b

5. 巷

題水首座巷頌　豫章集 15/19b

（八）宮觀廟塔

1. 宮

太一新宮頌並序　景文集 35/1a
景靈宮頌　景文集 34/7b
景靈宮頌　靈巖集 5/4a
會聖宮頌歐陽修撰　歐陽激集 58/6b

2. 觀

如是觀頌盧塔撰　蜀藝文志 45/13b

3. 廟

晦庵朱子祠堂頌　方壺稿 1/10a

泰州張侯祠堂頌　范文正集 6/3a
修蒼韻祠頌碑並陰撰著人未詳姓名　八瓊金石補 84/6a
宣和四年修岳廟頌宇文粹中撰　蜀文輯存 36/16b

4. 塔

明果寺證真塔頌　清獻集 5/24a
羅漢南公塔頌　豫章集 15/20b

（九）詩文書畫

1. 詩　文

高秘閣金書心經頌並引　北磵集 6/13b
讀頭陀安文頌　演山集 36/13b

2. 書

太宗皇帝飛白秘閣頌　益國文忠集 92/11b　益公集 92/171b
仁宗皇帝御書頌　蘇東坡全集 20/10b
英宗皇帝御書頌　蘇東坡全集/續 10/1a

3. 畫

彭女禮北斗圖頌　豫章集 15/23b
醉僧圖頌　蘇東坡全集/續 10/3b

(十) 衣食器用

1. 服 飾

代李槱臥帳頌 樂城集/後 5/7a
祧楪頌張昭遠撰 八瓊金石補 96/5a
魚枕冠頌 蘇東坡全集 40/9b

2. 飲 食

食豆粥頌 蘇東坡全集/續 10/2b
東坡羹頌 蘇東坡全集/續 10/1a
留龍居士試建茶既去輒分送並頌寄之 默堂集 20/22a
止酒頌 方是閒稿/下/20b
桂酒頌 蘇東坡全集/後 8/14a
清醇酒頌 豫章集 15/9b
續酒德頌並序 小畜集/外 10/11a

荔支綠頌 豫章集 15/10b
放商鹽頌張仲尹撰 八瓊金石補 89/18a 山右石刻編 13/2a
寄椰子樣茶與羅光祖頌 默堂集 20/22a
猪肉頌 蘇東坡全集/續 10/2a
唐觀德殿飮至頌 四明文獻集 7/14a
潭州復稅酒頌 真西山集 33/24b
醇碧頌並序 豫章集 15/9b

3. 器 用

炭頌並序 范成大佚著/130b
缺月鏡頌 豫章集 15/19a
書蔡秀才屛風頌(1-4) 豫章集 15/24a
圓象徵調閣奉安陸鼎頌 大隱集 6/19a
古銅爐斗頌爲中隱壽 客亭稿 7/11b

(十一) 草 木

雙柏頌並序 幼槃集 9/4b
雙柏頌 益國文忠集 9/4b 益公集 9/54a
月中桂頌 濟庵集/補遺 1b
桂頌 范成大佚著/135
連理木頌劉适撰 山右石刻編 17/9a

筍竹頌 豫章集 15/11a
雙椿頌並序 定菴稿 4/16a
葫蘆頌 豫章集 15/18b
橘榮頌 魯齋集 7/5a

二、贊

（一）天 文

乾道九贊 魯齋集 6/12b
郊祀天光贊 洛水集 22/9a
玉蝎贊 錢塘集 18/18b

老人星贊 莊簡集 16/18b
野月贊 北磵集 6/12b
時雪贊並狀 景文集 47/1a

（二）地 理

1. 山

伯氏小崑山贊 宋本攻媿集 65/3a 攻媿集 81/3a
文石贊 雪山集 10/8a
玉石贊 誠齋集 97/13a
石林贊並序 雪山集 10/3b
石藏玉贊 本堂集 36/6b
石繁魚贊並序 景文集 47/10b

定身巖贊 石門禪 19/5b
侯憲奇石贊 橫浦集 19/10a

2. 水

觀虎丘劍池有言贊 南軒集 36/11a

3. 城 邑

西南夷贊 竹隱集 14/9a

（三）人 物

1. 男

二 畫

商周二賢贊 公是集 49/7a
十八公贊 竹齋集 3/20a
八賢贊 四明文獻集 8/4b

三 畫

題三國名臣贊 蘇東坡全集/續 10/5a
三高（范蠡、張翰、陸龜蒙）贊並序 樂圃稿/補遺 1b
蜀三賢畫像贊（楊子雲、莊君平、李仲元）張俞撰 蜀藝文志 44 下/4a
三賢贊並序 安陽集 23/7a－8a
子產贊 安陽集 23/7b

裴公贊 安陽集 23/7b
王公贊 安陽集 23/8a
三賢贊並序 公是集 49/10a
孫威敏處州郡庠三賢畫贊 漢濱集 14/22b
唐三隱賢贊 程北山集 16/2b
子產贊（三賢贊之一） 安陽集 23/7b

四 畫

六先生畫像贊 朱文公集 85/9b
明道先生 朱文公集 85/10a 二程集 1/1b
濂溪先生 朱文公集 85/9b 周元公集 1/1a
伊川先生 朱文公集 85/10a 二程集 1/3a
康節先生 朱文公集 85/10a
橫渠先生 朱文公集 85/10a 張橫渠集/像贊 1a

涞水先生　朱文公集 85/10b

(文天祥)自贊　文山集 10/21a

文丞相像贊孫煜撰　文山集 20/22a

文文山先生像贊　須溪集 7/29a

文丞相贊　心史/下 40a

文中子贊(五賢贊之四)　安陽集 23/6a

文公贊(五賢贊之五)　安陽集 23/6b

文忠公畫像贊　姑溪集 12/7b

蜀郡太守盧江文公贊　景文集 47/4b

文勛真贊　豫章集 14/10b

文潞公贊　梅溪集/前 11/10a

文潞公畫像贊　誠齋集 97/12b

文潞公彥博像贊　魯齋集 6/15b

(方岳)自贊(1-2)　秋崖稿 41/4a

富山方表叔求寫神贊　潛齋集 10/12a

蛟峰先生(方逢辰)畫像贊　潛齋集 10/12b　蛟峰集/外 8/21a

龍興寺日師爲方廣州寫真求爲之贊　盤洲集 29/5b

贊梅溪王先生像　復齋集 8/3a

王日休真贊　益國文忠集 9/5b　益公集 9/55b

王公贊(三賢贊之三)　安陽集 23/8a

桃源王公先生(四明十二先生贊之九)　鄮峰録 85/2a

望春王公先生(四明十二先生贊之十)　鄮峰録 35/2b

太原王公寫真贊彭乘撰　蜀文輯存 4/11b

王文公日像贊　魯齋集 6/14b

伯父冰王老人(王炎伯父)遺像贊　王雙溪集 9/16a

王仲儀真贊　蘇東坡全集 20/13b

漢王先生(會稽先賢祠傳贊上之二)　鄮峰録 33/1b

晉王先生(會稽先賢祠傳贊上之九)　鄮峰録 33/5b

王宏道舍人贊　石門櫝 19/21b

王定國真贊　蘇東坡全集 20/14b

(王炎)自贊寫真　王雙溪集 9/16a

王季共畫像贊　太倉集 43/7a

甲寅(王柏)畫像贊　魯齋集 6/11b

(王)昭君贊　平齋集 11/8a

王元之(禹偁)畫像贊　蘇東坡全集 20/12b

王元之(禹偁)真贊　豫章集 14/4b

王禹偁贊范仲淹撰　吳郡續文粹 14/30a

王倫華畫像贊　盧溪集 41/5a

濂溪先生王民瞻真贊　益國文忠集 9/5b　益公集 9/55a　盧溪集/卷首 17b

王直閣寫真贊　洛水集 22/9a

王荊州畫像贊　嘉祐集 14/4b

王梁山畫像贊　北礀集 6/12a

王沂公會像贊　魯齋集 8/15a

戲題(王邁)東湖畫像　吳文廟集 15/1b

王稚川真贊　雪山集 10/6a

甬水王公先生諱說字應求(四明十二先生贊之七)　鄮峰録 35/2a

王司封齊真贊　恥堂稿 5/12a

(王質)自贊　雪山集 10/5a

王逸少贊　建康集 2/13a

晉右軍將軍會稽內史王逸少贊有序　程北山集 16/10a

王襃贊　景文集 47/4b

西漢三名儒贊有序　公是集 49/8b

蔣山髠海元公真贊　臨川集 88/7b

元章簡公贊尤表撰　尤梁溪稿 2/8a　赤城集 8/6a

不吟翁贊　太倉集 43/5b

五賢贊並序　安陽集 23/4b-6b

孟子贊　安陽集 23/5a

荀子贊　安陽集 23/5b

揚子贊　安陽集 23/6a

文中子贊　安陽集 23/6a

文公贊　安陽集 23/6b

支離疏贊　道鄉集 33/8a

毛季子贊　石門櫝 19/22b

濳山尹文老書像贊　道鄉集 33/4a

尹和靖畫贊　拙齋集 17/9b

和靖先生尹公真贊　太倉集 43/9a

王德修摹尹和靖先生畫像見寄因爲之贊　南澗稿 18/6b

孔子像贊　寶晉集補 2/4a

孔子贊　寶晉集補 2/4b

先聖贊　嵩山集 18/13b

至聖像贊(1-4)　須溪集 7/28a

先聖先師像贊毛怒撰　八瓊金石補 86/25b

唐宋加號文宣王詔贊碑撰著人未詳　八瓊金石補 99/3b

至聖文宣王贊並加號詔碑撰著人未詳　八瓊金石補 88/1a

至聖文宣王贊並序撰著人未詳　八瓊金石補 99/6b

先聖文宣王贊撰著人未詳　八瓊金石補 99/5b

元聖文宣王贊趙恒(真宗)撰　金石萃編 127/8a　兩浙金石志 5/14a

宋刻孔子像贊碑毛友撰　兩浙金石志 7/33a

頌贊箴銘賦二　贊　人物　1.男　四畫　1845

晉孔先生(會稽先賢祠傳贊上之六) 鄮峰録 33/3b
宋孔先生(會稽先賢祠傳贊上之十三) 鄮峰録 33/7b
齊光祿大夫孔公(會稽先賢祠傳贊下之十五) 鄮峰錄 34/8a
宋孔先生(會稽先賢祠傳贊上之十六) 鄮峰録 33/9a
孔北海贊 蘇東坡全集 20/11b
孔北海贊 後山集 19/4a

司馬温公畫像贊 太倉集 43/6b
淶水先生(司馬光)(六先生畫像贊之六) 朱文公集 85/10b
司馬温公贊 梅溪集/前 11/10b
司馬耕字子牛宋人贈向伯今進封楚丘侯贊 武夷新集/附逸詩文 3a

五 畫

古賢像贊 魯齋集 6/13b
北窗自贊(1-2) 太倉集 43/6a
真隱居士(史浩)自贊 鄮峰録 35/3a
爲彌堅書(真隱居士自贊之一) 鄮峰録 35/3a
爲女浄真書(真隱居士自贊之二) 鄮峰録 35/3a
爲女妙音書(真隱居士自贊之三) 鄮峰録 35/3b
爲女妙勝書(自隱居士自贊之四) 鄮峰録 35/3b
爲女孫妙雲書(自隱居士自贊之五) 鄮峰録 35/3b
爲潘恭叔戲書(自隱居士自贊之六) 鄮峰録 35/4a
史應之贊 豫章集 14/12a
冉求進封彭城公贊陳堯叟撰 蜀文輯存 3/7a
中興四將贊 昌谷集 17/16a
外伯祖四友先生遺像贊 王雙溪集 9/15b
四明十二先生贊 鄮峰録 35/1a
蓬萊黃公先生姓崔名夷字少通齊人隱居夏里故號夏黃公 鄮峰録 35/1a
大梅梅公先生字子真 鄮峰録 35/1a
石臺葛公先生字稚川 鄮峰録 35/1b
石窗賀公先生字季真 鄮峰録 35/1b
大隱楊公先生諱適字韓道 鄮峰録 35/1b
慈溪杜公先生諱醇 鄮峰録 35/1b
甬水王公先生諱說字應求 鄮峰録 35/2a
西湖樓公先生諱郁字子文 鄮峰録 35/2a
桃源王公先生 鄮峰録 35/2a
望春王公先生 鄮峰録 35/2b
湖西周公先生諱師厚 鄮峰録 35/2b
奉化孫公先生 鄮峰録 35/2b
四皓畫贊 徐公集 14/8b
四皓贊 宗伯集 15/7a
商山四皓贊 無文印集/卷首 23a
刻石爲丘行恭贊並序 小畜集/外 10/3b
白李韓柳贊 平齋集 11/7a
醉吟先生白居易像贊 魯齋集 6/16a
醉吟先生(白居易)畫贊 蘇東坡全集/續 10/4b

六 畫

郴守江君畫贊 莊簡集 16/21b
安金藏畫象贊 徐公集 24/6a
米芾畫像贊趙槩(高宗)撰 金石續編 19/19b 粤西金石畧 11/21a
米芾象贊並記方信孺撰 八瓊金石補 104/8a
宋朱先生(會稽先賢祠傳贊上之十五) 鄮峰録 33/8b
(朱熹)書畫象自警 朱文公集 85/11b
贊文公朱先生像 復齋集 8/3a
晦庵先生(朱熹)贊 北溪集/第五門 4/8b
晦庵先生(朱熹)畫像贊並序 性善堂 12/6b
朱晦庵畫像贊 龍川集 10/10b
朱文公像贊 玉蟾稿 10/14a
晦庵朱文公 蒙川稿 4/5a
朱真人贊 松隱集 29/7a
秦博士伏勝今封乘氏伯贊 武夷新集/附逸詩文 3b
伏義贊 嵩山集 18/13b
喬仲常所畫伏義神農贊 嵩山集 18/13b
伏犧像贊 宋本攻媿集 65/2a 攻媿集 81/2a
仲由進封河内公贊陳堯叟撰 蜀文輯存 3/7a
薌林居士(向子諲)贊 蘆川集 10/1a
以玉剛卯爲向伯恭生朝贊 簡齋集 1/4b

七 畫

沈存中畫像贊 姑溪集 12/2a
沈時仲畫贊 芸庵稿 6/25a
沈端憲公像贊李堅撰 定川遺書/附録 2/23a
唐越國公追封英烈汪王像贊 先天集 10/1b
汪日賓真贊 本堂集 36/7a
汪彊仲畫贊 宋本攻媿集 65/5a 攻媿集 81/5a
宋江三十六贊 龜城集/9b
宋宗儒真贊 豫章集 14/11a
宋尚書畫像贊吳師孟撰 蜀文輯存 14/21b
宋喬年真贊 豫章集 14/11a
辛稼軒畫像贊 龍川集 10/10b
稼軒辛公贊 樊榭集 11/6b

漢右將軍辛慶忌贊 公是集 49/9b

杜方叔先生畫像贊 嵩山集 18/16a

齊杜先生(會稽先賢祠傳贊下之十六) 鄮峰錄 34/8b

正獻祁國杜公畫贊 莊簡集 16/19a

杜祁公贊 梅溪集/前 11/9b

杜子美畫像贊 濂山集/補 4a

杜甫贊遂道度撰 宋文鑑 75/3b

杜峴贊 三餘集 4/10a

慈溪杜公先生諄醇(四明十二先生贊之六) 鄮峰錄 35/1b

(李之儀)自作傳神贊 姑溪集 12/1a,1b

姑溪(李之儀)自贊(1-2) 姑溪集/後 14/3a

董曼老畫姑溪(李之儀)贊 姑溪集/後 14/3b

李伯時畫李端叔(之儀)真贊 蘇東坡全集/後 9/8a

李端叔(之儀)傳神贊 蘇東坡全集/續 10/3b

李平仲真贊 雪山集 10/5b

唐太宗(李世民)像贊 魯齋集 6/11a

(李石)自贊 方舟集 10/25b

李太白真贊並序 小畜集/外 10/6a

李太白畫像贊 姑溪集 12/3b

李太白贊 姑溪集/後 14/3a

老子(李耳)像贊 須溪集 7/28b

徐主簿仲修老子(李耳)畫像贊 潛齋集 10/11a

老子(李耳)贊 寧極稿/28a

老子(李耳)像贊諸葛應傑撰 八瓊金石補 86/32a 粵西金石畧 13/12a

李西平畫贊 蘇東坡全集/續 10/4a

李西平畫像贊 唯室集 3/5a

參政李公至字言幾年三十八真贊 徐公集 24/6a

(李光)病中自贊 莊簡集 16/21b

(李光)郴州寫真贊 莊簡集 16/22a

李夷行易初贊 鶴助集 32/4b

蜀人李仲元贊並序 景文集 47/5b

李文靖流像贊 魯齋集 6/14b

李沖元真贊 豫章集 14/10b

濳軒(李巳)自贊(1-2) 濳軒集 8/8b-9a

祖先畫像贊 濳軒集 8/9b

叔父衡陽府君畫贊 濳軒集 8/10b

李伯時畫像贊 盧溪集 41/4a

李伯時畫像贊 太倉集 43/8a

唐李侍中畫像贊 石門禪 19/19b

李浩伯蘭畫贊 牧萊睦語/二稿 8/13b

(李曾伯)自贊記容 可齋稿/續前 5/20b

唐李衛公畫贊 鴻慶集 32/15a 孫尙書集 52/15a

李衛公贊 唯室集 3/6a

李道夫真贊 石門禪 19/21a

李運使贊 石門禪 19/24b

李漢臣傳神贊 北澗集 5/10a

梁溪(李綱)真贊 梁溪集 140/5b

丞相李忠定公相贊程大昌撰 梁溪集/附錄 45a 新安文獻 47/7a

李綱畫像贊倪思撰 梁溪集/附錄 46b

李鄭侯贊 唯室集 3/4b

筠莊真隱(李彌遜)自贊 筠溪集 22/3a

折渭州畫像贊 姑溪集 12/1b

呂文靖夷簡像贊 魯齋集 6/15a

呂伯恭畫象贊 朱文公集 85/11a 東萊集/附錄 3/15b

呂伯恭真贊 南澗稿 18/6b

呂伯恭贊 楳埜集 11/4a

東萊呂成公 蒙川稿 4/5b

呂雲叔家呂僞畫象贊 雪坡集 42/8b

呂獻可畫贊 嵩山集 18/14b

從祖父楊帥真贊 東萊集 6/9a

吳子儀畫像贊 林屋稿/26a

陶兀居士(吳元祥)贊 豫章集 14/11b

吳介先生(會稽先賢祠傳贊下之七) 鄮峰錄 34/4a

唐宗元吳先生(會稽先賢祠傳贊下之十九) 鄮峰錄 34/10b

吳思道朝服畫像贊 姑溪集 12/8a

又吳思道道服贊 姑溪集 12/8a

吳景年裸真贊 本堂集 36/6a

(吳徹)寫真自贊 吳文靖集 15/1b

贊何了翁帳龍 文山集 10/20b

何石厓姪孫寫神求贊 潛齋集 10/11b

梁何先生(會稽先賢祠傳贊上之十八) 鄮峰錄 33/10b

(何夢桂)寫神自贊 潛齋集 10/13a

瓊山白玉蟾暇日吮筆作伯陽悉達宣父三君子之肖仍拾其語爲之贊云 玉蟾稿 10/15a

狄武襄青像贊 魯齋集 6/15b

晉阮先生(會稽先賢祠傳贊上之八) 鄮峰錄 33/4b

八 畫

宗忠簡像贊 魯齋集 6/16a

南陽宗炳少文贊 程北山集 16/12a

京丞相真贊 雪山集 10/7a

林子敬寫神求贊 潛齋集 10/12b

林和靖像贊 魯齋集 6/16a

林晞仲記顏贊 東塘集 20/17b

林樂閒真贊 本堂集 36/6b

延州來季子贊 蘇東坡全集/後 9/5a

松齋主人寫真自贊 鶴助集 32/4a

拙庵老人真贊 雪山集 10/7a

明叟輩弟寫真贊 潛齋集 10/13a

紀顏自(金殿枰)贊 仁山集 3/23a

季觀真贊 秋崖稿 41/3b

岳王像贊 魯齋集 6/16b

鄂武穆王岳公真贊並序撰著人未詳姓名 金佗粹編/續 28/14a

聖泉岳公真贊 筠溪集 22/4b

周二賢贊 公是集 49/7b

周公謹贊 牟陵陽集 7/2b

趙山甫使君爲所部七十老吏記顏索贊 益國文忠集 45/1b 益公集 45/97b

友人曾無疑示予真索贊 益國文忠集 45/1b 益公集 45/97b

劉氏兄弟寫予真求贊時年七十 益國文忠集 45/2a 益公集 45/98a

梁光遠以予真置邸壁中慶元乙卯四月十九日自贊時年七十 益國文忠集 45/2a 益公集 45/98a

太和貢士陳誠之記予顏欲寫明遠樓書白傅年七十寫真詩云鶴禽變綠髪雞膚換朱顏予今年適同感而賦此 益國文忠集 45/2a 益公集 45/98a

慶元丁巳予與伯威歐陽尤德源葛兄三講丙午齊年會德源之子妙繪三壽圖求贊月日皆丙午也 益國文忠集 45/2b 益公集 45/98b

寧都辛傳子淵萬呂士危正記顏求贊 益國文忠集 45/2b 益公集 45/98b

南城吳氏記予七十三歲之顏 益國文忠集 45/3a 益公集 45/99b

聶倅周臣寫真求贊 益國文忠集 45/3a 益公集 45/99b

紹興甲子予待試廟陛詞曹廳是秋失解後六年乃與計偕考官七人今惟提刑少監趙君獨壽而康其子仲肅來爲搢即詩人堂之西關小齋記予婦業之所寫真求贊並題二詩 益國文忠集 45/3b 益公集 45/100a

高沙曾忠佐良臣樂思永堂以念親傍關書閣肖楊誠齋及予像求贊 益國文忠集 45/4a 益公集 45/110a

游元齡登仕寫子真求贊 益國文忠集 45/4a 益公集 45/100b

東城吳仲兄弟寫子真求贊 益國文忠集 45/4b 益公集 45/100b

門客鄭安世寫壽星求贊 益國文忠集 45/4b 益公集 45/101a

趙倅彦燧寫子真求贊 益國文忠集 45/4b 益公集 45/101a

英德郡守之綱記予袁顏戲題數語 益國文忠集 45/5a 益公集 45/101b

登仕郎張武來求一言因記袁顏就以勉之 益國文忠集 45/5a 益公集 45/101b

予乾道中嘗除延平守閩憲官當赴而改晚得富沙趣行甚峻亦不果赴今郡人吳氏寫真求贊因以遣之 益國文忠集 45/5b 益公集 45/102a

永豐監秘黄思義寫予於大椿之下戲題 益國文忠集 45/5b 益公集 45/102a

張孜仲寅寫子真倚松而立戲贊 益國文忠集 45/5b 益公集 45/102a

陸務觀之友杜敬叔寫予真戲題四句他日持拐務觀一笑 益國文忠集 45/6a 益公集 45/102b

李卿月子西記予七十七歲之顏求贊 益國文忠集 45/6a 益公集 45/102b

鄭準廣文赴官九江攜予真索贊 益國文忠集 45/6a 益公集 45/102b

吉水贊府王觀時可爲平園寫真口占小詩 益國文忠集 45/6b 益公集 45/103a

徐教授淮寫子真求贊 益國文忠集 45/6b 益公集 45/103a

甲子前與齊源李秉儀之遊從簒上令其增謝幼學傳示袁容爲題四句 益國文忠集 45/6b 益公集 45/103a

山谷自贊云作夢中夢見身外身福唐曾錫盛談西湖水晶宮之勝因寫予真用此意題四句 益國文忠集 45/7a 益公集 45/103b

予平生願學忠恕既以自勉亦告於人王陳正則閒而悅之歸作唯齋九萬里風斯在下矣寫袁容命之贊 益國文忠集 45/7a 益公集 45/103b

教官福唐劉季新寫隨質道衣羽客索贊還鄉福乃提刑臺治使嘗出使陸辭而留情見予詞 益國文忠集 45/7a 益公集 45/104a

本覺長老祖宏爲老兄弟寫真求贊次七兄韻 益國文忠集 45/7b 益公集 45/104a

能仁監寺志超爲子寫真求贊 益國文忠集 45/7b 益公集 45/104b

德回上人寫子真求贊時年七十二歲 益國文忠集

忠集 45/7b 益公集 45/104b

贛州豐樂長老惠宣寫予真戲贊時年七十三歲 益國文忠集 45/8a 益公集 45/105a

青原祖燈監寺廛問予久不入山寫真戲題 益國文忠集 45/8a 益公集 45/105a

予久欲遊仰山而未暇行者智印寫真求贊 益國文忠集 45/8a 益公集 45/105a

安福縣岳興院僧希奇求予真贊 益國文忠集 45/8b 益公集 45/105b

覺報長老道謙寫予兄弟真求贊次七兄韻 益國文忠集 45/8b 益公集 45/105b

龍堂院宗憲寫真求贊次七兄韻 益國文忠集 45/8b 益公集 45/105b

予年十四五侍子中兄讀書贛州壽星寺久之寺爲寇燬其後子中出守一新之今小兒編又將佐郡他日當訪舊遊因主僧慈濟寫真題贊 益國文忠集 45/9a 益公集 45/106a

隆興癸未夏予年三十八自被旨奉祠歸游麻姑山又三十八年而知觀李惟寶緣化修造至廬陵寫予真求贊 益國文忠集 45/9a 益公集 45/106a

福壽院僧淨高寫予及子中兄真求贊次子中韻 益國文忠集 45/9a 益公集 45/106b

堪陂知莊僧德永寫予真求贊 益國文忠集 45/9b 益公集 45/106b

祥符長老智華寫予真求贊 益國文忠集 45/9b 益公集 45/106b

法華院僧祖月寫予真戲贊 益國文忠集 45/9b 益公集 45/107a

僧智印寫乘成平園仰山三人真求贊 益國文忠集 45/10a 益公集 45/107a

天慶知觀蕭性清寫予真求贊 益國文忠集 45/10a 益公集 45/107a

廣陵道士羅尚逸能醫眼善奕自湘中歸寫予真求贊復遊湘中 益國文忠集 45/10a 益公集 45/107b

青原知藏僧法源寫真求贊 益國文忠集 45/10b 益公集 45/107b

金牛長老德鑑寫平園真求贊 益國文忠集 45/10b 益公集 45/107b

使臣周元寫平園老曼真於松竹龜鶴間戲贊 益國文忠集 45/10b 益公集 45/108a

使臣宋千齡寫平園老曼於松竹之間從以鹿鶴龜求贊 益國文忠集 45/11a 益公集 45/108a

提轄官鍾勤及其子可久寫平園真脫蟬倚桂爲生日壽 益國文忠集 45/11a 益公集 45/108b

使臣俞允迪赴莘寶稅官寫平園老曼真求贊

益國文忠集 45/11a 益公集 45/108b

予刻文苑英華千卷頗費心力使臣王思恭書寫校正用功甚勤因傳予神戲爲作贊 益國文忠集 45/11b 益公集 45/108b

使臣李汝發寫平園真求贊 益國文忠集 45/11b 益公集 45/109a

直省官李端義求平園真贊 益國文忠集 45/11b 益公集 45/109a

(周孚)自贊 鉛刀編 30/1a

濂嚴先生贊(周貞實) 雲果編 6(三沈集 7/59b)

湖西周公先生譚師厚(四明十二先生贊之十一) 鄞峰錄 35/2b

竹坡(周紫芝)自贊 太倉集 43/8b

(周)濂溪先生(六先生畫像贊之二) 朱文公集 85/9b 周元公集 1/1a

(周)濂溪先生贊 南軒集 36/10b

周德友真贊 益國文忠集 9/5a 益公集 9/55a

(居簡)自題頂相 北礀集 6/12a

三閭大夫(屈原)畫像贊 太倉集 43/5b

三元先生贊(屈處靜) 雲果編 6(三沈集 7/59b)

(邵)康節先生(六先生畫像贊之四) 朱文公集 85/10a

孟光贊 定齋集 12/4a

孟子贊(五賢贊之一) 安陽集 23/5a

先師鄒國公贊 蒙齋集 16/12b

九 畫

寫真白(洪适)贊 盤洲集 29/5b

洪崖先生畫贊 梁溪集 140/2a

洪覺範畫贊 盧溪集 41/3b

彥岑真贊 益國文忠集 40/1a 益公集 40/129b

施聖俞張本作與參政真贊 益國文忠集 9/6a 益公集 9/56a

冼仁傑爲祖雲翼寫真贊 東溪集/上/24a

老衲祖證姓潘瀏陽人因妻殺鴨不死投月庵爲僧壽八十一道人蕭妙慶求贊慶元四年二月二十五日 益國文忠集 80/1b 益公集 80/125b

刺史祝公贊 樣堂集 11/4a

子厚(柳宗元)贊 雲果編 6(三沈集 7/63b)

柳河東(宗元)像贊 魯齋集 6/14a

(柳開)真贊並序 河東集 18/2b

柳贊善寫真贊並序 小畜集/外 10/8b

御贊(胡銓像) 澹庵集/像贊 1a

澹庵(胡銓)畫像自贊 澹庵集/補遺 1a

又求胡忠簡公贊 益國文忠集 45/1a 益公集 45/97b

清虛皇甫先生畫贊　拙齋集 17/11b
范文正公畫像贊並序　演山集/補 4a
范文正公贊　梅溪集/前 11/9b
范文正仲淹像贊　魯齋集 6/15a
范文正公真贊閻顥撰　吳都文粹 6/23b　蜀文輯存 17/ 16a
越相范公（會稽先賢祠傳贊下之一）　鄮峰録 34/1a
范叔子畫贊　蘆川集 10/2a
香溪先生（范浚）贊魏了翁撰　香溪集/像傳 7a
隱翁（范蓀）贊　松隱集 29/7a
鷗夷子皮（范蠡）贊李華撰　吳都文粹 3/33b
俞秀老真贊　姑溪集 12/6a
俞時中小像贊　零極稿/27b
俞清老真贊　姑溪集 12/6a
俞義仲畫贊　蘆川集 10/1a
唐段太尉傳贊　鄞津集 16/8b

十　畫

海月辯公真贊並引　蘇東坡全集/後 20/1b
海月辯公像贊並序　寶晉集補 2/5a
故衛尉卿贈兵部侍郎高公寫真贊　安陽集 28/ 8a
高侍郎畫象贊　徐公集 14/9a
自（高登）寫真贊（1－2）　東溪集/上/24a,24b
贊高卿父從政　橘洲集 8/10b
高會之畫贊　宋本攻媿集 66/4b　攻媿集 81/4b
高溪老人贊（姓唐氏）　雲巢編 6(三沈集 7/60a)
先君（唐某）真贊　眉山集 16/5a
唐衡贊　乘崖集 6/4b
唐凌煙閣功臣畫像贊游師雄撰　金石萃編 139/22b
秦少游真贊　蘇東坡全集 20/15b
唐秦先生（會稽先賢祠傳贊上之十九）　鄮峰録 33/11a
漢袁先生（會稽先賢祠傳贊上之二三）　鄮峰録 33/2a
辛卯歲記（袁說友）顏贊　東塘集 20/17a
丙辰歲記（袁說友）顏贊　東塘集 20/17b
袁廣微真贊　真西山集 33/30a
漢桓先生（會稽先賢祠傳贊上之四）　鄮峰録 33/2b
真谷壽容贊　則堂集 4/17b
真西山贊　漫塘集 25/10b
（真德秀）自贊　真西山集 33/30a
真西山贊　蒙齋集 16/14a
晉夏先生（會稽先賢祠傳贊下之十）　鄮峰録 34/5b
錦谷懶翁作馬溪清虛像　松隱集 29/6b

荀子贊（五賢贊之二）　安陽集 23/5b
思賢堂三贊畢文簡公贊　尤粱溪稿 2/8a　赤城集 8/5b
前史官知河中府晁無咎畫像贊　嵩山集 18/15b
時居士畫像贊　林屋稿/26a
邵子中贊　石門辨 19/24a
倪梅窗喜神贊　玉楮稿 10/15a
徐大正真贊　蘇東坡全集 20/15b
徐行簡真贊　雪山集 10/6a
徐子畫像　江湖集 29/6a
徐伯光道廉贊　魯齋集 6/11b
廬陵徐俊和畫像贊　灌園集 16/10b
徐毅齋贊　漫塘集 25/11a
奉化孫公先生（四明十二先生贊之十二）　鄮峰録 85/ 2b
孫守叔像贊　履齋集 3/21a　雪窗集/附録 10b

十一畫

寇萊公贊　梅溪集/前 11/9a
寇萊公贊　芸庵稿 6/23b
寇忠愍準像贊　魯齋集 6/14b
章郇公贊　尤粱溪稿 2/8a　赤城集 8/6b
晉長史許公（會稽先賢祠傳贊下之十三）　鄮峰録 34/7a
許公緒真贊　雪山集 10/7b
許玄度贊　建康集 2/13a
寫真自（許衡）贊　梅屋雜著/7b
郭汾陽畫像贊　太倉集 43/4b
郭汾陽像贊　魯齋集 6/13b
郭林宗畫像贊　區九峰集 2/4a
郭忠恕畫贊　蘇東坡全集 20/16b
郭恕先畫贊　程北山集 16/8a
康伯檜畫贊　蘆川集 10/3b
理堂真贊　異齋集 27/1a
黃元亮畫像贊　江湖集 29/5b
（黃裳）傳神真贊　演山集 35/4a
贊勉齋黃先生像　復齋集 8/3b
贊黃勉齋　久軒集 8/57b
黃侍御葆光畫贊　溪濱集 14/22a
（黃庭堅）寫真自贊（1－6）　豫章集 14/6a
張大同寫予（黃庭堅）真請自贊　豫章集 14/8a
張子謙寫予（黃庭堅）真請自贊　豫章集 14/8a
曹子至父喜神贊　樵梵集 11/7a
爽老畫贊　襄陵集 10/11b

漢南昌尉梅公(會稽先賢祠傳贊下之二) 鄞峰錄 34/ 1b

大梅梅公先生字子真(四明十二先生贊之二) 鄞峰錄 35/1a

曹子真贊 演山集 35/4b

曹周王彬像贊 魯齋集 6/14a

曹武穆瑞像贊 魯齋集 6/15b

莫子大贊 宋本攻媿集 65/4a 攻媿集 81/4a

莊子像贊 須溪集 7/28b

莊周畫像贊 太倉集 43/6a

崔先生壽容贊 平齋集 11/7a

蓬萊黃公先生姓崔名夷字少通齊人隱居夏里故號夏黃公(四明十二先生贊之一) 鄞峰錄 35/1a

崔伯易畫像贊 渭南集 22/3a

唐張先生(會稽先賢祠傳贊上之二十) 鄞峰錄 33/11b

張功文畫像贊 誠齋集 97/15a

張用之張果老贊 牧萊脞語/二稿 8/13a

畫像自(張守)贊 昆陵集 11/11a

椶翁張寺丞畫像贊(1－2) 無文印集 14/2b,3a

張曲江畫像贊 眉山集 10/4b

(張孝祥)自贊 于湖集 15/13b

于湖(張孝祥)畫像贊 南軒集 36/10b

張伯子尚書畫像贊 誠齋集 97/14a

張果先生贊 松隱集 29/6b

辛巳自(張侃)贊 拙軒集 6/3b

戊寅自(張侃)贊 拙軒集 6/4a

張忠定詠像贊 魯齋集 6/14b

張定叟畫像贊 誠齋集 97/13b

張尚書(詠)寫真贊田況撰 蜀藝文志 44 下/1b

南軒張宣公 蒙川稿 4/5a

南陽張野萊民贊 程北山集 16/12a

張貫之真贊 西溪集 9(三沈集 3/31b)

張欽夫畫像贊 誠齋集 97/14b

爲張道父贊二畫 葦齋文編 4/24a

張敬夫畫象贊 朱文公集 85/10b

南陽張詮秀碩贊 程北山集 16/12a

張寬贊 景文集 47/5a

橫渠先生(張載)(六先生畫像贊之五) 朱文公集 85/10a

張橫渠集/像贊 1a

張橫渠贊 唯室集 3/6b

(張綱)自贊寫真(1－2) 張華陽集 33/12a,12b

張魏公像贊 官教集 12/4b

張魏公像贊 魯齋集 6/16b

同馬溪清虛像張簽判求贊 松隱集 29/6b

張蘭谷畫像贊 林屋稿/25b

復齋陸先生贊 橘莊集 11/3b

陸宣公像贊 魯齋集 6/13b

陸宣公祠堂贊 程北山集 16/9b

陸從老畫贊 宋本攻媿集 65/3b 攻媿集 81/3b

陸象山先生贊 敬帚稿 5/17a

象山陸文安公 蒙川稿 4/5b

(陸游)放翁自贊(1－4) 渭南集 22/7b－8b

重述陵陽子明傳贊 紫微集 33/4b

陳克齋(文蔚)贊李奎撰 克齋集/紀述 2a

陳克齋(文蔚)贊姚堂撰 克齋集/紀述 3b

寫真自(陳仁子)贊(1－2) 牧萊脞語 14/8a,8b

寫真自(陳二子)贊 牧萊脞語/二稿 8/15a

陳玉巖贊 牟陵陽集 7/2b

(陳東)自贊(原註:此贊當自布衣像也) 陳修撰集 4/7a

陳東像贊劉辛撰 陳修撰集 8/6b

陳明仲畫像贊 朱文公集 85/11a

(陳亮)自贊 龍川集/像 4a

(陳起)傳神自贊 江湖集 29/5b

澗上丈人(陳恬)畫像贊 嵩山集 18/15a

賞窗(陳著卿)自贊 賞窗集 9/8b

夢中自(陳淳)贊繪像 北溪集/第五門 4/8b

(陳傅良)自贊 止齋集 44/3a

陳尊宿贊 石門禪 18/24b

甘泉吾使君畫史作簡齋居士(陳與義)像居士見之大笑如洞山過水覩影時也戲書三十二字 簡齋集 1/5a

陳瑩中畫像贊(1－2) 道鄉集 38/8a

故贈謀議大夫丁齋陳公真贊 梁溪集 141/9a

陳了翁贊 梅溪集/前 11/10b

陶公贊 雲巢編 6(三沈集 7/64b)

陶司户畫象 北磵集 6/12a

梁貞白陶先生(會稽先賢祠傳贊下之十七) 鄞峰錄 34/9a

陶淵明畫贊 松隱集 29/4b

柴桑陶潛淵明贊 程北山集 16/13a

陶靖節贊 雪山集 10/4b

贊陶淵明像 可齋稿/續前 5/20a

靖節先生(陶淵明)畫像贊 佩韋集 8/7a

十 二 畫

富池贊 雲巢編 6(三沈集 7/68a)

富鄭公畫像贊 梁溪集 140/11a

富鄭公弼像贊 魯齋集 6/15a

富鄭公贊 梅溪集/前 11/9b

普融老真贊 斜川集 6/13b

馮先生贊 浮沚集 6/13b

馮宣徽畫贊 程北山集 16/7a

馮義斐畫贊 宋本攻媿集 65/5a 攻媿集 81/5a

不動居士馮濟川畫像贊 北磵集 6/8a

曾參贊撰著人未詳 八瓊金石補 99/5b

曾景和真贊 異齋集 27/6b

集賢殿學士曾侯真贊 雪窗集/澤泉 17b

曾逢原待制真贊 石門禪 19/23a

雲齋壽容贊 則堂集 4/18a

越大夫贊 四明文獻集 5/47a,8/3b

彭德器畫贊 蘆川集 10/2a

揚子贊(五賢贊之三) 安陽集 23/6a

紫君贊有序 張右史集 46/1a

故駕部郎中閔膝先生喻公贊 牟陵陽集 7/6b

龍城智公真贊 石門禪 19/14a

裕紹贊王回撰 宋文鑑 75/7b

帥座龍閣程公喜神贊李彥弼撰 粵西金石略 5/16a

程正思畫像贊 朱文公集 85/11b 新安文獻 47/9b

有寫晒質者輕自(程場)贊之 洛水集 22/8b

伊川正公(程頤)像贊張齊之撰 二程集/像贊 1/3a

伊川正公(程頤)像贊 二程集/像贊 1/3b

程伊川贊 唯室集 3/6a

二程先生畫贊 拙齋集 17/8b

伊川先生(程頤)(六先生畫像贊之三) 朱文公集 85/10a 二程集/像贊 1/3a

伊川先生(程頤)贊 南軒集 36/10b

明道純公(程顥)像贊陳齊之撰 二程集/像贊 1/2a

明道先生(程顥)(六先生畫像贊之一) 朱文公集 85/10a 二程集/像贊 1/1b

明道先生(程顥)贊 南軒集 36/10b

贊程縣丞龍 文山集 10/20a

喬令真贊 豫章集 14/10a

傅長者贊 樂菴集 11/6a

賀子忱喜容贊 松隱集 29/6a

唐秘書監太子賓客賀季真贊有序 程北山集 16/10b

石窗賀公先生字季真(四明十二先生贊之四) 鄞峰錄 35/1b

唐秘書監賀公(會稽先賢祠傳贊下之十八) 鄞峰錄 34/10a

宋賀之章畫像贊吳潛撰 兩浙金石志 12/36b

玉嵓隱居陽行先真贊 蘇東坡全集/續 10/12b

十 三 畫

煙塘老人贊 雲巢編 6(三沈集 7/63a)

齊褚先生(會稽先賢祠傳贊上之十七) 鄞峰錄 33/10a

豫章雷次宗仲倫贊 程北山集 16/11b

零陵先賢贊並序 雲巢編 6(三沈集 7/59a)

宋高宗聖賢像贊石刻 兩浙金石志 8/50a

宋理宗御書聖賢贊 兩浙金石志 12/1a

楊文公寫真贊 范文正集 5/20b

楊朴(璞)先生畫贊 嵩山集 18/14a

故江陽楊君畫像並序 豫章集 14/9a

楊補之真贊 獻堂集 20/22b

(楊萬里)自贊 誠齋集 97/13b

(楊萬里)寫真贊 誠齋集 97/14b

王時可命敏叔寫予(楊萬里)真題其上 誠齋集 97/15a

張功父命水鑑寫誠齋(楊萬里)求贊 誠齋集 97/15b

楊慈湖贊 漫塘集 25/10a

大隱楊公先生諱適字韓道(四明十二先生贊之五) 鄞峰錄 35/1b

汝古買先生贊 樂菴集 11/5b

買實學記顏贊 斐然集 30/13a

宗丞虞公贊 樂菴集 11/4b

吳虞先生(會稽先賢祠傳贊下之九) 鄞峰錄 34/5a

晉虞先生(會稽先賢祠傳贊上之七) 鄞峰錄 33/4a

葉夢錫真贊 鴻慶集 32/15a 孫尙書集 52/14b

石臺葛公先生字稚川(四明十二先生贊之三) 鄞峰錄 35/1b

晉葛仙公(會稽先賢祠傳贊下之十一) 鄞峰錄 34/5b

晉抱朴子葛公(會稽先賢祠傳贊下之十二) 鄞峰錄 34/6b

(葛長庚)自贊 玉蟾稿 10/14b

董汝秀才真贊 鶴肋集 32/5a

路正卿像贊 盧溪集 41/4b

會稽先賢祠傳贊上 鄞峰錄 33/1a

漢嚴先生 鄞峰錄 33/1a

漢王先生 鄞峰錄 33/1b

漢袁先生 鄞峰錄 33/2a

漢桓先生 鄞峰錄 33/2b

魏稽先生 鄞峰錄 33/3a

晉孔先生 鄞峰錄 33/3b

晉虞先生　鄱峰録 33/4a
晉阮先生　鄱峰録 33/4b
晉王先生　鄱峰録 33/5b
晉謝先生　鄱峰録 33/6a
晉謝先生　鄱峰録 33/6b
晉戴先生　鄱峰録 33/7a
宋孔先生　鄱峰録 33/7b
宋戴先生　鄱峰録 33/8a
宋朱先生　鄱峰録 33/8b
宋孔先生　鄱峰録 33/9a
齊褚先生　鄱峰録 33/10a
梁何先生　鄱峰録 33/10b
唐秦先生　鄱峰録 33/11a
唐張先生　鄱峰録 33/11b
會稽先賢祠傳贊下　鄱峰録 34/1a
越相范公　鄱峰録 34/1a
漢南昌尉梅公　鄱峰録 34/1b
漢太尉鄭公　鄱峰録 34/2a
漢魏先生　鄱峰録 34/2b
漢蘇先生　鄱峰録 34/3a
吳上虞令劉公　鄱峰録 34/3b
吳介先生　鄱峰録 34/4a
吳趙先生　鄱峰録 34/4b
吳虞先生　鄱峰録 34/5a
晉夏先生　鄱峰録 34/5b
晉葛仙公　鄱峰録 34/5b
晉抱朴子葛公　鄱峰録 34/6b
晉長史許公　鄱峰録 34/7a
齊顧先生　鄱峰録 34/7b
齊光祿大夫孔公　鄱峰録 34/8a
齊杜先生　鄱峰録 34/8b
梁貞白陶先生　鄱峰録 34/9a
唐秘書監賀公　鄱峰録 34/10a
唐宗元吳先生　鄱峰録 34/10b
嚴先生　鄱峰録 34/11a
解空居士贊　石門禪 19/19b
鄒昭州畫像贊　默堂集 20/22b
鄒正言(浩)像贊　東溪集/上/23b
(鄒浩)傳神自贊　道鄕集 33/5a
道鄕(鄒浩)贊(1-2)　道鄕集 33/5b

十 四 畫

故樊道廖君畫像贊並序　豫章集 14/8b

趙千里真贊　松隱集 29/6a
宗室(趙)公衡真贊　益國文忠集 45/1b　益公集 45/97b
少傅趙公贊　樓墅集 11/5a
嘉邈趙公贊　樓墅集 11/6a
吳趙先生(會稽先賢祠傳贊下之八)　鄱峰録 34/4b
趙希遠真贊　松隱集 29/6a
贊趙君實　橘洲集 8/10b
趙禹川畫贊　宋本攻媿集 65/3b　攻媿集 81/3b
趙清獻公贊　梅溪集/前 11/10a
趙章泉贊　澹塘集 25/10b
(趙善括)自題像贊　應齋雜著 4/4b
(趙善括)喜神贊　應齋雜著 4/4b
天樂趙紫芝畫象贊　北礀集 6/8a
趙景瞻畫贊　宋本攻媿集 65/4b　攻媿集 81/4b
趙損之真贊　雪山集 10/6b
趙韓王普像贊　魯齋集 6/14a
趙縮手贊房像撰　蜀文輯存 40/9a
(蔡內相)朝服畫像贊　北海集 36/9b
(蔡內相)燕服畫像贊　北海集 36/10a
故內相北海先生蔡公之姪孫更生奉遺像求贊
　鄱峰録 35/5a
裴公贊(三賢贊之二)　安陽集 23/7b
裴老真贊　默堂集 20/21b
題裴晉公畫像贊並序　文溪公集 13/3b
管幼安畫贊並序　樂城集/三 5/5b
贊銅鋌伯華　寶峰集 2/26b
贊熊郭門公像　九峰集 6/61a
熊遯軒像贊　雪坡集/補 4a
贊熊簡卿　西山集 2/142b

十 五 畫

潘延之贊　石門禪 19/24a
毅齋畫像贊　潛齋集 10/13a
蜀丞相諸葛武侯畫贊並序　樂全集 34/5a
漢丞相諸葛忠武侯畫像贊　南軒集 36/10a
武成王十哲蜀丞相諸葛亮贊　靈巖集 5/8a
諸葛武侯贊　蒙川稿 4/5a
漢太尉鄭公(會稽先賢祠傳贊下之三)　鄱峰録 34/2a
贊所傳神(鄭剛中)　北山集 26/2a
(鄭剛中)自贊　北山集 26/1b
(樓)叔韶弟畫贊　宋本攻媿集 65/4a　攻媿集 81/4a
西湖樓公先生諡郁字子文(四明十二先生贊之八)

鄞峰錄 35/2a

(樓鑰)自贊 宋本攻媿集 65/2b 攻媿集 81/2b

歐陽公制贊 盧溪集 41/4a

異齋先生(歐陽守道)像贊 文山集 10/19b

徐淵教授求六一先生(歐陽修)像贊 益國文忠集 45/1a 益公集 45/97a

歐陽文忠公畫贊 嵩山集 18/14a

歐陽文忠公贊 梅溪集/前/11/10a

歐陽文忠修像贊 魯齋集 6/15b

蔡元中真贊 石門禪 19/21b

蔡忠惠公像贊 蔡忠惠集/卷首贊 2a

蔡忠惠公遺像贊 忠正德集 5/1a 蔡忠惠集/卷首贊 1b

晉蔡謨贊王回撰 宋文鑑 75/6b

蔡覺軒遺像贊 庸齋集 6/1b

定齋(蔡戡)自贊 定齋集 13/3b

宋樞密直學士知益州蔣堂贊 景文集 47/5a

樊須字子遲齊人贈樊伯今進封益都侯贊 武夷新集/附逸詩文 3b

魏稱先生(會稽先賢祠傳贊之五) 鄞峰錄 33/3a

(衛宗武)寄顏後贊 秋聲集 6/7a

贊(衛宗武)寄顏 秋聲集 6/7a

衛靈公贊有序 張右史集 46/2b

(劉一止)自作真贊 苕溪集 24/2b

(劉一止)又自贊 苕溪集 24/3a

劉大虛喜神贊 盧溪集 41/5a

贊劉子勉 西山集 2/142b

侍讀學士劉公真贊 益國文忠集 9/6a 益公集 9/56a

中書舍人劉公真贊 益國文忠集 9/6b 益公集 9/56b

吳上虞令劉公(會稽先賢祠傳贊下之六) 鄞峰錄 34/3b

資政劉公贊 楳埜集 11/4b

劉仲遠像贊張孝祥撰 金石續編 18/39a 粵西金石畧 8/15b

劉希顏真贊 釜溪集 11/5b

漢高祖(劉邦)像贊 澹塘集 25/9a

漢高祖(劉邦)象贊 魯齋集 6/11a

(劉幸)自贊 澹塘集 25/12b

劉曼卿真贊 雙峰稿 9/6b

劉道原畫贊 後山集 19/2b 三劉家集/76b

贊劉睦堂先生 九峰集 6/61a

劉裳衣畫贊 芸庵稿 6/25b

劉裳衣贊 松隱集 29/7a

河間獻王(劉德)贊 傳家集 66/16a 司馬溫公集 73/2b

彭城劉遺民仲思贊 程北山集 16/11b

雲莊公(劉塤)遺像贊 雲莊集/卷首 1b

雲莊公(劉塤)遺像贊熊節撰 雲莊集/卷首遺像 1b

贊劉雲莊先生蔡沈撰 九峰集 6/61a 雲莊集/卷首 1b

滕王胥贊 須溪集 7/29a

魯兩生贊並序 景文集 47/2a

鄧安惠公贊 程北山集 16/1b

十六畫

静寄老翁自贊 太倉集 48/8a

忠懿王(錢俶)贊 蘇東坡全集/續 10/5b

錢忠懿王畫像贊 豫章集 14/4a

竹巖嬾翁錢德載畫像贊 北礀集 6/8b

十七畫

晉謝文靖公真贊 秋崖稿 41/3b

晉謝先生(會稽先賢祠傳贊上之十) 鄞峰錄 33/6a

晉謝先生(會稽先賢祠傳贊上之十一) 鄞峰錄 33/6b

贊謝安石像 可齋稿/續前 5/20a

謝安石贊 建康集 2/13b

謝居士贊 止齋集 44/3a

溪堂先生(謝逸)畫像贊 幼槃集 9/4a

康樂公謝靈運贊 程北山集 16/13b

贊應宣教真 橘洲集 7/14b

晉戴先生(會稽先賢祠傳贊上之十二) 鄞峰錄 33/7a

宋戴先生(會稽先賢祠傳贊上之十四) 鄞峰錄 33/8a

有宋右諫議大夫贈開府儀同三司太師中書令兼尚書令魏國韓公國華真贊 歐陽文忠集 58/10a

清涼居士(韓世忠)贊 佩韋齋集 8/7a

韓昌黎像贊 魯齋集 6/14a

韓廉使奉御贊 石門禪 19/22b

韓魏公琦像贊 魯齋集 6/15a

韓魏公贊 梅溪集/前 11/9a

薛畏翁真贊 東萊集 6/9a

儲居士真贊 姑溪集 12/3b

贊繆淡圖之祖四訓 阜陵陽集 7/7b

十八畫

顏回贊撰者人未詳 八瓊金石補 99/5b

顏魯公畫像贊 梁溪集 141/8b

顏魯公贊 澹塘集 25/9a

豐叔宜真贊 宋本攻媿集 65/5b 攻媿集 81/5a
唐太子太師贈司空鄭國魏公贊並序 安陽集 23/9a
漢魏先生(會稽先賢祠傳贊下之四) 鄮峰録 34/2b

龔養正寫真贊 于湖集 15/13b

二 十 四 畫

靈一示子所傳之神求予贊文因書神真寓言奉贈 演山集 35/4b

十 九 畫

丞相龐穎公贊 樓墅集 11/5b
羅浮二賢贊 眉山集 10/3a

二 十 畫

漢蘇先生(會稽先賢祠傳贊下之五) 鄮峰録 34/3a
蘇廷藻畫贊 蘆川集 10/4b
蘇武公帆像贊 魯齋集 6/16a
(蘇)東坡先生真贊(1-3) 豫章集 14/5a
(蘇)東坡先生真贊 鷄肋集 32/3a
(蘇)東坡先生畫像贊(1-2) 嵩山集 18/14b-15a
(蘇)東坡先生過海畫像贊 太倉集 43/4a
(蘇)東坡先生贊(1-2) 姑溪集 12/4a
(蘇)東坡居士贊 石門禪 19/20a
(蘇)東坡畫像贊 北礀集 6/8b
(蘇)東坡畫贊 宋本攻媿集 65/2b 攻媿集 81/2b
(蘇)東坡像李伯時作曾無疑藏之命予贊之 益國文忠集 45/1a 益公集 45/97a
(蘇)東坡像贊 東溪集/上 23b
(蘇)東坡像贊 渭南集 22/4a
(蘇)東坡橫策像贊 道鄉集 33/8b
蘇東坡贊 梅溪集/前 11/10b
後湖居士蘇庠畫像贊 太倉集 43/7b
御製蘇軾贊趙昌(孝宗)撰 蜀藝文志 44/4a
石城簿蘇瑩曳真贊 緣督集 10/8a
蘇穎濱贊 梅溪集/前 11/10b
(蘇轍)自寫真贊 欒城集/後 5/6b
王辰年(蘇轍)寫真贊 欒城集/三 5/5b
嚴光贊 宗伯集 15/6a
漢嚴先生(會稽先賢祠傳贊上之一) 鄮峰録 33/1a
嚴先生(會稽先賢祠傳贊下之二十) 鄮峰録 34/11a
嚴遹贊 景文集 47/4a

二 十 一 畫

齊顧先生(會稽先賢祠傳贊下之十四) 鄮峰録 34/7b

二 十 二 畫

贊龔知縣龍 文山集 10/20a

2. 女

亡室王夫人真贊 跨鼇集 28/9a
王夫人畫像贊 水心集 29/12b
毛女贊並序 石門禪 19/19a
平陽公主贊並序 小畜集/外 10/2b
吳國太夫人贊 浮溪集 21/3b
進賢女(何氏)真贊 雲巢編 6(三沈集 7/65a)
銅陵節婦章夫人贊 覺齋集 27/3b
黃夫人傳神贊 浮山集 4/15a
莫愁贊 平齋集 11/8a
墨莊陳夫人真贊 益國文忠集 9/6b 益公集 9/56b
故陳氏畫像贊 豫章集 14/10a
榮節婦傳贊 程北山集 17/3a
李宜人鄭氏真贊郭黃中撰 蜀文輯存 36/19b
鄧氏真贊 龠山集 27/3b

3. 釋 道

二 畫

十六叔祖畫贊 宋本攻媿集 65/3a 攻媿集 81/3a
畫入定僧贊 鷄肋集 69/9b

三 畫

下天竺薌林法師畫像贊 北礀集 6/12a
下天竺印畫象贊 北礀集 6/9b
上天竺思尚真贊 演山集 36/13b
上藍忠禪師贊 石門禪 19/17a
自海南歸過清遠峽寶林寺敬贊禪月所畫十八大阿羅漢 蘇東坡全集/續 10/9b
第一賓度羅跋囉墮尊者 蘇東坡全集/續 10/9b
第二迦諾迦代蹉尊者 蘇東坡全集/續 10/6b
第三迦諾跋梨隋閣尊者 蘇東坡全集/續 10/9b
第四蘇頻陀尊者 蘇東坡全集/續 10/10a
第五諾矩羅尊者 蘇東坡全集/續 10/10a
第六跋陀羅尊者 蘇東坡全集/續 10/10a
第七迦理迦尊者 蘇東坡全集/續 10/10b
第八代閻羅弗多尊者 蘇東坡全集/續 10/10b

第九戒博迦尊者　蘇東坡全集/續 10/10b
第十半託迦尊者　蘇東坡全集/續 10/11a
第十一羅怙羅尊者　蘇東坡全集/續 10/11a
第十二那迦犀那尊者　蘇東坡全集/續 10/11a
第十三因揭陀尊者　蘇東坡全集/續 10/11a
第十四伐那婆斯尊者　蘇東坡全集/續 10/11b
第十五阿氏多尊者　蘇東坡全集/續 10/11b
第十六注茶半託迦尊者　蘇東坡全集/續 10/11b
第十七慶友尊者　蘇東坡全集/續 10/12a
第十八賓頭盧尊者　蘇東坡全集/續 10/12a
龍眠居士畫十六大阿羅漢贊　梁溪集 141/3a
大洪禪師贊　渭南集 22/6a
大通禪師真贊　豫章集 14/28b
大達國師無業公畫像贊並序　石門禪 18/21b
大馮慕喆禪師真贊　豫章集 14/26a
贊大慧昭覺真　九華集 20/14b
大慧禪師昭覺真贊　松園集 29/7b
大慧禪師昭覺真贊　渭南集 22/5b
山谷老人贊　石門禪 19/20b

四　畫

六世祖師(初祖 二祖 三祖 四祖 五祖 六祖)畫像贊並序　石門禪 18/18a
興國寺浴室院六祖畫贊　蘇東坡全集 20/18b
文殊維摩畫贊　程北山集 16/4b
道士王如晦真贊(1-2)　張華陽集 33/11b
五祖(法)演禪師真贊　豫章集 14/26b
元照律師畫贊　東堂集 10/9b
木平和尚真贊　豫章集 14/24b
元華子真贊　蘇東坡全集/續 10/9a
尤尊師贊　雪巢編 6(三沈集 7/61b)
支道林贊　建康集 2/13b
佛日呆禪師真贊　梁溪集 141/9a
中嚴圓老像贊　渭南集 22/6b
內供奉傳真大師元蔣自寫真贊並序　河東集 13/2a
水陸法像贊並序(1-16)　蘇東坡全集/後 19/7b-10b
月堂僧惠山畫贊　鴻慶集 32/16b　孫尙書集 52/14a

五　畫

玄沙宗一禪師真贊　石門禪 18/26b
第十半託迦遮者　蘇東坡全集/續 10/11a

第十半託迦尊者　石門禪 18/10a
半身達磨贊　無文印集/卷首 22b
永明禪師真贊(1-2)並序　石門禪 18/24a
永明壽禪師畫像贊　北礀集 6/8a
永嘉真覺大師真贊並序　石門禪 18/20b
僧可正真贊　本堂集 36/7b
僧可舉真贊　本堂集 36/7b
古心(江萬里)文山(文天祥)贊　須溪集 7/28b
石頭志庵主贊　石門禪 19/14a
石霜普照珂禪師贊　石門禪 19/6b
布袋和尚贊　姑溪集 12/6a
布袋和尚贊　松園集 29/7b
布袋和尚贊　盧川集 10/6a
僧熊畫布袋贊　拙軒集 6/3a
元布袋真贊三首　于湖集 26/9b
東山渡水布袋贊　平齋集 11/8a
布袋和尚贊　玉瀾稿 10/15b
布袋贊(1-2)　無文印集/卷首 22a
申天師贊　雪巢編 6(三沈集 7/61a)
贈白雲道人贊　于湖集 15/13a
台宗傑首座畫像贊　北礀集 6/12b

六　畫

安嶽山照禪師真贊並序　雪寶集/瀑泉 18b
卍庵禪師(處良)真贊　渭南集 22/5b
西林覺寂大師慧永贊　程北山集 16/12a
西峰和尚贊　雲巢編 6(三沈集 7/69a)
西菴璞老真贊　姑溪集 12/3a
西庵琳老真贊　姑溪集/後 14/1b
西禪隆老海印大師贊　盧川集 10/4a
西禪此庵净老真贊　拙齋集 17/11a
百丈大智禪師真贊並序　石門禪 18/21a
第九戒博迦尊者　石門禪 18/10a
御風列子贊　宮教集 12/4a
死心禪師舍利贊並序　石門禪 19/18a
光孝禪院真身定光如來贊　清獻集 5/23b
光道人真贊　蘇東坡全集 40/13b
同達道通判贊　石門禪 19/22a
第十三因揭陀尊者　蘇東坡全集/續 10/11a
第十三因揭陀尊者　石門禪 18/10b
第十四伐那婆斯尊者　蘇東坡全集/續 10/11b
第十四伐那波斯尊者　石門禪 18/11a
仰山長老紹南真贊　益國文忠集 80/1b　益公集 80/

125b

仰山簡和尚真贊 豫章集 14/28a

如來八相二十四依圖贊 雲巢編 6(三沈集 7/51b)

如來出胎贊 雲巢編 6(三沈集 7/52a)

如來納妃贊 雲巢編 6(三沈集 7/52a)

如來入胎贊 雲巢編 6(三沈集 7/52a)

如來降魔贊 雲巢編 6(三沈集 7/52b)

如來出家贊 雲巢編 6(三沈集 7/52b)

如來轉法輪贊 雲巢編 6(三沈集 7/53a)

如來成道贊 雲巢編 6(三沈集 7/53a)

如來涅槃贊 雲巢編 6(三沈集 7/53b)

題王齊畫如來出山相贊 蘇東坡全集/續 10/6a

法雲佛國禪師白如來真贊 寶晉英光集 6/6a 寶晉山林集 4/3b

晦堂心如來真贊 寶晉英光集 6/6b 寶晉山林集 4/4b

蘇書如來贊撰著人未詳 八瓊金石補 108/18b

七 畫

汾陽昭禪師真贊 石門禪 19/7a

宏智禪師(正覺)真贊 渭南集 22/5a

社主遠法師贊 程北山集 16/11b

蔣山沖懿絕(道沖)寄初祖達摩並馬大師畫象索贊 北礀集 6/9a

第九戒博迦尊者 蘇東坡全集/續 10/10b

赤眼禪師畫像贊並序 石門禪 18/22b

道士李沖妙真贊(1-2) 張華陽集 33/11b

長沙岑大蟲真贊並序 石門禪 18/25a

呂洞賓贊 無文印集/卷首 23a

呂真人畫像贊 太倉集 43/7a

呂真人贊 宋本攻媿集 65/2b 攻媿集 81/2b

呂真人贊(1-2) 渭南集 22/4b

延福可老真贊 拙齋集 17/11a

佛母贊 松隱集 29/7b

佛印璉師贊 石門禪 19/15b

佛陀難提贊 雲巢編 6(三沈集 7/55a)

佛陀密多贊 雲巢編 6(三沈集 7/55b)

贊佛智禪師(廣聞) 橘洲集 7/14b

佛照禪師真贊 渭南集 22/6a

伽邪舍贊 雲巢編 6(三沈集 5/57b)

伽難提贊 雲巢編 6(三沈集 7/57a)

第十二那迦犀那尊者 蘇東坡全集/續 10/11a

第十二那迦犀那尊者 石門禪 18/10b

妙空佛海大師智訥畫贊 鴻慶集 32/16a 孫尙書集 52/14a

妙高仁禪師贊 石門禪 19/15b

妙湛睿老真贊 程北山集 16/5b

妙湛禪師月嚴舍利贊並引 北礀集 6/11b

妙喜道人真贊 蘆川集 10/3a

八 畫

第十六注茶半託迦尊者 蘇東坡全集/續 10/11b

第十六注茶半託迦尊者 石門禪 18/11a

法師道圓贊 程北山集 16/13a

法師道敬贊 程北山集 16/13a

法師慧持贊 程北山集 16/12b

法師慧叡贊 程北山集 16/12b

法師曇恒贊 程北山集 16/13a

法師曇順贊 程北山集 16/12b

法師曇詵贊 程北山集 16/13a

法眼禪師真贊 建康集 2/13b

法雲(法)秀禪師真贊 豫章集 14/26b

法華道人贊諸志遇 雲巢編 6(三沈集 7/60b)

僧法臻畫贊 鴻慶集 32/17a 孫尙書集 52/14b

泊潭我和尚真贊 豫章集 14/27b

泊潭乾和尚真贊 豫章集 14/27a

贊宗元始和尚小像 寶峰集 2/27a

芧庵宗慧禪師真贊 渭南集 22/7a

定光佛像贊 宋本攻媿集 65/6b 攻媿集 81/6b

空生真贊並序 石門禪 18/7b

放光二大士贊並序 石門禪 18/11b

林道士元素真贊 本堂集 36/7a

東林第一代廣慧禪師真贊 蘇東坡全集/續 10/6b

東林普濟大師竺道生贊 程北山集 16/12a

東林紹老真贊 太倉集 43/8b

長老端裕真贊 鴻慶集 32/16b 孫尙書集 52/13b

永嘉前住長蘆心聞真師真贊 郡峰錄 35/4b

長蘆夫和尚真贊 豫章集 14/27b

芙蓉楷禪師贊 石門禪 19/15a

呆和尚畫贊 蘆溪集 41/4a

贊明教大師(契嵩)並序 鄮津集 22/12b

(明教大師契)嵩禪師贊 石門禪 19/10b

明教禪師五種不壞贊並序 北礀集 6/9b

明覺大師(雪竇)贊 方舟集 14/9b

周生强圖夢身予亦不能伏筆(1-2) 雪寶集/灃泉 18b

承天文公真贊　筠溪集 22/5a

承天潛師畫贊　抽齋集 17/10b

第十五阿氏多尊者　蘇東坡全集/續 10/11b

第十五阿氏多尊者　石門禪 18/11a

蘇軾之妻王氏名閏之字季章年四十六元祐八年八月一日卒於京師臨終之夕遺言捨所受用使其子邁追過爲畫西方阿彌陀佛紹聖元年六月九日像成奉安於金陵清涼寺乃爲贊日　蘇東坡全集/續 10/7b

阿彌陀佛贊　蘇東坡全集/後 19/11a

東平精舍十八阿羅漢尊者真贊　碧梧集 16/7a

九　畫

洪都道士傳得一求贊淳熙改元四月吉日三山郡齋書　鄮峰錄 35/5b

宣首座真贊　東牟集 13/13a

宣律師贊並序　石門禪 19/10a

姜山静凝院鐵壁老師通公真贊　苕溪集 24/2b

祐勝菩薩贊並序　石門禪 18/8a

神農贊　萬山集 18/13b

南山律師贊　宋本攻媿集 65/7a　攻媿集 81/7a

南安嚴主大嚴師真贊　豫章集 14/24b

南安嚴主定光古佛木刻像贊並序　石門禪 18/27a

南安嚴主定應大師真贊　豫章集 14/25a

南都法寶禪院一長老真贊　淮海集 34/1a

南湖法智大師像贊　鄮峰錄 35/5a

南華真人畫贊　雞肋集 32/3b

南嶽慧照禪師省覺真贊　景文集 47/7a

南嶽導師贊　雲巢編 6(三沈集 7/65b)

若冰大師真贊　雪寶集/澤泉 17b

英老真贊　宋本攻媿集 65/9a　攻媿集 81/9a

英和尚贊　盧溪集 41/5b

毘羅贊　雲巢編 6(三沈集 7/56a)

香城順長老真贊　樂城集/後 5/5a

香城琰禪師贊　石門禪 19/13b

保寧機道者傳神贊(1-2)　姑溪集 12/2b

保寧禪師真贊　梁溪集 141/7b

建隆慶和尚真贊　淮海集 34/1b

第十五祖(迦那提婆尊者)真贊並序　石門禪 18/17b

第七迦理迦尊者　蘇東坡全集/續 10/10b

第七迦理迦尊者　石門禪 18/9b

第二迦諾迦伐蹉尊者　蘇東坡全集/續 10/6b

第二迦諾迦伐蹉尊者　石門禪 18/9a

第三迦諾迦跋梨隋闍尊者　蘇東坡全集/續 10/9b

十　畫

宮師趙公圓覺經會贊並序　樂全集 34/21b

高蓋長老真贊　廬川集 10/4b

高麗指堂講師畫象贊　北磵集 6/11b

栽松道者真身贊　石門禪 19/5b

恭首座真贊　雪寶集/澤泉 17b

題桂林劉真人真贊　于湖集 15/13a

真人畫贊　東堂集 10/9a

真如心老真贊　松隱集 29/8a

真武贊　唯室集 3/7b

醴泉觀真靖崇教大師真贊　蘇東坡全集/續 10/13a

醫僧真應師贊　廬川集 10/4a

破竈墮和尚贊並序　石門禪 18/23b

哲老真贊　宋本攻媿集 65/7b　攻媿集 81/7b

馬祖龐公真贊　蘇東坡全集/續 10/12b

師子尊者贊　雲巢編 6(三沈集 7/58b)

徑山大慧禪師(昭覺)真贊　抽齋集 17/10a

脇尊者贊　雲巢編 6(三沈集 7/55b)

十一畫

奉聖淳山主年八十有四放翁爲作真贊　渭南集 22/6b

清涼大法眼禪師真贊並序　石門禪 18/26a

清涼國師真贊　豫章集 14/24a

清都謝道士真贊　蘇東坡全集/續 10/13a

清照大師真贊　雪寶集/澤泉 17b

净因净照(道)臻老真贊　蘇東坡全集 40/14a

净慧璉老贊　姑溪集 12/3a

婆修槃陀尊者贊(即天觀菩薩)　雲巢編 6(三沈集 7/58a)

寂音(惠洪)自贊(1-4)　石門禪 19/18b

雪峰了禪師真贊　梁溪集 141/8a

雪峰真贊　姑溪集/後 14/2b

雪峰毬堂禪師真贊　抽齋集 17/10b

雪蕈瑾老贊　宋本攻媿集 65/9a　攻媿集 81/9a

禪徒寫子雪寶幻質復請爲贊　雪寶集/澤泉 17b

雪寶禪師(重顯)真贊重顯　樂全集 34/6b

黃龍南和尚真贊　東牟集 13/13a

黃龍南禪師真贊　豫章集 14/25b

黃龍真贊　寶晉英光集 6/9a

黃龍草堂清禪師贊 石門禪 19/13b
黃龍清和尚真贊 豫章集 14/28b
郴州乾明進和尚舍利贊並序 石門禪 19/8b
常州薦福珣老真贊 姑溪集/後/14/2a
常禪師真贊 太倉集 43/8a
第六跋陀羅尊者 蘇東坡全集/續 10/10a
晦堂寶覺(祖心)真贊 姑溪集/後 14/2b
崇因欽老贊 姑溪集 12/2b
參寥子(道潛)真贊 蘇東坡全集 20/15a
道西陸修靜贊 程北山集 16/13b

十 二 畫

馮山獻禪師贊 石門禪 19/16a
混長老真贊 蘇東坡全集/後 20/15b
湖心竹溪政講師贊 宋本攻媿集 65/8a 攻媿集 81/8a
睡寒山拾得贊 拙軒集 6/2b
寒拾贊（1－2） 無文印集/卷首 22b
富那奢贊 雲巢編 6(三沈集 7/56a)
善清真贊韓駒撰 蜀文輯存 37/19a
羨門子贊 芸庵備 6/24a
普照王贊即僧伽贊 蘇東坡全集/續 10/14b
普濟歸寂禪師真贊 筠溪集 22/3a
雲門大師真贊 姑溪集/後 14/2a
雲門匡真禪師畫像贊（1－2）並序 石門禪 18/26b
雲居悟公真贊（1－2） 筠溪集 22/4a
雲庵和尚(克文)舍利贊並序 石門禪 19/17a
雲庵和尚(克文)贊（1－3）並序 石門禪 19/11a
雲溪文慶長老畫像贊 道鄉集 33/8b
雲蓋生日三月初七報慈僧持真求贊 石門禪 19/13b
雲蓋智和尚真贊 豫章集 14/28a
雲蓋智禪師贊 石門禪 19/13a
景星觀真人贊(唐氏女辨法信)沈遼撰 三沈集 7/61a
棗柏大士畫像贊 石門禪 18/20a
提多迦贊 雲巢編 6(三沈集 7/54b)
提婆尊者贊 雲巢編 6(三沈集 7/56b)
華藏寺慈氏菩薩贊並序 石門禪 18/3b
華藥英禪師贊 石門禪 19/14b
華嚴居士贊 石門禪 19/20b
第六跋陀羅尊者 石門禪 18/9b
第三跋釐墮闍尊者 石門禪 18/9a

無名和尚傳贊 蘇東坡全集/後 19/12a
贊無言妙和尚 寶峰集 2/27a
僧智標真贊 鴻慶集 32/16b 孫尚書集 52/18b
傅大士贊 蘇東坡全集/續 10/14b
報恩邦禪師真贊 姑溪集 12/5a
報慈宣秘禪師贊 石門禪 19/16a
須菩提贊 姑溪集 12/5b

十 三 畫

塗毒(智)策老贊 宋本攻媿集 65/8b 攻媿集 81/9a
塗毒(智)策禪師真贊（1－2） 渭南集 22/5b－6a
僧雍野堂贊 本堂集 36/7b
慈明禪師自贊 粵西金石略 9/20a
慈明禪師真贊並序 石門禪 19/7b
慈照大師真贊 文璐公集 18/4b
慈感主老請贊無量壽像 北磵集 6/7b
慈薩性空禪師真贊 筠溪集 22/3a
五祖慈覺贊 石門禪 19/6a
資福白長老真贊 蘇東坡全集 40/13b
道林枯木成禪師贊 石門禪 19/15b
自(道樂)贊（1－2） 無文印集/卷首 23a
雷峰法宗師真贊 東堂集 10/9b
瑞嚴益老贊 宋本攻媿集 65/8b 攻媿集 81/8b
達磨真贊 張右史集 46/1a
楚興禪師真贊 雲巢編 6(三沈集 7/65b)
楊岐會禪師真贊 筠溪集 22/3b
楓橋長老法遷畫贊 鴻慶集 32/16b 孫尚書集 52/14a
萬州虛鑒真人岑公贊岑象求撰 蜀文輯存 28/19a
葛道人真贊 太倉集 42/9a
葆光法師真贊 蘇東坡全集/續 10/12b
法座圓成贊釋仁弼撰 粵西金石略 10/16a
圓首座贊 盧川集 10/5b
圓悟禪師(克勤)真贊 鴻慶集 32/15b 孫尚書集 52/12a
圓通贊 盧溪集 41/3b
圓淨律師贊 盧川集 10/5a
圓照大通二本禪師真贊 程北山集 16/5b
圓覺蕐澄師贊 宋本攻媿集 65/10a 攻媿集 81/10a
鳩摩羅馱贊 雲巢編 6(三沈集 7/57b)

十 四 畫

賓卑聚贊 灌圃集 16/11b

第一賓度羅跋囉墮尊者　蘇東坡全集/續 10/9b
第一賓度羅跋囉墮闍尊者　石門禪 18/9a
第十八賓頭盧尊者　蘇東坡全集/續 10/12a
第十八賓頭盧尊者　石門禪 18/11b
誌公贊　雲巢編 7(三沈集 8/2b)
廣慧法師贊　渭南集 22/7a
廣慧禪師真贊　雪寶集/澤泉 18b
壽山惠通一老真贊　筠溪集 22/5b
壽寧宜老贊　姑溪集 12/6b
夢蝶居士贊(1-2)　石門禪 19/38b
踈山仁禪師贊　石門禪 19/6b
聞思大士入定相善財童子致恭揭諦神後衞因
　爲之贊　唯室集 8/7a
僧乞達摩彌勒贊　閒堂集 4/17a
　爲僧作真贊　姑溪集 12/8a
僧伽贊　蘇東坡全集/後 19/10b
翠巖真禪師真贊　石門禪 19/7a
維摩居士贊　姑溪集/後 14/1a
維摩像贊　臨川集 88/8a
病維摩贊　須溪集 7/28b

十五畫

遊龍山斷際院潛庵(清源)常居之有小僧乞贊
　戲書其上　石門禪 19/12a
潛庵(清)源禪師真贊(1-3)　石門禪 19/12a
摩田提贊　雲巢編 6(三沈集 7/54a)
摩奴羅贊　雲巢編 6(三沈集 7/58a)
摩訶迦葉波贊　雲巢編 6(三沈集 7/53b)
褒禪佛眼禪師遠公真贊　筠溪集 22/4a
第十七慶友尊者　蘇東坡全集/續 10/12a
故慶雲長老文朿贊丙戌　益國文忠集 40/1b　益公
　集 40/129b
鄭逸道法師真贊　松隱集 29/7b
慧林正老真贊　姑溪集 12/5b
慧林冲禪師真贊　豫章集 14/26b
慧慈獨覺禪師真贊　筠溪集 22/3b
慧照(慶)譽和尚真贊　蘆川集 10/3a
慧嚴水長老贊　姑溪集/後 14/1b
敷浄人求僧贊　渭南集 22/7a
賢首國師贊　北磵集 6/10b
醉僧贊　石門禪 19/6a
膺門周鍊之道祖贊　程北山集 16/11b
蓮社圖十八賢贊　程北山集 16/11b

蓬萊都水使者(陶真人)贊　芸庵稿 6/24a
蔣山明老贊　于湖集 26/9a
暸堂(慧)遠老真贊　宋本攻媿集 65/9b　攻媿集 81/
　10a
裳請贊劉呂真士繪像　鄮峰錄 35/5a

十六畫

龍丘子(陳慥)真贊　淮海集 34/1a
龍安主僧仁遠出德光頂相求贊　益國文忠集 80/
　1b　益公集 80/126a
龍樹贊　雲巢編 6(三沈集 7/56b)
第五諾矩羅尊者　蘇東坡全集/續 10/10a
第五諾距羅尊者　石門禪 18/9b
禪定大師真贊　雪寶集/澤泉 17b
遷老畫贊　盧齋集 6/4b
闍夜多尊者贊　雲巢編 6(三沈集 7/58a)
第八闍羅弗多羅尊者　石門禪 18/10a
閬鄕麻衣寺瘦佛畫像贊　宗忠簡集 6/1b
錢道人贊　渭南集 22/7b

十七畫

臨平慧禪師贊(1-2)　石門禪 19/16b
臨海梵才大師真贊　文恭集 29/14b
臨濟和尚贊　石門禪 18/25a
臨濟贊　無文印集/卷首 22b
第八代闍羅弗多尊者　蘇東坡全集/續 10/10b
蜀賓佛馱耶舍尊者贊　程北山集 16/12b
蜀賓佛馱跋陀羅尊者贊　程北山集 16/12b
鍾冠之出山佛贊　平齋集 11/8b
鍾離真人贊　渭南集 22/4b
優波鞠多贊　雲巢編 6(三沈集 7/54b)
贊喻彌陀　九華集 20/15a
彌陀佛贊　紫微集 33/8a
南嶽彌陀和尚贊　石門禪 19/10a
從子澤修浄業以彌陀像求贊　宋本攻媿集 65/5b
　攻媿集 81/6a
爲仁師贊彌勒佛　弊齋文編 4/24b
和張總得彌勒贊　雪山集 10/7b
戊戌十月初四夜夢作彌勒贊　慶齋雜著 4/5a
彌遮迦贊　雲巢編 6(三沈集 7/55a)

十八畫

簡緣居士贊　石門禪 19/25a

雙林善慧大士録贊　梁溪集 140/2b
雙峰演禪師贊　石門禪 19/17a
壁潭上人贊　巽齋集 27/7a

十九畫

第十七難提蜜多羅慶友尊者　石門禪 18/11a
（懷）素公贊　雲巢編 6(三沈集 7/62a)
藥師琉璃光佛贊並引　蘇東坡全集/後 20/8b
第十一羅怙羅尊者　蘇東坡全集/續 10/11a
第十一羅怙羅尊者　石門禪 18/10b
十六羅漢畫像贊　滄齋集 16/8a
羅漢贊　蘇東坡全集/續 10/14b
羅漢贊（1－16）　蘇東坡全集/後 19/4b－7a
補禪月羅漢贊（1－9）　蘇東坡全集/後 20/11b
十八羅漢贊　寶晉英光集 6/6a　寶晉山林集 4/3b
十六羅漢贊（1－16）　豫章集 14/18a
衡山南臺寺飛來羅漢贊並序　石門禪 18/15b
十八羅漢贊（1－18）　丹陽集 9/4a－6b
仁山五百羅漢贊　盧溪集 41/3a
十六羅漢贊　方舟集 14/9b－14b
又眉州圓通閣十六羅漢贊　方舟集 14/15a－16b
諸羅漢贊文　演山集 36/1a
羅睺羅尊者贊　雲巢編 6(三沈集 7/57a)
羅樻密贊（1－2）　漫塘集 25/10b

二十畫

寶公畫像贊　石門禪 18/19b
寶峰準禪師贊　石門禪 19/14b
寶梵大師真贊　豫章集 14/29a
寶覺昕長老贊　姑溪集 12/6b
金山長老寶覺師真贊　蘇東坡全集 40/13b
第四蘇頻陀尊者　蘇東坡全集/續 10/10a
第四蘇頻陀尊者　石門禪 18/9b
釋迦出山畫像贊並序　石門禪 18/1a
釋迦佛　石門禪 18/8b
釋迦阿難贊　雲巢編 6(三沈集 7/54a)
繡釋迦像並十八羅漢贊並序（1－19）　石門禪 18/8b－11b
釋迦佛　石門禪 18/8b
第一賓度羅跋囉墮闍尊者　石門禪 18/9a
第二迦諾迦伐蹉尊者　石門禪 18/9a
第三跋釐墮闍尊者　石門禪 18/9a
第四蘇頻陀尊者　石門禪 18/9b

第五諾距羅尊者　石門禪 18/9b
第六跋陀羅尊者　石門禪 18/9b
第七迦理迦尊者　石門禪 18/9b
第八閣羅弗多羅尊者　石門禪 18/10a
第九戎博迦尊者　石門禪 18/10a
第十半託迦尊者　石門禪 18/10a
第十一羅怙羅尊者　石門禪 18/10b
第十二那迦犀那尊者　石門禪 18/10b
第十三因揭陀尊者　石門禪 18/10b
第十四伐那波斯尊者　石門禪 18/11a
第十五阿氏多尊者　石門禪 18/11a
第十六注茶半託迦尊者　石門禪 18/11a
第十七難提蜜多羅慶友尊者　石門禪 18/11a
第十八賓頭盧尊者　石門禪 18/11b
天王院新塑釋伽像金色珠贊　梁溪集 140/8b
覺濟大師真贊並序　丹淵集 21/6b

二十一畫

辯才大師（元淨）真贊　蘇東坡全集/續 10/13b
癩可（祖可）贊　石門禪 19/6a
唐畫護法神贊　四庫拾遺 607/初像集
鶴勒那夜奢贊　雲巢編 6(三沈集 7/58b)

二十二畫

玉泉山懿公真贊　筠谿集 22/5a
鑑堂昕老贊　宋本攻媿集 65/8b　攻媿集 81/8b
鑑達觀畫像贊　盧溪集 41/4b

二十三畫

毛氏所蓄嚴主贊　石門禪 18/28a

二十四畫

靈芝律師贊　宋本攻媿集 65/7a　攻媿集 81/7a
靈源清禪師贊（1－5）　石門禪 19/12b
靈源禪師真贊　姑溪集 12/4b
靈隱遠公真贊　松隱集 29/8a
靈巖愿老真贊　姑溪集 12/4b

二十五畫

觀世音菩薩摩訶薩像贊　鶴助集 69/1a
江南李後主夢觀世音像贊　豫章集 14/17a
觀世音贊（1－6）　豫章集 14/15b
觀世音贊　姑溪集/後 14/1a

贊觀音大士 寶峰集 2/26a

余舊供觀音比得蔣穎叔所傳香山成道因緣歎
仰靈異因爲贊於後 毘陵集 11/10b

壽聖院泛海觀音記贊王孝節撰 八瓊金石補 111/
28a

洞庭西山小湖觀音教院靈泉贊孫觀撰 孫尚書
集 52/15a 吳都文粹 8/47b

觀音菩薩畫贊（1－2） 後山集 19/3b、4a

杏殼觀音菩薩贊並序 石門禪 18/13a

漣水觀音畫像贊並序 石門禪 18/1b

觀音畫贊 抽齋集 17/12a

醉作觀音像仍爲書贊 玉蟾稿 10/15b

子踐舍人寄入定觀音像因贊其上 莊簡集 16/
21a

黎解元莊嚴觀音像見而贊之 北山集 26/2b

印上人持觀音像來乞贊余曰率伯時畫也爲作
此贊 石門禪 18/15a

漣水觀音像贊並序 石門禪 18/14a

觀像贊 宋本攻媿集 65/6a 攻媿集 81/6a

太平寺觀音像贊 雪坡集 42/8b

劉叔榮觀音像贊 雪坡集 42/8b

觀音像贊楊概撰 蜀文輯存 32/9a

觀音像贊呂由聖撰 金石萃編 140/9a

應夢觀音贊 蘇東坡全集/續 10/14a

觀音贊 蘇東坡全集/後 19/4a

静安縣君許氏繡觀音贊 蘇東坡全集/後 20/10b

了觀師繡觀音贊 豫章集 14/17b

龐道者繡觀音贊並序 豫章集 14/17b

旃檀四十二臂觀音贊並序 石門禪 18/3a

泗州院旃檀白衣觀音贊並序 石門禪 18/4b

靖安胡氏所蓄觀音贊 石門禪 18/5b

潭州東明石觀音贊並序 石門禪 18/6a

無爲山十生觀音贊 石門禪 18/17a

繡觀音贊 梁溪集 140/8b

觀音贊 方丹集 14/9b

僧師源畫觀音贊 渭南集 22/5a

代題入定觀音贊 客亭稿 7/13a

蜀繡轉經觀音贊 平齋集 11/8a

觀音贊（1－2） 無文印集/卷首 22a

南嶽觀音贊撰著人未詳 八瓊金石補 110/22a

4．姓名未詳者

爲人作真贊 姑溪集 12/7a

又爲人作真贊 姑溪集 12/7b

壽上人真贊 宋本攻媿集 65/9b 攻媿集 81/9b

（四）世　事

1．治　道

二桃殺三士贊 北澗集 6/8b

好善贊 鶴津集 16/9a

碱迹贊 玉蟾稿 10/16a

2．儒　學

不出贊 莊簡集 16/21a

中庸贊 漫塘集 25/11a

唐石經贊 益國文忠集 92/9b 益公集 92/169a

易五贊 朱文公集 85/6b

原象（易五贊之一） 朱文公集 85/6b

述旨（易五贊之二） 朱文公集 85/7b

明筮（易五贊之三） 朱文公集 85/8a

稽類（易五贊之四） 朱文公集 85/8b

警學（易五贊之五） 朱文公集 85/9a

趙卯發集孟四箴贊 唯堂稿 5/12b

提起贊 魯齋集 6/12b

復卦贊 朱文公集 85/9b

解星贊 雪坡集 42/8a

截斷提起贊 魯齋集 6/12a

戴斷贊 魯齋集 6/12a

贊三山莊之龍魁星 文山集 10/20b

魁星贊 樓梵集 11/3b

魁星贊 雪坡集 42/8a

麟趾贊 豫章集 14/12a

3．佛　老

三身贊 瀛奎集 8/7b

三教贊 北澗集 6/9a

三寶贊　雪寶集/祖英 下/1a

内贊　鷄肋集 32/4a

越州永福院大像贊　雲巢編 6(三沈集 7/48b)

外贊　鷄肋集 32/4b

贊佛　紫微集 33/9a

佛牙舍利贊趙佶(徽宗)撰　吳都續文粹 29/2b

宋佛牙贊趙禎(仁宗)撰　兩浙金石志 7/1a

佛豆贊並序　景文集 47/8a

武人日念升米佛號贊撰著人未詳　播芳文粹 149/25a

畫佛贊　蘇東坡全集/續 10/6b

繡佛贊　蘇東坡全集/後 20/11a

李氏繡佛贊(1-2)　學易集 6/22b

無爲贊　傳家集 74/11a　司馬溫公集 74/15b

道統贊趙昀(理宗)撰　金石萃編 152/10a　兩浙金石志 12/1a

猪齒白化佛贊　鷄肋集 69/4a

檀木白衣相贊　北澗集 6/7a

觸髑贊　蘇東坡全集/續 10/9a

陳氏繡觀世舍利贊　鷄肋集 69/8a

4. 符　瑞

玉芝贊　徐公集 24/6a

錢大參芝草贊　松隱集 29/5b

李氏龍池庵芝草贊　芸庵稿 6/22b

瑞芝贊　梁溪集 140/5a

(五) 亭堂齋軒

1. 亭

脫靴亭贊牟子才撰　蜀文輯存 91/21b

太平和尚禮塔亭贊　雲巢編 6(三沈集 7/65a)

2. 閣

平津侯(公孫弘)東閣贊並序　景文集 47/2b

3. 堂

三賢堂贊　漫塘集 25/9b

六觀堂贊　蘇東坡全集/續 10/8a

四有堂贊　巽齋集 21/1a

四賢堂贊　蒙齋集 16/13a

宜興先賢堂贊　漫塘集 25/10a

4. 齋

思無邪齋贊　蘇東坡全集/續 10/14a

游戲齋贊並序　北湖集 5/9b

種桃齋寫神贊　玉瀾稿 10/14b

5. 軒

如如軒贊　梁溪集 140/12b

(六) 寺觀庵塔

1. 寺

聖興寺寫真贊范鎭撰　蜀文輯存 9/16a

照覺寺寫真贊范鎭撰　蜀文輯存 9/16a

臨川寶應寺塔光贊　石門禪 19/3a

2. 庵

卍庵贊　于湖集 26/9b

石室贊郎戴休撰　蜀藝文志 44 下/1a

僧求潛庵贊　石門禪 19/12a

3. 祠

三高祠贊並序石處道撰　吳都續文粹 15/42a

府學文翁祠畫像十贊宋祁撰　蜀藝文志 44 下/2a

夾谷簽事生祠贊　潛齋集 10/11a

零陵王祠贊姓唐氏諱世旻　雲巢編 6(三沈集 7/64a)

米元章墓贊程俱撰　新安文獻 47/8b

4. 塔

阿育王塔贊 雲巢編 6(三沈集 7/62b)
綠塔贊 梁溪集 140/10b

5. 幢

郭重顯等尊勝大悲幢贊撰著人未詳 八瓊金石補

82/29b
杜澤里尊勝幢贊撰著人未詳 八瓊金石補 82/27b
元氏邑衆尊勝幢贊王把撰 八瓊金石補 82/1b

(七) 金石文物

〔紅銅猪〕 四庫拾遺 19/景文集
又代馬幹水晶數珠贊 客亭稿 7/12b
伯阿敦贊有序 公是集 49/10b

驪山十鐘贊並序 公是集 49/11b
白鶴觀鐘贊 雲巢編 6(三沈集 7/62b)
張仲篁贊並序 公是集 49/11a

(八) 琴棋書畫

1. 琴

周七律贊 四明文獻集 8/2a
實腹琴贊(1-2) 松隱集 29/8a
琴贊 松隱集 29/8b

2. 書

御書六大字贊程元鳳撰 新安文獻 47/9b
御書六韜兵法贊 盤洲集 28/3a
王羲帖贊 寶晉英光集 6/7a 寶晉山林集 4/1b
王謝真蹟贊 寶晉英光集 6/6b 寶晉山林集 4/2a
元祐邇英閣仁宗皇帝御書贊 靈巖集 5/6a
江氏家藏仁宗皇帝墨迹贊 豫章集 14/4a
米元章南明山題字贊劉淳撰 括蒼金石志 4/11a
林同合求初心大字並贊 潛齋集 10/12a
唐文皇(李世民)手詔贊有序 寶晉英光集 6/7a 寶晉山林集 4/2a
李邕帖贊有序 寶晉英光集 6/6a 寶晉山林集 4/4a
宣和御書贊 程北山集 16/1a
威暑帖贊 松隱集 29/5b
文與可飛白贊 蘇東坡全集 20/16a 丹淵集/附錄 12a
强齋高使君金書諸經贊 北礀集 6/10b
御書真武像贊理宗趙昀撰 兩浙金石志 12/22b

御書草聖千文贊 梁溪集 141/2a
書法贊 寶晉英光集 6/5b 寶晉山林集 4/3b
乾道御書贊 魯齋集 6/11b
懷素逐鹿帖贊 松隱集 29/5b
張長史帖贊 松隱集 29/5a
褚遂良帖贊 松隱集 29/5a
褚摹右軍蘭亭燕集序贊有序 寶晉英光集 6/8b
歐陽詢度尚庾亮帖贊有序 寶晉英光集 6/7b 寶晉山林集 4/2b
王右軍釋恭帖贊 寶晉英光集 6/9a 寶晉山林集 4/2a
寶元紫微閣御篆贊 四明文獻集 8/1a
王獻之蘇氏實帖贊有序 寶晉英光集 6/8a
王義之蘭亭帖贊 寶晉山林集 4/1b

3. 畫

二 畫

二疏圖贊 蘇東坡全集/後 9/5a
十才子出關圖贊 雲巢編 7(三沈集 8/2a)
閩唐待詔顧德謙畫入貢圖贊 程北山集 16/8b
八陣圖贊並序 浪語集 30/8b
八陣圖贊 浪語集 32/3b

九馬圖贊　蘇東坡全集/後 9/4b

三　畫

三老圖贊　鶴勒集 32/3b
三馬圖贊　蘇東坡全集/後 9/7a
三笑圖贊　蘇東坡全集/續 10/4a
三笑圖贊　豫章集 14/13a
三睡圖贊　江湖集 29/5b
三陰圖贊　程北山集 16/9a

四　畫

李潛六馬圖贊　蘇東坡全集/後 9/8a
佛國禪師文殊指南圖贊張商英撰　蜀文幀存 14/9a
王子獻訪戴圖贊　雲巢編 7(三沈集 8/2a)
王右軍觀鵝圖贊　雲巢編 6(三沈集 7/69a)
文溪曾氏五君圖贊　清正稿 5/25b
吳道子畫五星贊　嘉祐集 14/5a
王仲信畫水石贊　渭南集 22/4a
止老畫杯渡贊　太倉集 48/7a
仁老小景贊　北湖集 5/10a

五　畫

古器圖贊　學易集 6/23a
祥符四夷述職圖贊　東萊集/別 4/3a
四畫贊(箕山一瓢)　牧萊脞語/二稿 8/14a
四畫贊(飯顆二豪)　牧萊脞語/二稿 8/14a
四畫贊(虎溪三笑)　牧萊脞語/二稿 8/14a
四畫贊(商山四皓)　牧萊脞語/二稿 8/14a
醉筆戲作生菜贊　誠齋集 97/13a
白猱祝圖贊　丹淵集 21/5b
夢作司馬相如求畫贊　蘇東坡全集/續 10/4b

六　畫

李伯時作老子新沐圖遣道士龔拱辰趙郢蘇某見而贊之　蘇東坡全集/續 10/13b
列仙圖贊(凡二十八人)　程北山集 16/4a
與可畫竹木石贊蘇軾撰　丹淵集/附錄 12b
石室先生畫竹贊　蘇東坡全集 20/16a　丹淵集/附錄 11b

七　畫

沐老圖贊　樂城集/後 5/5b
李伯時所畫沐猴馬贊　蘇東坡全集/續 10/5b

吟瀑圖贊　秋崖稿 41/8a　新安文獻 47/11a

八　畫

河圖贊　魯齋集 6/11a
泗洲畫贊　拙齋集 17/12/b
東小圖贊　建康集 2/12b
李伯時畫東坡乘棹圖贊　太倉集 43/3b
張季鷹東歸圖贊　雲巢編 7(三沈集 8/1b)
返梓圖贊牟子才撰　蜀文幀存 91/22a
畫虎贊　竹隱集 14/8b
張汝平牧牛圖贊　鶴勒集 32/5b
牧牛圖贊　莊簡集 16/20a
畫牧牛贊　豫章集 14/15a
顧愷之畫黃初平牧羊圖贊　蘇東坡全集/後 9/4b
李伯時畫姑溪灌足圖贊　姑溪集/後 14/3b
孤雲畫象贊　北磵集 6/9b

九　畫

洛書五事圖贊　靈巖集 5/7a
宣和御畫贊　程北山集 16/1a
李龍眠畫宣聖及七十二弟子像贊趙構(高宗)撰　金石萃編 149/1a　兩浙金石志 8/50a
僧可宗爲胡尉唐卿畫枯木怪石圖爲之贊　浮溪集 21/4b
幽化淵畫贊　盧齋集 6/4b
胡逸老吳生畫屏贊　豫章集 14/14b
釙錫妲己冠岐圖贊　雲巢編 7(三沈集 8/3a)

十　畫

捕魚圖贊　蘇東坡全集/續 10/12a
王武子觀馬圖贊　雲巢編 6(三沈集 7/69a)
李潛漢馬圖贊　淮海集 24/1a
韓幹畫馬贊　蘇東坡全集 20/19b
畫馬贊　豫章集 14/15a
李伯時馬贊　姑溪集 12/5a
李伯時畫馬贊　姑溪集/後 14/4a
畫馬贊　程北山集 16/7b
倦鶴圖贊　豫章集 14/13a

十一畫

許彦周所作墨戲爲之贊　石門禪 19/26a
郭索圖贊　蘆川集 9/6b
黃庭畫贊　豫章集 14/15b

梵天畫贊　臨川集 38/8a
僧畫梅贊　四庫拾遺 220/東牟集
救月圖贊　蘇東坡全集/續 10/6a
採菊圖贊　太倉集 43/4a
野老行歌圖贊　徐公集 14/8b
異獸圖贊並序　乘崖集 6/5b
荷屋常不輕畫象贊　北磵集 6/11a
移學圖贊　太倉集 43/3b

十二畫

王摩詰畫渡水羅漢贊　梁溪集 141/7b
温室百瑞圖贊　東塘集 20/15a
潘閬詠潮圖贊並序　小畜集/外 10/7a
竹院墨少雲得古畫雲龍垂之堂上坐間似覺風
　雨晦冥迫而視之鱗鬣頭角蜿蜒翔舞有葛玢
　仙去之象求贊於真隱居士(史浩)走筆爲書
　　　　鄮峰錄 35/4b
畫贊李觀撰　直講集 29/7b　宋文鑑 75/8a

十三畫

義鑑堂畫象贊　北磵集 6/11a
聖瑞圖贊並序　松隱集 29/1a
楊貴妃病齒圖贊撰人未詳　播芳文粹 149/25b

十四畫

壽星畫像贊　潛齋集 10/11b
壽星圖贊（1－2）　東堂集 10/8b,9a
壽星贊　牧萊睦語/二稿 8/13b
老人壽容贊　平齋集 11/7a
膠西蓋公堂照壁畫贊　蘇東坡全集/續 10/8b
陳居士團圞圖贊　蘆川集 10/5a
席子澤架磚圖贊　豫章集 14/13b
易生畫猱猿猴羅贊　豫章集 14/14b

十五畫

劉訥畫繪歐蘇圖贊　澗谷集 2/10a
戲作墨竹二本贈鶴林因爲之贊　玉糖稿 10/15a
成壇院文與可畫墨竹贊　蘇東坡全集 20/15b　丹
　淵集/附錄 11a
畫墨竹贊　豫章集 14/15a
劉行簡墨竹贊　東牟集 13/13a
墨竹贊　雪山集 10/8a
趙景仁彈琴舞鶴圖贊　豫章集 14/14a

十六畫

畫龜贊　姑溪集 12/5a

十七畫

〔畫韓蘇像〕　四庫拾遺 174/襄陵集
李伯時畫彌陀像贊並序　石門禪 18/13b
東坡畫應身彌勒贊並序　石門禪 19/4a

十八畫

秦穆侯（魏冉）就封圖贊　雲集編 7(三沈集 8/1b)

十九畫

漢麒麟閣名臣圖贊　盤洲集 28/5a
羅浮圖贊陳堯佐撰　蜀文輯存 3/11a

二十畫

蘇李松石圖贊　拙軒集 6/3a

二十五畫

慶曆觀文鑒古圖贊　東萊集/別 4/4a
伯時所畫觀音大士贊　嵩山集 18/14a

（九）詩文經藏

1. 詩文

大悲成道傳贊　八瓊金石補 109/19a
真宗皇帝御製內香藥庫詩贊　靈巖集 5/8b
杜伏威傳贊並序　小畜集/外 10/4b

書伊川先生易傳復卦義贊　南軒集 36/11a
洛書贊　魯齋集 6/11a
范純仁本傳贊王偁撰　范忠宣集/附錄 4b
見翰林蘇公馬祖龐翁贊戲書　豫章集 14/24a
神宗皇帝御製祭狄青文贊　靈巖集 5/9b

擬富民侯傳贊並序　乘崖集 6/2a
潘默成先生文集序贊　仁山集 3/23b
擬作諸臣傳贊　竹隱集 14/7a
題劉仁瞻告贊　于湖集 15/13a
損齋(劉有慶)記贊　靈巖集 5/10a
齋誠密記贊　南澗槁 18/7a
御製文忠蘇軾文集贊(1-3)並序趙春(孝宗)撰
　蘇東坡全集/序 1a

小篆般若心經贊　蘇東坡全集 40/13a
篆般若心經贊　蘇東坡全集/續 10/7a
黃庭經贊　蘇東坡全集 20/16a
新開朝天九幽拔罪懺贊　張右史集 46/1b
小字華嚴經贊並序　石門禪 19/1a
蓮華經贊　道鄉集 33/6b
壇經贊　鶴津集 3/10b

2. 經　藏

小字金剛經贊並序　石門禪 19/2b

（十）衣食器用

1. 服　飾

出檀衣贊(1-2)　石門禪 19/4b
黃草道衣贊　苕溪集 24/3a
道服贊　范文正集/別 4/11a
傳衣閣贊　石門禪 19/5a
磨衲贊　蘇東坡全集 40/12a

2. 飲　食

戲作金粟湯贊　莊簡集 16/20b

3. 器　用

方竹杖贊　徐公集 24/7a

瓦瓢贊並序　石門禪 19/25a
贊沈俊之筆　文山集 10/20b
師子屏風贊　蘇東坡全集 20/20a
假松屏贊　蘇東坡全集/後 9/6b
聚星亭畫屏贊並序　朱文公集 85/12a
文與可畫墨竹屏風贊　蘇東坡全集 20/15b　丹淵
集/附錄 11a
斧贊並序　乘崖集 6/3a

（十一）草木鳥獸

1. 草　木

益部方物贊宋祁撰　蜀藝文志 44 下/6b
張端衡古樹贊　漫塘集 25/12a
筇竹杖贊　豫章集 14/12b
竹柏贊　景文集 47/13a
蘆仙竹贊並序　景文集 47/7b
棱櫚竹贊　景文集 47/11b
慈竹贊　景文集 47/11b

紫竹贊　景文集 47/12a
對青竹贊　景文集 47/11b
方竹贊　景文集 47/12a
雙竹贊　東堂集 10/6a
虛心贊(梁溪四友贊之二)　梁溪集 140/6b
西岡李氏瑞竹贊　漫塘集 25/11b
九體松贊並序　徐公集 14/7a
義松贊　豫章集 14/12b
梁溪四友贊(歲寒、虛心、幽芳、榮華)　梁溪集 140/6a

歲寒贊(梁溪四友贊之一) 梁溪集 140/6a

文與可枯木贊蘇軾撰 蘇東坡全集/續 10/6a 丹淵集/附録 12b

重葉海棠贊並序 景文集 47/8b

海棠贊 景文集 47/12b

棗贊 誠齋集 97/13a

東莞資福堂老柏再生贊 蘇東坡全集/後 20/11a

東莞資福寺再生柏贊 蘇東坡全集/續 10/5a

限支贊 景文集 47/12b

楠木贊 景文集 47/11a

孔聖手植檜贊 寳晉英光集/補遺 4b

孔聖手植檜贊撰著人未詳 八瓊金石補 105/17b

2. 花 卉

川芎贊 景文集 47/14a

天仙果贊並序 景文集 47/7b

天師栗贊 景文集 47/13a

木質蓮贊並序 景文集 47/8b

月季花贊 景文集 47/12a

水葵贊 景文集 47/14b

玉鳳毛花贊 景文集 47/16b

爲僧作石菖蒲贊 姑溪集 12/7a

石菖蒲贊 蘇東坡全集 20/20a

石蟬花贊 景文集 47/16b

艾木贊 景文集 47/15a

金星草贊 景文集 47/13b

附子贊 景文集 47/14a

紅珠豆贊並序 景文集 47/8a

紅蕉贊並序 景文集 47/8b

真珠菜贊並序 景文集 47/7a

茶瓢贊 牧萊脞語/二稿 8/13a

甘露茶贊 景文集 47/14a

倒仙牡丹贊 景文集 47/13a

娛美人草贊 景文集 47/13b

添色拒霜花贊 景文集 47/15b

婆羅花贊並序 景文集 47/11a

商那和脩贊 雲巢編 6(三沈集 7/54a)

旌節花贊 景文集 47/16a

差寒花贊 景文集 47/15a

黃拒霜花贊 景文集 47/15b

棻華贊(梁溪四友贊之四) 梁溪集 140/7a

太平瑞聖花贊 景文集 47/16a

齊弗贊 蔡忠惠集 29/11a

緑葉贊 蜀藝文志 44 下/15a

緑蒲萄贊 景文集 47/14b

緑蘿萄贊 景文集 47/12b

餘甘子贊 景文集 47/17b

錦帶花贊 景文集 47/16a

鴛鴦草贊 景文集 47/15a

鴛鴦梅贊 牧萊脞語 14/8a

蟬花贊 景文集 47/16b

寳蟬花贊 景文集 47/14b

幽芳贊(梁溪四友贊之三) 梁溪集 140/6b

3. 鳥 獸

百舌鳥贊 景文集 47/17a

瑞光巖立化雀贊 梁溪集 140/7b

護花鳥贊並序 景文集 47/9a

漢天馬贊 益國文忠集 92/8b 益公集 92/167b

牛衣贊 秋崖稿 41/8b

二牛贊 兼齋文編 4/24b

贊汪愛蓮諭食牛 潛齋集 10/12a

玻贊 景文集 47/17a

馬鳴贊 雲巢編 6(三沈集 7/56a)

羚羊贊並序 景文集 47/9b

猫相乳贊並序 江湖集 29/6a

獾贊並序 景文集 47/9b

4. 蟲 魚

十草蟲贊(蛇醫) 牧萊脞語/二稿 8/14b

十草蟲贊(蛾蠋) 牧萊脞語/二稿 8/14b

十草蟲贊(鳴蟲) 牧萊脞語/二稿 8/14b

十草蟲贊(寒蟬) 牧萊脞語/二稿 8/15a

十草蟲贊(天水牛) 牧萊脞語/二稿 8/15a

十草蟲贊(螻蛄) 牧萊脞語/二稿 8/15a

十草蟲贊(絡緯) 牧萊脞語/二稿 8/15a

十草蟲贊(蜻蜓) 牧萊脞語/二稿 8/15b

十草蟲贊(蝤虎) 牧萊脞語/二稿 8/15b

十草蟲贊(蝦蟆) 牧萊脞語/二稿 8/15b

金蠶贊 景文集 47/17b

兩蟇贊御前梁楷畫並引 北礀集 6/11a

黑頭魚贊 景文集 47/9b

嘉魚贊並序 景文集 47/10a

鮑魚贊並序 景文集 47/10a

鰡鹿魚贊並序 景文集 47/10b

三、箴

（一）人物世事

1. 儒 學

文箴孫何撰 宋文鑑 72/4b

考德問業箴 魯齋集 6/9a

勉學朱熹撰 新安文獻 47/3b

教學箴 石堂集 14/8a

進學箴 江湖集 29/9a

學箴 錢塘集 18/1a

學箴 誠齋集 97/5b

積學箴 雪坡集 42/7a

講堂箴並序韓峰撰 蜀藝文志 44 上/1b

勸學箴 巽齋集 27/9a

勸講箴趙師民撰 宋文鑑 72/7b

2. 修 身

二 畫

二損箴 盧齋集 6/4a

入箴 錢塘集 18/1b

三 畫

士箴 蒙齋集 16/3b

四 畫

文思箴唐文若撰 蜀文輯存 50/7a

心箴 香溪集 1/1a

六箴並序 梁溪集 142/3b

言箴(六箴之一) 梁溪集 142/3b

行箴(六箴之二) 梁溪集 142/4a

學箴(六箴之三) 梁溪集 142/4a

友箴(六箴之四) 梁溪集 142/4b

名箴(六箴之五) 梁溪集 142/5a

直箴(六箴之六) 梁溪集 142/5a

五箴並序 河東集 13/2b

暐箴(五箴之一) 河東集 13/3a

思箴(五箴之二) 河東集 13/3a

居箴(五箴之三) 河東集 13/3b

淺箴(五箴之四) 河東集 13/3b

直箴(五箴之五) 河東集 13/4a

五觀箴 抽齋集 17/4b

中處箴 魯齋集 6/10a

五 畫

立志箴 蒙齋集 16/1a

主一箴 南軒集 36/9a

主靜箴 則堂集 4/15a

平躁箴 雪坡集 42/7b

正己箴 抽齋集 17/4a

四宜箴 準齋雜說/下/15b

四訓箴 準齋雜說/下/15b

四益箴 南軒集 36/9b

四益箴 準齋雜說/下/15b

出箴 錢塘集 18/1b

四箴 樂全集 34/1b

敬箴(四箴之一) 樂全集 34/3b

欲箴(四箴之二) 樂全集 34/4a

志箴(四箴之三) 樂全集 34/4a

樂箴(四箴之四) 樂全集 34/4b

四箴並序程頤撰 二程集/(伊川)43/1b

視箴(四箴之一)程頤撰 二程集/(伊川)43/2a

聽箴(四箴之二)程頤撰 二程集/(伊川)43/2a

言箴(四箴之三)程頤撰 二程集/(伊川)43/2a

動箴(四箴之四)程頤撰 二程集/(伊川)43/2b

六 畫

守默箴 咸平集 13/8b

耳目箴 香溪集 1/1a

耳目箴 浪語集 32/18b

存心以公之箴 膽軒集 10/6b

七 畫

言窮箴 太倉集 49/12b

言箴 苕溪集 24/3b

言箴 東溪集/上/28a

言箴 誠齋集 97/5b

言箴 牧萊睦語 14/7b

戒欲箴 雪坡集 42/7b

孝箴 抽齋集 17/4b

求名箴 咸平集 13/8a

步箴 蔡忠惠集 23/23b

君子戒慎所不睹恐懼所不聞箴 北溪集/第五門 4/8a

君子慎其獨箴 北溪集/第五門 4/8a

改過箴 雪坡集 42/8a

八 畫

夜氣箴 真西山集 33/23b

事親以孝之箴 麗軒集 10/4b

直箴 眉山集 28/6b

爭箴 南陽集 4/1b

命箴 直講集 29/7a

忿慾箴 抽齋集 17/2b

九 畫

思誠箴 真西山集 33/22a

思誠箴 覃齋集 27/7b

畏言箴 公是集 49/2b

律身以儉之箴 麗軒集 10/5b

後生可畏箴並序 蒙齋集 16/3b

急箴 廣陵集 14/8b

省分箴王隨撰 宋文鑑 72/6a

省箴 紫微集 85/8b

恕箴 蔡忠惠集 23/23a

勇箴 傳家集 66/14b 司馬溫公集 68/2b

十 畫

座右箴 復齋集 8/3b

旅箴 覃齋集 27/8b

臭渠箴 抽齋集 17/3a

十 一 畫

視箴 咸平集 13/9a

規過箴 咸平集 13/8a

堅窮壯老二箴並引 北礀集 6/13a

異箴 眉山集 28/6b

動箴 苕溪集 24/3b

十 二 畫

逸箴 傳家集 66/14b 司馬溫公集 68/2b

十 三 畫

嗜箴 蔡忠惠集 23/23b

過箴 蔡忠惠集 23/23a

節用箴 雪坡集 42/7b

毀箴並序 公是集 49/4a

嫉惡箴 咸平集 13/7a

十 五 畫

審己箴王無咎撰 宋文鑑 72/10b

調息箴 朱文公集 85/6b

趣時箴 雪坡集 42/7a

憂箴 廣陵集 14/9a

十 八 畫

謹箴 蔡忠惠集 23/23b

十 九 畫

懲忿箴 蒙齋集 16/3a

懲忿箴 雪坡集 42/6b

二 十 一 畫

懼箴並序 乖崖集 6/11a

二 十 二 畫

聽箴 咸平集 13/9a

二 十 三 畫

顯思箴並序 抽齋集 17/1a

二 十 四 畫

讓箴並序 公是集 49/3a

3. 職 官

三司使箴 靈巖集 6/3a

太史箴並序 龍雲集 2/1a

漢太史箴 東萊集/別 3/7b
太昊九庖箴 靈巖集 6/1a
左右補闕拾遺箴 靈巖集 6/3b
司刑箴送王牧仲爲黃州録參 漫塘集 25/5a
統押近界諸蠻西山八國雲南安撫使箴 靈巖集 6/4b
漢廷平箴 東萊集/別 3/8b
漢廷尉箴 益國文忠集 92/1a 益公集 92/158a
官箴 誠齋集 97/6a
漢典星箴 四明文獻集 7/20b
舍人官箴 東萊集/別 6/2b
征官箴送趙居父之官婺女 漫塘集 25/6b
周師氏箴 東萊集/別 4/9b
漢柱下令箴 四明文獻集 7/21b
相箴並序 咸平集 13/1a
酒官箴送趙禹仲之官常州 漫塘集 25/7a
理曹箴 漫塘集 25/6a
黃帝陶正箴 靈巖集 6/1b
贛州通判箴 鄂州集 4/8b
將箴並序 咸平集 13/4a
著作省箴 靈巖集 6/4a
編定書籍官箴 靈巖集 6/2b
諫院箴 靈巖集 6/2a

4. 治 道

三不欺箴並序 乖崖集 6/10a
大寶箴陳彭年撰 宋文鑑 72/3a
續丹扆六箴並序 香溪集 1/1b
宵衣箴(續丹扆六箴之一) 香溪集 1/1b
正服箴(續丹扆六箴之二) 香溪集 1/2a
罷獻箴(續丹扆六箴之三) 香溪集 1/2a
納諫箴(續丹扆六箴之四) 香溪集 1/2b
辨邪箴(續丹扆六箴之五) 香溪集 1/2b
防微箴(續丹扆六箴之六) 香溪集 1/3a
用材箴 咸平集 13/7b
字民箴 牧萊脞語 14/7b
吐握箴 南陽集 4/2a

鳳興箴 雪坡集 42/7a
初筮箴示欽之官莆中 止堂集 15/6b
典獄箴並序 羣齋文編 4/23b
制事以斷之箴 鶴軒集 10/6a
訓鉅箴 止堂集 15/5b
從政六箴(1－6) 武溪集 18/2a－4b
慎刑箴並序袁週撰 金石萃編 131/21b
愛民以仁之箴 鶴軒集 10/4a
端拱箴 小畜集/外 10/1b
緝熙箴 平齋集 11/1a
臨政以勤之箴 鶴軒集 10/5a
聽言以公之箴 鶴軒集 10/5b
上光宗皇帝鑒成箴 龍川集 10/7b
奉行續租詔書民有言吏弗度者箴以諭之 蒙齋集 16/1b

5. 交 友

友箴 傳家集 66/15a 司馬溫公集 68/3a
交箴 南陽集 4/2a
以厚箴贈鄭肖翁 蒙齋集 16/1a
姚別駕命作四箴潭 北礀集 6/12b
室欲箴贈留靜翁 蒙齋集 16/3a
愧箴示清夷弟 蒙齋集 16/1b
敬止箴爲張伯常作 蒙齋集 16/2b
送綸丞郡臨川十以箴 益國文忠集 44/4a 益公集 44/92b
龍股草子箴呈史守侍郎 漫塘集 25/4b
擇交箴 蔡忠惠集 23/23a
箴送覓主長興簿 漫塘集 25/5a
觀省箴贈桂伯順 蒙齋集 16/2b

6. 人 物

外孫字箴 魯齋集 6/9a
愚谷箴(劉江) 誠齋集 97/6b
鄒道鄕公冠子文 四庫拾遺 116/止堂集
娃孫子敬字直篇箴 漫塘集 25/8a
蘇雲卿箴並序張淩撰 蜀文輯存 45/15b

（二）城邑橋堰

1. 城 邑

周永巷箴 浪語集 32/15a

越州箴 仁山集 3/21b

2. 橋 堰

解州鹽池新堰箴並序撰著人未詳 金石萃編 131/ 33a

（三）堂齋軒閣

1. 堂

琴堂箴寄羅新淦 漫塘集 25/5b

蕭堂箴 則堂集 4/16a

2. 齋

勿齋箴 真西山集 33/22b

本齋箴 魯齋集 6/8a

宋存梅齋十二箴吳潛撰 兩浙金石志 12/13b

存齋箴 雪蓬稿/9a

任齋箴贈金壇尉悼堯章 漫塘集 25/7b

汶齋箴 魯齋集 6/10b

宜齋箴 魯齋集 6/10a

佩韋齋箴 佩韋集 8/4a

素齋箴 樂溪集 142/5b

復齋六箴 秋崖稿 42/1a 新安文獻 47/3b

敬倫齋箴 魯齋集 6/9b

敬齋箴 朱文公集 85/6a

魯齋箴 何北山集 1/4a

學古齋箴並序 牟陵陽集 7/3a

吉州司户廳緩齋箴 益國文忠集 44/4b 益公集 44/ 93a

3. 軒

好軒箴 平齋集 11/3a

明復軒箴范端昊撰 香溪集/范揚溪遺文 1a

4. 閣

觀政閣箴並序呂大防撰 蜀藝文志 44 上/3b

5. 室

室箴 南陽集 4/1a

漢宜室箴 楠溪集 11/3a

漢宜室箴 浪語集 32/16b

閑室箴 浪語集 32/18a

6. 門

門箴 雲集編 7(三沈集 8/73a)

東交門箴 蘇東坡全集/續 12/53b

東交門箴(原註:此篇亦見東坡文集) 斜川集 6/11b

（四）金石書畫

1. 金 石

漢美陽鼎箴 益國文忠集 92/2a 益公集 92/159b

古鏡箴 魯齋集 6/8b

2. 書 畫

敬天圖箴 廬缶編 14/11a

畫箴 但徠集 7/2b

(五) 衣食器用

1. 服 飾

編籬並序　乘崖集 6/11b

2. 飲 食

食籃　巽齋集 27/8b

酒籃　歐帶稿 6/1a
醉鄉籃並序　心史/上/35b

3. 器 用

周庭燎籃　浪語集 32/14a
鼬皮籃　蔡忠惠集 23/2a

四、銘

（一）人物世事

1. 儒 學

戈陽縣學銘　直講集 29/7b

西塾銘　誠齋集 97/12a

易有太極銘並序　蒙齋集 16/11a

唯塾銘　秋崖稿 41/1a

愛日銘　魯齋集 7/3a

講座銘　朱文公集 85/1a

舉業襄銘　灌園集 16/15a

藝林銘　方舟集 14/3a

清流杜氏寶田銘杜孝嚴撰　蜀文輯存 78/3a

2. 修 身

五事銘（1－5）並序　蒙齋集 16/9b－10b

五常銘（1－5）並序　蒙齋集 16/8a－9b

日損銘　玉牒稿 10/14b

中庸銘　蒙齋集 16/12b

立志銘　蒙齋集 16/7b

立志銘　蜀阜存稿 3/104a

俞好問摘西銘玉成二字揭之座右俾其子若孫
　因名思義克遂有成　牟陵陽集 7/2a

古愚銘　須溪集 7/19a

四言銘　傳家集 66/14b　司馬溫公集 68/2b

守道銘　抽齋集 17/6b

西銘張載撰　張橫渠集 1/1a　宋文鑑 73/9a

言銘　廣陵集 19/10b

志學銘　雪坡集 42/4b

克己銘呂大臨撰　宋文鑑 73/18a

取友銘　于湖集 15/7a

求仁銘　蜀阜存稿 3/104b

求志銘　魯齋集 7/1b

東銘張載撰　張橫渠集 1/10a　宋文鑑 73/9b

尚志銘　蒙齋集 16/8a

委分銘　抽齋集 17/7a

畏銘　抽齋集 17/8a

退居座右二銘　鄮峰録 40/2a

座右銘　寶晉英光集 6/9b　寶晉山林集 4/4b

座右銘　石門碑 20/12b

座右銘　道鄉集 33/1a

座右銘　浮沚集 6/1a

座右銘　梁溪集 142/8a

座右銘　抽齋集 17/6b

書座右銘　太倉集 50/10b

座右銘　省齋集 9/14a

座右銘　漫塘集 25/1b

徐録參求座右銘　蒙齋集 16/7a

座右銘　牧萊睦語 14/5b

續座右銘李至撰　宋文鑑 73/3a

座右銘張浚撰　蜀文輯存 45/18b

益己銘　鄮峰録 40/2b

無咎銘贈楊廷潤並序　四庫拾遺 142/蒙齋集

誠銘　抽齋集 17/8a

敬銘　抽齋集 17/8a

愚谷銘　益國文忠集 44/2a　益公集 44/90b

睡訣銘　西山集 2/141a

節酒銘　方是閒稿/下/22a

寡欲銘　止堂集 15/4b

默識銘贈饒生　蒙齋集 16/7a

禮銘　抽齋集 17/8b

勵志銘贈朱冠之　蒙齋集 16/7b

3. 治 道

字民銘度宗撰　八瓊金石補 121/13a

仲舉銘　北磵集 6/7a

戒諭諸將銘楊椿撰　蜀文輯存 39/21b

財貨銘李瑩撰　宋文鑑 73/2b

時鑑並序　河東集 4/3a

新律銘　公是集 49/4b

盧坦對杜黃裳語並銘撰著人未詳　八瓊金石補
　116/8b

謝天書述功德銘真宗撰 金石萃編 127/1a
復襄樊紀功銘李曾伯撰 八瓊金石補 120/1a
擬襄樊銘 可齋稿/續前 5/3a

4. 釋 道

大別方丈銘 蘇東坡全集 40/6b
物初銘 北礀集 6/5b
孤運銘 雪寶集/祖英 下/24b
茲感寺蚌珠羅漢銘 北礀集 6/2a
倚林銘 無文印集 6/5a
無盡名 北礀集 6/6a
絕岸銘 無文印集 6/7a
歙州祁門縣青蘿山辟支佛舍利銘 丹陽集 9/3a
南安軍常樂院新作經藏銘 蘇東坡全集/後 20/14b
歸雲銘 無文印集 6/6a

5. 人 物

臨川王正叔嘯隱銘 北礀集 6/3a
老翁並銘 嘉祐集 14/4a
多言人銘 梁溪集 142/7b
初旻銘 無文印集 6/7a
杜克明銘 宗伯集 15/6a
李子堅銘 宗伯集 15/6a
李修年四銘 拙齋集 17/8a
明無礙銘 北礀集 6/2b
蒲圻周令君銘 何北山集 1/6a
周瑞節銘 四明文獻集 7/19b
棲霞子(書郭顒)銘撰著人未詳 粵西金石略 7/14a
桂隱(黄鵬飛)銘 益國文忠集 44/2a 益公集 44/90a

功甫(張縯)銘 無文印集 6/10a
族姪(陳)集懋名字銘並序陳淵撰 本堂集/附錄上/ 15a

命族姪(陳)榮字子傳繫字子正銘陳淵撰 本堂集/附錄上/14b

陳瑞席銘 靈巖集 6/9a
命子(陳)模權材名銘並序陳淵撰 本堂集/附錄上/ 13b
勝旻銘 北礀集 6/5b
汾陰二聖(太祖、太宗)配饗銘真宗撰 山右石刻編 12/10a
樓吉所銘並序 本堂集 36/5b
重刻蔣之奇銘蔣之奇撰 八瓊金石補 112/4b
謝安銘 宗伯集 15/7a
璨公信心銘 臨川集 38/7b

6. 醫 藥

醫銘 魯齋集 7/1a
醫銘呂渭撰 宋文鑑 73/7b

7. 瘞 葬

葬枯骨銘 蘇東坡全集/續 10/20a
義塚銘並序 范太史集 36/12a
瘞犬銘 太倉集 42/7a
瘞牛伯耕銘 秋崖稿 34/1a
瘞葵銘 北礀集 6/3a
瘞鶴銘 方是閒稿/下/24a
惠州官葬暴骨銘 蘇東坡全集 18/14a

(二) 山水城邑

1. 山

仁壽銘 蒙齋集 16/6b
泉禪師高原銘 北礀集 6/1a
補封狼居胥山銘並序 文莊集 25/9a
雪岡銘 無文印集 6/7b
梅山銘 寧極稿/27a
微王山銘並序 紫微集 35/5b
謙山銘 巽齋集 26/7a

瓊臺雙闕銘 文莊集 25/4a

2. 巖

月巖銘冉本撰 蜀藝文志 44 中/3b
臨桂冷水巖銘李端臣撰 粵西金石略 6/13b
肖巖銘 北礀集 6/5a
秀巖銘 無文印集 6/9b
宜獨巖銘並序 石門禪 20/12a
奇獸巖銘蔣之奇撰 春卿稿/附 10a

净慧嚴石像銘白麟撰　蜀文輯存 62/12a

雪嚴銘　無文印集 6/5b

莫釣磯(二銘之一)　道鄉集 33/2b

暸嚴銘(1-2)　北礀集 6/6b,7a

寒嚴銘崇之奇撰　春聯稿/附 11a　八瓊金石補 103/8a

紫嚴銘　北礀集 6/6a

碧虛嚴銘蔣之奇撰　春聯稿/附 10b　八瓊金石補 102/ 24b

蓮花嚴銘　豫章集 13/23b

樂雷發象嚴銘並序樂雷發撰　八瓊金石補 102/31b

濂嚴銘劉象功撰　蜀文輯存 32/2a

藏真崖銘廉通撰　蜀文輯存 28/2b

鶴嚴銘　平齋集 11/6b

3. 石

戒石銘太宗撰　金石續編 17/37a

李周翰所藏洮石銘　于湖集 15/8a

怪石銘並序　丹淵集 21/7b

清端石銘　魯齋集 7/3a

雪浪石盆銘一作雪浪齋銘　蘇東坡全集/續 10/16b　金石萃編 141/1a

雲石銘　慈湖遺書 5/29a

焚香石銘　道鄉集 38/6a

象石銘　雪磯稿 5/5a

董柘芝石銘　學易集 6/25a

葵軒石銘　南軒集 36/8a

新聘端石銘　魯齋集 7/2b

熊石銘　學易集 6/25b

瀧石銘　魯齋集 7/2b

4. 洞

復水月洞銘並序范成大撰　金石續編 18/45a　八瓊金石補 114/29a　粵西金石略 8/21b　范成大佚著/128

玄風峒並序　河東集 4/3b

金星洞銘　蘇東坡全集 20/4b

無爲洞銘沈紳撰　八瓊金石補 102/26a

5. 泉

六一泉銘　蘇東坡全集 20/9b

六祖卓錫泉銘　欒城集/後 5/6b

不易心泉銘　鐵菴集 35/1a

淮陽郡黃氏友于泉銘　張右史集 46/10b

玉泉銘　豫章集 13/18a

甘泉銘　道鄉集 33/3a

崇福庵安靜泉銘　南澗稿 18/5a

北園良泉銘　南澗稿 18/5a

廬山惠濟寺孚亭泉銘劉藏仲撰　三劉家集/18b

君子泉銘有序　南澗稿 18/5b

妙喜泉銘張九成撰　金石萃編 149/22a　兩浙金石志 9/ 1a

卓錫泉銘　蘇東坡全集/續 10/20a

明月泉銘　豫章集 13/17b

金堂南山泉銘並序　蜀藝文志 44 中/2b

風流泉銘　太倉集 42/9b

景陸堂宣公泉銘並序　韓齋文編 4/22b

梅子真泉銘　渭南集 22/1a

參寥泉銘　蘇東坡全集/續 10/21b

惠泉銘　太倉集 42/5b

菩薩泉銘　蘇東坡全集 20/8b

貪泉銘　緣督集 10/11b

洋宮達泉銘並序柳夢弼撰　蜀藝文志 44 中/5a

感應泉銘　道鄉集 33/4b

蒙泉銘　佩韋集 8/6a

龍山泉銘　徐公集 24/7b

靈龜泉銘　豫章集 13/17a

6. 潭

三潭銘並序安鼎撰　蜀文輯存 33/10a

廣運潭銘　宮教集 12/2a

7. 池

洗玉池銘　蘇東坡全集/後 8/17b

湧雲池銘　覃齋集 26/1a

劍池銘並序王禹偁撰　吳都文粹 4/51b

8. 井

二井銘(左銘右銘)　建康集 2/12a

三井銘　文莊集 25/4b

大成井銘　方舟集 14/1a

東坡泉鐵井欄銘　鐵菴集 35/2a

許真人井銘　徐公集 14/8b

張公井銘　北礀集 6/1b

雅安報恩寺井銘　濟齋集 16/14b

葛仙井銘　方舟集 14/4a

潛夫井銘　何北山集 1/5a

9. 水

竹澗銘　無文印集 6/8b
虎溪銘　徐公集 24/7b
竺源銘　北磵集 6/5a
知樂銘　蒙齋集 16/6a
縈水銘　傅家集 66/14a　司馬溫公集 68/2a
穀水柯山之勝聞天下作知樂仁壽二銘　蒙齋集 16/6a
頼水銘　橫浦集 19/11b

10. 橋

三峽橋銘　豫章集 13/23b
鉛山縣石梁銘　蒙齋集 16/5a
石橋銘　文莊集 25/4a
何公橋銘　蘇東坡全集 10/22b

來賢橋銘　學易集 6/24b
益橋銘　眉山集 10/6a
汴溪橋銘超源撰　蜀文輯存 95/7b
張氏新小橋銘　乖崖集 6/9b
巢父橋銘　雲巢編 7(三沈集 8/71a)
慶來橋銘　灌園集 16/15b
鎭淮飲虹二橋銘　洛水集 22/4b
蘇公堰銘並序　乖崖集 6/8a

11. 城 邑

洛西銘　文莊集 25/5a
越鄕銘　節孝集 28/10b
潼川府新城銘　鶴山集 57/3a
甌粵銘　梁溪集 142/10b
顏巷銘　拙齋集 17/7b

(三) 亭臺樓閣

1. 亭

江東憲司又新亭銘　蒙齋集 16/5b
有翠亭銘　眉山集 16/7a
君子亭銘並序　徐文惠稿 5/2a
卦德亭銘孔碩撰　粵西金石略 11/18a
到花亭銘　太倉集 42/10a
鄂州樂郊陳漁臺下作幽素亭銘其石柱　公是集 49/5a
兼浮亭銘有序　南澗稿 18/6a
耕雲亭銘並序　本堂集 36/3b
筠州三清觀道遙亭銘　徐公集 24/7a
寒亭暖谷銘蔣之奇撰　春卿稿/附 9b　八瓊金石補 103/17b
鮮自源貴稀亭銘　豫章集 13/15a
曉帶亭銘並序　雪山集 10/3a
喬木亭銘並敍　牟陵陽集 7/1a
碧虛(亭)銘范成大撰　金石續編 19/1b　八瓊金石補 88/ 13a　粵西金石略 9/3a　范成大佚著/129a
潛玉亭銘　盤洲集 29/4b
擇勝亭銘　蘇東坡全集/後 8/15b

2. 臺

卜臺銘並序　咸平集 14/6a
九成臺銘　蘇東坡全集/後 8/20a
下鷗臺(二銘之二)　道鄕集 33/2b
女樓清臺銘　文莊集 25/10a
清寧臺銘　雲溪集 29/1a
莫酒臺銘　樂圃集 9/7b
越臺銘　無文印集 6/6b
無等院生臺銘　豫章集 13/24b
銅雀臺銘　洪文敏集 7/8a
饋臺銘　魯齋集 7/3a

3. 樓

見山樓銘　無文印集 6/4b
是亦樓銘　無文印集 6/10b
香山樓銘　益國文忠集 44/3b　益公集 44/91b
黃樓銘並序　後山集 19/7a
讀書樓銘　南軒集 36/7b

4. 閣

有斐閣銘王賞撰　蜀藝文志 44 中/4b

渤潭雙閣銘並序　鑄津集 14/10b

鄭次山怡閣銘　勉齋集 19/2a

普光明閣銘　程北山集 17/2b

棠陰閣銘　雪山集 10/1b

飲緑閣銘　無文印集 5/7a

靈泉寺慈氏閣銘　方舟集 14/5a

南劍州尤溪縣學傳心閣銘　南軒集 36/6a

解空閣銘　石門禪 20/12a

惠州李氏潛珍閣銘　蘇東坡全集/後 8/19b　蘇東坡全集/續 10/26a

洪州分寧縣藏書閣銘並序　豫章集 13/5b

李元中離禪閣銘　豫章集 13/11b

楊圖南鑑閣銘　益國文忠集 9/4a　益公集 9/53b

湖州烏程縣烏墩鎭普静寺觀音閣銘　丹陽集 9/2a

5. 園

何之忱抱甕園銘　幼槃集 9/5b

真隱園銘　鄧峰集 40/1a

藂林銘　鴻慶集 32/13a　孫尚書集 52/9a

6. 關

老子度關銘真宗撰　金石萃編 129/17b

武關銘胡旦撰　宋文鑑 73/3b

掩關銘　淮海集 33/7b

魚復扞關銘並序李直撰　蜀藝文志 44 中/6a

7. 門

石門銘　北磵集 6/7a

門銘（五銘序之五）　廣陵集 19/10b

門銘呂夷簡撰　宋文鑑 73/4b

秦東門銘　文莊集 25/6a

乾坤易之門銘並序　蒙齋集 16/12a

新學門銘張淡撰　八瓊金石補 113/34b

龍門銘真宗撰　金石萃編 129/16a

（四）堂齋軒館

1. 堂

二　畫

九思堂銘　徐文惠稿 5/1a

三　畫

分寧縣三堂銘　豫章集 13/7b

三槐堂銘　蘇東坡全集 20/6b

山堂銘　蘇東坡全集 20/5a

四　畫

六義堂銘

建義學（六義堂銘之一）　牧萊脞語/二稿 8/11a

續義廉（六義堂銘之二）　牧萊脞語/二稿 8/11a

行義事（六義堂銘之三）　牧萊脞語/二稿 8/11a

篤義方（六義堂銘之四）　牧萊脞語/二稿 8/11a

開義路（六義堂銘之五）　牧萊脞語/二稿 8/11b

施義阡（六義堂銘之六）　牧萊脞語/二稿 8/11b

宋捷如心堂銘 - 恥堂稿 5/12a

不欺堂銘　鄧峰録 40/2b

潼川于充實節甫不欺堂銘　鶴山集 57/2b

止堂銘　梅溪集/前 11/6a

止善堂銘並序　性善稿 12/3b

日義堂銘　梅溪集/後 27/9b

公堂銘（關上文）撰著人未詳　嚴陵集 8/8b

五　畫

正平堂銘　豫章集 13/15b

江萬里子遠古心堂銘　鶴山集 57/9b

四知堂銘

天知我心（四知堂銘之一）　牧萊脞語/二稿 8/12a

地知我行（四知堂銘之二）　牧萊脞語/二稿 8/12a

人知我學（四知堂銘之三）　牧萊脞語/二稿 8/12a

自知我迁（四知堂銘之四）　牧萊脞語/二稿 8/12b

用拙堂銘　方舟集 14/7a

游景仁侍弘毅堂銘　鶴山集 57/6a

六　畫

亦樂堂銘胡銓撰　金石萃編 149/23a

充養堂銘並序　性善稿 12/3a

陳德中老勤堂銘　水心集 26/19a
存心堂銘楊應己撰　蜀文輯存 97/23b
計祖孟存耕堂銘　鶴山集 57/1b
休老堂銘　無爲集 10/11a
自得堂銘　蒙齋集 16/6b
名世堂銘　方舟集 14/6a

表兄高南叔以聚矩名堂魏某爲之銘　鶴山集 57/6b
棣華堂銘　洛水集 22/7a
著存堂銘　方舟集 14/3a
復堂銘　復齋集 8/1b
勝樂堂銘　程北山集 17/1a

七　畫

孝廉堂銘　九華集 20/11a
李宜仲見兒堂銘　盤洲集 29/4b
桂州延齡寺西峰僧咸整新堂銘並序　河東集 4/4a
高斯謀壯禮堂銘　鶴山集 57/5a

八　畫

吳氏忠正堂銘　益國文忠集 44/1b　益公集 44/89b
南劍州尤溪縣學明倫堂銘　朱文公集 85/2a
明極堂銘並序　石門櫝 20/9a
詹氏知止堂銘並序　范成大佚著/127
定遠縣牧愛堂銘胡瀅撰　蜀文輯存 99/19b

九　畫

要默堂銘並序　石門櫝 20/10a
思誠堂銘　方舟集 14/2b
昭昭堂銘並序　石門櫝 20/9b

十　畫

素堂銘　覺齋集 26/6b
致存堂銘　秋崖稿 41/2a
悅堂銘　漫塘集 25/3b
湘鄉蕭定夫佐師友堂銘　鶴山集 57/13b
純正堂銘　覺齋集 26/4a

十一畫

清白堂銘　無爲集 10/11b
清和堂銘　鴻慶集 32/13b　孫尙書集 52/10a
清隱堂銘　蘇東坡全集/後 20/16a
庶幾堂銘　公是集 49/5a
吳伯成推官晦堂銘　莊簡集 16/13b
務本堂銘　大隱集 6/20b

十二畫

善則堂銘　魯齋集 7/2a

十三畫

誠樂堂銘　方舟集 14/8b
達觀堂銘　敬帚稿 6/3a
高瞻叔敬身堂銘　鶴山集 57/12a
虞退夫號敬和堂銘　鶴山集 57/9a
敬直堂銘　牧萊脞語 14/7a
渠陽唐吉父佑之敬義堂銘　鶴山集 57/16a
睦山堂銘　水心集 26/18a
愛心堂銘並序　抄本綠菁集 20/4b
洪鴻父愉然堂銘　豫章集 13/15b

十四畫

壽堂銘　演山集 36/14a

十五畫

養浩堂銘　豫章集 13/16a
養源堂銘　豫章集 13/16b
嘿堂銘　直講集 29/8a
樂山堂銘　鶴林集 38/12a
德威堂銘　蘇東坡全集/後 8/16a
德威堂銘並敍　蘇東坡全集/續 10/18b

十六畫

靜虛堂銘　程北山集 17/1b
默堂銘　豫章集 13/24a
臨江蕭應祥遺經堂銘　鶴山集 57/16a

十七畫

程格之頤堂銘　洛水集 22/7b
戲綠堂銘　方舟集 14/3b

十八畫

顏樂堂銘爲友人胡良卿作　江湖集 29/7a
歸愚堂銘並序　伐檀集/下/21a
彝訓堂銘　蒙齋集 16/6b

十九畫

潼川運司新建懷容堂銘　鶴山集 57/2b

2. 齋

一　畫

一經齋銘有序　南澗稿 18/1a

清湘蔣成父公順一齋銘　鶴山集 57/15b

二　畫

二齋銘　劉給諫集 4/5b

耘齋銘(二齋銘之一)　劉給諫集 4/5b

淚堂銘(二齋銘之二)　劉給諫集 4/6a

又次齋銘　眉山集 16/6a

力齋銘馬伯庸之作　龍川集 10/10a

三　畫

合州陽醇三勿齋銘　鶴山集 57/9b

清湘滕景重處厚己齋銘　鶴山集 57/13a

四　畫

王勉夫齋銘　江湖集 29/8b

木齋銘　雪坡集 42/5a

汪子長不遠復齋銘　尊德集 2/1a

友于齋銘　抽齋集 17/7b

吳巽之友竹齋銘　恥堂稿 5/11a

滕縣尉切齋銘　洛水集 22/8a

止善齋銘　四庫拾遺 143/蒙齋集

止齋銘　佩韋集 8/6b

日新齋銘　魯齋集 7/1a

靖州李升父登升齋銘　鶴山集 57/11b

月心齋銘　雪坡集 42/6b

趙振文毋自欺齋銘　宋本攻媿集 65/1b　攻媿集 81/1b

五　畫

主一齋銘　南軒集 36/5b　蜀藝文志 44 中/9b

主友齋銘並序　性善稿 12/5b

玉齋銘　鶴林集 38/14a

甘露滅齋銘並序　石門禪 20/7b

可齋銘　平齋集 11/3b

由己齋銘　鉛刀編 30/5b

四達齋銘　蘇東坡全集/後 8/15a

四齋銘　朱文公集 85/1a

志道(四齋銘之一)　朱文公集 85/1a

據德(四齋銘之二)　朱文公集 85/1b

依仁(四齋銘之三)　朱文公集 85/1b

游藝(四齋銘之四)　朱文公集 85/1b

又四齋銘　朱文公集 85/2a

崇德(又四齋銘之一)　朱文公集 85/2a

廣業(又四齋銘之二)　朱文公集 85/2b

居仁(又四齋銘之三)　朱文公集 85/2b

由義(又四齋銘之四)　朱文公集 85/2b

六　畫

守約齋銘　漫塘集 25/4a

安分齋銘　漁墅稿 5/19b

充實齋銘　魯齋集 7/4a

充齋銘　誠齋集 97/9a

吉祥九齋銘　膽軒集 10/7a

履齋銘(吉祥九齋銘之一)　膽軒集 10/7a

謙齋銘(吉祥九齋銘之二)　膽軒集 10/7a

賁齋銘(吉祥九齋銘之三)　膽軒集 10/7b

頤齋銘(吉祥九齋銘之四)　膽軒集 10/7b

兌齋銘(吉祥九齋銘之五)　膽軒集 10/7b

益齋銘(吉祥九齋銘之六)　膽軒集 10/8a

並齋銘(吉祥九齋銘之七)　膽軒集 10/8a

晉齋銘(吉祥九齋銘之八)　膽軒集 10/8a

鼎齋銘(吉祥九齋銘之九)　膽軒集 10/8b

西齋銘　真西山集 33/26b

存誠齋銘　默堂集 20/1a　四庫拾遺 143/蒙齋集

陸增和之存齋銘　抽齋集 17/5b

存齋銘　誠齋集 97/10a

存齋銘　水心集 26/17b

牟節曼子才存齋銘　鶴山集 57/2a

存齋銘　魯齋集 7/3b

至樂齋銘　朱文公集 85/2a

曲肱齋銘　太倉集 42/4a

青石劉申孫企瀛齋銘　性善稿 12/5a

廬陵譚校正以自牧名其齋請予銘之　清正稿 5/28b

自牧齋銘　方舟集 14/8a

良齋銘　南軒集 36/2a

良齋銘許文蔚撰　新安文獻 47/2a

好仁齋銘有序　南澗稿 18/3a

七　畫

湘中萬伯宗大兊齋銘　鶴山集 57/15a

迂齋銘　益國文忠集 44/3a　益公集 44/91b

克齋銘　南軒集 36/1b

莆田陳師道宿克齋銘　鶴山集 57/11a

求己齋銘　曾雲莊集 4/1a

求志齋銘　澗泉集 20/27b

求放心齋銘　朱文公集 85/3b　新安文獻 47/1a

快目齋銘　抽齋集 17/6a

困齋銘劉芮撰　金石萃編 152/27a

困乎齋銘　南軒集 36/1a

妥齋陳同甫作而居之薛季宣隸而銘之　浪語集 32/12b

妥齋銘　龍川集 10/10a

李生希顏齋銘　東溪集/上/25b

秀發齋銘李圃撰　蜀文輯存 76/13a

延益齋銘　洛水集 29/5a

八　畫

劉貢士定齋銘　緣督集 10/9b

定齋銘　漫塘集 25/2b

宜齋銘爲監權院門孟君作　漫塘集 25/4a

夜存齋銘　魯齋集 7/1a

林子沃齋銘　抽齋集 17/6b

坡谷齋銘　益國文忠集 44/3a　益公集 44/91b

東齋六銘　灌園集 16/12b

窗銘(東齋六銘之一)　灌園集 16/13b

户銘(東齋六銘之二)　灌園集 16/14a

方池銘(東齋六銘之三)　灌園集 16/14a

垣銘(東齋六銘之四)　灌園集 16/14b

書簏銘(東齋六銘之五)　灌園集 16/14b

酒壺銘(東齋六銘之六)　灌園集 16/15a

抽齋銘　漫塘集 25/1b

尚友齋銘　巽齋集 26/6a

衡陽李帝肯齋銘　鶴山集 57/12a

戴時芳易初齋銘　本堂集 36/3a

徐君易齋銘　漫塘集 25/3b

明極齋銘並序　石門禪 20/8a

王主簿德嘉於安溪簿廳事之東爲讀書室某名

以念齋而爲之銘　復齋集 8/1a

知非齋銘　雪坡集 42/5b

牧齋銘　漫塘集 25/2a

王子舟所性齋銘　豫章集 13/14a

九　畫

洞齋銘　太倉集 42/7a

悳齋銘爲裴夢得及卿作　鶴山集 57/7b

湘鄕趙縣尉與臻茅齋銘　鶴山集 57/12b

思無邪齋銘　蘇東坡全集/後 19/12b

祖雲翼思誠齋銘　東溪集/上/25a

王詠省吾齋銘　恥堂稿 5/11b

朱景伯省齋銘名承琮　本堂集 36/2b

省齋銘　水心集 26/18b

臨江彭適龍省齋銘　鶴山集 57/9a

飛鵬齋銘　鴻慶集 32/14a　孫尙書集 52/10b

約我齋銘　勿軒集 1/30a

十　畫

益壯齋銘　益國文忠集 44/1b　益公集 44/89b

核齋銘　雪蓬稿/8b

真靜齋銘　程北山集 16/13b

彭叔英砥齋銘　文山集 10/21a

殊不惡齋銘　范成大佚著/130

真景元致遠齋銘　復齋集 8/2a

晉州學齋堂銘並序　豫章集 13/9a

鴛說堂(晉州州學齋堂銘之一)　豫章集 13/9a

樂洋堂(晉州州學齋堂銘之二)　豫章集 13/9b

典學堂(晉州州學齋堂銘之三)　豫章集 13/9b

見堯堂(晉州州學齋堂銘之四)　豫章集 13/9b

稽古齋(晉州州學齋堂銘之五)　豫章集 13/10a

緝熙齋(晉州州學齋堂銘之六)　豫章集 13/10a

渴日齋(晉州州學齋堂銘之七)　豫章集 13/10a

時術齋(晉州州學齋堂銘之八)　豫章集 13/10a

敬業齋(晉州州學齋堂銘之九)　豫章集 13/10b

尚友齋(晉州州學齋堂銘之十)　豫章集 13/10b

切偲齋(晉州州學齋堂銘之十一)　豫章集 13/10b

游藝齋(晉州州學齋堂銘之十二)　豫章集 13/11a

知因齋(晉州州學齋堂銘之十三)　豫章集 13/11a

優仕齋(晉州州學齋堂銘之十四)　豫章集 13/11a

浮筠亭(晉州州學齋堂銘之十五)　豫章集 13/11b

君子亭(晉州州學齋堂銘之十六)　豫章集 13/11b

番陽許樂晉齋銘　鶴山集 57/14b

賀德章悅齋銘　益國文忠集 44/1a　益公集 44/89a

時齋銘　盲窗集 9/8a

耘業齋銘　鴻慶集 32/14a　孫尙書集 52/11a

耘齋銘爲鄢中任氏兄弟作　龍川集 10/9b
師立齋銘　水心集 26/19a
陳同甫怨齋銘　東萊集 6/8b
怨齋銘　南軒集 36/4b
怨齋銘　敬帚稿 6/1b
怨齋銘爲師遇厚卿作　鶴山集 57/7b

虛心齋銘並序　本堂集 36/5a
虛舟齋銘　南軒集 36/5a
虛齋銘　雪坡集 42/4b
進學齋銘　香溪集 1/6a
復禮齋銘　大隱集 6/20b

十 一 畫

淳安縣學齋堂六銘羅頌撰　鄂州集/鄂州遺文 2a
新安文獻 47/1b
謙光齋銘(淳安縣學齋堂六銘之一)　鄂州集/鄂州
遺文 2a
育德齋銘(淳安縣學齋堂六銘之二)　鄂州集/鄂州
遺文 2a
養心齋銘(淳安縣學齋堂六銘之三)　鄂州集/鄂州
遺文 2b
致遠齋銘(淳安縣學齋堂六銘之四)　鄂州集/鄂州
遺文 2b
待問堂銘(淳安縣學齋堂六銘之五)　鄂州集/鄂州
遺文 3a
兌軒銘(淳安縣學齋堂六銘之六)　鄂州集/鄂州遺文
3a
淡成齋銘　抽齋集 17/5a
洪龜父清非齋銘　豫章集 13/12b
訏齋銘　覃齋集 26/5a
訪齋銘　雪坡集 42/5a
龔時倣庸齋銘　平齋集 11/6a
雪浪齋銘　蘇東坡全集/後 8/18a
常明齋銘爲羅彥威賦　寶峰集 2/31b
晦迹齋銘　後山集 19/6b
敏齋銘　覃齋集 26/9b
金華邵曾習齋銘　鶴山集 57/14b
江銘習齋銘　恥堂稿 5/10b
務本齋銘　誠齋集 97/9b
綱齋銘　真西山集 33/29a

十 二 畫

敦復齋銘　南軒集 36/3b
尊己齋銘　江湖集 29/8a
尊所聞齋銘　大隱集 6/21a
尊德性齋銘　尊德集/補遺 3a
尊德性齋銘　朱文公集 85/3a　新安文獻 47/1a
裕齋銘　誠齋集 97/6b
李商老殖齋銘　豫章集 13/14a

十 三 畫

富子立誠身齋銘　筠溪集 22/1a
誠身齋銘有序　南澗稿 18/2a
誠齋銘　劉給諫集 4/5b
誠齋銘　方舟集 14/1b
誠齋銘並序　性善稿 12/4a
達源齋銘　蒙齋集 16/6a
達齋銘　益國文忠集 44/3a　益公集 44/91a
宋伯誠震龍達齋銘　鶴山集 57/6b
達齋銘有序　鶴林集 38/13a
慎獨齋銘　東溪集/上/25a
敬怨齋銘　朱文公集 85/3b
敬怨齋銘　北溪集/第五門 4/7a
敬義齋銘　真西山集 33/29b
敬義齋銘並序　本堂集 36/4b
敬齋銘　誠齋集 97/11a
敬齋銘　南軒集 36/2b
愚齋銘　無爲集 10/11a
愚齋銘　香溪集 1/7a
彭城陳如愚愚齋銘　鶴山集 57/8b
洪玉父照曠齋銘　豫章集 13/13b

十 四 畫

實相齋銘　程北山集 16/2a
李崧老端虛齋銘　筠溪集 22/1b
端齋銘　平齋集 11/4b
廣心齋銘　蘇東坡全集/續 10/23a
鮮自源廣心齋銘　豫章集 13/14b
慥齋銘　覃齋集 26/7b
蒙齋銘　南軒集 36/4b
蒙齋銘並序　真西山集 33/27a
夢蝶齋銘並序　石門禪 20/8b
夢齋銘　蘇東坡全集/後 20/3a
夢齋銘　鶴助集 69/13b
王氏種德齋銘　浮溪集 21/2a

十五畫

誡妙齋銘　蘇東坡全集/後 20/12b
熟齋銘　佩韋集 8/6b
養正齋銘　四庫拾遺 144/蒙齋集
養吾齋銘　四庫拾遺 512/養吾齋集
震齋銘　抄本緣督集 20/4a
陳同甫薦齋銘　東萊集 6/8b
頤齋銘　江湖集 29/7a
俞履道履齋銘　楳湖集 10/10b
緩齋銘　誠齋集 97/10b

十六畫

濂伊齋銘　益國文忠集 44/3b　益公集 44/91b
濟齋銘　漫塘集 25/3a
富南叔靜明齋銘　筠溪集 22/1b
遷善齋銘　盧溪集 41/1a
趙縣丞師洪擇善齋銘　復齋集 8/1a
默齋銘　拙齋集 17/6a
學不厭齋銘　太倉集 42/8b
學古齋銘　朱文公集 85/2b
富修仲學古齋銘　筠溪集 22/1a

十七畫

嚾齋銘　太倉集 42/8b

十八畫

顏齋銘　南軒集 36/7a
歸愚齋銘　道鄉集 33/6a
洪駒父壁陰齋銘　豫章集 13/13a
彝齋銘　北磵集 6/6b

十九畫

黃子由鏡齋銘　緣督集 10/10b

二十一畫

顧齋銘　鶴山集 57/8a

二十五畫

陳西尉觀齋銘　緣督集 10/8b

3. 軒

三友軒銘　徐文惠稿 5/1a

不競軒銘　拙齋集 17/7a
何仲敏介軒銘　鶴山集 57/2a
介軒銘　徐文惠稿 5/2a
竹友軒銘　幼槃集 9/5a
芝軒銘　梁溪集 142/10a
洪州武寧縣東軒銘　豫章集 13/8a
知幸軒銘　道鄉集 33/5a
南軒銘並序　鄮津集 14/12b
指南軒銘　拙齋集 17/5b
吳春卿高遠軒銘　于湖集 15/6b
真清軒銘　玉牒稿 10/13b
陳季陵借軒銘　于湖集 15/6b
倨清軒銘　石門禪 20/11b
息軒銘　漁墅稿 5/20a
淡軒銘　蘇東坡全集 40/8a
清軒銘並序　鄮津集 14/11b
寂照軒銘　程北山集 16/2b
雲谷軒銘　無文印集 6/3b
殖軒銘　臞軒集 10/8b
愚軒(王君所居三銘之一)　盤洲集 29/3b
蒙軒銘趙扑撰　蜀藝文志 44 中/1a
施令君潰格軒銘　蒲齋集 6/1a
墨軒銘　豫章集 13/24a
藏六軒銘並序　石門禪 20/11b
簡軒銘並序　雪山集 10/2a
簡軒銘　漫塘集 25/3a
警軒銘　巽齋集 26/8b

4. 館

林屋館銘陳烜撰　吳郡文粹 4/24a
重貂館銘並序　范成大佚著/128－129

5. 室

一麟室銘並序　石門禪 20/10b
王梅溪不欺室銘張淩撰　蜀文輯存 45/17b
毋自欺室銘　水心集 26/17a
石室銘古仁撰　蜀藝文志 44 中/1a
胡德容安靜室銘　宋本攻媿集 65/1a　攻媿集 81/1a
宜獨室銘　石門禪 20/11a
陋室銘　文定集 9/19a
李援宴坐室銘　張右史集 46/3b
陳無惑晏室銘　幼槃集 9/6a
情話室銘　梅溪集/前 11/6a

睡室銘爲嚴文炳作　江湖集 29/7b
堯衢室銘　四明文獻 7/17b
養正書室銘張浚撰　蜀文輯存 45/17b
蓬室銘　後山集 19/6b
蟄室銘　江湖集 29/6b
蝸室銘　佩韋集 8/5b
凝室(王君所居三銘之二)　盤洲集 29/3b
齋陋銘　北礀集 6/3a
蠁室銘　平齋集 11/4a

天閒銘　浪語集 82/11b
玄宅銘　霽山集 5/27b
安樂窩銘　擊壤集 13/4b
題所寓銘　異齋集 26/5b
草庭銘　異齋集 26/3a
雪廬銘　無文印集 6/4a
梅莊銘　無文印集 6/8a
無學僚銘　無文印集 6/5a
尋樂精舍銘　異齋集 26/9a
蜀舍銘　學易集 6/25b
槱廬銘　無文印集 6/8b

6. 廬　舍

王君所居(愚軒、凝室、文庵)三銘　盤洲集 29/3b

(五) 寺觀庵塔

1. 寺

慈孝寺銘並序　文莊集 26/7b

2. 觀

移建離堆山伏龍觀銘並序馮伉撰　蜀文輯存 33/4b
括蒼青田縣崇道觀慕仙銘劉淫撰　括倉金石志 4/14a
壺天觀銘並序　范成大佚著/129

3. 庵

山桂庵銘　蘆川集 10/6a
夕庵銘　蘇東坡全集/續 10/22a
小庵銘　北礀集 6/4b
文庵(王君所居三銘之三)　盤洲集 29/4a
止庵銘　梅溪集/前 11/5a
趙彦免介庵銘　恥堂稿 5/11a
介庵銘梅摯撰　吳郡文粹 2/31b
幻住庵銘　程北山集 17/2b
幻庵銘　北礀集 6/2b
朴庵銘　石門禪 20/3b
宋景文公言朴無樸音俗以爲模耳性上人作庵以是名之而求銘於予蓋旣有銘之者矣故爲之銘　銘刀編 30/4a
存庵銘爲張點詠之作　鶴山集 57/7a

休庵銘　蘆川集 10/6b
王良翰行庵銘　豫章集 13/15a
如庵銘並序　石門禪 20/3a
宋大用庵銘正覺(釋)撰　八瓊金石補 112/31a　兩浙金石志 8/42b
谷庵銘　蘇東坡全集/續 10/18a
似庵銘　建康集 2/12b
龔養正芥隱銘　于湖集 15/7a
龔養正芥隱銘　官教集 12/1b
明白庵銘並序　石門禪 20/1a
省庵銘　誠齋集 97/11b
桃榔庵銘　蘇東坡全集/續 10/20b
破塵庵銘並序　石門禪 20/6b
息庵銘　雲集編 7(三沈集 8/72a)
當塗辛欽夫克承軌庵銘　鶴山集 57/10b
常清靜庵銘　程北山集 16/13b
脫黏庵銘　鷄肋集 69/13b
福聖曇禪師通庵銘　北礀集 6/2b
寓庵銘　誠齋集 97/7b
普現庵銘　梁溪集 142/9b
報慈庵銘並序　石門禪 20/7a
喧寂庵銘並序　石門禪 20/6a
量庵銘　方舟集 14/9a
無名庵銘　鷄肋集 69/13a
遊遠庵銘　蘇東坡全集 20/5a
敬思庵銘　秋崖稿 41/1b

跨牛庵銘　豫章集 13/22b

圓同庵銘（1－2）　无盡集 10/10b－11a

圓同庵銘　石門禪 20/1b

通庵銘　方舟集 14/7b

楠庵銘　玉蟾稿 10/13b

蒙庵銘　尊德集 2/1a

夢庵銘並序　石門禪 20/3b

潛庵銘　梁溪集 142/9a

頤庵銘並序　豫章集 13/22a

墮庵銘　石門禪 20/5b

阮逢時濯庵銘　平齋集 11/5b

靜庵銘　益國文忠集 44/1a　益公集 44/89a

高才卿靜庵銘　鶴山集 57/1a

默庵銘　覺齋集 26/8a

龔庵銘　梅溪集/前 11/5b

轉物庵銘　莊簡集 16/15b

曾三異無疑歸全庵銘　鶴山集 57/10a

癈庵銘並序　石門禪 20/4a

懶庵銘並序　石門禪 20/5a

鏡庵銘爲明波主人仙師作　江湖集 29/8a

蘇程庵銘並引　蘇東坡全集/後 19/12a

覺庵銘並序　石門禪 20/2b

鐵菴銘　鐵菴 35/2b

4. 祠

明應公祠銘　寶晉集補 2/5b

丞相張公祠堂銘田棐撰　蜀藝文志 44 中/4a

酒仙祠銘　北磵集 10/1a

5. 塔

石塔戒衣銘　蘇東坡全集/續 10/21a

石塔銘並序　石門禪 29/22a

新建舍利塔銘　清獻集 5/22a

真相院釋迦舍利塔銘蘇軾撰　蘇東坡全集 40/5b　八瓊金石補 111/21b

廣州東莞縣資福寺舍利塔銘　蘇東坡全集/後 19/17a

戎州舍利塔銘　豫章集 13/24a

惠明寺舍利塔銘呂惠卿撰　金石萃編 138/35a

雲居山真如禪院三塔銘並序張商英撰　蜀文輯存 14/20a

華嚴塔銘　松隱集 35/11a

龍骨塔銘修信(釋)撰　金石萃編 148/21b

張帥皋大悲尊勝幢銘鄭惟幾撰　八瓊金石補 82/34b

6. 殿

章聖天臨殿銘　寶晉英光集 6/9b

（六）金石文物

1. 鐘

大悲山堂鐘銘　牧萊睦諸/二稿 8/10a

天寧寺鐘銘　斜川集 6/12a

永州太平寺鐘銘　浮溪集 21/1a

永寧寺鐘銘　于湖集 15/8a

白鶴寺鐘銘鄭邦彥撰　東甌金石志 6/1a

龍泉崇因寺光孝寶鐘銘趙善㚬撰　括蒼金石志 8/1a

岷瞻鐘銘　碧梧集 16/10a

嘉定府延祥觀鐘銘　鶴山集 57/5a

延福寺鐘銘並序　石門禪 20/13a

法雲寺鐘銘　蘇東坡全集 40/7a

隨州法雲禪院佛閣鐘銘　長興集 24(三沈集 5/20a)

松陽縣東街亭鐘銘周啓明撰　括蒼金石志 3/1a

濁港東禪寺鐘銘　北磵集 6/4a

東嶽行祠鐘銘　竹坡稿 5/7b

邵伯埭鐘銘　蘇東坡全集 40/7b

富田南禪寺鐘銘　覺齋集 26/2b

信州祥符院新鐘銘　宗伯集 15/4b

恩覺覺報禪寺鐘銘　益國文忠集 80/1a　益公集 80/125a

能仁寺鐘銘　鴻慶集 32/14b　孫尚書集 52/11b　吳都文粹 7/25a

佛手嚴善住禪院鐘銘　北礀集 6/4a
尊勝庵鐘銘　鄮峰録 40/3a
惠門寺鐘銘　盧溪集 41/2b
景德寺新鐘銘　丹陽集 9/4a
景鐘銘　翟忠惠集 10/3b
景鐘銘　靈巖集 6/6b
開元寺鐘銘蔣偉撰　東甌金石志 6/10b
等慈寺鐘銘　莊簡集 16/14b
香山智度寺新鐘銘　舒懶堂文存 3/9a
湖州德清縣慈相院新鐘銘　苕溪集 24/1a
真州資福禪院新鑄鐘銘　雪賓集/祖英 下/25b
資壽寺鑄鐘銘　太倉集 42/9a
宋銅鐘銘周啓明撰　兩浙金石志 5/13b
慶善禪寺新鐘銘並序鄭大惠撰　兩浙金石志 12/23b
　　台州金石錄 10/7a
蔣山鐘銘　臨川集 38/6b
龍興寺鐘銘　盤洲集 29/4a
寧先凝福院鐘銘　姑溪集/後 14/5a
姜山靜凝院鐘銘　莊簡集 16/14a
寶林土地堂鐘銘　無文印集 6/1b
寶珠寺鐘銘　盧溪集 41/2b
鐘銘　咸平集 14/9a
鐘銘　水心集 26/19b
鐘銘　異齋集 26/5b
鐘銘　牧萊脞語/二稿 8/9b
少師墳山鶴林院鐘銘　翟忠惠集 10/4b
靈山院鐘銘撰著人未詳　東甌金石志 8/11a

2. 鼓

雁蒼山石鼓銘　閩風集 12/6a
鼓銘　朱文公集 85/1b
鳳葆鼓銘　靈巖集 6/11a
諫鼓銘　南陽集 4/2b

3. 磬

中庭召呼磬銘　慈湖遺書 5/29a
商玉磬銘　四明文獻集 7/18b
彰教石雲板銘　北礀集 6/1b
楊次公家浮磬銘　蘇東坡全集/續 10/15b

4. 鼎

大覺鼎銘　蘇東坡全集 20/10b
牛鼎銘撰著人未詳　金石萃編 146/29b

石鼎銘　蘇東坡全集 20/9b
周鼎銘　浪語集 32/9a
洞霄宮鼎銘（1－2）陳堯佐撰　蜀文輯存 3/11a
神鼎銘　公是集 49/4b
擬夏禹九鼎銘　横浦集 19/10b
夏鼎銘並序　咸平集 14/4a
隆鼎銘　靈巖集 6/9b
鼎銘　范忠宣集 10/7b
鼎銘　官教集 12/3b
漢郿鼎銘　益國文忠集 93/7a　益公集 93/185b
漢鼎銘　蘇東坡全集/後 8/18b
法雲寺水頭鑪銘　豫章集 13/25b

5. 尊

山罍銘（1－3）　翟忠惠集 10/3a
晉白虎尊銘　盤洲集 25/11a
晉白虎樽銘　浪語集 32/10b
白獸樽銘並序　咸平集 14/2b
窰尊銘　四庫拾遺 577/書壇集
尊生銘　鄮峰録 40/2a
蟠尊銘　濟南集 5/23a
觶尊銘　豫章集 13/18a

6. 爵

拱辰爵銘　魯齋集 7/2a
魏國公府犀爵銘　朱文公集 85/5b
器物十四銘（1－14）　浪語集 32/12b－13b
雞彝銘（1－3）　翟忠惠集 10/2a

7. 篁　簫

篁銘（1－2）　翟忠惠集 10/1b－2a
簫銘（1－3）　翟忠惠集 10/1a

8. 盤

湯盤後銘並序　咸平集 14/1a
廣湯盤銘　浪語集 32/7b
盤銘　咸平集 14/8b

9. 爐

古銅鑪銘　道鄕集 33/2a
石爐銘　吳文肅集 15/3a
香爐銘　梅溪集/前 11/8b

10. 玉

玉泓銘 北澗集 6/1a

珮銘 咸平集 14/9a

魯公玉器銘 石門禪 20/14b

魯璜銘 佩韋集 8/4b

禮神玉銘 靈巖集 6/7a

11. 筍

手板銘 魯齋集 7/4b

賜筍銘 錢塘集 18/18a

賜筍銘 吳文肅集 15/1a

擊蛇筍銘並序石介撰 但徠集 6/5a 宋文選 15/10a

12. 碑

玄妙觀三門碑銘牟巘撰 吳都續文粹 28/2b

大安塔碑銘 文莊集 27/1a

大宋鳳翔府新建上清太平宮碑銘有序 徐公集 25/4b 金石萃編 125/20a

重修兗州文宣王廟碑銘並序呂蒙正撰 金石萃編 125/28b

天貺殿碑銘並序 武夷新集/附逸詩文 5a 金石萃編 127/45a

太上斷除伏連碑銘撰著人未詳 八瓊金石補 113/ 28a

新修商帝中宗廟碑銘梁周翰撰 金石萃編 124/31b

中書君管虛中家碑銘 牧萊膝語 20/1a

中嶽中天崇聖帝碑銘並序王曾撰 金石萃編 130/ 1a

增修中嶽廟碑銘撰著人未詳 八瓊金石補 88/14a

新修後漢光武皇帝廟碑銘並序蘇德祥撰 金石萃編 124/25b

巫馬大夫碑銘 徐公集 25/12a

甫里先生碑銘胡宿撰 吳都文粹 14/23a

洪州延慶寺碑銘 徐公集 26/10a

武烈帝廟碑銘 徐公集 10/13a

東山寺建藏碑銘 牧萊膝語 20/5a

宋御製牧民[銘]碑 兩浙金石志 13/33a

舒州周將軍廟碑銘 徐公集 11/1a

承天觀碑銘並序李維撰 金石續編 14/1b

重修亳州洞霄宮碑銘 武夷新集 8/6b

大宋舒州龍門山乾明禪院碑銘並序 徐公集 27/3a

楊府新建崇道宮碑銘並序 徐公集 26/1a

嚴先生釣臺碑銘刁衍撰 嚴陵集 8/2a

大宋重修蛾眉山普賢寺碑銘並序 徐公集 25/ 8a

銘無文碑陰 浪語集 32/12a

源神碑銘徐豐撰 山右石刻編 12/1a

大宋台州永安縣遇明禪院碑銘顧鴻(釋)撰 台州金石錄 2/11a

新修嵩嶽廟碑銘並序盧多遜撰 金石萃編 124/27b

會聖宮碑銘並序石中立撰 金石萃編 132/8b

傳法院碑銘 文莊集 26/1a

成都府新建漢文翁祠堂碑銘 元憲集 36/3a

敕修南海廣利王廟碑銘並序裴麗澤撰 金石續編 13/19a

蔣莊武帝新廟碑銘 徐公集 10/6b

楚州新建學碑銘宋祁撰 江蘇金石志 8/33a

洪州西山重建應聖宮碑銘並序 徐公集 26/5b

洪州奉新縣重建閣業觀碑銘並序 徐公集 26/3a

咸平觀音禪院碑銘錢儼撰 吳都文粹 8/18a

13. 印

宋刻心印銘翠麓撰 兩浙金石志 5/44a

印斗銘 梅溪集/前 11/8b

印銘有序程顥撰 二程(伊川)集 48/2a

周平之印銘 仁山集 3/22b

14. 漏

玉漏銘 傅忠肅集/下/35a

明州新刻漏銘 臨川集 38/6b

平江府刻漏銘 定齋稿 4/18a

薦福刻漏銘 無文印集 6/1a

潁州蓮華漏銘 文莊集 25/1a

揚州蓮花漏銘 安陽集 23/8b

徐州蓮華漏銘 蘇東坡全集 20/6a

天聖蓮花漏銘 益國文忠集 92/4b 益公集 92/162b

蓮花漏銘 盤洲集 25/10a

鐵漏壺銘 柯部集 38/5a

15. 銅像醍盆

法雲寺金銅像銘 豫章集 13/25a

漢安南銅柱銘 盤洲集 27/12a

黑水祠醍盆銘于詠撰 山右石刻編 14/22b

宋鐵佛寺造觀音像鐵盆銘撰著人未詳 兩浙金石志 5/21a

鑲狄銘 靈巖集 6/8b

（七）筆硯紙墨

1. 筆

界筆銘　梅溪集/前 11/8a

筆山銘　嵩山集 18/17b

筆池銘　梅溪集/前 11/7b

石山筆架銘　牧萊脞語/二稿 8/9a

銅蚓筆架銘　牧萊脞語/二稿 8/9a

呂申公筆格銘　嵩山集 18/17b

筆格銘並序　北山集 26/1a

瘞筆塔銘　無文印集 6/3a

筆塚銘　滿水集 8/2b

筆銘　咸平集 14/8a

筆銘　梅溪集/前 11/7a

筆銘　朣軒集 10/9a

筆銘　牧萊脞語/二稿 8/9a

筆囊銘　南軒集 86/8b

象筆（銘）　梁溪集 142/7a

2. 硯

二　畫

汪南美二十八宿硯銘（一名琴樣硯有序）　南澗稿 18/4a

七星硯銘　鶴助集 32/1b

七星硯銘　誠齋集 97/8b

三　畫

三硯銘　平齋集 11/4a

大圓硯銘　鶴助集 32/2a

四　畫

王子飛硯銘　豫章集 13/28b

王子與硯銘　豫章集 13/28a

王平甫硯銘（硯銘之三）　蘇東坡全集 20/3a

王仲儀硯銘　蘇東坡全集/後 9/2b

王定國硯銘（1－2）　蘇東坡全集/續 10/16b,17b

王深道硯銘　漫塘集 25/4b

王裕之求硯銘爲作此　石門禪 20/16a

王端本硯銘　宋本攻媿集 65/2a　攻媿集 81/2a

天石硯銘　蘇東坡全集/續 10/25a

元汝功硯銘　嵩山居士集 51/2b

五老硯銘並序　石門禪 20/15b

丹石硯銘　蘇東坡全集/後 9/2b

月硯銘　洛水集 22/8a

月硯銘　雪坡集 42/4a

五　畫

玉斗硯銘　唯室集 3/8a

玉堂硯銘（硯銘之一）　蘇東坡全集 20/2b

古瓦硯銘　嵩山集 18/17a

家藏古硯銘　眉山集 16/6b　蜀藝文志 44 中/10a

周南仲古硯銘　爛湖集 10/11a

古硯銘崔鶠撰　宋文鑑 73/20a

古銅小鼎硯滴銘汪夾祖撰　新安文獻 47/2b

米敞石鍾山硯銘（硯銘之八）　蘇東坡全集 20/4a

石鍾山硯銘　寶晉集補 2/6a

瓦硯銘　嵩山集 18/16b

六　畫

朱黃雙硯　東溪集/上/26a

竹硯匣銘　牧萊脞語/二稿 8/9a

任叔儉硯銘　豫章集 13/27a

行硯　東溪集/上/26b

七　畫

李伯膊女子硯銘　豫章集 13/29a

李師蘭硯銘　建康集 2/12a

題楊生呂硯銘　唯室集 3/8a

呂景仲二硯銘　南澗稿 18/4b

延平硯銘　渭南集 22/2a

卵硯銘　蘇東坡全集/後 9/4a

八　畫

孟珍房相樣硯銘　莊簡集 16/17b

林明甫所贈硯銘　筠溪集 22/2a

得怪石硯以贈鶴林仍爲之銘　玉蟾稿 10/13b

金星石硯銘　鶴助集 32/2a

金崖硯銘　渭南集 22/2a
周元翁硯銘　豫章集 13/26b
周菟硯璞銘　南軒集 86/8b
向滴刷絲硯銘　浮溪集 21/1b
潘令君刷絲硯銘　秋崖稿 41/2b
孟堅硯銘　莊簡集 16/17a
孟傳硯銘　莊簡集 16/18a

九　畫

魯直所惠洮河石硯銘　蘇東坡全集/續 10/15b
以洮研易賈彥德所藏端硯因以銘之　鶴助集 32/3a
文㲄胡公硯銘　鶴助集 32/1a
胡琴硯銘　鶴助集 32/2b
胡謙甫藏國硯銘　益國文忠集 9/4a　益公集 9/53b
洛硯銘　浮溪集 21/3b
段端夫硯銘　鶴助集 32/2b
風字硯銘　紫微集 35/8b
追硯銘　蘇東坡全集/後 9/4a
韋深道硯銘　姑溪集 12/8b

十　畫

錢侍郎海山硯銘　渭南集 22/2b
唐陸魯望硯銘　蘇東坡全集/後 9/4a
唐陸魯望硯銘　蘇東坡全集/續 10/25a
桂林硯銘　方舟集 14/6b
悟硯銘　浮溪集 21/3a
晁以道硯銘　豫章集 13/26b
孫太冲硯銘　紫微集 35/7b

十一　畫

淄石硯銘　嵩山集 18/17b
章德茂破硯銘　雪山集 10/1a
莊德邁硯銘　浮溪集 21/3a
張仲宗硯銘　筠溪集 22/2b
陳公密子石硯銘　蘇東坡全集/後 9/3b
陳少舉硯銘　北湖集 5/9a

十二　畫

琴硯銘　浮溪集 21/1b
晁激仲琴硯銘　建康集 2/12a
硯山銘　寶晉集補 2/6a
硯池銘　竹隱集 14/6b

硯匣銘　梅溪集/前 11/7a
硯滴銘　滿水集 8/2b
硯銘　徐公集 14/8a
硯銘　咸平集 14/8a
硯銘（1－3）　豫章集 13/25b
硯銘（1－2）　蘇魏公集 72/11b－12a
硯銘（1－9）　蘇東坡全集 20/2b
硯銘　寶晉集補 2/6a
硯銘　嵩山集 18/16b
硯銘（1－2）　姑溪集 12/9b10a
賜硯銘　建康集 2/11b
硯銘　簡齋集 1/4a
硯銘（1－4）　斐然集 30/14b
硯銘並序　北山集 26/1b
硯銘　吳文肅集 15/2a－2b
硯銘　梅溪集/前 11/7a
硯銘　宮教集 12/3b
硯銘　復齋集 8/1b
硯銘　復齋集/拾遺 5a
硯銘　省齋集 9/14b
硯銘　拙軒集 6/2b
硯銘　蒙川稿 4/5b
硯銘（1－2）　無文印集 6/2a
藏破硯銘　牧萊脞語 14/6b
又研銘余以遺江仲嘉　程北山集 17/2a
紫微龍尾硯銘　芸庵稿 6/20b
蛛硯銘　歸愚集 6/6b

十三　畫

楊大年硯銘　豫章集 13/26a
楊文公硯銘　紫微集 35/7b
當塗硯銘　姑溪集/後 14/4b
葉子謙硯銘　筠溪集 22/2b
葉抗硯銘　浮溪集 21/2a
葛魯卿硯銘　龜溪集 11/5b
董天任硯銘　浮溪集 21/3a
鼎硯銘（硯銘之二）　蘇東坡全集 20/3a
鼎硯銘　秋崖稿 41/1a
圓硯銘　姑溪集 12/9a
丁希韓圓硯銘　姑溪集/後 14/4b

十四　畫

漆硯銘　芸庵稿 6/22a

端石硯銘並引(1-2) 蘇東坡全集/後 9/3a
新坑端石硯銘 建康集 2/11b
故人王頤有自然端硯硯之成於片石上稍稍如
磨治而已銘曰 蘇東坡全集/續 10/15h
端硯銘(硯銘之五) 蘇東坡全集 20/3b
端硯銘 石門櫃 20/15a
端硯銘(1-2) 紫微集 35/8a
致宏端硯銘 紫微集 35/8b
曹仲穀端硯銘 北海集 36/10b
端硯銘 文定集 9/19b
端硯銘 朊軒集 10/9a
端硯銘 北礀集 6/4b
二色端硯銘 牧萊壁語/二稿 8/9b
端硯銘贈六十五姪孟容 莊簡集 16/17a
孟珍端溪方硯銘 莊簡集 16/18a
晁伯以銘所藏古端溪風字硯以易張平叔大圓
歙硯 嵩山集 18/16b
端溪硯銘 雞肋集 32/1b
爲趙叔問硯銘 程北山集 17/2a
趙南夫硯銘趙彥端撰 播芳文粹 149/11a
銅雀瓦硯銘 毘陵集 11/10b
黄魯直銅雀硯銘 蘇東坡全集/後 9/3a
銅雀硯銘 欒城集/三 5/5a
書行父弟所得銅爵臺硯銘 仁山集 8/23a
孔毅甫鳳咮石硯銘 蘇東坡全集/續 10/15a
鳳咮硯銘(硯銘之七) 蘇東坡全集 20/4a
鳳咮硯銘 無文印集 6/3b
熊叔雅硯銘 浮溪集 21/2b

十 五 畫

紹興甲子得鄭公介夫硯銘 東溪集/上/26a
鄭依相硯銘 豫章集 13/28b
歐陽元老硯銘 豫章集 13/28a
蓮葉硯銘 灊山集/補遺 5a
族兄德潤硯銘 宋本攻媿集 65/1b 攻媿集 81/1b
滕子濟硯銘 嵩山集 18/17a
劉氏硯銘 淮海集 33/8a
鄧公銘(硯銘之四) 蘇東坡全集 20/3a

十 六 畫

龍尾石月硯銘 蘇東坡全集/後 9/3b
孔毅甫龍尾硯銘(硯銘之六) 蘇東坡全集 20/3b
龍尾硯銘 雪坡集 42/4b

璞硯(銘) 梁溪集 142/6b
周文炳甌硯銘 蘇東坡全集/續 10/16a
桑澤卿磚硯銘 渭南集 22/2b
銘潁師硯 淮海集 33/8a
憶箕硯銘 浮溪集 21/2b
默成賜硯銘 魯齋集 7/2b
遺諸子硯 東溪集/上/26a
興和硯銘 洪文敏集 7/8a
圜硯銘 程北山集 17/1b
淳祐歙石銘 魯齋集 7/2b
銘子所攜歙硯黄池張氏故物其子見遺 姑溪
集 12/8b
歙硯銘(1-2) 石門櫃 20/15b
歙硯銘 雞肋集 32/2a
歙硯銘 姑溪集/後 14/4a
歙硯銘 李忠愍集 1/33a
歙硯銘 浮溪集 21/1a
松隱歙硯銘 松隱集 38/8a
歙硯銘 北礀集 6/4b
龜硯銘 太倉集 42/7a

十 七 畫

謝景思提舉硯銘 鴻慶集 32/15a 孫尙書集 52/12a
檀敦禮硯銘 豫章集 13/28a
戴硯銘(硯銘之九) 蘇東坡全集 20/4a
邁硯銘 蘇東坡全集/後 9/3b
鮮自源硯銘 豫章集 13/27b

十 八 畫

予所用舊硯已斷復接相從三十年偶洗之覺其
衰相已見爲作銘 姑溪集 12/9a
舊研銘並序 鶴津集 14/13b

十 九 畫

瀧硯銘並序 北湖集 5/8b
懷玉硯銘 朱文公集 85/5b
懷璧硯銘 浮溪集 21/1b
任從簡鏡硯銘黄庭堅撰 豫章集 13/27a 蜀藝文志
44 中/9b

二 十 畫

邵元實寶硯銘 定菴稿 4/17b
蘇氏硯銘 太倉集 42/8a

二十一畫

灌池硯銘　洪文敏集 7/8a

鐵關石硯銘　程北山集 16/14b

二十五畫

蠻溪硯銘　渭南集 22/2a

3. 紙

文房五物銘　漫塘集 25/1a

紙銘　梅溪集/前 11/7a

4. 墨

朱墨銘　復齋集 8/2b

李長源求墨銘　鄮峰録 40/1a

墨沼銘　于湖集 15/7b

墨銘　梅溪集/前 11/7a

墨銘張淡摶　蜀文帳存 45/18a

5. 尺

尺銘　咸平集 14/9a

尺銘　幼槃集 9/6b

尺銘　四庫拾遺 171/灌園集

尺銘（1－2）　朱文公集 85/5a

玉界尺銘　鐵菴集 35/3a

界方銘　梅溪集/前 11/7b

界尺銘　北礀集 6/4b

界則銘　魯齋集 7/4b

鐵界方銘　傅家集 66/13b　司馬温公集 68/1b

詩簡銘　梅溪集/前 11/8a

6. 洗

冰花盂洗銘　定菴稿 4/18a

政和洗銘　翟忠惠集 10/1a

鐵洗銘　太倉集 42/7b

（八）琴棋書畫

1. 琴

十二琴銘（1－12）　蘇東坡全集/續 10/23a－25a

張益老十二琴銘（1－12）　豫章集 13/13b

文與可琴銘　蘇東坡全集 20/4b

馮暢元方琴銘　益國文忠集 44/4a　益公集 44/92b

舜五絃琴銘　益國文忠集 92/3b　益公集 92/161a

蘇梓之所惠百衲琴銘　筠溪集 22/2a

李德茂家坐中賦諸銘（阮咸銘　琴銘　鏡室銘　端硯銘）　石門禪 20/14b

蘇梓之吟龍琴銘　筠溪集 22/2a

阮咸銘　石門禪 20/14b

徐彦立琴銘　盤洲集 29/4b

襄州鈴轄王餘慶以其所斵琅韻琴示予爲之銘　道鄕集 33/1a

黃子厚琴銘　朱文公集 85/4b

琴銘　石門禪 20/15a

琴銘　無文印集 6/2b

惠端琴銘　盧溪集 41/2a

紫陽琴銘　朱文公集 85/4b　新安文獻 47/1b

劉屏山復齋蒙齋二琴銘　朱文公集 85/4a

蔣彦回出所藏雷式琴求銘因爲之銘　道鄕集 33/2b

號鐘琴銘　疊山集（清刻本）7/36a

漢隨月樂器銘　靈巖集 6/5b

宋民望霜鐘琴銘趙彦端撰　播芳文粹 149/11a

2. 棋

棋匣銘　牧萊臞語 14/6b

棋局銘　幼槃集 9/6b

象戲（銘）　歸愚集 6/6a

3. 書

書字銘　朱文公集 85/4a

書板銘　梁洲集 29/3b

書帙銘　蘇魏公集 72/12a

書室銘　誠齋集 97/8b

書架銘　梁洲集 29/3a

書堂石室銘　簡齋集 1/4a

書簡銘　梅溪集/前 11/8a

藏書閣書厨字號銘　朱文公集 85/6a
書厨銘引　梅巖集 6/7a
書銘　龜山集 27/1a
書銘　梅溪集/前 11/7a
書儲銘　無文印集 6/3a
文定公家藏淳化帖銘　魯齋集 7/2a
粘板銘　梅溪集/前 11/7b
焚書坑銘　文莊集 25/7a
文勛篆銘　蘇東坡全集/續 10/19b
篆銘經籍　仁山集 3/22a
遺書銘　魯齋集 7/4a

溫公隸書銘　屏山集 6/10b
叢書銘　抄本緣督集 20/3a
簡板銘　梅溪集/前 11/7b

4. 畫

小景平遠銘並序　北澗集 5/9a
老徐牡丹銘　嵩山集 18/18a
孫知微畫玩珠龍銘　豫章集 13/22a
寫照銘　朱文公集 85/5a
彭祖觀井圖銘陳瓘撰　宋文鑑 73/4a

（九）服飾器用

1. 服　飾

元豐大裘銘　靈巖集 6/7a
衣銘(五銘序之二)　廣陵集 19/10a
深衣銘(自銘)　東溪集/上/26b
深衣銘(附銘)　東溪集/上/26b
王子鈞深衣帶銘　豫章集 13/21b
洪駒父深衣帶銘　豫章集 13/21b
洪龜父深衣帶銘　豫章集 13/21b
潘子真深衣帶銘　豫章集 13/21b

2. 鞋　帽

裙靴銘　蘇東坡全集/續 10/16a,17a
履銘(五銘序之三)　廣陵集 19/10b
山谷道人木帽銘　太倉集 42/10b
虎胎冠銘並序　豫章集 13/21a
冠銘(五銘序之一)　廣陵集 19/10a

3. 衾　枕

中衾銘　東堂集 10/10a
司馬溫公布被銘　渭南集 22/1b
布衾銘　范忠宣集 10/7a
布衾銘　北磵集 6/4a
布衾銘司馬光撰　山右石刻編 15/15a
楮衾銘　真西山集 33/28a
枕銘　咸平集 14/8a
枕銘　蔡忠惠集 23/24a

枕銘　牧萊脞語/二稿 8/12b

4. 杯　盤

石門酒器五銘　勉齋集 18/22a－22b
豆銘(1－3)　翟忠惠集 10/2b
芝杯銘　濟南集 5/23a
斛銘　文恭集 29/10a
鄲筒銘　東溪集/上/24b
題魏府藏趙公飮器銘　朱文公集 85/5b
羹勺銘　濟南集 5/22a
茶盞銘　太倉集 42/10b
湯盞銘　太倉集 42/10b
義砥銘　方舟集 14/7b
宋戴東桌銅桂銘戴敏撰　台州金石錄 9/34a
藥飾銘　鶴助集 32/3a

5. 桌　櫥

八僊案銘　鶴助集 32/3b
求仁堂八君子銘序　梁溪集 142/6a
几銘　咸平集 14/7b
几銘　元獻遺文/4a
几銘　麗軒集 10/9b
几銘陳堯佐撰　宋文鑑 73/5a
直几(銘)　梁溪集 142/6a
賈舅書几銘　鶴助集 32/2b
書几銘　梅溪集/前 11/6b
四友厨銘　魯齋集 7/4b

厨銘　梅溪集/前 11/6b
懷古厨銘　魯齋集 7/4b

6. 鏡　燈

石鏡銘　無文印集 6/10a
新鏡銘　竹隱集 14/6b
鏡室銘　石門禪 20/15a
鏡銘　程北山集 17/2a
鏡銘　梅溪集/前 11/8a
鏡銘　㬊肝集 10/9b
鏡銘　蒙川稿 4/5b
鏡銘　本堂集 36/3a
鏡銘　無文印集 6/2b
黃山人羅鏡銘　文山集 10/21a
會趣堂燈銘　梅溪集/前 11/6a
燈銘　梅溪集/前 11/8a
竹篦銘　吳文肅集 15/3a

7. 窗　屏

窗銘　朱文公集 85/5a
扇窗銘　無文印集 6/9a
祈陽石屏銘　吳文肅集 15/3a
泥紙屏銘　本堂集 36/3a
枕屏銘　北溪集/第五門 4/7b
枕屏銘　葬齋文編 4/23a
馮塏請書屏　慈湖遺書 5/29b
慈湖書屏　慈湖遺書 5/29b
硯屏銘爲曾幾伯作　漁墅稿 5/19a

8. 扇　杖

紙莚銘　北磵集 6/5a
銘扇　仁山集 3/22b
御書扇銘　鴻慶集 32/13b　孫尙書集 52/9b
扇銘　梅溪集/前 11/8b
扇銘　漫塘集 25/4b
篆老母扇　仁山集 3/22b
舊扇銘　北磵集 6/6b
方竹杖銘　東溪集/上/24b
方杖（銘）　梁溪集 142/6b
邛竹杖銘　北磵集 6/4b
邛竹杖銘張淡撰　南宋文範/外 3/17a
杖銘　咸平集 14/7b
杖銘　蔡忠惠集 23/24a

杖銘(五銘序之四)　廣陵集 19/10b
杖銘　橫浦集 19/12a
斑竹杖銘　徐文惠稿 5/2b
楷木杖銘　牧萊脞語/二稿 8/12b

9. 壺　盂

匏壺銘　濟南集 5/22a
唾壺銘　橫浦集 19/12a
盂銘　咸平集 14/8a
菖蒲盂銘　梅溪集/前 11/9a
漱盂銘　橫浦集 19/12a

10. 傘　蓋

小蓋銘　碧梧集 16/10a
晚蓋銘　道鄕集 33/1b

11. 舟　車

吳蘭齋野航銘　本堂集 36/2a
野航銘　秋崖稿 41/2a　新安文獻 47/2a
虛舟銘　真西山集 33/26b
虛舟銘　異齋集 26/9a
高麗貢日本車銘　靈巖集 6/6a
肩輿銘　梅溪集/前 11/8b
商輅銘　浪語集 32/8a
輦版銘　歡堂集 20/23a

12. 弓　箭

弓銘　咸平集 14/8b
唐大弓銘　東萊集/別 3/10a
準銘　準齋雜著/下/13b
箭銘　四庫拾遺 171/灌圃集
箭銘　咸平集 14/8b

13. 劍　旗

却鼠刀銘　蘇東坡全集 20/2a
貞明古劍銘　濟南集 5/22b
劍銘　咸平集 14/7b
劍銘並序　傅家集 66/13b　司馬溫公集 68/2a
進善旌銘　傅忠肅集/下/34b
唐京衛旗銘　靈巖集 6/10a
漢靈旗銘　東萊集/別 3/9a
漢靈旗銘　盤洲集 25/8b

(十) 草木鳥獸

1. 草 木

銘安石榴 宗伯集 15/5b
竹林銘 無文印集 6/5b
竹坡銘贈饒生 蒙齋集 16/5b
童著竹銘並序 石門櫝 20/14a
江氏芝木銘 豫章集 13/29a
天保松銘並序 道鄉集 33/3b

銘栗 宗伯集 15/5a
松阡雙蓮銘 水心集 26/19b
銘橄欖 宗伯集 15/5b
橘隱銘 于湖集 15/7b

2. 鳥 獸

白牛銘 北澗集 6/3b
狐銘 南陽集 4/2b

五、賦

（一）天 文

1. 天 道

曆者天地之大紀賦 蘇魏公集 72/1a

天秋有禮賦 石堂集 15/12b

天象賦 石堂集 15/4a

天道如張弓賦 小畜集 2/2b

天道益謙賦 范文正集/別 3/8a

天衢賦 文潞公集 2/21a

五六天地之中合賦 無爲集 2/1a

曆象賦汪應時撰 歷代賦集 2/2a

齊七政賦周渭撰 歷代賦彙 1/31b

2. 日 月

日月光天德賦 小畜集 26/6b

月賦 方壺稿 2/1a

月賦 慈湖遺書 6/6a

月暈賦 誠齋集 43/6a

新月賦 徐公集 1/4a

後月賦 方壺稿 2/3a

中秋月賦 誠齋集 43/3b

冰壺秋月賦 魯齋集 1/2b

秋陽賦 蘇東坡全集/後 8/3b

3. 星 辰

五星同色賦 彭城集 2/2a

老人星賦 范文正集 20/1a

參賦 寶晉英光集 1/1a 寶晉山林集 1/1a 宋文鑑 10/12a

歲星所在國有福賦 宋文攻媿集 117/14a 攻媿集 80/12a

4. 風 雲

風賦 浪語集 2/9b

快哉此風賦 蘇東坡全集/續 3/48a

春風賦 抽軒集 5/3b

秋風賦 張右史集 3/4b

秋風吹汝水賦 范忠宣集 1/1a 歷代賦集/外集 10/32b

颶風賦 蘇東坡全集/續 3/41b

颶風賦 斜川集 4/3b 宋文鑑 10/8b

訴風穴賦 彭城集 1/13a

風異賦 宛陵集 60/1b

三階平則風雨時賦 含人集 2/16b

白雲起封中賦 文莊集 23/11a

春雲賦 咸平集 7/2b

碧雲賦 張右史集 3/7a 歷代賦彙/補遺 1/14b

5. 雨 雪

春霖賦 浪語集 1/5a

夏喜雨賦 抽軒集 5/5a

暑雨賦 張右史集 1/10b

秋雨賦並引 北山集 10/2a

秋雨賦 誠齋集 43/5a

雨望賦 張右史集 2/3b

虎節門觀雨賦 放翁逸稿/上/3a

零雨被秋草賦 景文集 2/17b

喜雨賦 王雙溪集 9/5a

喜雨賦 魯齋集 1/3a

憎雨賦 紫微集 1/6b

聽雨賦 江湖集 1/7b

聽夜雨賦 太倉集 41/9a

春雪賦錢惟演撰 宋文鑑 1/19b

喜雪賦 范忠宣集 1/1b

喜晴賦 張右史集 3/3b

(二) 歲 時

1. 春夏秋冬

感時賦 蒙川稿 4/4a

土牛賦 文溪公集 2/20a

人日飲酒賦 張右史集 3/7b

春色賦 咸平集 9/5b

季春出火賦 公是集 1/14b

感春賦 朱文公集 1/3a

感春賦 雲溪集 1/1a

吊駐春賦 北磵集 1/9b

長至賦 咸平集 7/4b

夏日郊行賦 王雙溪集 9/3a

中秋賦 紫微集 1/2a

桂林中秋賦並序 石湖集 34/10a 歷代賦彙/外集 10/33b

依韻和呂抗早秋賦 咸平集 6/3b

暮秋賦 張右史集 2/4a

秋色賦 梁溪集 2/4a

秋郊賦 茗溪集 1/1a

秋興賦 石堂集 15/21b,22a

擬秋興賦 東堂集 1/4b

秋聲賦 歐陽文忠集 15/3a

乞巧賦 宛陵集 60/12b

歲云秋賦 景文集 2/8b

黃鐘養九德賦 古靈集 21/5b

黃鐘爲律本賦 景文集 4/10a

2. 寒 暑

大暑賦 宮教集 1/5a

却暑賦 太倉集 41/11b

病暑賦 公是集 1/4a

病暑賦 張右史集 3/2b

病暑賦 歐陽文忠集 15/4b

避暑賦 可齋稿 21/5b

游暑賦 屏山集 10/1b

暑賦 嵩山居士集 1/7b

火星中而寒暑退賦 小畜集 2/11a

苦寒賦 宮教集 1/11b

藏冰賦 文莊集 23/7b

日在北陸而藏冰賦 景文集 4/1a

(三) 地 理

1. 山

二山賦 宗伯集 1/5a

小山賦 程北山集 12/8b

天台山賦 玉牒稿 9/1a

後凶山賦 江湖集 1/8b

續凶山賦 紫微集 1/5b

巫山賦 樂城集 17/1a 蜀藝文志 2 上/1b

空同賦 朱文公集 1/3b 歷代賦彙/外集 13/5a

崧嶗山賦並序 彭城集 1/10a

武夷山賦 梁溪集 1/2a

武當山賦並序 濟南集 5/7a

東山賦 慈湖遺書 6/4a 歷代賦彙/補遺 20/42a

首陽山賦並序蔣堂撰 山右石刻編 13/11a

南山賦 張右史集 3/4a

思故山賦 放翁逸稿/上/8b

柯山賦 張右史集 1/8a

歸馬華山賦 小畜集 27/3b

麻姑山賦 直講集 1/2b

雪陽山賦 牧萊脞語 1/12a

堯山賦並序 竹隱集 1/10a

紫陽山賦韓補撰 歷代賦彙 21/12a

憶菁山賦 歸愚集 6/1b

感山賦崔伯易撰 宋文鑑 6/1a

葛仙山賦並序 廌佈編 1/4b

廟山賦孔武仲撰 歷代賦彙 20/21a

鷛蕩山賦 浪語集 3/2b

歷山賦並序 臨川集 38/4a 歷代賦彙/補遺 13/40b

鍾山賦 方泉集 1/1a

羅浮山賦李南仲撰 歷代賦彙 20/1b

良嶽賦李覯撰 歷代賦彙 77/1a

良嶽賦應制曹組撰 歷代賦彙 77/8a

赤壁賦 蘇東坡全集 19/15b

後赤壁賦 蘇東坡全集 19/17a

壯觀賦 寶晉英光集 1/2a 寶晉山林集 1/2b

南嶽賦 牧萊腔語 1/1b

桂巖賦 緣督集 9/17a

登峴首賦 客亭稿 7/2a

閩嶺賦 雙溪集 6/4a

三十六峰賦樓昉撰 金石萃編 142/19a

簇玉峰賦 咸平集 8/5b

松竹坡賦 牧萊腔語/二稿 1/1a

2. 石

石賦 北磵集 1/1a

太湖石賦並序陳洙撰 吳都文粹 6/27b

採石賦 程北山集 12/1a 吳都文粹 6/28b

白石賦 牧萊腔語 2/2b

乘石賦 景文集 4/9b

醉石賦何麒撰 蜀文輯存 47/17a

石姥賦 丹淵集 1/2a

石麟賦 方泉集 2/31b

金沙堆賦 于湖集 1/1a

灩澦堆賦 蘇東坡全集 19/11a 蜀藝文志 2 上/1a

灩澦堆賦薛紱撰 蜀藝文志 2 上/11a

乳牀賦梁安世撰 粵西金石畧 9/14a

3. 洞

白鹿洞賦 朱文公集 1/1b

白鹿洞後賦 秋崖稿 37/2b

飛仙洞賦文意撰 蜀文輯存 99/3a

4. 江 河

松江賦 程北山集 12/4a 吳都文粹 5/10b

後松江賦 程北山集 12/5a 吳都文粹 5/12a

松江秋汎賦葉清臣撰 宋文鑑 3/1a 吳都續文粹 24/15b

長江賦 直講集 1/1a

涉淮賦 張右史集 2/1a

涉淮後賦有序 張右史集 2/2a

活溪賦 誠齋集 43/1a

道河積石賦 無爲集 2/2a

豐水賦王孝友撰 歷代賦彙 26/17a

鼇二江賦狄遵度撰 宋文鑑 3/15a

5. 湖 池

石湖賦 宮教集 1/1a

珠湖賦有序 崔公度撰 歷代賦彙 27/15a

洞庭賦夏侯嘉正撰 宋文鑑 1/11b

游東湖賦 張右史集 1/5b

北池賦並序 春卿稿/1a

劍池賦 郎溪集 15/9b

臨池 程北山集 12/15a

漫塘賦 漫塘集 1/1a

6. 泉

方泉賦 方泉集 1/3a

柳州白水瀑泉賦 後村集 49/10a

竹林泉賦 初僚集 2/44b

天慶觀乳泉賦 蘇東坡全集/後 8/9b

後乳泉賦 梁溪集 3/2a

湯泉賦 淮海集 1/4a

湯泉賦 雙溪集 6/2a

蒙泉賦 文恭集 1/7a

檻泉賦 海陵集 1/1a 歷代賦彙/補遺 4/27a

雙瀑賦 梅溪集/前 11/1a

7. 洲

鸚鵡洲賦羅願撰 鄂州集/鄂州遺文 1a

鸚鵡洲後賦羅願撰 鄂州集 1/6a 新安文獻 48/5a 歷代賦彙/補遺 14/9a

8. 橋 堰

水澗成梁賦 景文集 3/15a

良干塲賦並序 吳文肅集 16/4b

山河堰賦晏袤撰 八瓊金石補 116/30b

浮山堰賦並引 淮海集 1/1a

步瀛橋賦 梅巖集 1/9a

9. 城 邑

夫人城賦並序 元憲集 1/5a

登應州古城賦 元憲集 1/4a

頌贊箴銘賦五 賦 地理 1.山 2.石 3.洞 4.江河 5.湖池 6.泉 7.洲 8.橋堰 9.城邑 1897

客遊玄都賦 龠溪集 11/6a 歷代賦彙/外集 11/37b
汴都賦周邦彥撰 宋文鑑 7/5b
廣汴賦李長民撰 歷代賦彙 34/1a
洛陽懷古賦邵雍撰 宋文鑑 5/2b 歷代賦彙 38/5a
吳故城賦 張右史集 3/8a
吳墟賦 浪語集 2/1a
長城賦 畫墁集 5/1a
昆陽城賦 蘇東坡全集 19/13a
新城賦 太倉集 41/5a
南郁賦王仲勉撰 宋文鑑 10/1a
辨蜀都賦王鷗撰 蜀文輯存 98/3a

鄮都賦並序 竹膈集 1/1a
鄂墟賦 浪語集 2/2a 歷代賦彙/補遺 14/2a
王畿千里賦 景文集 3/11b
皇畿賦楊侃撰 宋文鑑 2/1a
田家坡賦 宗伯集 1/3b
適越賦 芸庵稿 1/1a
櫻下賦 傅家集 1/3b 司馬溫公集 1/4a
會稽風俗賦 梅溪集/後 1/1a
揚州賦有序王觀撰 歷代賦彙/補遺 6/7a
寧海縣賦有序儲國秀撰 歷代賦彙/補遺 6/19b
錢塘賦有序葛澧撰 歷代賦彙 37/7a

（四）帝　德

國學試人主之尊如堂賦 歐陽文忠集 74/4b
人主天下之利勢賦 鐵菴集 26/13a
人主師式帝王賦 鐵菴集 26/28b
三王之道若循環賦 漢濱集 1/1a
賜蘇易簡大言賦宋太宗撰 歷代賦彙/補遺 8/20a
擬大言賦蘇易簡撰 蜀文輯存 1/3b 歷代賦彙/外集 16/5a
文帝以嚴致平賦 鐵菴集 26/8a
王者仁義威砧天下賦 鐵菴集 26/27a
王者無外賦 范文正集/別 2/10a
王配于京賦 公是集 1/15b
王道以德義生民賦 蛟峰集 8/5a
天下爲一家賦目大釣撰 宋文鑑 9/6a
天子垂萬世之基賦 鐵菴集 26/15a
省試天子以德爲車賦 知稼翁集 1/2a
以德爲車賦 漢濱集 1/2b
天子龍袞賦 范太史集 35/2a
太宗得至治之體賦 鐵菴集 26/2b
不下堂見諸侯賦 公是集 2/10b
主善爲師賦 文淵公集 2/15a
用天下心爲心賦 范文正集 20/9a
至道聖德頌劉筠撰 蜀藝文志 45/1b
光武乘時龍而御天賦 宋本攻媿集 117/5a 攻媿

集 80/5a
君以民爲體賦 范文正集/別 2/1b
君者以百姓爲天賦 小畜集 2/4b
放宮人賦 文莊集 23/16a
周公成文武之德賦 古靈集 21/12b
冠有記過之史賦（成人之後，宜此示戒） 四庫拾遺 50/彭城集
爲君難賦 景文集 4/7b
建用皇極賦 文恭集 1/5a
高祖好謀能聽賦 宋本攻媿集 117/15b 攻媿集 80/13b
能自得師者王賦 文淵公集 1/12b
乾元節賦 元憲集 1/1a
黃屋非堯心賦 小畜集 26/3b
堯舜帥天下以仁賦 范文正集/別 2/1a
皐陶成舜在知人賦 彭城集 2/1a
聖人大寶日位賦 范文正集/別 2/6b
聖人抱一爲天下式賦 范文正集/別 3/9a
聖人無名賦 小畜集 2/8a
聖王宗祀緋熙懷多福賦 鐵菴集 26/29a
聖主明目達聰賦 蓮峰集 8/19b
聖德合天地賦 咸平集 8/2b
頌德賦 徐公集 1/1a

（五）禮　　樂

1. 禮　儀

三王不相襲禮賦　景文集 3/9a

三代禮樂達天下賦　織葦集 26/4b

三命不踰父兄賦　公是集 1/18a

士擧用雉賦　公是集 1/19a

大醮賦劉筠撰　宋文鑑 2/11b

周兼養老禮賦　無爲集 1/4b

養老乞言賦　范文正集/別 3/3a

制度文章禮之器賦　織葦集 26/25a

皇子冠禮賦姜殊撰　歷代賦彙/補遺 7/30a

陽禮教讓賦　范文正集/別 3/5b

鄉飮升歌小雅賦　公是集 2/9b

南省試聖人並用三代禮樂賦　咸平集 9/3b

省試諸侯春入貢賦　文潞公集 1/5a

魯秉周禮所以本賦　歐陽文忠集 74/14a

禮義爲器賦　范文正集 20/3b

2. 禋　祀

酺三賢賦　太倉集 41/14a

大報天賦范鎮撰　宋文鑑 4/4b

大禮慶成賦　張右史集 1/1a

大饗不入性賦　金氏集/上/4b

上春饗飴賦　景文集 3/7a

四海以職來祭賦孔武仲撰　宋文鑑 11/16a

祭先河而後海賦　歐陽文忠集 74/12a

祭如在賦　景文集 4/6b

祭法天道賦　文潞公集 2/16a

法施於民則祀賦　景文集 3/8a

享禮有容色賦　公是集 2/7a

省試青圭禮東方賦　文潞公集 1/6b

季秋大饗帝賦　漢濱集 1/4a

郊用夏正賦　公是集 2/13a

元符南郊大禮賦　龍雲集 1/2b

壬申歲南郊大禮慶成賦　洛水集 22/9b

擬進南郊大禮慶成賦並序　東牟集 1/1a

泰山父老望登封賦　咸平集 8/4b

寅畏以饗福賦　范太史集 35/1a

歌雍徹祭賦　無爲集 1/3b

圜丘賦　景文集 1/1a

圜丘象天賦　鄖溪集 15/7b

3. 行　幸

大蒐賦丁謂撰　宋文鑑 1/8a

迎鑾十賦並序　松隱集 1/1a

受命（迎鑾十賦之一）　松隱集 1/2b

啓行（迎鑾十賦之二）　松隱集 1/2b

見接（迎鑾十賦之三）　松隱集 1/3a

北渡（迎鑾十賦之四）　松隱集 1/3a

傳命（迎鑾十賦之五）　松隱集 1/3b

許還（迎鑾十賦之六）　松隱集 1/3b

回鑾（迎鑾十賦之七）　松隱集 1/4a

上接（迎鑾十賦之八）　松隱集 1/4a

身退（迎鑾十賦之九）　松隱集 1/4b

閒居（迎鑾十賦之十）　松隱集 1/4b

皇帝後苑燕射賦並表序　景文集 1/4a

後苑燕射賦宋祁撰　歷代賦彙/補遺 7/27a

聖駕幸太學賦　文潞公集 1/1a

4. 耕　藉

藉田居少陽之地賦　無爲集 2/6b

藉田祈社稷賦　濟南集 5/1a

藉田賦並序　小畜集 1/1a　宋文鑑 1/3b

不易之地家百畝賦　無爲集 1/5b

五穀皆熟然後制國用賦　濟南集 5/2a

老圃賦　平齋集 1/7b

食力賦　北郭集 1/3a

稼穡惟寶賦　范文正集/別 3/6b

5. 音　樂

十二管還相爲宮賦　景文集 4/4b

大合樂賦　小畜集 27/9a

今樂猶古樂賦　范文正集 20/4b

延和殿奏新樂賦　蘇東坡全集/續 3/45b

吹律暖寒谷賦　文莊集 23/10a

秦昭和鍾賦劉敞撰　歷代賦彙/補遺 12/29a

舜琴歌南風賦舒宣撰　舒嶦堂文存/補遺 2b　宋文鑑 | 聲賦並序　乖崖集 1/1a　宋文鑑 1/17a
11/17b | 擊甌賦　宛陵集 60/7b　歷代賦彙 95/27a
樂在人和不在音賦　樂圃稿 8/5a | 百獸率舞賦　景文集 3/3b
樂郊賦並引　嵩菴集 1/1a

（六）符瑞災異

1. 符　瑞

天驥呈才賦　范文正集/別 3/6b
化成殿瑞芝賦　公是集 2/2a
玉雞賦　文路公集 2/22a
仙露溢金盤賦壽皇子　洛水集 22/11b
交趾獻奇獸賦　傅家集 1/1a　司馬溫公集 1/2a
汾陰出寶鼎賦　文路公集 1/8b
試鑄鼎象物賦徐爽撰　歷代賦彙/補遺 8/10a
河清賦　文莊集 23/1a
醴泉無源賦　小畜集 2/10a

藏芝賦　廣陵集 1/1a
靈芝賦　浪語集 1/1a
靈物賦　傅家集 1/5a　司馬溫公集 1/5a
靈物賦　雙溪集 6/9b

2. 災　異

鬼火賦　宛陵集 60/15a
鬼火後賦　宛陵集 60/15b
造霜賦　太倉集 41/12b
罪歲賦並序　公是集 1/2b
龍魔賦　濟南集 5/16b

（七）人物世事

1. 人　物

子奇賦並序程大昌撰　新安文獻 48/3b
子奇賦程琳撰　歷代賦彙/外集 16/19b
日者賦　梁溪集 1/7b　歷代賦彙/外集 16/22b
孔子登泰山小天下賦　鐵菴集 26/16b
孔子佩象環賦　公是集 1/13a
仲尼爲素王賦　小畜集 2/3b
在陳賦並序　公是集 1/5b
投金瀨賦　方泉集 2/30a
弔屈原賦　頤堂集 1/6b
哀湘纍賦　太倉集 41/1a
懷騷賦　浪語集 1/4a　歷代賦彙 112/10b
擬騷賦　梁溪集 2/2a　歷代賦彙/外集 5/2a
後招魂賦　雞肋集 2/8b　歷代賦彙補遺 22/44a
憫相如賦楊天惠撰　蜀藝文志 2 下/4b
憫相如賦鄧少微撰　蜀藝文志 2 下/6b　歷代賦彙/補
遺 14/4a

弔胥濤賦　羅滄洲集 1/1a
孫僎賦　雙峰稿 9/2a
梅溪題名賦　梅溪集/前 11/3a
弔隋煬帝賦　宗伯集 1/2b　歷代賦彙/補遺 14/12a
諸葛臥龍賦　威平集 5/1a
顏子不貳過賦　恭集 1/8b
述賤賦並序　香溪集 7/2a

2. 儒　學

一生二賦　文路公集 2/17a
三才賦　石堂集 15/3a
太極賦　石堂集 15/1a　歷代賦彙/補遺 8/36b
大易賦並序　北山集 10/3a
讀易賦高似孫撰　歷代賦彙 60/29b
易兼三材賦　范文正集/別 3/1a
中文辨是非賦　金氏集/上/3b
黃離元吉賦　文恭集 1/6a
豐宜日中賦　景文集 3/1a

士伸知己賦　蔡忠惠集 1/1a　歷代賦彙/外集 3/17b
仁人之言其利博賦　龍雲集 1/10b　歷代賦彙/補遺 7/1a
仁孝二致同源賦　宋本攻媿集 117/20a　攻媿集 80/18a
廣居賦　慈湖遺書 6/1a
孝者善繼人之志賦　文溯公集 1/10b
纘別爲宗賦　無爲集 2/5a
中者天下之大本賦　文溯公集 1/11b
水火不相入而相資賦　范文正集/別 3/11a
子使漆雕開仕賦　宋本攻媿集 117/17a　攻媿集 80/15a
監試玉不琢不成器賦　歐陽文忠集 74/3b
仁而優則學賦　濟南集 5/18b
厄言日出賦　小畜集 2/1b
至誠盡人物之性賦　古靈集 21/15a
有物混成賦王曾撰　宋文鑑 11/1a
省試自誠而明謂之性賦　范文正集 20/5b
多文爲富賦　文溯公集 2/14a
事君賦王回撰　宋文鑑 3/20b
圖極賦　小畜集 1/9b　歷代賦彙/外集 7/19a
大匠誨人以規矩賦　歐陽文忠集 74/13a
孟荀以道鳴賦　宋本攻媿集 117/21b　攻媿集 80/19a
荀揚大醇而小疵賦　無爲集 1/8a
乘桴浮于海賦　梁溪集 4/2a
能賦可以爲大夫賦　無爲集 2/3a
勉學賦　半齋雜著/下/3b
動靜交相養賦　寶晉英光集/補遺 8a
詞賦與古詩同義賦　鐵莊集 26/11b
智若禹之行水賦孔平仲撰　宋文鑑 11/20a
無可無不可賦　公是集 1/11a
復其見天地之心賦　小畜集 2/5b
道不遠人賦　石堂集 15/11a
經神賦　文溯公集 2/19a
愛人賦王回撰　宋文鑑 4/3b
裹飯賦　小畜集 2/9a
窮神知化賦　范文正集/別 2/8a
德至者色澤洽賦　能雲集 1/9a
儒宗賦有序王由道撰　歷代賦彙/補遺 8/39a
雕蟲小技壯夫不爲賦　彭城集 2/4b
覺賦　豪齋集 19/1a

3. 軍　旅

上留守章侍郎秋大閱賦　客亭稿 7/3b

大閱賦　小畜集 1/5b
文止戈爲武賦四韵　後村集 49/12a
天下可傳檄而定賦　宋本攻媿集 117/18b　攻媿集 80/16b
御試不陣而成功賦　咸平集 9/4b
御試戎祀國之大事賦　公是集 2/1a
西郊講武賦　咸平集 8/1a
有文事必有武備賦　梁溪集 4/7a
我戰則克賦　公是集 1/12a
長嘯却胡騎賦范鎭撰　宋文鑑 11/8a
受降如受敵賦　宋本攻媿集 117/1a　攻媿集 80/1a
南征賦　張右史集 3/5b　歷代賦彙/外集 9/22a
南征賦　眉山集 1/1a　歷代賦彙/外集 9/23b
南征賦邢居實撰　宋文鑑 9/7b　歷代賦彙/外集 9/26a
南征賦有序李綱撰　歷代賦彙/外集 9/25a
仲輔賦西郊見寄次韻作南征賦報之　梁溪集 3/4a
恢復河湟賦　東堂集 1/1a
草木爲人形以助戰賦　文莊集 23/14a
郭子儀單騎見虜賦　淮海集 1/6a
善勝不武賦　古靈集 21/14a
馭夷狄以權賦　宋本攻媿集 117/9b
鄂公奪槊賦　咸平集 5/3b
戰彭城賦　朝散集 1/1a
擊楫誓清中原賦　宋本攻媿集 117/2b　攻媿集 80/2b
韓信背水破敵賦　摘文集 1/2b
簞食壺漿迎王師賦　宋本攻媿集 117/4a　攻媿集 80/4a

4. 職　官

三公調陰陽賦　古靈集 21/9b
三黜賦　小畜集 1/8b　歷代賦彙/外集 5/13b
三黜賦　梁溪集 4/4b　歷代賦彙/外集 5/14b
六官賦　范文正集/別 2/2b
史官權重宰相賦　鐵莊集 26/6a
省試司空掌與地圖賦　歐陽文忠集 74/6a
折檻庭直臣賦　梁溪集 4/5b
金鑾賦並引　濟南集 5/3a
金鑾後賦並引　濟南集 5/4b
觀遠臣以其所主賦　公是集 2/4b

5. 治　道

開封府試人文化成天下賦　咸平集 9/2a　歷代賦集 41/7a

三法求民情賦蘇軾撰 歷代賦彙 43/12b

下令如流水賦 公是集 1/8b

大信不約賦 景文集 4/5b

大禮與天地同節賦范仲淹撰 歷代賦彙 44/2b

六事廉爲本賦蘇軾撰 歷代賦彙 43/30b

文武之道同於伏義賦 織奎集 26/1a

王屋非堯心賦王禹偁撰 歷代賦彙 46/29a

王道正則百川理賦江佑撰 宋文鑑 11/23b

五聲聽政賦 咸平集 8/3b

正家而天下定賦 文莊集 23/5a

去邪勿疑賦 景文集 4/2a

本疆則精神折衝賦 宋本攻媿集 117/12b 攻媿集 80/10b

百工由聖人作賦 古靈集 21/8a

刑統賦傅霖撰 歷代賦彙/補遺 7/2b

位一天下之動賦黄庭堅撰 歷代賦彙 41/25a

侠道使民賦林希撰 宋文鑑 11/22b

南廟試侠道使民賦程顥撰 二程集 38/1a

明君可與爲忠言賦 蘇東坡全集/續 3/47a

金在鎔賦 范文正集 20/6b

制器尚象賦范仲淹撰 歷代賦彙 44/9a

解試和戎國之福賦 知稼翁集 1/3b

周以宗疆賦沈初撰 宋文鑑 11/21a

宥過無大賦 景文集 3/2a

首善自京師賦王安石撰 宋文鑑 11/9b

春秋元氣正天端賦黄庭堅撰 歷代賦彙 44/1a

春秋經傳類對賦徐晉卿撰 歷代賦彙 61/1a

政在順民心賦 范文正集/別 3/10a

正猶水火賦 文莊集 23/6b

畏天者保其國賦 歐陽文忠集 74/9b

射宮選士賦 小畜集 27/1a

乾爲金賦 范文正集/別 2/9a

惟則定國賦 石堂集 15/14b

惟善能舉類賦 金氏集/上/2a

從諫如流賦 范文正集/別 2/5b

通其變使民不倦賦蘇軾撰 歷代賦彙 43/11a

湯刑勸善賦 濟南集 5/20b

復改科賦 蘇東坡全集/續 3/48b

鄉老獻賢能書賦 小畜集 26/1a

焚雉頭裘賦 文潞公集 1/7b

慎術賦 香溪集 7/4b

路寢聽政賦 公是集 2/11b

賓對賦 曾雲莊集 1/1a

誠覆車賦 景文集 4/11b

與人不求備賦 景文集 4/3a

德車結旌賦 景文集 4/12b

德車載旌賦 元憲集 1/9b

斲雕爲樸賦 歐陽文忠集 74/11a

賢不家食賦 范文正集/別 2/7a 歷代賦彙 43/32a

賢人不家食賦 小畜集 27/6a

解試賢人國家之利器賦 知稼翁集 1/4b

任官惟賢材賦 范文正集/別 2/4b

后非賢不乂賦 公是集 2/3a

好賢如緇衣賦 景文集 3/4b

得地千里不如一賢賦 范文正集/別 3/3b

尊賢則士願立朝賦 宋本攻媿集 117/8a 攻媿集 80/8a

賞以春夏賦 歐陽文忠集 74/8b

學問至蚤莫賦 古靈集 21/11a

鴻漸于陸賦 文潞公集 1/9b

進擬御試應天以實不以文賦 歐陽文忠集 74/1a

應天以實不以文賦 金氏集/上/1a

殿試藏珠於淵賦 歐陽文忠集 74/7a

鑄劍戟爲農器賦 范文正集/別 2/3b

體仁足以長人賦 范文正集/別 3/4b

6. 釋 道

火宅賦 畫墁集 5/2b

本生賦 浪語集 1/6a 歷代賦彙/補遺 9/1a

死灰賦 北磵集 1/2a

老子猶龍賦 范文正集 20/2a

定觀賦 江湖集 1/6a 歷代賦彙/外集 5/17b

金丹賦葛長庚撰 歷代賦彙 106/3a

浮丘仙賦並序 吳文肅集 16/1a

麻姑賦葛長庚撰 歷代賦彙 106/10a

崧嶺山問道賦 小畜集 26/9a

訟仙賦並序 景文集 2/14a

紫元賦葛長庚撰 歷代賦彙 106/1a

尋仙賦 戴叔倫集/7a

疑仙賦並序 直講集 1/4a

懷仙樓賦葛長庚撰 歷代賦彙 106/6b

禪浴賦 三餘集 1/1a

鶴林賦葛長庚撰 歷代賦彙 106/8a

穆天子宴王母於瑤池賦 文莊集 23/8b

燃犀賦 方泉集 1/4a

7. 交 友

交難賦　誠齋集 43/9b

別友賦　豫章集 1/8b　歷代賦彙/外集 8/37a

定交賦　客亭稿 7/1a

送將歸賦　景文集 2/7b

登山臨水送將歸賦　郡溪集 15/9a

遠行送將歸賦　石堂集 15/18b　歷代賦彙/外集 10/17a

送將歸賦蔡確撰　宋文鑑 9/5a　歷代賦彙/外集 10/16a

淡交若水賦　范文正集/別 3/2a

惜交賦並序　石湖集 34/7b　歷代賦彙/外集 2/34b

惜別賦　樂軒集 4/6a　歷代賦彙/外集 8/39a

得友賦　張右史集 2/10b

感交賦並序　景文集 2/3b

8. 祝 壽

上文太師壽山賦撰著人未詳　播芳文粹 127/1a

孔山賦並序　廬佈編 1/1a

四明洞天賦代壽何中丞　洛水集 22/13b

金華仙伯賦壽喬平章　洛水集 22/12a

秋水賦壽李尚書　洛水集 22/12b

壽賦　紫微集 1/4a

靜壽賦　蒙齋集 19/2a

(八) 明志抒懷

1. 修 身

不愧屋漏賦　彭城集 2/3b

公生明賦許安世撰　宋文鑑 11/18b

修身以爲弓賦　宋本攻媿集 117/6b　攻媿集 80/6b

省愆賦　眉山集 1/3a　歷代賦彙/外集 6/26b

貴知我者希賦　公是集 1/16b

損先難而後易賦　古靈集 21/16b

蒙以養正賦　范文正集 20/2b

馴不及舌賦王回撰　宋文鑑 4/1b

見賢思齊賦　鐵崖集 26/21b

2. 明 志

中隱賦　王雙溪集 9/10a　歷代賦彙/外集 11/21b

自釋賦　浪語集 2/4a　歷代賦彙/外集 5/8a

志在春秋賦　景文集 3/6a

求志賦　雞肋集 1/1a　歷代賦彙/外集 1/31b

抽賦　周元公集 3/4b　八瓊金石補 116/1a　歷代賦彙/外集 19/8b

述志賦　橫浦集 1/1a　歷代賦彙/外集 1/16a

思隱賦　太倉集 41/2b

致遠賦　克齋集 13/1a

責難賦王回撰　宋文鑑 4/2a

遂志賦　蒙川稿 4/2b

勵志賦　郡溪集 15/8b

釋求志　雞肋集 1/5a

釋謀賦　臨川集 38/5a　歷代賦彙/外集 5/17a

3. 居 住

卜居賦有序蘇轍撰　歷代賦彙/外集 2/32b

閑居賦　姑溪集 1/1a

閒居賦　官教集 1/4a

莒所居賦並序　彭城集 1/5a

端居賦　宋文鑑 1/7a

端居賦有序神放撰　歷代賦彙/外集 12/39a

獨居賦　百正集 3/1b

齋居賦　張右史集 2/9b

諭居賦　橫浦集 1/1b　歷代賦彙/外集 5/16a

4. 遊 覽

北客賦趙寅之撰　蜀藝文志 2 上/6a　歷代賦彙/補遺 19/1a

弟子清夜遊賦　石堂集 15/19b　歷代賦彙/外集 11/36b

登高賦　百正集 3/1a

續遠遊賦　梁溪集 2/6b　歷代賦彙/外集 10/23b

5. 述 夢

不寐賦　彭城集 1/7a　歷代賦彙/外集 18/7a

神遊賦記夢　程北山集 12/6b

陶侃夢飛入天門賦　文莊集 23/12a

睡鄉賦　翟忠惠集 5/1b

述夢賦 歐陽文忠集 58/2b 歷代賦彙/外集 18/17b

夢賦 北磵集 1/4b

夢仙賦 益國文忠集 9/1a 益公集 9/50a

夢歸賦並引 嵩菴集 1/2b

夢覲賦 鶴勛集 1/7b 歷代賦彙/外集 18/7a

6. 抒 懷

白髮後賦 後村集 49/11a

感白髮賦 渠堂集/補 2b

斥窮賦 佩章集 8/2a 歷代賦彙/外集 19/6b

志喜賦 江湖集 1/11b 歷代賦彙/外集 19/2a

喜賦 香山集 1/1a

君可思賦 武夷新集/附遺詩文 3b 宋文鑑 1/20b

泣秋賦 心史/下/36a

臥廬悲秋賦 景文集 2/2a

抱關賦有序 王回撰 歷代賦彙/外集 4/28b

幽思賦並序 應庵編 1/12b

幽情賦 北磵集 1/5a

秋懷賦 彭城集 1/8b 歷代賦彙/外集 6/5a

秋懷賦 雪坡集 10/1a

悼亡賦並引 嵩菴集 1/4a

悼往賦黃庭堅撰 歷代賦彙/外集 20/18b

問景賦 北磵集 1/3b

自閒賦陸游撰 放翁逸稿/上/7b

焚香賦 放翁逸稿/上/6b

閔匱賦 平齋集 1/9b

嗟乎賦 梅巖集 1/5a

江上愁心賦 梁溪集 2/10a 歷代賦彙/外集 17/23a

坐愁賦 鶴勛集 1/8b 歷代賦彙/外集 17/18b

窮愁賦 景文集 2/9b

傷賢賦並序 景文集 2/11b

感士不遇後賦 太倉集 41/6b

感沐賦 浪語集 1/5b

感除賦 浪語集 1/6a

殤幼賦 芸庵稿 1/8b

寫愛賦 彭城集 1/6a

遣愛賦 張右史集 2/12b 歷代賦彙/外集 5/19a

離愛賦 公是集 1/4b 宋文鑑 3/12b

離愛賦梅堯臣撰 歷代賦彙/外集 17/11a

懷古賦並序 道鄉集 1/1a 歷代賦彙 112/12a

憫孤賦 萬山居士集 1/9b 歷代賦彙/外集 20/34b

憫獨賦 景文集 2/13b 歷代賦彙/外集 6/16a

歸賦 抽軒集 5/6a

歸去來賦 梅溪集/前 11/2b 歷代賦彙/外集 8/16b

言歸賦（1－3） 廣陵集 1/3b

思歸賦 宛陵集 60/14a 歷代賦彙/補遺 18/52b

思歸賦王資深撰 歷代賦彙/外集 8/9b

思歸賦 臨川集 38/4b 歷代賦彙/外集 8/9a

懷歸賦沈括撰 宋文鑑 5/13b 歷代賦彙/外集 8/14a

歸賦賦 眉山集 17/1a

歸賦賦 誠齋集 43/2b 歷代賦彙/外集 8/15a

懷忠 程北山集 12/12b

懷居賦並序 程北山集 12/7a

懷知賦 張右史集 2/11b 歷代賦彙/外集 3/21a

懷感賦寄滿建中粹翁 廣陵集 1/2b

（九）亭臺樓閣

1. 亭

北渚亭賦 鶴勛集 2/1a

休亭賦 豫章集 1/3b

延綠亭賦爲高秀才作 江湖集 1/14b

君子亭賦 客亭稿 7/3a

波光亭賦爲帥相郭公作 江湖集 1/14a

放目亭賦 豫章集/山谷外集 1/4a

披榛亭賦 鶴勛集 2/11a

述賢亭賦閬苑撰 蜀藝文志 2/上 4a

秋香亭賦並序 范文正集 1/6a

風雩亭賦張拭撰 歷代賦彙 80/12b

望海亭賦並序 石湖集 34/5b

魚計亭賦 雲莊集 3/13b

魚計亭後賦真德秀撰 歷代賦彙 80/20b

項王亭賦龔相撰 歷代賦彙 110/2b

萬象亭賦 南澗稿 1/1a

愛方亭賦 膝軒集 10/14a

愛賢堂賦 膝軒集 10/15b

遠宜亭賦 江湖集 1/11a

綺川亭賦 雪山集 12/2a

夢遊覽輝亭賦 姑溪集/後 1/1a

嚴亭賦易披撰 八瓊金石補 86/26a 粵西金石畧 11/4b

2. 臺

八陣臺賦劉望之撰 蜀藝文志 2 上/10a

平臺賦 眉山集 16/8b

姑蘇臺賦 香溪集 7/1a

登姑蘇臺賦任公叔撰 吳郡文粹 2/36b

登姑蘇臺賦崔鸜撰 吳郡文粹 2/37b

思子臺賦 蘇東坡全集/續 3/43a

思子臺賦 斜川集 4/1a 宋文鑑 10/9b

登黃鵠臺下臨金山賦 寶晉英光集 1/2b 寶晉山林集 1/3b

釣臺賦 瀛山集/補遺 1a

釣臺賦 王雙溪集 9/7b

釣臺賦 洛水集 22/14b

釣臺賦張伯玉撰 嚴陵集 6/11a

釣臺賦錢藻撰 嚴陵集 6/12a

釣臺賦范浚撰 歷代賦彙 107/38a

釣臺賦徐夢莘撰 歷代賦彙 107/35a

釣臺賦陳巖肖撰 歷代賦彙 107/36b

釣臺賦滕岑撰 歷代賦彙 107/33b

超然臺賦 丹淵集 1/1a

超然臺賦並序 樂城集 17/5a

超然臺賦有序 張右史集 2/5b

登臺觀雲賦 公是集 1/9b

嘯臺賦 元憲集 1/6b

3. 樓

太白樓賦張頴撰 歷代賦彙 109/5a

登八詠樓賦 香溪集 7/3b

五鳳樓賦梁周翰撰 宋文鑑 1/1b

秀錦樓賦 秋崖稿 37/1a 新安文獻 48/6a

南定樓賦李蘷撰 蜀文輯存 52/1a

南定樓賦朱孝友撰 蜀文輯存 98/10b

南樓賦並序 庸庵編 1/16a

迷樓賦 梁溪集 2/8b

登真興寺樓賦 樂城集 17/4a

淮海樓賦 江湖集 1/12b

望京樓賦 咸平集 6/2a

黃樓賦 樂城集 17/9b 宋文鑑 5/14a 金石萃編 137/32a

黃樓賦並引 淮海集 1/2a

問月樓賦 江湖集 1/5a

濟南辛侯作莫枕樓於滁陽余登而樂之遂爲之賦 鉛刀編 1/2a

遇仙賦代壽樓教 靈巖集 10/1a

清靜蓬瀛樓賦 牧萊脞語 2/5b

登樓賦 萬山居士集 1/1a 歷代賦彙 79/37b

壽台樓賦王象祖撰 歷代賦彙 79/12a

錫策樓賦 鐵牛翁稿/14a

疊嶂樓賦 咸平集 6/1a

寶婺新樓賦 魯齋集 1/1b

4. 閣

李氏山園潛珍閣賦蘇帖撰 歷代賦彙 81/7a

紅梅閣賦 四庫拾遺 234/方舟集

尊經閣賦丁椿撰 歷代賦彙 76/17a

蓬萊閣賦 梅溪集/後 1/21a

5. 園

山園賦 梅巖集 1/12b

山園後賦 梅巖集 1/16b

中園賦 元獻遺文/補編 1/1a

南園賦 慈湖遺書 6/3b

懷故園賦 幼槃集 8/1a

水西風光賦 王雙溪集 9/3b

6. 關

抱關賦王回撰 宋文鑑 4/1b

7. 門

正陽門賦 文恭集 1/1a

幽窗賦 元憲集 1/3b

蘆藩賦 張右史集 1/11a

頌贊箴銘賦五 賦 亭臺樓閣 1.亭 2.臺 3.樓 4.閣 5.園 6.關 7.門 1905

(十) 堂齋軒館

1. 堂

六野堂賦　曧軒集 10/12b

北定堂賦並序　廬石編 1/7b

民事堂賦　梅溪集/後 1/20a

求初堂賦　牧萊腔語 2/1a

宜堂賦　雪坡集 10/7b

松菊堂賦　濟南集 5/15a

東桂堂賦　須溪集 6/45a

明堂賦　范文正集 1/1a

明堂賦　蒙川稿 4/1a

明堂賦　澗谷集 2/5a

是是堂賦　鶴肋集 2/4a

草堂春色賦　大隱集 6/21b

清清堂賦王休操　歷代賦彙 78/15a

惟安堂賦　江湖集 1/15b

朝山堂賦　蜀藝文志 2 上/9a

遂初堂賦　南軒集 1/2b

賓月堂賦　齊山集 4/20b

盡心堂賦王子爲同官張汝器司理作　四庫拾遺 260/昌谷集

撫松堂賦遺王居士　宗忠簡集 5/1a

餘慶堂賦　歸愚集 6/1a

學古堂賦並序　竹隱集 1/11a

壓波堂賦　誠齋集 44/2a

歸來堂賦　無爲集 1/1a

歸愚堂賦　鉛刀編 1/1a

2. 齋

三友齋賦　苕溪集 1/2a

山齋賦　北山集 10/5b

至樂齋賦　梅溪集/前 11/2a

竹齋賦　北磵集 1/9a

寄傲齋賦　竹隱集 1/12b

曠齋賦　歸愚集 6/2b

見堯賦　伯牙琴 1/1a

學林賦　誠齋集 43/8a　歷代賦彙 82/4a

3. 軒

清虛子此君軒賦　誠齋集 44/4b

雙楠軒賦　擿文集 1/2a

4. 館

石峽書院賦　桐江集 1/1a　新安文獻 49/6b

宋文書院賦　魯齋集 1/1a

蠅館落成賦　太倉集 41/10b

5. 廬

雪巢賦　誠齋集 44/3b

6. 室

石室賦狄遵度撰　宋文鑑 3/13b

石室賦郭祥正撰　歷代賦彙 78/3b

嚴室賦　青山集/附録 3b

窳室賦　北磵集 1/2b

7. 村莊宅舍

穴情賦　牧堂集 1/36b

坊情賦　浪語集 2/3a　歷代賦彙/外集 15/13a

林霏賦　王雙溪集 9/6a

壺村賦　四庫拾遺 698/定齋集

過莊賦並序　香溪集 7/3a

松江蟹舍賦高似孫撰　南宋文範 2/9a　歷代賦彙/外集 13/14a

蘭窩賦　秋崖稿 37/4b

（十一）宮觀庵廟

1. 宮

太學教化之宮賦　蓮峰集 8/21a

奉祠西太乙宮賦　西溪集 1(三沈集 1/3a)

宣防宮賦　學易集 1/1a　宋文鑑 9/10b

咸陽宮賦　古靈集 21/1a

館娃宮賦　石湖集 34/1a

館娃宮賦王阮撰　吳都續文粹 11/27a

慈寧殿賦王仲言撰　歷代賦彙 73/30b

鴻慶宮三聖殿賦並序　彭城集 1/1a

2. 觀

江西道院賦　豫章集 1/4b

江東道院賦　退庵稿/上/1a

臨芳觀賦　程北山集 12/9a

3. 庵

坐進庵賦　鶴肋集 1/9b

寄老庵賦　豫章集 1/2a

寄老庵賦　淮海集 1/3a

4. 廟

屈原宅賦　萬山居士集 1/2a

屈原廟賦　蘇東坡全集 19/12a

屈原廟賦　樊城集 17/2a

神女廟賦　萬山居士集 1/4b　蜀藝文志 2 上/7a　歷代賦彙/補遺 21/17b

禹廟賦　故翁遺稿/上/1a

皇太后弭謁清廟賦並表　景文集 1/9b

廟山賦　宗伯集 1/4a

雙廟賦　宗伯集 1/1a

（十二）金石文物

1. 金　石

圭璋特達賦　公是集 2/5b

帝王歌頌刻金石賦　鐵莊集 26/20a

珠賦崔伯易撰　宋文鑑 7/1a

荊玉賦　願堂集 1/1a

後賦　願堂集 1/3a

瑰圭賦　景文集 3/14a

碧幢賦　北礀集 1/9a

龍杓賦　景文集 3/12b

璣藕賦　古靈集 21/7a

秦昭和鐘賦並序　公是集 1/1a

大冶賦　平齋集 1/1a

鑄金爲范蠡賦　文莊集 23/17b

2. 文　物

古甗賦　香山集 1/1a

瓦瑞賦　摘文集 1/1a

渾天儀賦　測谷集 2/3a

(十三) 筆硯紙墨

1. 硯

古瓦硯賦　景文集 2/1a
米元暉研山賦　雙溪集 6/7a
缸硯賦並敘　樂城集 17/3a
雪堂硯賦並引　雙溪集 6/5b

龍尾硯賦釋覺範撰　歷代賦彙 63/22b

2. 墨

以油煙贈許尉因賦長篇(名從龍,字子雲)　四庫拾遺 236/濟軒集

(十四) 琴棋書畫

1. 琴

古琴賦　古靈集 21/4b
哀伯牙賦　張右史集 3/1a　歷代賦彙/外集 16/18b
清廟瑟賦　石堂集 15/18a
魚琴賦並序　宛陵集 60/16a
琴材賦　無爲集 1/7a

2. 棋

打馬賦　李清照集/85a
棋賦　彭城集 1/11b
籌盆賦　咸平集 7/1a

3. 書

金鏡書賦　鐵菴集 26/18a
飛白書賦　元獻遺文/補編 1/4a
東坡居士墨戲賦　豫章集 1/7b

龍居山人墨戲賦　瀟齋集 1/1a

4. 畫

覺心畫山水賦　簡齋集 1/1a
心畫賦　慈湖遺書 6/7b　歷代賦彙/補遺 13/7a
水月圖後賦　秋崖稿 37/4a
東坡居士畫怪石賦　宗伯集 1/6b
帝王圖籍陳左右賦　鐵菴集 26/10a
蘇李畫枯木道士賦　豫章集 1/6b
無逸圖賦　石堂集 15/17a
無逸圖後賦　石堂集 15/17b　歷代賦彙/補遺 7/5b
畫壁賦　方是閒稿/下/3a
墨竹賦　丹淵集/附錄 32a
墨竹賦　樂城集 17/8a
墨竹賦　緣督集 9/16a
劉明仲墨竹賦　豫章集/山谷外集 1/1a
墨梅賦釋覺範撰　歷代賦彙 102/23a

(十五) 衣食器用

1. 衣 飾

狗盜狐白裘賦　文莊集 23/15a
深衣可以爲文武賦　無爲集 2/4a

2. 飲 食

三酌賦　張右史集 3/7a　歷代賦彙/補遺 12/36b
止酒賦辛亥　後村集 49/2a
中山松醪賦　蘇東坡全集/後 8/6a　八瓊金石補 108/

17a

洞庭春色賦 蘇東坡全集/後 8/5a 吳郡文粹 6/46a

卯飲賦 張右史集 1/9a

招玉友賦 太倉集 41/3b

酒子賦 蘇東坡全集/後 8/7b

酒隱賦有序蘇軾撰 歷代賦彙/外集 13/13a

椰子酒賦 梁溪集 3/4b

醇醨賦 牧萊腴語 2/8a

濁醪有妙理賦 蘇東坡全集/後 8/8a

濁醪有妙理賦 梁溪集 4/3a

述醞賦 宛陵集 60/3b

白山茶賦 豫章集 1/9a 歷代賦彙 125/21b

茶僧賦 秋崖稿 37/2a

煎茶賦 豫章集 1/11b

菱茗賦 佩韋集 8/1a 歷代賦彙/外集 16/34a

南有嘉茗賦 宛陵集 60/5a 歷代賦彙/補集 13/4b

服茯苓賦並敘 樂城集 17/6b

服胡麻賦並敘 蘇東坡全集 19/14b

老饕賦 蘇東坡全集/頌 3/40a

菜羹賦 蘇東坡全集/頌 3/41a

糟蟹賦 誠齋集 44/1a

饅頭賦 牧萊腴語/二稿 1/3b

玉延賦 簡齋集 1/1b

羅賦 北礀集 1/6b

糴賦 北礀集 1/7a

3. 器 用

竹夫人賦 幼槃集 8/1b

沉香山子賦 蘇東坡全集/後 8/7a

和子瞻沉香山子賦 樂城集/後 5/1a

桔槔賦 樂軒集 4/5a

斑竹簾賦 咸平集 7/5b

梅屏賦 北礀集 1/6a

菊花枕賦 咸平集 7/3b 歷代賦彙 87/28b

楷木杖賦 牧萊腴語/二稿 1/8b

塵尾賦 宛陵集 60/7a

4. 舟 車

水車賦 范文正集 20/8a

擬試車服以庸賦 濟南集 5/19b

虛舟賦 百正集 3/2b

濟河焚舟賦 宋本攻媿集 117/11a 攻媿集 80/9b

閒艤賦 自堂稿 4/14a

5. 弓 劍

敵弓賦 彭城集 2/5b

倚天劍賦 咸平集 5/5b

豐城劍賦 放翁逸稿/上/5b

6. 薪 火

槲柑賦 牧萊腴語/二稿 1/7a

燈華賦 龜溪集 11/7b

積薪賦 咸平集 6/2b

熯薪賦 張右史集 1/11b

7. 醫 藥

問天醫賦並序 石湖集 34/2b 歷代賦彙/外集 20/10a

四君子湯賦 方舟集 1/2a

種藥賦 漕水集 7/2a

藥杵臼後賦 梁溪集 3/5b

聞藥杵賦 屏山集 10/1a

(十六) 草木鳥獸

1. 草 木

木犀花賦 誠齋集 43/7a

木犀賦 橘洲集 1/1a

木犀賦 方是閒稿/下/1a

木蘭賦並序 徐公集 1/3a

竹賦 廣陵集 1/4b

竹賦 王雙溪集 9/1a 歷代賦彙/補遺 15/12a

憐竹賦並序 景文集 2/18a

竹聲賦 滿水集 7/1a

對青竹賦 豫章集 1/10b 蜀藝文志 2 下/4a

感雪竹賦 北山集 10/1a

湘竹賦 南澗稿 1/4b

慈竹賦 蔡忠惠集 1/7a

種竹賦　浪語集 3/1a
種竹賦　北礀集 1/5a
醉竹賦　頤堂集 1/5b
嚴竹賦　摘文集 1/1b
苦筍賦　豫章集 1/12b　蜀藝文志 2 下/4b
二松賦　雙溪集 6/2b
小松賦　鄱溪集 15/10b
松賦　丹淵集 1/4a　歷代賦彙/補遺 15/1b
倚松賦　方是閒稿/下/4b
矮松賦王曾撰　宋文鑑 1/15a　歷代賦彙 115/8b
種松賦　宮教集 1/3a
松花賦朱熹撰　新安文獻 48/2b
松竹林賦李知微撰　歷代賦彙 118/21a
四柏賦並序　道鄉集 1/2a
海柏賦　緣督集 9/18b
雪後折梅賦　溪堂集/補 1a
梅花賦　梁溪集 2/11a
梅花賦　紫薇集 1/1a
梅花賦並引　崧菴集 1/3b
梅花賦　誠齋集 44/5b
梅花賦附：鑒松垣梅花賦　松垣集 8/1a
梅花賦　蒙川稿 4/3b
梅花賦　雪坡集 10/3a
雪岸聚梅發賦　雙峰稿 9/1a
戲作梅花賦　雙溪集 6/8a
古梅賦　古梅遺稿 6/1a
雪梅賦　梅巖集 1/1a
惜梅賦　眉山集 16/8a
哀巖桂賦　薈庵稿 1/3b
巖桂賦　省齋集 1/1a
巖桂賦　可齋稿 21/3b
弔檜杉賦　溪堂集/補 1b
大榕賦　浪語集 3/1b
榕木賦　梁溪集 3/8b
古楠賦有序　宗忠簡集 5/2a
石楠樹賦並序　景文集 2/15a
桐賦有序　陳善撰　歷代賦彙/補遺 15/5a
栟櫚賦　公是集 1/2a　宋文鑑 3/12a
桃賦吳淑撰　歷代賦彙/補遺 16/10a
青荊桃賦　牧萊脞語 2/7a
梨花賦　樂軒集 4/3b
北京官舍後梨花賦　鷄肋集 2/7b
問雙棠賦有序　張右史集 1/6a

小黃楊賦　毘陵集 15/1a
黃楊樹子賦　歐陽文忠集 15/1a
楊花賦　咸平集 7/6b

2. 花　卉

水仙十客賦　北礀集 1/1b
水仙花前賦有序　高似孫撰　歷代賦彙 121/23a
水仙花後賦有序　高似孫撰　歷代賦彙 121/24b
石竹花賦　抽軒集 5/4a
石菖蒲賦有序　張右史集 3/1b
石菖蒲賦　王雙溪集 9/9a
石菖蒲賦　龔齋文編 1/2a
矮石榴樹子賦並序　宛陵集 60/10b
含笑花賦　梁溪集 1/4b
上苑牡丹賦並序　景文集 1/7b
景靈宮雙頭牡丹賦應制並序　文莊集 23/3a
季秋牡丹賦並序　蔡忠惠集 1/4b
牡丹賦　雙溪集 6/1a
芫花賦　牧萊脞語/二稿 1/9b
金苔賦並序　文源公集 1/3b
枸杞賦史子玉撰　蜀藝文志 2 下/2a
苦益菜賦　芸庵稿 1/2a
苦櫻賦何耕撰　蜀藝文志 2 下/7b
凌霄花賦　宛陵集 60/10a
草賦吳淑撰　歷代賦彙/補遺 15/19a
荔子賦何麒撰　蜀文輯存 47/17b
荔枝賦並序　石湖集 34/9a
荔支賦　梁溪集 1/10b
荔支後賦　梁溪集 3/6b
瑞麥圖賦　元憲集 1/7b
陳州瑞麥賦並表　景文集 1/3a
梔子賦　方舟集 1/1a
黃連香賦　方泉集 2/32b
紅梔子華賦　放翁逸稿/上/4b
橘賦吳淑撰　歷代賦彙/補遺 16/15a
菊賦　香山集 1/2b
甘菊賦　香溪集 7/5b
菊花賦　樂軒集 4/1a
植菊賦　曾雲莊集 1/5a
鄱潭秋菊賦　景文集 2/16b
杞菊賦　張右史集 1/12b
後杞菊賦並敍　蘇東坡全集 19/13b
後杞菊賦　南軒集 1/3b

右史院蒲桃賦有序 景文集 1/12b

荷花賦 歐陽文忠集 58/3b

蓮賦 丹淵集 1/3b

蓮花賦 梁溪集 1/12a

蓮花賦 石堂集 15/20b

朝日蓮賦並引 頤堂集 1/4b

幽蘭賦 梁溪集 1/5b

幽蘭賦高似孫撰 歷代賦彙 121/17a

秋蘭賦高似孫撰 歷代賦彙 121/18a

瓊花賦有序張問撰 歷代賦彙 125/11a

蘭國賦 雪坡集 10/2a

齊賦范仲淹撰 歷代賦彙/補遺 15/29a

3. 鳥 獸

孔雀賦 盧齋集 7/5b

哀白鷗賦 浪語集 2/9a

信鳥賦 浪語集 2/5b

辨鳥賦 蜀文輯存 56/1a

靈鳥賦並序 范文正集 1/6b

靈鳥賦 宛陵集 60/4a

靈鳥後賦 宛陵集 60/17a

啄木辭 歐陽文忠集 58/5a

雄賦 王雙溪集 9/2a

鳶賦 浪語集 2/7b

鳳賦羅願撰 鄂州集 1/7b

鴿鳩賦 宛陵集 60/6a

鷹宇賦 文溪公集 2/18a

鷹陣賦 咸平集 9/1a

問北鷹賦 雪山集 12/1a

聞雁賦 可齋稿 21/1a

關鴨賦李邈撰 吳都文粹 6/39a

一鸚賦 無爲集 1/2b

歎二鶴賦 淮海集 1/5a

弔小鶴賦 後村集 49/3a

雙鶴賦 芸庵稿 1/6a

鳴鷄賦 張右史集 1/10a

次韻張文潛龍圖鳴鷄賦 程忠惠集 5/1a

感鷄賦有序 元憲集 1/8b

吐綬鷄賦 後村集 49/5b

吐綬鷄賦 弊齋文編 1/1a

哀鵬鳩賦並序 宛陵集 60/8a

鷺鳥不雙賦 景文集 3/10b

紅鸚鵡賦 宛陵集 60/2b

紅鸚鵡賦 歐陽文忠集 58/1a

曉鸜賦 咸平集 9/6b

問牛喘賦 宛陵集 60/9a

犛牛賦孔宙子撰 歷代賦彙/補遺 17/2a

園林犬賦 小畜集 1/4a 歷代賦彙/補遺 17/2b

奇羊賦並序 公是集 1/7b

天馬賦有序 寶晉英光集 1/3a 寶晉山林集 1/4b 歷代賦彙/補遺 17/1a

哀馬賦 屏山集 10/2b

射豹賦 彭城集 1/9b

鹿野賦 蒙齋集 19/5b

猩猩賦 香溪集 7/5b

勁鼠賦 後村集 49/7a

點鼠賦 蘇東坡全集/後 8/3a

詰猫賦 後村集 48/8a

右射騶虞賦 公是集 2/8a

餓驢賦並序 景文集 2/20a

4. 蟲 魚

尺蠖賦 小畜集 2/6b

感蚯蚓賦並序 景文集 2/19a

放促織賦 誠齋集 44/3a

蛙賦 浪語集 2/8a 歷代賦彙/補遺 17/24b

蚊賦 圃軒集 10/17a

誅蚊賦有序 蜀文輯存 56/2a

嫉蚊賦 雪坡集 10/4b

蠶賦 定齋集 16/1a

烘蠶賦 平齋集 1/10a

蜂衙賦 太倉集 41/8a

唐風賦 浪語集 1/2b

蜘蛛賦 張右史集 2/10b 歷代賦彙/補遺 17/26a

蝸牛賦 牧萊脞語/二稿 1/12a

蝙蝠賦 歐陽文忠集 58/4b 歷代賦彙 138/21a

金龜賦 浪語集 2/4b

鳴蟬賦 歐陽文忠集 15/1b

秋蟲賦 江湖集 1/10b

鳴蟲賦 宗伯集 1/2a

戰蟻賦 雪坡集 10/6a

鬪蟻賦 彭城集 1/7b

惡蠅賦 盤洲集 29/1b

憎蒼蠅賦 歐陽文忠集 15/5a

憎蠅賦 宗伯集 1/8a

蘆書魚賦 緣督集 9/14a

鰵賦　後村集 49/9a
謔鰵魚賦　後村集 49/4b
鱉賦　寶晉英光集 1/4a
抽鱉賦　南澗稿 1/3b
龍賦　臨川集 38/4a　歷代賦彙 137/1a
石首魚賦　拙軒集 5/3a
放魚賦　簡齋集 1/2a
放盆池魚賦並序　乘崖集 1/4a
香魚賦　北礀集 1/4a
針口魚賦　宛陵集 60/17a

銀條魚賦　盤洲集 29/1a
臨川溪魚賦　范文正集 20/7a
戒河豚賦　止齋集/附録 8a
海鰌賦　誠齋集 44/6b　歷代賦彙/補遺 14/31b
蛙樂賦　慈湖遺書 6/5a
鳴蛙賦有序　張右史集 2/7b
蟬賦　香溪集 7/5b
蟬賦高似孫撰　歷代賦彙/補遺 17/26a
後蟬賦　誠齋集 44/9a
鰌鰍魚賦並序　乘崖集 1/5b

捌、論 說

【編纂說明】

（一）論說類包括論、說、原、解、辨、議、策、史評等。

（二）本類之下不分目，統一按撰著人姓名筆畫爲序排列；撰著人不詳者列於最後。

（三）同一撰著人之論說，有專集者先以專集篇目爲序；本集所不載而爲其他書籍所收錄者，列於本集之後。

（四）雜說、雜辨等未見於本類篇目者，可於本書雜著類中檢索。

二 畫

丁端祖

覆謚 象山集 33/3a

四 畫

文天祥

答歐陽秘書承心制說 文山集 10/22b

吳郎中山泉說 文山集 10/25a

徐應明妬齋說 文山集 10/26a

勉耘說 文山集 10/27b

陳達春肖軒說 文山集 10/30b

送呂元吉麥舟說 文山集 10/31a

龍泉縣上宏修橋說 文山集 10/31b

與濟和尚西極說 文山集 10/32b

慧和尚說 文山集 10/33a

深衣吉凶通服說 文山集 10/35a 南宋文範 58/12a

~彥博

序賓以賢論 文溪公集 9/1a

仲尼學文武之道論 文溪公集 9/2b

諫正論 文溪公集 9/4a

春秋何以見仲尼之志論 文溪公集 9/6a

何以措刑論 文溪公集 9/7a

堯湯水旱何以不爲民患論 文溪公集 9/8b

進無爲而治論 文溪公集 9/9b

晁錯論 宋文鑑 94/10a

方大琮

治國大體之功何如 鐵菴集 27/1a

帝王本仁祖義 鐵菴集 27/6a

殷有三仁 鐵菴集 27/10a

一統天地之常經 鐵菴集 27/13a

唐進士得人爲盛 鐵菴集 27/16b

居重馭輕之意如何 鐵菴集 27/20b

老子之言道德 鐵菴集 27/25b

心田說 鐵菴集 36/1a

靜廉說 鐵菴集 36/2b

~ 回

禊裕及感生帝說 桐江集 2/1a

詩總角突弁說 桐江集 2/4a

周子無極辨 桐江集 7/1a

老子無極辨 桐江集 7/1b

莊子無極辨 桐江集 7/3a

~ 岳

思齋說 秋崖稿 43/5a

~ 恬

秦論 新安文獻 28/4b

機論 南宋文範 55/7a

西漢論 新安文獻 28/5b－7b 南宋文範 55/8b

~逢辰

禮法之大分如何論 蛟峰集 7/23b

遺禮往項氏書 蛟峰集 8/9a

王十朋

禹論 梅溪集/前 12/1a

武王論 梅溪集/前 12/2b

性論 梅溪集/前 12/5a

禊裕論 梅溪集/前 12/7a 南宋文範 55/1a

君子能爲可用論 梅溪集/前 12/10a

題卓 梅溪集/前 19/2a

論文說 梅溪集/前 19/2b

雜說 梅溪集/前 19/3b

靈烏說 梅溪集/前 19/4a

夜虹見 梅溪集/前 19/4b

待士說 梅溪集/前 19/5a

大舜善與人同說 梅溪集/前 19/7b

論語三說 梅溪集/前 19/8b

記蛙 梅溪集/前 19/11b

記人說前生事 梅溪集/前 19/12a

鑑湖說（上下） 梅溪集/後 27/10a－13a

~之望

六藝折中於夫子論 漢濱集 14/6a 南宋文範 54/5b

蕭何論 漢濱集 14/11a

樊噲論 漢濱集 14/12b

近世社稷之臣如何論 漢濱集 14/15a

晁錯論 漢濱集 14/19b

~ 令

性說　廣陵集 12/1a
師說　廣陵集 12/3b
招學說寄興叔　廣陵集 12/5b
遷說　廣陵集 12/8b
是非說　廣陵集 12/9a
龍池說　廣陵集 12/10b
馬說　廣陵集 12/11b
道旁老父言　廣陵集 14/2b　宋文鑑 127/6b
過唐論　廣陵集 15/8a
殺太子建成論　廣陵集 15/10a
遷說　宋文鑑 108/1b
師說　宋文鑑 108/2a
~安石
郊宗議　臨川集 62/1a　王文公集 31/1a
答聖問磨歌事　臨川集 62/2a
看詳雜議　臨川集 62/3b
詳定十二事議　臨川集 62/9b
易泛論　臨川集 63/1a　王文公集 30/1a
卦名解　臨川集 63/4b　王文公集 30/8a
河圖洛書義　臨川集 63/7b　王文公集 30/16a
諫官論　臨川集 63/7b　王文公集 32/14a
伯夷　臨川集 63/9b　王文公集 26/6b
三聖人伯夷　伊尹　柳下惠　臨川集 64/1a　王文公集 26/3b　宋文選 10/12b
周公　臨川集 64/3a　王文公集 26/8a
子貢　臨川集 64/4a　王文公集 26/11b
楊孟　臨川集 64/5b　王文公集 27/5b　宋文鑑 10/13b
材論　臨川集 64/7a　王文公集 32/5b
命解　臨川集 64/9a　王文公集 27/12b
對疑　臨川集 64/9b　王文公集 32/19b
洪範傳　臨川集 65/1a　王文公集 25/1a
易象論解　臨川集 65/17b
周南詩次解　臨川集 66/1a　王文公集 30/15a
禮論　臨川集 66/2a　王文公集 29/7b
禮樂論　臨川集 66/3a　王文公集 29/1a　宋文選 10/1a
大人論　臨川集 66/8a　王文公集 29/9b　宋文選 10/1a
致一論　臨川集 66/9b　王文公集 29/11a　宋文選 10/8a
九封論　臨川集 66/11a　王文公集 30/6a
九變而賞罰可言　臨川集 67/1b　王文公集 28/4b
夫子賢於堯舜　臨川集 67/3a　王文公集 28/1a
三不欺　臨川集 67/4a　王文公集 26/13a　宋文選 10/12a
非禮之禮　臨川集 67/5a　王文公集 28/3a
王霸　臨川集 67/6a　王文公集 28/6b　宋文選 10/9a
性情　臨川集 67/7a　王文公集 27/7b
勇惠　臨川集 67/8a　王文公集 28/9b
仁智　臨川集 67/9b　王文公集 28/8a
中述　臨川集 67/10b　王文公集 28/11a
行述　臨川集 67/11a　王文公集 28/12a
變說　臨川集 68/1b　王文公集 26/1a
鯀說　臨川集 68/3a　王文公集 26/3b
季子　臨川集 68/3a　王文公集 26/9b
荀卿　臨川集 68/4b　王文公集 26/15a　宋文選 10/15a
楊墨　臨川集 68/5b　王文公集 26/16b
老子　臨川集 68/6b　王文公集 27/1a
莊周（上下）　臨川集 68/7b－9a　王文公集 27/2b
原性　臨川集 68/10a　王文公集 27/9a
性說　臨川集 68/11b　王文公集 27/11a
對難　臨川集 68/12b　王文公集 27/15a
祿隱　臨川集 69/1b　王文公集 28/13a　宋文選 10/9b
太古　臨川集 69/3a　王文公集 28/15a
原教　臨川集 69/3a　王文公集 32/1b
原過　臨川集 69/4b－5b　王文公集 32/3a
進說　臨川集 69/6a　王文公集 32/3b
取材　臨川集 69/7a　王文公集 32/8b　宋文選 10/10a
興賢　臨川集 69/9a　王文公集 32/10b
委任　臨川集 69/9b　王文公集 32/11b　宋文選 10/11a
知人　臨川集 69/11a　王文公集 32/14a
風俗　臨川集 69/11b　王文公集 32/16b
閔習　臨川集 69/13a　王文公集 32/18b
復讎解　臨川集 70/1b　王文公集 32/22a
推命對　臨川集 70/2b　王文公集 27/13b
使醫　臨川集 10/3b　王文公集 32/24b
汴說　臨川集 70/4a　王文公集 32/25b
議茶法　臨川集 70/4b　王文公集 31/12b
茶商十二說　臨川集 70/5b　王文公集 31/14a
傷仲永　臨川集 71/7b
書瑞新道人壁　臨川集 71/8b
孔子世家議　臨川集 71/11b
與妙應大師說　臨川集 71/14a
性論　臨川集/拾遺 14a　宋文選 10/3b
性命論　臨川集/拾遺 15b　宋文選 10/4a

名實論（上中下） 臨川集/拾遺 17a－20b 宋文選 10/5a－6b

荀卿論（上） 臨川集/拾遺 22a

夫子賢於堯舜說 臨川集/拾遺 23a

國風解 臨川集/拾遺 23b 王文公集 30/12a

論舍人院條制 臨川集/拾遺 26a 王文公集 31/10b

周秦本末論 王文公集 30/16b

廟議 王文公集 31/2b

議南郊三聖並侑 王文公集 31/3b

議郊廟太牢 王文公集 31/4b

皇地示神州地示不合燎煙事 王文公集 31/5b

議服 王文公集 31/7a

復讎解 王文公集 32/22a

獫較 王文公集 32/23b

龍說 王文公集 32/24a

材論 宋文鑑 96/8b

原過 宋文鑑 96/11a

周公 宋文鑑 96/11b

進說 宋文鑑 107/7a

閔習 宋文鑑 126/6b

～ 同

議水 宋文鑑 106/10b

～ 炎

與朱侍講晦翁論諡閣中開講書 王雙溪集 2/10a 新安文獻 7/13a

裨裕論 王雙溪集 4/9b 新安文獻 30/4b

郊祀論（上下） 王雙溪集 4/12b－17b 新安文獻 26/14b－16b

明堂論 王雙溪集 4/17b 新安文獻 28/1a

宗子論 王雙溪集 4/21a 新安文獻 28/3a 南宋文獻 55/15b

周禮論 王雙溪集 4/24a 新安文獻 32/5b

運氣論 王雙溪集 4/28b 新安文獻 31/3b

卦變論 王雙溪集 4/33a 新安文獻 31/6b

～炎午

戴正傳齋號說 吾汶稿 3/25a

～ 柏

洪範九疇說 魯齋集 6/1a

皇極說 魯齋集 6/1b

獲麟說 魯齋集 6/2b

蜀先生託孤說 魯齋集 6/3b

明帝告馬后說 魯齋集 6/4a

矯齋說 魯齋集 6/4b

通鑑託始論 魯齋集 9/4b

大學沿革論 魯齋集 9/10b

大學沿革後論 魯齋集 10/1a

中庸論（上下） 魯齋集 10/4a－5b

誠明論 魯齋集 10/8a

原命 魯齋集 10/10a

朋友服議 魯齋集 10/13b

元會說 魯齋集 15/2b

詩十辨 魯齋集 16/1a

毛詩辨 魯齋集 16/2a

風雅辨 魯齋集 16/3b

王風辨 魯齋集 16/4b 南宋文範 59/13a

二雅辨 魯齋集 16/5b 南宋文範 59/14a

賦詩辨 魯齋集 16/6b

關風辨 魯齋集 16/8a

風序辨 魯齋集 16/9b

魯頌辨 魯齋集 16/10b

詩亡辨 魯齋集 16/11b

經傳辨 魯齋集 16/13a

～禹偁

霍光論 小畜集 15/1a

用刑論 小畜集 15/2a

既往不咎論 小畜集 15/3a

死喪速貧朽論 小畜集 15/5a

朋黨論 小畜集 15/6b

李君羨傳論 小畜集 15/7a

霍王元軌傳論 小畜集 15/8a

鄭善果非正人論 小畜集 15/9a

先君後臣論 小畜集 15/10a

楊震論 小畜集 15/10b

海說 小畜集/外 8/1a

明夷九三交象論 小畜集/外 9/1a

省試三傑佐漢孰優論 小畜集/外 9/3a

省試四科取士何先論 小畜集/外 9/4a

五福先後論 小畜集/外 9/5b

漢武帝用宦者典尚書議 小畜集/外 9/6b

～庭珪

盜賊論（上下）並序 盧溪集 33/1a－3a

～象之

巴國考 蜀藝文志 48/下 2a

四川風俗形勝考 蜀藝文志 48/下 3b

蜀山考 蜀藝文志 48/下 4b

蜀水考 蜀藝文志 48/下 5b

~ 當

五運六氣論　蜀文類存 37/7b　蜀藝文志 48/中 9a

~ 質

漢高帝論　雪山集 4/6b　南宋文範 55/9b

漢文帝論　雪山集 4/9a

梁末帝論　雪山集 4/11a　南宋文範 55/10b

周世宗論　雪山集 4/12b

~ 霖

鼂布論　新安文獻 29/5b

~ 應麟

辨乾四明圖經　四明文獻集（見深寧先生文鈔捃餘編 2/15a）

辨州郡　四明文獻集（見深寧先生文鈔捃餘編 2/16a）

辨餘姚郡　四明文獻集（見深寧先生文鈔捃餘編 2/16b）

辨鄞　四明文獻集（見深寧先生文鈔捃餘編 2/16b）

辨鄮　四明文獻集（見深寧先生文鈔捃餘編 2/17a）

辨句章　四明文獻集（見深寧先生文鈔捃餘編 2/17b）

辨甬東　四明文獻集（見深寧先生文鈔捃餘編 2/18a）

辨西湖　四明文獻集（見深寧先生文鈔捃餘編 2/18b）

~ 邁

高帝論（1－7）　臑軒集 3/1a－19b　南宋文範 57/11a

文帝論（1－6）　臑軒集 4/1a－13b　南宋文範 57/12a

景帝論　臑軒集 4/13b

武帝論（1－5）　臑軒集 4/15b－25b

~ 蘋

夫子之道忠恕論　王著作集 3/2a

尹　洙

敦學　河南集 2/7a

矯察　河南集 2/7b

廣謙　河南集 2/9a

河南府請解投贄南北正統論　河南集 3/1a

退說　河南集 3/8a

好惡解二篇　河南集 3/9a

~ 焞

師說（上中下）　尹和靖集 6/1a－8/7b

師說附録　尹和靖集 8/7b

~ 源

唐說　宋文鑑 107/4b

孔文仲

舜論　舍人集 2/2a

漢文帝論　舍人集 2/4a

唐太宗論　舍人集 2/5b

唐明皇論　舍人集 2/8a

唐文宗論　舍人集 2/9b

伊尹論　舍人集 2/11a

周公論　舍人集 2/13a

李訓論　舍人集 2/14b

~ 武仲

禹貢論　宗伯集 14/12b

洪範五福論　宗伯集 14/13b

漢武帝論　宗伯集 14/15b

介之推論　宗伯集 14/17b

高潁論　宗伯集 14/19b

陸贄論　宗伯集 14/20b

論華軟王恭事　宗伯集 14/23a

論介子推　宗伯集 14/24a

蝗說　宗伯集 15/8b

回氏畫說　宗伯集 15/9b

壽說　宗伯集 15/10b

鷄說　宗伯集 15/11b

冰說　宗伯集 15/12b

靜說　宗伯集 15/13b

說醫　宗伯集 15/15b

說琴贈元志　宗伯集 15/17a

顏真卿傳評　宗伯集 16/20a

~ 煒

文安藎議　象山集 33/1a

五　畫

石　介

怪說（上中下）　祖徠集 5/1a－4a　宋文鑑 107/1b－3a

原亂　祖徠集 5/5a

明禁　祖徠集 5/7b

是非辨　祖徠集 6/1a　宋文選 15/5b

復古制　祖徠集 6/2b

明四詠　祖徠集 6/4a

二大典　祖徠集 7/3a

讀原道　祖徠集 7/4a

辨易　祖徠集 7/4b　宋文選 15/7b

尊韓　祖徠集 7/5b

責謀　祖徠集 8/1a

救說　祖徠集 8/2b

責臣　祖徠集 8/3b

辨私　祖徠集 8/5b　宋文選 15/7b

兵制　祖徠集 9/9a

養說　祖徠集 9/10b

漢論（上中下）　祖徠集 10/1a－4a　宋文鑑 95/4a－7a　宋文選 15/2a－3a

中國論　祖徠集 10/6b　宋文選 15/1a

季札論　祖徠集 11/1a　宋文選 15/4a

伊呂論　祖徠集 11/2b　宋文選 15/5a

憂勤非損壽論　祖徠集 11/3b

牛僧孺論　祖徠集 11/5b

周公論　祖徠集 11/7b　宋文選 15/5a

王爵論　祖徠集 11/9a

陰德論　祖徠集 11/10a

水旱責三公論　祖徠集 11/11b

辨惑　宋文鑑 95/3b　宋文選 15/7a

陰德論　宋文鑑 95/9b

根本　宋文鑑 102/8b

明禁　宋文鑑 102/10b

責臣　宋文鑑 102/11b

辨諦　宋文選 15/6b

朋友解　宋文選 15/8a

田　錫

政教何先論　咸平集 10/1a

妖不勝德論　咸平集 10/3a

天機論　咸平集 10/4b

復井田論　咸平集 10/7a

伊尹五就桀論　咸平集 11/1a

知人安民孰難論　咸平集 11/2b

羊祜杜預優劣論　咸平集 11/4b

直論　咸平集 11/6a

晁錯論　咸平集 11/8a

水旱論　咸平集 12/1a

斷論　咸平集 12/2b

問喘牛論　咸平集 12/5a

府試守在四夷論　咸平集 12/7a

御試登講武臺觀兵習戰論　咸平集 12/8b

斷論　宋文鑑 93/9a

史　浩

孟子同道　可欲　鄮峰録 40/3b－4a

荀子性惡　鄮峰録 40/4b

文中子存我　春秋　鄮峰録 40/5a－5b

韓子受福　鄮峰録 40/6a

～堯弼

洪範論（上下）　蓮峰集 6/1a－4a　南宋文範 55/2b－4a

詩論　蓮峰集 6/6b

中庸論（上下）　蓮峰集 6/9a－12a

堯言布天下論　蓮峰集 6/15a

唐虞三代純懿論　蓮峰集 6/18a

周秦之士貴賤論　蓮峰集 6/21b

五帝其臣莫及論　蓮峰集 7/1a

泰伯可謂至德論　蓮峰集 7/4b　南宋文範 55/5b

曾子論　蓮峰集 7/8b

墨翟論　蓮峰集 7/10b

蘇秦論　蓮峰集 7/13a

項羽論（1－2）　蓮峰集 7/15b－18a

呂后論　蓮峰集 7/20b

安劉氏者必勃論　蓮峰集 7/23a

光武授鄧禹西討論　蓮峰集 7/27a

光武以柔道理天下論　蓮峰集 8/1a

曹公論　蓮峰集 8/5a

荀彧論　蓮峰集 8/7a

荀彧迹疑而心一論　蓮峰集 8/9b

河朔舉地還天子論　蓮峰集 8/14b

包　恢

論立身師法　敝帚稿 2/11b

拙默說　敝帚稿 7/1a

桂林說　敝帚稿 7/2a

山水源流說　敝帚稿 7/3b

介軒說　敝帚稿 7/6b

送崔教授說　敝帚稿 7/14a

朝聞夕死說　敝帚稿 7/15b

容齋說　敝帚稿 7/17b

司馬光

功名論　傳家集 64/1a　司馬温公集 71/1a　宋文鑑 96/13a

機權論　傳家集 64/6a　司馬温公集 71/5b

朋黨論　傳家集 64/9a　司馬温公集 71/8a

中和論　傳家集 64/10a　司馬温公集 71/13a　宋文選 5/1a

才德論 傳家集 64/13a 司馬溫公集 70/7b

知人論 傳家集 65/1a 司馬溫公集 70/9a

三勸論 傳家集 65/4b 司馬溫公集 71/9a

十哲論 傳家集 65/4b 司馬溫公集 70/1a

四豪論 傳家集 65/5b 司馬溫公集 70/4b

管仲論 傳家集 65/8a 司馬溫公集 71/9a

荀息論 傳家集 65/8b 司馬溫公集 71/9b

廉藺論 傳家集 65/9a 司馬溫公集 70/6b

賈生論 傳家集 65/10a 司馬溫公集 70/3b

龔君賓論 傳家集 65/11b 司馬溫公集 70/2a

郤吉論 傳家集 65/12a 司馬溫公集 70/2b

致知在格物論 傳家集 65/13b 司馬溫公集 71/10a

葬論 傳家集 65/15a 司馬溫公集 71/11b 宋文鑑 96/18b

性辨 傳家集 66/11b 司馬溫公集 72/3a

情辨 傳家集 66/12b 司馬溫公集 72/2b

子噲 傳家集 67/1a 司馬溫公集 73/9a

甘羅 傳家集 67/1b 司馬溫公集 73/6b

范睢 傳家集 67/1b 司馬溫公集 73/3b

應侯羅武安君兵 傳家集 67/1b 司馬溫公集 73/5b

秦阮趙軍 傳家集 67/2a 司馬溫公集 73/3b

項羽誅韓生 傳家集 67/2b 司馬溫公集 73/4a

賈高 傳家集 67/3a 司馬溫公集 73/4b

漢高祖斬丁公評 傳家集 67/3a 司馬溫公集 73/6a

烹酈生 傳家集 67/3b 司馬溫公集 73/8b

廢太子敗 傳家集 67/4a 司馬溫公集 73/4b

立鉤弋子爲太子 傳家集 67/4a 司馬溫公集 73/5a

詠趙廣漢 傳家集 67/4b 司馬溫公集 73/5a

張湯有後 傳家集 67/4b 司馬溫公集 73/6b

賈捐之 傳家集 67/5b 司馬溫公集 73/7b

京房對漢元帝 傳家集 67/5b 司馬溫公集 73/8a

高順 傳家集 67/6a 司馬溫公集 73/7b

魏孝武帝初立 傳家集 67/6b 司馬溫公集 73/8a

魏孝武帝西遷 傳家集 67/6b 司馬溫公集 73/5b

張巡 傳家集 67/7a 司馬溫公集 73/8a

馮道爲四代相 傳家集 67/7b 司馬溫公集 73/5b

原命 傳家集 67/8a 司馬溫公集 68/3b

説玄 傳家集 67/8b 司馬溫公集 68/4a

述國語 傳家集 67/11a 司馬溫公集 68/6a

四言銘系述 傳家集 67/11b 司馬溫公集 68/6b

伯夷臨柳下惠不恭 傳家集 73/4b 司馬溫公集 73/9a

陳仲子避兄離母 傳家集 73/5a 司馬溫公集 73/10a

孟子將朝王 傳家集 73/6a 司馬溫公集 73/10a

沈同問伐燕 傳家集 73/6b 司馬溫公集 73/11a

父子之間不責善 傳家集 73/7a 司馬溫公集 73/11a

性猶湍水 傳家集 73/7a 司馬溫公集 73/11b

生之謂性 傳家集 73/7b 司馬溫公集 73/12a

齊宣王問卿 傳家集 73/8a 司馬溫公集 73/12a

所就三所去三 傳家集 73/8b 司馬溫公集 73/12b

孟子曰堯舜性之也 傳家集 73/9a 司馬溫公集 73/13a

譽夏殺人 傳家集 73/10a 司馬溫公集 73/13b

史剌並序 傳家集 73/10a 司馬溫公集 74/3a

虞舜 傳家集 73/10b-11a 司馬溫公集 74/3a-3b

夏禹 傳家集 73/11b 司馬溫公集 74/4b

夏桀 傳家集 73/12a 司馬溫公集 74/4b

周文王 傳家集 73/12b 司馬溫公集 74/5a

由余 傳家集 73/12b 司馬溫公集 74/5a

孔子 傳家集 73/13b 司馬溫公集 74/6b

季布 傳家集 73/14a 司馬溫公集 74/7a

蕭何營未央宮 傳家集 73/14b 司馬溫公集 74/6a

迁書(1-40) 傳家集 74/1b-13b 司馬溫公集 74/7a

不以卑臨尊議 司馬溫公集 72/1b

釋遷 司馬溫公集 74/7b

辨庸 司馬溫公集 74/8a

士則 司馬溫公集 74/8b

言戒 司馬溫公集 74/9b

鑑齒 司馬溫公集 74/9b

蠶祝 司馬溫公集 74/10a

飯車 司馬溫公集 74/10b

拾樵 司馬溫公集 74/10b

知非 司馬溫公集 74/11a

天人 司馬溫公集 74/11a

無怪 司馬溫公集 74/11b

理性 司馬溫公集 74/11b

事親 司馬溫公集 74/11b

事神 司馬溫公集 74/11b

寬猛 司馬溫公集 74/12a

回心 司馬溫公集 74/12a

無益 司馬溫公集 74/12a

學要 司馬溫公集 74/12b
治心 司馬溫公集 74/12b
文害 司馬溫公集 74/12b
道大 司馬溫公集 74/12b
毋我 司馬溫公集 74/13a
道同 司馬溫公集 74/13a
絕四論 司馬溫公集 74/13b
求用 司馬溫公集 74/14b
負恩 司馬溫公集 74/15a
義胠 司馬溫公集 74/15a
釋老 司馬溫公集 74/15a
鑿龍門辨 司馬溫公集 74/15b
無爲贊貽邢和叔 司馬溫公集 74/15b
聖窮 司馬溫公集 74/15b
諱有 司馬溫公集 74/16a
斥莊 司馬溫公集 74/16a
辨楊 司馬溫公集 74/16b
無黨 司馬溫公集 74/16b
兼客 司馬溫公集 74/16b
指過 司馬溫公集 74/17a
難能 司馬溫公集 74/17a
三欺 司馬溫公集 74/17a
官失 司馬溫公集 74/17b
天人 司馬溫公集 74/17b
濮安懿王典禮議 宋文鑑 105/12a
讀玄 宋文鑑 126/11a
周論 宋文選 3/1a
韓論 宋文選 3/1a
魏論 宋文選 3/1a
楚論 宋文選 3/1b
燕論 宋文選 3/1b
趙論 宋文選 3/1b
齊論 宋文選 3/2a
秦論 宋文選 3/2a
西楚論 宋文選 3/2b
前漢論 宋文選 3/2b
後漢論 宋文選 3/3a
蜀論 宋文選 3/3b
魏論 宋文選 3/3b
吳論 宋文選 3/3b
西晉論 宋文選 3/4a
前趙論 宋文選 3/4a
後趙論 宋文選 3/4b
前燕論 宋文選 3/4b
後燕論 宋文選 3/5a
前秦論 宋文選 3/5b
後秦論 宋文選 3/5b
東晉論 宋文選 3/6a
宋論 宋文選 3/6a
南齊論 宋文選 3/6b
梁論 宋文選 3/6b
後魏論 宋文選 3/7a
北齊論 宋文選 3/7b
後周論 宋文選 3/7b
陳論 宋文選 3/8a
隋論 宋文選 3/8a
唐論 宋文選 3/8b
梁論 宋文選 3/10a
後唐論 宋文選 3/10a
晉論 宋文選 3/10b
漢論 宋文選 3/10b
周論 宋文選 3/10b
名分說 宋文選 4/1a
智伯說 宋文選 4/2a
信說 宋文選 4/2b
孟嘗君說 宋文選 4/3a
范睢說 宋文選 4/3a
燕丹說 宋文選 4/3a
縱横說 宋文選 4/3b
丁公說 宋文選 4/4a
張良說 宋文選 4/4a
韓信說 宋文選 4/4a
漢文說 宋文選 4/4b
程李說 宋文選 4/5a
漢武說 宋文選 4/5a
霍光說 宋文選 4/5b
孝宣說 宋文選 4/5b
王霸說 宋文選 4/6a
漢成說 宋文選 4/6a
隱逸說 宋文選 4/6b
用法說 宋文選 4/7a
保身說 宋文選 4/7a
中和論呈韓秉國與景仁 宋文選 5/1a
再與秉國論中和呈景仁 宋文選 5/2a
五規保業 惜時 遠謀 重微 務實 宋文選 5/3b-7b

六 畫

江 潤身

良平不與十八侯位次議 新安文獻 26/17b

論梁武帝 新安文獻 28/9a

~ 蘯

相者說 新安文獻 31/8a

安 丙

遺時相論邊備書 蜀文帙存 72/18b

米 芾

論書格 寶晉英光集 8/1a

書呂漆事 寶晉英光集 8/1b

論書學 寶晉英光集 8/7b

十紙說 寶晉英光集/補遺/1a

書夢 寶晉英光集/補遺/2b

論書 寶晉英光集/補遺/6a

論草書 寶晉英光集/補遺/9a

書異石 寶晉英光集/補遺/9b

易義 寶晉集補 2/8b

相論 寶晉集補 2/9b

雜說 寶晉集補 4/11a

論書格 寶晉山林集拾遺 4/24a

雜說 寶晉山林集拾遺 4/26a 寶補 4/11a-13a

論書學劉子 寶晉山林集拾遺 4/30a 寶晉英光集 /23a

朱 升

三十六宮圖說 新安文獻 31/9a

八封納甲圖說 新安文獻 31/10a

~ 廷玉

論昌黎柳州羅池廟碑 蜀文帙存 48/15b

~ 熹

晃氏卦交象象說 朱文公集 66/11a

琴律說 朱文公集 66/30a

元亨利貞說 朱文公集 67/1a

易象說 朱文公集 67/1a

易精變神說 朱文公集 67/2a

參伍以變錯綜其數說 朱文公集 67/3a

易寂感說 朱文公集 67/3b

舜典象刑說 朱文公集 67/4a

周禮三德說 朱文公集 67/7a

樂記動靜說 朱文公集 67/8b

中庸首章說 朱文公集 67/9b

已發未發說 朱文公集 67/10b

程子養觀說 朱文公集 67/13a

論語或問說（1-2） 朱文公集 67/13b-14a

巧言令色說 朱文公集 67/14b

觀過說 朱文公集 67/15a

忠恕說 朱文公集 67/15b

君子所貴乎道者三說 朱文公集 67/16a

盡心說 朱文公集 67/16b

太極說 朱文公集 67/17a

明道論性說 朱文公集 67/18a

定性說 朱文公集 67/19b

觀心說 朱文公集 67/20a 南宋文範 58/5a

仁說 朱文公集 67/21b 南宋文範 58/1a

王氏續經說 朱文公集 67/23a

養生主說 朱文公集 67/25b 南宋文範 58/2a

參同契說 朱文公集 67/27a

跪坐拜說 朱文公集 68/1a

周禮太祝九拜辯 朱文公集 68/2b

壼說 朱文公集 68/5a

深衣制度並圖 朱文公集 68/6a

殿居廈屋說 朱文公集 68/11a

明堂說並圖 朱文公集 68/11b

儀禮釋宮 朱文公集 68/13a

答社壇說 朱文公集 68/26a

井田類說 朱文公集 68/28b 南宋文範 58/3a

棺椁議並圖 朱文公集 69/1a

漢同堂異室廟及原廟議 朱文公集 69/10b

別定廟議圖說圖已見前 朱文公集 69/11a

君臣服議 朱文公集 69/12b

民臣禮議同安作 朱文公集 69/17a

改官議 朱文公集 69/19a

學校貢舉私議 朱文公集 69/20a

天子之禮 朱文公集 69/28b

北辰辨 朱文公集 72/1a

聲律辨 朱文公集 72/1b

開阡陌辨 朱文公集 72/3a

九江彭蠡辨 朱文公集 72/5a

皇極辨 朱文公集 72/12a

尹和靖手筆辨 朱文公集 72/16a

古史餘論 朱文公集 72/50a

論語課會說 朱文公集 74/16b

講禮記序說　朱文公集 74/17b
釋氏論（上下）　朱文公集/別 8/1a－2b

仲　訥
議禘戊　宋文鑑 106/9a

任　逢
合州非濮地辯　蜀文輯存 73/2b

牟　獻
碧潭說　牟陵陽集 14/7a
楮無隱說　牟陵陽集 14/7b
怡雲說　牟陵陽集 14/8b
覺非齋說　牟陵陽集 14/9b
程堯封靜山說　牟陵陽集 14/11a
湯與權靜德齋說　牟陵陽集 14/11b
耕隱說　牟陵陽集 14/12b

七　畫

沈　括
渾儀議　宋文鑑 106/12a
孟子解　長興集 32(三沈集 5/91a)

汪克寬
經禮補逸後論　新安文獻 29/8b
～炎昶
存心說　古逸民集 2/2a
～　芧
天地交泰辨　方壺稿 1/3a
說諸家詩　方壺稿 1/17a
～　叡
鬼神論　新安文獻 29/10a
周公居東二年辨　新安文獻 30/9b
～應元
論經界　南宋文範/外編 2/2b
～　藻
長興周如愚殖齋說　浮溪集 17/15b

宋　祁
論文帝不能用顏牧　景文集 43/13b
蕭望之論　景文集 43/15b
和戎論　景文集 44/1a
禘戎論並表（1－7）　景文集 44/6b－21b　歷代奏

議 328/5a
醴說　景文集 48/1a
膺奴後說　景文集 48/3a
舞熊說　景文集 48/4a
治戒　景文集 48/9b　宋文鑑 108/11a
有若論　景文集/拾遺 14/1a
字說　景文集/拾遺 15/11a
祖宗配侑議　宋文鑑 105/4a
郭鎮不應爲嫁母持服議　宋文鑑 105/6b
～　庠
丙吉論　元憲集 36/6a
蠶說　文憲集 36/8a

辛棄疾
九議　稼軒集/30　稼軒集抄存/2
詳戰第十　南宋文範/外編 4/10b

李心傳
論韓氏易繫辭注　蜀文輯存 77/10a
～　石
刑獄論　方舟集 8/1a
鬼神論　方舟集 8/3b
龍虎論　方舟集 8/5b
利涉論　方舟集 8/8a
大人論　方舟集 8/10a
世數論　方舟集 8/13a
歲月論　方舟集 8/15a
君子論　方舟集 8/17a
四德論　方舟集 8/19a　南宋文範 54/14a
時義論　方舟集 8/21b
古君臣論　方舟集 8/23b
禘寇論　方舟集 8/26a
釋老論　方舟集 9/1a
朋黨論（上下）　方舟集 9/4b－6a
時才論　方舟集 9/8b
崔浩高允論　方舟集 9/10b
巧宦論　方舟集 9/13b
蜀邊論　方舟集 9/16a
淮蜀論　方舟集 9/18a
建康形勢論　方舟集 9/20a
以守養戰重方面論　方舟集 9/22a
分重地以委心腹論　方舟集 9/24a
持戰守之勢使之定論　方舟集 9/25b

合四勢以强天下論 方舟集 9/26b 南宋文範 54/ 15b

老子辯（上 下） 方舟集 13/1a－1b

列子辯（上 下） 方舟集 13/1b－2a

飲食鮮能知味辯 方舟集 13/2b

月法辯 方舟集 13/4a

放生說 方舟集 13/4b

三蟲說 方舟集 13/5b

主民如主鳥說 方舟集 13/7a

辨誣文 方舟集 18/10b

周易五體例 方舟集 19/8b

象統 方舟集 19/27a

左氏卦例 方舟集 20/1a

左氏詩如例上 方舟集 21/1a

左氏詩如例中 方舟集 22/1a

左氏詩如例下 方舟集 23/1a

左氏君子例 方舟集 24/1a

左氏聖語例 方舟集 24/10a

～若水

是故法象莫大乎天地變通莫大乎四時懸象著明莫大乎日月崇高莫大乎富貴備物致用立成器以爲天下利莫大乎聖人探賾索隱鈎深致遠以定天下之吉凶成天下之亹亹者莫大乎蓍龜 李忠愍集 1/29a

聖人立象以盡意設卦以盡情偶繫辭焉以盡其言變而通之以盡利鼓之舞之以盡神

李忠愍集 1/31a

巢烏說 李忠愍集 1/32a

～昭兀

八陣論 蜀藝文志 48/中 1a

～清臣

隋論 宋文鑑 100/1b 宋文選 19/7b

議官（上 中 下） 宋文鑑 106/26a 宋文選 21/1a－3a

論器 宋文選 18/1a

易論（上 中 下） 宋文選 18/2a－3b

春秋論（上 下） 宋文選 18/4a－5a

禮論（上 中 下） 宋文選 18/6a－7b

詩論（上 下） 宋文選 18/8b－9a

史論（上 下） 宋文選 18/10b－11b

四子論（上 下） 宋文選 18/12b－13a

唐虞論 宋文選 19/1a

三代論 宋文選 19/2a

秦論 宋文選 19/2b

西漢論 宋文選 19/3b

東漢論 宋文選 19/4a

魏論 宋文選 19/5a

梁論 宋文選 19/6b

唐論 宋文選 19/8a

五代論 宋文選 19/9a

固本策 宋文選 20/1a

厚俗策 宋文選 20/2a

廣助策 宋文選 20/3b

養材策 宋文選 20/4b

審分策 宋文選 20/5b

慎柄策 宋文選 20/7a

解蔽策 宋文選 20/8a

辨邪策 宋文選 20/9a

實備策 宋文選 21/5a

明責策 宋文選 21/6b

勸吏策 宋文選 21/7b

策旨 宋文選 22/1a

法原策 宋文選 22/1b

勢原策 宋文選 22/3a

議刑策（上 下） 宋文選 22/4b－5b

議兵策（上 中 下） 宋文選 22/6b－9b

議戎策（上 下） 宋文選 22/10b－11b

～清照

詞論 李清照集/78

～ 復

易說送尹師閔 滿水集 8/1a

論卦相因 滿水集 8/18a

～ 新

孫武論 跨鼇集 14/1a

蕭何論 跨鼇集 14/4b

韓長孺論 跨鼇集 14/6b

王允論 跨鼇集 14/8b

武侯論 跨鼇集 14/10b

龐法擬魏臣論 跨鼇集 14/14b

鍾會論 跨鼇集 14/17b

姚崇論 跨鼇集 15/1a

汾陽優於保皁論 跨鼇集 15/4b

唐李晟論 跨鼇集 15/7a

西晉論 跨鼇集 15/10b

唐治不過兩漢論 跨鼇集 15/12b

呼盧說 跨鼇集 18/16b

元稹家奴 跨鼇集 30/5b

毒藥論　跨鰲集 30/7a

~ 綱

三帝論　梁溪集 143/2a
三教論　梁溪集 143/4b
災異論　梁溪集 143/7b
朋黨論　梁溪集 143/9b
制虜論　梁溪集 143/11b
禦戎論　梁溪集 144/2a
理財論（上中下）　梁溪集 144/8a－12a
論創業撥亂之主用人　梁溪集 145/2a
論骨鯁敢言之士　梁溪集 145/3a
論君臣相知　梁溪集 145/4a
論君子小人之勢　梁溪集 145/5a
論君子小人之分　梁溪集 145/8b
論天人之理　梁溪集 145/10b　南宋文範 53/2a
論大將之才　梁溪集 146/2a
論兵機　梁溪集 146/3b
論英雄相忌　梁溪集 146/5a
論共患難之臣　梁溪集 146/5b
論裴行儉李晟行師　梁溪集 146/6a
論社稷臣功臣　梁溪集 146/7a
論郭子儀渾瑊推誠待敵　梁溪集 146/8b
論創業中興之主　梁溪集 146/10a
論天下之勢如奕棋　梁溪集 147/2a
論李廣程不識爲將　梁溪集 147/2b
論主之明暗在賞刑　梁溪集 147/4a
論元帝肅宗中興　梁溪集 147/5a
論志　梁溪集 147/6b
論封建郡縣　梁溪集 147/8a　南宋文範 53/3a
論方鎮　梁溪集 147/10a　南宋文範 53/4a
論兵　梁溪集 148/2a
論帥材　梁溪集 148/5a
論非常之功　梁溪集 148/5b
論宰相　梁溪集 148/7a
論三國之勢　梁溪集 148/9a
論諸葛孔明六事與今日同　梁溪集 148/10b
論晁錯王恢　梁溪集 149/2a
論諸葛瑾　梁溪集 149/2b
論忠智之臣仁明之主　梁溪集 149/3b
論偏霸之主專任其臣　梁溪集 149/5a
論魏文帝獻神策　梁溪集 149/6a
論節制之兵　梁溪集 149/6b
論將　梁溪集 149/7b

論唐三宗禮遇大臣　梁溪集 149/9a
唐德宗任陸贄論　梁溪集 149/10a
論節義　梁溪集 150/2a
論忠孝　梁溪集 150/3b
論苟或　梁溪集 150/4b　南宋文範 53/5a
論立國在於足兵　梁溪集 150/5b
論治天下如治病　梁溪集 150/7a
論與夷狄同事　梁溪集 150/8b
論保天下之志　梁溪集 150/9a
論將相先國事忘私怨　梁溪集 150/11a
論盜　梁溪集 150/12a
論張子房郭子儀之誠智　梁溪集 151/2a
論變亂生於所忽　梁溪集 151/3a
論西北東南之勢　梁溪集 151/5a　南宋文範 53/5b
論女禍　梁溪集 151/6b
論孔文舉　梁溪集 151/7a
論虞舜高光之有天下　梁溪集 151/8b
論黨錮之禍　梁溪集 151/9a
論人主之剛明　梁溪集 151/10b
論光武太宗身致太平　梁溪集 152/2a
論治盜賊　梁溪集 152/3b
論形勝之地　梁溪集 152/4b
論江表　梁溪集 152/5a
論范蠡張良之謀國處身　梁溪集 152/7a
論秦隋之勢相似　梁溪集 152/8a
論君臣之分　梁溪集 153/2a
論霍光李德裕　梁溪集 153/3a
論除天下之患如治病　梁溪集 153/4a
論天下强弱之勢　梁溪集 153/5b　南宋文範 53/6a
論用兵　梁溪集 153/6b
論料敵　梁溪集 153/9a
論順民情　梁溪集 153/10b
論交深　梁溪集 154/2a
論管鮑之交　梁溪集 154/2b
論將之專命稟命　梁溪集 154/3b
論土崩瓦解醬食魚爛之勢　梁溪集 154/4b
論諫　梁溪集 154/6b
論史　梁溪集 154/8a
種花說　梁溪集 157/2a
醫國說　梁溪集 157/4a
清議說　梁溪集 157/6b
蓄猫說　梁溪集 157/9a
防盜說　梁溪集 157/10a

華山辯 梁溪集 158/10a

非權 梁溪集 159/2a

救偏 梁溪集 159/3b

原正 梁溪集 159/4b

原中 梁溪集 159/6a

責畏 梁溪集 159/7b

責和 梁溪集 159/9a

書僧伽事 梁溪集 160/4a

書范文正公事 梁溪集 160/6b

書杜祁公事 梁溪集 160/7a

書韓魏公事 梁溪集 160/7b

書章子厚事 梁溪集 160/8b

書曾子宣事 梁溪集 160/9b

~ 觀

禮論(1-7) 直講集 2/1a-17b

禮論後語 直講集 2/22a

易論(1-13) 直講集 3/1a-29a

刪定易圖序論(1-6) 直講集 4/1a-19a

周禮致太平論(1-51) 直講集 5/1a-14/6a

內治(1-7) 直講集 5/1b-9a

國用(1-16) 直講集 6/1a-8/6b

軍衛(1-4) 直講集 9/1a-6a

刑禁(1-6) 直講集 10/1a-7b

官人(1-8) 直講集 11/1a-12/4b

教道(1-9) 直講集 13/1a-14/4b

富國策(1-10) 直講集 16/1a-20b

强兵策(1-10) 直講集 17/1a-18a

安民策(1-10) 直講集 18/1a-17a

平土書 直講集 19/1a

潛書(1-15) 直講集 20/1a

廣潛書並序(1-15) 直講集 20/6a

慶曆民言並序(1-30) 直講集 21/1a-22/8b

開諫 備亂 審姦 防蔽 效實 處永 講聽 辯

儒 廣意 損欲 本仁 慎令 考能 止幸 裁學

精課 懲節 崇衛 省盜 釋禁 南昇 敵患

東士 儲將 遠私 正局 厚農 復教 孝原 大

喻

原文 直講集 29/1a

原正 直講集 29/1b

復說 直講集 29/5b

太學議 直講集 29/8a

常語(上中下) 直講集 32/1a-34/1a

~ 彌遜

議古(1-44) 筠溪集 8/1a-10/28b

~ 燾

論華陽縣釋奠不當廢說 蜀文輯存 52/13a

呂大鈞

世守邊郡議 宋文鑑 106/21a

選小臣宿衛議 宋文鑑 106/22b

民議 宋文鑑 106/24b

弔說 宋文鑑 108/7a

~ 午

讀先儒史編說 竹坡稿 2/2a

~ 祖謙

雜說(1-4) 東萊集/外 5/19a-27a

~ 南公

追難皮日休鄲孝議 灌園集 7/1a

經行論 灌園集 7/2b

以孝事君則忠論 灌園集 7/4b

善學說贈蔡升之 灌園集 18/8b

貧坑說送傅公濟 灌園集 18/10a

困蛻說 灌園集 18/12b

蚊蠅說 灌園集 18/13a

~ 陶

論暑 净德集 15/1a

易論(上中下) 净德集 15/3b-11b

荀卿論 净德集 15/11b

揚雄論 净德集 15/14a

唐虞論 净德集 15/16a

三代論 净德集 15/18a

西漢論 净德集 16/1a

東漢論 净德集 16/3a

魏論 净德集 16/5a

晉說 净德集 16/7b

隋論 净德集 16/9b

五代論 净德集 16/12b

發蒙論 净德集 17/1a

典獄監伯夷論 净德集 17/2b

聖人制富貴論 净德集 17/4b

聖王務行禮論 净德集 17/6a

君子思禮義論 净德集 17/7a

教以防其失論 净德集 17/9a

有性可以爲德論 净德集 17/10b

論法以待有功論 净德集 17/12a

大賢擬聖論 净德集 17/14a

崇所尚則美不虧論 净德集 17/15b

士惟義之所在論　净德集 17/17a
文武舉大暑論　净德集 18/1a
張馮近王道論　净德集 18/2b
賈山與路温舒同傳論　净德集 18/3b
湯周福祚如何論　净德集 18/5a
教論　净德集 18/6b
學論（上下）　净德集 18/9a－12a
處邊論（1－3）　净德集 19/1a－11b
究治（1－2）　净德集 20/1a－4a
明任（1－2）　净德集 20/6b－9a
議官（1－3）　净德集 20/12a－17a
春秋論（上中）　蜀文輯存 16/23b－24b

吴如愚
致知格物說　準齋雜說/上/1a
窮理格物說　準齋雜說/上/1b
退而省其私說　準齋雜說/上/5b
仁者壽　準齋雜說/上/6a
歲寒然後知松柏之後彫說　準齋雜說/上/7a
執御說　準齋雜說/上/8b
子絶四說　準齋雜說/上/9b
子擊磬說　準齋雜說/上/10b
三變說　準齋雜說/上/11b
忠恕說　準齋雜說/上/12b
師說　準齋雜說/上/13b
儒行說　準齋雜說/上/14a
五福六極說　準齋雜說/上/15a
種德說　準齋雜說/上/15b
種德喻　準齋雜說/上/17a
理一說　準齋雜說/上/17b
天理人欲說　準齋雜說/上/18b
忍說　準齋雜說/下/1a
術說　準齋雜說/下/2b
節說　準齋雜說/下/3b
三畏說　準齋雜說/下/4b
五累說　準齋雜說/下/5b
知幾說　準齋雜說/下/8a
懲忿窒慾說　準齋雜說/下/8b
形影說　準齋雜說/下/9a
影響說　準齋雜說/下/9b
人君嚮陽說　準齋雜說/下/10b
警世說　準齋雜說/下/11a
自警說　準齋雜說/下/11a

養生說　準齋雜說/下/11b
勉學說　準齋雜說/下/12a
～　泳
論克己復禮　鶴林集 37/1a
論誠　鶴林集 37/3a
論三綱　鶴林集 37/5a
論斬馬謖　鶴林集 37/5b
七辯闕二　鶴林集 37/6a
情辯　鶴林集 37/7b
物辯　鶴林集 37/8b
欲辯　鶴林集 37/10a
力辯　鶴林集 37/11a
意辯　鶴林集 37/12a
西陲八議闕四　鶴林集 37/13b
分帥　鶴林集 37/14b
併屯　鶴林集 37/16a
廣耀　鶴林集 37/18a
互市　鶴林集 37/20a
贈風角富春子說　鶴林集 39/18b
可大受說　鶴林集 39/19b
論併屯　蜀文輯存 79/8b
～　徵
論恢復大計　吴文肅集 1/1a　新安文獻 5/4a
論巋州化外諸國　吴文肅集 1/3b
論二廣官吏　吴文肅集 1/5b
論治民理財　吴文肅集 1/7b
論文臣當習武事　吴文肅集 1/9a
論選人改官　吴文肅集 1/11a
論大臣近臣　吴文肅集 1/13a
論乞委漕臣同帥臣措置沿邊　吴文肅集 2/1a
論廣西治盗賊　吴文肅集 2/2b
論廣西帥臣兼知漕計　吴文肅集 2/4a
論配隸當屯駐大軍　吴文肅集 2/5b
論募兵　吴文肅集 2/6b
富國强兵策並序　吴文肅集 3/1a
富國　强兵
芻言三篇並序縣令　監吏　豪民　吴文肅集 3/5a
南宋文範 59/1a－3a
宰相論（房杜）　吴文肅集 3/11a
宰相論（姚宋）　吴文肅集 3/12b　新安文獻 27/8a
姚宋論　新安文獻 27/8a
～龍翰
聯句辨　古梅稿 6/4b

余 靖

堯舜非謚論 武溪集 4/1b 宋文選 12/1a

漢武不宜稱宗論 武溪集 4/3a 宋文選 12/1b

秦論（上下） 武溪集 4/4b－5b 宋文選 12/2a－2b

漢論（上下） 武溪集 4/7a－9a 宋文選 12/3b－4a

正瑞論 武溪集 4/10a 宋文選 12/5a

姚璹論 武溪集 4/11b 宋文選 12/5b

三統論 武溪集 4/13b 宋文選 12/6b

梯鄰論 武溪集 4/15b 宋文選 12/7a

何去非

六國論 何博士備論/1a

秦論 何博士備論/3a 宋文鑑 100/11a

楚漢論 何博士備論/5a

晁錯論 何博士備論/7a

漢武帝論 何博士備論/10a

李廣論 何博士備論/12a

李陵論 何博士備論/13b

霍去病論 何博士備論/16a

劉伯升論 何博士備論/18b

漢光武論 何博士備論/20b

魏論（上下） 何博士備論/23a－27a

司馬仲達論 何博士備論/27b

鄧艾論 何博士備論/29b

吳論 何博士備論/31b

蜀論 何博士備論/34a

陸機論 何博士備論/36b

晉論（上下） 何博士備論/38b－43a

符堅論（上下） 何博士備論/43a－47b

宋武帝論 何博士備論/47b

楊素論 何博士備論/50a

唐論 何博士備論/52a

郭崇韜論 何博士備論/53b

五代論 何博士備論/56a

西晉論 宋文鑑 100/13b

～ 栗

論士俗章 蜀文輯存 35/15b

～ 夢桂

邵瀷翁玉成說 潛齋集 10/5b

胡古瀷植竹說 潛齋集 10/6b

八 畫

房 庶

論律尺書 蜀文輯存 26/3b

論古樂與今樂本末不遠 蜀文輯存 26/4a

林之奇

論通鑑與左氏相接 抽齋集 12/1a

論作史之體 抽齋集 12/2a 南宋文範 54/9b

豫讓報仇 抽齋集 12/3b

文侯不爽獵人期 抽齋集 12/5a

聶政刺俠累 抽齋集 12/5b

魏相田文 抽齋集 12/6b

楚悼王相吳起 抽齋集 12/7b

以二卯棄千城之將 抽齋集 12/8b

衞侯言計非是而暮臣和者如出一口 抽齋集 12/10a

齊威王來朝 抽齋集 12/10b

威王封即墨大夫烹阿大夫 抽齋集 12/11b

顯王賜秦獻公黻黻之服 抽齋集 12/12b

諸侯以夷狄遇秦 抽齋集 12/13b

鞅與甘龍論變法 抽齋集 12/14a

有功者各以率受上爵 抽齋集 12/15a

刑公子虔黥公孫買 抽齋集 12/16b

龐涓自以能不及孫臏而剔其足 抽齋集 12/17b

田忌救趙而引兵走魏都 抽齋集 12/19a

縣置令丞 抽齋集 12/20a

廢井田 抽齋集 13/1a 南宋文範 54/10b

子思言利孟子不言利 抽齋集 13/2a

孟嘗君招士 抽齋集 13/4a

孟嘗君門版使人入謀 抽齋集 13/4b

五國伐秦 抽齋集 13/6a

張儀說秦王 抽齋集 13/7a

秦惠王伐蜀 抽齋集 13/8a

攻韓劫天子惡名 抽齋集 13/8b

先從隗始 抽齋集 13/9b

蔡澤說應侯去位 抽齋集 13/10b

仲連辭齊爵 抽齋集 13/11b

秦伐東周 抽齋集 13/13a

鄭國間秦 抽齋集 13/13a

李牧爲趙守邊 抽齋集 13/14a

趙王復將李牧 抽齋集 13/15a

秦趙燕近北敵 抽齋集 13/16a

春申君合從 抽齋集 13/17a

李斯殺韓非 抽齋集 13/18a

燕太子丹報秦　抽齋集 13/19b
荊軻刺秦王　抽齋集 13/21a
盧生與侯生議議始皇始皇怒乃坑儒生　抽齋集 13/22b
二世立　抽齋集 13/23a
論楊墨申韓之害　抽齋集 13/24a
駁說贈孫楚士　抽齋集 20/1a
石幾仲說　抽齋集 20/5b
讀世說　抽齋集 20/6b
～亦之
舜　綱山集 3/1a
文王　綱山集 3/2b
周公　綱山集 3/4b
孔子　綱山集 3/6a
伊川子程子　綱山集 3/8a
浮屠氏　綱山集 3/9b
～希逸
日月食說　廬齋集/十一稿續 6/1a
横渠晦翁所說
正蒙　廬齋集/十一稿續 6/7b
律論　廬齋集/十一稿續 9/1a　南宋文範 57/13b
周禮　廬齋集/十一稿續 9/3a
文武之道大小如何　廬齋集/十一稿續 9/7a
續詩續書如何　廬齋集/十一稿續 9/11b
堯湯備先具　廬齋集/十一稿續 9/15a
漢之爲天數者如何　廬齋集/十一稿續 9/17b
以大事小者樂天　廬齋集/十一稿續 9/21a
春秋義　南宋文範 59/18a
～季仲
論和議疏　竹軒雜著/補遺 1a
～景熙
舜說　霽山集 4/23b
屠說　霽山集 4/24a
～　駉
漢唐九卿論　南宋文範 57/14b

金履祥
虞氏譜系及宗堯論　仁山集 1/27b　南宋文範 57/16a
三監論　仁山集 1/29b
郊鮮論　仁山集 1/32b
殷人立弟辯　仁山集 1/33a
西伯戡黎辯　仁山集 1/34b　南宋文範 59/15a

微子不奔周辯　仁山集 1/36b　南宋文範 59/16a
伯益辯　仁山集 1/38b
文廟祭議　仁山集 2/25b
爲師弔服加麻議　仁山集 2/26a
答趙知縣百里千乘說　仁山集 3/9a　南宋文範 58/15a
自號次農說　仁山集 3/11b
爲師議服　仁山集 5/1a
傳道白雲　仁山集 5/2a

岳　珂
建儲辨　金佗稡編 21/1a
淮西辨　金佗稡編 22/1a
山陽辨　金佗稡編 23/1a
張憲辨　金佗稡編 24/1a
承楚辨　金佗稡編 25/1a

周必大
田楡名訓　益國文忠集 20/10b　益公集 20/86b
徐大謙名訓　益國文忠集 20/11a　益公集 20/87a
李叔彰載之字說　益國文忠集 20/11a　益公集 20/86b
循齋說　益國文忠集 20/11b　益公集 20/87b
金溪鄉丁說　益國文忠集 20/12a　益公集 20/88a
木觀音說　益國文忠集 40/3b　益公集 40/132a
辨登第金花帖子　益國文忠集 44/5a　益公集 44/93b
蕭人傑如寄齋說　益國文忠集 55/9a　益公集 55/144a
張德清悅齋說　益國文忠集 55/10a　益公集 55/144b
習齋說　益國文忠集 55/10b　益公集 55/145b
周伯熊勤齋說　益國文忠集 55/11a　益公集 55/146a
茶陵學林堂說　益國文忠集 55/11b　益公集 55/146b
楊光祖釣溪說　益國文忠集 55/11b　益公集 55/147a
錢氏帖贈庵說　益國文忠集 55/12a　益公集 55/147b
玉蕊辨證　益國文忠集 184/1a　益公集 184/1a
～行己
論晏平仲　浮沚集 6/7a
～　孚
非詩辯妄　鉛刀編 31/1a－32/1a

~ 南

四塞論（上下） 山房集 4/4b－5b

高祖論 山房集 4/7b

庚戌廷策對 山房集 7/1a

~ 敦頤

太極圖說朱子註 周元公集 3/1b 宋文鑑 107/8b

通書 周元公集 3/8a－33b

誠上第一章 誠下第二章 誠幾德第三章 聖第四章 慎動第五章 道第六章 師第七章 幸第八章 思第九章 志學第十章 順化第十一章 治第十二章 禮樂第十三章 務實第十四章 愛敬第十五章 動靜第十六章 樂上第十七章 （闘文）第十八章 樂下第十九章 聖學第二十章 公明第二十一章 理性命第二十二章 顏子第二十三章 師友上第二十四章 師友下第二十五章 過第二十六章 執第二十七章 文辭第二十八章 聖蘊第二十九章 精蘊第三十章 乾損益動第三十一章 家人睽復无妄第三十二章 富貴第三十三章 頤第三十四章 擬議第三十五章 刑第三十六章 公第三十七章 孔子上第三十八章 孔子下第三十九章 蒙艮第四十章

五行說 周元公集 3/41a

養心亭說 周元公集 4/1a

愛蓮說 周元公集 4/1b

邵州遷學釋菜文 周元公集 4/3a

諸儒議論 周元公集 5/1a

~ 紫芝

鯨論 太倉集 44/1a

伯夷論 太倉集 44/3b

介之推論 太倉集 44/5b

漢高帝論 太倉集 44/8a

晁錯論 太倉集 44/11b

司馬遷論 太倉集 45/1a

恒譚論 太倉集 45/4a

寶武論 太倉集 45/6b

苟或論 太倉集 45/10a

宇文融論 太倉集 46/1a

救荐 太倉集 46/4a

正俗 太倉集 46/6a

稗官 太倉集 46/8b

五行 太倉集 46/10b

鼠視說 太倉集 50/3b

騾虖解 太倉集 50/13a 南宋文范 59/17a

邵 雍

戒子孫 宋文鑑 108/15b

九 畫

洪咨夔

兩漢詔令總論 平齋集 11/8b

八陣圖說 平齋集 11/12b

~ 邁

禹治水論 洪文敏集 2/1a

李習之論文 洪文敏集 2/1b

顏魯公論 洪文敏集 2/2b 南宋文范 54/10b

蘇張論 洪文敏集 2/3b

菁龜卜筮論 洪文敏集 2/4a

九朝國史論 洪文敏集 2/5b

後世分等第說 洪文敏集 8/1a

繕修造犯土說 洪文敏集 8/1a

姜特立

種松說 梅山稿/雜文 3b

柳 開

默書 河東集 1/1a

續師說有序 河東集 1/5b

海說 河東集 1/7b

韓文公雙鳥詩解 河東集 2/9b

楊子劇秦美新解 河東集 2/12b

漢史楊雄傳論 河東集 3/1a

太甲誅伊尹論 河東集 3/2a

李守節忠孝論 河東集 3/6a

湘漓二水說 河東集 4/5b

時鑑 宋文鑑 125/1b

胡一桂

周論 新安文獻 29/1a

文王作易交辭辨 新安文獻 30/6a

易文言辨 新安文獻 30/7b

易本義啓蒙後論 新安文獻 35/1a

~ 次焱

論始祖 梅巖集 5/1a

論姓氏 梅巖集 5/2b

論過房 梅巖集 5/4a

論稱呼 梅巖集 5/5a

三十六宮都是春說 梅巖集 6/1a

問愛蓮說 梅巖集 6/3a

~ 宏

求仁說 五峰集 3/55b

太公 五峰集 3/63a

劉項 五峰集 3/63b

韓彭 五峰集 3/64b

黥布 五峰集 3/64b

景帝 五峰集 3/65b

晁錯 五峰集 3/66a

周亞夫 五峰集 3/66a

唐太宗 五峰集 3/66b

易俗 五峰集 3/67a

官賢 五峰集 3/68b

屯田 五峰集 3/70b

練兵 五峰集 3/71b

定計 五峰集 3/72b

知人 五峰集 3/73b

罷監司 五峰集 3/75a

整師旅 五峰集 3/76b

皇王大紀論 五峰集 4/1a-71b 南宋文範 53/8b-13a

~ 炳

二十四氣論 新安文獻 29/1b

~ 宿

四皓論 文恭集 29/10a

楚王城辨 文恭集 29/11b

~ 敏翁

論麟閣功臣瀛洲學士 新安文獻 28/9b

~ 銓

漢高帝論 瀘庵集 1/1a

吳楚論 瀘庵集 1/5a

漢相論 瀘庵集 1/7a

水戰論 瀘庵集 1/11a

禁衛論 瀘庵集 1/16a

審律論 瀘庵集 2/1a

大衍論 瀘庵集 2/6a

復古王者之制論 瀘庵集 2/9a

漢宣帝論 瀘庵集 2/13a

興聖統在擇將相論 瀘庵集 2/17a

原孝 瀘庵集 3/1a

忠辨 瀘庵集 3/13a 南宋文範/外編 4/10a

辨真 瀘庵集 3/14a

撤辨 瀘庵集 3/15a

君陳辨 瀘庵集 3/15b

素冠說 瀘庵集 4/1a

獲麟說 瀘庵集 4/4a

以直報怨議 瀘庵集 4/8a

十二侯說 瀘庵集 4/5a

書林舍人逸事 瀘庵集 4/10a

論祝欽明郭山惲 瀘庵集 4/12a

祖考配天帝說 瀘庵集 4/13a

養生說 瀘庵集 4/13a

續東坡三養說 瀘庵集 4/13b

戒殺說 瀘庵集 4/13b

扈魯說 瀘庵集 4/14a

天說 瀘庵集 4/14a

讀孝經雜記 瀘庵集 4/15a

讀左氏雜記 瀘庵集 4/15b

讀通鑑 瀘庵集 4/18a

經筵玉音問答 瀘庵集 8/12a

范百祿

制科策 蜀文輯存 22/1a

~ 成大

論學書須視真迹(1-2) 范成大佚著/145

論書(1-2) 范成大佚著/146

論米書 范成大佚著/146

~ 仲淹

帝王好尚論 范文正集 5/10a 宋文選 6/1a

選任賢能論 范文正集 5/10b 宋文選 6/2b

近名論 范文正集 5/11b

推委臣下論 范文正集 5/12b 宋文選 6/1a

答竄議 范文正集 5/18b

四德說 范文正集 6/13a

近名論 宋文鑑 94/9a

說春秋序 范文正集 6/14b

~ 祖禹

成敗之機在察言論 范太史集 35/3b

中庸論五首 范太史集 35/5b

~ 浚

恥說 香溪集 1/4a

悔說 香溪集 1/5a

性論(上下) 香溪集 2/1a-4b

易論 香溪集 2/4b

書論 香溪集 2/6b

詩論 香溪集 2/8b

春秋論 香溪集 2/10b

月令論 香溪集 2/12a

堯典論 香溪集 3/1a
湯誓仲虺之誥論 香溪集 3/3a
伊訓論 香溪集 3/5a
太甲三篇論 香溪集 3/6b
咸有一德論 香溪集 3/10a
說命三篇論 香溪集 3/11a
洪範論 香溪集 3/13b 南宋文範 54/7b
大誥康誥酒誥梓材召誥洛誥多士多方論君陳附 香溪集 3/15a
君牙冏命呂刑論 香溪集 3/19a
周論 香溪集 4/1a 南宋文範 54/8b
秦論 香溪集 4/3a
六國論 香溪集 4/5a
楚漢論 香溪集 4/7a
唐論 香溪集 4/8b
五代論 香溪集 4/10a
孔子閒韶論 香溪集 5/1a
夷齊謀武王論 香溪集 5/2a
叔孫通知當世要務論 香溪集 5/4a
魏鄭公願爲良臣論 香溪集 5/6a
房杜不言功論 香溪集 5/7b
魏徵勸太宗行仁義論 香溪集 5/9a
聖人百世之師論 香溪集 5/11a
巡幸 香溪集 13/1a
形勢(上下) 香溪集 13/3a-4b
用人 香溪集 13/7b
朋黨 香溪集 13/10a
封建 香溪集 14/1a
御將 香溪集 14/3a
賞功 香溪集 14/5a
勸武 香溪集 14/8a
募兵 香溪集 14/10a
議錢 香溪集 15/3b
平糴 香溪集 15/5b
實惠 香溪集 15/7b
除盜 香溪集 15/10a
五帝紀辯 香溪集 19/1a
去四凶辯 香溪集 19/1b
孟母三徙辯 香溪集 19/2a
謝安矯情鎮物辯 香溪集 19/2b
水旱說 香溪集 20/1b
~ 純仁
進尚書解 范忠宣集 9/1a

~ 純粹
論西事當改圖 范忠宣集/范侍郎遺文 1a
論熙延與夏國所畫封疆事 范忠宣集/范侍郎遺文 1b
論交換生口事 范忠宣集/范侍郎遺文 9a
論治平兵馬與今不同 范忠宣集/范侍郎遺文 10a
~ 啓
井觀雜說二條 新安文獻 34/10a
~ 蓀
八陣圖說 蜀藝文志 48 中/7a
~ 鎮
論鐘 蜀文輯存 9/3a
論磬 蜀文輯存 9/3b
論八音 蜀文輯存 9/4a
論律尺 蜀文輯存 9/4a
樂書論律尺 蜀文輯存 9/4b
又論律尺 蜀文輯存 9/5a
樂書論璧羨 蜀文輯存 9/5b
道藏記 蜀文輯存 9/7a
上執政論律尺書 蜀文輯存 9/10a

俞德鄰
域民固國威天下如何論 佩韋集 8/9b
蒺草說 佩韋集 12/6b
義猫說 佩韋集 12/11a

侯貫卿
慶元黨禁論 蜀文輯存 95/2a

韋 驤
聖人能盡三至論 錢塘集 17/21b
處幾介疾論 錢塘集 17/23a
大器先自治論 錢塘集 17/24b
君子以同而異論 錢塘集 17/26b
聖王以榮辱爲法論 錢塘集 17/27b
居德則忌論 錢塘集 17/29a
舜禹有天下而不與論 錢塘集 17/30b
利正者必性情論 錢塘集 17/32a
隋之循吏執優論 錢塘集 17/33b
生物必因材而篤論 錢塘集 17/34b
王道尚信論 錢塘集 17/36a
得意不忘孝論 錢塘集 17/37b

晁錯愚論 錢塘集 17/38b

本政 錢塘集 18/1b

蠱說 錢塘集 18/3a

戒奢 錢塘集 18/3b

議赦 錢塘集 18/5a

兵備 錢塘集 18/6b

正唐刑 錢塘集 18/8a

疾閹 錢塘集 18/9b

王諸呂議 錢塘集 18/12a

雜說 錢塘集 18/12b

評暑論失 錢塘集 18/19b

奕說 錢塘集 18/21a

議井田 錢塘集 18/22b

議嶺寇 錢塘集 18/25a

議財用 錢塘集 18/26a

議權貨 錢塘集 18/27b

議教養 錢塘集 18/28b

姚 勉

廷對策 雪坡集 7/1a

論語先進於禮樂 雪坡集 39/1a

孟子學問求放心 雪坡集 39/2a

趙簡子置後 雪坡集 39/3b

晏子家施不及國 雪坡集 39/4a

史說世本 雪坡集 39/6a

叔孫昭子論 雪坡集 39/7a

荀息論 雪坡集 39/8b

三友軒說 雪坡集 40/1a

雪心說 雪坡集 40/3a

八窗說 雪坡集 40/3b

真上人冰壑說 雪坡集 40/4a

楊雲林方壺說 雪坡集 40/5a

此齋說 雪坡集 40/5a

林伯可自齋說 雪坡集 40/5b

贈僧半顚說 雪坡集 40/8a

送葛山人說 雪坡集 40/8b

鳳鴉說 雪坡集 40/10b

~ 鑷

冰壺說 雪蓬稿 9a

十 畫

家鉉翁

塑夫子像說 則堂集 3/1a 南宋文範 58/14b

澄鑑說 則堂集 3/2b

晉齋說 則堂集 3/11a

約齋說 則堂集 3/13b

志堂說 則堂集 3/15b

心齋說 則堂集 3/19a

稽古齋說 則堂集 3/21b

勉堂說 則堂集 3/23b

恕齋說 則堂集 3/25b

篤信齋說 則堂集 3/27a

實齋說 則堂集 3/29a

習古齋說 則堂集 3/31a

蕭堂說（1－2） 則堂集 3/32a－35a

青鼎說 則堂集 3/36a

中庵說 則堂集 3/37b

雪巖說 蜀文帙存 94/18b

一庵說 蜀文帙存 94/19a

高斯得

伊周論 恥堂稿 3/12b 南宋文範 57/13a

復讎論 恥堂稿 3/14a

廣居說 恥堂稿 5/1a

史異之兩溪說 恥堂稿 5/1b

~ 登

窮論 東溪集/下/2a

忠辨 東溪集/下/3b

小人議 東溪集/下/4b

幕客議 東溪集/下/5b

命諸子名字 東溪集/下/7a

戴馆名字 東溪集/下/8a

三賢不貢獻 東溪集/下/8a

春秋威公不書王論 東溪集/下/8b 南宋文範 54/1a

封禪 東溪集/下/9b

史記叙教熊羆貔貅驅虎以戰事 東溪集/下/10a

堯不去四凶 東溪集/下/10a

史記湯祝網 東溪集/下/10b

~ 錫

勸農論 宋文鑑 93/7b

唐仲友

井田綱領（上下） 悅齋文鈔 4/6a－8a

田廬說 悅齋文鈔 4/10a

保伍說　悅齋文鈔 4/10a
授田異同說　悅齋文鈔 4/10b
力政異同說　悅齋文鈔 4/11a
周知民數說　悅齋文鈔 4/11b
太宰九職九賦九式九貢獻財制用說　悅齋文鈔 4/12a
農桑勸課說　悅齋文鈔 4/13a
委積補助荒政說　悅齋文鈔 4/13b
農隙講事說　悅齋文鈔 4/14a
齊內政寄令變周說　悅齋文鈔 4/15a
九州十二州說　悅齋文鈔 5/1a
九畿說　悅齋文鈔 5/1b
司徒建王國說　悅齋文鈔 5/2b
司徒建國與武成分土孟子班祿異同說　悅齋文鈔 5/3a
建極說　悅齋文鈔 5/5b
三德會極說　悅齋文鈔 5/7b
五行五事庶徵感通說　悅齋文鈔 5/9a
五紀庶徵感通說　悅齋文鈔 5/10b
五紀說　悅齋文鈔 5/12a
八政說　悅齋文鈔 5/13a
圖書卦章說　悅齋文鈔 5/14b
卜筮說　悅齋文鈔 5/15b
祀天說　悅齋文鈔 6/1a
祀地說　悅齋文鈔 6/3a
社稷說　悅齋文鈔 6/3b
彝尊說　悅齋文鈔 6/5b
明堂說　悅齋文鈔 6/8b
學校說　悅齋文鈔 6/11b
八統說　悅齋文鈔 6/13b
鄉八刑說　悅齋文鈔 6/15a
明刑弼教說　悅齋文鈔 6/15b
湯誓論　悅齋文鈔 7/1a
周論　悅齋文鈔 7/2a　南宋文範 54/11b
秦論　悅齋文鈔 7/3a
漢論　悅齋文鈔 7/4b
魏論　悅齋文鈔 7/5b
晉論　悅齋文鈔 7/7b
唐論　悅齋文鈔 7/9a
范蠡論　悅齋文鈔 7/10b
王陵論　悅齋文鈔 7/12a
汲黯論　悅齋文鈔 7/13a
顏曾論　悅齋文鈔 8/1a

子思論　悅齋文鈔 8/2a
孟子論　悅齋文鈔 8/3a　南宋文範 54/12b
荀卿論　悅齋文鈔 8/4b
性論　悅齋文鈔 8/6a
學論　悅齋文鈔 8/7a
詩論　悅齋文鈔 8/8a
道藝論　悅齋文鈔 8/9a
釋老論　悅齋文鈔 8/10a
論史諸條（見貞觀政要）　悅齋文鈔/補 3a－10b

~ 庚

名治論　眉山集 6/1a　宋文選 23/1b
存舊論　眉山集 6/4a　宋文選 23/3b
辨同論　眉山集 6/6a　宋文選 23/2b
禍福論　眉山集 6/8b　宋文選 23/4b
辨蜀論　眉山集 7/1a
正友論　眉山集 7/2b　宋文選 23/5a
察言論　眉山集 7/5a　宋文鑑 101/4a　宋文選 23/3a
憫俗語　眉山集 7/6b　宋文鑑 101/5b　宋文選 23/1a
議賞論　眉山集 7/8a
自說　眉山集 28/4b
客至說　眉山集 28/5b
失茶具說　眉山集 28/6a
雜說　眉山集 28/7a

秦　觀

晁錯論　淮海集 19/1a
韋元成論　淮海集 19/2a
石慶論　淮海集 19/3b
張安世論　淮海集 19/5a
李陵論　淮海集 20/1a
司馬遷論　淮海集 20/2b
李固論　淮海集 20/4a
陳寔論　淮海集 20/5b
袁紹論　淮海集 21/1a
魯肅論　淮海集 21/2a
諸葛亮論　淮海集 21/3b
威洪論　淮海集 21/5a
王導論　淮海集 21/6a
崔浩論　淮海集 21/7a
王儉論　淮海集 22/1a
韓愈論　淮海集 22/2a
李泌論　淮海集 22/3a
白敏中論　淮海集 22/4b

李訓論 淮海集 22/5b
王朴論 淮海集 22/7a
擬郡學試近世社稷之臣論 淮海集 23/1a
聖人纘天測靈論 淮海集 23/2b
變化論 淮海集 23/3b
君子終日乾乾論 淮海集 23/5b
以德分人謂之聖論 淮海集 23/6b
汝水漲溢說 淮海集 25/4a
心說 淮海集 25/4b
二侯說 淮海集 25/6b
十二經相合義說 淮海集 25/7a
雜說 淮海集/後 6/1a
通事說 淮海集/後 6/1a
石慶論 宋文鑑 100/3b

袁 甫

張平仲爲鄭氏子求書三省大字遂爲之說
蒙齋集 15/1a
和敬說贈庶可 蒙齋集 15/4b
耕樂說贈項吉甫 蒙齋集 15/5a
贈趙克家說 蒙齋集 15/5b
深息說贈馬實夫 蒙齋集 15/5b
樂山樓說贈馬夫 蒙齋集 15/6a
不武室說贈伍清之 蒙齋集 15/6b
~ 說友
張良辯 東塘集 20/1a
張釋之辯 東塘集 20/2b
公孫弘辯 東塘集 20/4a
王尊辯 東塘集 20/6a
漢儒辯 東塘集 20/7b
易說（1－2） 東塘集 20/9b－13a
~ 變
管仲器小論 聚齋集 7/1a
商鞅論 聚齋集 7/4b
諸葛孔明論 聚齋集 7/6b
陸宣公論 聚齋集 7/9b
邊防質言論十事 聚齋集 7/12a
論戰 聚齋集 7/12b
論守 聚齋集 7/14a
論招募 聚齋集 7/15a
論橫烽 聚齋集 7/16b
論軍陣 聚齋集 7/18b
論訓習 聚齋集 7/19b

論民兵 聚齋集 7/20b
論軍法 聚齋集 7/22a
論將帥 聚齋集 7/23b
論重鎭 聚齋集 7/25b

真德秀

潭州示學者說 真西山集 33/1a
禱雨說 真西山集 33/3b
裕說 真西山集 33/20b

夏 淙

定四時別九州聖功孰大論 文莊集 20/1a
九功九法爲國何先論 文莊集 20/2b
舜無爲禹勤事功德孰優論 文莊集 20/4a
曾參不列四科論 文莊集 20/6a
開封府試三正循環宜用何道論 文莊集 20/
7b
曹參守職論 文莊集 20/9a
獄市爲寄論 文莊集 20/10b
開東閣論 文莊集 20/12a
不教吏職論 文莊集 20/13a
李德裕非進士論 文莊集 20/14a
秦爲氏保與朝請議 文莊集 20/18b
唐免宗人役議 文莊集 20/20a
光武二十八將功業先後論 四庫拾遺 161/夏文
莊公集
主父偃請城朔方論 四庫拾遺 162/夏文莊公集
論禮 四庫拾遺 167/雲溪集
宋覆省試孔子集大成論 四庫拾遺 212/忠惠集
〔說黨〕 四庫拾遺 557/都官集
兌卦論 四庫拾遺 582/畫墁集
〔鳥說〕 四庫拾遺 596/漢堂集
〔論〕憂勤中興 四庫拾遺 629/忠正德文集
禮論 四庫拾遺 774/紫山大全集

畢仲游

兩漢可用之言議 西臺集 5/14a
天下有常勝之道論 西臺集 6/10a

晁 迥

勸慎刑文 金石萃編 131/16b
~ 補之
河議 雞肋集 26/1a

五行說　鶴助集 27/1a
齊物論　鶴助集 27/7a
學說　鶴助集 27/10a
勸說送甥李師蘭遊學　鶴助集 27/11a
賓主辨　鶴助集 28/1a
譯辨　鶴助集 28/3a
春秋左氏傳雜論　鶴助集 41/1a
西漢雜論　鶴助集 42/1a
唐舊書雜論　鶴助集 45/1a
五代雜論　鶴助集 50/1a
～說之
堯典中氣中星　嵩山集 11/17a
詩之序論（1－4）　嵩山集 11/20b－38b
日法　嵩山集 11/22b
三傳說　嵩山集 12/22a
大辨　嵩山集 14/10b
大辨後說　嵩山集 14/12a
申劉　嵩山集 14/13a
耻新　嵩山集 14/14b
太剛辨　嵩山集 14/16a
和陶引辨　嵩山集 14/16b
櫂說贈然公　嵩山集 14/21b
論書　嵩山集 14/29b
論詩　嵩山集 14/29b
九學論　嵩山集 14/30a
成周論　嵩山集 14/33a

員興宗
聖人和同天人之際論　九華集 17/1a
唐虞三代之純懿論　九華集 17/3a
舜道形于變樂論　九華集 17/5b
成周以禮樂化多方之民論　九華集 17/6b
唐治不過兩漢論　九華集 17/7a
韓論　九華集 17/10b
三史亞六經論　九華集 18/1a
命者天之令論　九華集 18/4a
諸子言性論　九華集 18/5b
聖人之書言行論　九華集 18/6b
七十二賢論　九華集 18/9b
黨錮論　九華集 18/12a
禁淫祠　九華集 21/8a
論語解　九華集 22/1a
老子解器　九華集 23/1a

徐鹿卿
白太守論南安縣試選事　清正稿 5/8a
論待虜救楮二劄上樞密院（1－2）　清正稿 5/
9b－12a
上廟堂論楮鹽書　清正稿 5/15a
白太守論立限撰勸農文　清正稿 5/17b
～琚
徐琚論吳縣知縣葉玄圭　吳都續文粹補遺上/
20a
～鉉
晁錯論　徐公集 24/8b
伊尹論　徐公集 24/9a
出處論　徐公集 24/10a
君臣論　宋文鑑 93/1b
持權論　宋文鑑 93/3b
師臣論　宋文鑑 93/5b
～誼
徐誼論水利之切于時者　吳都續文粹補遺上/
20b
～積
復河說　節孝集 28/4b
荀子辯　節孝集 29/1a
四維辯　節孝集 29/5a
辯習　節孝集 29/6a
侯生辯　節孝集 29/7a
論兵　節孝集 29/7a
命說　節孝集 29/13a

孫　復
堯權議　孫明復集 1/1a　宋文選 8/1a
舜制議　孫明復集 1/2a　宋文選 8/1b
文王論　孫明復集 1/3b　宋文選 8/2a
辨四皓　孫明復集 1/5a　宋文選 8/2b
董仲舒論　孫明復集 1/6a　宋文選 8/3a
辨楊子　孫明復集 1/7b　宋文選 8/4a
世子嫡嫡論　孫明復集 3/2a
罪平津　宋文選 8/5b
無爲指（上下）　宋文選 9/1a－1b
～應時
疑孟說　燭湖集 10/17a　南宋文範 58/8b
海陵縣齋不欺堂說　燭湖集 10/21a
～懋建
鄧江人物論　定川遺書附錄 2/25a

十一畫

章 甫

雜說（1－3） 自鳴集 6/5a－9b

許 奕

巫說 梅屋雜著/6b

朱黃二君說 獻醜集/2b

瘖犬說 獻醜集/10a

～景衡

雜說 橫塘集 20/6a－7b

～ 翰

論用相 襄陵集 6/1a

論戰 襄陵集 6/3b 宋朝奏議 142/10a 歷代奏議 231/16b

論三鎮 襄陵集 6/5b 宋朝奏議 142/11b 歷代奏議 231/17b

論用將 襄陵集 6/8b

論學校諮傷 襄陵集 6/10a

論宦官 襄陵集 6/11a

明堂時令議 襄陵集 6/13b

～應龍

民兵論 東澗集 13/1a

黃 亢

請置廉察罷轉運議 宋文鑑 105/7b

～伯思

二館辨 東觀餘論/上 54a

張仲氏辨 東觀餘論/上 55a

論玉輅建太常用黃色 東觀餘論/下 81b

～庭堅

莊子內篇論 豫章集 20/13a

論語斷篇 豫章集 20/14b

孟子斷篇 豫章集 20/17a 宋文選 31/10b

～ 度

姑芽說 伐檀集/下/17b

過箕山說 伐檀集/下/18b

～ 幹

中庸總論 勉齋集 3/21b

～ 裳

聖人以清爲難 演山集 41/1a

以法爲分 演山集 41/3a

不以智治國 演山集 41/6b

以道觀分而君臣之義明 演山集 41/9a

知予爲取政之寶論 演山集 42/1a

樂記 演山集 42/5b

中庸 演山集 42/8b

問取士 演山集 43/1a

問風俗 演山集 43/5b

問納言 演山集 43/7a

問擇將 演山集 44/1a

問法律 演山集 44/3b

問天變 演山集 44/6a

雜說 演山集 47/1a－60/14a

～ 震

君德二篇 黃氏日鈔 68/13a

連文鳳

潛谷說 百正集 3/8a

曹彥約

屯田議 昌谷集 16/9b

池塘生春草說 昌谷集 16/13a

評王導謝安 昌谷集 21/1a

評羊祜杜預 昌谷集 21/5b

評劉元海石勒苻堅 昌谷集 21/8a

評漢食貨志 昌谷集 21/11a

玉璽本末 昌谷集 22/1a

～ 勛

孟軻辨 松隱集 37/2a

挂冠說 松隱集 37/3b

區仕衡

說離送趙唯翁鄒鳳叔 區九峰集 2/4b

崔敦禮

易論 宮教集 7/1a

詩論 宮教集 7/3b

禮論 宮教集 7/6b

樂論 宮教集 7/8a

文帝論 宮教集 7/10b

～ 鷃

明皇論 宋文鑑 101/1b

楊嗣復論 宋文鑑 101/2b

張九成

少儀論 橫浦集 5/1a
四端論 橫浦集 5/4a
鄉黨統論 橫浦集 5/9a
堯典論 橫浦集 6/1a 南宋文範 54/1a
舜典論 橫浦集 6/2a
大禹謨論 橫浦集 6/2b
皐陶謨論 橫浦集 6/3b
益稷論 橫浦集 6/4b 南宋文範 54/2a
禹貢論 橫浦集 6/5a 南宋文範 54/2b
甘誓論 橫浦集 6/6b
五子之歌論 橫浦集 6/7a
胤征論 橫浦集 6/7b
湯誓論 橫浦集 6/9a
仲虺論 橫浦集 6/10a
湯誥論 橫浦集 6/10b
伊訓論 橫浦集 7/1a
太甲論(上中下) 橫浦集 7/2a-3b
咸有一德論 橫浦集 7/4b
盤庚論(上中下) 橫浦集 7/7a-8/1a-5b
說命論(上中下) 橫浦集 8/6a-8a
高宗彤日論 橫浦集 8/9a
西北戡黎論 橫浦集 8/9b
微子論 橫浦集 8/10b
泰誓論(上中下) 橫浦集 8/11a-13a
牧誓論 橫浦集 9/1a
武成論 橫浦集 9/1b
洪範論 橫浦集 9/2a
旅獒論 橫浦集 9/3a
金縢論 橫浦集 9/4b
大誥論 橫浦集 9/5a 南宋文範 54/3a
微子之命論 橫浦集 9/6a 南宋文範 54/3b
康誥論 橫浦集 9/6b
酒誥論 橫浦集 9/7a
梓材論 橫浦集 9/8a
召誥論 橫浦集 9/8b
洛誥論 橫浦集 9/10b
多士論 橫浦集 10/1a
無逸論 橫浦集 10/2a
君奭論 橫浦集 10/3a
蔡仲之命論 橫浦集 10/3b
多方論 橫浦集 10/4a
玄政論 橫浦集 10/5a
周官論 橫浦集 10/5b
君陳論 橫浦集 10/6a
顧命論 橫浦集 10/7a
康王之誥論 橫浦集 10/8a
畢命論 橫浦集 11/1a
君牙論 橫浦集 11/2b
冏命論 橫浦集 11/3a
呂刑論 橫浦集 11/4b
文侯之命論 橫浦集 11/5a 南宋文範 54/4a
費誓論 橫浦集 11/6a
秦誓論 橫浦集 11/6b
西銘解 橫浦集 15/14a
統論 橫浦集 15/18b
因與石月先生論仁遂作克己復禮爲仁說
橫浦集 19/1a
黃氏訓學說 橫浦集 19/4a
青龍白虎說 橫浦集 19/5b
名節說 橫浦集 19/6b
目病說 橫浦集 19/6b
智愚說 橫浦集 19/7a
爲郡說 橫浦集 19/7b
~ 方平
樂者天地之命論 樂全集 16/1a 歷代奏議 216/7a
聖王處民瘠土論 樂全集 16/3a
治亂刑重輕論 樂全集 16/4b
治地莫善於助論 樂全集 16/6b
裨營治國之本論 樂全集 16/8a
三公爲鄉老論 樂全集 16/10a
歸獄論 樂全集 16/12a
趙鞅論 樂全集 16/14a
祭仲行權論 樂全集 16/16a
漢功臣論 樂全集 16/18a
中庸論(上中下) 樂全集 17/1a-4b
三代建國論 樂全集 17/6b
史記五帝本紀論 樂全集 17/8a
三代本紀論 樂全集 17/10a
四代受命論 樂全集 17/11b
南北正閏論 樂全集 17/13b
君子大居正論 樂全集 17/15b
詩變正論 樂全集 17/17a
~ 朱
評郊島詩 張右史集 46/6b
平江南議 張右史集 52/1a
韓信議二首 張右史集 52/1b

楚議　張右史集 52/3b
老子議　張右史集 52/4a
詩雜說十三首　張右史集 52/4b
文帝議　張右史集 52/12b
諭言說　張右史集 52/13b　宋文選 29/6a
敢言說　張右史集 52/14b　宋文選 29/6b
亂原說　張右史集 52/16a
答閔周　張右史集 52/17a
論法（上 下）　張右史集 53/1a－4a　宋文選 24/1a－3a
知人論　張右史集 53/10b　宋文選 25/2b
將論　張右史集 53/13a　宋文選 25/6b
本治論（上 下）　張右史集 53/15b－17b　宋文選 24/4b－5a
禮論（1－4）　張右史集 53/21a－31a
教俗論　張右史集 53/36a　宋文選 25/1a
法制論　張右史集 53/39a　宋文選 24/6a
用大論　張右史集 53/41b　宋文選 25/2a
慨刑論（上 下）　張右史集 53/44a－46b　宋文選 25/3b－4b
馭相論　張右史集 53/48b　宋文選 25/5b
（唐）代宗論　張右史集 54/1a　宋文選 26/8a
（唐）德宗論　張右史集 54/2b　宋文選 26/8b
（漢）文帝論　張右史集 54/4a　宋文選 26/1b
（漢）景帝論　張右史集 54/6b　宋文選 26/2b
魏晉論　張右史集 54/8b　宋文選 26/3a
李郭論　張右史集 54/11a　宋文選 27/14b
讀唐書　張右史集 54/12b
又讀唐書二首　張右史集 54/14b
五代論　張右史集 54/16b　宋文選 26/9a
司馬相如論　張右史集 55/1a　宋文選 27/9a
趙充國論　張右史集 55/1b　宋文選 27/9b
陳湯論　張右史集 55/4a　宋文選 27/10b
蕭何論　張右史集 55/5b　宋文選 27/6a
邴吉論　張右史集 55/7a　宋文選 27/11a
衛青論　張右史集 55/8a　宋文選 27/8a
王導論　張右史集 55/10a　宋文選 27/12b
張華論　張右史集 55/12a　宋文選 27/12a
王鄭論　張右史集 55/13a　宋文選 27/11b
游俠論　張右史集 55/14a
子產論　張右史集 55/15a　宋文選 27/1a
魯仲連論　張右史集 55/17a　宋文選 27/1b
應侯論　張右史集 55/19a　宋文選 27/3b
商君論　張右史集 55/20b　宋文選 27/3a
吳起論　張右史集 55/22b　宋文選 27/4a
陳畯論　張右史集 56/1a　宋文選 27/4b
平勃論　張右史集 56/2b
樂毅論　張右史集 56/5a　宋文選 27/2b
子房論　張右史集 56/6b　宋文選 27/6b
陳平論　張右史集 56/9a　宋文選 27/5b
田橫論　張右史集 56/9b　宋文選 27/5b
魏豹彭越論　張右史集 56/11a　宋文選 27/7a
屈突通論　張右史集 56/14a　宋文選 27/13a
司馬遷論（上 下）　張右史集 56/14b－15a　宋文選 27/9a－9b
裴守真論　張右史集 56/16a　宋文選 27/13a
韓愈論　張右史集 56/18a　宋文選 27/14a
秦論　張右史集 57/1a　宋文選 26/1a
晉論　張右史集 57/2b　宋文選 26/4b
唐莊宗論　張右史集 57/5a　宋文選 26/10a
唐論（上 中 下）　張右史集 57/7b－12a　宋文選 26/5a－6b
慎微篇（上 下）　柯山集/補 7/1a－4a
至誠篇（上 下）　柯山集/補 7/11a
遠慮篇（上 下）　柯山集/補 7/13b－16a
用民篇　柯山集/補 8/1a
廣才篇　柯山集/補 8/8a
擇將篇（上 下）　柯山集/補 8/9a－12a
審戰篇　柯山集/補 8/15a
力政篇　柯山集/補 9/1a
衣冠篇　柯山集/補 9/3b
亂原論　柯山集/補 9/6a
盡性論（上 下）　柯山集/補 9/7b－9b
孔光論　柯山集/補 9/11a
說俗　柯山集/補 10/3b
說化　柯山集/補 10/6b
說經　柯山集/補 10/9a
說道　柯山集/補 10/10a
說愛　柯山集/補 10/11a
進誠明說　柯山集/補 10/12a
齋說（上 下）　柯山集/補 10/13a－14a　宋文選 29/4a－4b
正國語說　柯山集/補 10/15a
諭言　宋文鑑 100/7a　宋文選 29/6a
敢言　宋文鑑 100/7b　宋文選 29/6b
李郭論　宋文鑑 100/9a

郜吉 宋文鑑 100/10a
治原論 宋文選 24/7a
至誠論 宋文選 24/9b
明皇論 宋文選 26/7b
李德裕論 宋文選 27/15a
藥戒 宋文選 29/5a
～行成
論渾天 蜀文輯存 49/5a
～孝祥
勉過子讀書 于湖集 15/8b
諭說 于湖集 15/9a
～廷堅
惟幾惟康其弼直義 蜀文輯存 32/6a
自靖人自獻於先王義 蜀文輯存 32/6b
～ 侃
四皓論 抽軒集 6/1a
硯說 抽軒集 6/1b
～ 俞
論韓愈稱孟子功不在禹下 蜀文輯存 24/14b
～ 浚
論剛柔 蜀文輯存 45/8b
論易數 蜀文輯存 45/8b
論春秋 蜀文輯存 45/9a
～唐英
劉文靜論 蜀文輯存 12/1a
竇建德論 蜀文輯存 12/1b
高君雅論 蜀文輯存 12/2a
蘇世長論 蜀文輯存 12/2b
吳王恪論 蜀文輯存 12/2b
南平公主論 蜀文輯存 12/3a
李勣論 蜀文輯存 12/3b
魏公言守成之難論 蜀文輯存 12/4a
魏鄭公論 蜀文輯存 12/4b
房魏論 蜀文輯存 12/5a
劉泊褚遂良論 蜀文輯存 12/5b
戴胄論 蜀文輯存 12/6a
孔穎達論 蜀文輯存 12/6b
蕭瑀論 蜀文輯存 12/7a
王君廓論 蜀文輯存 12/7b
劉仁軌論 蜀文輯存 12/8b
則天廢立中宗預朝政論 蜀文輯存 12/8b
五王論 蜀文輯存 12/9a
裴炎論 蜀文輯存 12/9b
岑長倩論 蜀文輯存 12/10a
姚璹論 蜀文輯存 12/10b
楊再思論 蜀文輯存 12/11a
徐敬業論 蜀文輯存 12/11a
陳子昂論 蜀文輯存 12/12a
劉知幾論 蜀文輯存 12/12b
周子諒論 蜀文輯存 12/14b
陸象先論 蜀文輯存 12/15a
李林甫置節度論 蜀文輯存 12/15b
姜皎論 蜀文輯存 12/16a
李揆論 蜀文輯存 12/16b
房琯論 蜀文輯存 12/17a
李光弼論 蜀文輯存 12/17b
德宗貞御史段平仲論 蜀文輯存 12/18b
王翃召朱泚之亂論 蜀文輯存 12/19a
崔善正論 蜀文輯存 12/19b
陸長源論 蜀文輯存 12/20a
穆宗復失河北論 蜀文輯存 12/21a
蕭倣段文昌獻消兵議論 蜀文輯存 12/21b
張弘靖論 蜀文輯存 12/22a
朋黨論 蜀文輯存 12/23a
李德裕論任世家爲要官論 蜀文輯存 12/23b
唐論 蜀文輯存 12/24a
唐藩鎮論 蜀文輯存 13/1a
太宗元宗駕馭羣臣論 蜀文輯存 13/2a
元宗德宗不用張九齡姜公輔之言論 蜀文輯存 13/2b
權柄論 蜀文輯存 13/2b
近侍論 蜀文輯存 13/3b
女謁論 蜀文輯存 13/4a
官品廢置論 蜀文輯存 13/4a
蕭瑀論 宋文鑑 98/15b
～ 杕
漢楚爭戰 南軒集 16/1a
蕭曹相業 南軒集 16/1b
張子房平生出處 南軒集 16/2a
王陵陳平周勃處呂后之事何如 南軒集 16/3a
文帝爲治本末 南軒集 16/4b
賈董奏篇其間議論孰得孰失 南軒集 16/6a
武帝奢費無度窮兵黷武而不至亂亡前輩雖
云嘗論之尚有可紬繹者 南軒集 16/6b
漢家雜伯 南軒集 16/7b

論說 十一畫 張 1939

丙魏得失　南軒集 16/8b

霍光得失班固所論之外尚有可議否　南軒集 16/9b

蕭望之劉向所處得失　南軒集 16/11a

西漢儒者名節何以不競　南軒集 17/1a

自元成以後居位大臣有可取者不　南軒集 17/2a

自高帝諸將之外其餘漢將孰賢　南軒集 17/3a 南宋文範 55/12b

光武比高祖　南軒集 17/3b

光武不任功臣以事　南軒集 17/4b

光武崇隱逸　南軒集 17/5b

李固杜喬所處如何　南軒集 17/6b 南宋文範 55/11b

黨錮諸賢得失如何　南軒集 17/7b

寶武陳蕃得失　南軒集 17/9a

兩漢選舉之法　南軒集 17/10a

晉元帝中興得失　南軒集 17/10b

謝安淝水之功　南軒集 17/11b

温嶠得失　南軒集 17/12b

仁說　南軒集 18/1a

勿齋說　南軒集 18/3a

勿欺室說　南軒集 18/3b

書示吳益恭　南軒集 18/4a

黃鶴樓說　南軒集 18/5a

江漢亭說　南軒集 18/6a

贈熊辯筆說　南軒集 18/6b

~ 商英

金剛經三十二分說　蜀文輯存 13/15a

~ 舜民

易論　畫墁集 5/6b

兌卦論　四庫拾遺 582/畫墁集

史說　宋文鑑 108/5b

~ 載

西銘總論　張横渠集 1/15a

太和篇第一　張横渠集 2/2a

參兩篇第二　張横渠集 2/8b

天道篇第三　張横渠集 2/18b

神化篇第四　張横渠集 2/20b

動物篇第五　張横渠集 2/35a

誠明篇第六　張横渠集 2/37a

大心篇第七　張横渠集 2/23b

中正篇第八　張横渠集 2/36a

至當篇第九　張横渠集 3/1a

作者篇第十　張横渠集 3/6a

三十篇第十一　張横渠集 3/9a

有德篇第十二　張横渠集 3/13a

有司篇第十三　張横渠集 3/16b

大易篇第十四　張横渠集 3/17b

樂器篇第十五　張横渠集 3/24b

王禘篇第十六　張横渠集 3/29a

乾稱篇第十七　張横渠集 3/33b

經學理窟一　張横渠集 5/1a

周禮　詩書　宗法

經學理窟二　張横渠集 5/1a-6a

禮樂　氣質

經學理窟三　張横渠集 6/9a

義理　學大原上

經學理窟四　張横渠集 8/1a

學大原下　自道

經學理窟五　張横渠集 8/1a-7a

祭祀　月令統　喪紀

易說上　張横渠集 9/1a-55b

乾　坤　屯　蒙　需　訟　師　比　小畜　履　泰　否　同人　大有　謙　豫　隨　蠱　臨　觀　噬嗑　賁　剝　復　無妄　大畜　頤　大過　坎　離

易說中　張横渠集 10/53b

咸　恒　遯　大壯　晉　明夷　家人　睽　蹇　解　損　益　夬　姤　萃　升　困　井　革　鼎　震　良　漸　歸妹　豐　旅　巽　兌　渙　節　中孚　小過　既濟　未濟

易說下　張横渠集 11/1a-50a

繫辭上　繫辭下　說卦　序卦　雜卦

邊議　張横渠集 13/5b　宋文鑑 106/19a-20b

性理　張横渠集 14/1a

性理拾遺　張横渠集 14/1a

近思錄拾遺　張横渠集 14/4a

近思錄　張横渠集 14/4b

論語書司馬光撰　張横渠集 15/附錄 13a

女戒　宋文鑑 108/16b

~ 嶠

救弊　紫微集 32/8b

證辨騷　紫微集 32/14b

陸九淵

格矯齋說　象山集 20/13b

易說　象山集 21/1a　南宋文範 58/7a

易數(1-2)爲張槱叔書　象山集 21/2a-3b　南宋文

範 58/7b

三五以變錯綜其數　象山集 21/5b

學說　象山集 21/7b

論語說　象山集 21/8a

孟子說　象山集 21/10b

武帝謂汲黯無學　象山集 22/1a

張釋之謂今法如是　象山集 22/3a

雜說　象山集 22/4a

程文　象山集 29/1a－31/10a

庸言之信庸行之謹閑邪存其誠善世而不伐德博而化解試　象山集 29/1a

黃裳元吉黃離元吉　象山集 29/4b

使民宜之　象山集 29/6b

聖人以此洗心退藏於密吉凶與民同患神以知來知以藏往省試　象山集 29/7b

天地設位聖人成能人謀鬼謀百姓與能　象山集 29/10b

首出庶物萬國咸寧　象山集 29/12b

孝文大功數十論　象山集 30/1a

天地之性人爲貴論　象山集 30/3a

智者術之原論　象山集 30/5a

房杜謀斷如何論　象山集 30/8b

劉晏知取予論　象山集 30/11a　南宋文範 56/11b

政之寬猛孰先論　象山集 30/15b

常勝之道曰柔論　象山集 30/20b

問制科解試　象山集 31/1a

料敵解試　象山集 31/4a

問賑濟解試　象山集 31/5a

問唐取民制兵建官省試　象山集 31/6a

問德仁功利　象山集 31/8b

問漢文武之治　象山集 31/10a

程文拾遺（十八）　象山集 32/1a－14a

好學近乎知　象山集/拾遺 32/1a

學問求放心　象山集/拾遺 32/2a

主忠信　象山集/拾遺 32/3a

毋友不如己者　象山集/拾遺 32/4b

人不可以無恥（1－2）　象山集/拾遺 32/5b－6a

思則得之　象山集/拾遺 32/6b

君子喻於義　象山集/拾遺 32/6b

求則得之　象山集/拾遺 32/7a

里仁爲美　象山集/拾遺 32/7b

則以學文　象山集/拾遺 32/8a

人心惟危道心惟微惟精惟一允執厥中　象山集/拾遺 32/8b

學古入官議事以制政乃不迷　象山集/拾遺 32/9b

汝分猷念以相從各設中于乃心　象山集/拾遺 32/10a

養心莫善於寡欲　象山集/拾遺 32/10b

取二三策而已矣　象山集/拾遺 32/11a

保民而王　象山集/拾遺 32/13b

纘書何始於漢　象山集/拾遺 32/14a

~ 佃

易解　陶山集 9/1a

八卦解（上下）　陶山集 9/1b－2a

河圖洛書說（原註：誤載刑公集中）　陶山集 9/3b

神宗皇帝實録叙論　陶山集 11/1a

陳仁子

帝舜論　牧萊臆語 8/1a

武王論　牧萊臆語 8/2b

高帝論　牧萊臆語 8/4b

呂后論　牧萊臆語 8/6a

漢文帝論　牧萊臆語 8/7b

漢景帝論　牧萊臆語 8/9b

武帝論（上下）　牧萊臆語 8/11a－12a

宣帝論　牧萊臆語 8/13a

光武論　牧萊臆語 8/15a

魏武帝論　牧萊臆語 8/17b

蜀先主論　牧萊臆語 8/19a

管元帝論　牧萊臆語 8/21a

宋武帝論　牧萊臆語 8/23b

唐太宗論　牧萊臆語 8/25a

管仲論　牧萊臆語 9/1a

晏子論　牧萊臆語 9/3a

孫武論　牧萊臆語 9/5a

伍子胥論　牧萊臆語 9/6b

李斯論　牧萊臆語 9/8a

蒙恬論　牧萊臆語 9/10b

四皓論　牧萊臆語 9/12a

田橫論　牧萊臆語 9/14a

韓信彭越論　牧萊臆語 9/15b

鄺商論　牧萊臆語 9/17a

陳平論　牧萊臆語 9/18b

張良論　牧萊臆語 10/1a

曹參論 牧萊腴語 10/3a
周勃論 牧萊腴語 10/5a
賈誼董仲舒論 牧萊腴語 10/6b
晁錯論 牧萊腴語 10/8a
李固論 牧萊腴語 10/9b
陳蕃論 牧萊腴語 10/11b
寶武論 牧萊腴語 10/13b
諸葛亮論 牧萊腴語 10/15b
禰衡論 牧萊腴語 10/17b
君道(1-2) 牧萊腴語 11/1a-3b
臣事(1-2) 牧萊腴語 11/6a-9a
相識(1-2) 牧萊腴語 11/14b-17b
將材(1-2) 牧萊腴語 11/19a-21b
士心(1-2) 牧萊腴語 12/1a-3b
吏曹 牧萊腴語 12/6a
民事(1-2) 牧萊腴語 12/9a-11a
兵制 牧萊腴語 12/13b
商税 牧萊腴語 12/15b
雜說(三首) 牧萊腴語 15/5a
種樹說 牧萊腴語 15/6b
植椒說 牧萊腴語 15/8b
~ 亮
南劍道南堂仁說 復齋集 7/1a
後原道說 復齋集 7/3a
恢復論 復齋集 7/5a
論車制 復齋集 7/6a
論射 復齋集 7/6b
葬議 復齋集 7/7a
南康築子城說 復齋集 7/7b
續愛蓮說 復齋集 7/8a
温陵梁氏習軒說 復齋集 8/4a
~ 長方
帝學論 唯室集 1/1a 歷代奏議 8/10b
孔子聖之時論 唯室集 1/3b
藺相如論 唯室集 1/6b
劉玄德論 唯室集 1/8a
荀或論 唯室集 1/9b
房魏論 唯室集 1/11b
開元治亂論 唯室集 1/14a 南宋文範 54/4b
維州論 唯室集 1/16b
~ 亮
問答(1-2) 龍川集 3/1a-4/11a
酌古論(附序) 龍川集 5/1a-9/9b

光武 龍川集 5/1b
先主 龍川集 5/5a
曹公 龍川集 5/8a
孫權 龍川集 5/12a
符堅 龍川集 6/1a
韓信 龍川集 6/4a
薛公 龍川集 6/7b
鄧禹 龍川集 6/11a
馬援 龍川集 6/13b
諸葛孔明(1-2) 龍川集 7/1a-4a
呂蒙 龍川集 7/6a
鄧艾 龍川集 7/8b
羊祜 龍川集 7/11a
崔浩 龍川集 8/1a
李靖 龍川集 8/3a
封常清 龍川集 8/5a
馬燧 龍川集 8/8a
李愬 龍川集 8/11a
桑維翰 龍川集 8/13b
謝安比王導 龍川集 9/1a
王珪確論如何 龍川集 9/3b
楊雄度越諸子 龍川集 9/6b
勉疆行道大有功 龍川集 9/9b
廷對 龍川集 11/1a
國子 龍川集 11/11b
傅注 龍川集 11/14a
江河淮汴 龍川集 11/16b
量度權衡 龍川集 11/18a
銓選資格 龍川集 11/19b
四幣 龍川集 11/23a
變文法 龍川集 11/25b
制舉 龍川集 11/28b
子房買生孔明魏徵何以學異端 龍川集 11/31b
蕭曹丙魏房杜姚宋何以獨名於漢唐 龍川集 11/33b
法深無善治 龍川集/補遺 30/1b
畏羞於君子 龍川集/補遺 30/1b
~ 著卿
顏子論 實窗集 1/1a 南宋文範 57/8b
曾子論 實窗集 1/3a 南宋文範 57/9b
朋黨論 實窗集 1/5b
張耳陳餘論 實窗集 1/7a

韓信論 　賓窗集 1/8b

酈食其論 　賓窗集 2/1a

陳平周勃王陵論 　賓窗集 2/2b

樊噲論 　賓窗集 2/6a

盧綰論 　賓窗集 2/6b

周亞夫申屠嘉論 　賓窗集 2/7a

劉向論 　賓窗集 2/8b

劉歆論 　賓窗集 2/12a

吳王濞論 　賓窗集 2/12b

竹居說 　賓窗集 7/7b 　南宋文範 58/10a

蔣上甫字說 　賓窗集 7/8b

~ 師道

正統論 　後山集 16/1a

取守論 　後山集 16/3b

商君論 　後山集 16/5b

霍光論 　後山集 16/7a

嚴說 　後山集 19/1a

理究三十七條 　後山集 27/1a－5b

~ 淳

心說 　北溪集/第四門 5/1a

心體用說 　北溪集/第四門 5/2b

河圖洛書說 　北溪集/第四門 5/5a

四象數說 　北溪集/第四門 5/8a 　南宋文範 58/10b

先天圖說 　北溪集/第四門 5/10a

後天圖說 　北溪集/第四門 5/16a

子石見子求名說 　北溪集/第四門 6/1a

嚴陵學徒張呂合五賢祠說 　北溪集/第四門 6/5b

魂魄說 　北溪集/第四門 6/7a

釋家君録忌說 　北溪集/第四門 6/9b

宗說（上中下） 　北溪集/第四門 7/1a－9a

程呂言仁之辨 　北溪集/第四門 8/1a

張呂言仁之辨 　北溪集/第四門 8/2b

太元辨 　北溪集/第四門 8/3b

潛虛辨 　北溪集/第四門 8/8a

答廖帥子晦（1－3） 　北溪集/第四門 10/1a－7a

辨林一之動靜書 　北溪集/第四門 10/11b

~ 造

罪言 　江湖集 24/15a 　南宋文範 59/4a

漿蜂說 　江湖集 29/10b

仆柳說 　江湖集 29/11a

處病說 　江湖集 29/11b

文以變爲法 　江湖集 29/15a

文法 　江湖集 29/15b

姚宋（1－2） 　江湖集 32/1a－3a

辨異 　江湖集 32/5a

秦（1－3） 　江湖集 32/7a－11a

朱温 　江湖集 32/12a

蕭望之 　江湖集 32/14b

偪負芻 　江湖集 32/15b

主父偃 　江湖集 32/16a

甯莊子 　江湖集 32/17a

易說 　江湖集 34/1a－14b

無妄 　屯 　同人 　大有 　陳 　蒙 　儲 　夫 　姤 　小

畜大畜 　復 　噬嗑 　革 　比

~ 淵

代廷試策 　默堂集 20/16a

論子重 　默堂集 22/6b

論用兵 　默堂集 22/7a

雜說 　默堂集 22/12a－18a

~ 普

渾天儀論（1－16） 　石堂集 10/1a－14a

仁義道德 　石堂集 11/1a

政刑德禮 　石堂集 11/2b

誼利道功 　石堂集 11/5b

天下有道如何 　石堂集 11/7b

禮官勸學興禮 　石堂集 11/10a

鴻漸木漸猶水（1－2） 　石堂集 11/12b－15a

重耳天賜 　石堂集 11/17b

張耳陳餘 　石堂集 11/18b

李牧 　石堂集 11/19b

兩生叔孫通禮樂 　石堂集 11/20b

性善 　石堂集 11/23b

答閣問 　南宋文範 59/19a

七政運行論 　南宋文範 57/17a

刑政德禮論 　南宋文範 57/18b

~ 堯佐

原孝 　宋文鑑 93/15a

原孝 　蜀文輯存 3/8b

~ 舜俞

救治論 　都官集 5/5b

臣難論 　都官集 5/8a

說 　都官集 6/1a－7/29b

進治說序 　說御 　說用 　說復關 　說變 　說應 　說

柄 　說幾關 　說權關 　說上關 　說學關 　說教 　說

化關 　說政 　說刑關 　說仁關 　說義 　說禮 　說樂

說智 　說信 　說體 　說制 　說實 　說器 　說斷

說察　說財賦　說兵　說河　說豫立太子關　說偉　　興　說節關　說勢　說官關　說任　說使　說進　說黨與　說副　說士　說農　說工　說商關　說田　　說謀　說思關　說有　說禁　說戒

~ 傅良

民論　止齋集/附錄 1a

舟說　止齋集/附錄 1b

責盜蘭說　止齋集/附錄 2b

論訣　止齋論祖/1a

唐制度紀綱如何　止齋論祖/1a

仲尼不爲己甚　止齋論祖/4a

樂天者保天下　止齋論祖/7a

爲治願力行何如　止齋論祖/10a

使功不如使過　止齋論祖/12a

舜禹有天下而不與　止齋論祖/14b

子謂武未盡善　止齋論祖/16b

魏相稱上意如何　止齋論祖/19a

天人相與之際　止齋論祖/21a

聖人之於天道　止齋論祖/23a

山西諸將孰優　止齋論祖/25b

爲天下得人謂之仁　止齋論祖/27b

仁不勝道　止齋論祖/30a

博愛之謂仁　止齋論祖/32a

學者學所不能學　止齋論祖/34a

仁與義爲定名　止齋論祖/36a

下學而上達　止齋論祖/38a

仲尼駕學　止齋論祖/40a

告子先孟子不動心　止齋論祖/42b

學至乎禮而止　止齋論祖/44b

虞夏不言損益　止齋論祖/46b

回也其庶乎屢空　止齋論祖/49a

王者之法如何　止齋論祖/50b

孝宣優於孝文　止齋論祖/53a

子貢與回孰愈　止齋論祖/55b

爲國之法似理身　止齋論祖/57b

學止諸至足　止齋論祖/59b

太宗功德兼隆　止齋論祖/62a

賈誼通達國體　止齋論祖/64b

孟施舍似曾子　止齋論祖/66a

君子所性　止齋論祖/68a

荀氏在柯雄之間　止齋論祖/70a

聖心萬物之鏡　止齋論祖/72b

君子學道則愛人　止齋論祖/74b

顏淵天下歸仁　止齋論祖/77a

動靜見天地之心　止齋論祖/78b

韓愈所得一於正　止齋論祖/80b

復鄉舉里選如何　止齋論祖/83a

仁言不如仁聲　止齋論祖/84a

聖君賢相之事如何　止齋論祖/86a

文王論　南宋文範 56/10b

~ 襄

韓信論　古靈集 13/1a

鮑叔薦管仲論　古靈集 13/3a

南北郊議　宋文鑑 105/15a

~ 樸

辨素問祝由　新安文獻 35/11b

~ 瓘

聖訓門　尊堯集 2/1a

論都省(尚書省)及四輔　尊堯集 2/1b

論擾京師之民　尊堯集 2/2b

論什一而稅　尊堯集 2/3a

論農事及勸農　尊堯集 2/4a

論別立市易較固一條　尊堯集 2/5a

論安撫司不得奏災傷　尊堯集 2/6b

論朝廷法　尊堯集 2/7b

論近習　尊堯集 2/8b

論聖訓　尊堯集 2/10a

論道門　尊堯集 3/1a

論鱗泗陳五行堯晏然不以爲慮　尊堯集 3/1b

論元首叢勝　尊堯集 3/2b

論抑程昉　尊堯集 3/3b

論流俗　尊堯集 3/4a

論商鞅立法及秦穆公擇術濟事　尊堯集 3/5a

論漢宣不足法　尊堯集 3/5b

論以大勢驅率衆人　尊堯集 3/6a

論定計數及必事功　尊堯集 3/7a

論順道　尊堯集 3/8a

論太祖詠無辜　尊堯集 4/1a

獻替門　尊堯集 4/1a

論真宗時邊事　尊堯集 4/2b

論徽號受與不受　尊堯集 4/3a

論徹樂用禮　尊堯集 4/4a

論理曲　尊堯集 4/5a

論蕃使及提舉坐位　尊堯集 4/5b

論可否獻替　尊堯集 4/5b

理財門　尊堯集 5/1a

論元豐事故　尊堯集 5/3b

理財總論(上) 尊堯集 5/3b

理財總論(下) 尊堯集 5/5a

邊機門 尊堯集 6/1a

論安石契丹兩對牛强牛弱 尊堯集 6/2a

論韓絳敗事 尊堯集 6/3b

論安石七年執政四作邊事 尊堯集 6/5b

論待夷狄 尊堯集 6/7b

論兵門 尊堯集 7/1a

論用兵不患無名 尊堯集 7/1a

論什伍其民可以致治强 尊堯集 7/1b

論民可利驅使爲趍兵 尊堯集 7/2a

論變宿衛之法 尊堯集 7/2b

論兵制 尊堯集 7/3a

處己門 尊堯集 8/1a

論趙槩日錄事 尊堯集 8/1b

論神宗謙德 尊堯集 8/3a

論呂海論安石 尊堯集 8/4a

論零聖其父父賢其子 尊堯集 8/6b

論安石記訓之言慕卿道德 尊堯集 8/7a

論三經義及安石日錄 尊堯集 8/7b

論日錄安石所以自處 尊堯集 8/9a

寓言門 尊堯集 9/1a

論師臣 尊堯集 9/2a

論大長主衣衾有蟣蝨 尊堯集 9/3a

論安石與章辟光 尊堯集 9/5a

論安石進日錄之欺僞 尊堯集 9/5b

論寓言 尊堯集 9/6b

論尊堯集表后河擁 尊堯集 11/1a 宋文鑑 11/1a

播芳文粹 10/11b

弩說 宋文鑑 108/8b

五辰論 宋文選 32/1a

周之禮樂庶事備論 宋文選 32/1b

學易說 宋文選 32/10b

文辯 宋文選 32/11a

~ 觀

築城議 赤城集 1/6b

十 二 畫

游九言

原譜 默齋稿/下 14b

~ 酢

論語雜解 定夫集 1/1a

孟子雜解 定夫集 2/1a

中庸義 定夫集 3/1a

易說 定夫集 4/1a

詩二南義 定夫集 4/32b

馮時行

濟水入于河答人書說四事 縉雲集 4/19a

舜命變典樂教胄子 縉雲集 4/20a

堯典謂之虞書 縉雲集 4/21a

盤庚遷都 縉雲集 4/22a

曾 丰

六經引論 緣督集 1/1a 抄本緣督集 14/1a 南宋文範 56/1a

易論 緣督集 1/2a 抄本緣督集 14/2a

書論 緣督集 1/5a 抄本緣督集 14/5a

詩論 緣督集 1/8a 抄本緣督集 14/8a

春秋論 緣督集 1/11a 抄本緣督集 14/11b

禮論 緣督集 1/14a 抄本緣督集 14/14a

樂論 緣督集 1/17a 抄本緣督集 14/17b

十論 抄本緣督集 15/1a

師商論 抄本緣督集 15/1b

由求論 緣督集 2/1a 抄本緣督集 15/4b

夷惠論 緣督集 2/4a 抄本緣督集 15/7a

楊墨論 抄本緣督集 15/10a

管晏論 緣督集 2/7a 抄本緣督集 15/13a

桓公論 抄本緣督集 15/16a

衰盾論 緣督集 2/10a 抄本緣督集 15/18b

齊魯論 緣督集 2/13a 抄本緣督集 15/22a

文宣論 緣督集 2/16a 抄本緣督集 15/25a

周秦論 緣督集 2/19a 抄本緣督集 15/28a

豪猪說 緣督集 10/7a 抄本緣督集 20/2a

窮客答主人問答說 抄本緣督集 20/1a

~ 協

李泌辨 曾雲莊集 4/2b 南宋文範 59/10b

~ 肇

漢文帝論 曲阜集 4/33b

漢文帝 宋文鑑 100/5a

~ 鞏

國體辨 曾南豐集 4/1b 元豐稿補 1/1a 宋文選 13/1b

號令辨 曾南豐集 4/2a

時俗辨 曾南豐集 4/2b

邪正辨 曾南豐集 4/3a 元豐稿補 1/4a 宋文選 13/

3a

爲治難　曾南豐集 4/4a　宋文選 13/6b

治之難　曾南豐集 4/4a　元豐稿補 1/11b　宋文選 13/6b

問堯　曾南豐集 5/1a　元豐稿補 1/1b　宋文選 13/2b

論習　曾南豐集 5/1b　元豐稿補 1/2a　宋文選 13/2b

論貧　曾南豐集 5/2a

講周禮疏　曾南豐集 5/3b

說學　曾南豐集 7/1a

說官　曾南豐集 7/1b

說勢　曾南豐集 7/2a　元豐稿補 1/6a　宋文選 13/4a

說用　曾南豐集 7/2b　元豐稿補 1/7a　宋文選 13/4b

說言　曾南豐集 7/3a　元豐稿補 1/8b　宋文選 13/5a

說宮　曾南豐集 7/3a

說內治　曾南豐集 8/1a

說遇（下）　曾南豐集 8/1b

說夷　曾南豐集 8/2a

說非異　曾南豐集 8/2b　元豐稿補 1/9a　宋文選 13/5b

太學　曾南豐集 9/1a

議茶　曾南豐集 9/1b

議酒　曾南豐集 9/2b

財用　曾南豐集 9/3b

丘乘　曾南豐集 9/3b

議錢（上下）　曾南豐集 10/1a－2a

義倉　曾南豐集 10/3b

廢官　曾南豐集 10/4b

黃河　曾南豐集 10/5a

唐論　曾南豐集 11/1a　元豐稿 9/1a　宋文鑑 97/8a　宋文選 13/1a

爲治論　曾南豐集 11/2a

刑賞論　曾南豐集 11/4b

爲人後議　元豐稿 9/2b

公族議　元豐稿 9/8a

講官議　元豐稿 9/10a

救災議　元豐稿 9/11a　宋文鑑 106/1b　歷代奏議 245/24b

太祖皇帝總敘　元豐稿 10/19b

彭龜年

漢高帝論　止堂集 10/10b

兵論　止堂集 10/12a

華　岳

取士（平戎十策之一）　北征録 1/3b

招軍（平戎十策之二）　北征録 1/5b

駕騎（平戎十策之三）　北征録 1/7b

陷騎（平戎十策之四）　北征録 1/9a

得地（平戎十策之五）　北征録 1/10a

守地（平戎十策之六）　北征録 1/13b

恩威（平戎十策之七）　北征録 1/16b

利害（平戎十策之八）　北征録 1/19a

財計（平戎十策之九）　北征録 1/21b

馬政（平戎十策之十）　北征録 1/26b

治安藥石　北征録 2/1a－12/5a

序　北征録 2/1a

軍國大計和議　北征録 3/1a

山水寨（邊防要務之一）　北征録 4/1a

屯要（邊防要務之二）　北征録 4/4a

捷徑（邊防要務之三）　北征録 4/6a

破敵長技、陷騎　北征録 5/1a

搜伏（將帥小數之一）　北征録 6/1a

反泄（將帥小數之二）　北征録 6/2a

暗認（將帥小數之三）　北征録 6/2b

潛易（將帥小數之四）　北征録 6/3a

急據（將帥小數之五）　北征録 6/3b

分渡（將帥小數之六）　北征録 6/4a

自認（將帥小數之七）　北征録 6/5a

就順（將帥小數之八）　北征録 6/5b

甲制（器用小節之一）　北征録 7/1a

人甲制（器用小節之二）　北征録 7/1b

馬甲制（器用小節之三）　北征録 7/2a

馬軍甲制（器用小節之四）　北征録 7/3b

弩手甲制（器用小節之五）　北征録 7/4a

弓制（器用小節之六）　北征録 7/4b

弩制（器用小節之七）　北征録 8/1a

弓箭制（器用小節之八）　北征録 8/1b

弩箭制（器用小節之九）　北征録 8/3a

鞍制（器用小節之十）　北征録 8/3b

靴制（器用小節之十一）　北征録 8/4a

馬鎗制（器用小節之十二）　北征録 8/5a

叉鎗制（器用小節之十三）　北征録 8/5b

采探（采探之法之一）　北征録 9/1a

候望（采探之法之二）　北征録 9/2a

聚探（采探之法之三）　北征録 9/3a

關遞（采探之法之四）　北征録 9/5a

密辨（采探之法之五）　北征録 9/5b

1946　論說　十二畫　曾　彭　華

將帥輕死(戒飭將帥之道之一) 北征錄 10/1a
將帥好戰(戒飭將帥之道之二) 北征錄 10/2a
材財相同(戒飭將帥之道之三) 北征錄 10/3a
豪傑爲間(戒飭將帥之道之四) 北征錄 10/3b
禁涉(守邊待敵之策之一) 北征錄 11/1a
觀覺(守邊待敵之策之二) 北征錄 11/3b
勸募(足兵便民之策之一) 北征錄 12/1a
省運(足兵便民之策之二) 北征錄 12/2a
廣土(足兵便民之策之三) 北征錄 12/3b
實邊(足兵便民之策之四) 北征錄 12/5a

~ 鎮

論志 雲溪集 14/1a
道論 雲溪集 14/5b
治論(上中下) 雲溪集 14/7b-12b
國勢論 雲溪集 14/14b
本論 雲溪集 14/19b
常法論 雲溪集 15/1a
變論 雲溪集 15/4a
知人論 雲溪集 15/6b
相論(闕) 雲溪集 15/9a
守令論(上下) 雲溪集 15/9a18b
蠻論(1-4) 雲溪集 16/1a-9a
本末論 雲溪集 16/12b
論事闕 雲溪集 16/12b
官論 雲溪集 16/14b
人材論闕 雲溪集 16/18b
銓選論 雲溪集 17/1a
任舉論 雲溪集 17/4a
考績論 雲溪集 17/6a
賞罰論 雲溪集 17/8a
法令論 雲溪集 17/9b
監司論 雲溪集 17/12a
朋黨論 雲溪集 17/13b
養士論 雲溪集 17/16b
科舉論闕 雲溪集 17/19b
制舉論 雲溪集 18/1a
事神論 雲溪集 18/3b
教化論闕 雲溪集 18/6a
法禁論 雲溪集 18/6a
役法論 雲溪集 18/8b
財用論闕 雲溪集 18/11b
兵論闕 雲溪集 18/11b
邊事論闕 雲溪集 18/12a

架戎論 雲溪集 18/12a
事業論 雲溪集 18/14a
言論闕 雲溪集 18/17a
易論 雲溪集 18/17a
書論 雲溪集 18/19b
詩論闕 雲溪集 18/22a
春秋論闕 雲溪集 18/22a
禮樂論 雲溪集 18/22a
樂論(上下) 雲溪集 18/24b-27a
譚天論 雲溪集 19/1a
列子天瑞論 雲溪集 19/8a
聰明論 雲溪集 19/12a
西漢論 雲溪集 19/15b
東漢論闕 雲溪集 19/18a
西晉論闕 雲溪集 19/18b
東晉論闕 雲溪集 19/18b
三國論 雲溪集 20/1a
唐論 雲溪集 20/3b
勤勞論 雲溪集 20/7a
主帥論 雲溪集 20/8a
世卿閒寺論 雲溪集 20/10a
隱者論 雲溪集 20/12a
復讎論(上下) 雲溪集 19/13b-20a
蕭曹論 雲溪集 20/22a
李勣論 雲溪集 20/24b
鄭繁論 雲溪集 20/25a
研說 雲溪集 29/6b
權說 雲溪集 29/8a
論禮 四庫拾遺 167/雲溪集

喻汝礪

上恢復策 蜀文輯存 47/4b
上裕蜀策 蜀文輯存 47/4a

稅與權

論韓氏易繫辭注 蜀文輯存 95/4b

程大昌

詩議(1-17) 新安文獻 26/1a-4b
詩論 新安文獻 27/1a
禹論 新安文獻 27/2a
劉項論 新安文獻 27/3b
厚俗論 新安文獻 27/4a

存法論 新安文獻 27/5a

去能論 新安文獻 27/5b

祖免辨 新安文獻 30/1a 南宋文範 59/11b

龍門辨 新安文獻 30/2b

蝘家辨 新安文獻 30/3b

象刑說 新安文獻 31/1a

三宅三俊說 新安文獻 31/2b

易原一河圖洛書 新安文獻 31/12b

易原二重卦非文王 新安文獻 31/13b

易原三聖人不專用占 新安文獻 31/14b

~永奇

性原 新安文獻 31/15a

~ 先

論方士 新安文獻 33/13b

~ 珉

史說 洛水集 22/1a

孟子說 洛水集 22/1b

二亭說 洛水集 22/2a

汪秀才求墨說 洛水集 22/2b

~ 俱

老子論(1-5) 程北山集 13/1a-5b

列子論(上中下) 程北山集 13/6b-9a

莊子論(1-5) 程北山集 13/10a-14b 南宋文範 53/7a

維摩詰所說經通論(1-8) 程北山集 14/1a-14a

房太尉傳論 程北山集 15/1a 新安文獻 22/1b

天辨 程北山集 15/11b

房太尉傳後論 南宋文範 53/7b

~復心

廣張子論性 新安文獻 36/4b

~端學

晉悼公論 新安文獻 29/3b

洪冶論 新安文獻 29/5a

子糾辨 新安文獻 30/8b

春秋或問十 新安文獻 37/4b

~ 顥

褲說 二程集(伊川)43/2b

顏子所好何學論 二程集(伊川)43/4a 宋文鑑 98/13b

論漢文殺薄昭事 二程集(伊川)48/2b

雜說(三) 二程集(伊川)48/5b

易上下篇義 二程集(伊川)/拾遺/1b

葬說 宋文鑑 108/4b

無極而太極辯 周元公集 3/40a

强 至

原教 鶴津集 1/1a

勸書(三篇) 鶴津集 1/2b-22a

廣原教並叙(二十六篇) 鶴津集 2/23a

孝論並叙(十二篇) 鶴津集 3/1a-17b

明孝章第一 孝本章第二 原孝章第三 評孝章第四 必孝章第五 廣孝章第六 戒孝章第七 孝出章第八 德報章第九 孝器章第十 孝行章第十一 終孝章第十二

直諭無聖論 鶴津集 3/17b

皇極論 鶴津集 4/1a

中庸解五篇 鶴津集 4/5a-12b

論原總四十篇 鶴津集 5/1a-7/18a

論原初十篇

禮樂 大政 至政 賞罰 教化 刑法 公私 論信 說命 皇問

論原次前十篇

問兵 評議 問霸 異說 人文 性德 存心 福解 評隱 喻用

論原(又次前二十篇)

物宜 善惡 性情 九流 四端 中正 明分 察勢 刑勢 君子 知人 品論 解議 風俗 仁孝 問經 問交 師道 道德 治心

文說 鶴津集 8/2b

議旱對 鶴津集 8/3b

夷惠辨或從辯 鶴津集 8/5b

唐太宗述 鶴津集 8/7b

易術解 鶴津集 8/9b

逍遙篇 鶴津集 8/11b

寂子解傲 鶴津集 8/13a

寂子解 鶴津集 8/20a

陽 枋

易象圖說 字溪集 7/19b

天高地廣土圭測景 字溪集 7/25a

論釋氏寂滅輪回 字溪集 8/16a

論顏淵喟然嘆章 字溪集 8/16b

四經歸極說 字溪集 8/19b

編類錢氏小兒方證說 字溪集 8/24a

壽甯從叔總幹姻家說 字溪集 8/24b

辨惑 字溪集 9/1a

十 三 畫

楊冠卿

重楮幣說　客亭稿 9/1a

省兵食說　客亭稿 9/4b

教車戰說　客亭稿 9/8a

興水利說　客亭稿 9/10b

革濫進　客亭稿 9/13b

~ 時

神宗日録辨　龜山集 6/1a

王氏字說辨　龜山集 7/1a

藺相如　龜山集 9/1a

項羽　龜山集 9/2b

張良　龜山集 9/3b

蕭何　龜山集 9/4a

曹參　龜山集 9/4b

陳平　龜山集 9/5b

周勃　龜山集 9/5b

張耳　陳餘　龜山集 9/6b

韓信　龜山集 9/6b

彭越　龜山集 9/7a

季布　龜山集 9/8a

趙堯　周昌　龜山集 9/8b

叔孫通　龜山集 9/9a

張蒼　龜山集 9/9b

酈寄　龜山集 9/10a

朱虛侯　龜山集 9/10b

田叔　龜山集 9/11a

隻敬　龜山集 9/11b

賈誼　龜山集 9/11b

賈山　龜山集 9/12b

申屠嘉　龜山集 9/13a

馮唐　龜山集 9/13b

張釋之　龜山集 9/14a

袁盎　龜山集 9/14b

晁錯　龜山集 9/15a

鄒陽　枚乘　龜山集 9/16a

竇嬰　灌夫　田蚡　龜山集 9/16b

劉向　龜山集 9/17a

朱穆　龜山集 9/18a

減洪　龜山集 9/18b

竇武　何進　龜山集 9/19a

荀彧　龜山集 9/19b

郊祀　龜山集 9/20b

汲黯　龜山集 9/21a

周世宗家人傳　龜山集 9/21b

雜說　龜山集 27/2a

~ 萬里

易論　誠齋集 84/1a

禮論　誠齋集 84/3b

樂論　誠齋集 84/6a

書論　誠齋集 84/8b

詩論　誠齋集 84/10b

春秋論　誠齋集 84/13a

顏子論(上中下)　誠齋集 85/1a－6a

曾子論(上中下)　誠齋集 85/8a－12b

子思論(上中下)　誠齋集 86/1a－6b

孟子論(上中下)　誠齋集 86/8b－13b

韓子論(上下)　誠齋集 86/16a－18a

漢文帝有聖賢之風論　誠齋集 90/1a

大人格君心之非論　誠齋集 90/3a

魏鄭公勸行仁義論　誠齋集 90/5a

陸贄不負所學論　誠齋集 90/7b

宋璟剛正過姚崇論　誠齋集 90/10a

李晟以忠義感人論　誠齋集 90/12b

儒者已試之効如何論　誠齋集 90/15a

文帝易不用賈牧論　誠齋集 90/17b

文景務在養民論　誠齋集 90/19b

太宗勵精思治論　誠齋集 90/21b

~ 簡

書遺桂夢協　慈湖遺書續集 1/5a

局中祭先聖　慈湖遺書續集 1/5a

先師　慈湖遺書續集 1/5b

鄒國公　慈湖遺書續集 1/6a

辭廟文　慈湖遺書續集 1/6a

恪請書　慈湖遺書續集 1/2a

葉元吉請書　慈湖遺書續集 1/2a

翁廷之請書　慈湖遺書續集 1/2b

孔子閒居解　慈湖遺書續集 2/1b

~ 繪

論重卦　蜀文輯存 18/17a

論八卦方位　蜀文輯存 18/17a

論坤兌不言方　蜀文輯存 18/17b

釋類　蜀文輯存 18/18b

賈　同

原古 宋文鑑 93/12a

葉夢得

蘇秦論 建康集 3/6a

范增論 建康集 3/8a

續養生論（上中下） 建康集 3/9b－13a

~ 適

呂子陽老子支離說 水心集 29/11a

易 水心別集 5/2b

書 水心別集 5/4b

詩 水心別集 5/6a

春秋 水心別集 5/7b

周禮 水心別集 5/9b

管子 水心別集 6/1a

老子 水心別集 6/2b

孔子家語 水心別集 6/4b

莊子 水心別集 6/6b

楊雄太玄 水心別集 6/8a

左氏春秋 水心別集 6/10b

戰國策 水心別集 6/12b

史記 水心別集 6/14a

三國志 水心別集 6/15b

五代史 水心別集 6/17b

總述 水心別集 7/1a

皇極 水心別集 7/2b

大學 水心別集 7/4a

中庸 水心別集 7/6a

傅說 水心別集 8/1a

崔寔 水心別集 8/2b

諸葛亮 水心別集 8/4b

蘇綽 水心別集 8/6a

王通 水心別集 8/8a

總義 水心別集 5/1a

法度總論三篇 南宋文範 56/13b－16b

財計論 南宋文範 56/17b

葛長庚

谷神不死論 玉蟾稿 10/1a

陰陽昇降論 玉蟾稿 10/2b

性命日月論 玉蟾稿 10/3b

無極圖說 玉蟾稿 10/5a

夢說 玉蟾稿 10/6a

艮蒈說 玉蟾稿 10/6b

~勝仲

孝論 丹陽集 7/1a

學論 丹陽集 7/2a

齊論 丹陽集 7/2b

南齊論 丹陽集 7/3b

梁論 丹陽集 7/4b

陳論 丹陽集 7/5a

論魏博 丹陽集 7/6a

論彰義 丹陽集 7/7a

論鎮冀 丹陽集 7/8b

論盧龍 丹陽集 7/10a

論澤潞 丹陽集 7/11b

外戚論 丹陽集 7/13a 南宋文範 53/1a

衛青論 丹陽集 7/14a

詹 初

翼學（1－10） 寒松集 1/1a－4b

大道章第一 寒松集 1/1a

原天章第二 寒松集 1/1b

盡人章第三 寒松集 1/2a

辨時章第四 寒松集 1/2b

性德章第五 寒松集 1/2b

學至章第六 寒松集 1/3a

克己章第七 寒松集 1/3a

君臣章第八 寒松集 1/3b

上治章第九 寒松集 1/4a

名儒章第十 寒松集 1/4b

論語（上下） 寒松集 1/5a－5b

~ 體仁

論國用疏 詹元善集/下/1a

鄒 浩

雜說 道鄉集 32/9b

十 四 畫

廖行之

田制論 省齋集 4/25a

賦法論 省齋集 4/27b

~ 偶

封建論 宋文鑑 94/1b

洪範論 宋文鑑 94/7a

趙汝騰

論漢唐詠賞　庸齋集 5/3b
～ 汸
醫說贈徐子真　新安文獻 31/11a
葬書問對　新安文獻 37/9b
～ 湘
薰蕕論　南陽集 4/4a
後卜論　南陽集 4/5b
泣麟辨　南陽集 4/7b
楊子三辨　南陽集 4/8a
釣說贈韓介　南陽集 5/1a
養說　南陽集 5/2b
名說贈陳價　南陽集 5/3b
義鷄說　南陽集 5/5a
兵解　南陽集 5/6b
～ 瞻
賞罰議　宋文鑑 106/6b
～鵬飛
五霸名說　蜀文輯存 40/5b

蒲宗孟
論樂　蜀文輯存 19/5b

熊　禾
適堂說　勿軒集 6/3b

翟汝文
宋翟省試孔子集大成論　四庫拾遺 212/忠惠集

十 五 畫

潘良貴
君子有三戒說　默成集 3/3b
肅齋說　默成集 3/4b
～興嗣
爭論　宋文鑑 99/14a
原謀　宋文鑑 99/15a
通論　宋文鑑 99/15b

鄭　玉
漢高祖索羹論　新安文獻 29/6a
漢昭烈顧命論　新安文獻 29/7a
張華論　新安文獻 29/7b
讀歐陽公趙盾許止弑君論　新安文獻 35/13a
～思肖

無絃處士說　所南集 6a
一愚說　心史/下/1b
靜净說　心史/下/2a
論人辯　心史/下/16a
古今正統大論　心史/下/18a
久論　心史/下/33b
德祐謝太皇北狩攢宮議七月　心史/下/33b
因山爲墳說　心史/下/34b
漸論　心史/下/39b
～剛中
戒鷄說　北山集 5/12a
相說　北山集 5/13a
畫說　北山集 5/13b
樂冕說　北山集 5/15a
說二賈　北山集 5/16a
人面竹說　北山集 25/18a
學如不及說　北山集 25/19a
～ 湜
國體論（1－3）　南宋文範 57/2a－6b
～ 準
論水利　鄭閒國集/13a
論兵制　鄭閒國集/18a
論户口　鄭閒國集/22a
論鹽法　鄭閒國集/23a
論服制　鄭閒國集/24a
時祭說　鄭閒國集/25a
～ 褒
原祭　宋文鑑 93/13b
～ 樵
論秦以詩廢而亡　夾漈稿/中 2b　南宋文範 54/14a
三禮同異辨　南宋文範 59/9a
～興裔
瓊花辨　鄭忠肅集/下 16b
廣陵散辨　鄭忠肅集/下 19b
～ 獬
左氏論　鄖溪集 16/1a
用古論　鄖溪集 16/2a
舉士論　鄖溪集 16/4a
伯夷論　鄖溪集 16/5b
武備論　鄖溪集 16/7a
武侯論　鄖溪集 16/8b
治具論　鄖溪集 17/1a

責任論 郡溪集 17/2a
備亂論 郡溪集 17/3a 宋文鑑 97/6b
漢封論 郡溪集 17/4a
五勝論 郡溪集 17/5a
漢諸侯王論 郡溪集 17/5b
兩漢論 郡溪集 17/6a
天說 郡溪集 17/7b
險說 郡溪集 17/9a
震說 郡溪集 17/9b
虎說 郡溪集 17/10b
四凶解 郡溪集 18/1a
黃叔度辨 郡溪集 18/2a
南子問 郡溪集 18/6a
晏子問 郡溪集 18/7a
論丙吉問牛喘 郡溪集 18/7b
禮法 郡溪集/續補/1b 宋文鑑 103/2a

樓 論

詠歸會講說 宋本攻媿集 66/2a 攻媿集 79/1a
趙子治循齋說 宋本攻媿集 66/10b 攻媿集 79/3a
趙元衛勉齋說 宋本攻媿集 66/11a 攻媿集 79/3b
雙溪金君顯菴說 宋本攻媿集 66/12b 攻媿集 79/4a
書老牛智融事 攻媿集 79/10b

歐陽守道

膽山說 巽齋集 24/2a
璞說贈彭碩 巽齋集 24/3b
枅說 巽齋集 24/4a
墨說 巽齋集 24/4b
則齋說贈胡聖則 巽齋集 24/5a
任法任人說 巽齋集 24/6b
岫雲說 巽齋集 24/9b
掌卑幼財産說 巽齋集 24/13a
學禮精舍說 巽齋集 25/1a
平坡說 巽齋集 25/2b
求心說 巽齋集 25/3a
贈戴天從六杉說 巽齋集 25/9a
愛蘭說 巽齋集 25/9b
拒馬說 巽齋集 25/10a
如齋說 巽齋集 25/12a
四民說 巽齋集 25/13b
丹說 巽齋集 25/14b

義齋說贈周甫 巽齋集 25/15b
浩齋說 巽齋集 25/17a

~ 修

正統論(序論) 歐陽文忠集 16/1a
正統論(上下) 歐陽文忠集 16/2b-5a
正統論(或問) 歐陽文忠集 16/10b
本論(上中下) 歐陽文忠集 17/1a-4a 宋文鑑 94/11a 宋文選 1/1a-2a
朋黨論 歐陽文忠集 17/6b 宋文鑑 94/14b 宋文選 1/4b
魏梁解一作論 歐陽文忠集 17/8a
爲君難論(上下) 歐陽文忠集 17/9b-12a 宋文鑑 94/16a-18b
易或問三首 歐陽文忠集 18/1a-3a 宋文選 1/9b-10b
明用 歐陽文忠集 18/4a
春秋論(上中下) 歐陽文忠集 18/5a-8b 宋文選 1/5a-6b
春秋或問 歐陽文忠集 18/11b
泰誓論 歐陽文忠集 18/12b 宋文鑑 95/1b 宋文選 1/8b
縱囚論 歐陽文忠集 18/14b
本論 歐陽文忠集 59/1a 宋文選 1/3b
原正統論 歐陽文忠集 59/5a
明正統論 歐陽文忠集 59/8b
秦論 歐陽文忠集 59/10b
魏論 歐陽文忠集 59/12a
東晉論 歐陽文忠集 59/13a
後魏論 歐陽文忠集 59/14a
梁論 歐陽文忠集 59/15b
正統辨(上下) 歐陽文忠集 59/17a-18a
時論 歐陽文忠集 59/18a
原弊 歐陽文忠集 59/18b 宋文選 1/11a
兵儲(疑) 歐陽文忠集 59/23a
塞垣 歐陽文忠集 59/24b
石鴉論 歐陽文忠集 60/1a 宋文選 1/8a
辨左氏 歐陽文忠集 60/2b
三年無改問 歐陽文忠集 60/4a
易或問 歐陽文忠集 60/5a
詩解統序論 歐陽文忠集 60/8a
二南爲正風解 歐陽文忠集 60/9b
周召分聖賢解 歐陽文忠集 60/10a
王國風解 歐陽文忠集 60/11a
十五國次解 歐陽文忠集 60/12a

定風雅頌解　歐陽文忠集 60/13b

魯頌解　歐陽文忠集 60/14a

商頌解　歐陽文忠集 60/15a

十月之交解　歐陽文忠集 60/16a

殿試儒者可與守成論(闈)　歐陽文忠集 75/1a

三皇設言民不違論　歐陽文忠集 75/1a

買誼不至公卿論　歐陽文忠集 75/2b

夫子罕言利命仁論　歐陽文忠集 75/4a

易類　歐陽文忠集 124/1a

書類　歐陽文忠集 124/1b

詩類　歐陽文忠集 124/2b

禮類　歐陽文忠集 124/3a

樂類　歐陽文忠集 124/3b

春秋類　歐陽文忠集 124/4a

論語類　歐陽文忠集 124/5a

小學類　歐陽文忠集 124/5b

正史類　歐陽文忠集 124/6a

編年類　歐陽文忠集 124/6b

實錄類　歐陽文忠集 124/7a

雜史類　歐陽文忠集 124/7a

偽史類　歐陽文忠集 124/7b

職官類　歐陽文忠集 124/8a

儀注類　歐陽文忠集 124/8b

刑法類　歐陽文忠集 124/8b

地理類　歐陽文忠集 124/9a

氏族類　歐陽文忠集 124/9b

歲時類　歐陽文忠集 124/10a

傳記類　歐陽文忠集 124/10a

儒家類　歐陽文忠集 124/10b

道家類　歐陽文忠集 124/10b

法家類　歐陽文忠集 124/11a

名家類　歐陽文忠集 124/11a

墨家類　歐陽文忠集 124/11b

縱橫家類　歐陽文忠集 124/11b

雜家類　歐陽文忠集 124/12a

農家類　歐陽文忠集 124/12a

小說類　歐陽文忠集 124/12b

兵家類　歐陽文忠集 124/12b

老氏說　歐陽文忠集 129/1a

富貴貧賤說　歐陽文忠集 129/1a

學書自成家說　歐陽文忠集 129/3a

辨甘菊說　歐陽文忠集 129/4a

博物說　歐陽文忠集 129/4b

道無常名說　歐陽文忠集 129/4b

物有常理說　歐陽文忠集 129/4b

世人作肥字說　歐陽文忠集 129/5a

轉筆在熟說　歐陽文忠集 129/5b

李晟筆說　歐陽文忠集 129/6a

峽州河中紙說　歐陽文忠集 129/6b

諡學說　歐陽文忠集 129/6b

南唐硯　歐陽文忠集 130/1a

宣筆　歐陽文忠集 130/1b

琴枕說　歐陽文忠集 130/1b

學書爲樂　歐陽文忠集 130/2b

學書消日　歐陽文忠集 130/2b

學書作故事　歐陽文忠集 130/3a

學真草書　歐陽文忠集 130/3a

學書費紙　歐陽文忠集 130/3b

學書工拙　歐陽文忠集 130/3b

作家要熟　歐陽文忠集 130/4a

用筆之法　歐陽文忠集 130/4a

蘇子美論書　歐陽文忠集 130/4a

蘇子美蔡君謨書　歐陽文忠集 130/4b

李邕書　歐陽文忠集 130/5a

風法華　歐陽文忠集 130/5b

王濟議張齊賢　歐陽文忠集 130/8a

晦明說　歐陽文忠集 130/8a

廉恥說　歐陽文忠集 130/8b

聚辯說　歐陽文忠集 130/8b

論樂說　歐陽文忠集 130/9a

六經簡要說　歐陽文忠集 130/9b

慕容彥達

玄圭議　擴文集 12/7a

蔡元定

皇極經世書(1-2)　西山集 2/8a-23a

篆圖指要(1-2)　西山集 2/10a-23a

律呂新書(1-2)　西山集 2/69a-94a

~　沅

春秋五論(1-5)附序　蔡復齋集 4/4a-25a

~　格

廣仁說　素軒集 5/5b

~　發

天文發微

天文星象總論　牧堂集/5a

太陽篇 牧堂集/7b
太陰篇 牧堂集/8b
星辰篇 牧堂集/10a
地理發微
剛柔篇 牧堂集/17b
動静篇 牧堂集/20b
聚散篇 牧堂集/21a
向背篇 牧堂集/21b
雌雄篇 牧堂集/22b
强弱篇 牧堂集/23a
順逆篇 牧堂集/24a
生死篇 牧堂集/25a
微著篇 牧堂集/25b
分合篇 牧堂集/26b
浮沉篇 牧堂集/27a
深淺篇 牧堂集/27b
饒減篇 牧堂集/28b
趨避篇 牧堂集/29a
裁成篇 牧堂集/30a
感應篇 牧堂集/30b
辯錦囊經下非郭氏著 牧堂集/33b
地理總說辯 牧堂集/34b
～ 戩
高帝論 定齋集 12/1a
文帝論（1－2） 定齋集 12/2a－3a
武帝論（1－2） 定齋集 12/4a－5a
宣帝論（1－2） 定齋集 12/6a－7a
陳平論 定齋集 12/8a
王陵論 定齋集 12/9a
申屠嘉論 定齋集 12/10b
宣帝論 南宋文範 55/14b
～ 襄
名說 蔡忠惠集 29/9a
毀傷議 蔡忠惠集 29/9b
推進論 蔡忠惠集 29/12a
不遷怒不二過解 蔡忠惠集 29/15a
奔者不禁解 蔡忠惠集 29/16a
墨辨 蔡忠惠集 29/20b
觀天馬圖 蔡忠惠集 30/2b
雜說 蔡忠惠集 31/6b
福州五戒 宋文鑑 108/12b
～ 權
參同契論 静軒集 9/8b

三問說 静軒集 9/10b
八陣圖說後解 静軒集 9/12a

樊汝霖
論昌黎平淮西碑事 蜀文輯存 40/1a
辨昌黎順宗實錄事 蜀文輯存 40/1b

衞宗武
味書齋說 秋聲集 6/1a

劉一止
下武 苕溪集 10/1a
立政 苕溪集 10/3a
說命下 苕溪集 10/5b
～才邵
叔孫通論 楳溪集 10/6b
論漢張釋之奏犯蹕當罰金 楳溪集 10/8b
論漢景帝明慎刑獄 楳溪集 10/9b
論楊子法言中和之說 楳溪集 10/10a
論漢魏相奉行故事 楳溪集 10/11a
～子翬
聖傳論十首 屏山集 1/1a－24a
堯舜 屏山集 1/1a
禹 屏山集 1/4a
湯 屏山集 1/7b
文王 屏山集 1/9b
周公 屏山集 1/12a
孔子 屏山集 1/14b
顏子 屏山集 1/17a
曾子 屏山集 1/19a
子思 屏山集 1/21a
孟子 屏山集 1/24a
維民論（上中下） 屏山集 2/1a－7a
漢書雜論（上下） 屏山集 3/1a－4/1a 南宋文範 53/13a
～安上
以肺石達窮民 劉給諫集 5/1a
以其餘爲羨 劉給諫集 5/2a
可謂明也已矣可謂遠也已矣 劉給諫集 5/3a
子温而厲 劉給諫集 5/4a
請問其目 劉給諫集 5/5a
陳善閉邪謂之敬 劉給諫集 5/6a
居之安 劉給諫集 5/6b

守先王之道 劉給諫集 5/7a

~ 安節

達瑞節同度量成牟禮同數器修法則 劉左史集 2/6a

以周知天下之故 劉左史集 2/8b

師氏以媺詔王 劉左史集 2/10a

時見日會 劉左史集 2/11a

王大旅上帝何以謂之旅 劉左史集 2/12b

善溝者水漱之 劉左史集 2/14a

以任地事而今貢賦凡稅斂之事 劉左史集 2/15b

天子執冒四寸以朝諸侯 劉左史集 3/1a

其宮室車旗衣肥禮儀各眡其命之數 劉左史集 3/1b

辨法者考爲辨事者考爲 劉左史集 3/3b

以六律爲之音 劉左史集 3/4b

顏淵問爲邦 劉左史集 3/6a

實若虛 劉左史集 3/7a

爲用稱 劉左史集 3/8a

操則存何如其操也 劉左史集 3/8b

合而言之道也 劉左史集 3/9b

達則兼善天下 劉左史集 3/9b

行於萬物者道 劉左史集 3/11a

君師治之本 劉左史集 3/12b

義勝利爲治世 劉左史集 3/14a

兵 劉左史集 4/1a

君臣同心 劉左史集 4/2a

州郡立學皆置學官 劉左史集 4/3b

名節 劉左史集 4/5b

用人 劉左史集 4/7b

高閔伊洛辨 劉左史集 4/14a 附錄

~ 辰翁

經說 須溪集 6/44b

~ 放

重黎絶地天通論 彭城集 33/1a

好善優於天下論 彭城集 33/2b

論出母繼母嫁服與王介甫 彭城集 33/4b

處士論（上下） 彭城集 33/5b-7a

桓公不用伊尹論 彭城集 33/8a

明莊論 彭城集 33/10b

王天下說 彭城集 33/12a

~ 淫

論分縣邑三等以定俸祿銓敘策 蜀文輯存 27/3a

~ 辛

政說贈句容江大夫 漫塘集 19/22a

茶說贈九江王子順 漫塘集 19/24a

元齊說贈陳孟明 漫塘集 19/24b

~ 洊

資治通鑑問疑劉義仲蓽集劉怒司馬光問答 三劉家集/20a

~ 敞

士相見義 公是集 37/1a

公食大夫義 公是集 37/2b 宋文鑑 101/7a

致仕義 公是集 37/4a 宋文鑑 101/10a

投壺義 公是集 37/6b

祭法郊廟辨 公是集 37/7b

君臨臣喪辨 公是集 37/9b 宋文鑑 126/5a

易本論 公是集 38/1a

重黎絶地天通論 公是集 38/5b

師以賢得民論 公是集 38/7b

三代同道論（1-3） 公是集 38/9b-14a

四代養老論 公是集 38/15b

救日論 公是集 39/1a 宋文鑑 96/7a

城郭論 公是集 39/2a

不朽論 公是集 39/3a

仁智動靜論 公是集 39/4b

博施濟衆爲聖論 公是集 39/6b

畏天命論 公是集 39/8a

仕者世祿論 公是集 39/9b

爲仁不富論 公是集 39/11a

封建論 公是集 40/1a

賢論 公是集 40/3b 宋文鑑 96/5a

賞罰論 公是集 40/5b 宋文鑑 95/10b

魯法論 公是集 40/7b

貴功論 公是集 40/9a

齊不齊論 公是集 40/10a

患盜論 公是集 40/11b 宋文鑑 95/12b

從橫論 公是集 40/13b

湯武論 公是集 40/15b

狂論華士少正卯論 公是集 40/18a

非子產論 公是集 40/20a

叔輕論 公是集 40/21a 宋文鑑 95/14b

天子五門議 公是集 41/1a

爲兄後議 公是集 41/3a 宋文鑑 105/8b

奔喪議 公是集 41/6b

妾爲君之長子三年議 公是集 41/7b

爲人後議 公是集 41/9a

復讎議 公是集 41/10b

處士號議 公是集 41/11b

不舉賢良爲非議並序 公是集 41/12b

巷議 公是集 41/16b

雜說九首 公是集 42/1a 宋文鑑 107/5b

百工說 公是集 42/11b

說犬馬 公是集 42/14a

論性 公是集 46/1a

憫學 公是集 46/3b

論治 公是集 46/4b

言治 公是集 46/6b 宋文鑑 102/13a

爲政 公是集 46/7b

言畏 公是集 46/8b

疑禮 公是集 46/10a

治戎（上下） 宋文鑑 96/1b－3a

士相見議 宋文鑑 101/8b

～ 過

贈徐子容說 龍洲集 14/5b

～學箴

三果說 方是閒稿/下/34a

金鯉說 方是閒稿/下/35b

雜說 方是閒稿/下/36b 南宋文範 58/10a

梅說 方是閒稿/下/37b

水僊說 方是閒稿/下/38a

鄭花說 方是閒稿/下/39a

瓊花說 方是閒稿/下/40a

愛說 方是閒稿/下/41a

～ 獻

論經界自實疏 蒙川稿/補遺 2a

鄧 牧

君道 伯牙琴/3b

吏道 伯牙琴/5a

實說 伯牙琴/8a

名說 伯牙琴/16b 南宋文範 58/16b

～ 肅

不校 拼櫚集 13/1a

祝詞 拼櫚集 13/2a

原直 拼櫚集 13/2b

十 六 畫

錢 鑰

晉武 宋文鑑 97/10b

十 七 畫

謝方叔

太極圖說 蜀文輯存 83/18a

～ 逸

衰益論 溪堂集 8/1a

毀辨 溪堂集 8/2b

陳極孝子辨 溪堂集 8/3a

佛齋辨 溪堂集 8/5a

習說 溪堂集/續補 3a

～ 邁

孝辨 幼槃集 8/5a

過階論 幼槃集 8/2b

戴 溪

明帝論 南宋文範 57/1a

韓元吉

易論 南澗稿 17/1a

禮樂論 南澗稿 17/2b

詩論 南澗稿 17/6a

三國志論 南澗稿 17/8a

魏論 南澗稿 17/9a

蜀論（1－2） 南澗稿 17/11b－13b

吳論 南澗稿 17/15b

太公論 南澗稿 17/17b

周公論 南澗稿 17/19b

老子論 南澗稿 17/21b

孟子論 南澗稿 17/23b

荀子論 南澗稿 17/25a

管寧論 南澗稿 17/26b

孔明論 南澗稿 17/28b

韓愈論 南澗稿 17/30b

漢高祖裂丁公辨 南澗稿 17/32b

賈說 南澗稿 17/33b

～ 琦

無友不如己解 安陽集 23/1b

～ 維

廟議 宋文鑑 105/13a

薛季宣

皇極解 浪語集 27/1a

知性辨示君舉 浪語集 27/4b
河洛圖書辨 浪語集 27/5a
晏子春秋辨 浪語集 27/6b
辨管子 浪語集 27/7a
辨李廷珪墨 浪語集 27/7b
中庸解 浪語集 29/1a
大學解 浪語集 29/17a
經世致用 浪語集 30/1a

十 八 畫

顏 復

皇族稱伯父叔父議 宋文鑑 106/25a

魏了翁

史守文孟博篤齋說 鶴山集 42/2b
韓愈不及孟子論 鶴山集 101/1a
唐文爲一王法論 鶴山集 101/3a
井牧說 南宋文範 58/9b

十 九 畫

羅 泌

蜀山詩紀論 蜀藝文志 48 上/7a
～從彥
諸儒論議 蜀豫章集卷末/附錄 36a
～處約
黃老先六經論 蜀文帙存 1/15b
～ 願
湯論 鄂州集 2/1a 新安文獻 27/6b 南宋文範 55/13a
願陛下與平昌侯樂昌侯平恩侯及有識詳議
鄂州集 2/4a
仁人者正其誼不謀其利明其道不計其功
鄂州集 2/4b
壽王議周鼎 鄂州集 2/6a
孝文遺詔說 鄂州集 2/5b 南宋文範 58/6b

二 十 畫

(釋)寶曇

碁說 橘洲集 7/11b
香說 橘洲集 7/12a

寶 儀

左右僕射東宮三師爲表首議 宋文鑑 105/1b

蘇 洵

審勢(幾策) 嘉祐集 1/1a 歷代奏議 81/19b
審敵(幾策) 嘉祐集 1/4a
心術(權書上) 嘉祐集 2/1a 宋文鑑 97/1a
法制(權書上) 嘉祐集 2/2a
强弱(權書上) 嘉祐集 2/2b
攻守(權書上) 嘉祐集 2/3b
明間(權書上) 嘉祐集 2/5a
孫武(權書下) 嘉祐集 3/1a
子貢(權書下) 嘉祐集 3/2a
六國(權書下) 嘉祐集 3/2b
項籍(權書下) 嘉祐集 3/3b
高祖(權書下) 嘉祐集 3/4b
衡論上並引 嘉祐集 4/1a
遠慮(衡論上) 嘉祐集 4/1a
御將(衡論上) 嘉祐集 4/2b
任相(衡論上) 嘉祐集 4/4a 宋文鑑 97/3a
重遠(衡論上) 嘉祐集 4/5b
廣士(衡論上) 嘉祐集 4/7a
養才(衡論下) 嘉祐集 5/1a
申法(衡論下) 嘉祐集 5/2b
議法(衡論下) 嘉祐集 5/4a
兵制(衡論下) 嘉祐集 5/5b
田制(衡論下) 嘉祐集 5/7a
易論(六經論) 嘉祐集 6/1a
禮論(六經論) 嘉祐集 6/2a
樂論(六經論) 嘉祐集 6/3a
詩論(六經論) 嘉祐集 6/4a
書論(六經論) 嘉祐集 6/5a
春秋論(六經論) 嘉祐集 6/6b
太玄論(上中下) 嘉祐集 7/1a-3a
太玄總例並引 嘉祐集 7/4b-8b
四位,九贊,八十一首,摛法,占法,推玄算,求表之贊,曆法
史論(上下) 嘉祐集 8/1a-2a
諫論(上下) 嘉祐集 8/3b-4b
嬖妃論 嘉祐集 8/5b
管仲論 嘉祐集 8/6a
明論 嘉祐集 8/7a
三子知聖人汙論 嘉祐集 8/8a
利者義之和論 嘉祐集 8/9a
辨姦 宋文鑑 97/5b
～舜欽

復辨 蘇學士集 13/14b

~ 軾

省試刑賞忠厚之至論一首 蘇東坡全集 21/2a

御試重巽申命論一首 蘇東坡全集 21/3b

學士院試孔子從先進論一首 蘇東坡全集 21/5a

學士院試春秋定天下之邪正論一首 蘇東坡全集 21/7a

總論一(後正統論三首) 蘇東坡全集 21/8b

辨論二(後正統論三首) 蘇東坡全集 21/10a

辨論三(後正統論三首) 蘇東坡全集 21/12a

思治論一首 嘉祐八年作 蘇東坡全集 21/14b

雜說一首 送張琥 蘇東坡全集 23/2b

剛說 蘇東坡全集/後集 9/19a

續養生論一首 蘇東坡全集/後集 9/20b

王者不治夷狄論 蘇東坡全集/後集 10/1a

劉愷丁鴻孰賢論 蘇東坡全集/後集 10/3a

禮義信足以成德論 蘇東坡全集/後集 10/4b

形勢不如德論 蘇東坡全集/後集 10/6a

禮以養人爲本論 蘇東坡全集/後集 10/7b

既醉備五福論 蘇東坡全集/後集 10/9a

中庸論(上中下) 蘇東坡全集/應詔 6/1a-4b

大臣論(上下) 蘇東坡全集/應詔 6/6a-7b

秦始皇帝論 蘇東坡全集/應詔 7/1a

漢高帝論 蘇東坡全集/應詔 7/2b

魏武帝論 蘇東坡全集/應詔 7/4b

伊尹論 蘇東坡全集/應詔 7/6a

周公論 蘇東坡全集/應詔 7/7b

管仲論 蘇東坡全集/應詔 8/1a

孫武論(上下) 蘇東坡全集/應詔 8/3a-4b

子思論 蘇東坡全集/應詔 8/6a

孟軻論 蘇東坡全集/應詔 8/8a

樂毅論 蘇東坡全集/應詔 9/1a

荀卿論 蘇東坡全集/應詔 9/2b

韓非論 蘇東坡全集/應詔 9/4a

留侯論 蘇東坡全集/應詔 9/5b 宋文鑑 98/1a

賈誼論 蘇東坡全集/應詔 9/7a

晁錯論 蘇東坡全集/應詔 10/1a

霍光論 蘇東坡全集/應詔 10/2b

楊雄論 蘇東坡全集/應詔 10/4a

諸葛亮論 蘇東坡全集/應詔 10/6a

韓愈論 蘇東坡全集/應詔 10/7b

儒者可與守成論 蘇東坡全集/續 8/7a

物不可以苟合論 蘇東坡全集/續 8/8b

士變論 蘇東坡全集/續 8/10a

宋襄公論 蘇東坡全集/續 8/12a

屈到嗜芰論 蘇東坡全集/續 8/13b

續歐陽子朋黨論 蘇東坡全集/續 8/15a 宋文鑑 98/5a

龍虎鉛汞論 蘇東坡全集/續 8/17a

上張安道養生訣論 蘇東坡全集/續 8/20a

論武王 蘇東坡全集/續 8/21b

論養士 蘇東坡全集/續 8/24a

論秦 蘇東坡全集/續 8/26a

論魯隱公 蘇東坡全集/續 8/27b

論隱公里克李斯鄭小同王允之 蘇東坡全集/續 8/29b

論管仲 蘇東坡全集/續 8/30b

論孔子 蘇東坡全集/續 8/33a

論周東遷 蘇東坡全集/續 8/35a

論范蠡伍子胥大夫種 蘇東坡全集/續 8/37a

論商鞅 蘇東坡全集/續 8/38b

論封建 蘇東坡全集/續 8/40a

論始皇漢宣李斯 蘇東坡全集/續 8/42a

論項羽范增 蘇東坡全集/續 8/44a

論好德錫之福 蘇東坡全集/續 8/45b

論鄭伯克段于鄢隱元年 蘇東坡全集/續 8/47a

論鄭伯以璧假許田桓元年 蘇東坡全集/續 8/49a

論取部大鼎于宋桓三年 蘇東坡全集/續 8/50a

論齊侯衞侯胥命于蒲桓三年 蘇東坡全集/續 8/51b

論椊于太廟用致夫人僖八年 蘇東坡全集/續 8/52b

論閏月不告朔猶朝于廟文六年 蘇東坡全集/續 8/53b

論用郊成十七年 蘇東坡全集/續 8/55a

論會于澶淵宋災故襄三十年 蘇東坡全集/續 8/56b

論黑肱以濫來奔昭三十一年 蘇東坡全集/續 8/57b

論春秋變周之文何休解 蘇東坡全集/續 8/59a

孔子從先進論 宋文鑑 98/3a

志林 宋文鑑 98/7a

稼說送張琥 宋文鑑 107/9a

剛說 宋文鑑 107/10a

雜說 宋文鑑 107/11b

~ 過

士變論 斜川集 6/1a

讀楚語 斜川集 6/3a
蕭何論 斜川集 6/5a
~ 轍
新論(上中下) 欒城集 19/1a-7b
觀會通以行典禮論 欒城集/三 6/6a
論語拾遺並引 欒城集/三 7/1a
易說 欒城集/三 8/1a
洪範五事說 欒城集/三 8/4a
歷代論並引 欒城集/後 7/1a
堯舜第一 欒城集/後 7/1b
三宗第二 欒城集/後 7/2b 宋文鑑 99/7a
周公第三 欒城集/後 7/3b
五伯第四 欒城集/後 7/5b
管仲第五 欒城集/後 7/7a
知罃趙武第六 欒城集/後 7/8a
漢高帝第七 欒城集/後 7/9b
漢文帝第八 欒城集/後 7/10b
漢景帝第九 欒城集/後 7/11b
漢武帝第十 欒城集/後 8/1a 宋文鑑 99/8b
漢昭帝第十一 欒城集/後 8/2a 宋文鑑 99/9b
漢哀帝第十二 欒城集/後 8/4a
漢光武上第十三 欒城集/後 8/5a 宋文鑑 99/11b
漢光武下第十四 欒城集/後 8/6a 宋文鑑 99/12b
隗囂第十五 欒城集/後 8/7b
鄧禹第十六 欒城集/後 8/8b
李固第十七 欒城集/後 8/9b
陳蕃第十八 欒城集/後 8/10b
荀彧第十九 欒城集/後 9/1a
賈翊上第二十 欒城集/後 9/1b
賈詡下第二十一 欒城集/後 9/3a
劉玄德第二十二 欒城集/後 9/4a
孫仲謀第二十三 欒城集/後 9/4b
晉宣帝第二十四 欒城集/後 9/5b
晉武帝第二十五 欒城集/後 9/7a
羊祜第二十六 欒城集/後 9/9a
王衍第二十七 欒城集/後 9/10b
王導第二十八 欒城集/後 10/1a
祖逖第二十九 欒城集/後 10/3a
符堅第三十 欒城集/後 10/4b
宋武帝第三十一 欒城集/後 10/6a
宋文帝第三十二 欒城集/後 10/8a
梁武帝第三十三 欒城集/後 10/10a
唐高祖第三十四 欒城集/後 10/12a
唐太宗第三十五 欒城集/後 10/13a
狄仁傑第三十六 欒城集/後 10/15a
唐玄宗憲宗第三十七 欒城集/後 11/1a
姚崇第三十八 欒城集/後 11/3a
宇文融第三十九 欒城集/後 11/4b
陸贄第四十 欒城集/後 11/6a
牛李四十一 欒城集/後 11/8b
郭崇韜第四十二 欒城集/後 11/10b
馮道第四十三 欒城集/後 11/12a
兵民第四十四 欒城集/後 11/13b
燕薊第四十五 欒城集/後 11/15a
夏論 欒城應詔集 1/1a
商論 欒城應詔集 1/2b
周論 欒城應詔集 1/4a
六國論 欒城應詔集 1/6a
秦論 欒城應詔集 1/7b
漢論 欒城應詔集 2/1a
三國論 欒城應詔集 2/3a 宋文鑑 99/1b
晉論 欒城應詔集 2/5a 宋文鑑 99/3b
七代論 欒城應詔集 2/6b
隋論 欒城應詔集 2/8b
唐論 欒城應詔集 3/1a
五代論 欒城應詔集 3/4a
周公論 欒城應詔集 3/7a
老聃論(上下) 欒城應詔集 3/8b-10a
禮論 欒城應詔集 4/1a
易論 欒城應詔集 4/3a
書論 欒城應詔集 4/5a
詩論 欒城應詔集 4/7a
春秋論 欒城應詔集 4/8b
燕趙論 欒城應詔集 5/1a
蜀論 欒城應詔集 5/2b
北狄論 欒城應詔集 5/4a 宋文鑑 99/5a
西戎論 欒城應詔集 5/6a
西南夷論 欒城應詔集 5/7b
王者不治夷狄論 欒城應詔集 11/1a
劉愷丁鴻執賢論 欒城應詔集 11/2b
禮義信足以成德論 欒城應詔集 11/4a
形勢不如德論 欒城應詔集 11/5b
禮以養人爲本論 欒城應詔集 11/7a
既醉備五福論 欒城應詔集 11/8b

史官助賞罰論 樂城應詔集 11/10b	刑禮 雙溪集 10/13b
刑賞忠厚之至論 樂城應詔集 11/12a	鑒裁 雙溪集 10/16a
~ 箴	任將 雙溪集 10/18a
婦風 雙溪集 10/1a	知人 雙溪集 10/21b
民情 雙溪集 10/3a	**撰著人不詳**
進取 雙溪集 10/5b	
論將 雙溪集 10/10a	評寫字法 播芳文粹 131/39a